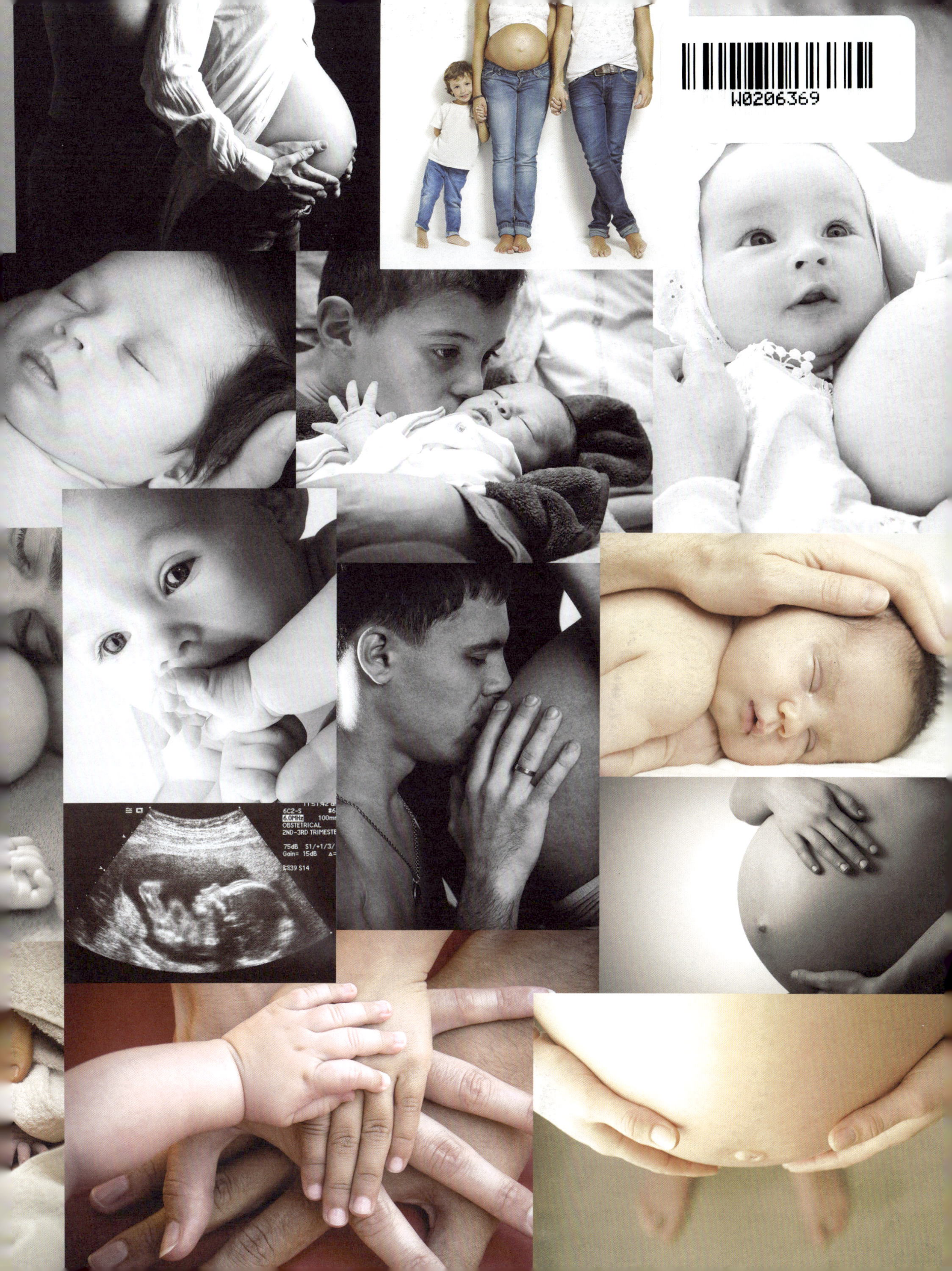
6C2-S
6.0MHz
OBSTETRICAL
2ND-3RD TRIMESTE
75dB S1/+1/3/
Gain= 15dB

Elsa POMMAREL

9 MOIS
ATTENDRE BÉBÉ

Direction : Catherine Saunier-Talec
Direction artistique : Antoine Béon
Couverture : Nicole Dassonville
Collaboration rédactionnelle : Isabelle Bruno
Lecture-correction : Mireille Touret, Odile Raoul
Mise en pages : Catherine Le Troquier, Nord Compo
Illustrations : Lucille Prache, sauf p.p. 33, 37, 61, 95, 97, 330-331, 370-371 : Delphine Bailly
Fabrication : Amélie Latsch
Partenariats : Sophie Morier (smorier@hachette-livre.fr)
Responsable de la communication : Johanna Rodrigue
(jrodrigue@hachette-livre.fr)

9 MOIS
ATTENDRE BÉBÉ

Pr René FRYDMAN
Christine SCHILTE

hachette
FAMILLE

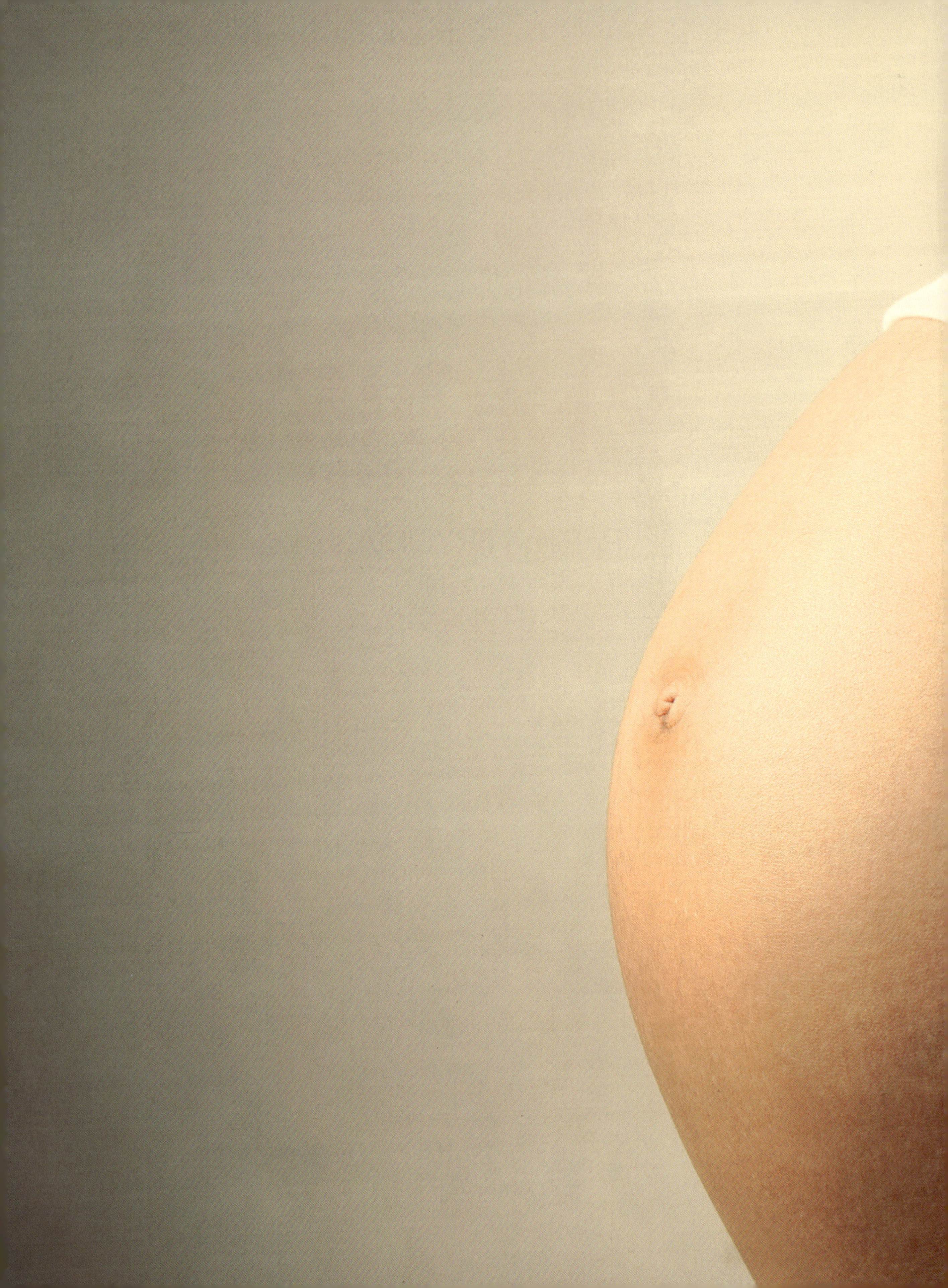

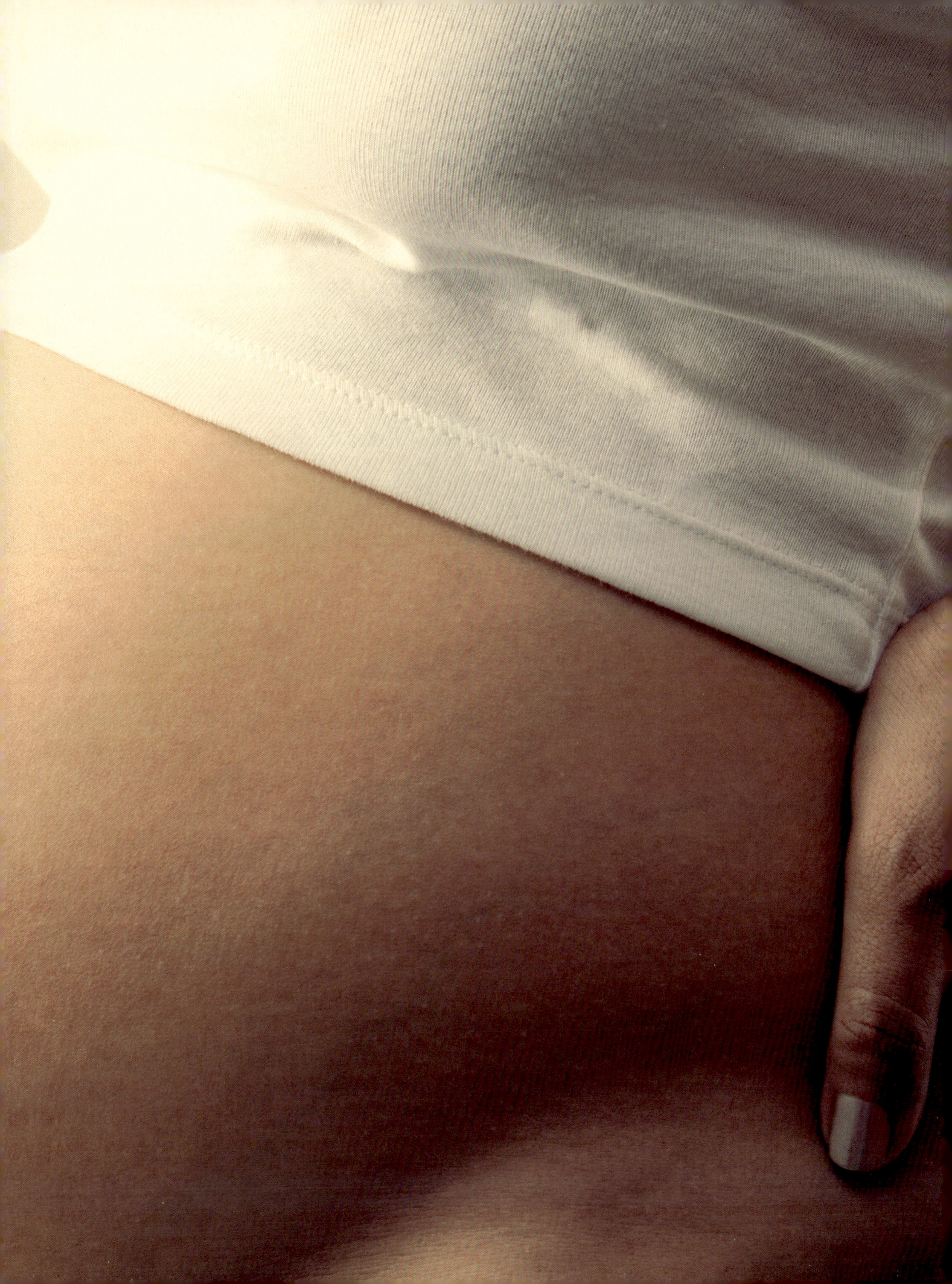

Avant-propos

La maternité est une grande aventure de la vie d'une femme, une fantastique histoire d'amour aussi. C'est comme jamais auparavant un acte volontaire, un choix de vie.

La grossesse est une expérience extraordinaire, intense, faite de grands et de petits bonheurs mais aussi une période d'interrogations multiples. Les préoccupations des parents sont innombrables, médicales, psychologiques et pratiques ; mère et père n'ont pas toujours les mêmes. Tout deux sont à la recherche d'informations et de dialogue. Ils attendent des réponses et des conseils du médecin et de l'équipe médicale qui entourent la future maman. C'est aussi ce rôle d'accompagnateur rassurant et compétent que souhaite jouer ce livre. Il est le fruit du travail de deux auteurs. Le Professeur René Frydman, gynécologue obstétricien des hôpitaux de Paris et professeur des universités depuis 1979. Membre émérite de l'équipe qui a permis la naissance du premier « bébé éprouvette » français, il est l'un des spécialistes mondiaux de la grossesse et des traitements de la stérilité. Chaque jour, il rencontre des couples qui espèrent ou qui viennent d'apprendre qu'ils vont devenir parents. Christine Schilte est de longue date une journaliste spécialisée, observatrice des comportements des femmes et des hommes dans ce moment si particulier de la maternité.

Ils ont voulu donner à ce livre un ton direct et vrai, avec pour objectif d'apporter des réponses précises, concrètes et complètes, toujours au plus près des recherches médicales et psychologiques du moment. Sans oublier les récentes découvertes scientifiques qui permettent à des femmes d'être mères alors qu'elles n'en avaient qu'un faible espoir.

Pour apporter une réponse juste au moment où les futurs parents s'interrogent, ce guide a choisi de suivre la logique du temps. À l'image de la grossesse, il se déroule de mois en mois : de la décision de vouloir un enfant aux instants magiques de sa découverte dans les tout premiers gestes de maternage, en passant par l'incroyable effort physique de l'accouchement. Il accompagne les futures mères et les futurs pères de double-page en double-page, chacune développant un thème précis. Une grossesse est faite d'étapes successives impliquant ou exigeant des comportements adaptés qui sont ici expliqués et développés. Ce livre a l'ambition de donner aux parents le pouvoir de prendre en main leur merveilleux projet.

Moments de bonheur, périodes d'anxiété... toutes ces émotions appartiennent à la maternité, elles sont indispensables et formatrices de l'idée de devenir parents. Ce livre a l'ambition de les expliquer, de les apaiser et de donner à ses lectrices et lecteurs les clefs pour vivre sereinement le phénomène extraordinaire de la vie.

Sommaire

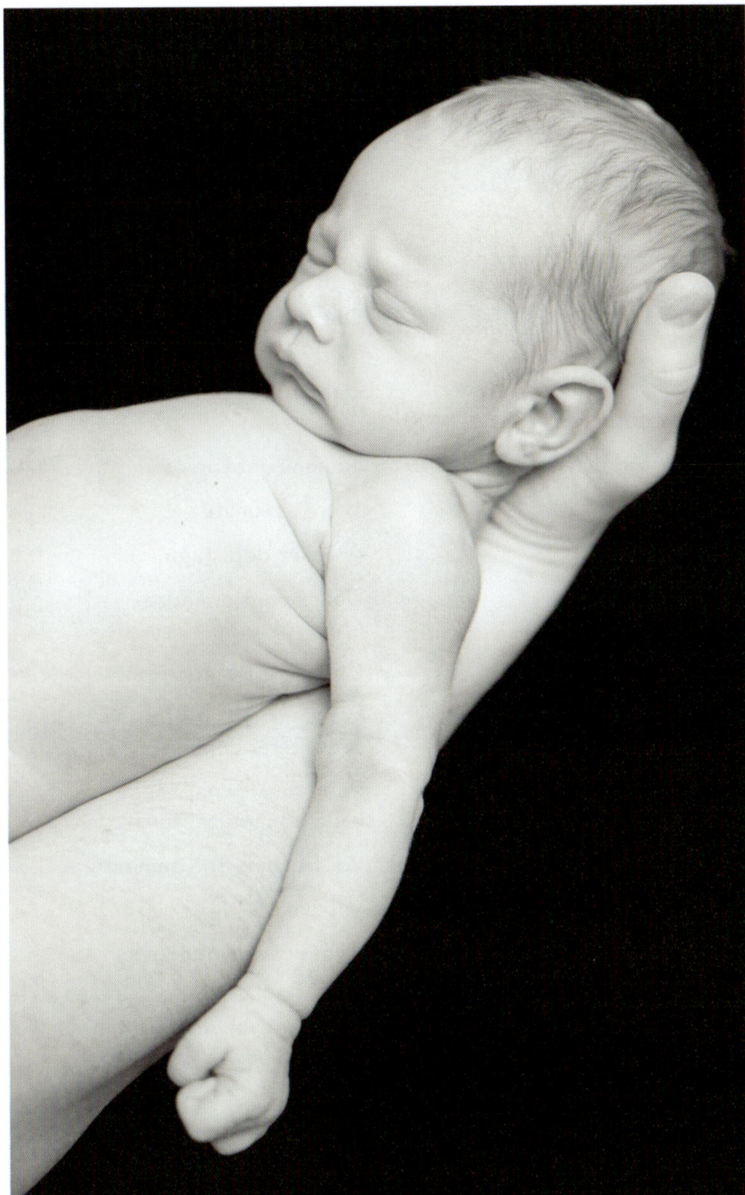

VOULOIR UN ENFANT

1ER MOIS

2E MOIS

3E MOIS

4E MOIS

5E MOIS

6E MOIS

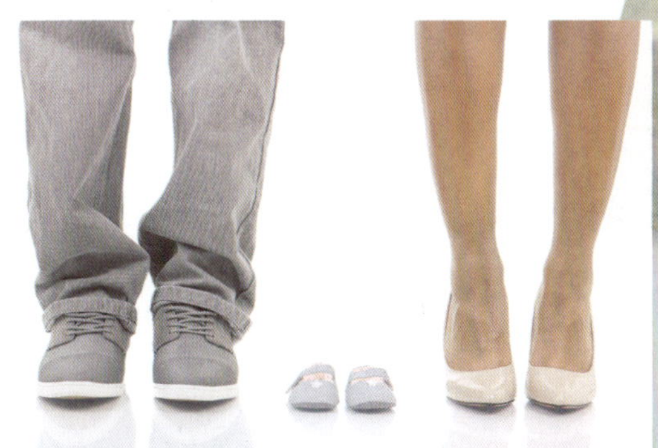

7ᴱ MOIS

8ᴱ MOIS

9ᴱ MOIS

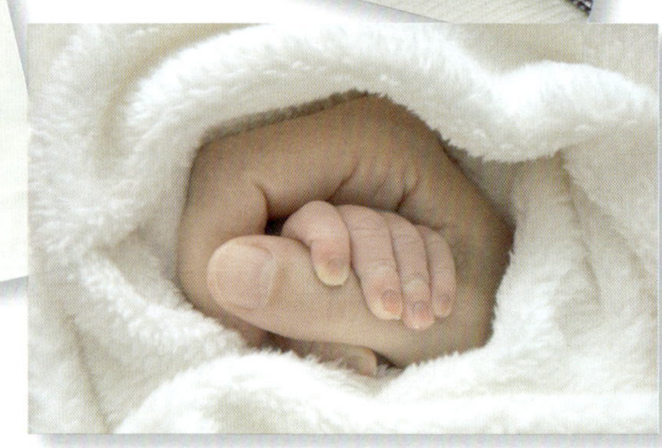

LA NAISSANCE

LES 1RES SEMAINES DE MAMAN

LES 1RES SEMAINES DE BÉBÉ

VOULOIR UN ENFANT

VOULOIR UN ENFANT

Vous

Depuis quelque temps, une idée vous trotte dans la tête : et si vous deveniez maman ? Vous vous sentez prête à assumer cette nouvelle responsabilité et vous vous imaginez très bien en train de pouponner. Vous ne pouvez garder ce secret pour vous seule, votre compagnon est là pour l'entendre. D'ailleurs, plus ou moins directement n'a-t-il pas exprimé son désir d'être père ?

Souhait de maternité et volonté de paternité sont l'aboutissement d'une histoire personnelle pour chacun de vous, différente et intime mais qui bientôt ne fera plus qu'une. Un bébé, c'est sans doute le plus beau cadeau que peut se faire un couple.

Au plaisir de vos relations amoureuses s'ajoute l'ambition de réaliser votre projet. La contraception vous avait fait presque oublier que la physiologie de la femme a un rythme. Vous vous surprenez à éplucher le calendrier, à faire des calculs et des supputations. Vous êtes partagée entre excitation et crainte, car le corps humain a ses mystères. Il ne suffit pas de vouloir pour pouvoir. La grossesse est le résultat d'une concomitance d'événements.

L'impatience peut même vous gagner. Dans le secret de votre salle de bain, vous vous livrez à une drôle de cuisine censée vous révéler l'événement qui bouleversera votre vie. C'est avec une grande bouffée d'émotion que vous lirez la confirmation de votre espoir et de celui de votre conjoint. Mais il vous faut une certitude que seule une analyse biologique en laboratoire vous apportera. L'attente des résultats vous semble interminable... La nouvelle est écrite là, noir sur blanc : vous êtes enceinte.

Votre bébé

IL EST EN DEVENIR MAIS VOUS L'IMAGINEZ DÉJÀ. Cette construction rêvée est faite d'éléments objectifs, ceux des ressemblances qui unissent les parents à leur bébé. Mais elle se bâtit aussi de vos rêves, d'images idéalisées empruntées à vos rencontres avec des enfants dans la vraie vie et celles croisées au fil de vos lectures ou d'images publicitaires ou cinématographiques qui vous ont émue.

Mais une chose est sûre, ce sera le plus beau et le plus aimable des bébés.

VOULOIR UN ENFANT

Souhait de maternité et volonté de paternité sont l'aboutissement d'une histoire personnelle pour chacun de vous, différente et intime mais qui bientôt ne fera plus qu'une.

Accomplir toute sa féminité

Pourquoi avez-vous décidé d'avoir un bébé ? Il s'agit souvent d'un choix fondamental et qui unit un couple. Lorsque le désir de l'un coïncide avec celui de l'autre. C'est en fait là que commence l'histoire de toutes les familles.

Un désir mûri...

Votre choix est d'autant plus affirmé qu'à l'époque de la contraception et de l'interruption volontaire de grossesse, la grande majorité des enfants est désirée. Le besoin de construire sa vie autour d'un enfant garde pourtant une part de mystère. Il semblerait qu'il devienne soudain plus pressant au moment où la femme a le sentiment d'avoir suffisamment profité de sa vie de jeune fille et d'avoir acquis une certaine stabilité de vie. Pour certaines femmes, le désir de grossesse, preuve que leur corps fonctionne parfaitement, prime d'abord sur le désir d'enfant. Ce dernier va, au fil des mois, se substituer au premier. Ravivé par votre relation amoureuse, ce désir d'enfant est né, selon les psychologues, il y a bien longtemps dans votre conscience féminine.

...depuis l'enfance

D'abord chez les petites filles qui, à peine savent-elles marcher, jouent à la poupée, prenant soin de cet objet comme d'un vrai bébé. Elles copient en cela les gestes quotidiens de leur mère. Ensuite chez les jeunes filles qui, aujourd'hui, ressentiraient ce désir d'autant plus tôt que leurs relations sexuelles sont plus précoces, mais qui attendraient plus longtemps pour faire un enfant, bien souvent en raison d'impératifs sociaux, financiers ou affectifs. Par la suite, le désir d'enfant évolue, prend une autre ampleur : on veut un enfant avec la personne aimée pour entretenir son amour. Le désir d'enfant n'est plus un fantasme : il devient bien réel. Dans certains cas, on veut un enfant aussi pour reproduire un modèle familial dans lequel on s'est épanoui et pour, à son tour, créer un nouvel espace familial.

Pour 40 % des jeunes femmes de 18 à 30 ans, avoir un enfant est considéré comme une priorité dans la réussite de leur vie. Elles sont 22 % seulement à privilégier d'abord leur épanouissement professionnel.

***Avoir quelqu'un à aimer** et qui vous aimera en retour, s'approcher du modèle de la femme dans la société, ou encore souhaiter combler un manque affectif ? Quelle réponse vous semble la plus appropriée à votre désir d'enfant ?*

↗

Le rôle de l'inconscient

C'est au professeur Bertrand Cramer (psychanalyste et chef du dispositif de psychiatrie infantile à Genève) que l'on doit l'idée selon laquelle le désir d'enfant est avant tout le besoin de retrouver ceux qui nous ont précédés. Il sert de révélateur dans la recherche de ceux que l'on a perdus. L'enfant est alors, au cours de la grossesse et après, chargé de tous les bons et mauvais côtés de celui qu'il a pour fonction de remplacer. Bien des statistiques montrent que la théorie du professeur Cramer se confirme souvent ; à quelques jours de l'anniversaire d'un absent, la conception ou l'accouchement d'un petit être chargé de se substituer à lui sur le plan affectif se produit, l'inconscient se chargeant de faire le lien avec le physiologique. L'inconscient peut jouer encore d'autres tours. Combien de bébés ont été conçus alors que la situation du couple imposait un choix apparemment plus raisonnable ? Dans ce cas, conscient et inconscient se sont affrontés et c'est ce dernier qui l'a emporté. C'est ainsi que l'on explique, par exemple, les bébés conçus à la suite d'un oubli de pilule ou d'une mauvaise manœuvre contraceptive. En examinant l'histoire du couple, il est assez simple généralement d'expliquer son comportement qui, à première vue, peut paraître inattendu. Il n'empêche que le désir d'enfant est une envie qui reste mystérieuse, bien que plusieurs spécialistes aient tenté de l'expliquer.

Retrouver sa propre mère

Quel qu'en soit le fondement psychologique, pour Freud, il n'y a pas de doute : cette envie d'enfant est liée au désir incestueux de posséder son père. Mais l'œdipe n'est sans doute qu'un des éléments qui conduisent à la maternité. On sait qu'il existe dans le souhait de maternité un lien très fort avec la mère. Selon la neuropsychiatre et psychanalyste, spécialiste de la maternité, Monique Bydlowski, enfanter revient alors à reconnaître sa propre mère comme à l'intérieur de soi. Bien souvent, d'une manière inconsciente, le premier enfant est dédié à la mère ; on le fait pour être son égale, devenir comme elle, pour lui offrir un nouvel enfant à aimer. D'ailleurs, les femmes qui ont ou qui ont eu dans le passé des relations difficiles avec leur mère attendent ou remettent à plus tard le projet d'enfant, quand ce n'est pas leur corps qui attend à leur place : c'est souvent une cause d'hypofertilité (fertilité moindre), qui n'est pas toujours facile à traiter.

Un enfant idéal pour des parents parfaits

L'enfant attendu peut être porteur des sentiments de nostalgie que vous éprouvez vis-à-vis de votre propre enfance. Le plus souvent, vous le chargerez de réparer les injustices que vous avez le sentiment d'avoir subies, à moins qu'il ne vous permette de mieux les réparer pour mieux les liquider. L'enfant, dans le désir de maternité, est en fait bien souvent un instrument de réparation pour la mère. Les fantasmes sur l'être attendu se développeront au cours des neuf mois de la grossesse. Se sentir prêt à avoir un enfant, c'est aussi se sentir l'égal de ses propres parents, tout en voulant les surpasser pour devenir des parents parfaits. Tâche d'autant plus délicate qu'aujourd'hui, en raison de la contraception, on a moins d'enfants, donc moins d'essais possibles pour atteindre ce but. La maternité a pris ainsi beaucoup plus d'importance qu'autrefois.

VOULOIR UN ENFANT, *c'est aussi désirer, au plus profond de soi, que ce bébé naisse porteur de tous les possibles. C'est projeter ce petit être dans l'avenir, c'est imaginer son devenir, mais c'est aussi élaborer un projet parental commun au couple. Aujourd'hui, alors qu'il est en devenir, quels vœux les plus chers lui adressez-vous ?*

Désir de paternité

Comment le désir d'enfant s'est-il installé dans l'esprit de votre conjoint ? C'est l'aboutissement d'une profonde réflexion. Plusieurs conditions doivent être réunies, au premier rang desquelles la certitude d'avoir trouvé la compagne qui lui semble correspondre à l'idée qu'il se fait d'une mère.

Un engagement certain

Souhaiter et accepter de fonder une famille est, chez votre compagnon ou mari, une décision mûrement réfléchie. Elle témoigne d'abord d'une bonne estime de soi et d'une vision optimiste du monde futur. En effet, pour lui, « être père » amène à un nouvel engagement dans la vie, à assumer un nouveau poids de responsabilités. Transmettre la vie signifie qu'il se sent capable d'accompagner un petit être dans toutes les étapes de son développement, de l'aider à se construire et à s'épanouir. C'est un basculement obligatoire vers le statut d'adulte.

Quels sont les facteurs qui déclenchent ce besoin d'enfant ? Être père, lorsqu'on vit en couple, permet d'acquérir une certaine maturité, d'éprouver le plaisir de se rapprocher du modèle « classique » de la famille, celui que l'on a soi-même expérimenté avec ses parents ou celui dont on rêve si ces derniers n'ont pas été véritablement des modèles.

Le désir d'enfant au masculin s'appuie sur les souvenirs des relations que chacun a entretenues avec son propre père lorsqu'il était petit garçon. Les câlins du soir, les histoires lues au creux de ses bras, la transmission des savoir-faire familiaux et plus tard les connivences intellectuelles entretiennent l'idée qu'être père est une expérience incomparable et qu'il serait dommage de ne pas la tenter. Ceux qui n'ont pas eu le bonheur de vivre des instants si précieux construisent parfois leur désir d'enfant sur leurs regrets. Ils veulent offrir à cet enfant tout ce qu'ils n'ont pas reçu.

PHYSIOLOGIQUEMENT LES HOMMES PEUVENT PROCRÉER TOUTE LEUR VIE, *mais ce n'est pas sans problème. Avec l'âge, le sperme devient moins fécondant en raison de la diminution du nombre des spermatozoïdes, de leur morphologie et de leur mobilité. Ce phénomène est dû au vieillissement très progressif de la fonction testiculaire, qui commencerait dès la trentaine. Il semble encore que l'homme âgé de plus de 60 ans soit un peu plus susceptible de transmettre à sa lignée des maladies génétiques et des malformations qu'à l'âge normal de la procréation. Ce sont, notamment, des troubles dans le développement osseux des membres et du squelette du futur bébé. Le risque de maladies chromosomiques serait aussi très légèrement accru lorsque le père dépasse la cinquantaine. Dans ces situations, n'ayez aucune crainte, le suivi échographique de la grossesse sera renforcé.*

Une histoire d'amour

Le désir d'enfant de votre mari ou compagnon se nourrit largement du vôtre. C'est l'évolution de la relation amoureuse au sein du couple qui va faire exploser au grand jour ce besoin. Dans un premier temps, généralement, la relation amoureuse est exclusive, l'autre comble toutes les attentes. Puis vient le temps où un prolongement des sentiments amoureux s'impose. C'est à ce moment-là que peut naître l'envie d'une vie à trois avec un bébé. Faire un enfant devient l'un des grands actes fondateurs du couple. Votre compagnon, tout comme vous, va devoir se trouver un nouveau statut. Le père, dans cette affaire, a encore plus de difficultés que la mère, car il ne vit pas dans son corps les lentes transformations de la grossesse. Pendant cette période, il se trouve parfois tenu à assumer des tâches qu'il ne connaissait pas ou qui ne lui incombaient pas jusqu'alors ; il aura à donner une écoute nouvelle à sa compagne et à lui manifester des attentions particulières.

Trouver ses marques

Pour les psychiatres, le rôle du père dans le couple est fondamental. Il doit accompagner la future mère dans l'apprentissage de sa nouvelle fonction. Il est chargé de l'aider, de la protéger alors qu'elle sombre, selon le pédiatre et psychanalyste anglais, D. Winnicott, dans la « folie maternelle » : elle ne pense, n'agit et ne vit que pour et par son enfant. Un soutien que le père doit assurer quand bien même il peut se sentir exclu de ce que vit la mère. D'autant que cette dernière, momentanément, renonce plus ou moins à la séduction. L'homme, pour devenir père, se choisit un rôle. Quel père sera-t-il ? Plusieurs solutions s'offrent à lui : sera-t-il lointain ? Maternant ? Détaché ? Éducateur ? De même que vous cherchez votre statut dans votre histoire avec votre propre mère (p. 19), il se tourne vers son père, son grand-père. Cette confrontation est souvent bénéfique ; parfois, au contraire, elle se révèle semée d'embûches. Il découvrira peut-être mieux qui était son père et quel type de relations ils avaient nouées ensemble. Pour l'homme, devenir père est toujours l'occasion de repenser ou d'enrichir son identité.

C'est toujours la femme qui a la primeur de l'information, *bien que la décision de faire un enfant soit prise en commun. À elle de transmettre le message au futur papa. C'est un moment important, surtout s'il s'agit de la première fois. L'annonce compte pour beaucoup dans la relation qui va unir le futur papa au bébé à venir et à l'enfant plus tard. De même, le souvenir de cet instant restera à jamais gravé dans l'histoire du couple. Les souvenirs impérissables demandent souvent un brin de poésie et de surprise. Les circonstances de l'annonce, les mots employés et l'intonation de la voix comptent pour beaucoup. Certaines futures mamans concoctent un dîner en amoureux ou une promenade romantique, d'autres offrent un mini-baigneur emballé de papier de soie ou un méli-mélo de photos de bébés découpées dans les magazines. Le but du jeu est de provoquer l'émotion, même si la nouvelle était plus ou moins attendue.*

Grossesse et contraception

Votre contraception antérieure aura-t-elle une influence sur le bon déroulement de votre grossesse ? Comme beaucoup de femmes, vous nourrissez quelques inquiétudes sur l'éventuel impact de la pilule ou du stérilet. Soyez rassurée, même si vous avez décidé de faire un bébé après plusieurs années de contraception.

Après la pilule

Dès le premier mois qui a suivi l'arrêt de votre contraception, le fonctionnement du complexe hypothalamus-hypophyse se remet en place naturellement, quelle que soit la durée de la contraception. Pourtant, il arrive que les tout premiers cycles soient sans ovulation ou encore produisent des ovules de mauvaise qualité. Dans ce dernier cas, s'il y a alors fécondation, l'œuf ne se développera pas et sera naturellement éliminé. On observe que, dans 2 % des cas seulement, le cycle a du mal à se réinstaller. Il est classique de considérer qu'à l'arrêt de la pilule, la femme retrouve le rythme des cycles qu'elle avait auparavant.

Le délai pour avoir un enfant après la prise de la pilule est allongé d'un mois environ par rapport au délai moyen pour concevoir, qui est de six mois. Si des troubles de l'ovulation persistent après l'arrêt de la pilule, il est probable, dans la majorité des cas, que ces difficultés étaient latentes avant même la prise du contraceptif et que celui-ci a masqué des symptômes qui les auraient mises en évidence. On constate pourtant dans quelques cas, fort rares, un retour plus difficile des règles après l'arrêt des pilules œstroprogestatives et plus fréquemment une reprise très lente des cycles lorsque la femme a choisi une contraception progestative injectable. Quel que soit votre mode de contraception hormonale, attendez deux cycles avant de programmer votre grossesse, le temps que votre organisme retrouve le fonctionnement hormonal qui était le sien avant la contraception.

> **« Prescrite régulièrement depuis 50 ans, utilisée par 70 % des femmes entre 15 et 35 ans*, la pilule ne pose aucun problème de fertilité ultérieure. »**

En cas d'oubli

Vous preniez la pilule et vous êtes enceinte, cas rare mais qui peut arriver. Il faut savoir que toutes les pilules n'ont pas la même efficacité, parce que, selon le type de pilule choisie, le mécanisme de contraception diffère. Ainsi, les pilules dites combinées (œstrogènes et progestérone) sont efficaces à 100 %. Elles agissent sur l'ovulation mais aussi sur la qualité de la glaire cervicale et de la muqueuse utérine. Alors que les pilules dites séquentielles (œstro-

Il est conseillé, *après l'arrêt de la pilule, d'attendre un ou deux cycles avant de concevoir un enfant. La période qui suit l'arrêt de la pilule se caractérise par une augmentation de fausses couches. C'est pourquoi les médecins vous conseillent de patienter pour s'assurer simplement que l'ovulation se produit de nouveau normalement et que le système hormonal, bousculé par l'apport d'œstrogènes et de progestérone de la pilule, se rétablit.*

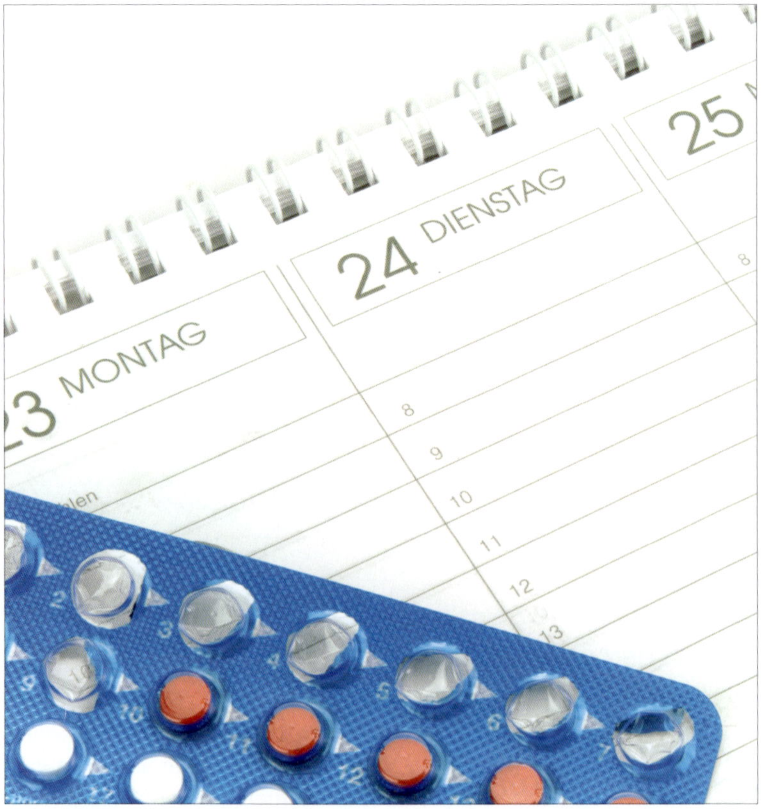

Si le stérilet, simple ou progestatif, *était votre méthode de contraception, concevoir un bébé ne pose aucun problème. D'ailleurs, vous avez pu constater que le fait de l'avoir enlevé n'avait rien changé à votre cycle. Ce type de contraceptif permet à la femme de retrouver sa fertilité immédiatement après son retrait. En effet, le stérilet agit simplement en évitant la nidation de l'œuf dans la paroi utérine. Il ne bouscule donc en rien l'équilibre hormonal du corps.*

gènes puis œstrogènes et progestérone), qui n'agissent que sur l'ovulation, vous protègent d'une grossesse à condition de bien respecter leur mode d'emploi. Un oubli suffit à en modifier l'efficacité. Comme il est impératif de respecter, pour nombre d'entre elles, une pause de sept jours entre chaque plaquette, il est tout aussi indispensable de ne pas dépasser de plus de deux ou trois jours ce délai. La micropilule, à prendre en continu et dont l'action modifie uniquement la glaire cervicale, a un taux d'échec reconnu de 1 à 3 %. De plus, certains médicaments sont susceptibles de modifier son efficacité. C'est sans doute une de ces situations qui s'est produite.

En dépit d'un stérilet

De même, le stérilet n'a un effet contraceptif qu'à 99 % « année-femme » (sur 100 femmes, si on constate une grossesse au bout d'un an, on exprime le taux de 1 % année-femme). Certains anti-inflammatoires, comme l'aspirine, contrecarrent son effet. Et il est toujours possible que vous le perdiez sans vous en apercevoir, mais c'est rarissime, surtout si vous vérifiez régulièrement son placement. Si votre grossesse est survenue alors que vous avez un stérilet, votre médecin l'enlèvera au cours d'un examen gynécologique si son fil est encore accessible, car il constitue un vecteur d'infection. Cette intervention n'est pas sans risque d'une fausse couche précoce. Si, en revanche, le stérilet est remonté dans l'utérus et que son fil n'est plus accessible, il n'interviendra pas. La grossesse se développera normalement. Tout au plus, devrez-vous surveiller que vous n'avez pas de pertes de sang ou d'infection. Le stérilet s'expulsera tout naturellement avec le placenta au moment de l'accouchement.

Les aléas des contraceptifs locaux

Si vous êtes enceinte alors que vous utilisez des contraceptifs locaux, crème, ovule, éponge spermicide (non fiables à 100 %), diaphragme ou préservatif, votre grossesse est, probablement, le résultat d'une mauvaise manœuvre. Mais aucun de ces contraceptifs n'a de conséquence sur son déroulement.

* Selon le ministère de la Santé.

De l'influence de votre passé médical

Bien évidemment, l'état de votre santé ne sera pas sans effet sur le bon déroulement de votre grossesse. C'est en prenant dès le début toutes les précautions nécessaires que vous vous donnez un maximum de chances de vivre sereinement votre maternité avant la rencontre avec ce petit être que vous appelez de tous vos vœux.

Votre état de santé

Votre passé et votre présent médical ont une grande importance dans la réussite de votre projet : d'abord, bien évidemment, vos antécédents gynécologiques, vos grossesses et vos accouchements antérieurs, mais aussi d'éventuelles interventions chirurgicales au niveau de l'abdomen et du bassin. Les comptes rendus de ces différentes interventions seront très utiles à votre médecin. Certaines maladies chroniques (p. 30) sont aussi à prendre en compte. Enfin, il est essentiel encore de savoir si vous êtes immunisée contre certaines maladies qui peuvent perturber gravement votre grossesse.

Êtes-vous immunisée ?

Une analyse biologique de votre sang, sur prescription médicale, vous donnera une parfaite information de votre bilan immunitaire. Vous saurez si vous avez oui ou non des anticorps prouvant que vous êtes protégée ; dans le cas contraire, vous devez être particulièrement attentive. Les symptômes de ces maladies peuvent passer inaperçus tant ils sont bénins pour la mère. Dans l'attente des résultats, agissez d'ores et déjà comme si vous n'étiez pas immunisée.

> **« N'attendez pas les résultats de votre analyse pour prendre des précautions, mieux vaut prévoir votre non immunisation. »**

▸ ***La toxoplasmose*** est totalement silencieuse, aucun signe d'alerte ne se manifestant. L'analyse de votre sang révélera si vous possédez des anticorps. Si vous n'êtes pas immunisée, il vous faudra prendre un certain nombre de précautions pour éviter que ce parasite ne vous contamine vous et votre futur bébé. Votre médecin vous prescrira un contrôle biologique tous les mois jusqu'à votre accouchement.

Profitez de cette prise de sang pour faire une recherche du VIH responsable du Sida. *Son dépistage n'est pas obligatoire mais vivement conseillé aux femmes enceintes. La médecine dispose aujourd'hui de traitements qui diminuent considérablement les risques de transmission materno-fœtale. Les futures mamans reçoivent un traitement combiné d'antiviraux actifs sur le virus du Sida. Il est conseillé de consulter un centre hospitalier spécialisé avant d'engager une grossesse, il en existe une douzaine en France.*

Plus la contamination de la mère a lieu tôt au cours de sa grossesse, moins il y a de risques que le parasite passe la barrière placentaire ; s'il réussit cependant, l'atteinte peut être grave. Au moindre doute, un traitement spécifique permet d'éviter cette contamination.

LA TOXOPLASMOSE EST DUE À UN PARASITE *contenu dans la viande crue (bœuf, mouton et porc). Il utilise aussi des « véhicules », dont les animaux se nourrissant de viande crue. Il peut être présent dans une terre souillée par les excréments d'un animal contaminé. Le virus ne résiste pas à une température de plus de 50 °C ni à la congélation. Quelques précautions simples suffisent pour se protéger : lavez-vous les mains après avoir manipulé de la terre et de la viande crue ; ne consommez pas de viande crue ou saignante ; lavez abondamment tous les légumes et les plantes aromatiques consommés crus ; mettez des gants pour jardiner ; si vous avez un chat, confiez à quelqu'un le soin de changer sa litière quotidiennement ; demandez que son bac soit ébouillanté régulièrement.*

- ***La rubéole,*** tout aussi discrète, se manifeste d'abord par un léger mal de gorge suivi d'une éruption de boutons plus ou moins visibles. De 5 à 10 % des femmes en âge d'être mères ne sont pas immunisées. Seules celles qui sont officiellement mariées ont eu un dépistage dans le cadre de l'examen médical prénuptial. D'autres femmes ont été vaccinées avant la puberté ou quelques mois avant de concevoir leur bébé. Si vous n'appartenez à aucun de ces cas, seule une analyse de votre sang permet de poser un diagnostic. La rubéole est due à un virus qui se transmet par les voies respiratoires, c'est une maladie très fréquente chez les enfants.

- ***Le cytomégalovirus :*** il est essentiel de savoir si vous êtes immunisée. Bien que non obligatoire, la recherche d'anticorps est recommandée, notamment si vous vivez avec des enfants en bas âge et si votre métier vous oblige à une grande proximité avec des petits. Ce virus, proche de celui de l'herpès, se transmet par la salive, les larmes, les urines et les selles. Seules quelques précautions peuvent éviter la contamination : chaque convive aura sa propre cuillère, ne goûtez ni le biberon, ni le repas d'un petit avec sa cuillère, plus de bisous sur la bouche non plus et lavez-vous les mains après chaque change. Malheureusement, il n'existe aucune vaccination contre ce virus.

Les hépatites anciennes ou récentes

Il est encore important de savoir si vous êtes porteuse du virus de l'hépatite B ou C, par exemple, ou des anticorps correspondant à ces deux hépatites. Seule l'hépatite B peut être transmise à l'enfant au moment de l'accouchement. On évite ce risque en lui administrant à la naissance un sérum et un vaccin. Les conséquences d'une atteinte de la mère par une hépatite C sont moins connues en raison de la découverte relativement récente de cette maladie et de son mode de transmission qui touche surtout des patientes à risque.
Elle peut se transmettre (5 % des cas) à l'enfant au moment de l'accouchement et après la naissance par le lait maternel. C'est pourquoi l'allaitement est souvent déconseillé.

Les maladies sexuellement transmissibles

L'analyse de votre sang permet encore le dépistage de la syphilis, une maladie en recrudescence. Sachez que le risque de contamination est d'autant plus élevé que l'infection est récente ; plus elle est ancienne, plus il diminue. Cette recherche est obligatoire, car cette maladie atteint le fœtus à l'occasion des échanges placentaires entre la mère et l'enfant après 16 à 20 semaines d'aménorrhée. Ce diagnostic précoce permet la mise en place d'un traitement. Des examens de contrôle seront, de plus, prescrits tout au long des neuf mois. Le traitement à base de pénicilline n'a aucun effet secondaire sur le fœtus. En revanche, une syphilis non traitée peut contaminer ce dernier, entraînant des lésions du squelette, du foie, des muqueuses et de la peau. Elle provoque aussi « la syphilis congénitale du nouveau-né ».

Le poids de l'hérédité

Devez-vous craindre une maladie héréditaire ? Si, dans votre famille, certaines personnes sont porteuses de handicaps, si vous avez connaissance de cas d'avortements précoces à répétition ou de mariages consanguins, il est préférable de vous pencher en compagnie d'un spécialiste sur vos antécédents personnels et familiaux.

Une lignée douloureuse

Pour certains couples, le désir d'enfant, si fort soit-il, est perturbé par l'angoisse de lui transmettre une maladie génétique handicapante. Ils craignent d'être porteurs d'un gène « perturbateur ». La consultation d'un médecin spécialisé en génétique médicale va les aider à prendre ou non la décision d'engager une grossesse. Ce spécialiste mène une véritable enquête faite d'entretiens avec le couple et d'un voyage dans l'histoire médicale de la famille à la recherche de diagnostics. Puis, il établira l'arbre généalogique de la transmission familiale de la maladie et procédera à un examen génétique moléculaire de l'affection redoutée. Tous ces documents lui permettent de calculer une probabilité de risque de transmission.

Une anomalie génétique s'exprime de bien des façons : une malformation physique, une déficience intellectuelle ou des troubles physiologiques. Dans ce dernier cas, le gène ne transmet pas de messages corrects aux cellules, il les rend incapables de remplir leur rôle ; c'est ce qui explique certaines paralysies dont la myopathie, la mucoviscidose ou certaines maladies du sang comme l'hémophilie. Enfin, certains gènes, en contrôlant des fonctions essentielles telles que l'élimination des graisses ou la tension artérielle, prédisposent à des maladies chroniques.

> **« Cherchez à mieux connaître votre passé médical et celui de votre conjoint. Des histoires lointaines, plus ou moins cachées, appellent à la vigilance. »**

Des gènes pathologiques

En fait, chaque individu est porteur d'un ou plusieurs gènes

Si on applique *les lois de Mendel, l'un des pionniers des lois de l'hérédité, aux problèmes des maladies génétiques, on peut prévoir que si, dans un couple, l'un de ses membres est atteint d'une telle maladie, l'enfant qu'il va concevoir aura 25 % de chances d'être indemne ou 25 % de risques d'être atteint et 50 % de possibilités d'être porteur sain de l'anomalie. Bien que 2 500 maladies génétiques soient connues, toutes ne se dépistent pas de manière simple. Seules les familles qui ont été touchées par certaines de ces maladies auront recours à un médecin spécialisé qui définira avec elles les risques de transmission. Bien peu de choses sont connues sur ce qui se passe génétiquement au moment de la fécondation, comme le jeu des gènes les uns sur les autres ou le rôle de l'environnement qui module la part génétique, ce que l'on appelle l'épigénétique.*

Le recours au DPI ne doit pas faire craindre une dérive *vers un eugénisme qui aboutirait au tri des embryons – les « bons » et les « mauvais », pour des raisons autres que médicales. Ces techniques de procréation sont strictement encadrées par des lois et des comités pluridisciplinaires de médecine anténatale.*
Le DPI est proposé aux couples, à eux ensuite de faire leur choix. Ceux qui y ont recours ne cherchent pas l'enfant parfait, ils souhaitent légitimement que le fruit de leur amour soit indemne d'une affection redoutable. Quand on connaît les difficultés qu'ils doivent surmonter pour avoir un bébé en faisant appel à une FIV avec DPI, il est inimaginable que certains couples, sans problèmes de fertilité, puissent faire appel à cette technique.

« malades » qui ne provoquent chez lui aucun trouble. Mais ces gènes seront transmis à sa descendance. Génétiquement on parle de « porteur sain » d'une maladie récessive. Les gènes pathologiques n'expriment les maladies dont ils sont porteurs que s'ils s'associent à des gènes porteurs de la même maladie. Il faut se rappeler que c'est au moment de la fécondation que les gènes issus de la mère rencontrent ceux issus du père pour ne former qu'une seule cellule qui hérite des deux patrimoines génétiques, bons ou mauvais. Ainsi, certaines maladies sont dues à la présence chez chacun des parents d'un même gène pathologique.
On estime que chaque homme ou chaque femme présente un seul exemplaire de 5 à 10 gènes porteurs d'une telle maladie, dite « récessive ».
Dans certaines de ces maladies, les gènes « récessifs » sont portés par le chromosome X. Dans ce cas, ce gène n'aura un effet que s'il est transmis à un garçon (le déficit génétique n'est pas compensé par un chromosome Y normal). Les filles ne sont pas malades, mais sont porteuses de l'anomalie et la transmettent : c'est le cas de l'hémophilie.
Il existe encore un autre mécanisme de transmission de maladies génétiques, il entraîne les maladies dites « dominantes ». Dans ce cas, le gène « malade » s'exprime, même s'il est unique. Il est alors transmis par un des parents, lui-même atteint de cette maladie. La maladie se transmet ainsi de génération en génération, tant chez les filles que chez les garçons.

Existe-t-il des dépistages ?

La maladie génétique la plus fréquente en France est la mucoviscidose. Elle provoque chez l'enfant de graves difficultés respiratoires et digestives. On est maintenant capable d'en reconnaître le gène, ce qui devrait permettre, d'après les antécédents familiaux, de qualifier certaines grossesses comme étant à risque génétique. Depuis 2002, un dépistage néonatal systématique à partir d'une prise de sang à la naissance permet une prise en charge précoce de l'enfant. Pour le moment, le dépistage prénatal à partir d'une amniocentèse ou d'une analyse du trophoblaste (p. 142) est proposé seulement dans les familles à risque, lorsqu'un enfant est déjà atteint de cette maladie ou lorsqu'un diagnostic médical établit que l'un des parents est porteur de la maladie.

Rompre la fatalité

Face à un pronostic sombre de maladie génétique grave, la médecine n'a pas aujourd'hui réellement de solution à proposer aux parents ; si la grossesse est engagée, ils doivent faire le choix douloureux d'une interruption médicale de grossesse.
Grâce aux progrès des analyses génétiques et de la fécondation in vitro, la médecine peut enfin aider les couples présentant un risque élevé de transmettre des maladies héréditaires graves à leur descendance. Le DPI, technique du diagnostic préimplantatoire, est proposé à des parents dont la maladie génétique a été parfaitement identifiée. Il consiste, avant l'implantation dans l'utérus maternel, à pratiquer une analyse génétique d'une ou deux cellules prélevées sur des embryons âgés, le plus souvent, de 3 jours. Seuls les embryons indemnes de la maladie sont transférés.

Les risques génétiques

Quelles sont les origines des maladies génétiques ? Elles sont dues aux gènes ou aux chromosomes. Sur les trente-cinq mille gènes – supports de notre hérédité –, certains sont susceptibles d'être porteurs d'une pathologie. Il arrive aussi que les chromosomes aient des anomalies de nombre ou de structure.

Les gènes, messagers de l'hérédité

La base de tout être vivant est la cellule, composée d'un noyau et de cytoplasme (à l'exception des globules rouges qui n'ont pas de noyau). Le corps humain en possède une dizaine de milliards. Au moment de la division cellulaire, le noyau fait d'une substance, la chromatine, change d'aspect, se matérialise en ADN (acide désoxyribonucléique), qui se fragmente en chromosomes, 23 pour l'espèce humaine. Chaque chromosome est un collier de longueur variable, qui contient toutes les informations génétiques nécessaires à la formation d'un être humain et à son bon fonctionnement. Chaque collier porte de nombreuses perles : ce sont les gènes. Tous les gènes d'une cellule forment le génome.
L'examen du ruban d'ADN montre qu'il est ponctué de petites barres toujours liées entre elles de la même façon, chacune de ces barres étant constituée d'acides nucléiques (quatre au total). Chaque gène est porteur d'un message héréditaire. Le gène peut, selon le cas, être responsable de plusieurs caractères ou chargé du bon fonctionnement d'autres cellules, mais il faut, dans certains cas, plusieurs gènes pour induire un caractère ou une fonction. De plus, les gènes responsables de tel ou tel caractère héréditaire n'ont pas la même valeur, certains sont dominants et s'expriment aussitôt, d'autres sont dits « récessifs » et, pour s'exprimer, devront rencontrer un semblable.
Une anomalie génétique est le résultat d'une mauvaise transmission d'informations à d'autres cellules de la part d'un gène défectueux. Le séquençage du génome humain va permettre de mieux comprendre les causes d'un grand nombre de maladies et de mettre au point des thérapies géniques à plus ou moins long terme.

> **« La rencontre de deux êtres offre à l'enfant une part importante d'incertitude et de hasard. N'est-ce pas une garantie de sa liberté et de son individualité ? »**

Les anomalies chromosomiques

D'autres maladies génétiques ont pour origine des anomalies de nombre ou de structure des chromosomes qui normalement s'ordonnent par paires, 23 provenant de la mère et 23 du père. Les gènes ne sont pas atteints, mais la répartition anormale des chromosomes dans les cellules conduit à un déséquilibre génétique. Sur 1 000 enfants, 6 souffrent de ce défaut.

La maladie la plus connue portant sur le nombre de chromosomes est la trisomie : l'enfant n'a pas 46 chromosomes comme tout être humain, mais 47. La plus répandue de ces trisomies est la trisomie 21. Dans ce cas, les cellules sont porteuses d'un chromosome 21 en trop, qui s'ajoute au double exemplaire normal. Il existe des trisomies 16 et des trisomies 18, anomalies des chromosomes 16 et 18.

À l'inverse, il arrive qu'un chromosome manque, on parle alors de monosomie.

Enfin, on constate aussi des anomalies de structure : un chromosome peut se casser et un des éléments du chromosome disparaître. Ces perturbations ne sont pas transmises de manière héréditaire, elles se produisent au moment de la fécondation, sans que l'on en connaisse parfaitement la cause.

En revanche, une autre anomalie de structure des chromosomes peut être héréditaire. C'est « la translocation » : il s'agit d'un échange entre deux parties de chromosomes. Le matériel chromosomique peut être intact, mais réparti différemment sur plusieurs chromosomes. La personne est saine, son potentiel génétique étant intact, mais l'anomalie est susceptible d'être transmise à sa descendance.

DIVERS EXAMENS PERMETTENT DE POSER UN DIAGNOSTIC *de manière relativement précoce d'anomalie chromosomique. Ainsi, lors de votre première consultation, le médecin vous informera de la possibilité de dépister le risque de trisomie 21 (p. 142). Cette première étape sera ou non suivie d'autres examens en fonction du facteur de risque afin de passer de la suspicion à la certitude. Ils se font alors à partir d'un prélèvement des cellules fœtales ou placentaires, permettant d'établir un caryotype (p. 142). En France, sur indication médicale, il est possible de le pratiquer à tout moment de la grossesse, même à la veille de l'accouchement.*

Sous l'influence de l'âge parental

L'âge des parents joue un rôle important dans l'apparition de maladies génétiques. On sait depuis longtemps que l'âge de la mère peut être à l'origine de la trisomie 21 (p. 142). Plus récemment, les généticiens ont mis en cause l'âge du père dans la naissance d'enfants atteints de certaines maladies génétiques. Ils ont remarqué une augmentation statistique de l'âge paternel dans plusieurs d'entre elles. Le séquençage des gènes du père, de la mère et de l'enfant montre que les gènes de ce dernier ne sont pas seulement ceux de ses parents : entre 70 et 80 mutations nouvelles peuvent être constatées et, dans quatre cas sur cinq, elles portent sur l'ADN d'origine paternelle.

La spermatogenèse (p. 34) en serait la cause principale. Les divisions cellulaires successives qui transforment les spermatogonies en spermatozoïdes provoquent toujours un certain nombre de mutations, dont la majorité sont sans effet. Ces divisions cellulaires se multipliant avec l'âge, elles entraîneraient de plus nombreuses mutations, qui seraient à l'origine de l'augmentation légère de différentes pathologies.

La génétique est la grande aventure médicale du siècle. *Les dernières recherches sur le génome humain, qui est la carte génétique commune à tous les humains, évaluent à un peu moins de 35 000 le nombre de gènes qui régissent notre vie. Chacun de ces gènes aurait plusieurs fonctions et pourrait être à l'origine des milliers de protéines qui gouvernent le corps.*

En cas de maladie chronique

Vous souffrez d'une maladie chronique – diabète, hypertension ou problèmes cardiaques. Sachez que la plupart d'entre elles ne sont plus aujourd'hui des obstacles à un projet d'enfant. Il est, en revanche, impératif que ces futures mamans soient prises en charge médicalement de manière très spécifique dès le début de leur grossesse.

Vous avez du diabète

Pour mener à bien une grossesse, la future maman diabétique doit normalement, deux à trois mois avant de concevoir son bébé, faire le bilan de son diabète et obtenir, grâce à un traitement à l'insuline et à un régime alimentaire, un équilibre glycémique proche de la normale. Elle doit le conserver pendant la période préconceptionnelle et les trois premiers mois de la grossesse. Si vous n'avez pas programmé ce bilan, il est indispensable de le faire.

Le médecin spécialiste établit le dosage d'insuline qu'elle devra s'injecter quotidiennement. Le médecin pratiquera des examens complémentaires : fond d'œil pour dépister une éventuelle atteinte de la rétine, recherche d'infection urinaire ou d'hypertension.

Tout au long de sa grossesse, la future maman contrôlera elle-même son taux de sucre au moyen de tests d'autosurveillance habituels : dans ses urines et dans son sang grâce à la glycémie capillaire. De plus, elle constatera une baisse de son besoin d'insuline en début de grossesse, une augmentation au milieu de celle-ci et une stabilisation à la fin. Aux rendez-vous mensuels chez l'obstétricien, s'ajouteront en alternance des consultations chez un spécialiste. Une surveillance particulière sera demandée en fin de grossesse, avec la visite régulière d'une sage-femme à domicile qui procédera à l'enregistrement du rythme cardiaque du futur bébé.

L'accouchement se déroule normalement à terme, par la voie basse. Mais l'excès de liquide amniotique, fréquent dans cette situation, ou la grosseur de l'enfant nécessitent parfois son déclenchement prématuré.

Le bébé est souvent placé à la naissance dans un service de soins spécialisés, afin de vérifier sa glycémie, trouble tout à fait transitoire. Pourtant, cet enfant devra être surveillé régulièrement, tout au long de son développement. Sachez qu'il existe aussi une forme particulière de diabète dit « gestationnel », qui survient au cours de la grossesse. Sa recherche est de plus en plus systématique à partir du 6e mois de gestation (p. 244).

Vous êtes hypertendue

Les femmes qui souffrent d'hypertension « essentielle », c'est-à-dire existant avant la grossesse, peuvent parfaitement mener à bien une maternité. En effet, les chiffres de leur pression artérielle ne vont que légèrement augmenter, pas assez pour induire des difficultés cardiaques. On constate même très souvent que cette pression diminue au cours du

SI VOUS AVEZ UN CERTAIN EMBONPOINT, *il serait plus judicieux de perdre quelques kilos avant d'être enceinte. Le surpoids est souvent un symptôme associé à l'hypertension et au diabète, et même parfois aux deux. Ces deux maladies compliquent la grossesse. De plus, trop de poids entraîne un réel inconfort, surtout dans les dernières semaines de gestation. La plupart des maternités sont en relation avec des diététiciennes qui accompagnent et conseillent les futures mamans un peu trop rondes.*

deuxième trimestre de la grossesse sous l'effet de la dilatation naturelle des artères.

La grossesse d'une future maman hypertendue exige une surveillance médicale régulière. Le médecin adaptera le traitement suite aux mesures constatées lors de la prise de tension. Par exemple, il peut le réduire lorsque la pression minimale dite « diastolique » est en dessous de 90 millimètres. C'est encore lui qui modifiera, au besoin, les médicaments prescrits afin de ne pas nuire au bon développement du bébé. Il ne manquera pas non plus de rappeler les règles diététiques communes à tout hypertendu : une alimentation pauvre en sel et en calories.

Vous souffrez d'une maladie cardiaque

Les problèmes cardiaques ne sont pas une contre-indication à la grossesse, si vous êtes bien suivie médicalement et, de préférence, dans un service spécialisé. Ce qu'il vous faut absolument éviter, ce sont les problèmes infectieux qui ont souvent des conséquences sur le plan cardiaque.

C'est durant le premier trimestre que le cœur est le plus mis à l'épreuve, en raison de l'augmentation du volume sanguin, et pendant l'accouchement. Mis à part cela, on connaît même des femmes greffées du cœur qui sont devenues mères. Dans ce cas précis, et quel que soit le type de greffe, la difficulté de la grossesse peut être due aux traitements mis en place pour éviter le phénomène de rejet. Les corticoïdes, par exemple, peuvent être à l'origine d'accouchements prématurés et de bébés de faible poids à la naissance.

***Plusieurs types d'hypertension** peuvent perturber la grossesse. La future maman peut être hypertendue avant, pendant et après.*

L'hypertension artérielle peut se déclencher dès le début et uniquement pour le temps de la grossesse. Elle réapparaîtra lors d'une prochaine grossesse. Il s'agit de l'hypertension artérielle gravidique vraie. Si c'est le cas, on surveillera l'apparition d'albumine dans les urines, le gonflement des mains et du visage. Leur présence peut faire craindre une toxémie gravidique. La surveillance d'une maman hypertendue et présentant ces symptômes peut nécessiter une hospitalisation.

Quelles qu'elles soient, ces deux pathologies peuvent être la cause d'importantes complications, telles que la crise d'éclampsie (convulsions très graves) ou le décollement du placenta, révélé par une hémorragie. Ces complications peuvent mettre la vie de l'enfant en danger. Voilà pourquoi la prise de tension artérielle mensuelle est indispensable.

La magie de l'ovulation

Quelles sont les étapes de l'ovulation ? C'est un processus relativement complexe qui se déroule, lors de chaque cycle, une étape après l'autre, toujours dans le même ordre. Elle mobilise plusieurs fonctions et plusieurs organes qui font preuve d'une incroyable coordination.

Le fonctionnement des ovaires

L'acteur essentiel dans l'histoire de votre grossesse est d'abord l'ovaire. Au nombre de deux, les ovaires sont des glandes blanchâtres, de forme ovoïde de 4 cm de long, 2 cm de large et 1 cm d'épaisseur, situées de part et d'autre de l'utérus. L'ovaire est constitué d'une multitude de coques, « les follicules ».

Sous l'effet d'hormones venues de l'hypothalamus et de l'hypophyse, 4 à 10 follicules grossissent, multipliant leurs cellules et produisant à leur tour des hormones. L'une d'entre elles, l'hormone lutéinisante (LH), atteindra son taux le plus élevé 24 heures avant que le follicule ne libère un ovule entouré de cellules folliculaires. On ne sait pas vraiment pourquoi, un seul follicule va jusqu'au bout du processus alors que d'autres arrêtent leur maturation. De manière tout à fait exceptionnelle, deux follicules peuvent libérer chacun un ovule, c'est ce qui explique les grossesses gémellaires de faux jumeaux (p. 138).

Le follicule ainsi rompu poursuit son évolution et devient alors ce que l'on appelle le corps jaune. Celui-ci produit des hormones (œstrogènes et progestérone), dont le rôle est de préparer la muqueuse utérine à l'implantation de l'œuf fécondé. Il poursuivra sa tâche deux à trois mois après la fécondation, jusqu'au moment où le placenta (p. 62) assurera à son tour cette production hormonale.

Le fonctionnement des ovaires est sous la totale dépendance du cerveau, qui met en action toute une série de sécrétions hormonales. Dès le début du cycle (28 jours en moyenne), c'est sur son « ordre » que se développe un follicule dominant qui grossit et qui, au bout de 14 jours, va libérer un ovule. Généralement, l'ovulation se fait dans la plus grande discrétion ; mais peut-être faites-vous

> « **Devenir mère n'est possible que parce que le corps de la femme est conçu de façon extraordinaire pour fabriquer et abriter un bébé. Mais attention, le temps est compté, la femme n'est fertile que de la puberté à la ménopause, soit une trentaine d'années environ.** »

Sur le plan génétique, l'ovocyte est la seule cellule de l'organisme *qui ne compte que 23 chromosomes (au lieu de 46), il en est de même pour le spermatozoïde. Sur ces 23 chromosomes, 22 sont semblables, le 23e est dit « sexuel » car il détermine le sexe de l'enfant à venir. Il est appelé X. Le 23e chromosome du spermatozoïde est lui porteur tantôt de X, tantôt de Y. Lors de la fécondation, si l'ovocyte s'unit à un spermatozoïde Y, il naîtra un garçon (XY), si l'union se fait avec un spermatozoïde X, ce sera une fille (p. 68).*

CHAQUE FEMME EST PORTEUSE D'UN INCROYABLE POTENTIEL DE MATERNITÉ. *En moyenne, elle possède à la naissance un capital de 300 000 à 500 000 ovules. Ils seront libérés, un par un, au cours de 400 à 500 cycles (de la puberté à la ménopause). Quant à la fécondation, elle ne se réalisera que deux ou trois fois pour la majorité des femmes des pays occidentaux. L'ovocyte (futur ovule) se forme au cours de la vie embryonnaire. Ainsi, à 5 mois de vie utérine, l'embryon « femelle » possède déjà 6 millions d'ovocytes dont la majorité dégénérera. À la puberté, on estime qu'il n'en reste plus que 500 000. Autre constatation : le temps altère sans doute leur qualité. En effet, on constate, à partir d'un certain âge, que les anomalies de la fécondation sont plus fréquentes.*

partie des femmes qui ressentent une douleur vague d'un côté ou de l'autre du bas-ventre, selon le cycle. Le seul signe tangible qui témoigne de l'ovulation est l'élévation de la température du corps de quelques dixièmes de degré (pp. 36 et 37).

Vers la rencontre

L'ovule libéré est happé par le pavillon de la trompe grâce aux franges mobiles dont elle est tapissée. Il s'y niche ainsi au milieu du cycle. C'est au tiers externe de la trompe que l'ovule rencontre le spermatozoïde fécondant.
Parallèlement, tout au long du cycle, la paroi utérine, l'endomètre, se transforme. Cette muqueuse, très fine après les règles, s'épaissit peu à peu sous l'effet des œstrogènes. Elle sera prête à accueillir l'œuf après la fécondation.

Une physiologie féminine idéale

Votre appareil génital se compose de la vulve, partie externe, puis du vagin qui relie la vulve à l'utérus. Le vagin est un canal (de 7 à 9 cm) d'une grande élasticité, entouré de muscles qui soutiennent l'abdomen et dont l'ensemble s'appelle « le périnée ». L'utérus, un muscle creux et épais, a la forme d'une poire (de 6 cm de long sur 4 cm de large). La partie inférieure se nomme le col et se situe au fond du vagin. La partie supérieure est le fond utérin. Celui-ci est tapissé d'une muqueuse, l'endomètre, où se niche l'œuf fécondé (p. 36). Dans le fond utérin débouchent également les trompes de Fallope, canaux de muscles de 12 cm de long et de 4 mm de diamètre environ, dont les extrémités s'élargissent en un pavillon, en contact direct avec les ovaires. Les trompes captent l'œuf et le font progresser vers l'utérus grâce à leur muqueuse tapissée de cils vibratiles, à leurs mouvements et au liquide qu'elles contiennent. Un mois sur deux, seul un des côtés de l'appareil reproducteur, ovaire-trompe, est actif ; en cas de problèmes d'un côté, l'autre prend le relais et travaille tous les mois. La médecine n'a pas encore élucidé cet étonnant fonctionnement.

L'APPAREIL GÉNITAL FÉMININ

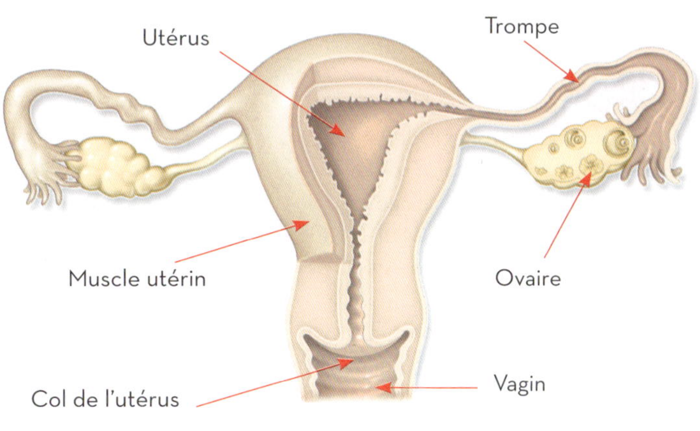

L'histoire des gamètes mâles

Comment se forment les spermatozoïdes ? Ils se forment dans les testicules situés dans les bourses. La descente des testicules en dehors de la cavité abdominale commence dès la vie intra-utérine pour se terminer vers l'âge de 3 ans. La spermatogenèse n'est en place qu'à la puberté.

Le nombre fait la force

Dans sa vie, un homme produit en moyenne 1 000 milliards de spermatozoïdes. Tous ceux qui ne sont pas éjaculés sont naturellement détruits. Les glandes testiculaires sont formées d'une multitude de petits tubes très fins, les tubes séminifères, enroulés comme les fils d'une pelote.

Chaque testicule renferme 200 à 300 globules testiculaires, contenant eux-mêmes 1 à 4 tubes séminifères. Ceux-ci sont tapissés de cellules germinales qui se transformeront, par différentes étapes, en spermatozoïdes. Il faut 74 jours pour que se produise la spermatogenèse. Les fonctions des testicules sont sous le contrôle de l'hypothalamus et de l'hypophyse. Les testicules ont encore pour fonction la production de testostérone, hormone qui agit de la puberté à la fin de la vie. Son rôle est essentiel dans la spermatogenèse. Dans les testicules, les spermatozoïdes ne sont pas mobiles. Ils le deviendront en traversant les canaux de l'épididyme, transportés par un liquide : le plasma séminal. Celui-ci est produit par la prostate et les glandes séminales. Puis les spermatozoïdes traversent les 30 à 40 cm des canaux déférents pour être mis en attente dans les vésicules séminales placées de part et d'autre de la prostate. Tout cela se fait en une quinzaine de jours et les spermatozoïdes se renouvellent tous les 30 jours environ. C'est au nombre de 300 à 400 millions qu'ils sont libérés lors d'un éjaculat. Ils sont alors mêlés à un liquide, le sperme, destiné à les nourrir et à les véhiculer.

La spermatogenèse n'est possible qu'en raison d'une particularité anatomique : les testicules sont situés en dehors du corps. Cette position est essentielle, car la température du corps, en quasi-permanence à 37 °C, est incompatible avec la spermatogenèse. D'ailleurs, la non-descente testiculaire altère grandement celle-ci.

La plus petite cellule

Chaque spermatozoïde a la même morphologie : une tête où sont situées les cellules chromosomiques, l'acrosome et un flagelle qui lui donne sa mobilité. L'acrosome, situé dans la tête, se présente comme un sac rempli d'enzymes destinés à dissoudre la coque protégeant l'ovule. Le flagelle pousse la tête en oscillant rapidement de droite à gauche. C'est ainsi qu'il remonte dans les voies génitales féminines, contournant tous les obstacles. Sa taille est de 50 microns, ce qui en fait la plus petite cellule du corps humain. Il ne prendra son pouvoir fécondant que dans les voies génitales féminines. Les spermatozoïdes ont une

__C'est seulement quelques centaines__ de spermatozoïdes qui partent à l'assaut de l'ovule. Tout au long du parcours sont écartés tout particulièrement ceux qui présentent des anomalies morphologiques. La moitié environ des spermatozoïdes présentent des défauts. Tête double, absence de flagelle, mauvaise rapidité ou manque de mobilité les rendent incapables de féconder l'ovule. Si, malgré tout, la fécondation a lieu, l'embryon ne se développera pas.

capacité de survie de 3 à 4 jours dans l'utérus féminin, attendant l'ovule.

Une sélection rigoureuse

La remontée des spermatozoïdes est très rapide. Ils traversent le vagin en 5 minutes et atteignent les trompes en moins d'1 heure, soit un parcours de 20 à 25 cm. Leur vélocité est décuplée par les contractions des muscles de l'utérus et des trompes. La glaire cervicale élimine près de 50 % des spermatozoïdes d'un éjaculat qui en compte entre 300 millions et 400 millions.
Au moment de la ponte, l'ovule est entouré d'une couronne de cellules nutritionnelles formant le complexe cumulus-ovocyte. Cet ensemble, happé par la trompe, occupe la totalité du conduit tubulaire, dont l'environnement de nature collante est un véritable piège pour les spermatozoïdes.

Une fécondité fragile

On ne connaît pas encore tous les critères de fécondité du sperme et il semble que de nombreux paramètres soient susceptibles de la modifier. Ainsi, une simple fièvre en raison d'une grippe, par exemple, baisse cette fécondité pour plusieurs mois. De même, la rareté des rapports sexuels n'est pas sans conséquence, puisque les spermatozoïdes stockés dans les vésicules séminales ne peuvent y survivre qu'un mois. L'éjaculat au moment du rapport sexuel comptera une proportion plus ou moins importante de spermatozoïdes morts, diminuant ainsi le pouvoir fécondant du sperme. Seule une analyse du liquide spermatique, ou spermogramme, permet de connaître le nombre de spermatozoïdes présents dans un éjaculat, ainsi que leur vitalité et leur morphologie. Pourtant, un sperme au pouvoir fécondant de qualité médiocre n'induit pas forcément des difficultés à avoir un enfant, s'il est associé à une bonne fécondabilité de la femme.

Enfin, on constate, dans la population masculine des pays développés, une diminution de la quantité et de la qualité des spermatozoïdes, sans doute pour des raisons de stress et d'environnement. Ces modifications sont sans conséquence aujourd'hui sur la fertilité, mais qu'en sera-t-il demain ?

C'EST VERS L'ÂGE DE 30 ANS *que l'homme est en pleine possession de sa capacité de reproduction. Bien que les testicules soient en permanence actifs, de la puberté à la fin de la vie, que l'homme ait ou non une activité sexuelle, il faut savoir que la qualité maximale des spermatozoïdes est produite à cet âge. C'est la période où ils sont les plus nombreux et les plus mobiles dans le sperme Après cet âge, le nombre de capillaires entourant les tubes séminifères diminue, entraînant alors une modification dans la différenciation des cellules germinales. À savoir : l'âge moyen des pères à la naissance de leur premier enfant est aujourd'hui de 32 ans.*

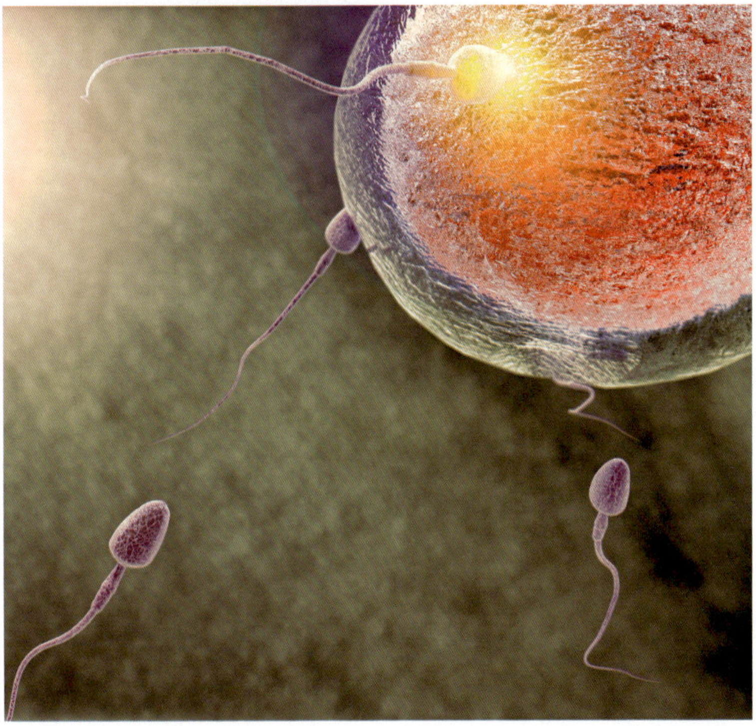

Le « bon » jour

À quel moment se produit exactement la fécondation ? Votre grossesse est le résultat d'une concomitance d'événements. La rencontre d'un ovule avec un spermatozoïde ne peut pas se faire à n'importe quel moment de votre cycle. Elle n'est possible qu'en période d'ovulation.

Bien connaître son cycle…

Votre cycle menstruel commence le premier jour de vos règles et se termine le premier jour des règles suivantes. La plupart des femmes ont des cycles de 28 jours, c'est peut-être votre cas. Mais sachez que certaines femmes ont des cycles réguliers de 25 jours, d'autres de 34 jours. Vous retrouverez les caractéristiques de votre cycle après votre retour de couches.

Le cycle de la femme se compose de plusieurs phases, la première, la phase folliculaire, la seconde, la phase lutéale. Dans un cycle de 28 jours, les 14 premiers jours sont consacrés à la sélection d'un follicule dans l'un des ovaires et à sa maturation. L'ovulation se produit le 13e ou le 14e jour. Certaines femmes reconnaissent cette période, car elles ressentent des douleurs dans le bas-ventre. D'autres constatent, un ou deux jours avant l'ovulation, une sécrétion particulière de glaire produite par des glandes situées dans le col de l'utérus et une plus grande humidité de leur vagin. Cette glaire cervicale permet aux spermatozoïdes de rejoindre le col de l'utérus. Si elle n'est pas toujours observée, elle est toujours présente, sauf en cas d'anomalie.

La phase lutéale commence alors, elle dure 14 jours. Elle est marquée par la transformation de la muqueuse utérine, l'endomètre, elle se prépare à accueillir l'œuf fécondé (p. 31).

Pour repérer son ovulation

Pour beaucoup de femmes, l'ovulation a lieu dans une grande discrétion, puisqu'elle se manifeste seulement par une augmentation de la température du corps de 0,4 degré environ. C'est d'ailleurs grâce à ce phénomène qu'il est possible de repérer la date

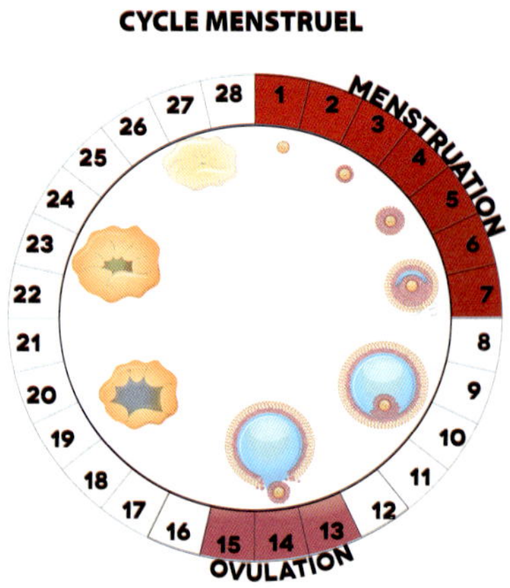

d'ovulation dans le cas de cycles réguliers. La méthode dite « des températures » ne renseigne qu'a posteriori et vous ne pourrez l'utiliser que pour une autre grossesse. Vous devrez prendre

L'UTÉRUS SE PRÉPARE À LA RENCONTRE. *Le col de l'utérus subit des transformations sous l'effet des œstrogènes. Les glandes qu'il abrite au moment de l'ovulation sécrètent la glaire cervicale, liquide visqueux, transparent, qui va aider les spermatozoïdes à progresser vers les trompes, à se nourrir et surtout à se protéger contre toute attaque microbienne. Le vagin, également sensible aux œstrogènes, devient plus souple, humide. Dans la deuxième phase du cycle, l'acidité vaginale se modifie : elle devient plus faible afin de ne pas nuire aux spermatozoïdes.*

votre température tous les matins à la même heure et avant de vous lever afin d'établir une courbe de températures.
D'une allure caractéristique, celle-ci se dessine en deux plateaux. Avant l'ovulation, la courbe se situe en dessous de 37 °C, entre 36,1 °C et 36,7 °C. Vers le milieu du cycle, la température monte de quelques dixièmes de degré et se maintient au-dessus de 37 °C jusqu'à la fin du cycle. C'est le deuxième plateau. L'ovulation se produit au moment de l'augmentation de la température. Si le décalage entre les deux plateaux est brusque, on considère qu'elle a eu lieu le dernier jour de température basse. Si le décalage est progressif ou réparti sur deux ou trois jours, elle s'est produite le premier jour où la température a commencé à monter. La difficulté est de savoir si cette hausse de température est due à un état fébrile. Il est rare que la fièvre soit le seul symptôme d'une maladie et, dans ce cas, la température dépasse très vite les 37,5 °C ou alors redescend. Les femmes qui souhaitent programmer précisément leur grossesse auront la date précise de leur ovulation, discrètement chez elles, grâce aux tests d'ovulation vendus en pharmacie. Placés au contact de l'urine, ils donnent 24 heures à l'avance la date de l'ovulation.

La conception de votre bébé *a pu avoir lieu soit 4 ou 5 jours avant votre ovulation, soit 1 ou 2 jours après. La période du cycle la plus fertile est de 1 ou 2 jours avant l'ovulation, sachant que la durée de vie de l'ovule est de 24 ou 48 heures et celle des spermatozoïdes de 2 à 5 jours mais ces derniers perdent de leur pouvoir fécondant avec le temps.*

LA COURBE DES TEMPÉRATURES

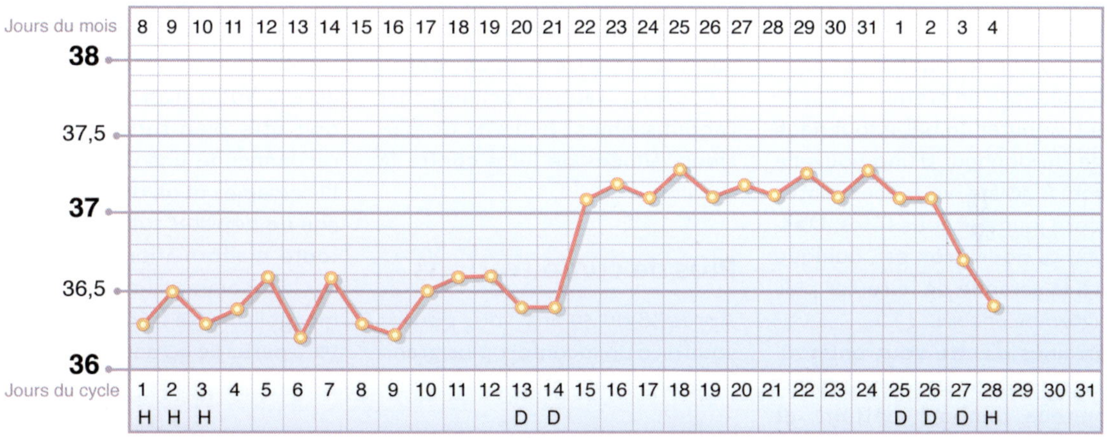

La courbe de températures permet de connaître, mais a posteriori, le moment de l'ovulation. La prise de température s'effectue à partir du 8e jour et jusqu'à la fin du cycle. Prenez votre température rectale le matin au réveil à jeun avant de vous lever et notez, au jour le jour, les événements tels que douleur au ventre ou perte de sang. L'ovulation intervient au moment du passage de la température basse à la température haute.

Les bébés de la quarantaine

Votre âge, plus de quarante ans, signifie-t-il que votre grossesse sera délicate ? Les progrès de l'obstétrique permettent d'avoir des enfants, même tardivement, sans risque. Ces maternités ne sont pas encore légion, mais leur fréquence augmente de façon notable.

Particulièrement désirées

Votre grossesse est l'aboutissement d'un choix affirmé. Deux motivations sous-tendent votre choix d'une maternité tardive : soit vous avez décidé de faire un bébé vite, pendant qu'il en est encore temps alors que vous avez fait vos preuves sur le plan professionnel ; soit votre vie sentimentale a changé (mariage tardif ou remariage, etc.). Une famille recomposée ne vous fait pas peur, aux enfants d'un premier mariage vient s'ajouter un bébé tout neuf, gage du bonheur d'une nouvelle union. À 40 ans, vous vous sentez encore jeune et vous l'êtes. D'ailleurs, ce nourrisson est, quelque part, la garantie de le rester plus longtemps encore.

Certaines d'entre vous ont souvent mené une carrière professionnelle tambour battant, et ressentent le besoin de faire une pause et de fonder une famille. D'autres encore ont déjà vécu une vie de couple, avec des enfants déjà grands et ont l'envie de faire un « petit dernier », avant qu'il ne soit trop tard. Quelquefois, c'est la famille qui fait pression : le père veut trois ou quatre enfants parce que lui-même est issu d'une famille nombreuse, ou bien ce sont les autres enfants qui réclament un petit frère ou une petite sœur. Pour d'autres femmes, c'est l'aboutissement heureux de plusieurs années de lutte contre la stérilité.

« Vers 40 ans, l'éventualité de devenir enceinte chute nettement au-dessous de 10 %, avec un délai pour concevoir de l'ordre d'un an, voire plus. »

Plus de complications

Après 38 ou 39 ans, vous pouvez souffrir d'un inconfort plus grand pendant votre grossesse : fatigue générale et troubles veineux sont plus fréquents ou, pour celles qui y sont sujettes, aggravés tant par la grossesse que par l'âge. On note encore que plus une femme enceinte est âgée, plus elle est exposée à l'hypertension (p. 30), au diabète (p. 30), aux problèmes gynécologiques et surtout à ceux entraînant des naissances prématurées (pp. 306 et 307). En effet, les chiffres montrent que le taux de légère prématurité augmente quand la mère a plus de 40 ans. Votre grossesse « tardive » doit être bien surveillée et l'on recommande une échographie à 12 semaines et un dosage sérique afin de dépister suffisamment tôt toute malformation, en particulier la trisomie 21. Responsable du mongolisme, sa fréquence est de 1 % à partir de 40 ans (1 pour 2 000

Dans notre société, *le désir d'enfant à la quarantaine devient courant, il est considéré comme normal. Mais un désir encore plus tardif, vers 42-45 ans, commence à s'exprimer, certaines femmes ayant recours à un don d'ovocyte. Les grossesses vraiment tardives doivent être très bien suivies médicalement afin que leurs complications (hypertension et fibrome) soient dépistées.*

dans une population générale). Ces difficultés peuvent être attribuées au vieillissement des ovocytes. En effet, la femme naît avec un potentiel de 300 000 ovules environ. À 35 ans, elle produit donc des ovules qui ont, eux aussi, 35 ans.

Un accouchement sous haute surveillance

L'accouchement d'une future maman de plus de 40 ans n'est pas toujours facile. L'utérus plus fibromateux se rétracte en général moins facilement après la naissance de l'enfant. Après 40 ans, les risques d'hémorragie au moment de l'accouchement sont aussi accrus soit à cause de plusieurs grossesses antérieures, soit en raison d'un placenta prævia. Le bon déroulement de la délivrance sera particulièrement surveillé et la quantité de sang perdu systématiquement mesurée.

Les césariennes (p. 384) sont relativement fréquentes. Elles sont réalisées par nécessité mais aussi par choix. D'autre part, le bébé de la quarantaine est souvent plus gros que la normale et, après l'accouchement, ces mères ont un peu plus de difficultés à retrouver leur ligne.

Le dépistage des anomalies chromosomiques, *notamment la trisomie, est aujourd'hui au point. Nous avons fait des progrès intéressants en croisant les informations données par certaines échographies et certains dosages biochimiques. Le protocole consiste à faire, à 12 semaines d'aménorrhée, une échographie et une recherche de divers marqueurs sériques. La combinaison de tous ces examens permet au médecin de calculer le risque encouru (le calcul de base est fixé à 1/250 ; 1/100 signifie un risque élevé ; 1/300, un risque modéré).*
Ce dépistage a un double effet : d'une part, il fait entrer certaines jeunes futures mamans dans la catégorie des femmes à risque, et d'autre part, il évite le recours à une amniocentèse inutile. Il est précieux pour les femmes qui ont eu du mal à obtenir une grossesse et pour laquelle on ne veut prendre aucun risque de fausse couche. En utilisant cette combinaison d'examens (ce que l'on appelle « le risque intégré ») et notamment en pratiquant la première échographie, le nombre d'amniocentèses inutiles et à risque doit diminuer, tout en rassurant au maximum les futures mamans.

Faire un bébé toute seule

Vous avez décidé de mener votre grossesse et d'élever seule votre enfant ? Comme pour la majorité des mères célibataires, votre désir repose essentiellement sur le besoin de vous prolonger, sur la volonté de ne pas construire votre vie uniquement sur la réussite sociale et professionnelle.

Des sentiments mêlés

La contraception et l'interruption volontaire de grossesse vous permettent, comme la plupart des mères célibataires, de l'être intentionnellement. D'ailleurs, vous pouvez en témoigner, ces femmes qui vivent une maternité en «solitaire» sont plutôt bien dans leur peau et dans une situation financière relativement confortable. Mais, dans leur vie comme dans celle de toutes les futures mamans, il y a des hauts et des bas. Les mamans célibataires ne sont pas à l'abri de moments de solitude ou de sentiments contradictoires qui peuvent parfois se transformer en angoisses. Car si leur grossesse est volontaire, elle n'est pas menée dans l'inconscience. La responsabilité d'élever seule un enfant, le manque de soutien affectif leur font penser, dans les petits moments de blues, que tout irait mieux si elles n'étaient pas seules. L'image idéalisée du couple attendant et accueillant son enfant reste encore profondément ancrée dans les représentations de notre société et dans les mentalités.

> **« À la différence de certains pays d'Europe, la loi française sur la bioéthique ne permet pas aux mères célibataires d'avoir recours au don de sperme ou d'embryon. »**

Rompre le sentiment de solitude *que peuvent éprouver certaines, notamment au moment de l'arrêt de travail, c'est la préoccupation de quelques sages-femmes chargées de la préparation à la naissance. Ainsi, dans certaines maternités, elles essaient de mettre en rapport les futures mamans célibataires les unes avec les autres. Des réunions informelles aident à tisser des relations plus personnelles.*

Une grossesse voulue

Or le désir d'enfant des femmes seules, parfaitement maîtrisé et assumé au vu de tous, n'est jamais aussi évident dès lors qu'on s'attache aux raisons inconscientes. Comme dans tout désir d'enfant se mêlent l'image que l'on a de sa féminité, la compensation de certaines frustrations affectives familiales, le besoin de s'identifier à sa propre mère ou, tout au contraire, celui de prouver que l'on sera capable de faire mieux. Dans ce cas précis, les psychanalystes assimilent ce désir d'enfant à un processus de réparation. De plus, la solitude est souvent le résultat de l'échec affectif d'une relation amoureuse. Pour certaines mères célibataires, le phénomène d'introspection qu'entraîne la grossesse sera intense et nécessitera peut-être une aide psychologique. Cependant, toutes les études montrent que les mères célibataires, dans leur grande majorité, vivent bien leur grossesse et que l'absence d'un père à l'accouchement est largement compensée par une équipe soignante disponible. Mais surtout, elles peuvent demander à une amie de cœur ou à leur mère ou leur sœur de venir les soutenir affectivement.

Une attitude trop possessive *et surprotectrice vis-à-vis de l'enfant est parfois à craindre. Le risque existe, car l'enfant devient pour la mère une forme de compensation pour pallier leur éventuelle solitude. Il recevra donc toute son affection ; en retour, elle s'attendra à recevoir également beaucoup... peut-être trop. Ces mères peuvent encore voir en leur enfant un moyen de recommencer leur vie. Tout cela concourt parfois à la naissance d'une relation trop étouffante. En prendre conscience est important pour prendre quelques précautions comme s'ouvrir sur l'extérieur et développer des formes d'autonomie l'un vis-à-vis de l'autre.*

Trouver un substitut de père

Parmi les enfants naturels, 18 % ne font jamais l'objet d'une reconnaissance de la part de leur père. Ce chiffre n'a pas varié depuis vingt ans. On peut interpréter ces chiffres comme le refus de ces hommes d'être pères. Mais les histoires des couples aujourd'hui sont peut-être plus compliquées qu'autrefois. Bien des mères célibataires ont dû affronter la déception de constater que l'homme qu'elles aimaient, fuyant dès l'annonce de la maternité, était en fait incapable d'assumer une paternité. Ces hommes se sentent piégés, engagés dans une vie qu'ils n'ont pas choisie. Reste à la mère la lourde tâche de combler l'absence de ce père. Classiquement, les psychologues affirment que, pour que mère et enfant aient une relation normale, il faut que, dans le couple, s'insère une troisième personne : c'est le rôle normalement dévolu au père. Les spécialistes de la relation mère-enfant conseillent de trouver un parent ou un ami pour jouer ce rôle, à condition que ce dernier soit régulièrement présent auprès de l'enfant. Ceci d'autant plus que la future maman a parfois une image négative de son père génétique, elle doit veiller à ne pas la lui transmettre. Elle placerait ce dernier dans une situation compliquée. De même, la majorité des psychologues propose d'expliquer très tôt à l'enfant les raisons de sa situation particulière, notamment les circonstances qui ont concouru à sa naissance. Savoir sera souvent plus apaisant pour lui que de demeurer dans le questionnement.

Des aides spécifiques

Les mères célibataires ont encore droit à des aides et à des allocations particulières. Elles peuvent s'informer auprès de l'assistante sociale de leur quartier ou aux services de la PMI de leur commune. Elles sont aussi prioritaires pour l'obtention d'une place en crèche collective ou familiale. De nombreuses associations se sont créées pour venir en aide à celles qui sont les plus démunies. Là encore, l'assistante sociale leur sera d'un grand soutien.

Un bébé quand vous voulez

Pourquoi n'a-t-on pas toujours un bébé quand on le souhaite ? Il est assez fréquent qu'entre le moment où vous avez décidé d'avoir un enfant et celui tant désiré de la conception, il peut s'écouler un temps plus ou moins long.

Fécondabilité du couple

En premier lieu, il faut savoir que les couples totalement stériles sont rares (moins de 5 %). En revanche, une infertilité, c'est-à-dire une difficulté à concevoir, se rencontre dans 10 à 15 % des couples. La fertilité d'un couple ne s'évalue pas simplement sur les difficultés de l'un des partenaires (ainsi, un sperme de qualité médiocre posera moins de problème si la femme est très fertile), mais sur la fécondabilité : c'est-à-dire la probabilité de concevoir un enfant au cours d'un cycle menstruel. On estime qu'elle est de 25 % pour un couple jeune. Avec un âge plus avancé des deux partenaires ou de l'un d'entre eux, ce taux de probabilité devient de plus en plus faible. En général, pour un couple sans problème particulier et jeune (moins de 30 ans), il faut un délai moyen de six mois entre le moment où il décide de « faire un bébé » et celui où son projet se réalise. Et sur 100 couples à la fertilité tout à fait normale, 3 en moyenne n'auront pas réussi à concevoir un enfant au bout d'un an. C'est dire les difficultés rencontrées par les couples dont la fertilité est faible (1 % environ de la population). C'est dans ce délai qu'il est normal de consulter un médecin.

Ainsi, 4 % de ceux qui consultent un médecin sont dans l'impossibilité de procréer, 16 % présentent une hypofécondité et les 80 % restants devront attendre d'un à trois ans avant de réussir à avoir un bébé. Mais, les années passant, la proportion de couples infertiles devient de plus en plus importante.

La qualité de vie des couples *n'est pas sans importance. Ce n'est pas un hasard si beaucoup de bébés sont conçus en période de vacances. Et l'on ne saurait trop recommander au couple désirant un bébé de mener une vie régulière, d'où tout surmenage physique et intellectuel serait absent, d'avoir une alimentation saine et variée ainsi que de diminuer les excitants, tels que l'alcool et le tabac.*

Histoire de la mère

La variation de la fécondité dépend non seulement du rythme des rapports sexuels mais aussi d'autres facteurs, comme l'âge. Vers 30 ans, une circulaire devrait avertir les femmes que leur fertilité baisse avec l'âge. En effet, c'est l'âge de la mère qui a le plus d'importance. Votre fécondabilité augmente jusqu'à l'âge de 25 ans, reste stationnaire jusqu'à 35 ans et diminue ensuite. Vers 30 ans, une circulaire devrait avertir les femmes que leur fertilité baisse avec l'âge. En théorie, la fertilité de la femme se situe entre 12 et 52 ans, avec des variables de près de quinze ans d'une femme à l'autre. Sa puberté a-t-elle été tardive ? Ses cycles réguliers ou non ? En réalité, la période dans la vie d'une femme pour avoir un bébé n'est que d'une vingtaine d'années. Aujourd'hui, l'âge de la première maternité étant de 30 ans, il ne reste plus que 10 ans pour agrandir sa petite famille.

Des facteurs d'ordre psychologiques peuvent rendre les choses plus ou moins compliquées. Vous avez peut-être constaté déjà l'importance des émotions sur votre cycle.

Histoire du père

Mais vous n'êtes pas la seule en cause. La qualité du sperme est également importante (p. 34). Le seuil de fertilité se situe aux alentours de 60 millions de spermatozoïdes par ml, alors que la moyenne est de 98 millions par ml. D'autres paramètres sont également importants, telle la mobilité des spermatozoïdes. Leur morphologie entre aussi en compte : il y a toujours un pourcentage de spermatozoïdes anormaux qui ne doit pas être trop élevé en cas de difficultés. Et il y a des liens entre ces différents paramètres. Plus la concentration est élevée, plus la mobilité l'est, ainsi que le pourcentage de spermatozoïdes bien formés.

Le temps de la rencontre

En étudiant des grossesses obtenues par insémination artificielle (p.p. 44 et 46), les médecins ont pu mettre en évidence un certain nombre de facteurs influençant la réussite d'une grossesse. Ainsi, on a démontré, chiffres à l'appui, le rôle que joue la qualité de la glaire cervicale, l'ouverture du col et le jour du cycle. L'étude met en évidence une période particulièrement féconde, qui se situe trois jours avant celle signalée par le dernier point le plus bas de la courbe thermique du cycle. Elle remet donc en cause l'idée selon laquelle ce jour serait particulièrement fécond. À viser ce jour, il semble bien que l'on ne vise pas le meilleur.
Du côté masculin, cette étude, entreprise à partir d'inséminations faites avec du sperme congelé, montre que le caractère le plus déterminant semble être le taux de spermatozoïdes mobiles. Si ce taux est supérieur à 50 %, les chances de succès sont deux fois plus élevées. Aussi conseille-t-on au couple en désir d'enfant d'avoir des rapports sexuels 48 heures avant le jour qui précède l'ovulation. En effet, des rapports trop fréquents risquent d'appauvrir la concentration de spermatozoïdes dans le sperme.

30 % de chances de procréer sur un cycle, *à raison de deux ou trois rapports sexuels au bon moment, telles sont les performances d'un couple n'ayant aucune difficulté selon les études du docteur Spira, épidémiologiste. Un pourcentage qui diminue de manière significative dès que les deux parents ont plus de 35 ans. Les travaux statistiques de cette équipe indiquent qu'il est plus difficile d'obtenir une grossesse après un long moment d'abstinence sexuelle. Ainsi, après un délai d'infertilité de deux ans, le temps nécessaire moyen pour obtenir une grossesse est de trois ans.*

Se faire aider par la science

Votre grossesse est issue d'une PMA. Aujourd'hui en France, environ 20 000 bébés par an viennent au monde grâce à l'assistance médicale à la procréation, dont 15 000 grâce à une fécondation in vitro. La plupart de ces grossesses se déroulent tout à fait normalement et les bébés ont un développement identique à celui des autres enfants.

Soigner les infertilités

Chez la femme, les malformations peuvent être diverses et toucher différents organes : l'utérus, le col de l'utérus, les ovaires ou même l'appareil génital complet. Il peut s'agir encore d'une oblitération ou d'une infection des trompes, d'un kyste ovarien, d'un fibrome de l'utérus ou de polypes, d'infection des parois vaginales ou utérines, ou encore d'une endométriose. Le diagnostic établi, les soins seront, selon le cas, médicamenteux ou chirurgicaux. Certaines infertilités sont le résultat d'un dérèglement hormonal en raison du dysfonctionnement de l'hypothalamus, d'une insuffisance de la glande thyroïde ou des glandes surrénales. En fait, rares sont les infertilités simples et on constate souvent qu'ayant traité les troubles fonctionnels, on en voit apparaître un autre, d'ordre psychique, tout aussi perturbateur de la fertilité, tant le corps et le psychisme sont liés. Chez l'homme, l'infertilité s'explique par une atteinte de l'épididyme due à une anomalie congénitale ou à une infection vénérienne, ou par le mauvais fonctionnement des testicules à la suite d'une lésion, d'oreillons mal soignés, d'une trop forte dose de rayons X, d'une infection notamment ayant occasionnée une forte fièvre ou, le plus souvent, une varicocèle. Là encore, la chirurgie ou un traitement par antibiotiques permettent de renouer avec l'espoir de paternité.

Les bébés « éprouvette »

Vous avez eu recours à une fécondation in vitro pour obtenir votre grossesse. Quelle que soit la raison, le protocole médical est toujours le même. Tout commence par un contrôle rigoureux de votre ovulation qui a été stimulée par des hormones. Au moment précis de l'ovulation, les ovocytes sont prélevés par ponction à l'aide d'une aiguille introduite par voie vaginale et sous contrôle échographique.
De leur côté, les spermatozoïdes de votre conjoint sont recueillis par masturbation. Après une légère préparation, chaque ovocyte est déposé dans une éprouvette en présence de 10 000 ou 20 000 spermatozoïdes mobiles. Les œufs

---

La mobilisation globale du couple *est nécessaire à la conception d'un bébé. En moyenne 10 à 12 % des couples ont des difficultés pour avoir un enfant. Mais seulement 3 à 5 % des stérilités sont définitives. Toutes les autres cèdent face à un traitement médical. La médecine a fait depuis quelques années de nombreux progrès. La mini-chirurgie permet de réparer les malformations et de supprimer les adhérences. Les médicaments, eux, sont de plus en plus efficaces et les traitements hormonaux de mieux en mieux maîtrisés. Dans les délais raisonnables de leur utilisation, il n'a pas été montré de conséquences néfastes (pas d'augmentation de cancers, par exemple).*

---

ainsi formés sont placés dans un incubateur à 37 °C. Quelque 48 heures plus tard, chaque œuf compte déjà quatre cellules. Ils sont prêts à être implantés dans le fond utérin grâce à un cathéter. Selon votre cas, 1 ou 2 embryons ont été implantés, les autres ont été congelés afin de vous permettre, si vous le souhaitez, d'autres implantations ultérieures. Les embryons congelés résistent parfaitement au temps et la réussite de l'implantation n'est pas liée à la date de leur cryptoconservation. Chaque année, vous devrez informer le laboratoire de la Fécondation In Vitro (FIV) que, dans l'avenir, vous avez un projet parental pour ces embryons surnuméraires. Sinon un entretien vous sera proposé pour connaître votre décision, notamment si vous souhaitez en faire don (p. 47).

Le médecin biologique a pu encore pratiquer la technique de la micro-injection. On prélève par micro-aspiration un spermatozoïde de l'éjaculat et, après prélèvement de l'ovule maternel et par l'intermédiaire d'une micropipette, on place au centre de l'ovocyte le seul et unique spermatozoïde. Cette méthode est de plus en plus utilisée, dans 50 % des fécondations in vitro. Elle tend à se développer pour traiter les stérilités masculines les plus fréquentes. Elle exige normalement un caryotype avant toute programmation.

On est capable de cultiver in vitro *les embryons pendant quatre ou cinq jours. Cette technique récente permet d'obtenir des embryons plus mûrs et donc de n'en transplanter qu'un seul avec des chances de survie plus importantes. Elle évite les grossesses multiples, qui ne sont jamais simples, et donne plus de chances aux femmes qui, en raison d'un utérus petit ou cloisonné, ne peuvent supporter l'implantation des embryons qui leur étaient destinés.*

Il reste bien des questions à résoudre. Les chercheurs aimeraient savoir pourquoi, parmi tous les embryons de la même origine, certains se développent alors que d'autres périssent.

Ils souhaitent encore connaître les raisons qui font échouer une implantation sur deux. Toutes ces recherches ont pour but de traiter de plus en plus de types de stérilité ; elles sont encadrées par la loi dite de « bioéthique ».

Fécondation guidée

Parfois, il a été nécessaire d'utiliser l'ICSI, *Intracytoplasmic Sperm Injection*, variante de la fécondation in vitro. Elle donne un espoir nouveau dans les soins des stérilités masculines, notamment celles dues à des insuffisances spermatiques sévères, les spermatozoïdes étant alors souvent incapables de pénétrer la membrane qui entoure l'ovocyte. Cette technique a même permis à des hommes dont le sperme ne contenait pas de spermatozoïdes de devenir pères. En effet, il est possible avec l'ICSI de prélever des spermatozoïdes dans l'épididyme ou dans le testicule. La rencontre des gamètes masculins et féminins est réalisée par le biologiste grâce à un matériel microscopique sophistiqué. Il introduit doucement un spermatozoïde choisi pour ses qualités de fécondabilité dans le cytoplasme de l'ovocyte. Les embryons ainsi formés sont ensuite transférés dans l'utérus de la femme. La stérilité de votre compagnon a été résolue.

Grossesses à surveiller

Votre grossesse obtenue après fécondation in vitro demande une surveillance identique à toute grossesse. Si le taux de fausses couches au premier trimestre est le même que celui des fécondations naturelles, le taux des grossesses gémellaires (20 %) dépend du nombre d'embryons implantés. Il semble que le retard de croissance soit plus fréquent. Le nombre d'accouchements par césarienne est encore élevé. En revanche, toutes les études faites sur les enfants nés d'une fécondation in vitro montrent qu'ils ont un développement physique et psychique tout à fait dans les normes.

La grossesse avec donneur

Vous avez dû avoir recours à un don. Vous faites donc partie des 3 % de couples qui sont devenus parents grâce à un don de sperme ou d'ovocyte ou encore d'embryon. Cette démarche vous a demandé une réflexion approfondie sur votre avenir et sur celui de l'enfant que vous portez.

Le don de sperme

L'infertilité de votre mari ou de votre compagnon n'a pu être traitée et, ensemble, vous avez décidé d'avoir recours, pour devenir parents, à un don de sperme suivi d'une insémination artificielle. C'est la plus ancienne méthode de procréation médicalement assistée.

En France, le don de sperme est volontaire, gratuit et anonyme. Cela signifie que le donneur ne connaît pas la destination de son don et que les receveurs ignorent l'identité du donneur. Cette règle imposée pour éviter bien des dérives n'évite pas un certain nombre de questions de la part des parents receveurs, tout particulièrement sur la qualité des gamètes. C'est peut-être votre cas ? Ce sont les CECOS, Centres d'étude et de conservation des œufs et du sperme, seuls habilités à recueillir les dons et à fournir des paillettes aux centres hospitaliers agréés pour effectuer des PMA, qui sont garants de cette qualité. Leur pratique est strictement encadrée par la loi. Avant toute utilisation, le sperme du donneur recueilli après masturbation est analysé pour contrôler qu'il n'est porteur ni d'infection, ni d'anomalie génétique, notamment chromosomique, et qu'il possède un pouvoir fécondant normal. Ces vérifications faites, le sperme est congelé dans de l'azote liquide, sous forme de paillettes. Six mois après cette opération, les biologistes du CECOS procèdent à un test sérologique afin de s'assurer que le sperme n'est pas porteur de virus, notamment ceux de maladies sexuellement transmissibles. Il est prêt pour un don.

> **« Votre fœtus n'a pas vos gènes mais il est votre enfant car vous le portez et lui donnerez naissance. »**

Certaines règles imposées par la loi française renforcent la prévention des maladies génétiques. Ainsi, le donneur ne doit pas être âgé de plus de 45 ans, et son sperme ne peut procréer plus de 10 enfants afin d'éviter les problèmes de consanguinité.

Avant de réaliser l'insémination, le CECOS fournit des paillettes qui ont été soigneusement choisies pour correspondre à un certain nombre de critères en relation

***Depuis la nuit des temps, la parentalité a évolué** et pris des formes différentes de celle classique, la parenté généalogique, qui naît de l'union d'un homme et d'une femme. L'adoption constitue une parentalité sociale qui devient juridique quand la loi s'en mêle. Les dons de sperme, d'ovocytes ou d'embryons ouvrent à des parentalités multiples. Comme l'adoption, elles posent la question de la place du génétique par rapport aux relations affectives et sociales. De leur côté, les recompositions familiales agrandissent le noyau familial. Ces évolutions de la notion de « parents » méritent réflexion et discussion.*

avec le couple receveur, essentiellement le groupe sanguin, la couleur de la peau et des cheveux, afin de permettre une certaine harmonie familiale. Il n'y a pas d'autre type de sélection à part d'éventuels facteurs médicaux comme le diabète ou l'hypertension artérielle. L'insémination artificielle ne modifie en rien ni la fécondation ni le déroulement de la grossesse. Plus tard pourtant, il vous faudra réfléchir à ce que vous direz à votre enfant sur ses origines.

CONGELÉS, LE SPERME ET L'OVOCYTE SE CONSERVENT SANS DOMMAGE, *et des recherches font espérer qu'il sera possible un jour de congeler aussi les cellules souches des spermatozoïdes, les spermatogonies. De même, des recherches se développent pour parvenir à congeler les ovules et les aider, in vitro, à mûrir. L'objectif est également de créer éventuellement des « banques » d'ovocytes comme il existe des banques de sperme. Les femmes jeunes pourraient ainsi conserver leurs ovocytes pour concevoir plus tard, ou en faire don, si elles le souhaitent. Ces banques auraient aussi l'avantage de mieux adapter la demande à l'offre.*

Solliciter une donneuse

Dans votre cas, c'est l'absence ou un grave défaut d'ovulation qui a nécessité un don d'ovocytes, à moins que vous ne soyez porteuse d'une anomalie génétique susceptible d'être transmise par vos ovules. C'est un parcours médical, psychologiquement délicat ; en effet, vous avez dû trouver une amie, une sœur ou quelqu'un de votre famille volontaire pour devenir donneuse. Mais elle ne vous a pas donné l'ovocyte dont vous aviez besoin, elle l'a « offert » à une autre femme que ni vous ni elle ne connaissiez. Vous, en revanche, vous avec reçu l'ovocyte d'une donneuse anonyme. C'est une des règles de ce don, qui en compte d'autres afin de s'assurer de la qualité des gamètes. La donneuse doit être âgée de moins de 37 ans déjà mère ou non et être en bonne santé, un point qui est vérifié par un bilan infectieux avec des tests virologiques, par un bilan hormonal et par un bilan génétique avec notamment un caryotype.

Toutes ces vérifications faites, les ovocytes ont été prélevés puis fécondés in vitro avec le sperme de votre conjoint. Plus que toute autre femme, vous savez votre grossesse précieuse et vous montrerez certainement une attention particulière au respect des rendez-vous médicaux qui jalonnent son suivi. Dans les mois à venir vous réfléchirez à ce que vous souhaiterez dire à cet enfant devenu grand sur les circonstances de sa conception.

Le don d'embryon

Vous faites partie des très rares couples qui ont pu bénéficier de cette aide à la procréation en raison de l'infertilité de chacun de vous ou des risques de transmission d'une maladie génétique grave. Cet accueil d'embryons vous permet aujourd'hui de vivre l'expérience de la grossesse que vous avez tant attendue. L'embryon que vous avez reçu a été conçu en éprouvette pour répondre, il y a souvent quelques années, au projet parental d'un couple ayant des difficultés à concevoir un enfant naturellement. Ce couple, le plus souvent parce qu'il a mis au monde le nombre d'enfants qu'il souhaitait, parfois parce qu'il s'est séparé, ne désire plus avoir d'enfant. Il fait « don » de manière volontaire, gratuite et anonyme des embryons surnuméraires prévus dans le cadre d'une FIV. Ces embryons doivent avoir été conçus par des couples âgés de moins de 38 ans pour la femme et de moins de 45 ans pour l'homme et avoir été retenus par l'équipe médicale du centre de conservation sur des critères de qualité d'âge et de risque de transmission de maladie. D'ailleurs, dans la plupart des cas, avant tout acte de don, l'état de santé des donneurs est alors vérifié. Les deux membres du couple qui choisissent de donner leurs embryons doivent chacun signer deux formulaires de consentement séparés de trois mois. Le dernier document doit être enregistré par le président du tribunal de grande instance. L'enfant que vous portez est totalement le vôtre, il n'y aura aucun lien de filiation entre lui et le couple à l'origine du don d'embryons.

Confirmez votre grossesse

Êtes-vous enceinte réellement ? Vous avez mis toutes les chances de votre côté en contrôlant votre ovulation et en choisissant le bon jour pour avoir un rapport sexuel. Et puis, ce mois-ci vous n'avez pas eu vos règles. Pouvez-vous croire que vous êtes passée du rêve à la réalité ?

Une hormone bien particulière

L'arrêt des règles ne peut être considéré comme le signe suffisant d'un début de grossesse. Un retard de quelques jours n'est pas probant car, même si vous avez des cycles réguliers, votre organisme n'est pas une horloge. De plus, une maladie que vous n'avez pas ressentie, un problème psychologique ou émotionnel, voire un changement dans votre rythme de vie sont susceptibles de perturber votre cycle.

Pourtant, il existe un moyen fort simple de savoir si votre souhait d'avoir un enfant est confirmé. Il s'agit de mettre en évidence dans vos urines ou dans votre sang la présence d'une hormone, la gonadotrophine chorionique, plus couramment désignée sous les initiales hCG. Vous diposez pour cela des tests de grossesse, ou de l'analyse biologique sanguine en laboratoire. Cette hormone signe votre état de grossesse, car elle n'est présente que dans les urines ou dans le sang d'une femme enceinte. Son rôle est de maintenir les sécrétions ovariennes afin d'empêcher l'apparition des règles. Elle est sécrétée par le trophoblaste, le futur placenta (p. 62), couche cellulaire qui entoure l'embryon dès le début de son développement lorsqu'il s'est niché dans la paroi utérine. Il faut attendre environ dix à douze jours après la fécondation pour qu'elle soit détectable, notamment dans les urines. Voilà pourquoi, pour une meilleure fiabilité, il est recommandé d'utiliser les tests de grossesse deux à trois jours après la date présumée des règles. Toujours pour une meilleure efficacité, il est préférable d'utiliser les urines du matin qui, fortement concentrées, contiennent le plus d'hCG. La quantité de cette hormone double pratiquement tous les deux jours jusqu'au troisième mois de grossesse, mais elle reste présente jusqu'au moment de l'accouchement.

Il est recommandé *de ne pas trop boire la veille au soir et le matin du jour où vous avez programmé le test afin que l'hormone hCG soit la plus concentrée possible, et d'utiliser les collecteurs d'urine inclus dans les boîtes car ils sont stériles. Si vous devez renouveler le test, attendez 2 ou 3 jours afin que le taux de l'hormone hCG, si vous êtes enceinte, soit plus élevé que précédemment.*

Les tests de grossesse

Ils permettent une réponse rapide et facile à votre question. Vous avez le choix entre une dizaine de tests de grossesse dont la différence, mis à part le prix, se fait sur le mode d'emploi et le temps de réponse plus ou moins long. Les tests qui ont obtenu le label « CE » garantissent une fiabilité à 99 % si l'utilisatrice respecte bien le mode d'emploi. Le temps de réactivité varie de 1 à 5 minutes et le résultat s'affiche, pour la plupart, sous la forme d'une bande de couleur. Pratiquement, tous les tests reposent sur le principe de « l'immunochromatographie ». La bandelette ou le bâtonnet sur lesquels vous déposez quelques gouttes d'urine sont chargés d'anticorps qui ont pour caractéristique de se colorer au contact de l'hormone hCG.

L'analyse biologique

Si vous choisissez de consulter un médecin pour confirmer votre grossesse, il vous prescrira une analyse en laboratoire. Seules des analyses biologiques sont capables de quantifier la fameuse hCG dans les urines ou dans le sang. Les dosages sanguins permettent de diagnostiquer la grossesse un peu plus tôt que ceux effectués à partir des urines. Les analyses d'urine en laboratoire donnent également des résultats plus précoces, à partir du 5e jour de retard des règles, et d'obtenir un diagnostic parfaitement sûr.
Chaque année, plus de 2 millions de tests de grossesse sont vendus en pharmacie et tout autant de dosages de hCG effectués en laboratoire. Tous ces examens sont remboursés par la Sécurité sociale.
Le dosage de cette hormone permet encore de diagnostiquer un début de grossesse anormale, par exemple présentant un risque de fausse couche (p. 108) ou de grossesse extra-utérine (p. 74). Le contrôle de l'augmentation régulière du taux de hCG dans le sang prouve que tout va bien. Au début de la grossesse, le taux de cette hormone double tous les 2 jours et demi !

***Assez rapidement, quelques signes physiques** confirmeront le résultat positif de votre test ou de votre analyse de sang. Nausées, aigreurs d'estomac, envie de dormir et surtout augmentation du volume de vos seins dissiperont vos derniers doutes.*

De l'intérêt de savoir tôt

Avoir rapidement la certitude que vous attendez un enfant est important pour la suite de votre grossesse. Plus tôt vous saurez, plus tôt vous prendrez les précautions indispensables à son bon déroulement et plus tôt vous changerez vos habitudes de vie. C'est le moment, par exemple, d'arrêter de fumer (p. 78), de ne plus boire d'alcool (p. 80), de ne plus prendre de médicament sans avis médical (p. 82).
Sachez que ce sont les premières semaines de votre bébé qui sont les plus fragiles, puisqu'elles correspondent au moment où se construisent ses principaux organes.

Face à un test négatif

Vous avez le sentiment d'avoir tout fait pour être enceinte, mais voilà, votre test de grossesse est négatif. Un peu de patience, il est préférable de renouveler l'expérience cinq à six jours plus tard. Peut-être avez-vous fait ce test un peu trop tôt par rapport à la date de la fécondation présumée. Un résultat plus fiable s'obtient 8 jours après le retard des règles. Peut-être faites-vous partie des femmes qui ont des cycles de plus de 28 jours ? Le mode d'emploi des tests est conçu pour les cycles de 28 jours avec une fécondation au 14e jour. Enfin, votre ovulation a pu encore être retardée pour une raison inconnue. Si le second test et le troisième test sont encore négatifs, et que vous n'avez toujours pas vos règles, envisagez la consultation d'un gynécologue ou d'un obstétricien. Il pourra vous prescrire une échographie.

1ER MOIS

1ER MOIS

Vous

TOUT POURRAIT SE RÉSUMER À UNE SIMPLE RENCONTRE : union d'un gamète solitaire s'unissant à un autre gamète solitaire à un moment précis, dans un lieu parfaitement déterminé.

Et après, dans l'ombre et la discrétion, se produit le mystère même de la vie et de la division cellulaire. Dès cette fusion, tout ou presque est joué, de la couleur des yeux à la forme du lobe des oreilles et, bien sûr, le genre féminin ou masculin.

Vous vous sentez différente, bien que rien ne révèle à votre entourage qu'il se passe quelque chose de magique en vous. Ce n'est pas réellement un malaise physique, c'est de l'ordre de l'impalpable.

C'est le moment de vous montrer prudente, de prendre soin de vous et déjà de lui. Plus de tabac, plus d'alcool, plus de stress pour les nouvelles mamans. Vous avez l'incroyable responsabilité de son développement. Demandez à votre compagnon de vous accompagner, c'est une manière de lui faire partager ce que vous vivez.

Dans votre corps, aucune manifestation n'indique un changement et pourtant, vous savez dès maintenant que plus rien ne sera comme avant. Une nouvelle aventure vous attend, une autre histoire familiale s'écrit. Votre arbre généalogique va se transformer, obligeant les aînés à grimper sur une autre branche, tandis que tous ceux qui vous sont chers prendront une autre place dans votre vie. Peut-être aurez-vous envie de vous raconter, seule ou à deux, vous coucherez sur les pages d'un joli carnet vos découvertes, vos impressions, vos espoirs. Quel merveilleux cadeau pour votre enfant lorsque, dans bien des années, il deviendra à son tour parent !

Votre bébé

L'ŒUF EST DÉFINITIVEMENT FORMÉ DIX HEURES APRÈS LA RENCONTRE DE L'OVULE ET DU SPERMATOZOÏDE. Trente heures plus tard, il compte déjà deux cellules parfaitement identiques. La division cellulaire à l'origine de la vie a commencé. L'œuf change de nom, il devient une morula. Celle-ci glisse le long de la trompe vers l'utérus et y flotte quelques jours avant de s'implanter. Elle grossit et envoie des messages chimiques à tout l'organisme maternel afin qu'il se prépare à l'accueillir. La morula se creuse et ses cellules se spécialisent. Elle prend alors le nom de blastocyste, à l'origine du futur embryon.

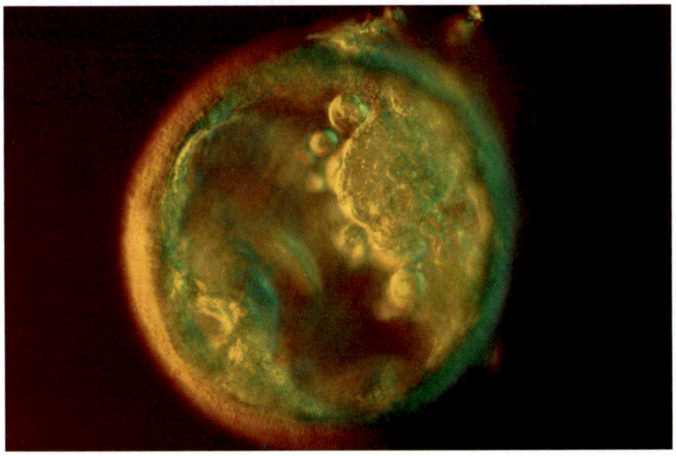

1ER MOIS

Le blastocyste se creuse. La cavité ainsi libérée se remplit de liquide et, à l'intérieur, un bourgeon saillant se forme, le futur embryon. La moitié supérieure, lumineuse, représente ce futur embryon.

Le calendrier de votre grossesse

JANVIER	OCTOBRE	FÉVRIER	NOVEMBRE	MARS	DÉCEMBRE	AVRIL	JANVIER	MAI	FÉVRIER	JUIN	MARS
1	14	1	14	1	12	1	12	1	11	1	14
2	15	2	15	2	13	2	13	2	12	2	15
3	16	3	16	3	14	3	14	3	13	3	16
4	17	4	17	4	15	4	15	4	14	4	17
5	18	5	18	5	16	5	16	5	15	5	18
6	19	6	19	6	17	6	17	6	16	6	19
7	20	7	20	7	18	7	18	7	17	7	20
8	21	8	21	8	19	8	19	8	18	8	21
9	22	9	22	9	20	9	20	9	19	9	22
10	23	10	23	10	21	10	21	10	20	10	23
11	24	11	24	11	22	11	22	11	21	11	24
12	25	12	25	12	23	12	23	12	22	12	25
13	26	13	26	13	24	13	24	13	23	13	26
14	27	14	27	14	25	14	25	14	24	14	27
15	28	15	28	15	26	15	26	15	25	15	28
16	29	16	29	16	27	16	27	16	26	16	29
17	30	17	30	17	28	17	28	17	27	17	30
18	31	18	1	18	29	18	29	18	28	18	31
19	1	19	2	19	30	19	30	19	1	19	1
20	2	20	3	20	31	20	31	20	2	20	2
21	3	21	4	21	1	21	1	21	3	21	3
22	4	22	5	22	2	22	2	22	4	22	4
23	5	23	6	23	3	23	3	23	5	23	5
24	6	24	7	24	4	24	4	24	6	24	6
25	7	25	8	25	5	25	5	25	7	25	7
26	8	26	9	26	6	26	6	26	8	26	8
27	9	27	10	27	7	27	7	27	9	27	9
28	10	28	11	28	8	28	8	28	10	28	10
29	11			29	9	29	9	29	11	29	11
30	12			30	10	30	10	30	12	30	12
31	13			31	11			31	13		
JANVIER	NOVEMBRE	FÉVRIER	DÉCEMBRE	MARS	JANVIER	AVRIL	FÉVRIER	MAI	MARS	JUIN	AVRIL

Cochez la date du premier jour de vos dernières règles, le chiffre correspondant dans la colonne en orange foncé indique la date présumée de votre accouchement.

JUILLET	AVRIL	AOÛT	MAI	SEPTEMBRE	JUIN	OCTOBRE	JUILLET	NOVEMBRE	AOÛT	DÉCEMBRE	SEPTEMBRE
1	13	1	14	1	14	1	14	1	14	1	13
2	14	2	15	2	15	2	15	2	15	2	14
3	15	3	16	3	16	3	16	3	16	3	15
4	16	4	17	4	17	4	17	4	17	4	16
5	17	5	18	5	18	5	18	5	18	5	17
6	18	6	19	6	19	6	19	6	19	6	18
7	19	7	20	7	20	7	20	7	20	7	19
8	20	8	21	8	21	8	21	8	21	8	20
9	21	9	22	9	22	9	22	9	22	9	21
10	22	10	23	10	23	10	23	10	23	10	22
11	23	11	24	11	24	11	24	11	24	11	23
12	24	12	25	12	25	12	25	12	25	12	24
13	25	13	26	13	26	13	26	13	26	13	25
14	26	14	27	14	27	14	27	14	27	14	26
15	27	15	28	15	28	15	28	15	28	15	27
16	28	16	29	16	29	16	29	16	29	16	28
17	29	17	30	17	30	17	30	17	30	17	29
18	30	18	31	18	1	18	31	18	31	18	30
19	1	19	1	19	2	19	1	19	1	19	1
20	2	20	2	20	3	20	2	20	2	20	2
21	3	21	3	21	4	21	3	21	3	21	3
22	4	22	4	22	5	22	4	22	4	22	4
23	5	23	5	23	6	23	5	23	5	23	5
24	6	24	6	24	7	24	6	24	6	24	6
25	7	25	7	25	8	25	7	25	7	25	7
26	8	26	8	26	9	26	8	26	8	26	8
27	9	27	9	27	10	27	9	27	9	27	9
28	10	28	10	28	11	28	10	28	10	28	10
29	11	29	11	29	12	29	11	29	11	29	11
30	12	30	12	30	13	30	12	30	12	30	12
31	13	31	13			31	13			31	13
JUILLET	MAI	AOÛT	JUIN	SEPTEMBRE	JUILLET	OCTOBRE	AOÛT	NOVEMBRE	SEPTEMBRE	DÉCEMBRE	OCTOBRE

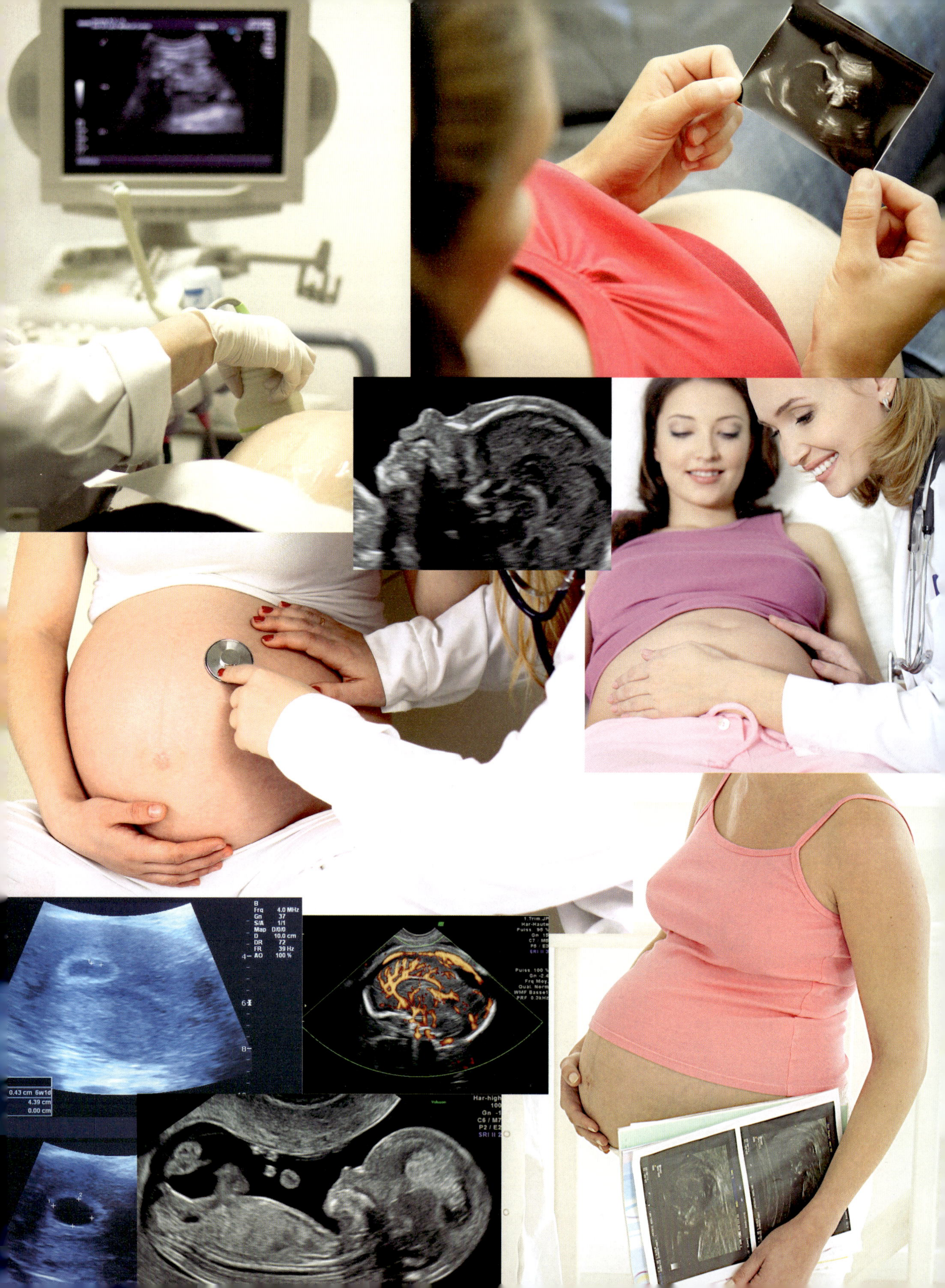
B
Frq 4.0 MHz
Gn 37
S/A 1/1
Map D/0/0
D 10.0 cm
DR 72
FR 39 Hz
AO 100 %
0.43 cm 6w1d
4.39 cm
0.00 cm

Vos rendez-vous médicaux

AVANT LA FIN DU 3e MOIS DE GROSSESSE
1er examen prénatal
1ère échographie

4e MOIS
2e examen prénatal
1ère séance de préparation à la naissance et à la parentalité

5e MOIS
3e examen prénatal
2e échographie

6e MOIS
4e examen prénatal

7e MOIS
5e examen prénatal
Début des 7 séances de préparation à la naissance et à la parentalité

8e MOIS
6e examen prénatal
3e échographie
Consultation avec l'anesthésiste

9e MOIS
7e examen prénatal

Quand deux ne font plus qu'un

S'il y a eu rapport sexuel au moment de l'ovulation ou dans les trois jours qui la précèdent, les gamètes (ou cellules sexuelles) vont se rencontrer dans la partie moyenne des trompes. C'est un parcours délicat pour les spermatozoïdes, dont un seul atteindra son but.

L'œuf se forme...

Les spermatozoïdes qui vont à la rencontre de l'ovule viennent de terminer leur maturation. Ils ont subi une sélection sévère en remontant le vagin, puis en traversant la glaire cervicale pour passer le col de l'utérus et la cavité utérine et enfin atteindre les trompes. Seuls les plus véloces pénètrent dans la partie moyenne de la trompe. Les spermatozoïdes ainsi élus entourent l'ovocyte. Une dizaine d'entre eux se fixe sur sa zone pellucide. Leur tête libère des enzymes destinées à digérer cette membrane qui le protégeait jusqu'alors. Un seul spermatozoïde réussira à la franchir.
Cette intrusion provoque immédiatement une réaction chimique modifiant la composition de la zone pellucide. Elle fabrique alors une substance destinée à former une barrière chimique empêchant la pénétration des autres spermatozoïdes. Le spermatozoïde « élu » perd son flagelle et atteint l'intérieur de l'ovocyte.
Dix heures après la pénétration du spermatozoïde dans l'ovocyte, les noyaux de 23 chromosomes de chacun des deux gamètes se rapprochent pour ne former qu'un seul noyau unissant leur matériel génétique (46 chromosomes). Le noyau de la première cellule de cet œuf est donc fait à parts égales d'apports maternel et paternel. En revanche, le cytoplasme qui l'entoure est presque exclusivement maternel.
La division cellulaire commence alors. Trente heures après, l'œuf compte déjà 2 cellules ; deux à trois jours plus tard, il en compte 4 à 8 et bientôt 16.
Cet œuf reste pourtant de la taille de l'ovule d'origine, soit 0,1 mm de diamètre. Dans cette première forme de développement embryonnaire et quand il quitte la trompe, l'œuf est appelé la morula.

« Il faut en moyenne six mois pour concevoir un bébé. Il y a toujours un délai entre le désir et sa réalisation. »

AU 14E JOUR, *l'œuf est relié au placenta par un pont de tissu, préfiguration du cordon ombilical. L'œuf mesure environ de 2 à 3 mm, mais l'embryon qu'il contient est dix fois moins grand.*

Une rencontre bien organisée

Depuis quelques années, les biologistes du monde entier cherchent à expliquer ce qui pousse l'ovule et le spermatozoïde à se rencontrer. Deux théories se complètent.
La première étude porte sur l'ovule. Elle affirme que celui-ci « séduit » le spermatozoïde. Selon les chercheurs américains, une grande partie des spermatozoïdes attendraient un signal de l'ovule pour remonter vers les trompes. Il serait de nature chimique et pourrait trouver son origine dans les fluides folliculaires qui entourent l'ovule. L'existence de substances chimiques d'attraction expliquerait le nombre réduit de spermatozoïdes mobilisés pour la fécondation.
En outre, si seuls les spermatozoïdes totalement mûrs et sains peuvent percevoir le signal, les substances attractives servi-

raient également à éliminer les plus faibles.
La seconde étude s'intéresse, elle, aux spermatozoïdes. Les chercheurs de l'université libre de Bruxelles ont trouvé que des substances, semblables à celles qui permettent la réception des odeurs, existent dans les cellules germinales testiculaires, « matière première » des spermatozoïdes. Ces récepteurs olfactifs sont au nombre d'une vingtaine. À quoi servent-ils ? Et sont-ils présents sur les spermatozoïdes ? Si oui, ces derniers seraient donc équipés pour recevoir les signaux moléculaires émis par l'ovule. Dans ce cas, la fécondation se ferait grâce à ces signaux, et à la capacité des spermatozoïdes à les interpréter. Très récemment des chercheurs ont mis en évidence la présence de molécules qui permettent aux spermatozoïdes de s'arrimer à l'ovule.

***Les noyaux des premières cellules embryonnaires** sont constitués de chromatine qui, au cours du développement, se transformera en chromosomes, 46 associés par paires. Ils sont porteurs du patrimoine génétique du père et de la mère. Au fil des semaines, les cellules vont se multiplier et se spécialiser sous l'influence des gènes. Elles seront à l'origine des différents organes.*

Le destin des spermatozoïdes

Après la fécondation, les spermatozoïdes qui n'auront pas atteint l'ovule vont disparaître. Ils sont alors absorbés par la paroi utérine. Au niveau de l'ovaire, le corps jaune, lui aussi, va être utile. Il sécrète la progestérone qui sert à la préparation de la paroi utérine et permet à la grossesse de se poursuivre pendant trois mois, avant que le placenta ne prenne le relais des sécrétions hormonales.

LA FÉCONDATION

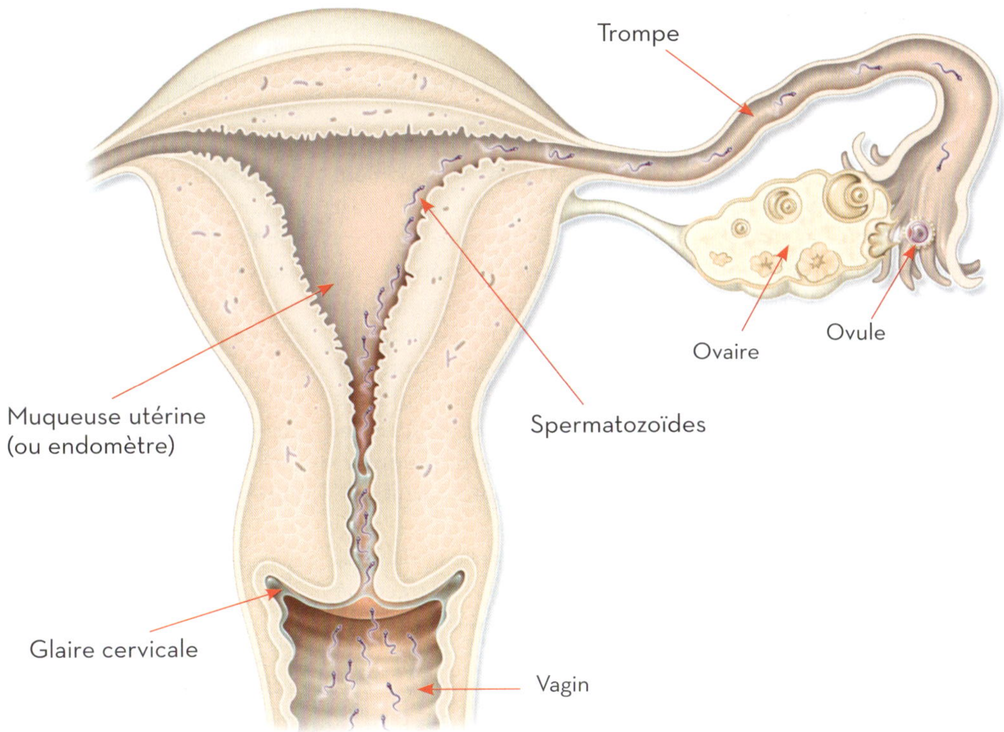

L'œuf s'installe

Fraîchement fécondé, l'œuf entreprend le voyage inverse du spermatozoïde. En trois jours, et avec l'aide des contractions de la trompe et de ses cils vibratiles, il va descendre dans l'utérus. Là, il flotte à la recherche de l'endroit le plus confortable pour s'installer.

Naissance de l'embryon

L'ovule fécondé devient un œuf où, pendant quelques heures, les éléments des noyaux venus de l'ovule et ceux venus du spermatozoïde cohabitent côte à côte. Puis, rapidement, ces noyaux contenant les chromosomes vont s'unir et la division cellulaire commence : il passe ainsi de deux cellules à plusieurs centaines, c'est le stade de la morula. Elle est entourée de la même membrane que celle qui entourait l'ovule.

La morula continue sa descente vers l'utérus grâce aux contractions tubaires et aux cils vibratiles qui tapissent la trompe. Elle met environ trois à cinq jours pour descendre jusqu'à la cavité utérine. Au fil des jours, tout en poursuivant sa division cellulaire à un rythme effréné, la morula se creuse d'une cavité liquidienne qui sépare certaines de ses cellules, les plus petites qui se regroupent à la périphérie, et les plus grosses qui se rassemblent au centre. L'œuf, à l'intérieur duquel s'est formé le bourgeon embryonnaire (ou futur embryon), prend le nom de blastocyste. Sept jours après la fécondation, l'œuf qui flottait dans la cavité utérine y adhère et progressivement s'y niche en profondeur.

C'EST UN VRAI PROBLÈME IMMUNOLOGIQUE *que pose l'ancrage de l'embryon dans la paroi de l'utérus maternel : normalement, le corps de la mère devrait considérer l'embryon comme un corps étranger, voire hostile puisqu'il contient une part du matériel génétique du père. Heureusement, il n'en est rien et des phénomènes de tolérance complexes et étonnants se mettent en place. L'hormone hCG semble alors jouer un rôle important.*

La muqueuse utérine se modifie

Parallèlement au développement de l'œuf, la muqueuse utérine s'est préparée aussi à cette nidation sous l'effet des hormones ovariennes ; les œstrogènes agissent en épaississant la muqueuse, la progestérone provoque son plissement et charge ses cellules de glycogène, substance nutritive. La paroi de l'utérus acquiert donc ainsi une bonne faculté de réceptivité.

Parallèlement, les cellules du futur placenta situées à la surface de l'œuf envoient des tentacules, les villosités, qui l'arriment à la muqueuse de l'utérus. Ces cellules constitueront plus tard le placenta. Les villosités atteignent les vaisseaux sanguins de la muqueuse utérine (ou endomètre) apportant ainsi les éléments indispensables à la nutrition de l'œuf. Pour qu'il y ait nidation, il faut donc qu'il existe un certain degré de maturation de l'œuf et de la cavité utérine. Le sixième jour après la fécondation, l'œuf choisit la place où s'implanter, là où il trouvera le plus d'oxygène pour se développer : généralement, le fond de l'utérus et les parois latérales.

L'ébauche du placenta

L'œuf (que l'on appelle alors « blastocyste ») se colle à l'endomètre dès la 2e semaine après la fécondation. L'enveloppe du blastocyste, le trophoblaste (qui sécrète la fameuse hormone hCG) va se diviser en deux tissus distincts : le premier (le syncitiotrophoblaste) va « attaquer » l'endomètre, l'éroder et former une cavité où va s'installer l'œuf. Le deuxième (le cytotrophoblaste) va fournir les cellules nécessaires au travail et à l'extension du premier tissu. Sept jours après son arrivée dans l'utérus, l'œuf est totalement enfoui dans la paroi utérine. Ses membranes protectrices envahissent le tissu maternel : elles seront l'ébauche du placenta. Les capillaires sanguins de l'endomètre libèrent du sang maternel récupéré dans les plis du syncitiotrophoblaste. Une véritable circulation s'établit. Mais l'organisme maternel réagit et décide de limiter la progression du syncitiotrophoblaste. Les cellules de l'endomètre se transforment alors et établissent une barrière pour éviter que l'expansion de l'œuf attaque le muscle utérin. Cette implantation dans la paroi utérine est indispensable à la survie de l'œuf. Jusqu'alors, il avait vécu sur les réserves énergétiques de l'ovule, mais elles ne sauraient lui suffire. L'implantation va lui permettre de trouver dans les vaisseaux maternels l'énergie nécessaire à la poursuite de son développement. Mais la circulation du bébé est séparée de la circulation maternelle par une membrane d'échange placentaire aux fonctions multiples. Jamais les circulations sanguines de l'un et de l'autre ne se mêlent.

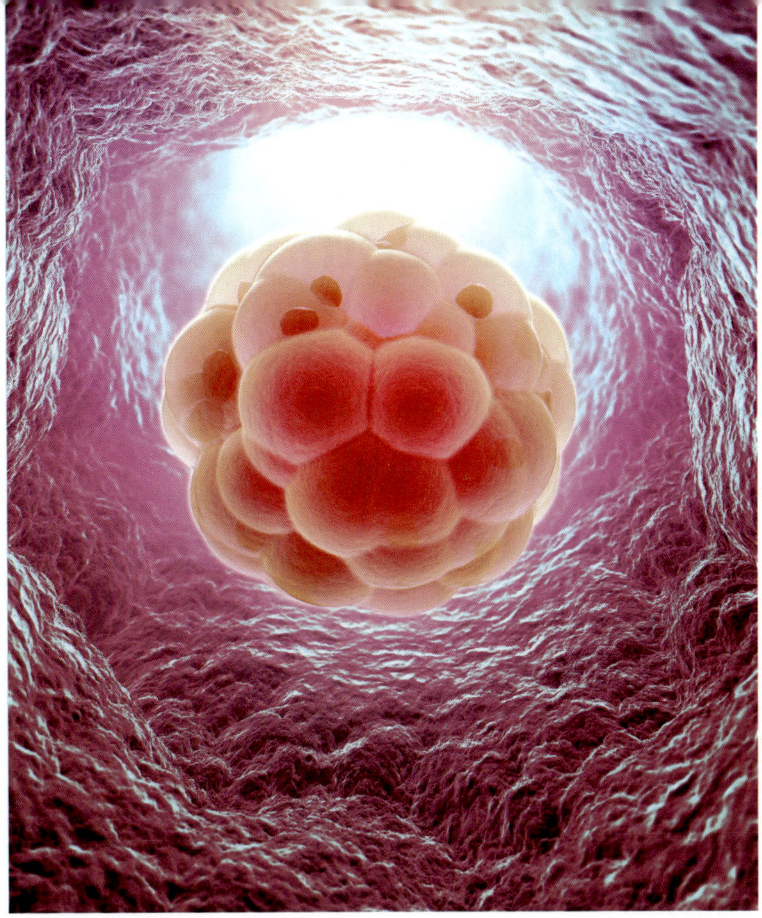

Dès le 8e jour après la fécondation, *l'embryon, est arrimé à l'organisme maternel. Il est enfoui sous la muqueuse utérine et commence à tisser des liens qui instituent des relations circulatoires avec la future maman. Jusqu'alors, il flottait sans attache dans la cavité utérine.*

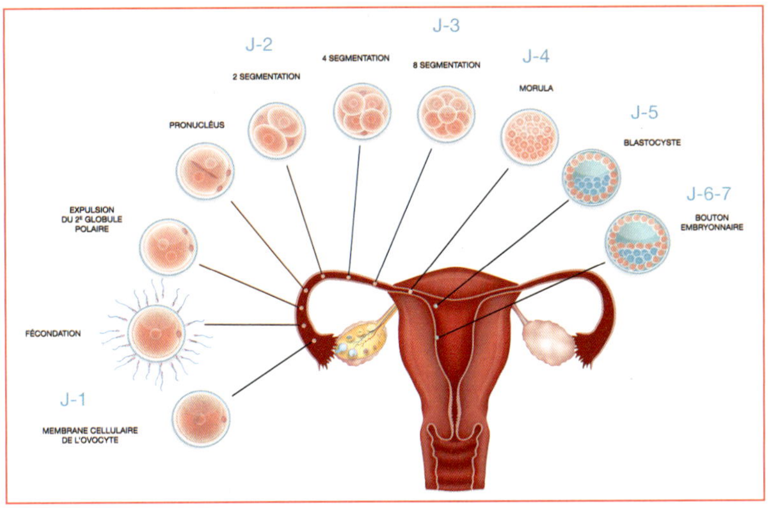

Votre médecin confirme

Que vous ayez de fortes présomptions, que votre test de grossesse vous ait déjà révélé la nouvelle, il sera important de consulter votre médecin. Cette première consultation peut être longue. En effet, c'est l'occasion d'un bilan médical approfondi.

Tous vos antécédents médicaux

Le médecin va vous interroger sur votre passé médical, personnel et familial. Souffrez-vous d'allergies, avez-vous déjà été transfusée, quels médicaments avez-vous pris dans le mois précédent, quel moyen contraceptif utilisiez-vous et depuis combien de temps ?
C'est, bien sûr, au cours de cette visite qu'il vous faut signaler tout antécédent gynécologique : le nombre de grossesses menées à terme et celles qui ont échoué, ainsi que tout « accident » important comme une grossesse extra-utérine ou une intervention chirurgicale gynécologique. Les irrégularités du cycle, les pertes doivent également être mentionnées. À rappeler également des antécédents plus généraux : tuberculose, maladies cardiaques ou rénales et, bien sûr, les interventions chirurgicales ayant touché l'abdomen et le bassin. S'ajouteront les problèmes héréditaires, familiaux.
Toute maladie génétique, même si elle touche un parent fort éloigné, de votre côté comme de celui de votre mari, doit être signalée (p. 28). Si ce n'est pas votre première grossesse, le médecin vous demandera de raconter par le détail les éventuelles perturbations survenues lors de vos grossesses antérieures.

« La majorité des facteurs de risque peut être cernée lors de cette première visite. Cette consultation est donc fondamentale pour le suivi de votre grossesse, elle va aussi permettre de déterminer le jour le plus probable de la conception. »

Un dossier médical complet

Viennent ensuite les questions sur votre situation sociale. Ces informations entrent dans le dossier médical et donnent déjà un profil du déroulement des neuf mois à venir. Le médecin procède ensuite à un examen médical. Il consiste en une auscultation cardiaque et pulmonaire, un examen des vertèbres, un palper des jambes et des chevilles afin de déceler d'éventuelles varices ou œdèmes (p. 190), la prise de la tension artérielle qui, normalement, doit être

---

Des examens complémentaires *peuvent parfaire cette visite. Par exemple, un frottis. Cela consiste à recueillir sur une spatule en bois ou une petite brosse des cellules desquamées du col de l'utérus ou du vagin afin de les analyser. Cet examen, s'il n'a pas eu lieu depuis deux ans, aide à dépister une transformation des cellules du col de l'utérus. Un examen des pertes vaginales (s'il y en a d'anormales) peut aussi être effectué afin de rechercher une éventuelle infection. Tous ces contrôles sont complétés, si besoin est, par une échographie de tous les organes génitaux.*

__Les règles anniversaires sont un phénomène étonnant__ que constatent certaines futures mamans. Nous n'avons pas d'explication physiologique. Ces femmes ont des saignements plus ou moins abondants à la date habituelle de leurs règles. Celles-ci ne sont pas suivies d'une ovulation et ne mettent pas en danger l'embryon. Mais elles ont l'inconvénient de faire croire à ces femmes qu'elles ne sont pas enceintes et donc de leur faire abandonner les mesures habituelles de prudence en début de grossesse. Elles sont, parfois encore, à l'origine d'une fausse datation. L'échographie permet alors de rétablir la vérité. D'une manière générale, s'il n'y a pas de fausse couche ou de grossesse extra-utérine caractérisée par des saignements abondants et foncés, les petits saignements clairs en début de grossesse ne sont pas rares et ne compromettent pas systématiquement la poursuite de celle-ci. Ils doivent cependant être immédiatement signalés au médecin, qui en recherchera plus précisément la cause et ordonnera un repos immédiat et une thérapeutique adaptée.

un peu plus basse que d'habitude, puis un palper des seins.
La consultation se termine par un examen gynécologique. Celui-ci comprend un examen au spéculum (cet instrument permet de vérifier l'état du vagin et du col de l'utérus), un toucher vaginal accompagné d'une palpation de l'abdomen qui renseignent sur l'état des organes génitaux. Enfin, vous ne quitterez pas le cabinet du médecin sans que vous soyez passée sur la balance. Il vous prescrira une analyse biologique de votre sang et de vos urines. La première permet d'établir une « numération-formule sanguine » avec numération des plaquettes et recherche les diverses sérologies. La seconde vérifie le bon fonctionnement des reins et l'absence d'infection urinaire.

L'importance de la tension artérielle

À chaque consultation, votre médecin prendra votre tension artérielle. Cette mesure est systématique pour tout examen au cours de la grossesse. Son but : dépister au plus vite une hypertension gravidique liée à la grossesse. Celle-ci touche 1 femme enceinte sur 10 et est parfois à l'origine d'un retard de croissance du fœtus. De plus, il arrive qu'elle se complique d'une protéinurie (présence d'albumine dans les urines), signe d'une aggravation. L'hypertension peut conduire à une éclampsie (affection caractérisée par des convulsions associées à une hypertension artérielle) mettant en jeu la vie de la mère et de l'enfant. La tension normale d'une femme enceinte est plus basse que celle qu'elle avait avant la grossesse. Cela est dû à l'augmentation de son réseau de circulation sanguine qui irrigue le placenta et le fœtus. Une hypotension légère, en revanche, est tout à fait normale et peut se manifester par de classiques étourdissements lors du passage de la station assise à la station debout.

Des antécédents familiaux

Il est important de prévenir votre médecin s'il existe dans votre famille un cas de spina-bifida, une anomalie de fermeture du tube neural. Bien que peu fréquente (1 grossesse sur 1 000), ces malformations peuvent être prévenues par une supplémentation en acide folique (vitamine B9 ou folates). La prescription idéale est un mois avant la grossesse, dès qu'il existe un projet d'enfant, et dans les 8 semaines après la conception ou, tout au moins, dès que la grossesse est connue. On trouve l'acide folique dans les légumes verts à feuilles ou encore dans le jus d'orange. Votre médecin peut aussi vous prescrire une supplémentation sous forme médicamenteuse à raison de 0,4 mg par jour. De nombreuses études ont démontré l'efficacité de cette prévention tout en rappelant qu'elle n'est pas totale car malheureusement des facteurs génétiques et environnementaux interviennent aussi dans ce type de malformations.

La première analyse de sang

L'examen biologique de votre sang, prescrit lors de votre première visite médicale, est essentiel. Il va confirmer votre groupe sanguin complet, avec notamment, votre facteur Rhésus, et donner quantité d'informations. Votre médecin évalue avec ces résultats s'il existe des risques pouvant perturber votre grossesse.

Déterminer le groupe sanguin

Les groupes sanguins se transmettent de manière héréditaire.
La détermination du groupe sanguin se fait à partir de l'examen des globules rouges. Le biologiste repère à leur surface la présence d'antigènes spécifiques qui déterminent si la personne appartient au groupe A, B, O ou AB. La majorité de ces groupes sont incompatibles les uns avec les autres. Ainsi, une personne du groupe A ne peut recevoir du sang du groupe B, contre lequel il développe des anticorps provoquant un choc transfusionnel. L'inverse est tout aussi vrai. En revanche, les personnes du groupe AB peuvent recevoir aussi bien du sang du groupe A que du B. Ce sont les receveurs universels. Le groupe O se définit comme n'ayant aucun antigène, ces personnes sont des donneurs universels. Les receveurs universels ne peuvent donner leur sang qu'aux personnes du même groupe AB, et les donneurs universels ne peuvent recevoir que du sang appartenant au groupe O.
Les globules rouges sont porteurs aussi de l'antigène qui détermine le facteur Rhésus. Les personnes qui possèdent cet antigène sont dites de Rhésus positif, celles qui n'en ont pas sont de Rhésus négatif. 85 % des humains ont un rhésus positif et 15 % un Rhésus négatif.

Une incompatibilité mère-enfant

Si le père et la mère du futur bébé ne sont ni du même groupe sanguin ni du même facteur Rhésus, l'enfant héritera de l'un ou de l'autre, pouvant se trouver dans une situation d'incompatibilité avec sa mère. Les futures mamans de Rhésus négatif peuvent porter un enfant de Rhésus positif. Il suffit pourtant du passage de 0,1 ml de sang fœtal Rhésus positif vers le sang maternel de Rhésus négatif pour qu'elle fabrique des anticorps et s'immunise.
Mais ces anticorps d'autoprotection vont passer la barrière placentaire et vont attaquer, chez l'enfant, les globules rouges porteurs de Rhésus positif. Le fœtus peut développer alors une anémie plus ou moins grave par destruction de ses globules rouges. Cette immunisation deviendra redoutable si elle porte, pour une seconde grossesse, un enfant à nouveau de Rhésus positif. Les

---

Dans certains cas d'incompatibilité *Rhésus mère-enfant, nous devons pratiquer une transfusion in utero. Le médecin repère alors sous échographie le cordon ombilical du bébé, il y introduit une aiguille, dans la veine, pour transfuser l'enfant. Cette intervention délicate se fait lorsque le fœtus souffre d'une anémie sévère. Chaque transfusion corrige l'anémie sur une dizaine de jours et doit être renouvelée jusqu'à la naissance. Il est préférable que l'anémie du fœtus ne se déclare que tardivement. Dans le cas contraire, les transfusions peuvent être poursuivies jusqu'au huitième mois de gestation et l'accouchement est provoqué précocement.*

---

anticorps « anti-Rhésus » restent en effet présents pour toujours dans le sang maternel.
Uniquement si votre groupe sanguin est Rhésus négatif, le biologiste cherchera régulièrement l'existence d'agglutinines irrégulières (RAI). Leur présence signifie que votre organisme développe des anticorps à l'encontre du facteur Rhésus positif que possède le sang du fœtus. L'absence d'agglutinines irrégulières dans le sang maternel est le signe qu'il n'y a pas d'incompatibilité fœto-maternelle. Toutes ces informations sur votre groupe sanguin sont aussi indispensables si vous avez besoin d'une transfusion sanguine ou si vous souhaitez accoucher sous péridurale.

Grossesse sous haute surveillance

Lorsque la mère est de Rhésus négatif et le père de Rhésus positif, il est intéressant de connaître le facteur Rhésus du fœtus. Cette recherche, « le génotypage », peut se faire dès la 28e semaine d'aménorrhée à partir d'un prélèvement du sang maternel, car on y trouve des traces d'ADN fœtal. Leur analyse révèle son facteur Rhésus, positif ou négatif. Si le fœtus est de Rhésus négatif, il n'y a aucun problème ; s'il est de Rhésus positif, une prévention pour éviter la fabrication d'anticorps par la mère s'impose. Il s'agit d'une vaccination dite « anti-D » à la 28e semaine. Toute future maman de Rhésus négatif doit être étroitement surveillée. Chaque mois, on vérifiera que son sang ne contient pas d'anticorps maternels, les agglutinines irrégulières. La montée de leur taux signifie que son organisme réagit. Si le taux est élevé et selon le terme prévu de la grossesse, on peut rechercher la trace de bilirubine dans le liquide amniotique. Si, en début de grossesse, il survient un saignement même minime, un traumatisme abdominal ou si une amniocentèse est pratiquée, il est indispensable de lui injecter des gammaglobulines anti-D, même si une vaccination anti-D a déjà été pratiquée, car le taux d'anticorps évolue jusqu'à la naissance de l'enfant.
Ce traitement est aussi mis en place en cas de fausse couche ou d'IVG. La vaccination « anti-D », si elle n'a pas été faite au cours de la grossesse, est systématique dans les 72 heures qui suivent l'accouchement.

Recherche d'anticorps

Avec cette analyse de sang, vous saurez si vous êtes immunisée contre certaines maladies qui peuvent perturber le déroulement de la grossesse et entraîner des malformations chez l'enfant. Le biologiste cherchera si vous possédez des anticorps contre la toxoplasmose, contre la rubéole (p. 25) et les anticorps antihépatite Hbs et Hbe. En effet, l'hépatite B, contractée avant ou pendant la grossesse, peut atteindre le bébé puisqu'elle se transmet par voie sanguine et que le virus, même après guérison des troubles, reste dans le sang tout comme le virus de l'hépatite C. La recherche de ces anticorps est aujourd'hui faite systématiquement au cours de la grossesse dès le premier trimestre.
L'analyse de votre sang sert encore au dépistage de la syphilis (p. 25) et du VIH responsable du Sida. La mise en place d'un traitement précoce diminue considérablement les risques de transmission de la mère à l'enfant.
La recherche d'anticorps anticytomégalovirus est également proposée en début de grossesse et en cas de négativité renouvelée au début du 8e mois (p. 25).

***L'incompatibilité de groupes sanguins** peut se rencontrer lorsque la mère est de groupe sanguin O. Celui-ci possède naturellement des anticorps anti-A et anti-B. Ils peuvent passer la barrière placentaire et provoquer une anémie et un ictère chez un bébé de groupe sanguin A ou B. L'enfant sera mis sous surveillance dès sa naissance.*

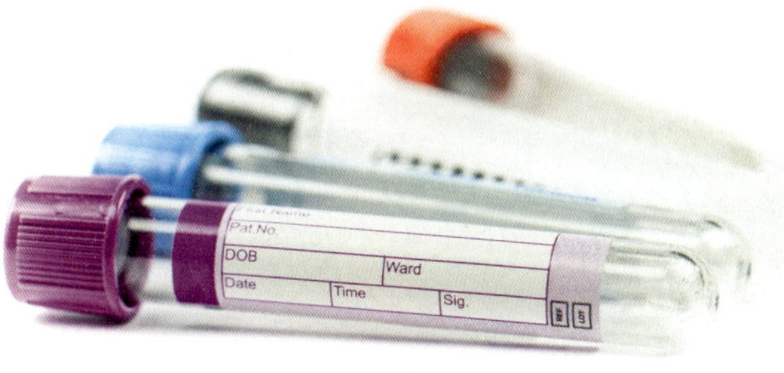

Fille ou garçon : le jeu du hasard

On a longtemps cru que le sexe de l'enfant à venir était dû au bon vouloir de la mère... Eh bien, il n'en est rien. Cette responsabilité incombe au père, puisque c'est lui qui apporte au moment de la fécondation le chromosome « Y » ou « X » qui détermine le sexe du bébé.

Le jeu des chromosomes

Une cellule compte 46 chromosomes regroupés par paires. Chaque paire est constituée d'un chromosome d'origine maternelle et d'un chromosome d'origine paternelle.
Toutes les informations génétiques qui font un individu sont contenues dans ces chromosomes et plus particulièrement dans l'ADN de ceux-ci. L'homme et la femme en ont 22 paires identiques, seule la 23e est différente car elle porte les chromosomes qui gouvernent la détermination du sexe. Les cellules sexuelles ne comptent que 23 chromosomes, ce qui permet, après la fécondation, la reconstitution d'une cellule de 46 chromosomes. Chez la femme, tous les chromosomes sexuels sont X, chez l'homme, certains sont X et d'autres Y. L'embryon naît de l'association de deux cellules sexuelles de ses parents pour former une cellule de base de 46 chromosomes. Le sexe d'un enfant, encore embryon, est donc déterminé dès la fécondation par l'association des chromosomes particuliers X et Y. L'association XX donne naissance à une fille, l'association XY à un garçon.

***C'est toujours le spermatozoïde** qui détermine le sexe de l'enfant. Théoriquement, il devrait y avoir autant de spermatozoïdes Y que de spermatozoïdes X. Mais on a observé que les Y étaient plus nombreux et plus rapides que les X. Il devrait donc naître une majorité de garçons. On compte en effet 106 naissances de garçons pour 100 filles. Une conformation particulière du sperme peut également jouer un rôle dans la détermination du sexe. C'est ce qui expliquerait les « familles » de filles ou de garçons. On observe aussi que, lors d'une diminution de la quantité et de la qualité du sperme, cette diminution se fait au détriment des spermatozoïdes Y, favorisant ainsi la procréation de filles.*

La différenciation sexuelle

Lors de la différenciation cellulaire, certaines cellules se sont déjà spécialisées en un organe sexuel ; ce sont les gonades qui, jusqu'à la 6e ou 7e semaine du développement de l'embryon, sont indifférenciées. L'embryon possède également deux systèmes de canaux dérivés de l'appareil urinaire : les canaux de Wolff (mâles) et les canaux de Müller (femelles) (p. 122). Le chromosome Y, lorsqu'il est présent, est responsable de la fabrication de la testostérone et de l'hormone antimüllerienne qui provoque la régression de l'ébauche de l'utérus et des trompes.
Ce sont donc les mêmes cellules qui donneront naissance à un garçon ou à une fille. Ensuite, seulement, les gonades deviennent mâles ou femelles et conduisent à l'élaboration d'organes génitaux sexués.

Le gène masculin en question

Les généticiens pensent que c'est sans doute dans l'ADN du chromosome Y que l'on doit trouver le gène de la détermination du sexe masculin. Grâce à la génétique moléculaire, ils ont isolé tous les

gènes du chromosome Y ne se trouvant sur aucun autre chromosome, établissant une véritable cartographie de celui-ci. Il en a été de même pour le chromosome X. La découverte du gène qui implique le sexe masculin est récente (celui ou ceux, car il semble que ce gène soit sous l'emprise d'autres gènes qui induisent une cascade de réactions biochimiques conduisant à la différenciation sexuelle des gonades).
Ce gène a été baptisé SDRY (Sex Determiny Region of the Y). Il se retrouve chez toutes les espèces de mammifères où la masculinité est déterminée par le chromosome Y. Pour l'instant, l'état des recherches sur le chromosome X semble indiquer que le sexe féminin se définit par l'absence de ce fameux gène, mais rien n'est arrêté.

***Les médecins ne se trompent jamais** lorsqu'ils annoncent aux parents qui le demandent le sexe de leur futur bébé. En effet, il ont pour habitude de leur dire un sexe et d'en inscrire un autre sur le dossier médical. Ils font de même quand ils ont un doute à l'échographie. Bref, ils se débrouillent toujours pour prédire le bon sexe. Au fond, ils n'ont que 50 % de chances de se tromper ! Et puis, quand le bébé est là, il est toujours accueilli avec bonheur.*
Depuis quelque temps, on trouve sur Internet des tests censés donner le sexe du bébé à naître. Leur intérêt mercantile dépasse de beaucoup celui de leur fiabilité, leur réponse est toujours sûre à 50 %... Mais surtout, ils laissent les parents face à une information qui, parfois, aurait nécessité un accompagnement, comme tout ce qui touche à la génétique.

Quand les X et Y s'emmêlent

Il arrive que la nature ne fasse pas toujours bien son travail ; heureusement, très rarement. Certaines femmes sont nées ainsi avec des chromosomes X et Y en plus ou en moins. Il existe des êtres humains qui vivent avec un seul X, d'autres avec trois X, d'autres encore ont deux Y et un X ou deux X et un Y. Ce qui est certain, c'est que le chromosome Y est toujours accompagné d'un ou de plusieurs X.
Dans la plupart des naissances, le sexe de l'enfant est évident. Le bébé est fille ou garçon. Pourtant, à la naissance, les organes génitaux externes peuvent être ambigus. Les études génétique, physiologique et endocrinienne peuvent aider à déterminer le sexe réel de l'enfant. Il est encore possible d'agir sur le bébé in utero. Ainsi, dans les familles à risques, avant même le diagnostic anténatal, on peut freiner le virilisme d'un fœtus femelle, virilisme dû à l'absence d'une enzyme produite par les glandes surrénales. Le diagnostic anténatal déterminera, dès la 10e semaine de gestation, la poursuite ou non du traitement.

Du rêve à la réalité

Une étude montre que la cote des filles a tendance à remonter, mais que celle des garçons reste toujours largement en tête. Ainsi 42 % des couples souhaitent avoir d'abord un garçon contre 24 % une fille. De même, si les parents ne devaient avoir qu'un seul enfant ou plusieurs enfants du même sexe, ils choisiraient à 37 % un (ou des) fils et à 27 % une (ou des) fille(s). Mais 72 % des couples ne sont pas prêts à « intervenir » pour modifier le destin. Ils refusent, à une large majorité, d'avoir recours à une méthode, même si elle est scientifique. Enfin, bon nombre d'entre eux ne demanderont pas à l'échographiste de leur révéler le sexe du fœtus et ne montreront aucune précipitation à le connaître au moment de l'accouchement. La naissance d'un enfant suffit à les combler.

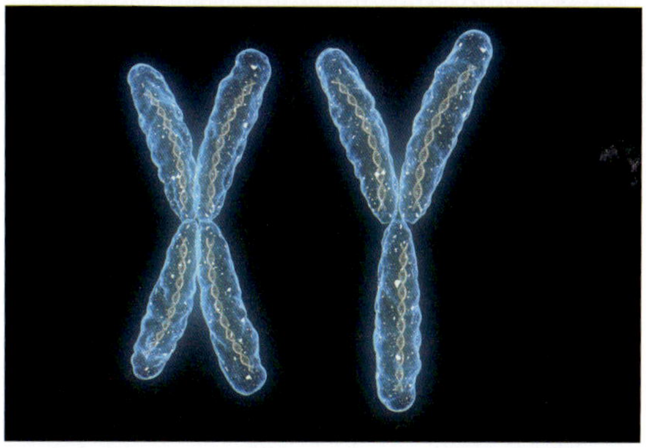
Chromosomes X et Y et leur double ellipse ADN.

À qui va-t-il ressembler ?

C'est une question que se posent tous les parents. Elle est porteuse à la fois d'espoirs et de craintes. Cet enfant aura-t-il les yeux de sa mère, la taille de son père ou héritera-t-il du caractère de son grand-père paternel ou des dons artistiques de sa grand-mère maternelle ?

Calcul de probabilité

Au moment de la fécondation, les 23 chromosomes maternels s'unissent aux 23 chromosomes paternels. Ainsi, l'ovule n'apporte que la moitié des caractéristiques génétiques de la mère et le spermatozoïde que la moitié de celles du père. Les données génétiques du futur bébé ne sont donc que le mélange d'une partie de celles de ses deux parents. Mais les 23 chromosomes que portent l'ovule et le spermatozoïde issus de la division d'une cellule dite « mère » de 46 chromosomes se sont séparés de manière totalement aléatoire. Les généticiens ont ainsi calculé qu'un homme peut fabriquer plus de 8 millions de spermatozoïdes différents et qu'une femme peut libérer tout autant d'ovules différents. Mais le vertige ne s'arrête pas là. Les généticiens ont encore découvert un phénomène qu'ils ont baptisé « *crossing, over* » : au moment de la division des paires, les chromosomes s'échangent certaines parties, recombinant ainsi leur message génétique. Les gamètes mâles et femelles sont donc d'une immense diversité, tout en appartenant à un même individu. Ressembler à ses parents semble presque incroyable et partager des caractéristiques avec ses frères et sœurs plus qu'improbable.

> **« L'expérience des vrais jumeaux vivant séparément montre combien un environnement différent influence une même constitution génétique. »**

Des gènes déterminants

L'embryon, bien que pouvant être considéré comme unique, est porteur malgré tout de gènes issus du patrimoine héréditaire de ses deux parents. Parmi ses gènes, certains déterminent les caractéristiques physiques. Ainsi, les traits du visage sont influencés par l'hérédité et se transmettent au fil des générations. Parmi les caractères dominants, on compte la forme du nez et du lobe de l'oreille, l'épaisseur des lèvres, le type de menton, les plis des paupières et la taille des cils. La couleur des cheveux est due à un seul gène, les teintes foncées et les cheveux crépus dominant les teintes claires et les cheveux bouclés. Il en est de même pour les yeux, le gène marron dominant le gène bleu. Même les taches de rousseur sont héréditaires. En revanche, la couleur de la peau est liée à une hérédité complexe, due à l'action combinée de plusieurs gènes agissant sur la production

La similitude des gestes, *des mimiques ou des attitudes corporelles entre enfant et parents intrigue très souvent. Ces ressemblances n'ont pas de bases génétiques, elles reposent sur un processus psychologique : l'identification. L'enfant observe attentivement le comportement du parent de son sexe pour reproduire ses attitudes. C'est une manière sans doute d'affirmer son appartenance aux siens.*

de mélanine. Ainsi, les enfants de couples mixtes ont des métissages variables, notamment en fonction de la couleur de la peau de leurs ancêtres. Il en est de même pour la taille ou la corpulence. En fait, nous savons encore peu de chose sur ces mécanismes compliqués. Car l'enfant ne ressemblera pas pour moitié à son père et pour moitié à sa mère. De plus, certains chercheurs pensent que le gène unique dominant n'existe pas et qu'il faut plutôt croire à la combinaison de plusieurs gènes qui se renforcent les uns les autres. Les caractères héréditaires des grands-parents, d'oncles, de tantes peuvent resurgir après une ou plusieurs générations. Reprenons l'exemple de la couleur des yeux. Un enfant aux yeux marron né d'une mère aux yeux bleus et d'un père aux yeux marron, ou inversement, garde en réserve le gène « yeux bleus » de sa mère. Si, devenu adulte, il conçoit un enfant avec un partenaire possédant aussi dans son hérédité un gène « yeux bleus », cet enfant pourra naître avec de grands yeux clairs. Un caractère génétique ne s'exprime pas toujours ou pas forcément avec la même intensité dans une même famille.

L'inné et l'acquis

Les facteurs environnementaux sont capitaux et peuvent modifier les données génétiques.

On estime que 80 % des capacités d'un individu sont innées, mais il faut les 20 % d'acquis pour qu'elles se révèlent. Certaines caractéristiques intellectuelles ou psychologiques sont sûrement du domaine de l'hérédité. Mais l'environnement et des facteurs qui peuvent modifier l'expression des gènes, comme l'éducation, ont un rôle majeur. Des caractéristiques comme l'intelligence ne se transmettent pas. Il n'y a pas ou peu de prix Nobel de père en fils ou fille, mais il y a un environnement, une éducation qui jouent plus certainement. Enfin, en grandissant, l'enfant s'identifie à ses parents, imitant leurs mimiques et leurs gestes, des caractéristiques de ressemblance qui s'accentueront avec l'acquisition du langage.

L'environnement peut interagir avec l'hérédité. *C'est notamment le cas de la taille. Ainsi, on constate que les enfants d'aujourd'hui sont généralement plus grands que leurs parents et que leur morphologie a tendance à se modifier. L'alimentation et les modes de vie en sont sans doute la raison.*

Les manifestations de la grossesse

Si vous êtes « réglée comme une horloge », si votre cycle menstruel est régulier, le premier signe révélateur de votre grossesse est l'absence de règles. Quelques jours de retard ne sont pas suffisants, il faut attendre plus d'une dizaine de jours pour voir vos espoirs sans doute se confirmer.

Des signes révélateurs

Bien des femmes enceintes affirment ressentir très rapidement des changements physiques. Certaines odeurs paraissent plus fortes ou même, parfois, insupportables ; certains plats ne provoquent plus aucune envie, tandis que d'autres deviennent tout à coup délicieux. Pour d'autres femmes, le changement du volume des seins est réellement le premier signe. Ils deviennent durs, lourds, avec parfois des picotements.
L'aréole s'élargit et fonce. Les petits renflements qui sont à sa surface, les tubercules de Montgomery, deviennent beaucoup plus apparents. Les bouts des seins sont aussi plus sensibles et mieux formés.
Certaines femmes ressentent un besoin accru de sommeil, avec des moments de lassitude après les repas ou en fin de journée.

Des troubles digestifs

Dès les quinze premiers jours de gestation, certaines futures mamans souffrent très précocement de nausées (p. 106), qui surviennent régulièrement au réveil, lorsqu'elles posent le pied par terre. Ces nausées s'accompagnent souvent de vomissements de bile et d'une salivation excessive. Celle-ci est un phénomène rare et encore inexpliqué. Dans un premier temps, il est préférable de changer ses habitudes en matière de petit déjeuner : évitez le café, surtout s'il est au lait, essayez le thé léger, voire une tisane de menthe.
Des traitements peuvent être proposés, mais ils ne sont pas toujours efficaces. Si les vomissements sont importants, il faut consulter un médecin.
À ces troubles peuvent s'ajouter une constipation inhabituelle (p. 107) et un besoin d'uriner un peu plus fréquent que d'habitude (p. 104). Assurément, il se passe quelque chose en vous. Plus qu'un seul de ces signes, c'est l'accumulation d'un certain nombre d'entre eux qui peut faire penser que vous êtes enceinte.
Pourtant, certaines femmes n'éprouvent aucun de ces signes ou n'y prêtent aucune attention, et c'est beaucoup plus tardivement qu'elles découvrent leur grossesse, notamment si leurs cycles menstruels sont irréguliers, le retard de leurs règles ne les alertant pas forcément.

Un appétit d'oiseau

Cela peut sembler étonnant, mais certaines femmes perdent du poids au cours des premiers mois de leur grossesse. Il n'y a là rien d'inquiétant. Cela est souvent dû aux nausées et aux vomissements

---

MÉDICALEMENT, LA PRISE EN COMPTE DE LA GROSSESSE *n'est réelle qu'à partir de deux mois d'aménorrhée (absence de règles). Et pourtant, que de bouleversements extraordinaires dans votre corps pendant ces huit semaines ! Quand mon bébé naîtra-t-il ? C'est la question que vous vous posez aussitôt après la confirmation de votre grossesse. La date de l'accouchement est l'aboutissement d'un calcul que fera votre médecin dès la première échographie.*

C'est sans doute dans votre tête *que se produisent les plus grands bouleversements. Vous êtes partagée entre le désir profond de devenir maman et la crainte que cette grossesse n'aille pas à son terme. Vous vous observez, le moindre mal de ventre vous inquiète, vous faites des projets mais, par superstition, vous n'en concrétisez aucun. La contraception vous a tellement donné l'illusion que vous pouviez maîtriser votre fertilité qu'à cet instant, vous êtes troublée par le fait de ne plus être certaine de décider de votre avenir.*

↗

qui entraînent une perte d'appétit. Le poids mettra plus ou moins de temps à se stabiliser, le temps que l'organisme maternel s'adapte à son nouveau statut hormonal.

D'une manière générale, il semble qu'au tout début d'une grossesse, l'appétit diminue ; peut-être vous sentez-vous barbouillée, avec du mal à digérer les plats les plus lourds.

Il semble que le poids et surtout l'alimentation au moment de la conception influencent le poids de naissance de l'enfant. Ainsi, les futures mamans qui ont eu des apports énergétiques supérieurs à 2 800 calories par jour sous forme de laitages, de céréales et de légumes verts mettent au monde des bébés de plus de 3,2 kg. En revanche, la perte de poids après la conception, au cours des premiers mois de grossesse, n'a aucun effet sur le développement du fœtus. En réalité, une alimentation équilibrée suffit à votre bébé (p. 152). Seule une alimentation insuffisante tout au long de la grossesse retentit sur le développement fœtal mais, le premier trimestre, vous avez suffisamment de réserves.

Les pertes blanches

Sous l'effet des hormones produites par les ovaires et le placenta pendant la grossesse, les cellules de la muqueuse vaginale se renouvellent rapidement. Les pertes blanches ne sont en fait pendant cette période que l'élimination des cellules mortes sous la forme d'une substance blanchâtre et épaisse. Elles ne nécessitent aucun soin particulier, mais une hygiène normale.

Une simple toilette locale à l'eau et au savon classique ou au savon gynécologique (vendu en pharmacie) suffit. Cette manifestation reste banale tant qu'il n'y a pas d'irritations ou d'odeur désagréable.

La grossesse extra-utérine

Un retard de règles associé à de violentes douleurs dans le bas-ventre, des pertes de sang foncé sont les signes classiques d'une grossesse extra-utérine. Mais elle peut aussi se dérouler en silence et sans douleur.

Ses origines

La grossesse extra-utérine peut s'expliquer par le fait que l'intérieur des trompes est abîmé et ne permet pas à l'œuf de descendre vers l'utérus. Dans ce cas, l'œuf est immobilisé. Au lieu de se développer dans l'utérus, il grossit dans la trompe et peut la détruire, faute d'intervention rapide. Cette grossesse doit donc être diagnostiquée le plus tôt possible. Elle est à craindre lorsqu'il y a, dès les premières semaines, des saignements et surtout de fortes douleurs sur un côté du ventre.

L'examen gynécologique révèle alors un utérus plus petit que ne le voudrait l'âge de la grossesse et surtout l'existence d'une masse à côté de celui-ci.

L'échographie complète le diagnostic : elle montre alors l'absence d'œuf dans la cavité utérine et l'existence d'un sac embryonnaire à côté de l'utérus. Les échographies pratiquées à l'aide d'une sonde vaginale sont idéales pour ce diagnostic. Si tous ces résultats ne sont pas encore évidents, on a recours à une cœlioscopie, qui consiste en une exploration de l'appareil génital faite sous anesthésie. On introduit, au niveau de l'ombilic, un tube muni d'un système optique qui permet de voir ce qui se passe dans la trompe et de réaliser le traitement (voir ci-dessous).

« Dépistée précocement, la grossesse extra-utérine peut se traiter médicalement. »

Le passé gynécologique de la femme peut être à l'origine de cette grossesse extra-utérine : une infection sexuellement transmissible, présente ou passée, une intervention chirurgicale au niveau des trompes, un antécédent d'endométriose, une contraception par pilules microprogestatives. Le tabagisme en est une des causes favorisantes.

Enfin, il faut savoir que si vous avez souffert d'une grossesse extra-utérine, vous devez être particulièrement suivie médicalement dès le début des suivantes. En effet, il existe 10 à 20 % de risque de récidive. Il est également recommandé d'attendre quelques mois avant « de remettre en route un bébé », notamment s'il y a eu une intervention chirurgicale. Pour éviter une grossesse trop rappro-

***Toutes les douleurs abdominales** inquiètent les futures mamans. Il est normal d'éprouver des tiraillements, l'ovaire qui a pondu l'ovule est un peu gros, l'utérus se redresse, les organes se placent, les ligaments s'étirent. Tout cela provoque des douleurs mais c'est leur intensité qui indique s'il faut consulter. La grossesse extra-utérine se caractérise à l'examen par une douleur d'un côté et par la perte de sang très foncé. Il est foncé parce qu'il vient de loin, de la trompe. C'est plutôt mauvais signe. Quant aux saignements rouges qui se produisent parfois après un rapport sexuel ou après l'examen médical du toucher du col, ils peuvent aussi indiquer une petite infection du col. Tout cela mérite un examen médical.*

chée, votre médecin peut vous prescrire une contraception orale.

Ses traitements

La grossesse extra-utérine évolue parfois vers une expulsion spontanée de l'œuf. Lorsqu'elle est diagnostiquée très précocement, sous contrôle d'une échographie, le médecin peut injecter un médicament dans la trompe qui va inhiber la division cellulaire de l'œuf. Celui-ci va se résorber. Cette intervention se fait sans anesthésie générale et sans hospitalisation. Le traitement médical (méthotrexate) peut également être injecté en intramusculaire. La patiente devra simplement être suivie attentivement pendant trois à quatre semaines par son médecin.
Quelques mois après, il est possible d'envisager une autre grossesse, qui n'a aucune raison de ne pas bien se dérouler. Il est souhaitable simplement d'en surveiller le bon démarrage. Mais très souvent, le diagnostic de grossesse extra-utérine est classiquement suivi d'une intervention chirurgicale en urgence car, si l'on n'intervient pas à temps, la rupture de la trompe entraîne une hémorragie interne très importante. Selon le cas, la trompe malade sera gardée une fois la grossesse extra-utérine enlevée, ou supprimée si elle est trop endommagée. Dans tous les cas, l'intervention est suivie d'une surveillance médicale avec notamment des dosages des hormones bêta-hCG afin de vérifier qu'il ne reste pas de tissu trophoblastique dans la trompe atteinte. L'autre trompe est encore soigneusement examinée car c'est elle qui porte maintenant tous les espoirs de grossesse.
Lorsqu'une autre grossesse s'annonce, il est souhaitable, dès les premières semaines, de prendre rendez-vous avec le gynécologue afin que, par une échographie, il vérifie que l'embryon se développe bien dans l'utérus.

Restez vigilante

De petites pertes de sang clair
Quelques petits saignements peuvent se produire en début de grossesse, notamment aux dates anniversaires des règles. Bien que tous les saignements ne signifient pas qu'il y a une grossesse extra-utérine ou un risque de fausse-couche spontanée, dans le doute, n'attendez pas, consultez votre médecin.
Celui-ci diagnostiquera peut-être une inflammation du col de l'utérus ou du vagin. Dans tous les autres cas, il devra avoir recours à une échographie pour en déterminer la cause. Ils peuvent être dus à un décollement mineur du placenta qui s'est inséré près du col ou à la présence d'un œuf jumeau qui ne poursuit pas son évolution. Le repos et la surveillance vous seront proposés pour passer ce cap.

De faibles douleurs
Certaines futures mamans n'en ont jamais, ou plus exactement n'en ressentent jamais avant le moment de l'accouchement ; toutes se demandent comment les reconnaître. Est-ce une douleur abdominale proche de celle ressentie au moment des règles ? Est-ce tout simplement un durcissement du ventre ? Une chose est sûre, les douleurs au cours du premier mois de la grossesse sont fréquentes, dues à l'ovaire sensibilisé et à l'utérus tirant sur les ligaments.

Vous devez consulter rapidement

Dans tous les cas de saignements, qu'ils soient ou non associés à des douleurs dans le bas-ventre. Si votre médecin n'est pas disponible, allez au service des urgences de l'hôpital. La même démarche est recommandée si vous constatez des pertes verdâtres ou malodorantes, accompagnées de démangeaisons ou de brûlures. Ces troubles sont peut-être le signe d'une infection de type vaginal, due à un champignon ou à un parasite. Le médecin vous prescrira alors un traitement essentiellement local.

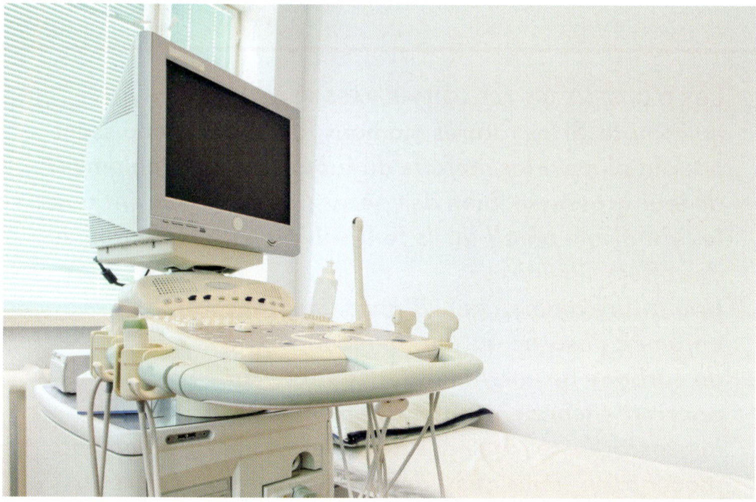
L'appareil d'échographie, l'échographe, permet de compléter le diagnostic.

Les bébés n'aiment pas le tabac

Que vous soyez petite ou grosse fumeuse, votre médecin vous demandera d'arrêter de fumer totalement. En effet, la nocivité du tabac pour le bébé en gestation n'est plus à démontrer.

Des retards de croissance

Redoutable, tel est l'effet du tabac pendant la grossesse, telle pourrait être la conclusion de l'étude faite par le professeur Crimail. Les substances contenues dans le tabac agissant sur la mère perturbent la vie in utero de l'enfant. D'après lui, le tabac serait responsable d'un tiers environ des retards de poids et de taille, et il serait associé éventuellement (mais sans certitude) à un retard du développement psychomoteur.
Il faut savoir aussi que le tabac peut entraîner des accidents au cours de la grossesse, tels que des hémorragies et des décollements placentaires, mais les avis sont partagés. Qui est responsable ? le tabac ? le degré d'intoxication de la mère ? ou sa physiologie ?
Ainsi, une enquête, menée il y a quelques années sur 6 989 femmes par le professeur D. Schwartz de l'Inserm, a démontré l'incidence du tabac dans les naissances à terme d'enfants hypotrophiques (pesant moins de 2 500 g) : 8 % d'enfants de faible poids pour les non-fumeuses, 11 % pour des fumeuses qui n'inhalent pas la fumée et 16 % pour des fumeuses inhalant la fumée. Cette même enquête a révélé une plus grande mortalité in utero chez celles qui fumaient en inhalant la fumée (3,3 %) que chez les non-fumeuses (0,9 %) ou fumeuses n'inhalant pas la fumée (1,3 %).
Une autre étude, menée à Nancy sur 5 000 femmes enceintes, a montré que le taux de prématurité des bébés passait de 5,1 % chez les non-fumeuses à 13,2 % lorsque les mères fumaient 20 cigarettes par jour.
Mais les dégâts ne s'arrêtent pas là. Le Dr Annesi-Maesano de l'INSERM soupçonne les enfants exposés in utero au tabagisme passif d'être plus sujets que les autres à des troubles du comportement, tels que l'agressivité, les colères, les peurs face à l'inconnu ou encore une forte propension aux émotions incontrôlables. Des troubles « entretenus » après la naissance par les habitudes tabagiques des parents.

« Par mesure de précaution, le vapotage n'est pas conseillé aux femmes enceintes. »

Nicotine et oxyde de carbone

La nicotine, qui est l'alcaloïde essentiel du tabac, est une substance qui agit avec force sur l'organisme. Elle a la propriété de contracter les vaisseaux sanguins, d'augmenter momentanément la pression artérielle et d'accélérer

Les dangers du tabagisme passif doivent être pris en compte. Si les futures mamans fumeuses connaissent pour la plupart les méfaits du tabac sur le déroulement de leur grossesse, bien des pères fumeurs ignorent que le tabagisme passif qu'ils font subir à leur compagne a des effets similaires.
Une future maman qui vit dans une atmosphère enfumée absorbe autant de nicotine et d'oxyde de carbone qu'une fumeuse. Le tabagisme passif pourrait encore entraîner des accidents au cours de la grossesse, tels que des hémorragies et décollements placentaires mais aussi des naissances prématurées.

la fréquence cardiaque. L'oxyde de carbone, ensuite, diminue l'oxygénation du sang, ce qui abaisse les performances physiques et augmente les risques de durcissement de la paroi des artères (artériosclérose). Chez une grande fumeuse, les artères du placenta (qui amènent l'oxygène et les aliments au fœtus) sont plus ou moins bouchées, scléreuses, et, dans tous les cas, on a constaté une diminution de leur diamètre, ce qui les empêche de remplir correctement leurs fonctions (pp. 96 et 97). Il arrive donc moins d'aliments constructeurs au fœtus. Mais le futur bébé va encore souffrir d'un apport insuffisant d'oxygène, indispensable au développement de son cerveau. En effet, le monoxyde de carbone contenu dans la fumée de cigarette réduit la quantité d'oxygène présent dans le sang de la future maman. Cet oxygène est apporté par une artère jusqu'aux villosités placentaires lieux d'échanges entre la mère et l'enfant (p. 96). Grâce à un petit appareil, les futures mamans fumeuses peuvent mesurer le taux de monoxyde de carbone qu'elles expulsent, il est en relation direct avec le taux d'oxygène que leur sang apporte à leur bébé.

Après avoir traversé la barrière placentaire, *la nicotine atteint la circulation sanguine du fœtus et se dirige plus particulièrement vers le cerveau, les glandes surrénales, le cœur et l'estomac. Des analyses du liquide amniotique et du placenta montrent des taux plus élevés de nicotine que dans le sang maternel. Il en est de même pour l'oxyde de carbone. Les taux de carboxyhémoglobine sont de 10 à 15 % supérieurs chez le fœtus que chez sa mère.*

Néfaste pour la mère...

L'association Droit des non-fumeurs, en analysant les forums de discussion sur Internet, estime que 36 % des femmes enceintes fument en début de grossesse et que 22 % gardent cette mauvaise habitude. Leurs discussions montrent que beaucoup ignorent ou contestent les risques du tabac pour elles et leur bébé. Pourtant, une étude anglaise confirme la réalité des effets nocifs du tabac. En effet, sur 14 200 femmes enceintes suivies, dont 21 % ont fumé, l'étude montre d'abord que les effets néfastes du tabagisme sur le déroulement même de la grossesse s'observent surtout au 2e trimestre : le risque d'infection urinaire est double chez les fumeuses par rapport aux non-fumeuses.

... et pour le développement du bébé

Mais surtout, l'étude conforte l'hypothèse selon laquelle les enfants nés de mères fumeuses peuvent subir des altérations des taux d'hormones sexuelles, retentissant sur leur propre descendance (même en l'absence de tabagisme dans la deuxième génération). Un questionnaire, chez les femmes dont la mère avait fumé durant la grossesse (et qui étaient elles-mêmes fumeuses ou non-fumeuses), montre ainsi, outre une apparition plus précoce des premières règles chez les filles, un risque significativement plus grand, lors de leur propre grossesse, de saignements pendant le premier trimestre et surtout de fausses couches. Pour le professeur Jean Golding (Institute of Child Health, Bristol), qui a dirigé l'étude, ces effets pourraient s'expliquer par un processus d'altération des fonctions ovariennes. Ainsi, on a décelé des ovaires atrophiés sur des animaux femelles exposés au tabac. En outre, d'après une analyse de données remontant à l'année 1958, le tabagisme maternel semble aussi avoir un effet à long terme sur le développement sexuel des garçons, provoquant notamment des anomalies de descente des testicules. Une étude menée par le Centre national de statistiques de santé américain révèle que fumer favorise la formation de bec-de-lièvre chez les bébés. Le risque est proportionnel au nombre de cigarettes fumées. Il est de 50 % en plus si la future maman fume moins de 10 cigarettes par jour et de 78 % au-delà. Une autre étude, néerlandaise, menée sur 3 000 enfants, montre que le tabagisme maternel a une incidence sur les coliques du nourrisson, et indépendamment du fait que la mère allaite ou non.

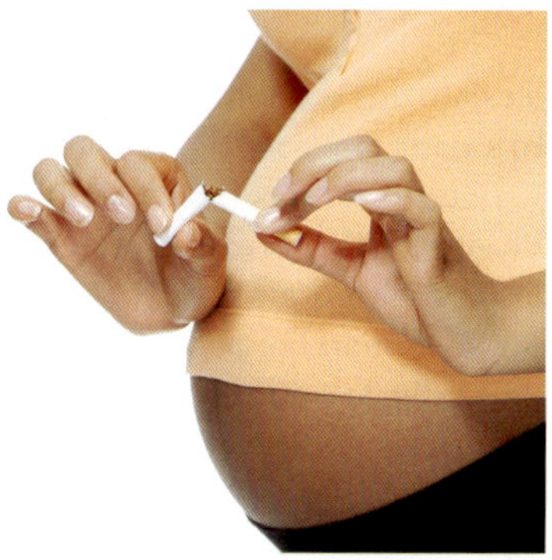

Comment arrêter de fumer

Arrêter de fumer n'est pas toujours facile, surtout si cette habitude est ancrée depuis l'adolescence. Le souhait de ne pas nuire à votre enfant n'est peut-être pas suffisant et il vous faut une aide pour soutenir votre demande.

Les produits de substitution

La plupart des méthodes médicamenteuses utilisent, pour aider au sevrage, la nicotine. Ce qui peut paraître contradictoire. En fait, on cherche surtout à éliminer les autres produits toxiques contenus dans la cigarette. La nicotine n'étant pas le plus dangereux de ses ingrédients, ce qui explique que les substituts nicotiniques soient autorisés pendant la grossesse. Leur toxicité est bien inférieure à celle du tabagisme.
Longtemps conseillés aux futures mamans, les patchs à la nicotine n'ont pas montré une réelle efficacité. Il leur est donc conseillé de se tourner vers des méthodes « douces » ou d'accompagnement pour apprendre à vaincre le tabac.

Les consultations anti-tabac

Il existe des consultations anti-tabac dans la plupart des maternités destinées aux futurs parents. En effet, il est préférable que la mère et le père s'associent dans cette démarche parce qu'il est plus difficile pour la mère d'arrêter de fumer seule et parce que le tabagisme passif est aussi néfaste que le tabagisme actif. Les parents ont aussi à leur disposition des méthodes de groupe qui permettent aux fumeurs d'exprimer par la parole les mécanismes de la dépendance physique et psychique. N'hésitez pas à vous faire aider.
Le recours aux médecines douces est fréquent, mais elles ne sont pas remboursées et ne se montrent pas toujours efficaces.

L'accompagnement individuel

Une expérience intéressante, dont l'objectif est de réduire de 25 % le nombre de fumeuses à l'accouchement, est développée dans 18 maternités de la région Nord-Pas-de-Calais depuis 1997. Les femmes enceintes désireuses de réduire leur consommation ou d'arrêter de fumer ont la possibilité de rencontrer en entretien individuel des puéricultrices, sages-femmes, infirmières. Les mécanismes de la dépendance physique et psychique, les effets du tabagisme sur le fœtus et sur le déroulement de leur grossesse leur sont expliqués. Conseils sur la diététique et astuces pour moins fumer aident les femmes à se fixer des objectifs à la mesure de leur motivation : réduction complète ou progressive, diminution.

Un soutien moral permanent de l'équipe médicale permet à celles qui essaient de mener à bien cette démarche d'affronter les moments difficiles de tentation ou de doute. Pour nombre de ces futures mamans, la possibilité d'être entourées et aidées au moment de leur grossesse est déterminante dans leur volonté d'arrêter de fumer.

L'homéopathie

Les médecines douces sont sans risques. L'homéopathie ne vous fera pas passer l'envie de fumer du jour au lendemain, elle soulagera plutôt les effets secondaires de l'arrêt. Sachez qu'il vous faudra trois mois sans cigarettes pour vous considérer comme sevrée. Le médecin homéopathe vous prescrira un traitement en fonction de votre état et de votre « terrain ».

L'hypnose

Cette technique est généralement pratiquée à l'hôpital par un thérapeute psychiatre. Avant tout traitement, un entretien a pour objectif de mesurer votre foi en la méthode et l'état de votre dépendance au tabac. Les séances suivantes seront réellement consacrées à l'hypnose. La méthode employée est celle classiquement utilisée en médecine. Après quelques minutes de relaxation, le praticien vous demandera de fixer un point lumineux ou le balancement d'un métronome. Il accompagnera votre concentration par quelques paroles. Tout naturellement, vous sombrerez dans ce sommeil particulier qu'est l'hypnose. Le praticien vous invitera alors aux rêves, des rêves de senteurs essentiellement, celle d'une forêt un matin de printemps, celle de l'herbe qui vient d'être fraîchement coupée, etc. Toutes ces sensations ont pour but de faire naître dans votre esprit des émotions qui vont renforcer votre motivation. Il vous faudra quatre à huit séances, espacées d'une semaine.

L'acupuncture

Le médecin acupuncteur s'entretient d'abord avec sa patiente afin de l'entendre exprimer ses motivations et ses craintes, puis il pose quelques aiguilles en des points précis, notamment sur le visage, le nez, les tempes, le front et le dessus des mains. Chaque séance dure de 20 à 30 minutes environ, il faut en compter de deux à cinq espacées d'une semaine.

L'auriculothérapie

Moins contraignante que l'acupuncture, elle fonctionne sur le même principe. En effet, le praticien pose soit, en plusieurs séances, quelques aiguilles en des points précis de l'oreille, soit un fil de Nylon, sous anesthésie locale, au centre du pavillon de l'oreille.

La mésothérapie

Elle consiste à pratiquer des micro-injections aux points d'acupuncture, d'un mélange de produits dont un est anesthésiant. L'effet cumule celui des médicaments et celui de l'acupuncture.

IL EST CONSEILLÉ, BIEN SÛR, D'ARRÊTER DE FUMER *dès le début de la grossesse. Il faut savoir que la fumée de cigarette contient 250 substances toxiques, dont la nicotine responsable de l'effet de dépendance. Les plus nocives sont les dérivés goudronnés, ou le monoxyde d'azote, qui peuvent entraîner un manque d'oxygène chez le fœtus. Ils agissent sur la vascularisation et sur l'apport nutritif du placenta. Si l'arrêt de la cigarette rend la maman nerveuse, boulimique, insomniaque, ou tout simplement impossible à vivre, il est préférable qu'elle soit aidée et que la dépendance soit traitée en urgence. De la même manière, toute drogue doit être arrêtée, même celles qui sont dites douces. Aujourd'hui, nous voyons de plus en plus de problèmes liés à la consommation de crack ou de LSD.*

Alcool : pas une goutte !

Selon une enquête récente de l'Inserm, 17 à 25 % des femmes continuent à consommer de l'alcool pendant leur grossesse, malgré les mises en garde régulières dont elles font l'objet. En effet, les méfaits de cette substance sur le développement du fœtus ne sont plus à démontrer.

Principe de précaution élémentaire

Au pays du bon vin, les médecins prônent la tolérance zéro en matière d'alcool pour les futures mamans. Ce n'est pas sans raison, car le syndrome d'alcoolisme fœtal est la première cause de retard mental d'origine non génétique. Il concernerait 1 à 3 naissances sur 1 000. On sait que deux ou trois verres par jour, ou même une ivresse occasionnelle de cinq verres, peuvent être néfastes. Certes, le seuil de dangerosité de l'alcool n'est pas encore précisément connu et il existe de grandes différences individuelles, sans doute en raison de facteurs génétiques. Mais par simple principe de précaution, il est préférable de ne boire ni vin, ni bière, ni cidre, ni apéritifs, ni alcool pendant 9 mois, voire plus si la jeune maman souhaite allaiter. Évitez encore les sorties arrosées, même si elles vous semblent des exceptions, leurs conséquences pourraient être supérieures à celles d'un alcoolisme chronique. Méfiez-vous encore des boissons dites « énergisantes », car beaucoup contiennent de l'alcool.

On estime à 5 % le nombre de futures mamans qui consomment un verre d'alcool par jour. L'alcool bu par la maman passe dans son sang, traverse avec une grande facilité la barrière placentaire et envahit le liquide amniotique. La concentration en éthanol (molécule chimique de l'alcool) est alors la même que dans le sang maternel. Mais le bébé qui boit le liquide amniotique est d'autant plus intoxiqué que son foie et son tube digestif sont immatures et ne peuvent éliminer tout cet alcool. Celui-ci a la particularité de perturber la multiplication des cellules cérébrales et la migration des neurones (p. 208).

> **« Selon l'Inpes (Institut national de prévention et d'éducation pour la santé), 40 % des jeunes mamans estiment qu'une consommation occasionnelle d'alcool n'a pas d'effet sur leur grossesse. Faux ! »**

Des malformations fœtales

On appelle « syndrome d'alcoolisme fœtal » ou FAS (Fetal alcohol syndrome) un ensemble de troubles dus à une exposition prénatale à l'alcool. Certains sont facilement identifiables dès la naissance, comme l'anomalie de la face et de la croissance. Ce sont les suites d'un alcoolisme notable. En revanche, d'autres perturbations se révèlent un peu plus tard,

Ne pas succomber à la tentation ! *Vous organisez une fête ? Préparez ou achetez un apéritif sans alcool. Vous allez chez des amis, demandez-leur de faire de même ou apportez votre apéritif personnel. Dans les deux cas, cette précaution vous évitera de céder à la tentation.*

C'EST INCROYABLE, il a fallu attendre plus de 35 ans après les publications scientifiques mettant en garde les futures mamans sur la consommation d'alcool et la première campagne de prévention (2004) ! Aujourd'hui, la lutte contre l'alcoolisation des futures mamans est visible, elle se matérialise sur toutes les bouteilles contenant de l'alcool, soit par un pictogramme, soit par la mise en garde : « La consommation de boissons alcooliques pendant la grossesse, même en faible quantité, peut avoir des conséquences graves sur la santé de l'enfant ». Parallèlement, une campagne d'informations sur l'alcoolisation fœtale est menée dans les collèges et les lycées à destination des jeunes filles qui seront un jour des futures mamans.

voire plusieurs années après la naissance. Un retard mental dû à des malformations cérébrales, des troubles de l'attention entraînant des retards scolaires, des troubles du comportement à l'adolescence ou encore une hyperactivité sont les conséquences d'une petite ou moyenne consommation d'alcool pendant la grossesse. Il faut se souvenir que l'alcool reste l'un des produits qui exposent le plus le fœtus à de très grands risques.

Des périodes très sensibles

La période la plus « fragile » est celle de la formation de l'embryon. L'alcool serait alors responsable de malformations cardiaques, rénales, osseuses ou dermatologiques. Une autre période est encore sensible, celle de la formation du cerveau, qui subit tous les méfaits de l'alcool. À tous ces troubles, il faut ajouter une croissance du fœtus perturbée ; ces enfants naissent petits et de faible poids. La grossesse d'une maman consommatrice d'alcool est elle-même aussi à risque : la fausse couche, un accouchement prématuré, une grossesse extra-utérine et une hémorragie rétroplacentaire sont les plus répandus.

À savoir : toutes les boissons alcooliques (vin, bière, rhum, vodka, whisky, pastis, etc.) contiennent la même molécule, appelée « éthanol ». C'est cette molécule qui est dangereuse pour le bébé. Toutes les boissons représentent donc le même danger.

L'automédication = danger

Les Français sont les champions de l'automédication. C'est une habitude dangereuse, surtout chez les futures mamans. Médicaments et grossesse ne font pas toujours bon ménage, et un médicament efficace sur la mère peut être redoutable sur l'enfant, voire à risque pour tous les deux.

Des réactions inattendues

L'effet d'un médicament sur votre organisme est lié aux protéines plasmatiques et tissulaires. Or, en raison des modifications physiologiques qui se créent en vous, leur taux change, provoquant ainsi un effet autre que celui escompté. La grossesse aurait tendance à augmenter l'efficacité de certains produits. En revanche, en fin de grossesse, le pouvoir curatif d'un médicament peut être atténué sous l'effet de l'augmentation du débit sanguin rénal (de 50 % plus important, ce qui favorise son élimination).

La toxicité des médicaments

En ce qui concerne l'enfant, le mécanisme d'absorption du médicament est lié au rôle du placenta (p. 96). Si le médicament pris à bon escient n'est pas réellement dangereux pour la mère, il peut l'être dans certains cas pour le fœtus. En effet, le placenta laisse passer la plupart des molécules médicamenteuses. C'est d'autant plus vrai en fin de grossesse. Le produit toxique se trouvant dans le sang fœtal atteint très rapidement le système nerveux central en raison du système circulatoire très particulier de l'embryon. De plus, ce dernier n'a pas encore le pouvoir d'éliminer les toxiques : les enzymes qui, chez l'adulte, dégradent, métabolisent et éliminent le médicament ne sont pas encore assez nombreuses ni assez efficaces pour assurer cette fonction. On estime que 4 à 5 % des malformations constatées à la naissance, ou dans les deux premières années de croissance de l'enfant, sont dues à l'absorption de médicaments ou de toxiques. La toxicité des médicaments est

« C'est souvent plusieurs années après sa mise sur le marché que la toxicité d'un médicament est reconnue, car ses méfaits peuvent toucher le bébé comme l'enfant plus âgé. »

AVANT TOUTE PRISE DE MÉDICAMENT, *il est important de lire la notice qui accompagne le produit, de demander conseil à un pharmacien ou de téléphoner au Centre de référence sur les agents tératogènes : le CRAT (www.lecrat.org). Vous pouvez trouver trois types d'informations sur les notices : « contre-indiqué formellement », son effet tératogène (qui entraîne une malformation embryonnaire ou fœtale) a été démontré ; « contre-indiqué », spécialité ancienne dont la non-toxicité n'a pas été prouvée mais supposée ; « déconseillé chez la femme enceinte », les études chez l'animal n'ont rien prouvé, mais le produit est trop récent pour que l'on soit sûr de son innocuité.*

liée à la durée du traitement et à sa périodicité au cours de la grossesse. Avant l'implantation de l'œuf dans la paroi utérine, il semble que les risques de malformation soient faibles. L'œuf est alors éliminé au cours d'une fausse couche (p. 108). Si vous souffrez d'une maladie chronique qui vous oblige à suivre un traitement, si possible, consultez votre médecin avant même de concevoir votre bébé. Il est le seul à pouvoir évaluer ce qui est le mieux pour la mère et le risque pour l'enfant à venir.

__C'est pendant la période embryonnaire__ des trois premiers mois que se forment de nombreux organes. Leur développement risque d'être perturbé lorsqu'il y a prise abusive de médicaments. Bien que réel, le risque est cependant variable. Il dépend de l'étape précise du développement fœtal au moment de la prescription, et de facteurs génétiques qui modifient la sensibilité de l'embryon. Au cours de la période fœtale, et même à partir du début du deuxième mois, on peut redouter des malformations à la naissance, telles que des kystes ou amputations ; après la naissance, des retards psychomoteurs, des troubles du comportement ou endocriniens. En revanche, en fin de croissance, l'effet toxique du médicament sur l'enfant est plus à redouter que des malformations. Ces médicaments sont dits « tératogènes ».

Les médicaments dont il faut se méfier

Si vous ne devez prendre aucun médicament sur le conseil de quelqu'un de votre famille ou d'une amie, soyez aussi très méfiante vis-à-vis des spécialités que vous consommiez sans y porter attention avant votre grossesse.

- **Les antalgiques banals,** tels les anti-inflammatoires non stéroïdiens (aspirine, ibuprofène), sont susceptibles à forte dose, à partir du deuxième trimestre, d'occasionner des atteintes rénales et cardiaques. L'aspirine peut encore provoquer chez la mère une hémorragie au moment de l'accouchement. Son indication cesse en principe au 8e mois.

- **Les anxiolytiques et les tranquillisants :** certains sont à éviter. Même chose pour les neuroleptiques.

- Récemment, on s'est aperçu que **des antidépresseurs** pouvaient être toxiques pour les reins en fin de grossesse. De même, certains somnifères et tranquillisants perturberaient les mécanismes d'adaptation respiratoire et alimentaire.

- Parmi **les vitamines**, notamment de synthèse, sont à éviter : la vitamine A et ses dérivés, ainsi que la vitamine D et ses dérivés.

- **Les antibiotiques :** particulièrement les tétracyclines, qui provoquent chez le bébé une coloration des dents.

- Parmi **les vaccins**, obligatoires, ceux contre la variole, la rubéole, la coqueluche, la poliomyélite, les oreillons ainsi que le BCG sont totalement contre-indiqués par voie buccale.

- **L'isotrétinoïne**, utilisée dans les traitements des acnés sévères. Ainsi, le Curacné Gé® est particulièrement tératogène et interdit toute grossesse.

- **Le Soriatane®**, utilisé en dermatologie, serait responsable de malformations fœtales. Il faut aussi faire particulièrement attention au bromure de calcium du Calcibronat® et du Neurocalcium®.

- **La Dépakine**, médicament pour prévenir l'épilepsie, ne doit plus être prescrit aux femmes en âge d'être mère. Son principe actif, le Valproate de sodium, est accusé de provoquer des malformations fœtales.

- Très récemment, les médicaments contenant du **Dompéridone** dont beaucoup sont utilisés pour lutter contre les nausées et les vomissements ont été déconseillés par la Haute Autorité de Santé. Cette substance est suspectée d'entraîner des troubles cardiaques et neurologiques.

Quelques médicaments à la toxicité avérée pour le fœtus ont été retirés de la vente. Parmi les plus connus, il faut citer la Thalidomide®, qui a provoqué des malformations des membres, et le Distilbène®, responsable d'anomalies génitales qui peuvent toucher jusqu'à trois générations.

La toxicité des produits chimiques

Les produits chimiques sont partout dans l'environnement. Un bon nombre d'entre eux doivent leur efficacité à des molécules agressives pour la santé de la future maman mais aussi de son bébé, car certaines d'entre elles passent la barrière placentaire.

Des dangers reconnus

Depuis quinze ans, toutes les recherches faites sur les éthers de glycol confirment leur toxicité. Ces solvants, très utilisés dans les produits d'entretien mais aussi en cosmétique, ont des effets nocifs sur les systèmes à division cellulaire rapide tels que le sperme, le sang et l'embryon. Ils seraient donc à l'origine de certaines malformations fœtales et de certaines stérilités masculines. Sont particulièrement dangereux les éthers de type éthylène et les propylènes.
Heureusement, ces solvants sont progressivement supprimés des produits qui en contiennent. Avant qu'ils n'aient complètement disparu, il vous est conseillé de lire attentivement les étiquettes de peinture, vernis, colles, vitrifications et de nombreux nettoyants comme certains produits pour laver les vitres ou les décapants pour four ainsi que les détachants et les produits pour lave-vaisselle.
Si vous jardinez ou si, plus modestement, vous avez des plantes d'appartement, vous devez vous méfier des produits herbicides et fongicides, des insecticides tout comme des fertilisants. Les graves perturbations dont ils sont à l'origine chez les professionnels de l'agriculture suffisent à démontrer leur dangerosité. Il en est de même pour tous les pesticides pour lutter contre les insectes aussi courants que les mouches, les moustiques, les fourmis ou les mites. Solides ou en aérosols, il est recommandé de ne plus les utiliser tout au long de votre grossesse et même après en présence d'un jeune enfant.
Enfin, plus récemment, l'Anses (Agence nationale de sécurité sanitaire de l'alimentation, de l'environnement et du travail) a très officiellement mis en garde les femmes enceintes et les mères de jeunes enfants sur les méfaits du bisphénol A. L'exposition à cette substance, alors que l'organisme humain est en pleine construction, est sérieusement soupçonnée de perturber le fonctionnement hormonal, provoquant notamment des malformations, des maladies neurologiques et des troubles de la fertilité future.

« L'exposition in utero et dans la petite enfance à certains polluants chimiques pourrait être à l'origine d'une baisse des facultés cognitives et de troubles de l'apprentissage. »

Les produits anciens et les nouveaux. *Méfiez-vous des vieilles peintures et des vieux vernis, ils contiennent souvent de l'arsenic, qui se dégage notamment lorsque l'on brûle les bois sur lesquels ils ont été utilisés. Il est préférable que la future maman ne fasse pas elle-même la peinture, la pose du sol ou le montage des meubles de la chambre du futur bébé. Les peintures et les colles contiennent souvent des substances toxiques qui se répandent dans l'air ambiant pendant des mois. Dans tous les cas, mieux vaut utiliser des matériaux portant le label NF Environnement ou Ecolabel.*

Éliminer le bisphénol A de l'environnement n'est pas facile car on le trouve partout, dans les plastiques alimentaires ou non, dans le revêtement intérieur des boîtes de conserves, dans les produits d'hygiène et de cosmétique, dans les emballages. Pour le moment, seule son utilisation dans les contenants alimentaires destinés aux enfants de moins de 3 ans est interdite ; c'est le cas, par exemple, des biberons. Pour les futures mamans, on peut recommander de préférer des surgelés aux conserves, de limiter leur consommation de plats préparés conditionnés en barquettes plastiques et de canettes de boissons gazeuses. Il n'est pas inutile encore qu'elles lisent attentivement les étiquettes des produits d'hygiène et de beauté qu'elles choisissent.

PRENEZ DES HABITUDES « ÉCOLOGIQUES ». *Le matin, aérez au moins une demi-heure l'appartement ou la maison. L'intérieur des lieux de vie est souvent plus pollué que l'extérieur, même en ville. Quand vous passez l'aspirateur, ouvrez les fenêtres. Utilisez avec modération les désodorisants chimiques en bombe ou sous forme de bougie ainsi que les produits d'entretien, et surtout ne les mélangez pas. Dans beaucoup de cas, l'eau et le savon, l'alcool à brûler ou le vinaigre blanc sont les produits les plus efficaces.*

Des métiers à risque

Si votre activité professionnelle vous oblige à la manipulation de produits chimiques, il est important que vous en parliez dans le détail avec votre médecin. Il en est ainsi pour toutes les femmes qui manipulent les révélateurs photos, les nettoyants utilisés en imprimerie et en sérigraphie ou qui travaillent dans des usines de semi-conducteurs ou dans une entreprise de nettoyage à sec, et même qui sont coloristes chez un coiffeur. Depuis quelques années, les règles limitent l'usage de produits dangereux au strict nécessaire dans l'industrie et avec un maximum de précautions. Les futures mamans et les jeunes mamans qui allaitent doivent être impérativement soustraites à leur exposition, et un changement de poste doit être proposé.

Les différents logos certifiants l'absence de bisphénol A.

Les produits dont il faut se méfier

Deux études, l'une commanditée par l'association Greenpeace, l'autre réalisée aux États-Unis par Environnemental Working Group, attestent que le fœtus, dans le ventre maternel, n'est pas à l'abri de la pollution. L'analyse du sang du cordon ombilical du futur bébé et celui de sa mère a mis en évidence la présence de molécules chimiques de produits répandues dans l'environnement. Pour l'instant, nous avons des soupçons, mais aucune preuve qu'elles soient à l'origine de maladies ou de malformations chez l'enfant. Voici ceux dont il faut se méfier :

- **Les retardateurs de flammes bromés** sont des substances ignifugeantes utilisées dans les appareils électroniques, les textiles synthétiques et les plastiques.
- **Les phtalates,** qui sont des produits additifs du PVC et de produits cosmétiques.
- **Les muscs artificiels,** fragrances chimiques dérivées du pétrole et utilisées dans certains parfums, cosmétiques et produits odorants. Ils auraient des effets sur les hormones du corps.
- **Les composés perfluorés** utilisés dans les produits antiadhésifs comme les poêles et les moules.
- **Les molécules organochlorées** qui sont dans les pesticides.
- **Le triclosan** est un antibactérien présent dans de nombreux cosmétiques. Sa concentration augmente entre le sang maternel et celui du cordon du fœtus.
- **Les parabens**, destinés à améliorer notamment la conservation des crèmes et des laits de toilette, sont des perturbateurs endocriniens.

La drogue, dangereuse pour les mamans et les bébés

Les futures mamans ne sont pas à l'abri des addictions aux drogues. La consommation de cannabis, de plus en plus répandue, touche aussi les femmes enceintes. Même si on ignore les conséquences précises de ce produit sur le futur bébé, de plus en plus de scientifiques s'inquiètent.

Un cocktail très nocif

Le nombre de femmes qui fument du cannabis est en augmentation, et ce de manière régulière. Elles commencent à l'adolescence et ne se débarrassent que très rarement de cette habitude à l'âge adulte. C'est bien dommage car, au moment de la maternité, on sait aujourd'hui qu'un joint fait de cannabis et de tabac produit beaucoup plus de monoxyde de carbone que le tabac seul. Ce gaz mortel diminue l'oxygénation du fœtus, perturbant le développement des organes qui en sont les plus consommateurs, comme le cerveau et le cœur. Mais tous les bébés ne souffrent pas de la même façon sous l'effet de cette drogue. Il existe une relation avec l'indice de masse corporelle de la mère, plus elle est mince, plus le cannabis aura des conséquences sur son futur bébé. Ce phénomène est dû au fait que la substance active du cannabis se fixe majoritairement sur les graisses. Lorsque la future maman n'a pas beaucoup de tissus adipeux, elle se dirige vers le cerveau, le sien et celui du fœtus, qui manifestera un retard de croissance. La quantité de joints fumés a bien sûr une influence, mais il en faut peu pour mettre en danger le bébé : deux joints par semaine suffisent à provoquer un retard de croissance.
Les troubles dont peut souffrir l'enfant se prolongent au-delà du développement fœtal. Mis à part la petite taille de ces enfants, qui peut compromettre leur développement, on constate aussi souvent des perturbations dans leur sommeil. Mais ce qui est sans doute plus étonnant, c'est le syndrome de sevrage que montrent certains bébés à la naissance ; ils tremblent, pleurent très peu et réagissent mal aux stimulations lumineuses. Ces réactions sont observées lorsque la future maman est une consommatrice importante de drogue.

> **« La grossesse d'une future maman consommatrice de drogues exige une prise en charge précoce, avec un suivi psychologique et l'engagement dans des soins de sevrage. »**

Le produit lui-même

Des expériences, faites sur des rats dont le développement cérébral était comparable à celui d'un fœtus humain au troisième trimestre, font craindre une baisse importante de l'activité cérébrale pour les enfants de fumeuses de joints. Elle serait caractérisée par une mauvaise mise en place des réseaux de neurones provoquant des difficultés de mémorisation, donc d'apprentissage. Plus tard, entre 7 et 10 ans, les enfants seraient souvent hyperactifs, impulsifs, inattentifs et présenteraient des troubles scolaires deux fois plus importants, bien qu'ayant un quotient intellectuel normal. Ce sont aussi des enfants anxieux et dépressifs.
Aux États-Unis, des études similaires sont faites depuis plus de

Les médecins n'osent presque jamais *demander à leur patiente si elle est consommatrice de cannabis. Dommage, car ce n'est pas une drogue aussi douce qu'on le dit. Elle est même plus dangereuse que le tabac. Différentes enquêtes révèlent que la fumée du cannabis contient sept fois plus de goudrons et de monoxyde de carbone et deux fois plus de nicotine que celle d'une cigarette de tabac. Fumer trois joints par jour équivaut donc à fumer un paquet de cigarettes.*

vingt ans. Ce recul permet de constater les effets du cannabis sur les enfants plus grands. Cette drogue serait à l'origine de troubles psychologiques et comportementaux durant l'enfance et l'adolescence.

Héroïne, cocaïne et crack

Quel que soit le produit, l'absorption de drogues pendant la maternité a des conséquences communes : fausses couches et accouchements prématurés, bébés de faible poids. Il est parfois difficile de savoir si ces difficultés sont uniquement dues à des problèmes médicaux, tant les situations sociales des mères sont précaires. Pourtant, on sait que tous les opiacés traversent le placenta et qu'ils atteignent le fœtus très rapidement. 30 % des nouveau-nés dont la mère est héroïnomane ont un retard de croissance. Mais ils souffrent surtout du syndrome de sevrage, qui se déclenche dans un délai variable, de quelques heures à 10 jours. On le reconnaît à l'irritabilité, l'hyperactivité, des mouvements anormaux, l'hypertonie, des apnées et des diarrhées.

La cocaïne entraîne une fréquence accrue de pathologies sévères pour la future mère. On observe notamment des problèmes d'hypertension artérielle pouvant provoquer un décollement du placenta. Chez l'enfant, outre la naissance prématurée et le faible poids, on peut craindre de nombreuses lésions et des troubles variés. Ils sont dus à l'effet vasoconstricteur de la cocaïne, responsable de lésions de la face, des membres, du cœur et du système nerveux central.

Les substances hallucinogènes, elles, multiplient les risques d'avortement par deux et les malformations fœtales par trois.

2e MOIS

2ᴱ MOIS

Vous

Vous vous sentez bizarre. L'existence de l'enfant qui est en vous est toute théorique et les transformations de votre corps ne sont pas tout à fait ce que vous imaginiez. Votre toute nouvelle grossesse vous donne des élans de fierté et pourtant, pour un rien, vous êtes au bord des larmes. La moindre réflexion de votre entourage vous irrite.

Fixer votre attention est difficile, vos sentiments sont mitigés. En réalité, vous traversez une période d'introspection : « Ce bébé, je l'ai voulu. Pourquoi ? Pour qui ? Serai-je capable d'assumer une telle responsabilité ? » Rassurez-vous, peu de femmes échappent à cet épisode de l'histoire de la maternité, tant celle-ci est bouleversante.

Vous vous observez, attentive aux moindres signes physiques. Vous savez que vous êtes enceinte, votre conjoint aussi, mais personne ne le voit.

Votre corps, lui, le sait et il se transforme. Si votre taille ne s'est pas encore épaissie, vous sentez vos seins plus lourds, vous vous réveillez le matin le cœur au bord des lèvres et vos nuits sont merveilleusement longues. Ces bouleversements demandent de votre part un peu de prudence. La lente maturation de l'idée de « faire un bébé » demande un peu de disponibilité.

Tout naturellement, vous vous tournez vers votre enfance. De votre mémoire, tel un plongeur qui remonte à la surface d'un simple battement de pieds, les souvenirs de vos relations avec votre mère resurgissent. Ainsi, vous construisez votre propre histoire de mère. Aujourd'hui ou demain, l'échographie vous révélera que cette belle histoire n'est pas un rêve. Imaginaire et réalité se mêlent. Ils élaborent les premiers sentiments d'attachement mère-enfant.

Votre bébé

L'EMBRYON MESURE 4 CENTIMÈTRES DE LONG quand il atteint l'âge de 8 semaines. Tous les organes du futur bébé sont maintenant en place. Il possède déjà une ébauche de système nerveux, un début de circulation sanguine, un intestin primitif et les prémices de ses précieux organes sensitifs. En état d'apesanteur, l'embryon flotte dans le liquide amniotique... Dans ce liquide, les organes et les tissus sont préservés contre les chocs et la pression. Les substances protidiques du sang maternel sont prélevées par le placenta afin de contenter les besoins continus de la construction des cellules.

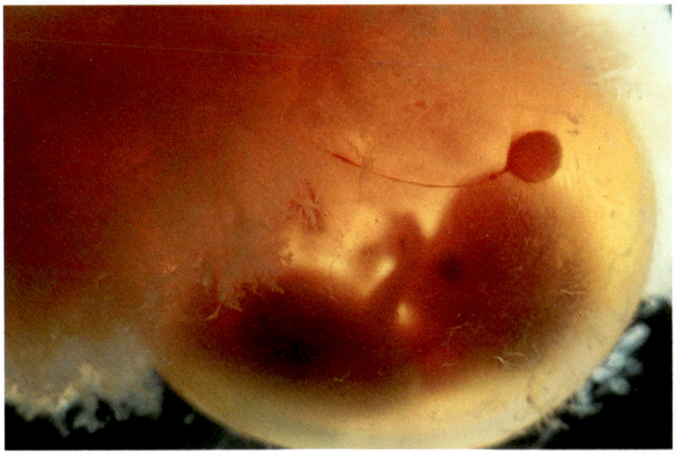

2E MOIS

L'embryon est en perpétuel mouvement, il bouge très vite. Ses mouvements sont plutôt de l'ordre du tressaillement. La future maman les sent rarement, car l'embryon flotte dans le liquide amniotique.

Les premières semaines de l'embryon

L'œuf est maintenant lové en vous et continue à se développer. À un pôle de cet œuf croît ce que l'on appelle le bourgeon embryonnaire. Les cellules qui le composent vont se différencier et donner les différents organes de l'embryon.

Un calendrier bien établi

Les principales parties du corps humain se forment dans les tout premiers mois de la vie intra-utérine. Les cellules se multiplient vite, en suivant un ordre bien établi. Chaque processus de différenciation est marqué d'une date. Ainsi, l'isolement du système nerveux se situe entre le 13e et le 25e jour. Un sillon se creuse tout au long de l'embryon : ce sera la moelle épinière. Les bords de ce sillon se rejoignent à la fin du 2e mois pour former le tube neural. À une extrémité, des vésicules se dilatent, qui formeront le cerveau, dont les circonvolutions commencent déjà à se dessiner. À 8 semaines, le développement des cellules nerveuses est incroyable : plus de 100 000 cellules chaque minute.

« L'échographie ne peut révéler l'activité cardiaque du fœtus qu'à partir de la 6e ou 7e semaine d'aménorrhée. »

À peu près au même moment, là où se trouveront les narines et la bouche, s'est formée la membrane pharyngienne et, à l'emplacement des orifices urinaire, génital et digestif, s'installe la membrane cloacale. Deux cordons cellulaires, épais et longitudinaux, se dessinent encore, doublés par deux autres cordons ; cet ensemble est l'ébauche de l'appareil urinaire et des reins. Au 17e jour, ce sont les vaisseaux sanguins qui apparaissent. La circulation du sang s'y installe avec les premières cellules souches de sang. La formation du cœur se fait à partir d'un gros vaisseau sanguin. Il bat dès la 4e semaine de grossesse, et dès le 21e jour, la circulation sanguine est mise en mouvement par le cœur.

Parallèlement, un réseau de vaisseaux se développe pour gagner le placenta. Au 21e jour, l'intestin primitif est formé. Au cours de la 4e semaine, l'organogenèse se poursuit. L'épiderme se forme, tout comme les poils et les glandes sébacées et sudoripares. Autour de la bouche, on voit naître les organes des sens ; l'œil se forme. Sous le cœur qui remplit déjà bien sa tâche, le foie se met à pousser.

À 3 semaines, *l'œuf ressemble à un disque constitué de trois couches de cellules superposées. Chaque feuillet joue son rôle dans la naissance des organes de l'enfant. L'ectoblaste donnera naissance au système nerveux et au cerveau, ainsi qu'à l'épiderme. Le mésoblaste sera à l'origine du cœur, des veines, des artères, des reins, des muscles, des os, des cartilages et du derme. L'endoblaste, lui, se chargera de la construction des appareils digestif et respiratoire.*

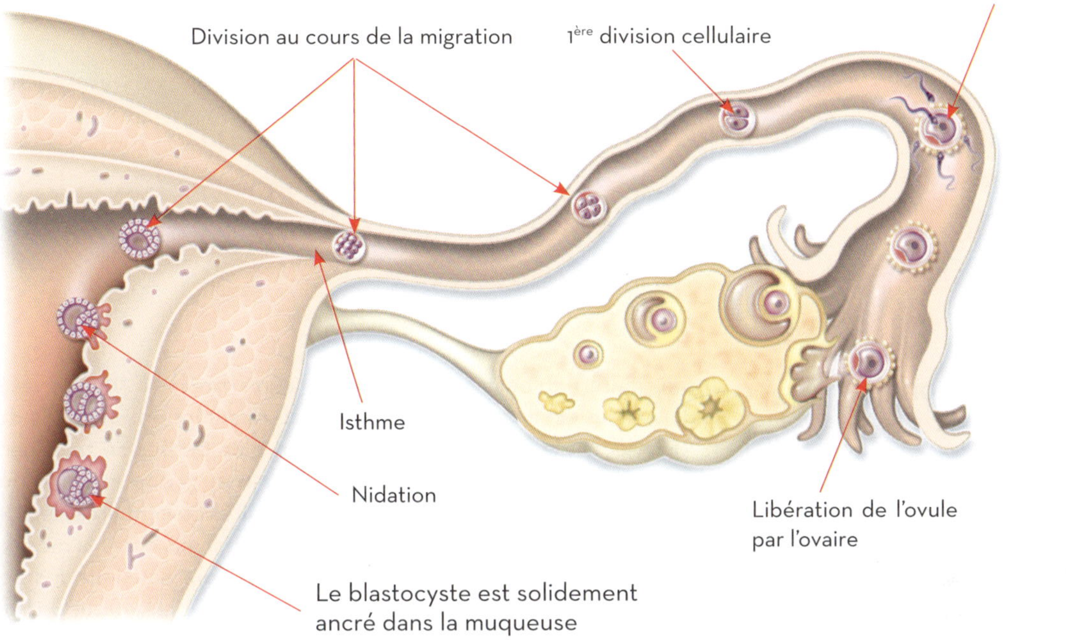

Mise en place des grandes fonctions

Au cours du 2e mois, les différents organes vitaux ébauchés se transforment en appareils au fonctionnement déjà parfait. Le tube digestif est complet avec l'œsophage, le foie, le pancréas (qui est déjà capable de réguler les apports en glucides). L'appareil respiratoire s'arborise autour du cœur. Les glandes sexuelles apparaissent, mais il n'y a pas encore de différenciation sexuelle. L'appareil urinaire se construit, rectum et canal anal se distinguent de la vessie.

On discerne déjà bien les principaux nerfs, les deux hémisphères du cerveau et l'hypophyse. On remarque les membres avec l'ébauche des doigts et des orteils. Les membres supérieurs sont un peu plus développés que les membres inférieurs. L'embryon a des yeux, mais ils sont recouverts d'une membrane (qui deviendra plus tard la paupière), un nez aplati et une bouche énorme. Bien séparées par le palais, on aperçoit également deux petites fentes qui deviendront les oreilles.

Vers 9 à 10 semaines de gestation, le visage du fœtus est en pratique définitivement constitué. Dès 8 semaines, l'embryon, replié sur lui-même, bouge légèrement dans le liquide amniotique, il lui arrive même d'avoir le hoquet. Il mesure 3 cm environ et pèse 9 g.

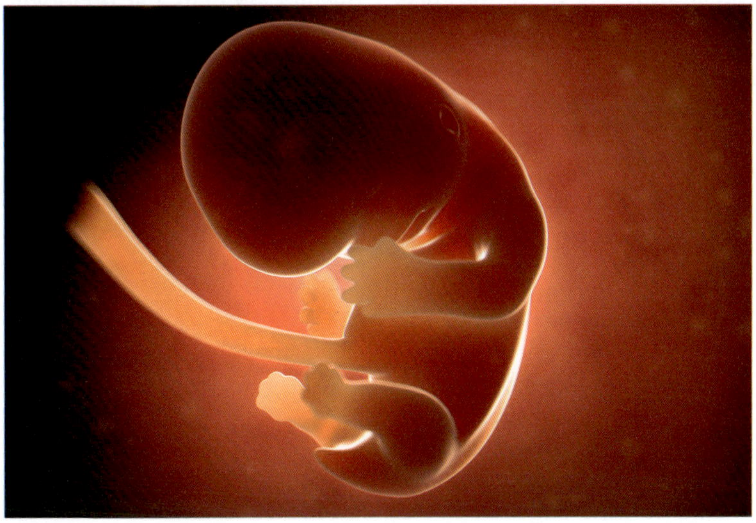

Le rôle du placenta

Cet organe est essentiel dans le développement de l'embryon. Il apporte les nutriments et l'oxygène nécessaires à l'activité cellulaire intense qui marque les débuts de la vie. Il assure tous les échanges entre la mère et son futur bébé sans que jamais leurs sangs se mêlent. C'est une « machine » prodigieuse.

En formation dès les premiers jours

C'est quelques jours après la fécondation qu'il commence à se former à partir de cellules situées à la périphérie de l'œuf. Peu à peu, le trophoblaste embryonnaire, nom donné au placenta en formation, s'élargit et s'épaissit. Il pénètre la paroi utérine en y tissant un réseau de fins capillaires (les villosités chorales). L'extérieur de ces vaisseaux est tapissé de cellules capables d'une très grande activité de synthèse.
Vers le 18e jour, le réseau vasculaire du trophoblaste (ou placenta) va se raccorder aux petits capillaires des artères ombilicales de l'embryon, établissant ainsi une circulation sanguine entre la paroi utérine de la mère et le futur bébé. Le cordon ombilical du bébé est implanté au milieu du placenta.

Des échanges à l'échelle moléculaire

Face à l'attaque des villosités du trophoblaste, la muqueuse utérine s'est défendue. Elle a bouché les brèches autour des villosités par des parois formant des chambres où celles-ci vont tremper. Ces chambres sont irriguées par le sang maternel ; c'est là que se produisent les échanges mère-enfant. Ainsi, jamais le sang de la mère et celui de l'enfant ne seront mêlés. Les échanges se feront à l'échelle moléculaire : molécules gazeuses et molécules des substances nutritives. Ces chambres ressemblent à de petits cubes. Par le bas de ces cubes, une artère véhicule le sang de la mère ; sur les côtés, de petites veines évacuent le sang qui a donné son oxygène à l'embryon. Au-dessus arrivent les villosités, dont les membranes poreuses captent à la fois l'oxygène et tous les aliments transportés par le sang maternel ; parallèlement, elles se déchargent de tous les déchets produits par l'embryon. On pourrait comparer le réseau de vaisseaux irriguant le placenta à un arbre : 15 à 30 gros vaisseaux se ramifient en branches de plus en plus petites se terminant par des bourgeons que l'on nomme villosités placentaires, lieu de tous les échanges entre la mère et son bébé. Pour satisfaire les besoins de l'embryon, le cœur de la future maman pousse un bon demi-litre de sang toutes les minutes.

À la fois filtre et défenseur

Le placenta est un filtre très sélectif et sa surface d'échanges est importante : dans les derniers mois de la grossesse, on l'estime à 15 m^2. Le placenta filtre l'eau, le sodium, le potassium, l'urée, le gaz carbonique et l'oxygène. Dans d'autres cas, le transfert se fait à l'aide

> ***Au terme de la grossesse,*** *le placenta ressemble à un disque de 20 cm de diamètre pour 3 cm d'épaisseur. La longueur du réseau capillaire des villosités est évaluée à 50 km. Son poids total est de 500 g. Le placenta croît et se modifie au cours de toute la gestation. Il passe au début de la grossesse par une phase de division cellulaire. Puis la multiplication des cellules se ralentit, alors que celles-ci augmentent leur masse.*

COUPE DU PLACENTA

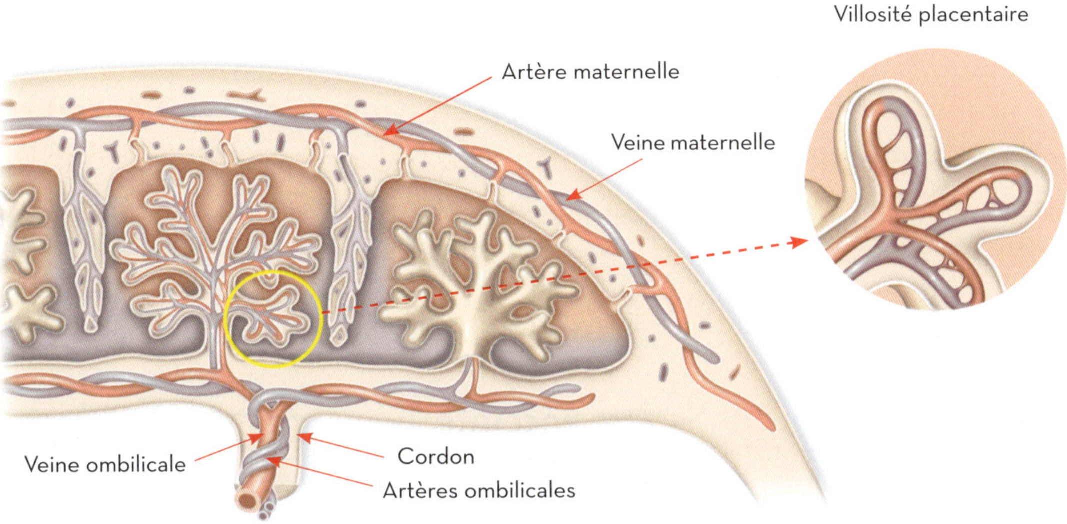

d'une molécule qui passe de part et d'autre de la membrane ; c'est le cas du glucose. D'autres échanges se font par absorption, puis dégradation par des enzymes et enfin reconstitution des éléments. Quelques-uns d'entre eux, comme le fer et le calcium, ont même des sites récepteurs particuliers sur les villosités. Le placenta a encore le pouvoir de limiter certaines attaques virales et bactériennes dont pourrait être atteint le fœtus, mais pas toutes. Il laisse passer des toxines comme l'alcool, la nicotine ou certaines substances contenues dans les médicaments. On attribue au placenta un rôle tout à fait particulier et essentiel : celui de défenseur de l'embryon contre les anticorps maternels sécrétés au moment de la nidation. En effet, pour le corps de la mère, l'implantation de l'œuf est interprétée comme une attaque semblable à celle pratiquée par une greffe de tissu d'un donneur. Il se défend en fabriquant des anticorps chargés de chasser l'intrus. Le placenta neutralise ces anticorps par une substance qu'il produit, et les utilise même pour sa propre croissance.

Une usine à hormones

Le placenta a un rôle hormonal important. C'est lui qui produit la fameuse hCG, hormone gonadotrophine chorionique, qui va permettre d'établir le diagnostic de grossesse. Cette hormone stimule la production d'estradiol et de progestérone, nécessaire au maintien de la nidation.

Une autre hormone est produite par le placenta, l'hormone lactogène placentaire. Elle est un indice du bon fonctionnement du placenta. On décèle cette hormone de la circulation sanguine maternelle dès la cinquième semaine après la fécondation.
Sa concentration augmente régulièrement jusqu'au 9e mois. Le placenta, dès le 1er mois de grossesse, sécrétera lui-même les œstrogènes et la progestérone. Il prend le relais des ovaires pour ces hormones qui assurent le bon déroulement de la grossesse.

Le placenta est examiné lors des échographies : *on observe sa position, sa consistance et la qualité de son raccordement à la paroi utérine. Sa position évolue tout au long de la grossesse. Ainsi, dans les premières semaines, son extrémité se trouve souvent à proximité du col de l'utérus. La place du placenta varie avec le développement de l'utérus : il remonte et s'implante définitivement à l'avant, à l'arrière ou au fond.*

Un grand bouleversement affectif

Chez la plupart des femmes, la maternité représente un grand moment de bouleversements psychiques. Cet enfant va changer tant de choses dans leur vie. Chacune ou presque vit ces neuf mois à sa manière, car les sentiments éprouvés dépendent du caractère, du passé familial et de la vie du couple.

Des sentiments mêlés

Même si vous traversez ces neuf mois en toute tranquillité, votre joie de devenir mère n'est pas béate. Cette maternité présente toujours une part d'inconnu sur son bon déroulement et sur ce futur bébé qui grandit en vous. Sera-t-il celui que vous imaginez ? Saurez-vous lui donner, en plus de votre amour, tous les soins dont il aura besoin ? Certains jours vos pensées seront « roses », d'autres jours, plus « grisées ».

Le questionnement le plus fréquent rencontré porte sur la normalité de l'enfant à naître. Cette crainte peut être plus ou moins profonde, aujourd'hui atténuée par un suivi médical rassurant et par les bons résultats des examens échographiques. Elle cache sans doute l'appréhension de ne pas réussir cette grande aventure aussi bien qu'on le souhaiterait. C'est peut-être pour la même raison que certaines futures mamans vivent le premier trimestre de leur grossesse dans l'inquiétude d'une fausse couche. Il est normal d'avoir de temps en temps des idées noires, elles témoignent d'un travail psychique de maturation.

« Être enceinte, c'est souvent être partagée entre la joie et l'angoisse, entre des jours roses et d'autres plus grisés. »

Parfois des sautes d'humeur

Lorsqu'on les interroge, la plupart des futures mamans disent se sentir bien plus calmes, plus patientes qu'avant leur grossesse. Certaines affirment que la maternité renforce leur caractère, leur donne une assurance qu'elles n'avaient pas auparavant. Elles ont mûri presque instantanément au moment où elles se sont sues enceintes, passant du stade de jeune femme à celui de mère responsable. Pour d'autres, la « maternité » est plus difficile à accepter. Elles négligent tout ce qui les concerne : leur maison, leur aspect physique, leur travail ; elles se regardent, « s'écoutent se transformer ». Enfin, certaines femmes montrent un changement de caractère. Elles peuvent devenir exigeantes, susceptibles, et être sujettes aux fameuses envies. Elles se sentent, sans fondement, vulnérables et demandent plus de soutien et de protection à leur entourage. Leurs pensées négatives et positives se livrent un véritable combat. Elles

***Toutes les maternités sont volontaires** ou presque, aujourd'hui. Vous avez décidé de devenir mères pour vivre une expérience que vous savez enrichissante. La maternité est pour vous une étape indispensable à la construction de votre identité féminine. Votre vie psychique est alors riche en rêves et en fantasmes. Certaines d'entre vous les collectent dans un journal intime que peut-être, plus tard, elles offriront à leur enfant devenu grand.*

POUR MIEUX ACCEPTER LES TRANSFORMATIONS DE VOTRE CORPS, *faites une activité sportive douce, natation, danse légère (pp.114-115). Il n'y a guère que dans nos sociétés que le corps de la femme enceinte est vu sous le prisme de la déformation. Dans beaucoup d'autres civilisations, c'est au contraire le moment où la femme est la plus féminine et la plus respectée.*

sont à la fois ravies de leur nouvel état, font des projets, imaginent leur futur bébé, mais redoutent aussi la douleur de l'accouchement et les changements physiques qui, bien obligatoirement, marqueront leur corps.

Surmonter ses angoisses

Être enceinte, c'est donc souvent être partagée entre la joie et l'angoisse. Si la jeune mère ne peut ou ne veut pas l'exprimer par des mots, il arrive parfois que ce soit son corps qui s'en charge. Ainsi, par exemple, les fameuses nausées (p. 106) seraient accentuées par les émotions ou les contrariétés. D'ailleurs, on ne sait pas pourquoi certaines femmes enceintes souffrent plus de nausées que d'autres.
Se confier, parler de tout ce qui vous bouleverse vous feront beaucoup de bien si vous êtes angoissée. Votre conjoint, votre mère, votre meilleure amie sont là pour vous écouter. Mais vous pouvez encore parler avec votre médecin, votre sage-femme. Et si cela ne suffit pas, pourquoi ne pas demander le soutien d'autres femmes enceintes ? Il existe des lieux de rencontre spécialement conçus pour ces échanges, très souvent au sein même des maternités. L'assistante sociale de votre quartier ou de votre commune pourra vous en indiquer l'adresse. À coup sûr, les jeunes femmes les plus angoissées constateront alors que tout ce qui les tracasse, tous les fantasmes qu'elles vivent parfois avec difficulté sont partagés par toutes leurs semblables.
En vivant le plus agréablement possible, en étant active raisonnablement et en prenant le temps de vous distraire, vous préparerez l'arrivée d'un petit être qui va chambouler avec bonheur toute votre vie.

Retour sur son passé

Vous constaterez peut-être que vos souvenirs d'enfance occupent souvent vos pensées. Ce retour sur votre histoire vous rapproche de votre mère et vous analyserez les liens qu'elle a su tisser ou non avec vous. Le plus souvent, elle vous offre le modèle d'une « bonne mère » mais, parfois, elle peut jouer le rôle de contre-modèle. Dans les deux cas, vous construirez ainsi votre propre idéal de mère.

Votre corps s'adapte

Vous vous sentez différente. Certains signes sont visibles et vous confirment que vous portez bien un enfant en vous. D'autres sont totalement discrets mais d'une très grande importance pour assurer son parfait développement. C'est l'afflux des hormones, œstrogènes et progestérone, qui provoque la majorité de ces bouleversements.

Des modifications physiologiques

Le volume total de votre sang augmente petit à petit pendant toute la grossesse, passant des 4 litres habituels dans le corps humain à 5 à 6 litres en neuf mois. Comme le nombre de globules rouges reste le même, vous pouvez souffrir d'une forme d'anémie dite « physiologique » pour la différencier des anémies pathologiques.
La composition du sang change aussi. On note une augmentation des globules blancs, tout à fait normale, une vitesse de sédimentation légèrement supérieure à la norme et une augmentation du taux des lipides. Pour brasser cette masse de sang plus importante, le débit cardiaque s'accroît, surtout au cours des premières semaines de la grossesse, et se stabilise ensuite à la même fréquence – le pouls d'une future maman bat à 80 pulsations par minute. La tension artérielle diminue, elle doit, rester en dessous de 13/9. La respiration est aussi modifiée, permettant un apport d'oxygène. L'utérus, au fil des mois, va gêner le rythme respiratoire, ce qui peut expliquer facilement de légers essoufflements au moindre effort. Comme votre cœur, vos reins travaillent beaucoup plus : ils filtrent davantage de sang, augmentant donc la production d'urine, vos mictions sont alors plus fréquentes.
Enfin, la température du corps est plus élevée que la normale, généralement au-dessus de 37 °C. Cette caractéristique disparaîtra après le 4ᵉ mois.

Des adaptations morphologiques

Les parties de votre corps qui subissent le plus de modifications sont l'utérus et les seins. Lorsqu'une femme n'est pas enceinte, son utérus pèse de 50 à 100 g et mesure 6,5 cm ; il a la forme d'une poire. Au 3ᵉ mois, il aura la taille d'un pamplemousse. Dès le premier mois, certaines futures mamans sentent qu'il se modifie ; elles ont alors l'impression d'être ballonnées. La pression de celui-ci, plus volumineux, en appuyant sur la vessie, multiplie les envies d'uriner. On remarque aussi une augmentation des sécrétions vaginales.
Toutes les futures mamans constatent une transformation assez rapide du volume de leurs seins. Ils gonflent, sont tendus, voire douloureux, parfois le bout des seins les démange ; les veines qui les irriguent sont bien plus apparentes sous la peau. Souvent, l'aréole s'élargit, devient plus foncée et laisse apparaître de petits

---

Votre poitrine demande un peu d'attention *afin d'éviter, après votre grossesse, des désagréments esthétiques. Portez un soutien-gorge de bon maintien et à la taille de votre nouvelle poitrine. Il existe des modèles pour futures mamans. Si votre poitrine est très lourde, vous pouvez garder votre soutien-gorge pour dormir. En prévention des vergetures (p. 188), dues à une perte de l'élasticité de la peau sous l'effet des hormones de la grossesse, enduisez quotidiennement votre poitrine d'une crème bien hydratante.*

---

renflements. Ce sont les tubercules de Montgomery qui joueront un rôle important au moment de l'allaitement (p. 314).

Soignez vos jambes

Le volume sanguin étant plus important, le retour veineux est rendu plus difficile en raison du volume utérin. Ceci provoque parfois une mauvaise circulation au niveau des jambes et entraîne, pour certaines, des risques de varices. Aucun remède n'est véritablement efficace, une prévention est recommandée. La marche et la natation sont tout indiquées. Portez de bonnes chaussures. Bannissez les talons hauts et les bottes qui serrent les mollets. Choisissez des chaussures qui maintiennent bien la cheville, le relâchement musculaire général chez la femme enceinte occasionne parfois des foulures, des entorses et des chutes.

N'hésitez pas à dormir les jambes légèrement surélevées. Le chauffage par le sol est à éviter. Profitez du week-end pour faire un peu de marche ou de vélo.

En été, limitez l'exposition de vos jambes au soleil comme aux heures les plus chaudes, faites un peu de marche en bordure de plage, là où s'échouent les vagues.

Choisissez de vous épiler avec un appareil électrique ou à la cire froide. Si vos chevilles ou vos jambes doublent de volume sous l'effet de la chaleur, prenez une douche fraîche en remontant de la plante des pieds à la cuisse.

Porter des bas de contention est souvent bénéfique bien qu'en été, la chaleur puisse les rendre inconfortables. En revanche, si vous devez voyager en avion, notamment pour un long trajet, ils sont indispensables.

Les caries doivent être prises au sérieux. *Elles peuvent provoquer des infections, libérant des bactéries dans la circulation sanguine de la mère, susceptibles d'atteindre le fœtus. Un bilan bucco-dentaire est prévu au 4e mois de grossesse dans votre carnet de maternité. Si une radio est nécessaire, elle peut être pratiquée avec une protection abdominale, bien que le rayonnement soit extrêmement faible. L'anesthésie locale est autorisée.*

Et partez d'un bon pied

Vos pieds vont supporter votre nouveau poids et les quelques petits problèmes qui pouvaient vous gêner vont s'accentuer. Le surpoids va écraser encore un peu plus la voûte plantaire, va fragiliser les chevilles déjà fatiguées ou traumatisées. Vous souffrirez moins dans des chaussures adaptées. La bonne chaussure a un petit talon de 2 à 4 cm et elle ne serre pas.

Surveillez vos dents

Le dicton « Un bébé, une dent » n'a plus de raison d'être aujourd'hui. Plus aucune jeune maman, à l'alimentation équilibrée, ne souffre de décalcification. Mais vous constaterez peut-être que vos gencives gonflent et sont douloureuses. Il n'est pas rare de voir s'installer, lors de la grossesse, une gingivite persistante qui se manifeste par des saignements. Elle touche 25 % des futures mamans. Elle s'explique par une fragilité des vaisseaux sanguins et peut s'accentuer au cours des neuf mois. Pour des raisons hormonales, vos gencives supportent moins bien la plaque dentaire, elles souffrent d'inflammation et saignent souvent. Ces troubles ouvrent une voie d'accès aux microbes et en conséquence aggravent les risques d'infection aiguë. Il en est de même des caries non soignées. La grande majorité des soins dentaires sont réalisables au cours de la grossesse, par contre les soins longs et nécessitant plusieurs rendez-vous seront si possible à programmer après l'accouchement. Il est recommandé de programmer une visite chez le dentiste au cours du deuxième trimestre de votre grossesse, période idéale au regard du développement de votre bébé. Pour inciter les futures mamans à ce geste de prévention, l'Assurance maladie envoie à chacune une information sur ce dépistage bucco-dentaire. Elle a aussi rendu l'examen totalement gratuit.

Un brossage doux et l'utilisation du fil dentaire après les deux principaux repas évitent l'apparition de tartre et de plaque dentaire qui sont des facteurs aggravants. Utilisez un dentifrice fluoré de 1500 à 5000 ppm.

Les acteurs de votre accompagnement médical

Votre première consultation a eu lieu chez votre médecin généraliste ou chez votre gynécologue, qui n'est pas forcément accoucheur. Même si l'un et l'autre peuvent vous accompagner tout au long de votre grossesse, il est conseillé de vous faire suivre assez rapidement par le médecin qui va vous accoucher ou par la sage-femme dont c'est la spécialité.

Un suivi médical rigoureux

C'est parce qu'ils suivent, mois par mois, l'évolution de votre grossesse que les médecins accoucheurs et sages-femmes sont les mieux à même de préparer avec vous votre accouchement.

Tout n'est pas toujours aussi simple, surtout si vous résidez loin d'une maternité. Dans ce cas, le suivi de votre grossesse peut être effectué, chaque mois, par un généraliste. Il est cependant conseillé, au dernier trimestre, de prendre rendez-vous avec l'équipe qui prendra en charge votre accouchement. Il est également possible de programmer tous les trois mois une visite chez un obstétricien, et de continuer les autres mois à vous faire suivre par un généraliste ou une sage-femme à proximité de votre domicile. Dans tous ces cas, les praticiens ont l'habitude de correspondre entre eux afin de vous assurer un parfait suivi médical.

> « Le suivi médical est effectué en cabinet ou dans une maternité. »

La présence d'un gynécologue obstétricien *au moment de l'accouchement n'est pas systématique ; elle dépend du lieu où vous accouchez et des circonstances. Celui que vous connaissez sera sûrement là si vous accouchez dans une maternité privée ; dans une maternité conventionnée et surtout dans une maternité hospitalière, un spécialiste que vous ne connaissez pas forcément est sur place, puisque obligatoirement de garde, mais il ne sera présent que si votre accouchement demande une intervention médicale : ventouse, forceps ou césarienne.*

La sage-femme

Les sages-femmes font partie du personnel médical et sont au nombre de 20 000 en France. La plupart exercent en milieu hospitalier ou en dispensaires mais certaines restent attachées à une pratique libérale. En cinq ans d'études après le baccalauréat, elles deviennent de véritables spécialistes de l'obstétrique normale. Les sages-femmes peuvent pratiquer tous les examens obligatoires de surveillance de la grossesse, à l'exclusion du premier qui doit être fait par un médecin. Elles peuvent faire aussi les échographies. Elles assurent encore le suivi postnatal. Ce sont elles qui ont la charge des cours de préparation à la naissance. Si cela ne s'est pas produit avant, c'est à votre arrivée à la maternité que vous rencontrerez une sage-femme. Elle vous accueille, vous installe en salle de travail, installe le monitoring. À l'hôpital public, dans plus de 80 % des cas, c'est elle qui prend en charge l'accouchement s'il se déroule normalement. À la moindre complication – naissance par le siège ou nécessitant l'utilisation des forceps ou de la ventouse, accouchement de jumeaux –, elle fera appel à un médecin accoucheur. Après l'accouchement, ce sont encore elles qui examinent le nouveau-né, surveillent la délivrance et tiennent à jour le dossier médical de la mère et de l'enfant. Dans toutes les maternités, les sages-femmes sont présentes 24 heures sur 24. C'est le plus souvent une équipe qui vous accueille, et la sage-femme qui vous a accompagnée lors de votre préparation à la naissance ne sera pas obligatoirement là. Mais soyez tranquille, ces professionnelles sont particulièrement attentives au bien-être et à la sécurité des futures mamans. Celle qui s'occupera de vous vous sera d'un grand réconfort.

__Les sages-femmes libérales__ se mobilisent aussi pour proposer aux futures mamans un suivi de leur maternité « sur mesure » et un accueil naturel de l'enfant. Leurs services sont réservés aux grossesses normales. La sage-femme qui pratique l'accompagnement global suit sa patiente du début de la grossesse pour toutes les visites et les examens, elle est aussi présente à l'accouchement. Elle assure tous les soins de l'après-naissance, tant ceux à la mère qu'au bébé. Elle est là le temps qu'il faut pour que le nouveau couple mère-enfant trouve son harmonie.

Le gynécologue obstétricien

C'est le spécialiste de la grossesse et de la naissance ; ce médecin possède une solide formation professionnelle. Après sept ans de médecine générale, il poursuit sa formation par cinq ans supplémentaires d'internat soumis à un concours. Il devient « chef de clinique » au cours des deux ans qui suivent son internat. Ce cursus lui donne les compétences chirurgicales et obstétricales pour faire face aux situations les plus compliquées. Il prend en charge tout particulièrement les grossesses pathologiques. Aujourd'hui, dans toutes les structures notamment hospitalières, les équipes sont sous la responsabilité d'un médecin dit « senior », en raison de sa grande expérience et qui intervient en cas de difficultés. Certains obstétriciens sont échographistes, mais beaucoup se sont spécialisés dans l'imagerie et ne pratiquent pas d'accouchements.

Le médecin généraliste

Le médecin généraliste, accessible et proche de tous, a un rôle important dans le suivi de la grossesse. Il peut pratiquer tous les examens obligatoires jusqu'au 8e mois, si elle se déroule sans complications, et sera consulté pour les maladies non directement liées à la grossesse. En cas d'urgence ou de petits problèmes, il sera bien souvent le premier consulté. Dans 40 % des cas, c'est lui qui effectue la première consultation obligatoire. En revanche, les médecins généralistes ne sont plus que 20 % à effectuer les consultations du 2e trimestre, et seulement 10 % des futures mamans font appel à un généraliste jusqu'au 8e mois. Ces chiffres se retrouvent pour les futures mamans vivant en zone rurale ou en banlieue des grandes villes, et notamment dans les grands ensembles.

Le médecin généraliste travaille en collaboration avec un réseau de sages-femmes et d'échographistes obstétricaux. Au 9e mois, il passe le relais à l'équipe qui réalisera l'accouchement. En revanche, il est conseillé d'avoir pris contact dès le premier trimestre pour s'inscrire à la maternité afin d'être certaine qu'elle puisse vous accueillir. Certains généralistes sont titulaires d'un diplôme interuniversitaire de gynécologie médicale et obstétrique, ce qui leur permet de faire le suivi gynécologique et contraceptif.

Le gynécologue médical

Il peut vous suivre au début de votre grossesse, mais il n'exerce ni chirurgie ni accouchement. Il vous dirigera de toute façon vers une sage-femme ou un gynécologue obstétricien. Vous pourrez reprendre contact avec lui lorsqu'il vous faudra choisir une contraception « après bébé ».

Les petits maux quotidiens

Votre corps se transforme, il est donc logique que vous en ressentiez quelques manifestations. Ces petites « misères » perturbent plus ou moins toutes les futures mamans. Mais rassurez-vous, elles ne se manifestent jamais toutes à la fois, et rarement tout au long de la grossesse.

Fatigue et somnolence

C'est un symptôme classique des premières semaines de la grossesse. Même si vous essayez d'économiser vos forces, il vous arrivera de piquer du nez dans la journée et vous aurez tendance à apprécier de vous coucher de bonne heure. Cette somnolence est à mettre au compte de l'afflux de progestérone et s'estompera au fil des mois.

Les bouffées de chaleur

Manifestation classique au cours de la grossesse : la sensation de chaleur, accompagnée d'une transpiration plus importante que la normale. Tout cela est dû au fonctionnement plus intensif des glandes sudoripares, chargées d'éliminer les déchets de l'organisme. Douches et bains sont parfaitement autorisés. Le bain ne devra pas être trop chaud, en raison d'une circulation sanguine différente au cours de la grossesse (p. 100), ni trop froid : il pourrait déclencher des contractions utérines. Saunas, bains bouillants et douches vaginales sont, eux, à proscrire.

Les envies fréquentes d'uriner

Elles sont dues à l'afflux sanguin et au grossissement de l'utérus qui appuie sur la vessie et la comprime parfois. Ces petits ennuis sont souvent associés à une légère incontinence pendant l'effort. Certaines femmes y sont plus sujettes que d'autres, elles devront donc plus particulièrement préparer leur périnée à l'accouchement (p. 246).
Si ces désagréments se poursuivent tout au long de la grossesse, il faudra demander à votre médecin, après l'accouchement, la prescription d'une rééducation périnéale faite par un kinésithérapeute.

Les maux de tête

Ils ne sont pas rares au début de la grossesse et sont attribués à des variations de la pression artérielle, en raison des modifications de la circulation sanguine (p. 100). La fatigue, une ambiance surchauffée ou enfumée en sont souvent la cause. Un peu de calme et d'air frais suffisent à les dissiper et, au besoin, utilisez du paracétamol.

La salivation excessive

Fort désagréable, elle ne gêne pas, heureusement, toutes les femmes enceintes. Cette salivation abondante n'a pas vraiment d'explica-

Pour celles qui se soignent à l'homéopathie, *le médecin homéopathe aura le choix entre* Sepia *pour une fatigue associée à une hypersensibilité,* Kalium carbonicum *si elle se manifeste aussi par un mal de dos et une frilosité, ou encore* Arnica, *si cette fatigue est générale et entraîne des courbatures. La constipation est atténuée grâce à* Platina bryonia, Nux vomica *ou* Sepia, *et les insomnies s'estomperont avec* Gelsemium, Ignatia, Pulsatilla, Coffea.

tion ni de traitement. Seule solution : prendre son mal en patience. Certaines verront le phénomène s'atténuer. Pour d'autres, la sécrétion est très gênante.

Les évanouissements

Il est assez fréquent que les futures mamans ressentent une sensation dite « proche de l'évanouissement ». Elle est peut-être due à un phénomène d'hypoglycémie, chute brutale du taux de glucose dans le sang.
Si vous êtes sujette à ce trouble, préférez les sucres lents aux sucres rapides. Si ce phénomène se produit plutôt le matin, faites-vous apporter votre petit déjeuner au lit et faites une pause assise avant de vous mettre debout. Le changement brutal de position peut aussi entraîner un raté du moteur cardiaque et une chute passagère de la tension artérielle.

Les hémorragies nasales

Une légère fragilité des vaisseaux du nez, accentuée par une circulation sanguine plus importante, peut être à l'origine de saignements fréquents habituellement sans conséquences. Il suffit de comprimer l'écoulement, de s'allonger et de rester calme. En cas de troubles persistants, un médecin peut cautériser le ou les vaisseaux en cause.

Les démangeaisons

Mis à part des phénomènes classiques de démangeaison tels que l'urticaire, les futures mamans peuvent souffrir de ce que les médecins appellent le prurigo gestationnis. Les démangeaisons se localisent sur le visage et le corps et, dans certains cas, disparaissent après un traitement local. Mais ce prurit peut aussi se compliquer et devenir difficilement supportable. Il est dû alors à un mauvais fonctionnement du foie, perturbé par les hormones nécessaires à la grossesse. Parlez-en sans attendre à votre médecin, il vous prescrira sans doute des examens : un bilan hépatique, la recherche d'albumine et une prise de votre tension artérielle. Au vu des résultats de ces examens, notamment ceux concernant les marqueurs hépatiques et les sels biliaires, il mettra en place une surveillance plus ou moins intensive. Heureusement, tout cela rentre dans l'ordre après l'accouchement.

L'intolérance aux lentilles de contact

Les hormones de la grossesse agissent sur les yeux. Sous leur effet, la production de larmes peut être considérablement réduite. Une moins bonne « humidité » de l'œil rend le port des lentilles difficile. Bien des futures mamans sont alors obligées de porter des lunettes.

L'ACUPUNCTURE TRAITE PARFOIS *les troubles fonctionnels tels que les nausées, les vomissements (qui, de toute façon, disparaîtront à 3 mois), les insomnies, l'anxiété, la nervosité, la constipation. Elle traite aussi très bien certaines douleurs, notamment les céphalées. L'acupuncture est sans danger pour le fœtus puisque aucun produit chimique n'est absorbé par la mère.*

Les troubles digestifs

Brulûres d'estomac, troubles intestinaux et surtout nausées sont des petits soucis fréquents en début de grossesse. Ainsi, il semble qu'une femme sur deux souffre de nausées, voire de vomissements, du 1er mois jusqu'à la fin du 3e mois de grossesse. On n'en connaît pas vraiment la cause.

Un grand classique : les nausées

C'est le matin au saut du lit, lorsque la glycémie est au plus bas, qu'elles se manifestent le plus fréquemment. Elles peuvent encore être liées au dégoût pour certaines odeurs.
Certaines les favorisent tout particulièrement. Parmi elles, le tabac ou les parfums, tout comme les graisses cuites et les plats en sauce. Peut-être sont-elles dues aux hormones, les œstrogènes associés à l'hCG (hormone gonadotrophine chorionique) sécrétée par le placenta, ou au relâchement musculaire de l'estomac sous l'effet de la progestérone ? Tout cela concourrait à ralentir la digestion. Il semble aussi qu'elles puissent être mises sur le compte de manifestations psychosomatiques.

Tenter de les surmonter

D'une manière générale, mieux vaut avoir des nausées l'estomac plein que vide. La contraction de l'estomac devient alors douloureuse et s'apparente à un réflexe nerveux. On peut combattre les nausées du matin en prenant son petit déjeuner au lit et en attendant un bon quart d'heure

« Les nausées vont disparaître aussi brusquement qu'elles sont apparues. Elles restent un mystère et sont sans conséquence sur le développement du bébé. »

avant de se lever ; en supprimant le mélange café + lait ou thé + lait et en buvant un verre d'eau 10 à 15 min avant de se lever. On peut encore boire une tisane (décoction d'un mélange d'anis vert et de badiane). Vous pouvez utiliser l'huile essentielle de bardane (2 à 4 gouttes trois fois par jour dans un verre d'eau). Votre médecin vous prescrira au besoin un médicament. Vous trouverez peut-être un soulagement en ayant recours à l'homéopathie quelques granules de « Tabacum composé » sous la langue dès que la nausée se manifeste et si besoin plusieurs fois par jour. Certaines futures mamans atténuent leurs nausées en croquant un peu de gingembre, frais ou confit, d'autres préfèrent la réglisse en bâtons à mâcher ou en petits bonbons à sucer. Il est possible enfin aux futures mamans d'utiliser des bracelets d'acupression vendus le plus souvent pour combattre le mal des transports.
Il est préférable de répartir les prises alimentaires sur quatre repas. Le petit déjeuner sera un peu plus copieux, avec un apport protéinique (œuf, jambon, fromage). Une collation comportant

ÉVITEZ CERTAINS ALIMENTS, *ceux qui ont la réputation de constiper (banane, coing, champignon), ainsi que ceux qui aident le transit intestinal. Par exemple, le son et les pruneaux sont déconseillés en trop grande quantité. Le son a notamment l'inconvénient de diminuer l'absorption du calcium et du fer, éléments indispensables à la santé de la future maman.*

pain, céréales, produits laitiers ou fruits aura le double avantage d'éviter le grignotage et de favoriser l'apport de calcium. Enfin, tout vomissement trop violent et surtout fréquent exige la consultation d'un médecin et quelquefois la prise d'un antivomitif.

Il est important, face à des nausées et à des vomissements toujours gênants, de ne pas céder à la tentation de l'automédication ; certains médicaments destinés à lutter contre ces troubles ont des effets secondaires tout particulièrement dangereux pour le développement du fœtus.

Les envies, mythe ou réalité ? *Bien que souvent brocardées, certaines femmes y sont sujettes sérieusement. Pour certains spécialistes, elles seraient la conséquence d'un appel instinctif du corps qui, chargé de la croissance du futur bébé, augmente ses besoins nutritionnels, notamment au début de la grossesse. Elles sont de nature différente selon les femmes, certaines recherchent les saveurs sucrées, d'autres les goûts acides, à moins que tout d'un coup, elles se mettent à apprécier des plats qu'elles n'aimaient pas auparavant.*

Essayer de les comprendre

Les vomissements incontrôlables et très importants peuvent être dus aux bouleversements psychiques de la grossesse. Certaines futures mamans ont beaucoup de mal à accepter leur nouveau statut, le plus souvent en raison de grandes difficultés familiales. Les médecins ont souvent constaté que ces troubles disparaissent lorsque la future maman est isolée de son milieu familial, ce qui amène parfois les praticiens à proposer une hospitalisation. Ces cas extrêmes sont de plus en plus rares. La contraception, aujourd'hui très répandue, réduit considérablement ces grossesses non désirées. Elles restent fréquentes chez les futures mamans qui traversent une période difficile sur le plan social.

Les brûlures d'estomac

Sous l'effet de la progestérone, l'appareil digestif devient paresseux, la digestion se fait plus lente et les sucs gastriques stagnent, voire refluent vers l'œsophage ; d'où les brûlures d'estomac et les aigreurs. Quelques précautions alimentaires soulagent ces désagréments. Tout d'abord, il est conseillé de manger en moins grande quantité à chaque repas et, si nécessaire, de fractionner les repas. Certains aliments, comme les œufs, le lait et la purée de pommes de terre, ont le pouvoir de diluer les sécrétions gastriques et d'autres de les provoquer, comme les fruits peu mûrs, les tomates, les groseilles et les plats en sauce. Il existe un certain nombre de pansements gastriques sous forme de pastilles à sucer, de sirop ou de gel unidose qui agissent localement, de façon temporaire. Évitez le bicarbonate de soude. Il est efficace sur le moment, mais il a pour effet de favoriser les sécrétions digestives, provoquant l'apparition de nouvelles sensations douloureuses. En cas de nécessité, le médecin prescrira des médications adéquates.

Les troubles intestinaux

Plus fréquente chez les futures mamans qui souffrent déjà de paresse intestinale, la constipation est due toujours à la progestérone. Il est déconseillé d'utiliser en première intention des laxatifs. Ils ont des effets irritants et surtout freinent l'absorption par l'appareil digestif des vitamines et des sels minéraux. Mieux vaut essayer les techniques douces.

Boire à jeun un verre d'eau fraîche, un jus d'orange ou de pamplemousse, manger du pain mi-complet et remplacer le sucre par le miel. Prendre au petit déjeuner des céréales complètes et boire beaucoup d'eau dans la journée. Enfin, manger beaucoup de légumes, sources de fibres régulatrices du transit intestinal et pratiquer un peu d'exercice physique. Si ces conseils d'hygiène de vie sont insuffisants, le médecin peut prescrire la prise de mucilages, de suppositoires à la glycérine ou d'un léger laxatif. Dans les cas rebelles, il dispose d'une gamme de médicaments adaptés. N'hésitez pas à en faire usage.

Les diarrhées sont assez rares pendant la grossesse et peuvent être d'origine alimentaire ou virale. Là aussi, les méthodes douces sont les meilleures : riz, carottes cuites, pommes douces ou pâte de coing. Ne pas oublier de boire beaucoup d'eau pour éviter tout risque de déshydratation. L'avis du médecin s'impose quand ce trouble perdure et s'accompagne de fièvre.

La fausse couche

La fausse couche est en réalité un incident assez fréquent dans la vie des femmes ; 15 à 20 % des futures mamans connaissent cette épreuve très traumatisante physiquement et psychologiquement. Elle se manifeste très souvent par des douleurs dans le bas-ventre provoquées par des contractions utérines et des pertes de sang.

En chercher la cause

Dans 50 à 70 % des cas, elle est due à une anomalie de l'œuf : c'est ce qu'on appelle un œuf clair, sans embryon, dont seul le placenta a commencé à se développer.
Dans d'autres cas, l'œuf peut être de mauvaise qualité et ne peut poursuivre son développement. C'est un accident fortuit au moment soit de la formation des gamètes (cellules chargées de la reproduction), soit de la fécondation lorsque l'ovule et les spermatozoïdes se rencontrent. L'embryon non viable est alors naturellement éliminé.
Enfin, certaines fausses couches sont le fait d'une malformation utérine ou d'un déséquilibre hormonal. La plupart de ces fausses couches se manifestent par des saignements et l'expulsion naturelle de l'œuf.
L'échographie déterminera s'il s'agit d'un œuf clair, sans embryon, ou d'un œuf avec embryon, mais ce dernier ne présente aucun mouvement ni aucun battement cardiaque. Dans la majorité des cas, l'œuf est anormal.
Certaines infections peuvent encore être à l'origine d'une fausse couche, telles que les infections urinaires, à moins que la future maman ne souffre de diabète ou d'hypertension. Il peut s'agir encore de raisons mécaniques : malformation de l'utérus, fibrome ou béance du col, traumatisme lors d'un curetage ou d'une première grossesse.
D'autres causes sont plus supposées que scientifiquement prouvées. Ainsi, la corpulence de la future maman serait aussi une des raisons de fausse couche. Plus la surcharge pondérale est importante, moins l'ovule et l'endomètre seraient de bonne qualité, les risques de fausse couche en étant aggravés. Une maladie auto-immune comme un lupus augmenterait aussi le risque de fausse couche.
Dans le cas d'une fausse couche spontanée, le médecin vérifiera que l'œuf a été complètement expulsé. S'il faut l'extraire, l'opé-

« Dans 95 % des cas, la grossesse suivante se déroulera normalement. »

Pour les médecins, la fausse couche est un accident *de la grossesse relativement banal. Mais pour la femme qui avait mis déjà tant d'espoir dans ce futur bébé, c'est toujours une expérience douloureuse. Il est souhaitable de développer les expériences d'accompagnement psychologique mis en place dans certains hôpitaux pour aider les femmes à « faire le deuil » de cet enfant qui n'a pas voulu s'installer. Il est important de leur dire qu'elles ne doivent pas culpabiliser. Cette fausse couche n'est pas le résultat d'une imprudence, cet œuf n'était pas capable de se développer. Il est souhaitable qu'elles attendent au moins un cycle avant d'envisager une autre grossesse, le temps idéal étant de deux mois.*

APRÈS UNE FAUSSE COUCHE, *différents examens médicaux sont indispensables, notamment une échographie pour vérifier que l'œuf a été totalement expulsé. Faute de quoi, il faudra procéder à une aspiration sous anesthésie générale ; on pratique une injection d'immunoglobulines si la femme est de rhésus négatif. Enfin, on prescrit quelques jours de repos.*

ration s'effectuera sous anesthésie générale, par aspiration. Il est possible aussi d'accélérer l'expulsion de l'œuf en prescrivant un médicament contenant des prostaglandines et/ou en utilisant le RU 486, dit « pilule du lendemain ».

Signaler tout saignement

Certaines fausses couches peuvent avoir des causes physiques accentuées par de profondes perturbations psychologiques : le deuil d'une personne très proche ; un accident de voiture ou une opération chirurgicale indispensable pour la survie de la future maman. Dans tous les cas, tout saignement anormal exige la consultation immédiate d'un médecin ou le départ vers le service des urgences d'un hôpital.

Quand l'histoire se répète

On peut parler de fausses couches à répétition quand une femme a fait au moins trois fausses couches spontanées. Des examens approfondis dès la 2e fausse couche vont en déterminer la cause afin d'envisager un traitement. Ainsi les malformations utérines (cloisonné ou bicorne) peuvent être corrigées par la chirurgie. Dans les cas de béance du col, on pratique un cerclage. Mais il peut s'agir d'une infection, d'une déficience en œstrogènes ou en progestérone, de problèmes immunologiques ou bien encore d'une hypersécrétion d'hormones mâles. Un manque de vitamines B9, des troubles de la fonction thyroïdienne ou une intolérance au gluten, sont parfois incriminés. Une étude britannique met encore en cause la qualité de la muqueuse utérine dans les cas de fausse couche à répétition. Chez certaines patientes, elle vieillirait prématurément en raison d'une déficience en cellules-souches. Le bilan de fausses couches à répétition passe par trois analyses : un caryotype du couple, un bilan immunologique et une hystéroscopie pour vérifier la cavité utérine.

Un moment difficile

Plus de la moitié des femmes confrontées à une fausse couche sont atteintes moralement. Cette déprime s'explique par une chute hormonale brusque. De plus, l'alternance de périodes d'espoir et de déception provoque parfois ces états dépressifs. Pour toutes, la déception est profonde. De plus, certaines avaient déjà « rencontré » cet enfant grâce à l'échographie. Connaître la raison de cet échec est une étape dans ce « deuil » et devrait répondre en partie aux questions que la femme se pose, la déculpabilisant et lui donnant les armes pour recommencer. En cas de difficulté, n'hésitez pas à consulter le psychothérapeute que vous conseillera votre médecin. Cependant, souvenez-vous que, dans l'histoire d'une femme, la fausse couche est assez fréquente et ne préjuge pas du bon déroulement des grossesses à venir.

Infections = dangers

Certaines infections sont susceptibles de perturber le bon déroulement de la grossesse. Elles doivent être traitées rapidement pour éviter une trop forte fièvre et le passage de la bactérie ou du virus au fœtus. Elles se préviennent par des gestes simples et un dépistage systématique.

Les infections urinaires souvent fréquentes

La fragilité particulière de la future maman à cette infection s'explique en raison de la dilatation des canaux de l'uretère sous l'effet de la progestérone. Ces petits conduits transportent l'urine des reins à la vessie. Cette particularité, associée à la baisse générale des défenses immunitaires, favoriserait le passage de colibacilles dans la vessie. Ils vont s'y développer d'autant plus facilement que, toujours sous l'effet des hormones, elle ne se vide plus complètement. Un phénomène qui s'accentue au cours de la grossesse lorsque l'utérus, de plus en plus volumineux, comprime les uretères et la vessie, gênant la bonne circulation de l'urine.

Les infections urinaires commencent presque toujours par une fièvre d'abord légère, mais qui va monter. S'ajoute parfois une cystite, plus ou moins douloureuse : les mictions sont fréquentes et occasionnent une sensation de brûlure. Les urines deviennent troubles. Une analyse en laboratoire (examen cytobactériologique avec antibiogramme ou ECBU) déterminera les microbes responsables, colibacilles ou entérocoques. Ils seront éliminés par un traitement à base d'antibiotiques adaptés au germe qu'il faut combattre. Toute infection urinaire doit être traitée au plus vite pour éviter une infection plus grave au niveau des reins. Il semble qu'il existe des personnes prédisposées à ce type d'infection.

> **« N'hésitez pas à vous faire vacciner contre la grippe saisonnière et ne laissez pas, sans la traiter, une forte fièvre qui perdure. »**

Lors des consultations suivantes, on effectue une recherche simple et rapide en plongeant une bandelette de papier dans les urines. Elle change de couleur en présence d'éléments susceptibles de révéler une infection urinaire. Le résultat est donné en quelques minutes. Si le test est négatif, le risque d'infection est écarté à 99 %, s'il est positif, il faut le compléter par un ECBU.

Comment les prévenir

Il est recommandé d'abord de boire beaucoup d'eau, un litre et demi à deux litres par jour, de faire l'effort de vider au maximum sa vessie à chaque miction et d'éviter la constipation par un régime ali-

---

La fièvre ne doit jamais *être prise à la légère, même si elle n'est pas élevée. Trop souvent mise sur le compte d'une légère grippe, elle est, dans bien des cas, le symptôme de diverses infections. Ainsi, une forte fièvre est le seul symptôme de la listériose. La rubéole, avant de se manifester par des rougeurs cutanées, se signale d'abord par une petite fièvre. La fièvre doit donc toujours être prise au sérieux et demande une consultation, qui sera rassurante dans la grande majorité des cas.*

---

mentaire riche en fibres. La prévention passe par une bonne hygiène en s'essuyant toujours d'avant en arrière, en se lavant une ou deux fois par jour avec un savon neutre, en changeant de sous-vêtements quotidiennement et en les choisissant plutôt en coton.

Virus et autres bactéries

Le mode de transmission ***peut se faire de différentes manières. Le virus, la bactérie ou le parasite, présent dans le sang de la mère, peut franchir la barrière placentaire et atteindre le futur bébé. En fin de grossesse, la contamination se fait parfois par le col utérin de la mère, le virus ou la bactérie atteignant alors le liquide amniotique. L'infection peut encore se transmettre au cours de l'accouchement par contact avec les voies génitales.***

L'analyse de votre sang vous a déjà permis de savoir si vous êtes immunisée contre la rubéole, la toxoplasmose, le cytomégalovirus ou si vous étiez porteuse des germes de la syphilis et d'un des virus responsable des hépatites. Maintenant, d'autres bactéries ou virus peuvent perturber votre grossesse. En passant la barrière placentaire, ils se transmettent de la mère au fœtus.

La listériose passe presque inaperçue et se manifeste par un peu de fièvre et des maux de tête qui la font confondre avec une grippe. Elle peut être à l'origine d'une naissance prématurée et d'une septicémie chez le futur bébé. Diagnostiquée à temps, elle se soigne par un traitement à base d'antibiotiques.
Le germe de la listériose, la listéria, se transmet essentiellement par l'alimentation. Il est éliminé par la cuisson mais résiste au froid. C'est pourquoi il est recommandé aux futures mamans de supprimer certains produits que l'on consomme souvent crus. Il en est ainsi des coquillages, des sushis, des produits laitiers au lait cru, du lait non pasteurisé, des graines germées comme le soja et des charcuteries artisanales, surtout si celles-ci ne sont pas vendues préemballées.
Des gestes simples d'hygiène vous prémunissent : laver soigneusement les légumes, notamment ceux en contact avec la terre, cuire à cœur les viandes et les poissons, désinfecter les plans de travail de la cuisine, nettoyer régulièrement son réfrigérateur, séparer le stockage des produits cuits et des produits crus et vérifier que sa température est au moins à 4 °C. Enfin, se laver les mains régulièrement.

L'herpès est une infection d'origine virale extrêmement contagieuse par contact. Le virus contamine le bébé essentiellement au moment de l'accouchement, s'il est présent dans les sécrétions vaginales. Les conséquences de la contamination sont graves. Elle peut être évitée si, devant cette éventualité, l'accouchement se fait avec toutes les précautions et si le bébé est aussitôt traité.

La varicelle est une maladie virale, classée parmi les maladies infantiles. C'est d'ailleurs au contact d'un enfant atteint qu'elle se transmet à l'adulte. Elle peut être dangereuse pour le développement du fœtus si elle atteint la future maman au cours du premier trimestre de la grossesse, entraînant des malformations et des lésions neurologiques. Elle est également ennuyeuse si elle survient quelques jours avant l'accouchement. L'enfant risque alors de souffrir de varicelle néonatale. Vérifiez en tout premier lieu que vous êtes immunisée ; si ce n'est pas le cas, il est indispensable de consulter votre médecin. Si vous avez été en contact avec un enfant souffrant de la varicelle, il dispose de traitements qui vous protégeront tous les deux.

Le virus Zica : transmis par un moustique, l'Aedes aegypti, ce virus est responsable de malformation fœtale principalement la microcéphalie (un périmètre crânien inférieur à 33 centimètres à la naissance) cause de retard mental irréversible voire du décès du nouveau né.
Les symptômes de la maladie sont fort discrets, parfois inexistants : légère fièvre, douleurs articulaires et taches rouges sur la peau. Le danger maximum se situe au premier trimestre de la grossesse. Le virus Zica sévit en Afrique, en Asie et en Polynésie Française et depuis peu, en Amérique centrale, en Guyane et en Martinique ; en Europe on connaît quelques cas importés. Faute de traitement, les futures mamans infectées voient leur suivi médical renforcé. Les autorités recommandent aux femmes enceintes d'éviter de se rendre dans les pays déclarés infestés.

Vous arrondir tout doucement

Il n'y a aucune raison pour que votre alimentation soit différente de celle que vous aviez avant si elle était équilibrée avec des apports suffisants en protéines, glucides, lipides, vitamines et sels minéraux.

Adapter son alimentation

Le travail de la grossesse va demander un peu plus de calories que la normale. Aux 2 000 calories habituelles vont s'ajouter 150 à 250 calories supplémentaires par jour selon l'évolution de la grossesse, chiffres indicatifs à moduler selon le poids initial, la priorité étant pour la femme enceinte d'adapter son alimentation à ses besoins nutritionnels. En début de grossesse, presque la moitié des calories va être stockée sous forme de graisses et de protéines. Un tiers des calories absorbées sont nécessaires à l'effort que l'organisme fournit pour la formation du placenta (p. 96) et à l'énergie supplémentaire qu'il brûle lors du développement des seins et de l'utérus. Enfin, le reste de ces calories sera indispensable au développement de la masse sanguine qui alimente le futur bébé. Lors du dernier trimestre, le bébé aura besoin de 100 à 150 calories pour son développement.

Une prise de poids progressive

Concrètement, les nutritionnistes estiment que la quantité quotidienne de protéines doit passer à 90 ou 100 g au lieu des 80 g habituels et que les lipides ne doivent pas dépasser 10 % de toutes les calories journalières.

> « Les suppléments en vitamines sont normalement inutiles à ce stade de la grossesse. »

La prise de poids au cours de la grossesse est progressive. Très faible les trois premiers mois, elle passe de 250 à 300 g par semaine jusqu'au 5e mois, de 350 à 400 g jusqu'au 7e mois et enfin de 450 à 500 g jusqu'au terme de la grossesse, avec un plateau les 15 jours précédant l'accouchement.
La prise de poids normale au cours de la grossesse se situe entre 10 et 12 kg. Ces kilos sont souvent pris dans les six derniers mois, le premier trimestre étant quelquefois marqué par une perte de 1 à 2 kg. Bien sûr, la prise de poids est aussi fonction de la corpulence initiale. On a remarqué que les femmes maigres prennent davantage de poids que les femmes rondes mais, en revanche, leurs enfants ont toujours un poids plus faible que ceux des femmes rondes. Il faut pourtant savoir qu'aucune femme ne grossit de la même façon. Seules les prises de poids brusques et anormales, 2 kg par semaine par exemple, sont à signaler au médecin.
Il en est de même si aucune variation n'est constatée sur une

Ce n'est pas avant le 7e mois de grossesse *que la future maman doit manger plus. On lui recommandera d'augmenter sa ration quotidienne de 500 à 1 000 calories selon son poids d'avant la grossesse, soit au total un apport de 2 800 calories par jour. Aucun aliment n'est particulièrement à privilégier. Il faut jouer l'équilibre en répartissant le surplus sur les trois repas principaux, et notamment en s'efforçant de démarrer sa journée par un petit déjeuner copieux. Au besoin, l'apport supplémentaire peut se faire en prenant une petite collation vers 16 ou 17 heures.*

période de 15 jours. Si la future maman souffre de surpoids, sa ration alimentaire peut être réduite à 1 500 ou 1 800 calories, sous contrôle médical.

Prévenir le surpoids

Une prise de poids trop importante au cours de la grossesse est néfaste pour le bébé. L'estimation très approximative du poids fœtal peut se faire par échographie. Si l'enfant est très gros, l'accouchement est alors une véritable épreuve. Un « gros » bébé à la naissance n'est pas forcément prédestiné à l'obésité. Seule l'observation de sa courbe de croissance au cours de ses deux premières années permet d'établir un diagnostic.
Une trop grande prise de poids au cours de la grossesse n'est pas non plus sans risques pour la future maman. Les médecins estiment que le risque de souffrir d'hypertension ou de diabète est multiplié par deux ou trois. Enfin, une véritable obésité peut s'installer, elle sera plus difficile à vaincre que celle acquise dans d'autres circonstances. Il faut savoir aussi que le nombre de grossesses joue un rôle non négligeable dans la probabilité de son apparition.
En revanche, les futures mamans qui ne grossissent pas assez, notamment entre la 17e et la 28e semaine d'aménorrhée, moins de 350 g par semaine, voient le risque de naissance prématurée multiplié par deux. Le contrôle du poids, comme celui de toute femme soucieuse de sa ligne, se fait une fois par semaine, le matin à jeun, nue ou en sous-vêtements, et surtout toujours sur la même balance.

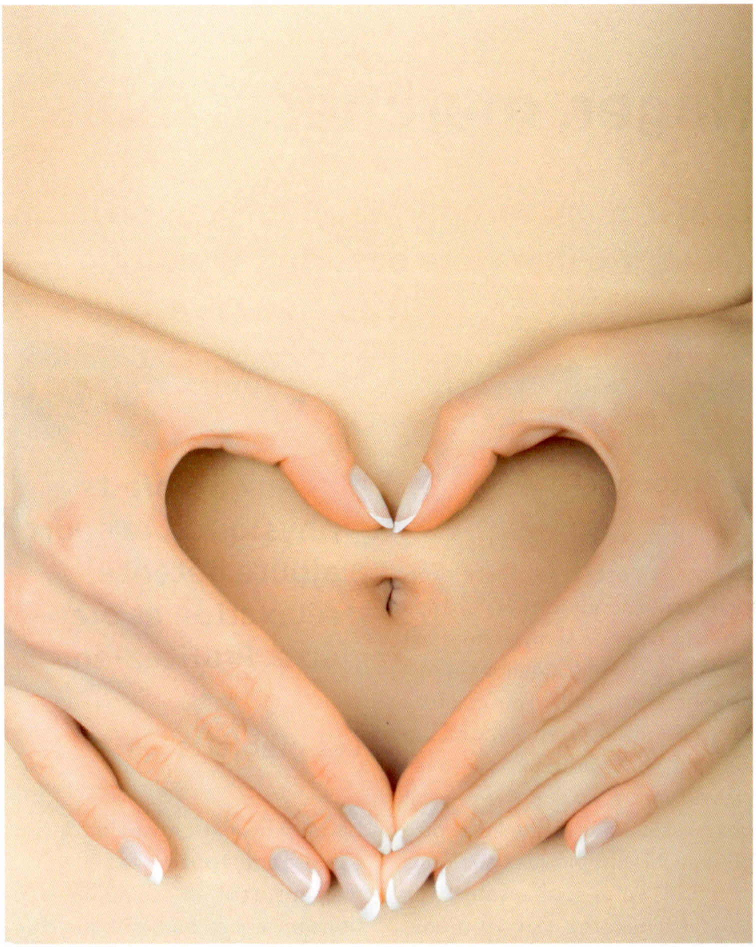

EN DÉBUT DE GROSSESSE, *il est indispensable que votre régime soit riche en vitamines de toutes sortes (p. 152), particulièrement en acide folique (vitamine B9) et en oligo-éléments. Le futur bébé a notamment besoin de ces apports pour le développement de son système nerveux. On a constaté que l'acide folique diminue les risques de malformations neurologiques.*
Des substances que vous trouvez naturellement dans une alimentation variée et équilibrée. Les vitamines du groupe B, la vitamine D et la vitamine E sont présentes dans les légumes verts et dans les viandes, tout particulièrement le foie. Souvent, un complément vitaminé est prescrit en supplément à partir du 6e mois.

Nager, marcher... mais calmement

La pratique d'un sport est pour vous un moment agréable de détente ou encore une vraie passion ? Si votre grossesse est normale, il n'y a aucune raison, bien au contraire, que vous ne fassiez pas un peu d'exercice physique. Votre corps se transforme, accompagnez-le.

Les atouts de la natation

La natation est un excellent exercice ; seule condition : éviter l'eau froide. La bonne température est de 22 à 24 °C. Elle améliore la respiration, entretient la musculature et assouplit les articulations. En nageant, vous renforcerez les muscles du ventre, du dos, des reins et des cuisses. Vous assouplirez votre périnée. Si vous bloquez quelques secondes votre souffle sous l'eau, vous travaillerez par la même occasion votre respiration, ce qui vous sera demandé au moment de l'accouchement. La natation et le bain en général ont aussi des vertus calmantes et relaxantes, idéales pour une future maman légèrement stressée ou angoissée. Vous pouvez nager jusqu'au dernier jour de votre grossesse, à condition que le col de l'utérus ne se soit pas encore entrouvert. Les nages les plus adaptées à la grossesse sont le dos crawlé et la nage indienne (sur le côté). Toutes deux entraînent les muscles du dos sans forcer. La plongée sous-marine est déconseillée, mais la natation avec masque et tuba ne présente aucun danger ,outre la fatigue. En revanche, le ski nautique et le plongeon sont formellement interdits en raison des chutes.

« Aux bienfaits physiques, le sport ajoute détente, relaxation et bien-être. Profitez-en. »

Les bienfaits de la marche

La marche est conseillée à pratiquement toutes les futures mamans, sauf en cas de contractions précoces ou de risque d'accouchement prématuré. Mais si vous n'avez jamais beaucoup marché, ce n'est pas le moment de vous lancer dans l'aventure d'un trekking ou dans des vacances « pédestres ». La grossesse provoque un relâchement des articulations, notamment au niveau des chevilles, et la femme enceinte a donc tendance à tomber. De même, au fil des mois, votre ventre, en s'arrondissant, déplacera le centre de gravité de votre corps et pourra être la cause de chutes fréquentes. L'élévation normale du rythme cardiaque au cours de la grossesse entraîne également une tendance plus rapide à l'essoufflement. Il est donc préférable de marcher d'un bon pas, mais calmement et sur un terrain plat. Une demi-heure de marche quotidienne est une bonne moyenne pour entretenir votre forme. Ainsi vous activerez la circulation de vos jambes, stimulerez votre respiration et participerez au bon fonctionnement de vos intestins.

Mesurer les risques

Le premier risque que fait courir l'activité sportive chez la femme enceinte est celui des chutes et des traumatismes. Il convient donc d'éviter les sports violents. Il n'est pas indiqué, par exemple, de faire du ski, même si vous êtes bien expérimentée ; mieux vaut se limiter à des parcours-promenades tranquilles.

***Pratiquer un sport, oui... mais** en se ménageant. Une future maman doit surveiller son rythme cardiaque et la sensation d'essoufflement.*

Le tennis est déconseillé. L'athlétisme doit être arrêté après deux mois de grossesse. Le volley-ball comme le basket-ball et tous les sports d'équipe font courir des risques de chutes et de coups, ils sont donc à proscrire dès le début de la grossesse.
Quant à l'équitation, il faut y renoncer tant à cause des chutes éventuelles que des chocs répétés du corps sur la selle. Abandonnez encore l'aérobic, parce qu'il demande une mobilisation d'énergie beaucoup trop importante en peu de temps. Préférez-lui la gymnastique traditionnelle, toujours bonne pour la forme. D'une manière générale, il faut privilégier un sport d'élongations, d'étirements et d'assouplissement.

Les sports conseillés

À la natation et à la marche, vous pourrez ajouter la gymnastique, la danse et le yoga. Ils font partie aussi des meilleurs sports conseillés à une future maman.
Ces disciplines deviennent même, pratiquées en douceur, un moyen de se préparer à l'épreuve sportive que représente l'accouchement. Mais il y a des limites que vous ne devez pas dépasser. Ainsi, l'intensité de l'effort est particulièrement à surveiller au cours du premier trimestre. Il provoque une montée anormale de la température du corps. La redistribution du sang vers les muscles et la peau se fait alors au détriment de l'apport en oxygène du fœtus, et vos mouvements risquent de déclencher des contractions.

LES EXERCICES QUI MOBILISENT UN GRAND NOMBRE DE MUSCLES *ont bien des avantages. Ils maintiennent la future mère en forme et la préparent physiquement à l'accouchement, véritable épreuve sportive. Grâce à ces exercices, vous éviterez souvent les douleurs lombaires ou les crampes et garderez un bon maintien. Vous arriverez en forme le jour J !*

3E MOIS

3e MOIS

Vous

La première rencontre avec le futur bébé se produit par écran interposé. L'échographie, c'est un rêve éveillé. Avec émotion, vous distinguez une forme qui ressemble à un petit baigneur faisant du trampoline. Vous découvrez sa tête, ses membres et surtout son cœur qui bat. C'est le film de la vie retransmis par un appareil qui révèle l'invisible. Pour la première fois, vous avez la preuve tangible de votre maternité, une image que vous garderez, la première de l'album de votre bébé.

C'est une étape importante et rassurante dans la réalisation de votre projet. L'échographie vous fait entrer d'une manière extraordinaire dans le réel et, tout à la fois, vous amène à faire un pas de plus dans l'imaginaire.

D'imperceptibles changements se produisent dans votre corps. Votre entourage ne les remarque pas encore mais vous, vous voyez déjà les premiers signes de cette discrète métamorphose : quelques taches brunes sur votre visage, une poitrine plus rebondie, un début de ventre que vous êtes seule à percevoir et que vous avez, tout à la fois, peur et hâte de voir s'arrondir.

D'ailleurs, vous déciderez peut-être d'acheter votre première tenue de future maman. Elle n'est sans doute pas indispensable, mais cela vous fait tellement plaisir. Elle vous permet d'entrer un peu dans la peau de votre nouveau personnage.

Tous ces petits signes vous obligent surtout à prendre des résolutions : mieux vous alimenter, dormir plus et surtout, pour certaines, s'arrêter de fumer. Cette nouvelle hygiène de vie ne sera pas particulièrement difficile à suivre, tant elle est porteuse d'espoir.

Votre bébé

TOUS SES ORGANES SONT PRÉSENTS. D'embryon, il passe au stade de fœtus, ses organes sont constitués et vont maintenant se développer, croître et embellir. Il y a donc deux phases dans le développement du futur bébé : une phase de constitution des organes à laquelle correspond le nom d'embryon, et une phase de développement de chacun des organes à laquelle correspond le nom de fœtus. Dans les mois à venir, ils vont encore progressivement se développer et se perfectionner. Ses différentes fonctions physiologiques sont prêtes à jouer leur rôle.

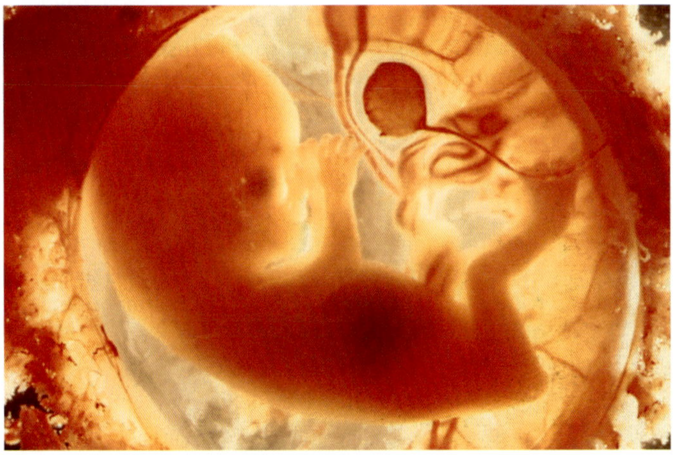

3E MOIS

Tel un astronaute dans sa capsule spatiale, le fœtus âgé de trois mois poursuit sa fantastique odyssée… L'auréole frangée est le sac chorionique qui est attaché au placenta.

L'embryon devient fœtus

À ce stade du développement, l'embryon devient fœtus. Ce changement de statut lui est accordé parce qu'il possède tous ses organes et a acquis sa morphologie définitive. Il lui reste maintenant à grandir et à grossir. Pour l'instant, il mesure 10 cm et pèse 45 g.

Son apparence

Sur le plan morphologique, on distingue très clairement ses membres, ses jambes sont tendues et ses doigts de pied en éventail, ses bras sont assez longs pour que ses mains se rejoignent ; on distingue déjà la trace de ce que seront les ongles. On observe encore la forme première des organes génitaux. Sa tête est toujours importante et représente un tiers de son corps. Le visage commence à se modeler, deux creux se forment pour devenir les narines ; le nez et la lèvre supérieure s'esquissent ; le menton « pousse » et les joues se marquent sous les yeux. Ce visage a encore peu de muscles, ce sont eux qui lui donneront toute sa rondeur. Les paupières sont fermées, elles ne s'ouvriront que dans trois mois.

Bébé fille ou bébé garçon

Une grande transformation intervient, celle de l'appareil génital. On sait que le sexe est déterminé dès la fécondation, mais sur le plan anatomique, au cours des deux premiers mois de vie fœtale, il n'y a pas de différence. Le sexe se compose de deux glandes appelées gonades, à leur extrémité se trouvent de fins canaux dits de Müller et de Wolff qui, pour un temps, cohabitent.

Le sexe féminin se construit à partir des deux canaux de Müller ; chacun se transforme pour devenir une trompe, une moitié de vagin et une moitié d'utérus. Ces moitiés se réuniront plus tard. Certaines anomalies de l'utérus, causes d'infertilité, proviennent d'une persistance de ces cloisons. En revanche, chez le petit garçon, les canaux de Müller s'atrophient et ceux de Wolff évoluent pour donner naissance à la prostate et aux vésicules séminales.

Les prémices de l'autonomie

Caractéristiques du développement de cette période, le foie se développe considérablement et fonctionne, les intestins s'allongent, la rate et les reins sont en place : le fœtus peut donc assimiler la nourriture que lui apporte le placenta (p. 96). Si le fœtus vit en étroite dépendance avec la circulation sanguine de la veine et des artères contenues dans le cordon ombilical (p. 97) qui le relie à sa mère, il a pourtant sa propre circulation sanguine. Jusqu'alors, ses globules rouges et les cellules souches des globules blancs étaient produits par un organe extérieur, le sac vitellin. Au troisième mois, le fœtus produit ses globules rouges grâce à son foie et à sa rate, parfaitement fonctionnels. La moelle osseuse va commencer à produire des globules blancs qui se répartiront ensuite dans les ganglions lymphatiques et le thymus.

Pourtant, son sang n'a pas encore toutes les caractéristiques de celui qu'il aura au moment de la naissance. Il est, notamment,

---

Le système vestibulaire *semble mis en sommeil jusqu'au jour de la naissance. La preuve ? Lorsque sa mère bouge, il ne fait aucun mouvement et n'essaie pas de rétablir un équilibre ou une position in utero légèrement bousculée. Tout au contraire, c'est lorsqu'elle est au repos qu'il décide de faire des cabrioles et de renforcer ainsi sa toute nouvelle musculature.*

---

pauvre en oxygène. En fait, il s'économise : protégé par le liquide amniotique, il n'a pas besoin de réguler sa température. Il vit en permanence à 37 °C. Sa tension artérielle est très basse.

Premiers mouvements

Grand événement de ce troisième mois, le fœtus commence à bouger. Son squelette poursuit son ossification – notamment, les os de sa colonne vertébrale et ses muscles se forment. C'est sans doute ce qui va lui permettre d'effectuer ses tout premiers mouvements saccadés et désordonnés. Ils sont encore imperceptibles en raison du volume du liquide amniotique et de l'éloignement des membranes qui protègent le futur bébé des parois de l'utérus. Il bouge, mais dans la plus grande discrétion, en cachette de sa mère. Il plie un bras, tend une jambe, cherche à prendre son pouce, agite la tête.

Les échographies ont même permis de constater que le fœtus bouge sa cage thoracique lorsqu'il est en période de sommeil agité. Faut-il y voir un entraînement à la respiration ?

***Le cordon ombilical s'allonge au fil des mois,** se tord sur lui-même. C'est ce qui explique son aspect torsadé au moment de la naissance. Il est indispensable qu'il ait une certaine longueur, afin de donner au fœtus la possibilité de bouger dans le liquide amniotique. À la naissance, il mesure environ 50 cm. Sans que l'on sache pourquoi, il est assez fréquent qu'il s'enroule autour du cou du bébé, posant quelques problèmes au moment de l'accouchement. Ils sont vite résolus par l'intervention de la sage-femme ou du médecin accoucheur, qui coupe le cordon avant même la sortie de l'enfant.*

Le sens de l'équilibre

Quand il ne dort pas, il fait des galipettes. Le système vestibulaire appartient aux toutes premières capacités du fœtus. Il réside essentiellement dans l'oreille interne et c'est lui qui permet de contrôler l'équilibre. L'oreille interne commence à être innervée dès huit semaines de gestation, et tout l'appareil vestibulaire est fonctionnel au sixième mois. Son mécanisme repose sur des canaux situés au niveau de l'oreille, remplis de liquide et dont les mouvements font bouger des cils infiniment petits qui transmettent l'information aux cellules nerveuses. De minuscules cristaux ont pour fonction de permettre à la tête de reconnaître sa position.

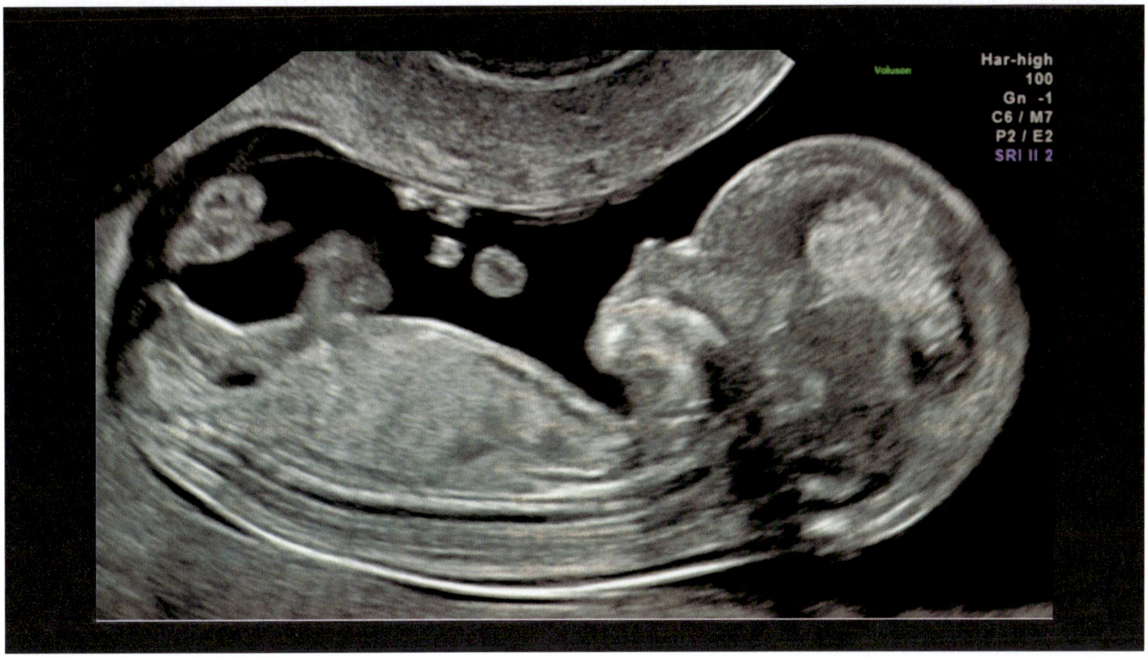

Protégé dans sa bulle

Quel liquide étonnant ! Le liquide amniotique est à la fois fourni par la mère et par l'enfant. Le fœtus en avale beaucoup, le régurgite souvent. Il est composé d'une eau riche en sels minéraux apportés par la mère via le placenta et de quelques cellules cutanées appartenant au bébé.

Un liquide nutritif et protecteur

Le liquide amniotique est unique, composé d'une eau riche en sels minéraux à 95 % ; il contient des cellules fœtales, des protéines indispensables à la croissance du fœtus et, un peu plus tard, de petites particules blanches de vernix caseosa, cette graisse protectrice qui couvre tout le corps du futur bébé jusqu'à sa naissance.
Il sert aussi à maintenir le fœtus à température constante (37 °C). C'est encore un merveilleux amortisseur de bruits et de chocs. De plus, son asepsie en fait une précieuse barrière contre certaines infections.
Le liquide amniotique d'une future maman en bonne santé est clair, abondant, en constant renouvellement (toutes les 3 heures). L'échographie permet d'en mesurer la quantité : 1,5 litre environ. La quantité d'eau absorbée par la mère influence forcément son volume.
Mais c'est aussi un bon témoin du bon fonctionnement des reins du fœtus qui, en y rejetant son urine, produit des variations rapides de son volume.

Les troubles du liquide amniotique

Vérifier l'état du liquide amniotique est un des éléments qui permettront, à terme, de contrôler le bon déroulement de la fin de la grossesse. Cet examen se fait à l'aide d'un amnioscope, petit cône qui, introduit dans le col, permet à la sage-femme d'observer l'aspect du liquide à travers les membranes, et notamment sa couleur.
Il arrive que le liquide amniotique soit passagèrement en trop grande quantité. Si cette anomalie persiste, il s'agit d'un hydramnios. Il y a hydramnios quand la quantité de liquide dépasse 2 litres. Dans ce cas, l'utérus est anormalement distendu, ce qui peut provoquer des contractions. C'est alors un risque d'accouchement prématuré. La permanence d'un hydramnios peut être liée à un diabète (p. 30), à des malformations fœtales ou aux incompatibilités sanguines (p. 66). On prévoit alors une échographie et un bilan complet du développement du fœtus pour en trouver la cause.
L'oligoamnios est, à l'inverse, un déficit de liquide amniotique (moins de 200 ml), généralement passager. S'il persiste, il faut rechercher soit une rupture ou une fissuration des membranes, soit une anomalie du fœtus.

Dans beaucoup de régions du monde, *on attribue une valeur symbolique au placenta. Souvent, il est considéré comme un jumeau de l'enfant et enterré au pied d'un arbre quelques heures après la naissance. Il est censé faire grandir l'arbre, poursuivant ainsi sa fonction nourricière. On lui attribue également une valeur protectrice pour l'enfant, qui en porte un morceau autour du cou enveloppé dans un petit sac.*

Protégé dans un « sac »

Le liquide amniotique est contenu dans un sac, fait d'une double membrane translucide appelée « amnios » à l'intérieur et, à l'extérieur, le chorion. Plus l'enfant se développe, plus le sac amniotique

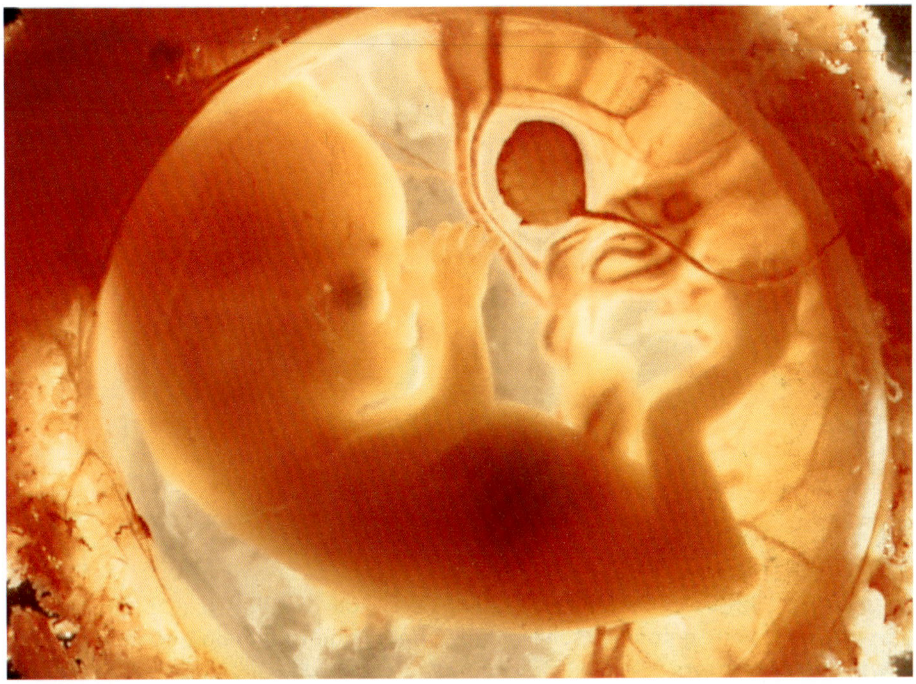

grandit, au point d'occuper en fin de grossesse tout l'espace utérin. Le chorion est contre la paroi utérine et l'amnios contient le liquide amniotique et le fœtus. Au fur et à mesure que l'un et l'autre vont se développer, l'amnios se rapproche du chorion et, à terme, ils vont s'accoler. Le chorion et l'amnios se composent de plusieurs couches de tissus de nature différente. Celles-ci ne sont ni innervées ni vascularisées. En revanche, elles sont poreuses et capables de produire des échanges métaboliques importants.

Un formidable lieu d'échanges

Immergé dans le liquide amniotique, l'enfant est en liaison avec l'organisme maternel grâce au cordon ombilical et aux membranes du sac amniotique. Le cordon ombilical relie le fœtus au placenta (p. 96). Il est parfaitement formé au 3e mois de gestation. Il est constitué de trois vaisseaux sanguins enroulés sur eux-mêmes : un gros vaisseau, la veine ombilicale au centre, et deux vaisseaux plus petits, les artères ombilicales. La veine apporte le sang frais venant des échanges placentaires entre la circulation sanguine de la mère et celle du futur bébé. Il est chargé des éléments nutritifs nécessaires à la bonne croissance du fœtus. Les artères ombilicales conduisent le sang du bébé rempli de déchets vers le placenta. Ceux-ci sont à leur tour éliminés par le sang maternel grâce à des chambres situées contre la muqueuse utérine). Ce fonctionnement est très original puisque toute artère adulte apporte habituellement du sang oxygéné. Ici les artères jouent le rôle des veines. On constate parfois qu'il n'existe qu'une seule artère et non deux, cette particularité est sans conséquence. Ces trois vaisseaux sont contenus dans une gaine faite d'une membrane souple et gélatineuse. Elle est parfaite pour éviter que le cordon se noue et elle le rend presque incompressible. À terme, le cordon ombilical mesure de 50 à 70 cm en moyenne (mais peut même atteindre le mètre), pour un diamètre de 21 mm environ et son débit peut avoisiner les 30 litres par jour.

L'absence ou l'extrême rareté *persistante de liquide amniotique doit inquiéter. L'échographie permet de diagnostiquer des troubles du développement chez l'enfant. Le manque de liquide peut être dû à une fissuration de la poche des eaux. Très souvent, ce trouble n'est que transitoire, sans que l'on puisse en déterminer la cause. Il implique le repos absolu, la surveillance d'une éventuelle infection qui entraînerait une fausse couche. Fort heureusement, cette fissure se referme souvent spontanément.*

Votre première consultation prénatale

Le suivi médical d'une future maman compte sept consultations prénatales prise en charge à 100 % par la Sécurité sociale. Lors de cette première consultation, le médecin ouvre le dossier médical qui vous suivra pendant neuf mois. Elle doit être faite avant la fin du 3e mois de grossesse, soit avant la 15e semaine d'aménorrhée.

Des objectifs précis

Toutes les consultations prénatales ont le même objectif : s'assurer que votre grossesse se déroule de façon tout à fait normale et répondre à vos questions, même les plus innocentes. Préparez-les pour ne rien oublier le jour de cette première consultation.
La première visite est bien souvent réalisée par le praticien que vous avez choisi pour suivre la totalité de votre grossesse et qui, si possible, assistera à l'accouchement. Prévoyez une plage assez large dans votre emploi du temps, car cette consultation est approfondie.

Faire totalement connaissance

Lors de cette consultation le médecin vous posera quantité de questions afin de mieux vous connaître. Le médecin examine les points suivants :

- **Votre histoire familiale, la vôtre et celle de votre conjoint :** avez-vous connaissance de maladies héréditaires, d'enfants à problèmes ? Certaines personnes de votre entourage souffrent-elles de cancers ?

- **Votre histoire gynécologique :** les premières règles, la régularité du cycle, la date des dernières règles ; c'est à partir de ces indications que le médecin va fixer la date prévisionnelle de l'accouchement, soit 41 semaines après la date des dernières règles.

- **Votre histoire médicale :** opérations chirurgicales, grossesses et accouchements antérieurs, allergies, infections virales, maladies, accidents et surtout problèmes de diabète (p. 30), d'hypertension (p. 30) ou encore difficultés d'ordre cardiaque.

- **Votre histoire sociale :** vivez-vous en couple ? Travaillez-vous ? Si vous pratiquez un sport, lequel ? De même, si vous habitez au 6e étage sans ascenseur ou si vous avez quotidiennement plusieurs heures de transport pour vous rendre à votre travail, il faut le signaler. Serez-vous aidée ? Consommez-vous ou votre mari tabac, alcool ou drogue ?

Puis suivront l'examen du poids et de la taille, l'auscultation cardiaque et pulmonaire, la prise de

Si cette visite est la première, *votre médecin vous prescrira les examens obligatoires : groupe sanguin avec facteur Rhésus et Kell, recherche d'agglutinines irrégulières, sérologie de la syphilis, de la toxoplasmose et de la rubéole, sauf résultats écrits antérieurs positifs, et marqueurs de l'hépatite. Il vous conseillera (car non obligatoire) encore des dépistages du Sida et du cytomégalovirus (pp. 24 et 25).*

__Notez sur un petit calepin__ toutes les questions que vous souhaitez poser au médecin dès que vous y pensez. Ainsi, vous aurez une réponse immédiate à tout ce qui vous tracasse. C'est bien évidement le moyen parfait d'entamer le dialogue avec le médecin qui vous suivra.

la tension artérielle, un examen des seins et des jambes et enfin un examen gynécologique au spéculum et un toucher vaginal.

Dépistage du diabète

Si le médecin considère que votre âge, votre poids, vos antécédents familiaux ou un diabète gestationnel lors d'une précédente grossesse constituent un facteur de risque, il vous prescrira dès maintenant le dosage du sucre de votre sang. Cette analyse permet de dépister précocement si vous souffrez d'un diabète gestationnel ou d'un diabète méconnu jusqu'alors. Le traitement consiste le plus souvent en un régime alimentaire et en une activité physique régulière.

Déclaration officielle

À la fin de cette consultation, qui doit être faite obligatoirement par un médecin avant la 15e semaine d'aménorrhée. Il y a de fortes chances que votre praticien déclare en ligne votre grossesse à votre caisse primaire d'assurance maladie, vous évitant ainsi l'envoi d'une déclaration papier. Cette information est immédiatement transmise à votre Caisse d'allocation familiale qui vous demande alors de compléter votre dossier sur son site « caf.fr ». Sous une quinzaine de jours vous recevrez vote carnet de maternité. Il contient tous les feuillets correspondant au remboursement de vos examens médicaux pendant et après votre grossesse et les certificats destinés à votre caisse d'allocations familiales. Leur envoi en temps et en heure vous donne droit à l'allocation jeune enfant si vous ne dépassez pas un certain plafond de ressources. C'est également sur présentation de ce carnet de maternité que vous pourrez vous faire établir une carte de priorité.

Fixer le « grand jour »

Le médecin va essayer de déterminer, à partir de vos informations, la date de votre accouchement. La date de l'ovulation étant variable d'un mois à l'autre et d'une femme à l'autre, on applique un principe général de calcul. Il se base sur un cycle de 28 jours : l'ovulation se produit donc le 14e jour ; si la femme est réglée tous les 35 jours, l'ovulation se fait au 21e jour. À partir de ces données, on établit une date théorique d'ovulation qui sera donc aussi la date théorique du début de la grossesse.

Peut-être avez-vous en mémoire la date du rapport sexuel que vous pensez être le bon ? On peut déterminer ainsi la date de l'accouchement en ajoutant 39 semaines à la date d'ovulation-fécondation et 15 jours de plus, si on veut calculer en aménorrhée, à partir de la date des dernières règles si le cycle était normal. C'est ainsi que pratiquent les médecins. Mais il est très difficile de fixer la date précise de l'accouchement. Le praticien fixera surtout la date à ne pas dépasser. Un retard vous ferait basculer dans le post-terme, période de risque pour la mère et l'enfant.

De précieux guides

Dans les semaines qui suivent la déclaration officielle de votre grossesse, vous recevrez différents documents envoyés par la caisse d'assurance maladie. Ils ont tous le même objectif, vous accompagner tout au long de votre grossesse et dans les semaines qui suivent l'accouchement.

Les premiers documents

Dans les jours qui ont suivi votre première visite médicale, vous avez envoyé les différents feuillets qui composaient le formulaire « Vous attendez un enfant » remis par votre médecin. Le feuillet rose accompagné de vos justificatifs d'examens médicaux est destiné à votre centre de sécurité sociale. Le feuillet bleu est destiné, lui, à votre caisse d'allocations familiales (CAF) et vous permettra de toucher vos premières prestations. Sous quelques jours, votre CAF vous adressera différents documents. Le petit guide de 35 pages « Ma maternité, je prépare l'arrivée de mon enfant » répond aux questions que vous pouvez vous poser sur votre suivi médical, sur les réflexes santé que vous devez adopter, sur la préparation à la parentalité, sur vos droits de salariée, sur vos congés de maternité, mais aussi sur le choix de votre maternité. Quelques pages vous informent sur l'après-maternité, votre suivi médical et celui de votre bébé.

Ce premier guide est accompagné d'un calendrier personnalisé des examens médicaux qui ponctueront votre grossesse, d'un mémento pour y noter vos rendez-vous médicaux et les numéros de téléphone indispensables et enfin d'un « aide-mémoire » pour préparer vos questions avant les consultations médicales. Si vous attendez un premier enfant, vous recevrez « le livret des parents ». Ce petit guide de 16 pages, réalisé par la Cnaf et le ministère de la Famille, est destiné à vous accompagner dans vos premiers pas de parents au cours de la maternité et dans les premiers mois avec votre bébé. Ses conseils et ses points de repères traitent de sujets très quotidiens avec l'objectif de simplifier la vie des parents : mode de garde, aides, naissance de la parentalité mais surtout du bien-fondé d'une éducation sans violence. Si vous ne l'avez pas reçu, vous pouvez le trouver sur internet.

Le carnet de maternité

Ce carnet est envoyé à l'issue du premier examen prénatal obligatoire soit par votre caisse d'assurance maladie, soit par les services de protection maternelle et infantile (PMI). Si vous ne le recevez pas, vous pouvez le demander à votre médecin ou le télécharger

VOUS SOUHAITEZ UN ACCOMPAGNEMENT PLUS PERSONNALISÉ ? *Les caisses d'assurance maladie proposent la participation à des ateliers collectifs. Là, les futures mamans peuvent interroger des travailleurs sociaux et un médecin ou une sage-femme. Ces ateliers sont organisés à des dates précises et il est préférable de prendre rendez-vous. De même, après la naissance, elles proposent un service d'accompagnement à domicile : une sage-femme libérale, que vous choisirez proche de chez vous, pourra, si vous le souhaitez, venir vous aider à accueillir votre bébé, le lendemain de votre sortie de la maternité. Elle reviendra vous voir le lendemain ou le surlendemain.*

sur Internet. Ce document d'une quarantaine de pages apporte une information claire sur le déroulement de votre grossesse, le suivi médical, vos droits, vos obligations et les aides diverses auxquelles vous pouvez prétendre. Son but est encore de faciliter votre communication avec tous les intervenants médicaux et sociaux.

Il est découpé en trois parties : d'abord un livret d'accompagnement de la grossesse avec de nombreux conseils et des espaces « libres » destinés aux annotations de la mère, ses questions, ses remarques. Des pages spéciales sont réservées aux consultations et aux échographies, elles laissent une large place aux commentaires du médecin ou de la sage-femme. À la fin de ce carnet, quelques pages sont consacrées à l'après-maternité côté maman et côté bébé. Il est complété par 6 fiches détaillées qui traitent aussi bien de l'alimentation du nouveau-né, des formalités administratives, de la contraception après bébé ou des examens complémentaires obligatoires ou conseillés pendant la grossesse. Le carnet de maternité se referme sur « un dossier prénatal de suivi médical », qui réunit toutes les informations sur la grossesse et l'accouchement. Il est à remplir par les professionnels de santé. Ce dernier sera parfois remplacé par le dossier de suivi médical utilisé dans leur réseau de soins.

Ce carnet est votre propriété. Aucune personne, y compris le père, ne peut en exiger la communication. Les professionnels qui le consultent avec votre accord et qui y inscrivent des annotations sont soumis au secret professionnel. Si le père en fait la demande, le médecin peut lui rendre compte de l'état de santé de la future mère, dans le respect de la déontologie médicale.

Que rembourse l'assurance maladie pendant la maternité ? *Du début de votre grossesse et jusqu'à la fin du 5e mois, les consultations prénatales obligatoires, les séances de préparation à la naissance et de la parentalité, les examens biologiques complémentaires et, au besoin, les dépistages des maladies génétiques, tels le caryotype fœtal et l'amniocentèse, seront pris en charge à 100 % par la Sécurité sociale. Les deux premières échographies sont prises en charge à 70 %. Tous les autres frais médicaux resteront remboursés aux taux habituels. Du 6e mois de grossesse jusqu'à 12 jours après la naissance, tous les frais médicaux sont remboursés en totalité, même s'ils ne sont pas en relation avec la grossesse. À noter que la troisième échographie est remboursée à 100 %, tout comme les échographies supplémentaires si le médecin suspecte une grossesse pathologique ou une pathologie fœtale. Les remboursements à 100 % s'entendent sur la base des tarifs conventionnels, les dépassements d'honoraires restant à votre charge.*

L'assurance maternité prend aussi en charge le versement des indemnités journalières en remplacement de la perte de salaire pendant les congés maternité.

Le suivi du bébé

Un autre document vous sera remis après la naissance, c'est le carnet de santé de l'enfant. Il est délivré gratuitement par l'officier d'état civil au moment de la déclaration de naissance de l'enfant, mais aussi par les services de la protection maternelle et infantile (PMI).

Dans les grandes maternités, il est donné directement par le service qui a pratiqué l'accouchement. Le carnet de santé est un document qui contient les éléments d'information médicale nécessaires au suivi de la santé de l'enfant jusqu'à ses 16 ans. Il se veut aussi un support de dialogue entre les professionnels de santé et les familles. Les parents y trouveront encore de précieux repères sur le développement de l'enfant, des conseils pratiques et d'importants messages de prévention.

Trois échographies programmées

On pratique plus de 3 millions d'échographies chaque année en France pour 800 000 naissances, soit près de quatre par femme en moyenne, mais elles sont inégalement réparties géographiquement et dans le temps. Ainsi, plus de 18 % des futures mamans passent six échographies ou plus.

Des rendez-vous bien précis

Trois échographies doivent suffire à un bon suivi de la grossesse.

La première échographie médicalement nécessaire se fait à 12 semaines d'aménorrhée afin de connaître le nombre de fœtus, de dater exactement la grossesse, de localiser le placenta et enfin de dépister d'éventuelles anomalies. C'est notamment à ce stade que se fait le dépistage de la trisomie 21, en mesurant l'épaisseur de la nuque fœtale.
Cette échographie donne une image assez globale du fœtus avec un examen aisé des membres et de la proportion de la tête. Le contrôle du développement du futur bébé se fait durant cette période de la grossesse, en mesurant le fœtus du haut de son crâne au coccyx, en bas de la colonne vertébrale. Cette mesure est intéressante parce qu'à cet âge, il n'y a pas encore de réelles différences entre les bébés. Reportée sur une courbe type, elle permet, à quelques jours près, de dater la grossesse et de savoir si l'enfant a un développement normal pour son âge.

« Tous les échographistes et les radiologues ne sont pas échographistes obstétricaux. Une formation particulière est indispensable. Adressez-vous uniquement à ces spécialistes. »

La seconde échographie, fixée entre 20 et 22 semaines d'aménorrhée (p. 178), a pour but de détecter les anomalies à expression tardive et de contrôler encore la bonne croissance du futur bébé. Elle donne des images plus détaillées, notamment du cerveau et du cœur du futur bébé. C'est l'échographie dite « d'étude morphologique ». C'est au cours de celle-ci que les parents qui le souhaitent connaîtront le sexe du bébé.

La troisième échographie se fait entre 32 et 34 semaines d'aménorrhée (p. 298). Elle contrôle la croissance de l'enfant et détermine son poids de manière assez approximative. La position du fœtus est repérée. Cette information sera transmise au médecin accoucheur, qui décidera du mode d'accouchement.

PRÉPAREZ-VOUS À CET EXAMEN. *Quelques petites attentions sont nécessaires, tout simplement pour assurer la netteté de l'image, indispensable à une bonne interprétation. Voici les consignes à respecter :*
– ne pas mettre de crème hydratante ou autre sur votre ventre dans les huit jours qui précèdent l'examen ;
– boire trois quarts d'heure avant l'examen un litre d'eau de manière à remplir votre vessie. Elle va remonter l'utérus et permettre une meilleure image, notamment au premier trimestre, lorsque le bébé est encore petit.

Ce que révèle l'échographie

C'est au cours de la première échographie que peut se faire la mesure de la clarté nucale (CN). Cet espace situé à l'arrière de la nuque du fœtus mesure normalement 3 mm au maximum. Au-delà, on se préoccupera d'une possible mais non certaine anomalie chromosomique. Des examens complémentaires sont alors proposés. Les anomalies révélées le plus tôt sont les anencéphalies (absence de crâne et d'encéphale) et les malformations des membres. Beaucoup plus tard se reconnaissent les hydrocéphalies (augmentation de la quantité de liquide céphalo-rachidien) et les malformations urinaires, les malformations cardiaques et œsophagiennes étant plus difficiles à déterminer. Il est donc nécessaire de suivre la recommandation de trois échographies et de bien respecter leur programmation tout au long de la grossesse.

***Laissez le médecin se concentrer sur l'image** qui apparaît sur son écran. Il est tout à fait normal qu'il ne fasse pas un commentaire immédiat sur ce qu'il voit ; même pour lui, la lecture de l'image n'est pas toujours évidente au premier coup d'œil. De plus, il doit procéder à des mesures et des évaluations précises. Son silence n'a rien d'inquiétant. En revanche, en fin d'examen, il vous fera un compte rendu précis de ses observations.*

Des observations codifiées

Dans tous les cas, l'échographiste procède à diverses mesures en appréciant la croissance des os du crâne, des os longs et de certaines parties molles ; il localise le placenta par rapport au col de l'utérus ; il évalue la quantité du liquide amniotique ; il vérifie le stade de développement des principaux organes et leur bon fonctionnement. Il peut aussi mesurer la longueur du col de l'utérus.
En fin d'examen, il remet à la future maman quelques clichés et un commentaire. Celui-ci se conclut dans la majorité des cas par « dans la mesure de ce que j'ai pu voir, je n'ai pu observer aucune anomalie ». En effet, tout n'est pas visible et un seul examen n'est jamais totalement infaillible, d'où la nécessité de trois échographies.
En revanche, les informations données par les échographies ont une grande fiabilité. L'échographie est une discipline en constante évolution et les échographistes bénéficient d'une formation continue. Les références techniques, et notamment la date d'acquisition des équipements, sont mentionnées sur le compte rendu échographique.

L'examen se pratique dans une salle spécialement aménagée : on y trouve un divan ou une table d'examen et, bien sûr, l'échographe avec un ou deux écrans. Au moment de l'examen, l'échographiste passe un gel sur la peau du ventre pour permettre un meilleur contact de la sonde de l'appareil échographique. Celle-ci émet et reçoit les ultrasons qui sont de très faible puissance. Une étude faite sur une multitude d'examens permet de confirmer leur totale innocuité. Jamais un incident n'a été signalé du fait des ultrasons.

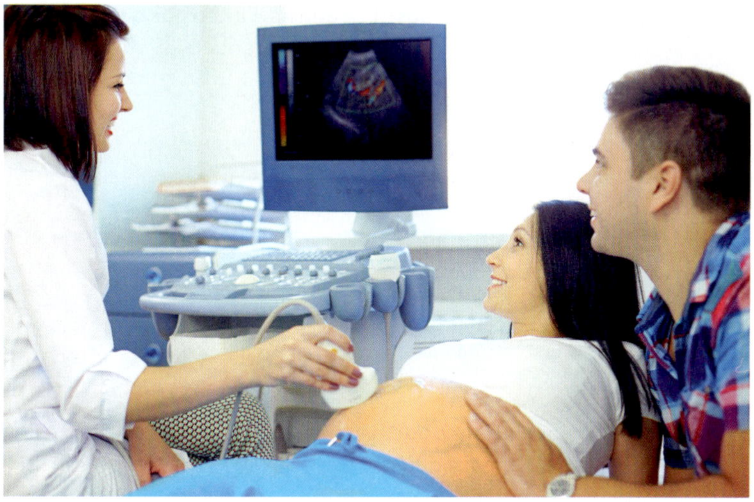

La première rencontre

La première échographie est toujours vécue avec une intense émotion. Tous les couples passent en quelques minutes du rêve à la réalité, certains avec bonheur, d'autres avec un peu d'inquiétude. Les images doivent être éclairées par les explications de l'échographiste pour prendre du sens.

Une merveilleuse révélation

Ce qui vous étonnera en premier lieu, comme la majorité des futures mamans, c'est la mobilité de ce fœtus que vous ne sentez pas encore bouger en vous. Puis vous connaîtrez un véritable émerveillement en voyant son cœur battre. Ces battements signifient que ce bébé à venir est bien vivant. Vous allez pouvoir vous le représenter avec d'autant plus de liberté que son âge et la qualité de l'image ne permettent pas de lui attribuer des traits précis. Ce que vous allez voir sur l'écran deviendra alors un support de votre imagination ; comme beaucoup de futures mamans, vous y superposez peut-être d'autres représentations, beaucoup moins froides et plus poétiques. Pour la plupart des parents, cette image est une révélation. Ils ne savaient pas qu'à ce stade de la grossesse, un bébé pouvait déjà être aussi formé, aussi proche de l'humain.

Être rassurée

Mais l'échographie n'a pas ce rôle merveilleux de révélateur pour toutes les femmes. L'angoisse de la maternité est tellement forte, chez certaines, que l'image de leur bébé ne les rassure en rien ; pour d'autres, l'intensité de la communication fantasmatique avec leur futur bébé est bien plus réelle dans leur tête et dans leur corps que sur l'écran. Enfin, quelques femmes vivent cette première échographie négativement. Elles n'ont pas encore eu le temps de se penser attendant un enfant. La révélation par l'image les perturbe et l'échographie court-circuite le travail intérieur qui les conduit vers l'enfant réel, et qu'elles n'ont pas encore accompli. En fait, il semble que l'échographie ne puisse pas être vécue comme un moment heureux par toutes les femmes, ni pour toutes les grossesses.

Les futures mamans les plus inquiètes appréhendent cette première échographie. Cela se traduit en général par deux comportements possibles : celles qui posent

« Attention, l'image n'est qu'une reconstruction réalisée à des fins médicales. L'imagerie en 3D n'est pas indispensable. Privilégiez l'évocation plutôt que le portrait. »

De plus en plus de pères *prennent l'initiative de venir assister à cet examen. Généralement, pour le premier, c'est d'abord avec le souci de soutenir moralement leur compagne, toujours un peu inquiète de ce que va leur révéler l'échographie. L'image les étonne et souvent les séduit, ils découvrent avec émerveillement « leur bébé » à eux aussi. Ils se sentent tout à coup partenaire de cette grossesse, au point qu'ils viendront regarder le bébé grandir lors des échographies suivantes.*

quantité de questions et celles, silencieuses, qui s'accrochent à la moindre parole de l'échographiste pour se rassurer.

On s'aperçoit encore que les parents n'expriment pratiquement jamais le terme « malformation » ; ils utilisent l'adjectif « anormal », réduisant ainsi leurs craintes à une idée de conformité esthétique. Le rôle de l'échographiste est de rassurer sur la normalité de l'embryon, mais aussi en cas de problème, de préparer les parents à d'autres examens. Le plus souvent il s'agira d'abord d'une autre échographie dans une semaine ou deux et, si besoin est, ensuite par exemple d'une amniocentèse (p. 143).

Les résultats de l'échographie *ne sont pas toujours exacts à 100 %, certaines interprétations sont délicates. Ainsi, le diagnostic exact du poids et de la taille du futur bébé est, dans bien des cas, délicat à poser (imprécision de 10 % environ par rapport à la réalité). Le diagnostic du sexe de l'enfant ne semble pas totalement fiable, l'échographiste ayant des difficultés d'interprétation de l'image en raison de la position du fœtus. Le Collège national des gynécologues obstétriciens français a édité un compte rendu échographique informatisé, complété par des courbes de croissance fœtale types. Ce document aide à réaliser un examen précis et de qualité. Il est facilement lisible par les patientes. Une ligne est prévue, obligeant le spécialiste à préciser qu'il a informé sa patiente des buts et des limites de cet examen.*

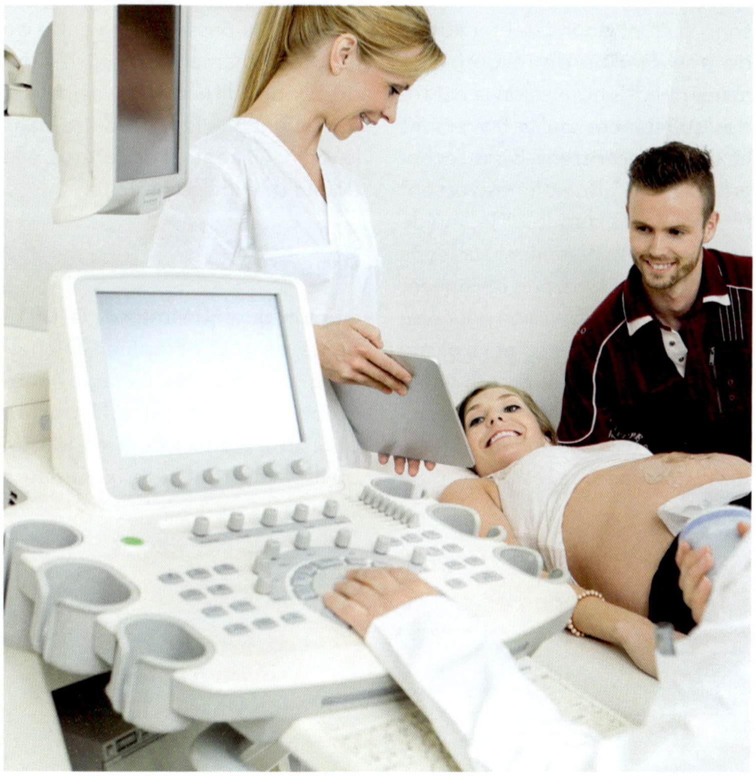

Une palette d'émotions

Le vécu psychologique des futurs parents au moment de et après l'examen échographique a fait l'objet de nombreuses études. Elles permettent de mieux connaître les réactions des couples. Plus de la moitié des hommes et des femmes interrogés se disent émus par l'image échographique, notamment par les mouvements du fœtus, puis par les battements de son cœur. L'échographiste les aide le plus souvent à transformer cette émotion en un bonheur partagé à deux. Pour certaines futures mamans, cette première image de leur bébé constitue la preuve irréfutable qu'elles sont enceintes et qu'elles seront reconnues comme telles par leur entourage. Maintenant, elles peuvent l'annoncer sans crainte.

Des techniques sûres et indispensables

L'échographie et les examens complémentaires ont révolutionné le suivi de la grossesse. Ces explorations sont indispensables pour poser un diagnostic précis sur la santé du futur bébé et mettre en place si possible au plus vite une thérapie.

Des images de plus en plus nettes

Le principe de l'échographie obstétricale repose sur celui des ultrasons, qui ont pour caractéristique de traverser ou de résonner de manière différente selon la nature des substances qu'ils traversent et qu'ils rencontrent. Dans l'échographie, les ultrasons traversent l'épiderme, le derme et le liquide amniotique. Ils résonnent sur les os et sur les cartilages, puis reviennent vers leur point d'émission pour être matérialisés sur un écran. Il existe différents types d'appareils échographiques. Depuis 1980, on utilise l'appareil dit « en temps réel ». Il affiche une succession rapide d'images donnant l'illusion d'un mouvement. Cet appareil se compose d'une sonde équipée d'un fragment de quartz qui, sous l'effet de l'électricité, émet des ultrasons lorsqu'on la passe sur le ventre de la future maman. Un autre type de sonde, dite « endovaginale », est, quant à elle, introduite dans le vagin. Au contact de l'utérus, elle donne une image parfaite.

Presque une photo

Depuis quelque temps, la technique de l'échographie 3D améliore le rendu de l'image échographique. Elle est à la portée des futurs parents, à condition qu'ils y mettent le prix. Grâce à la micro-électronique, ce procédé met en jeu quelque 20 millions d'informations par seconde. Il donne une image en trois dimensions, reproduction fidèle du bébé. Cette nouvelle technique constitue aussi pour les médecins un moyen d'examiner votre enfant de manière encore plus précise. La technique est telle qu'elle leur permettra de faire pivoter l'image pour observer l'enfant sur toutes ses faces, et aussi d'examiner en profondeur le squelette et les organes internes. Ainsi, certaines malformations pourront être précisées par le volume et détectées très précocement.

Utile pour d'autres examens

Dans certains cas très précis, le médecin prescrira un autre examen : le Doppler. Cet appareil utilise la propriété de résonance des ultrasons sur les globules rouges en mouvement. Il mesure le flux dans les vaisseaux sanguins de l'utérus et les vaisseaux du cordon ombilical. La variation de fréquence fait surgir un son qui s'exprime sur un graphique.
Le Doppler, au cours de la grossesse, est essentiellement uti-

---

AVOIR LE PLAISIR DE POSSÉDER PRESQUE UNE PHOTO *de leur futur bébé, c'est ce qui pousse certains parents à souhaiter avoir recours à l'échographie 3 D. L'Académie de médecine leur rappelle que cette technique doit rester un outil médical destiné à affiner un diagnostic et non un moyen de se fabriquer de jolies photos-souvenirs. En effet, ces échographies-spectacles augmentent inutilement l'exposition du fœtus aux ultrasons. Au nom du principe de précaution, il est préférable de l'en préserver.*

---

lisé pour déceler une souffrance fœtale, un retard de croissance du fœtus, lors d'une hypertension maternelle ou lorsqu'il y a un risque d'éclampsie (p. 31).

Selon ce que veut savoir le médecin, il vous prescrira d'autres examens :

La mesure du cordon ombilical : elle se fait au niveau d'une des artères du cordon et renseigne parfaitement sur la qualité des échanges entre le placenta (p. 96) et le fœtus.
Elle présage de la croissance de l'enfant. En surveillance systématique, le Doppler est pratiqué surtout au 2e trimestre, il sera répété entre la 32e et la 34e semaine, plus, si nécessaire.

La mesure sur les artères utérines est une des mesures les plus délicates. Elle est utile en cas d'hypertension maternelle. Elle permet notamment de chercher les raisons d'un retard de croissance. Elle est pratiquée au cours du 2e trimestre de la grossesse, entre la 22e et la 24e semaine, et est souvent faite conjointement avec l'échographie de dépistage des malformations. Ce Doppler signale aussi les risques de complications vasculaires maternelles.

La mesure sur les artères cérébrales du fœtus est prescrite si la future maman a déjà eu des difficultés au cours d'une première grossesse. Elle évalue une éventuelle détresse fœtale, s'il y a, entre autres causes, un mauvais apport en oxygène. Ce Doppler sera effectué dès le 2e trimestre de la grossesse, si l'une des deux mesures précédentes se révèle anormale. Il est pratiqué aussi en cas d'hypertension. En fait, cette mesure confirme bien souvent les observations faites au cours des mesures du cordon ombilical et celles sur les artères utérines.

***L'échographie est un outil précieux** pour les interventions chirurgicales, qu'elles concernent la mère ou l'enfant. Chez la mère, on effectuera sous échographie la ponction d'un kyste de l'ovaire. Mais l'échographie est particulièrement précieuse pour soigner le bébé. Il est possible, par exemple, de ponctionner les poumons d'un fœtus atteint de pleurésie. Les médecins soulagent l'enfant et peuvent analyser la nature du liquide qui perturbait le développement des poumons. De même, l'échographie est utilisée pour décongestionner un rein dilaté ou une vessie bloquée. Là encore, la ponction informe sur l'organe en cause : si c'est un rein – et lequel – qui fonctionne mal ou si c'est la vessie. Il est alors possible d'installer un drain pour vider la vessie régulièrement. Autre exemple : la ponction, chez un bébé fille, d'un kyste sur un ovaire, qui serait lésé sans cette intervention. C'est encore sous échographie que sont faits tous les prélèvements de liquide amniotique lorsque l'on redoute une maladie infectieuse, ou lorsque l'on a besoin d'analyser certains marqueurs biochimiques qui indiquent un mauvais fonctionnement de l'appareil digestif ou une maladie génétique. D'autres gestes, tel le prélèvement de sang fœtal, se font sous contrôle échographique.*

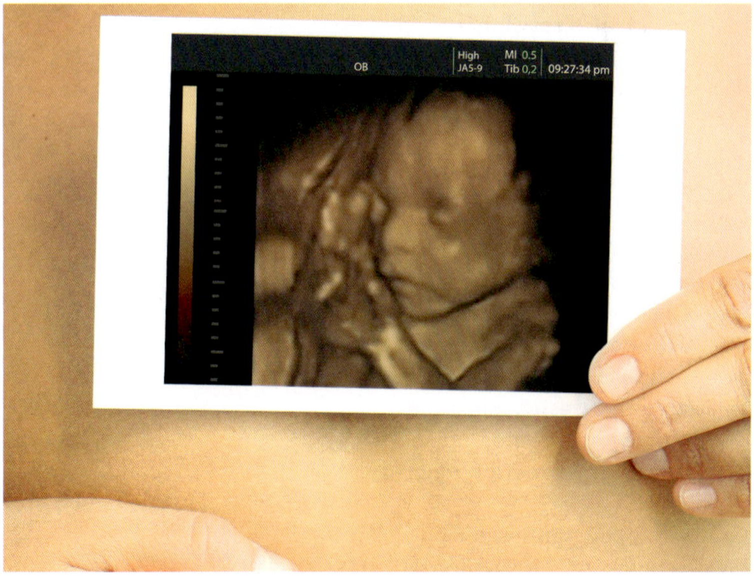

Échographie en 3D.

Deux futurs enfants... ou plus !

C'est généralement au cours de la première échographie que le médecin révèle à la future maman qu'elle n'attend pas qu'un seul enfant, mais deux, voire trois. Ces grossesses sont le résultat de la fécondation d'un ou de plusieurs ovules.

Une surprise plus ou moins attendue

Pour certaines futures mamans, l'annonce d'une grossesse gémellaire est une vraie surprise que rien jusqu'alors ne leur avait laissé supposer. Pour d'autres, la nouvelle était presque attendue puisque, ayant eu recours à une procréation médicalement assistée pour concevoir, avec stimulation ovarienne ou transfert de plusieurs embryons, elles avaient été informées de cette éventualité. D'ailleurs, elles ont la nouvelle très précocement, puisqu'elles passent une échographie un mois après l'acte médical d'assistance à la procréation.

Parfois encore, le diagnostic peut être posé avant la première échographie « officielle » à 12 semaines d'aménorrhée. À l'occasion d'une consultation, le médecin, constatant un volume utérin plus important que la normale ou des vomissements difficiles à enrayer, suppose que la future maman attend plusieurs enfants. Des antécédents familiaux de grossesses gémellaires renforceront ses doutes qu'une échographie confirmera ou infirmera.

Grâce à l'échographie, on peut diagnostiquer très tôt une grossesse gémellaire, dès la 5e semaine d'aménorrhée, en visualisant des sacs gestationnels. À la 7e semaine, on peut voir les cœurs battre et, à la 8e semaine, on distingue même leurs premiers mouvements.

« La prescription de corticoïdes visant à accélerer la maturation des poumons est courante à 28 semaines d'aménorrhée. Ceci afin d'éviter une détresse respiratoire en cas d'accouchement prématuré. »

Vrais ou faux jumeaux

Il est important alors, pour le suivi de la grossesse, de savoir si les fœtus sont de vrais jumeaux (homozygotes ou monozygotes) ou de faux jumeaux (hétérozygotes ou dizygotes). Ce diagnostic n'est possible que par une échographie avant la fin du premier trimestre de grossesse. Plus tard, la distinction ne pourrait se faire que par un caryotype, réalisé à partir d'un prélèvement de trophoblaste ou de liquide amniotique. Mais les risques de fausse couche amènent à fortement limiter l'usage de ces

---

La découverte de deux sacs gestationnels *(enveloppes entourant l'embryon) n'est pas toujours suivie de la naissance de deux enfants. En effet, on constate parfois une réduction embryonnaire spontanée (vanishing twin), au cours du premier trimestre de la grossesse, qui entraîne le développement normal et la naissance d'un seul enfant. L'arrêt de développement du deuxième fœtus ne laisse pas de trace, car les tissus embryonnaires se résorbent spontanément. Sans l'échographie, cette situation passerait inaperçue.*

La fécondation in vitro *entraîne 20 % environ de naissances multiples. Dans certains cas, pour obtenir plus de chances de réussite, des médecins réimplantent plusieurs œufs. Mais la pratique recommandée aujourd'hui veut que l'on ne transfère que deux embryons au maximum. La nature décide si un seul embryon ou les deux se développent.*
Lorsqu'un nombre plus important d'embryons a été implanté et que tous poursuivent leur développement, les médecins peuvent proposer d'interrompre celui de l'un ou de plusieurs d'entre eux. Ceci limite les risques de grande prématurité. Mais ce geste médical entraîne un risque de fausse couche. Il faut bien peser le pour et le contre et éviter de se trouver dans cette situation.

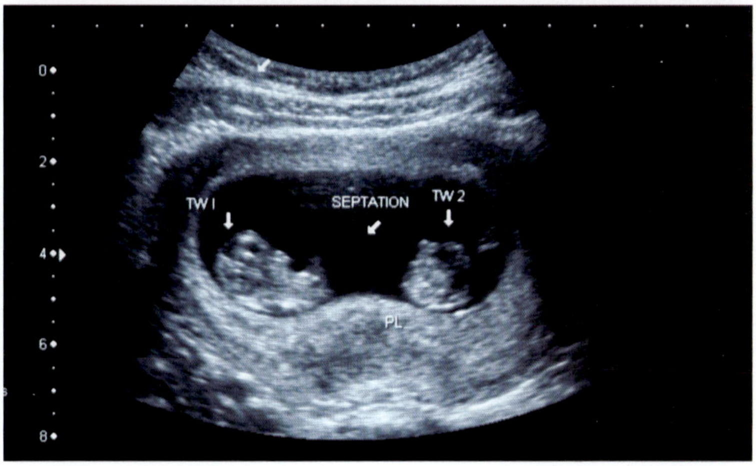

techniques. L'échographie donne une information essentielle sur la manière dont se sont organisée les annexes des fœtus, placenta, chorion et amnios (p. 96).
Le type placentaire est qualifié de bichorial ou de monochorial : lorsqu'il y a deux placentas pour deux embryons ou un placenta pour chacun ; de biamniotique ou de monoamniotique, selon que les jumeaux sont dans des sacs amniotiques séparés ou dans un sac unique. La situation la plus repandue est celle d'une grossesse bichoriale-biamniotique : les jumeaux sont chacun dans une poche séparée par une cloison relativement épaisse faite de quatre feuillets, un amnios et un chorion pour chacun. Parfois, la séparation entre les fœtus est plus fine, constituée uniquement de deux amnios reliés à une seule masse placentaire. Enfin, très rarement, il n'existe aucune séparation entre les jumeaux.
Les grossesses monochoriales, 20 % des cas, ne se rencontrent que lorsqu'il s'agit de « vrais jumeaux ».
Ces grossesses doivent être particulièrement surveillées. En effet, il faut craindre, bien que rare, une complication : le syndrome transfuseur-transfusé. Les circulations sanguines des deux fœtus ne sont pas séparées, l'un des jumeaux recevant du sang provenant de l'autre. Ce phénomène peut être à l'origine de troubles quantitatifs du liquide amniotique (p. 124), oligoamnios pour l'un et hydramnios pour l'autre. De plus, le jumeau transfusé recevant trop de sang peut souffrir de difficulté cardiaque, alors que le jumeau transfuseur est anémié, compromettant dans les deux cas leur bon développement. Cette situation peut exiger une intervention chirurgicale intra-utérine qui n'est pas sans conséquence sur la survie d'un des jumeaux et même sur la poursuite de la grossesse.

Une surveillance adaptée

Une grossesse multiple implique un suivi médical particulier. Il n'est pas le même, selon que la grossesse est diagnostiquée comme bichoriale ou monochoriale. Pour la première, les visites médicales sont mensuelles. À partir du 5e mois une échographie mensuelle est prévue jusqu'à l'accouchement, qui est généralement prévu entre la 38e et la 39e semaine. Les grossesses monochoriales doivent être prises en charge par une équipe expérimentée. Si les visites restent mensuelles jusqu'au 6e mois, deux échographies par mois viennent généralement les compléter. À partir du 6e mois de grossesse, les visites se font tous les quinze jours. L'accouchement est souvent programmé entre la 36e et la 38e semaine. Toutes ces dispositions ont pour objectif d'éviter une naissance trop prématurée, la découverte tardive d'une toxémie et d'un retard de croissance intra-utérin.

Jumeaux et triplés

Les grossesses multiples sont l'exception dans l'espèce humaine. Une grossesse sur 80 est gémellaire, une naissance sur 10 000 est triple et une naissance quadruple sur 40 000 000.

Jumeaux dizygotes et monozygotes

Les grossesses dizygotes représentent plus des deux tiers des grossesses gémellaires. Les bébés sont le résultat de la fécondation de deux ovules par deux spermatozoïdes, très souvent au cours du même rapport sexuel. Les deux embryons se développent côte à côte et ont chacun leurs annexes. Chacun a ses membranes et son propre placenta, il n'y a aucune communication entre eux. Ces enfants n'ont pas obligatoirement le même sexe et se ressemblent simplement comme frère et sœur. On cite même le cas de deux jumeaux n'ayant pas la même couleur de peau, leur mère ayant eu deux rapports fécondants rapprochés avec deux hommes de couleur différente. Certains scientifiques pensent parfois, devant la différence de développement in utero de deux jumeaux, qu'ils ont été conçus à quelques jours d'intervalle ; certains encore pensent même qu'ils peuvent avoir un mois d'écart, la première grossesse n'ayant pas bloqué le fonctionnement des ovaires. Aucune preuve scientifique n'a, pour l'instant, étayé leurs dires.

Les « vrais » jumeaux ou monozygotes sont bien sûr du même sexe et se ressemblent presque à l'identique puisqu'ils ont le même patrimoine génétique. Cependant, la vie va les façonner différemment. Leurs goûts, leurs préférences et leurs expériences en feront des êtres uniques, mais qui souvent garderont un profond attachement mutuel.

Un repos mérité

Les grossesses multiples exigent un repos accru de la future maman. Si celle-ci travaille, on lui conseille de s'arrêter dès la 24e semaine d'aménorrhée. Toutes ces précautions sont indispensables, notamment pour éviter une naissance prématurée (20 à 30 % des grossesses gémellaires ne dépassent pas la 32e semaine d'aménorrhée). Il est parfois indispensable d'hospitaliser les futures mamans au cours de la grossesse. Pourquoi les grossesses gémellaires donnent-elles lieu à une naissance précoce ? La tension plus grande de l'utérus, en raison d'un contenu plus important, et l'insuffisance des échanges placentaires en sont responsables. Plus le diagnostic a été fait tardivement, plus le risque de prématurité est grand.

De plus en plus nombreux

La dernière enquête périnatale française montre que le nombre de naissances de jumeaux a doublé en 40 ans. Si les jumeaux sont de plus en plus nombreux, le chiffre des triplés et des quadruplés est en baisse, en raison des nouvelles pratiques touchant les PMA (p. 44).

De tout temps, ces grossesses multiples ont étonné et, selon les civilisations, elles étaient la manifestation d'un don de Dieu… ou de sa défiance. Souvent encore, ces enfants étaient considérés

---

Les traitements par stimulation ovarienne *avec rapport sexuel ou insémination sont moins contrôlables que le nombre d'embryons transférés après une FIV. Ils ont pour résultat le développement de plusieurs follicules, donc de plusieurs ovocytes susceptibles d'être fécondés. Seul le monitorage de l'ovulation, avec des bilans échographiques et hormonaux du monitorage, limite le risque de grossesses multiples.*

---

comme possédant des dons surnaturels.
Aujourd'hui, la superstition a laissé place à la curiosité des chercheurs qui, dans le monde entier, étudient les jumeaux dans l'espoir de percer leur mystère.
Les enfants nés du même œuf sont les plus « passionnants » sur le plan scientifique puisque, porteurs de la même hérédité, ils permettent d'étudier l'influence du milieu sur leur développement. Certains facteurs « favorisants » sont connus depuis longtemps. Ainsi, bon nombre de ces grossesses s'observent chez les mères âgées de 35 à 40 ans. Elles sont fréquentes aussi lorsque la conception survient dans les mois qui suivent l'arrêt de la pilule. Bien sûr, les antécédents familiaux pèsent pour beaucoup et il existe des familles « à jumeaux ». La transmission génétique se ferait par la mère et de manière récessive.
Il semble que la race ait aussi une influence. Ainsi, aux États-Unis, les couples de couleur ont une fois et demie plus de jumeaux que les couples blancs et, dans certaines régions d'Afrique, on constate des taux de naissances gémellaires qui peuvent aller jusqu'à 5 %. À l'inverse, les peuples asiatiques connaissent très peu de naissances multiples.
Le climat semble aussi apporter des modifications : il y a plus de jumeaux dans le nord de l'Europe que dans le Sud.
À ces facteurs s'ajoutent aujourd'hui les traitements de la stérilité. La stimulation ovarienne, par exemple par médication hormonale dans le cas de certaines stérilités, peut provoquer l'éclosion de deux ou de plusieurs ovules qui sont fécondés ensemble. On estime alors que 10 à 25 % des grossesses sont gémellaires.

Chacun grandit à son rythme. *Les jumeaux ou les triplés se développent rarement au même rythme. On constate souvent une différence de poids et de maturation à la naissance. Cependant, in utero, le fœtus qui semble le plus fragile développe souvent plus rapidement son appareil respiratoire que son « jumeau ». En cas de naissance prématurée, ce n'est pas forcément lui qui sera le plus en difficulté.*

Votre sexualité

Votre futur bébé, résultat d'un acte d'amour, va-t-il bouleverser l'équilibre de votre couple ? Sur le plan médical, sauf situation particulière, il n'y a aucune raison de modifier votre sexualité du début à la fin de votre grossesse.

Une certaine « paresse »

La grossesse, théâtre de nombreux remaniements physiologiques et psychiques, n'est pas vécue de manière identique par toutes les femmes. Certaines ne se sont jamais trouvées aussi bien dans leur peau et considèrent cette période comme un accomplissement majeur de leur féminité, exprimant une grande sensualité. La grossesse leur donne même l'occasion de découvrir de nouveaux plaisirs.
D'autres supportent avec difficulté les petits maux quotidiens comme les nausées, s'interrogent sur une sensorialité différente et se préoccupent, souvent à tort, de ce que sera l'avenir de leur grossesse et de leur vie de femme. On comprend mieux que, chez elles, le désir, moteur des relations sexuelles, soit parfois en panne. Elles constatent une baisse de leur libido dans les tous premiers mois de leur grossesse. Un phénomène qui semble assez partagé, au moins jusqu'à la fin du premier trimestre. C'est le moment où un bon nombre de femmes sont centrées sur elles-mêmes et sur leur bébé, en oubliant parfois leur partenaire. Cette nouvelle attitude n'est d'ailleurs pas sans l'étonner, il en cherche la cause. L'amour de sa compagne est-il moins fort maintenant qu'elle a un autre être à aimer ? Cette distance qu'il perçoit est-elle passagère ou durable ?

> **« Vous avez quelques difficultés sexuelles, n'hésitez pas à en parler avec votre médecin. Rares sont ceux qui abordent ces questions spontanément. »**

Une adaptation parfois nécessaire

Les jeux sexuels qui rendaient la relation sexuelle joyeuse demandent parfois un peu d'adaptation. L'extrême sensibilité des seins représente un frein à une sexualité normale, car ils sont « lourds », souvent douloureux, bien éloignés de l'image érotique qu'on leur donne habituellement. Ces sensations sont exacerbées par l'excitation sexuelle : l'afflux de sang supplémentaire congestionne alors un peu plus les tissus et peut rendre le moindre effleurement soudainement douloureux.
De petites attentions fréquentes, des mots tendres, de la gaîté et de la disponibilité permettent alors d'entretenir la relation amoureuse. Il est préférable de désamorcer les tensions, de chasser les frustrations par la parole. Faire plaisir à l'autre, lui manifester sa tendresse et son amour reste, au moment de la grossesse comme à tout autre, les bases d'une bonne relation de couple.

__De légères contractions__ peuvent être parfois constatées après un rapport sexuel. Ces contractions ont deux causes : l'une mécanique, l'autre chimique. Mécanique d'abord, le pénis touche le col de l'utérus ; chimique ensuite : au moment de l'orgasme, l'organisme de la femme produit des ocytocines et des prostaglandines, hormones importantes dans le mécanisme de l'accouchement. Ces petites perturbations ne sont en rien inquiétantes.

La sexualité du couple peut évoluer *tout au long de la grossesse. Elle sera chez les unes exarcerbée, chez les autres perturbée, les trois premiers mois, voire tout au long de la grossesse. Le dernier mois, le couple doit souvent adapter ses pratiques et faire preuve de créativité.*

Des craintes infondées

Certaines futures mamans et certains futurs papas craignent que les relations sexuelles soient à l'origine d'une fausse couche. Qu'ils se rassurent, ce n'est jamais le cas lorsque la grossesse se déroule normalement. Parfois, la future maman constate de petits saignements après un rapport sexuel. Ils sont sans gravité et la conséquence simplement d'une légère fragilité du col de l'utérus. En revanche, il est préférable de consulter un médecin, surtout si s'y ajoutent des douleurs persistantes après un rapport sexuel. Enfin, quelques couples s'inquiètent de savoir si leurs rapports sexuels peuvent perturber le bébé à naître. Unanimement, la réponse est non. D'abord pour des raisons anatomiques : le vagin et l'utérus sont reliés par un passage étroit, le col de l'utérus, qui est obstrué d'une glaire visqueuse dont la fonction, entre autres, est d'empêcher le passage d'un grand nombre de microbes. De plus, le liquide amniotique dans lequel baigne le fœtus joue le rôle d'un amortisseur de chocs.

Premier dépistage

Ce dépistage conseillé par votre médecin a pour objectif de déterminer si votre grossesse doit être considérée comme « à risque » de trisomie 21. Il ne s'agit pas de confirmer l'existence d'une anomalie, mais de déterminer si le risque existe.

Le triple test

Lors de votre première échographie, précisément entre la 11e et 13e semaine d'aménorrhée, le médecin mesure la clarté nucale (p. 131) du fœtus et vous proposera, quel que soit votre âge, de faire une prise de sang au même moment. Elle est destinée à doser des marqueurs sériques d'une anomalie chromosomique. C'est le croisement des informations données par l'échographie, les marqueurs sériques et l'âge de la future maman qui permet un calcul de risque personnalisé à chaque femme.
Si le total est supérieur à un risque d'anomalie sur 250 (1/100 par exemple), le médecin vous proposera d'établir un caryotype du fœtus permettant de dépister une anomalie chromosomique, notamment une trisomie 21, par une biopsie du trophoblaste ou d'une amniocentèse. On estime en France que ce dépistage précoce devrait cibler 5 % des futures mamans. Ceci n'est pas une obligation, vous pourrez prendre le temps de la réflexion avant de décider si vous aurez recours à une interruption de grossesse en cas d'anomalie.

« Seules les amniocentèses d'indication médicale sont prises en charge par la Sécurité sociale et ce, indépendamment de l'âge. »

***Prenez le temps de lire la feuille d'information** et de consentement que l'on doit vous présenter avant de procéder au triple test. Rien n'est obligatoire, ce n'est qu'une proposition à discuter mais qui respecte votre liberté de conscience. Votre signature en bas du document confirme que le médecin vous a laissée libre de votre choix.*

Analyse du sang maternel

L'analyse de l'ADN fœtal circulant dans le sang maternel permet un dépistage de la trisomie sans l'examen des marqueurs sériques qui oblige à des interventions invasives. Ce dépistage, après vérification de sa fiabilité sur toutes les futures mamans à risque, devrait être de plus en plus proposé. Il consiste à capturer et à analyser l'ADN libre des cellules fœtales passées dans le sang maternel. Selon le résultat de cette analyse, une amniocentèse ou une biopsie est proposée pour confirmer ou infirmer le diagnostic de trisomie. Deux examens qui requièrent toujours votre consentement. Les progrès technologiques ouvrent des voies nouvelles, ainsi cette simple prise de sang permet l'analyse complète du génome fœtal dont les résultats sont presque équivalents à ceux obtenus par caryotype.

La biopsie du trophoblaste

Cet examen se pratique vers la 11e semaine d'aménorrhée, sans anesthésie. Il consiste à prélever, pour l'analyser, une minuscule partie du placenta jeune ou trophoblaste, à l'aide d'une pince de biopsie de 2 mm de diamètre, ou d'une aiguille. Avant l'examen proprement dit, on pratique une première échographie pour situer la position de l'utérus, celle du trophoblaste et l'endroit où s'attache le cordon ombilical. 5 à 10 mg de villosités choriales seront prélevées. L'analyse de ces cellules sert à l'établissement d'un premier caryotype sous 48 heures. On cherche en premier lieu à savoir si le nombre de chromosomes est bien de 46. Ce résultat sera complété par une culture des cellules qui donnera une analyse plus fine de chaque chromosome. Cette culture aboutit à un résultat une dizaine de jours plus tard.

Le recours à ces examens est toujours réfléchi. *En effet, tous ces dépistages engagent suffisamment les parents pour qu'ils ne soient pas pratiqués sans leur accord. D'ailleurs, ils donnent lieu à la signature d'un consentement. La principale difficulté posée par ces deux derniers examens est le risque non réductible de fausse couche, 1 % pour l'amniocentèse comme pour la biopsie du trophoblaste. C'est pourquoi, l'un comme l'autre ne sont décidés que si le risque d'anomalie (risque calculé par le triple test) semble supérieur au risque de fausse couche.*

L'amniocentèse

Elle consiste à prélever une petite quantité de liquide amniotique pour analyser les cellules fœtales qu'il contient.

Elle se fait sous échographie le plus souvent entre la 16e et la 18e semaine d'aménorrhée et con-siste à prélever, à l'aide d'une aiguille très fine, environ 20 cm³ de liquide amniotique. Les réponses arriveront en deux temps : dans un premier temps, le recueil des cellules fœtales permet de connaître en 48 heures le nombre de chromosomes. La deuxième réponse est donnée après la mise en culture des cellules, la réponse définitive étant donnée 10 jours après le prélèvement. Sont recherchées, grâce au caryotype, les anomalies chromosomiques.

Avec une certaine appréhension

Ce geste n'est pas plus douloureux qu'une piqûre normale à tout autre endroit du corps. L'examen ne dure que quelques minutes et ne demande que quelques heures de repos ensuite, allongée ou assise. Mais au-delà de la douleur, elles craignent surtout que leur enfant ne soit touché, ou encore que cette ponction ne perturbe le milieu dans lequel il vit. En fait, comme elle est réalisée sous contrôle échographique, le fœtus est à l'abri de tout geste maladroit. De plus, à ce stade de la gestation, il flotte dans beaucoup de liquide amniotique. Enfin, la quantité prélevée est infime par rapport au volume total. Le prélèvement se fait toujours sous échographie ; le médecin choisit ainsi l'endroit où il va le faire. Pour les futures mamans de rhésus négatif, le médecin prescrira la prise de gamma-globulines en piqûres pour éviter toute immunisation (p. 67).

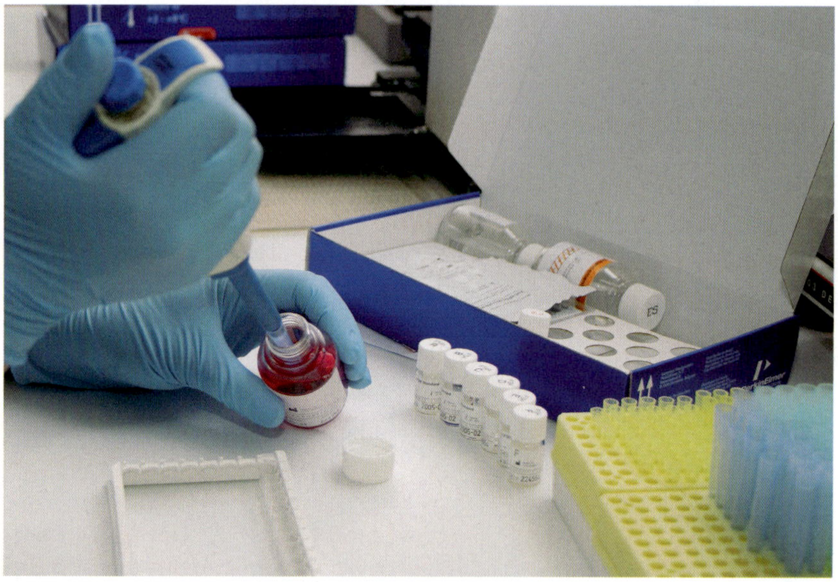

Devez-vous craindre une grossesse « à risque » ?

La grossesse n'est pas une maladie et vous souhaitez ne pas changer votre rythme de vie. C'est une décision légitime, mais certaines grossesses demandent plus de précautions que d'autres. Médicalement, c'est ce qu'on appelle les grossesses pathologiques.

Un diagnostic précoce

Une grossesse sur dix est considérée médicalement comme une grossesse pathologique. Sous ce terme se cache essentiellement la crainte d'une naissance prématurée. Aujourd'hui, grâce à la qualité de notre suivi de la maternité, un grand nombre de complications sont heureusement diagnostiquées très tôt pour le plus grand bien de la mère et de l'enfant, et seulement 5 % des futures mamans sont susceptibles d'accoucher prématurément.

➘

***S'il y a eu des saignements** et si l'échographiste a diagnostiqué un décollement du placenta, il est impératif que vous vous reposiez pour éviter que l'hématome ne s'accroisse et pour lui laisser le temps de se colmater. Tout déplacement peut aggraver la situation.*

Plus tard au cours de votre grossesse, c'est souvent une fatigabilité importante ou un mauvais état de santé général physique ou psychique de la femme qui peuvent amener la prescription d'un repos qui ne sera pas uniquement physique. C'est plutôt une détente, une relaxation qui lui est demandée.

À partir du 6e mois de grossesse, une surveillance à domicile par des sages-femmes sera mise en place si besoin est. Celles-ci viennent alors régulièrement, deux ou trois fois par semaine, contrôler l'état de santé de la future maman. Elles enregistrent le rythme des contractions et les battements cardiaques du fœtus. C'est encore l'occasion pour la future maman d'avoir un contact avec quelqu'un qui peut l'écouter attentivement, la rassurer et répondre à ses questions.

Les signes d'un accouchement avant l'heure, contractions fortes, modifications du col de l'utérus font bien évidemment entrer la grossesse dans la catégorie de celles à risque. Il en est de même pour la rupture des membranes de la poche des eaux, une toxémie ou une pré-éclampsie ou un problème cardiaque ou rénal, un placenta bas inséré, un retard de croissance fœtale et un excès ou un manque de liquide amniotique.
Les grossesses des femmes hypertendues, diabétiques, cardiaques ou souffrant de phlébite sont aussi à suivre particulièrement. Toute une batterie d'examens permet d'établir très précocement un pronostic et de mettre en route une thérapie. Dans certains cas, l'hospitalisation est indispensable ; dans d'autres, le suivi de la maternité se fait à domicile, deux ou trois fois par semaine, avec un personnel soignant spécialisé. De nombreux départements français ont mis au point des équipes de sages-femmes spécialisées dans ce suivi.

Les facteurs de risques

Font encore partie des grossesses à risque : les grossesses très rapprochées – soit moins d'un an après le premier enfant – et les grossesses nombreuses, notamment après le 4e ou le 5e enfant. Les grossesses de l'adolescente, les grossesses gémellaires (p. 136), les grossesses des femmes ayant des conditions de vie ou de travail difficiles, des transports longs et pénibles ou ayant eu des grossesses antérieures compliquées nécessitent également une surveillance particulière. Plusieurs de ces facteurs s'additionnant, des examens permettent, là encore, un pronostic.

Dans tous les cas de grossesse pathologique, *il est demandé à la future maman de se reposer. Ce repos est salvateur. Les futures mamans « actives » disposent, quand c'est nécessaire, de la prescription d'un congé pathologique. Il est donné de la 33e à la 35e semaine d'aménorrhée. Mais votre médecin a encore la possibilité de vous prescrire un arrêt de travail à tous les stades de votre grossesse s'il considère que vous en avez besoin.*

Surveillance à domicile

Depuis de nombreuses années, la surveillance des grossesses difficiles à domicile a été confiée à des sages-femmes dans le cadre de la Protection maternelle et infantile (PMI). Celles-ci surveillent les grossesses à risque et détectent les facteurs sociaux et psychologiques pouvant avoir des conséquences graves pour la mère et pour l'enfant. Les futures mamans à risque sont signalées soit par l'hôpital, soit par le centre de PMI, ou encore par les médecins de ville. Les visites peuvent établir la survenue d'une anomalie nouvelle telle qu'une infection urinaire ou une hypotrophie du futur bébé.
Les renseignements recueillis à chaque visite sont consignés dans un dossier remis par la patiente à son médecin, lors de sa consultation. Aux sages-femmes incombe également un rôle d'information sur la préparation à l'accouchement, l'hygiène, la diététique, la contraception après bébé... Si besoin est, elles peuvent demander à la mairie, au centre de PMI le plus proche ou à leur caisse d'allocations familiales l'intervention d'une travailleuse familiale ou proposer les services d'une puéricultrice ou encore d'une assistante sociale.

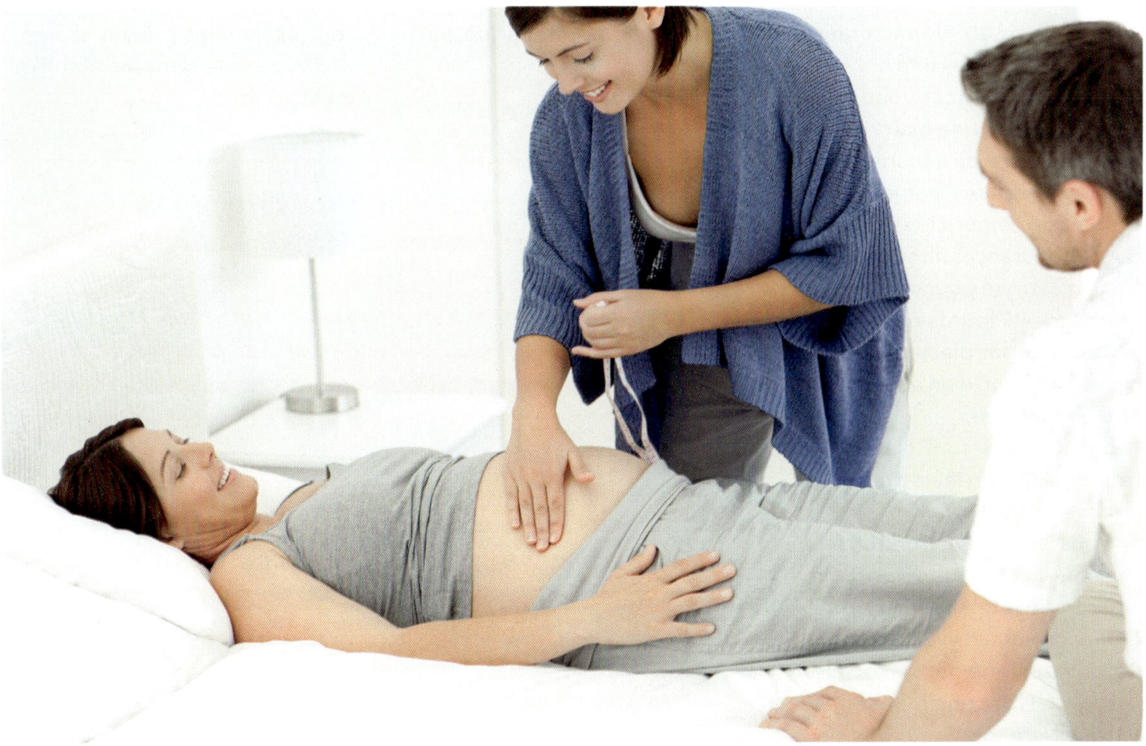

Choisir votre maternité

Où allez-vous accoucher ? C'est maintenant qu'il faut vous en préoccuper. Votre choix se fera entre un service hospitalier public et une clinique privée ou encore en secteur privé d'un hôpital. Vos critères seront, dans l'ordre, la sécurité, le confort et enfin le coût.

Des critères de sécurité communs

Actuellement, il existe en France 589 maternités, 386 appartiennent au secteur public, 203 au secteur privé, et quelques-unes d'entre elles sont des centres de périnatalité. Les petites maternités ont progressivement fermé, leur peu de rentabilité financière ne leur permettant ni de se doter des équipements de sécurité, ni du personnel médical indispensables. Aujourd'hui, 29 départements n'ont plus de maternités.

Le nombre d'accouchements pratiqués dans une maternité est un bon critère de sécurité. Ainsi, 1 500 naissances par an représentent un nombre idéal et moins de 500 naissances ne suffisent pas à une maternité pour disposer des équipements lourds requis, ni de la présence sur place d'un médecin accoucheur, d'un anesthésiste et d'un pédiatre.

Les maternités sont classées en trois types, selon leurs prestations néonatales (p. 149).

Si vous vivez dans une grande agglomération, vous pourrez choisir entre un établissement public et une clinique privée.

L'établissement public est alors soit un CHU, centre hospitalier universitaire (on y pratique de la recherche et de l'enseignement) ou un CHR, centre hospitalier régional.

Une tendance aujourd'hui se confirme : pour être à même d'offrir un accueil soigné et un environnement médical adapté, les cliniques privées plus ou moins importantes se regroupent pour être capables de dispenser des services comparables parfois à ceux des hôpitaux les plus modernes, mais leur grande spécialité reste l'accouchement ne présentant pas de risque particulier.

Des prises en charge différentes

Dans les centres hospitaliers, la prise en charge de l'accouchement par la Sécurité sociale se fait à 100 %. Les cliniques privées se composent de trois types d'établissements :

- **ceux qui sont conventionnés :** l'obtention de cette convention est liée à des critères de qualité médicale ; les accouchements y sont également pris en charge à 100 % comme dans les établissements publics ;

Pour que l'organisation des maternités *en France soit efficace, il est indispensable que les mentalités changent. Les maternités de proximité doivent accueillir la majorité des grossesses sans risque particulier et les maternités des centres universitaires ne doivent pas se considérer comme les seules compétentes. La fermeture des petites unités ne doit pas être systématique mais, pour être sûres, elles doivent avoir un personnel suffisant, entraîné, efficace et disponible. L'organisation en réseaux permet aux futures mamans de garder non seulement un contact de proximité et d'avoir accès à des soins préventifs, mais aussi d'avoir la certitude d'être prises en charge en cas de difficulté, et uniquement dans ce cas, par des unités « mère-enfant » spécialisées.*

- **ceux qui sont agréés :** les clients doivent avancer les frais de l'accouchement ; la Sécurité sociale ne les remboursera que sur la base de 80 % ;

- **ceux qui ne sont pas agréés :** les accouchements ne donnent lieu à aucun remboursement.

Quel que soit votre choix, en secteur privé, renseignez-vous sur les éventuels suppléments. Légalement, tout accouchement dans une clinique privée ou en secteur hospitalier privé doit faire l'objet d'un devis.

Au moment de votre inscription, *renseignez-vous sur ce que vous devrez payer et ce qui peut être pris en charge directement par votre caisse de sécurité sociale. Demandez si vous aurez à payer des suppléments d'ordre médicaux tels que les dépassements d'honoraires des médecins ou des suppléments pour une anesthésie péridurale. Faites-vous indiquer le tarif d'une chambre seule, de la location de la télévision, des repas supplémentaires. Soyez précise pour éviter les mauvaises surprises.*

Des maternités en réseaux

Au-delà de la polémique sur la fermeture ou le maintien des petites maternités, une politique régionale de fonctionnement des maternités en réseaux, sans clivage entre le secteur privé et le secteur public, est mise en œuvre. Les réseaux sont de deux types. Le premier relie les maternités classiques aux maternités spécialisées, ce qui permet de transférer la future maman qui a une difficulté vers le centre adapté pour l'accueillir, même quelques jours, le temps d'un examen ou d'un soin spécifique, ou pour y accoucher si son état l'exige.

Le second réseau relie les maternités spécialisées afin de pouvoir accueillir une future maman en difficulté sans la séparer de son enfant, pour des raisons médicales. Dans un avenir très proche, les médecins qui suivent les futures mamans seront tous reliés à un service hospitalier spécialisé et pourront ainsi demander conseil à d'autres médecins lorsqu'ils se trouvent devant une situation embarrassante. De plus, se mettent progressivement en place dans les régions des « comités de la naissance ». Ils regroupent des professionnels libéraux et hospitaliers, mais aussi des usagers. Tous ont pour mission de pointer les aspects positifs ou négatifs constatés dans les établissements et de les transmettre auprès des agences régionales de l'hospitalisation. Cette organisation devrait permettre encore une meilleure sécurité pour la mère et pour l'enfant.

Votre choix est fait

Vous désirez accoucher dans une maternité publique ou privée dont la réputation est fort connue. Mieux vaut vous y inscrire dès maintenant : certaines « clientes » n'hésitent pas à le faire dès le résultat de leur test de grossesse. Il est nécessaire d'être d'autant plus prévoyante que, certains mois de l'année, les naissances sont plus nombreuses qu'à d'autres. Vous désirez que ce soit tel médecin ou telle sage-femme qui s'occupe de vous : demandez-leur de vous indiquer les différentes maternités où ils pratiquent, à vous ensuite de faire votre choix en fonction de votre budget et de vos critères de confort. Toute grossesse difficile, tout accouchement pronostiqué comme délicat nécessite un établissement spécialisé. Certains hôpitaux sont équipés d'un service de néonatalogie et d'un service de chirurgie du nouveau-né. Votre médecin vous orientera vers l'établissement qui correspond le mieux à votre situation.

Les bons critères : sécurité et confort

La maternité que vous avez choisie vous a été recommandée par une amie ou par le médecin qui vous suit ? Cela ne vous dispense pas de vous renseigner sur les conditions de votre séjour. Profitez de votre démarche d'inscription pour poser quelques questions et demandez à visiter l'établissement.

Respectueux de vos choix

Le choix du médecin qui fera l'accouchement est souvent déterminant, tout comme la manière dont vous avez décidé d'accoucher. Ainsi, si vous avez choisi d'accoucher sous péridurale (p. 364), assurez-vous que votre maternité la pratique à tout moment de la journée et de la nuit. Ce qui signifie qu'il y a à demeure un anesthésiste spécialisé en obstétrique, ou qu'il peut être appelé à tout moment.

Si votre choix porte sur une méthode d'accouchement qui vous laisse une liberté de mouvement ou de position, il est indispensable de pouvoir bénéficier, dès votre entrée à la maternité, d'un accompagnement adéquat à votre projet.

De même, si vous souhaitez une naissance où vous pourrez avoir recours au bain pour vous aider à supporter les dernières contractions, vous devrez choisir une maternité bien particulière, ayant fait ce choix d'accompagnement à la naissance. Les maternités évoluent. Certaines modifient leur architecture pour s'adapter aux nouvelles conceptions de la naissance : confort, convivialité, présence du père, chambre pour le couple, baignoire de détente, lieux de déambulation, péridurale ambulatoire.

POURQUOI AUTANT DE PRÉCAUTIONS ? *Parce que, bien que 85 % des accouchements se passent sans problème, il faut prévoir une prise en charge adaptée à chaque situation. C'est aussi ce souci qui a prévalu dans la mise en place du système de réseau des maternités.*

Des normes obligatoires

Pour accoucher en toute sécurité, pour la mère et pour l'enfant, il est essentiel que la maternité soit équipée d'une salle de réanimation, d'une ou de deux couveuses et d'un bloc opératoire réservé aux césariennes. Il convient également de demander si votre médecin accoucheur envisage de déclencher ou non l'accouchement et surtout qui fera naître votre bébé (p. 102).

Une sage-femme est présente à la maternité 24 heures sur 24. La présence permanente d'un médecin obstétricien chirurgien et d'un anesthésiste tend à se généraliser. Renseignez-vous encore sur la présence ou non d'un pédiatre attaché à la maternité. S'il n'est pas présent tout le temps, demandez que l'on vous indique en combien de temps il peut se rendre à la maternité.

Votre confort psychique

Une grossesse normale, et qui n'a aucune raison d'être difficile, doit être suivie par une structure médicale simple, la plus commode d'accès par rapport aux lieux de vie. Pour une future maman, être

__Les maternités sont maintenant classées__ selon leur type de 1 à 3, en fonction de leur activité en obstétrique, néonatalogie et réanimation néonatale. Le type 1 est chargé d'accueillir les grossesses sans problème, le type 2 associe aux soins d'obstétrique de base une unité de réanimation néonatale capable de prendre en charge un bébé né prématurément (à partir de 32 semaines d'aménorrhée). Enfin, le type 3 est attribué aux maternités hautement spécialisées dans les accouchements très prématurés ou dans les graves pathologies maternelles. Les futures mamans peuvent donc s'adresser à l'établissement qui correspond à la pathologie dont elles souffrent, qu'il soit public ou privé. Ce choix est important, car les chiffres montrent que l'avenir du bébé, et surtout s'il est prématuré, est étroitement lié au type de la maternité où il est né.

suivie dans un milieu hospitalier trop spécialisé, alors que son état ne le justifie pas, engendre plutôt pour elle des sentiments d'angoisse.

Pensez encore à votre confort moral. Le père de l'enfant ou une personne de votre choix seront-ils autorisés à assister à votre accouchement ? Si vous avez d'autres enfants, pourront-ils venir visiter leur cadet ? La maternité organise-t-elle des réunions de jeunes mamans ? Il est encore important de savoir comment s'organisera la vie quotidienne avec votre bébé au cours de votre séjour. L'enfant dormira-t-il dans votre chambre ? Pourrez-vous le nourrir à la demande ? Une auxiliaire de puériculture pourra-t-elle vous enseigner les premiers soins de maternage ? Enfin, ne manquez pas de vous informer sur la durée du séjour à la maternité. Il est très variable d'un établissement à l'autre. Il dépend à la fois de la « philosophie » du médecin accoucheur et des possibilités d'accueil de l'établissement. Ce séjour s'échelonne en moyenne de 3 jours à 5 jours. Le confort physique a, lui aussi, de l'importance. Selon votre souhait, vous mettrez l'accent sur le besoin d'une chambre individuelle, d'un cabinet de douche et de toilettes personnelles.

Toutes ces questions et les réponses apportées vont encore vous donner une idée de l'ambiance de la maternité. Vous pouvez normalement, en sortant, savoir si c'est un endroit où vous vous plairez, où vous sentez que vous pourrez avoir une relation de confiance avec le personnel.

Quel que soit votre type de préparation à la naissance, il est toujours plus rassurant d'accoucher là où vous avez suivi vos séances de préparation. Vous vous sentirez déjà un peu plus « chez vous », d'autant plus que vous aurez exprimé ou écrit vos souhaits dans un projet de naissance.

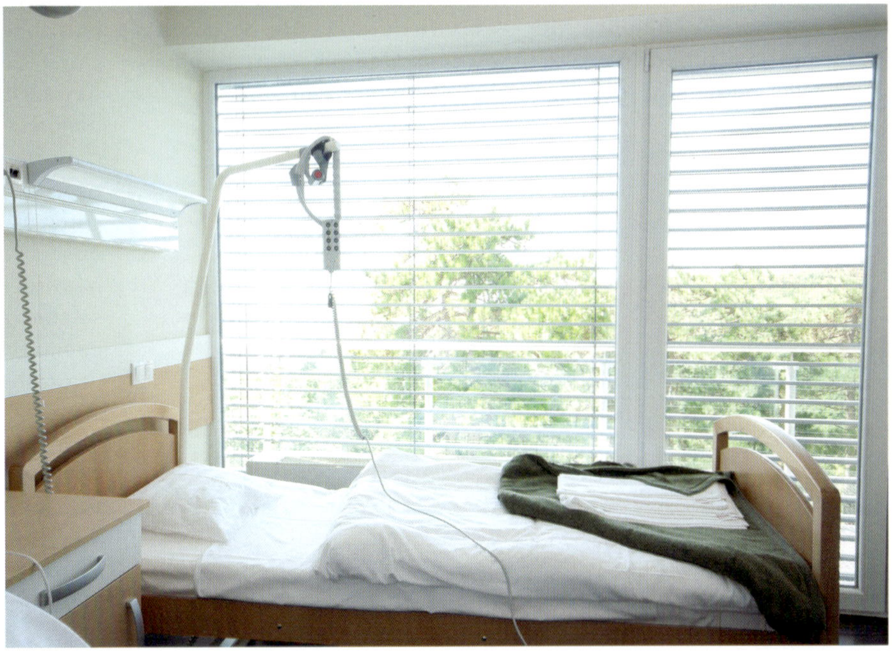

Pour vous, la naissance est trop médicalisée

Un certain nombre de futures mamans reproche aux maternités de trop médicaliser la naissance. Elles cherchent des lieux qui leur permettraient d'accueillir leur enfant dans le respect de leur intimité et dans une atmosphère d'amour et de douceur.

Dédramatiser la naissance

Dans les années 70, sous l'impulsion des thèses du docteur Frédérick Leboyer, chantre de « l'accouchement sans violence », les médecins accoucheurs ont modifié leur comportement afin d'apporter plus d'humanité à ce moment sans en réduire la sécurité. Ce fut une véritable révolution dans la pratique de l'obstétrique, dont il reste aujourd'hui bien des acquis.
Dans un certain nombre de maternités, on prend soin d'accueillir les bébés en douceur : les lumières sont réduites au strict nécessaire imposé par la sécurité, les voix sont douces, la technique se fait discrète. C'est la mère qui conduit son accouchement, aidée par des sages-femmes attentives, l'équipe médicale n'étant pas loin en cas de problème. Si besoin est, l'enfant est guidé, mais avec plus de précautions. Après sa naissance, le nouveau-né est posé sur le ventre de sa mère (s'il n'a besoin d'aucune assistance), le temps pour eux de faire connaissance. Puis viendra l'heure de la mise au sein. Une place est toujours faite largement au père.

***Depuis peu, le collège national des gynécologues et obstétriciens** a pris une position plutôt favorable aux maisons de naissance, reconnaissant que les grossesses sans risque ne nécessitaient pas une prise en charge semblable à celle des grossesses pathologiques. La spécificité des maisons de naissance à la française vient de la relation et de la proximité avec une maternité hospitalière, le passage de l'une à l'autre devant être équivalent au temps de déplacement habituel d'une chambre d'hospitalisation à la salle de naissance dans une même maternité.*

Sous-tendus par la même idée de la naissance, des lieux de naissance dits « physiologiques » ont été créés au sein de maternités existantes à l'initiative de professionnels, médecins et sages-femmes. Leur objectif est de démédicaliser la naissance tout en respectant les règles de sécurité qui s'appliquent à toutes les maternités. Ces espaces sont destinés à accueillir les futures mamans dans la période dite « du travail de l'accouchement », quand les contractions deviennent de plus en plus fortes et nombreuses. Dans un cadre agréable, les futures mamans trouvent de gros ballons, des coussins moelleux pour se relaxer, des cordes ou des espaliers pour s'étirer, bien souvent un coin salle de bains ou jacuzzi y a été aménagé. Elles peuvent marcher comme bon leur semble, se faire masser par leur compagnon ou une amie.
La présence de la sage-femme est discrète, son rôle est de conseiller et de vérifier régulièrement si le moment de la naissance est imminent. Elle demandera alors à la future mère de regagner la salle de naissance « classique » de la maternité.

L'accouchement à domicile

Certaines femmes voient leur accouchement comme un acte naturel et craignent d'être dépossédées d'un des moments les plus forts de leur vie en allant à l'hôpital. Elles font le choix de mettre au monde leur bébé à la maison. L'accouchement à domicile reste très rare en France, 1 % environ des futures mamans font ce choix, mais il semble être en augmentation. Il permet à la mère, entourée par les siens, de vivre la naissance de son bébé comme une affaire de famille.

C'est le plus souvent une sage-femme libérale qui l'accompagne tout au long de sa grossesse, de la surveillance de son bon déroulement à la conduite de l'accouchement. Sa présence est encore obligatoire durant les deux heures qui suivent la naissance et pour la surveillance des suites de couches (12 jours pour la mère, 30 jours pour l'enfant).

Quels que soient les conditions et le professionnalisme de la sage-femme, cet accouchement éloigné des structures de soins en cas de problèmes reste risqué, tant pour la mère que pour l'enfant.

Des maisons accueillantes

Les maisons de naissance existent depuis bien longtemps en Suisse, en Angleterre, en Italie, en Espagne et en Allemagne. Elles sont légalement autorisées en France depuis 2013. Ces structures sont autorisées à titre expérimental pour 5 ans. Strictement encadrées par un cahier des charges, elles doivent être attenantes à une maternité « partenaire » tout en étant autonome. Les accouchements se font uniquement sous la responsabilité d'une ou plusieurs sages-femmes. Ils sont dits « physiologiques », c'est-à-dire qu'ils ont lieu de manière entièrement naturelle, sans l'assistance d'une péridurale ou toutes autres anesthésies (p. 378). Il est recommandé que la future maman soit suivie du début à la fin de sa grossesse, pour l'accouchement et les suites de couche, par la même sage-femme. Les maisons de naissances reçoivent des futures mamans dont la maternité s'est déroulée sans aucune complication. Les futures mamans diabétiques, hypertendues, celles qui attendent des jumeaux ou dont l'accouchement risque de se déclencher prématurément sont, par exemple, exclues.

Afin de garantir la sécurité de la mère et de l'enfant au moment de l'accouchement, les maisons de naissance sont « adossées » à une maternité hospitalière pour un accueil en cas de d'urgence.

L'ambiance des salles d'accouchement dans les maisons de naissance est bien éloignée de celle d'une maternité hospitalière. Les « chambres de naissance » joliment décorées ressemblent à celles dont peuvent rêver tous les parents. Les jeunes parents et leur bébé rentrent chez eux six à douze heures après l'accouchement, les soins de suite de couche s'effectuant à domicile.

« L' Hospitel », c'est le nom d'une structure *destinée à accueillir les toutes jeunes mamans et leur bébé. C'est une expérience israélienne. Deux heures après leur accouchement, les mamans gagnent un hôtel proche de la maternité, où un étage leur est réservé. Installées confortablement dans leur chambre, leur bébé à leur côté, elles se reposent quelques jours en compagnie de leur compagnon, reçoivent librement leur famille et leur amis. Les soins d'une infirmière spécialisée leur sont dispensés.*

Vos besoins en vitamines

Votre organisme va fournir les vitamines indispensables au développement de votre bébé. On a, à ce jour, répertorié 13 vitamines (mais il en existe sans doute plus). Parmi celles-ci, certaines sont plus utiles que d'autres pour le bébé.

À chaque vitamine son rôle

Certaines vitamines arrivent au fœtus par un mécanisme de transport actif, alors que d'autres passent directement à travers le placenta (p. 96). Les carences en vitamines du fœtus sont très rares et toujours mineures. En fait, il se sert sur les réserves de sa mère selon ses besoins. Lui apporter plus de vitamines ne lui est donc pas utile.

Les vitamines B12 et B9 jouent un rôle essentiel dans la division cellulaire et dans la construction des tissus fœtaux. La vitamine B6 aide à la synthèse de l'ADN et de l'ARN de la cellule, et elle est importante dans la croissance et la reproduction cellulaire.

> **« Les carences en vitamines du fœtus sont très rares et toujours mineures. En fait, il se sert sur les réserves de sa mère. »**

Les vitamines B1, B2 et PP sont productrices d'énergie. Les vitamines A, C et E préservent le fonctionnement des cellules. La vitamine A aide à la croissance et renforce le système immunitaire, la vitamine C favorise l'absorption en fer, la vitamine E est anti-oxydante, préservant les acides gras qui composent les membranes des cellules. La vitamine D est essentielle au métabolisme du calcium, indispensable à la formation de l'ossature du bébé.

Pour apporter un maximum de vitamines, *fruits et légumes devraient être consommés le jour même de leur cueillette. Les vitamines C et B sont les plus fragiles, elles « disparaissent » à raison de 40 à 90 % en une journée de stockage. L'épluchage en élimine une bonne part, la cuisson également, celle à la vapeur comme toutes les autres. Il faudrait consommer une crudité et un fruit crus par repas pour être sûr d'avoir un bon apport vitaminique. Pensez à les laver avant de les croquer.*

À l'état naturel

Vous trouverez toutes ces vitamines dans une alimentation équilibrée. Elles se trouvent en quantités variables dans tous les aliments, et leur concentration dépend de nombre de facteurs : origine des produits, leur mode de culture, leur stockage. Plus un produit est frais, plus il contient de vitamines. Mais il faut savoir que les produits surgelés en possèdent beaucoup plus qu'un produit frais qui a séjourné longtemps au réfrigérateur. Le mode de cuisson a aussi beaucoup d'importance. Lorsqu'ils sont cuits longtemps et dans beaucoup d'eau, la plupart des aliments perdent leurs vitamines. Les produits en conserve sont déconseillés.

Si vous vous nourrissez correctement, vous n'avez nul besoin d'apport vitaminique supplémentaire. Des apports trop importants peuvent même être néfastes pour votre santé et celle de votre futur bébé ; c'est par exemple le cas de la vitamine A. En surdosage, elle provoquerait des malformations fœtales. Mieux vaut, si vous vous sentez fatiguée et déprimée, demander conseil à votre médecin. Il vous prescrira peut-être des vitamines supplémentaires, essentiellement B9, D et le fer, si vous en manquiez déjà avant votre grossesse, si cette grossesse est trop proche d'une autre ou si, pour des raisons de régime (type végétarien), votre alimentation ne peut couvrir vos nouveaux besoins.

***La plupart des cocktails de vitamines** sont vendus librement et sont bien souvent faiblement dosés. Par conséquent, ils ne vous font pas prendre de risques, à condition que vous limitiez leur cure aux durées indiquées sur les emballages et que vous ne preniez pas plusieurs cocktails à la fois. Leur efficacité est très relative et mieux vaut en parler à votre médecin. De plus, aucun de ces produits ne peut remplacer une alimentation équilibrée. Les seuls suppléments conseillés sont la vitamine D à partir du 6e mois.*

Quelles sont-elles ?

La majorité des vitamines se trouvent dans l'alimentation, d'autres sont produites par l'organisme dans certaines conditions :

La vitamine A : elle aide à la croissance du squelette, maintient la souplesse de la peau, renforce le système immunitaire. On la trouve dans les laitages, les huiles de foie de poisson, le foie de veau, les choux, les épinards, les carottes et les tomates. Le taux de vitamine A fluctue tout au long de la grossesse, il diminue au cours de l'accouchement.

Les vitamines B : on compte une quinzaine de vitamines B (B1 - B2 - B3 (ou PP) - B5 - B6 - B12, etc.), huit sont « officiellement » reconnues. Elles ont des rôles variés, mais travaillent en synergie. On les trouve dans les céréales complètes, les abricots et les légumes, le lait, les œufs. La vitamine B6 aurait un effet bénéfique sur les nausées et les vomissements caractéristiques de la grossesse. La vitamine B1 calmerait les crampes.

La vitamine C : la plus connue des vitamines. Elle joue un rôle interactif avec d'autres nutriments. Elle participe à la synthèse du fer, si important au cours de la grossesse. Un jus d'orange pressé le matin suffit à fournir le taux indispensable pour une journée.

La vitamine D : elle est produite essentiellement par la peau sous l'effet du soleil et apportée en très faible dose par les aliments, il semble donc que la vie au grand air soit simplement conseillée.

Votre carte des boissons

Rares sont les femmes qui boivent assez. Pendant la grossesse, vous veillerez à ne pas être déshydratée. En buvant 1,5 à 2 litres de liquide par jour, plutôt en petites quantités tout au long de la journée, vous faites fonctionner correctement vos reins et vos intestins.

De l'eau avant tout

L'eau est bien sûr la meilleure des boissons, surtout en cette période. Présente partout dans l'organisme humain, l'eau est à l'origine de tous les échanges vitaux de la cellule, car elle est le support de toutes les réactions biologiques ; on comprendra toute son importance pour le fœtus, dont les tissus sont composés à 95 % d'eau. L'organisme de la future maman a particulièrement besoin d'eau pour fournir au fœtus la quantité de liquide amniotique correspondant à son stade de développement et pour faire face à l'accroissement de son volume sanguin. Soyez rassurée, votre organisme a pensé à tout : pendant la grossesse, la sensation de soif augmente considérablement.

L'absorption de café doit être très limitée. *La consommation journalière d'une future maman devrait être d'une tasse ou deux tasses de café. De plus, le thé et le café contiennent des tanins et nuisent à l'assimilation du fer par l'organisme. Enfin, la caféine passe la barrière placentaire et provoquerait une accélération du rythme cardiaque du fœtus. Évitez également la surconsommation de certains sodas qui contiennent du café ou du thé.*

L'eau du robinet

En principe, vous pouvez boire l'eau du robinet, car elle doit répondre à certains critères de minéralisation et de pureté. Elle a un goût différent d'une ville à l'autre en raison des produits utilisés pour la désinfecter. Traitées et contrôlées pour ne contenir aucune bactérie, il leur arrive pourtant d'être polluées, provoquant notamment des épidémies de gastro-entérites dont les symptômes sont de fortes diarrhées, des vomissements et de la fièvre. Le plus souvent, ce sont les nitrates qui sont en cause. Ceux-ci ne sont pas directement dangereux pour la santé, mais les nitrites, résultat de leur transformation par les bactéries, sont redoutables. Les nitrites agissent sur les globules rouges des organismes fragiles. Ces intoxications demandent, bien sûr, la consultation immédiate d'un médecin, en raison des risques de déshydratation, mais aussi de contractions, facteurs de naissance prématurée. Si vous habitez un vieil immeuble dont les canalisations sont encore en plomb, évitez de consommer l'eau de votre robinet. Le taux de plomb autorisé est de 50 ng/l aujourd'hui, mais devra diminuer dans les années à venir pour atteindre 10 ng/l en 2023. On parle de saturnisme lorsque le taux de plomb dans le sang (plombémie) dépasse 250 microgrammes par litre. Rappelons que l'eau du robinet ne doit pas être stockée plus de 24 heures au réfrigérateur, ni rester plus de 3 ou 4 heures sur la table. Comme l'eau minérale, elle est sensible à la lumière, à la chaleur et à la stagnation.

L'eau minérale

Les eaux minérales sont constamment surveillées, et de nombreuses autorisations sont impératives à leur exploitation.

Le lait, recommandé aux futures mamans en raison de sa richesse en calcium et en protéines, *est, en fait, un véritable aliment et doit être ajouté à la ration alimentaire journalière. Écrémé, il est peu calorique. Malgré ses qualités, il n'est pas toujours consommé avec plaisir. Sa teneur en matières grasses provoque une sécrétion salivaire épaisse et désagréable. Sa digestion n'est pas toujours facile, il peut même être à l'origine de diarrhées si vous n'aviez pas l'habitude d'en boire avant votre grossesse. Enfin, certaines personnes en détestent le goût, il sera alors avantageusement remplacé par du yaourt, par exemple à boire.*
En revanche, le lait de soja est déconseillé aux futures mamans en raison des phyto-estrogènes qu'il contient et qui peuvent avoir des effets néfastes sur le développement du futur bébé.

L'eau minérale est toujours une eau naturelle dont la teneur en sels minéraux est constante. Certaines eaux sont à peine minéralisées, d'autres beaucoup plus. Vous ferez votre choix en fonction des sels minéraux qu'elles contiennent. Certaines eaux sont plus appropriées que d'autres, car elles contiennent du calcium et du magnésium, dont les besoins sont importants chez la femme enceinte. Ce sont les eaux plates qui conviennent le mieux aux futures mamans, les eaux gazeuses étant toujours plus ou moins salées. Prenez le temps de lire les informations qui indiquent les compositions.

Infusions, bouillons et jus de fruits

Vous avez soif et l'eau ne vous dit pas grand-chose. Quelles sont les boissons qui peuvent la remplacer ? Les infusions tout d'abord. Les plus courantes : menthe, verveine, tilleul, camomille, fleur d'oranger. Elles sont, pour la plupart, sédatives et peuvent vous aider à lutter contre l'insomnie. Évitez les infusions à caractère médical telles que celles vendues comme dépuratives ou diurétiques.

Parmi les boissons qui n'apportent pas de calories, vous pouvez encore penser au bouillon de légumes, il contient tous les sels minéraux des légumes à condition qu'ils n'aient pas cuit trop longtemps dans l'eau. D'autres boissons vont vous permettre de varier vos menus, mais la plupart apportent des calories. La moins riche, le bouillon de viande dégraissé, a l'avantage de stimuler les sécrétions de l'estomac. Les jus de fruits frais sont riches en vitamines, mais attention, en sucre aussi. Les boissons aromatisées aux fruits sont, à l'inverse, pauvres en vitamines, mais riches en sucre, tout comme les limonades et les sodas en tout genre. Il est préférable d'éviter de boire en trop grande quantité des boissons dites « light ». Elles remplacent le sucre par de l'aspartame qu'il est recommandé d'éviter, notamment au premier trimestre de la grossesse.

Gym douce pour rester souple

Vous pouvez faire de votre maternité l'occasion de bouger un peu, mais utilement. Quelques mouvements doux de gymnastique vous aideront à combattre vos petites douleurs de dos ou de jambes. Ils assoupliront vos ligaments, aidant ainsi à l'accouchement et à votre remise en forme après.

Bien démarrer

Position de départ : épaules abaissées, bassin basculé (fesses serrées, ventre contracté). Respectez un temps de repos entre deux séries d'exercices. Ces exercices peuvent se faire pratiquement jusqu'au 9e mois.

Quelques conseils pour un bon entraînement

- Faire sa gym à peu près toujours à la même heure.
- Bouger en musique.
- Ne jamais forcer et se ménager toujours un temps de pause et de respiration entre chaque exercice.
- Vous pouvez faire des élongations, mais pas de sautillements.

ASSISE, À N'IMPORTE QUEL MOMENT DE LA JOURNÉE, faites travailler les muscles fessiers. Contractez, puis relâchez.

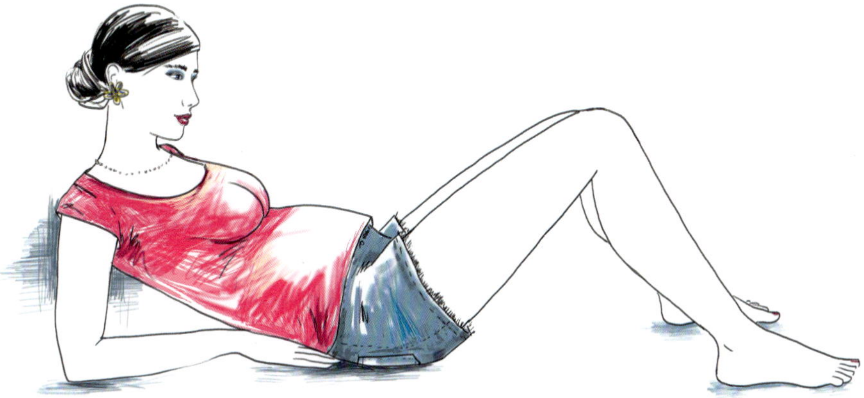

COUCHÉE SUR LE DOS, APPUYÉE SUR LES AVANT-BRAS. Inspirez à fond et expirez en contractant l'abdomen. Lors de la contraction des muscles abdominaux, retenez votre respiration quelques secondes. Puis relâchez en inspirant.

ALLONGÉE, LES JAMBES REPLIÉES. Redressez-vous légèrement en expirant, la main droite pousse le genou gauche. Restez dans la position quelques secondes. Recommencez l'exercice de l'autre côté.

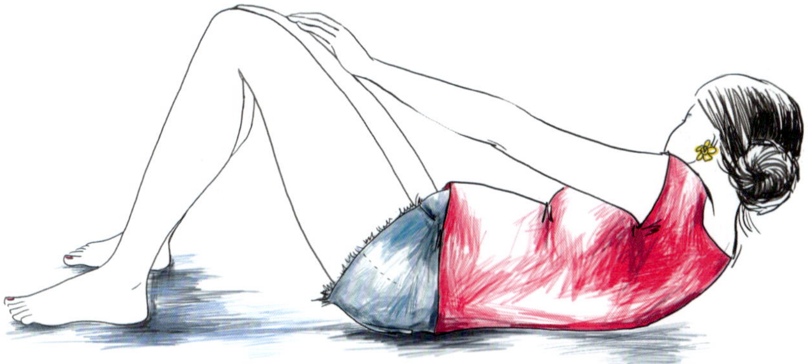

ASSISE, LE DOS DROIT, LES BRAS TENDUS EN AVANT. Repliez les jambes vers la poitrine en expirant.

Voyager avec modération

En l'absence de risque de fausse couche et plus tard d'accouchement prématuré, vous pouvez vous déplacer et les voyages ne vous sont pas interdits. Toutefois, certains moyens de transport semblent mieux adaptés à votre état.

En voiture

En voiture, les secousses sont rarement dangereuses si l'on voyage dans de bonnes conditions et surtout si le trajet ne se transforme pas en marathon. Les secousses peuvent pourtant entraîner des contractions utérines. Elles se manifestent après un long trajet et sont un signe de fatigue qui nécessite quelques jours de vrai repos. Mais le risque le plus grave encouru sur la route est celui de l'accident, lié souvent au non-respect des limitations de vitesse.

Attacher votre ceinture

Les femmes enceintes ne sont pas dispensées du port de la ceinture de sécurité, elle est obligatoire selon la loi et fortement recommandée. En effet, c'est un bon moyen de protection en cas de choc avant ou arrière puisqu'elle en atténue la puissance. Toutes les études montrent que la ceinture trois points évite l'éjection toujours redoutable pour la mère comme pour l'enfant. Un traumatisme maternel au niveau de l'abdomen, quelle que soit son origine, peut être responsable d'un traumatisme interne dont le fœtus subira les conséquences. Parmi les plus fréquents on peut citer : l'hémorragie fœto-maternelle, le décollement placentaire, l'accouchement prématuré. Bien sûr, les traumatismes graves de la mère : fracture du bassin, lésion des viscères et hématomes rétropéritonéaux (à l'arrière du péritoine, membrane tapissant les parois de l'abdomen) mettent en danger la mère et l'enfant.

> « Si vous risquez une fausse couche ou plus tard un accouchement prématuré, tout déplacement est déconseillé. »

Pour être bien mises, les sangles de la ceinture doivent passer bien au-dessus et en dessous de la rondeur du ventre de la future maman (voir le dessin ci-contre).

La future maman au volant

Attention, une future maman au volant peut se révéler un conducteur dangereux. Si vous souffrez de nausées, d'une tendance aux étourdissements, de courtes pertes de connaissance, de somnolences, soyez prudente. De plus, en fin de grossesse, votre ventre peut vous gêner pendant certaines manœuvres. Il vaut mieux alors limiter les déplacements.
En cas de choc, même bénin, prenez la précaution de consul-

C'est la fatigue qui est la plus à craindre, *quel que soit le mode de transport. Évitez les voyages itinérants, les changements de trains, les circuits aux nombreuses escales et excursions. Finies pour un temps les balades en deux-roues sur les petits chemins de campagne. Au 6e mois de grossesse, il faudra abandonner l'idée de voyager longtemps et loin, quel que soit le moyen de transport. Plus vous approchez du terme de votre grossesse, moins vous devez vous éloigner de votre maternité.*

---

ter votre médecin. Il vérifiera son impact sur la grossesse et sur le bébé par une échographie et un monitorage afin d'établir un vrai bilan médical.

Les parcours longues distances

Pour parcourir plus de 1000 kilomètres, le train est assez confortable. En revanche, évitez si possible les périodes de pointe dans les gares comme dans les trains. Attention aux transports en commun, train, bus et métro qui desservent les banlieues des grandes agglomérations, les wagons sont tellement bondés que vous risquez de voyager debout. Le grand avantage du train c'est qu'il vous emmène généralement au cœur même de votre destination. Le désavantage : si vous êtes seule, il vous faudra, bien souvent, prendre en charge vos bagages. Si les chariots pour les transporter sont nombreux au départ, ils sont souvent rares à l'arrivée. Ne vous chargez pas trop ou prévoyez un porteur en gare d'arrivée (il faut en faire la demande au guichet) ou de faire appel aux services « Domicile-Train » et « Bagage à domicile ». L'avion est le moyen de transport recommandé pour les longues distances, la plupart des compagnies acceptent les futures mamans jusqu'au 8e mois révolu de gestation. Vous ne serez pas dispensée du port de la ceinture au décollage comme à l'atterrissage. Pour éviter tout choc brutal en cas de freinage, l'hôtesse vous demandera de glisser un coussin entre votre ventre et la sangle basse de la ceinture.

Quelques conseils signés de la Prévention routière :

- évitez de partir les journées classées rouges et les jours de forte chaleur ;
- arrêtez-vous tous les 100 km ou toutes les heures pour marcher un peu, aller aux toilettes et boire de l'eau ;
- ne roulez pas plus de 5 heures par jour ;
- évitez au maximum les secousses des routes en mauvais état ;
- calez un coussin au creux des reins pour le confort de votre dos ;
- ne désactivez pas les airbags ; au contraire, ils vous protègent, vous et votre bébé.

Pour mettre correctement sa ceinture et ne pas risquer de choc sur l'abdomen, il faut glisser la sangle ventrale sous le ventre, le plus bas possible sur l'os du bassin et l'autre partie entre les seins. La ceinture doit être tendue. Enfin, si vous ne conduisez pas, la meilleure place est à l'arrière et toujours attachée avec une ceinture 3 points. Pour celles qui malheureusement doivent se déplacer souvent et qui veulent un peu de confort, il existe un système de guide à placer sur le siège, il repositionne la ceinture automatiquement sous le ventre.

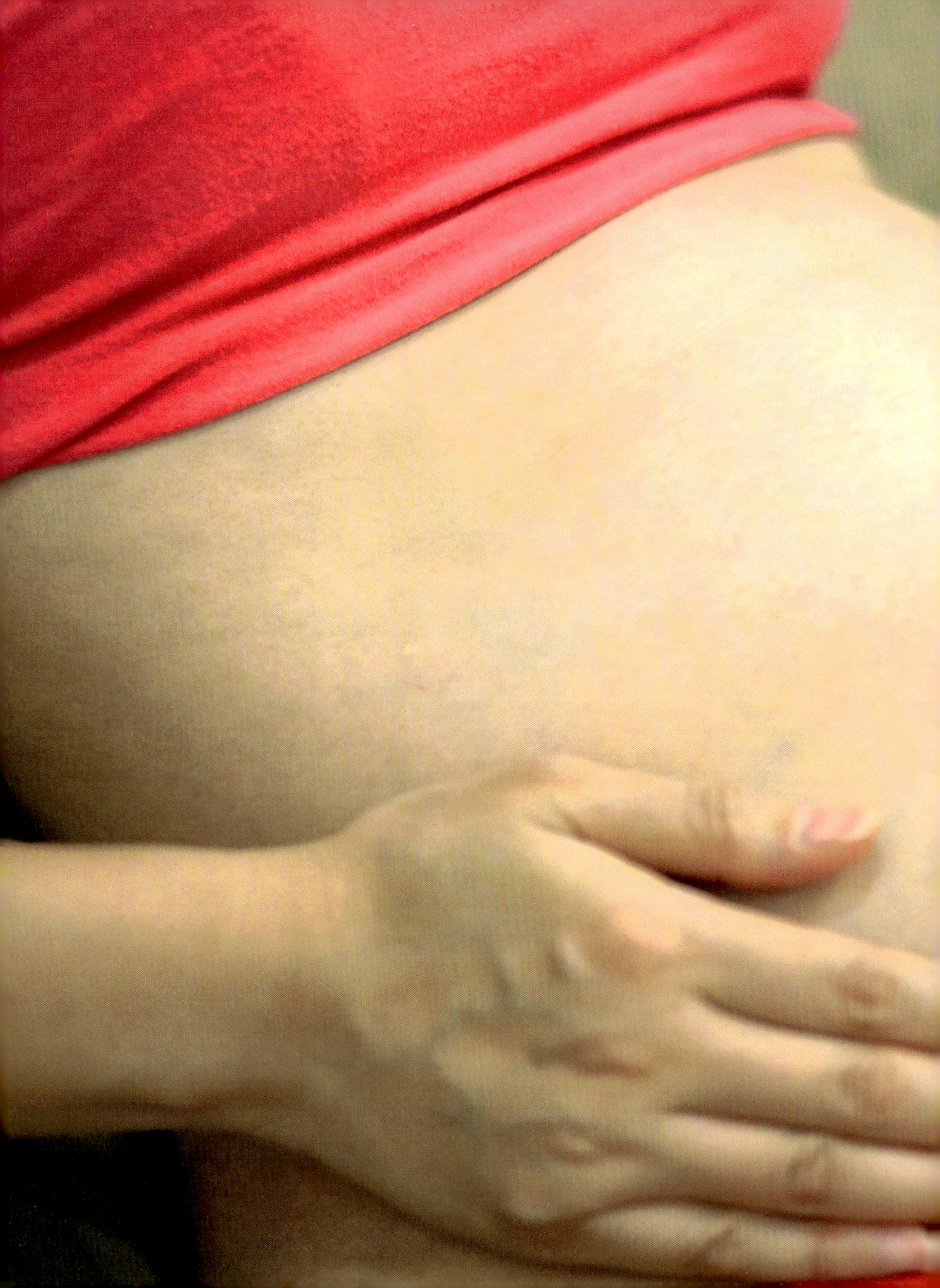

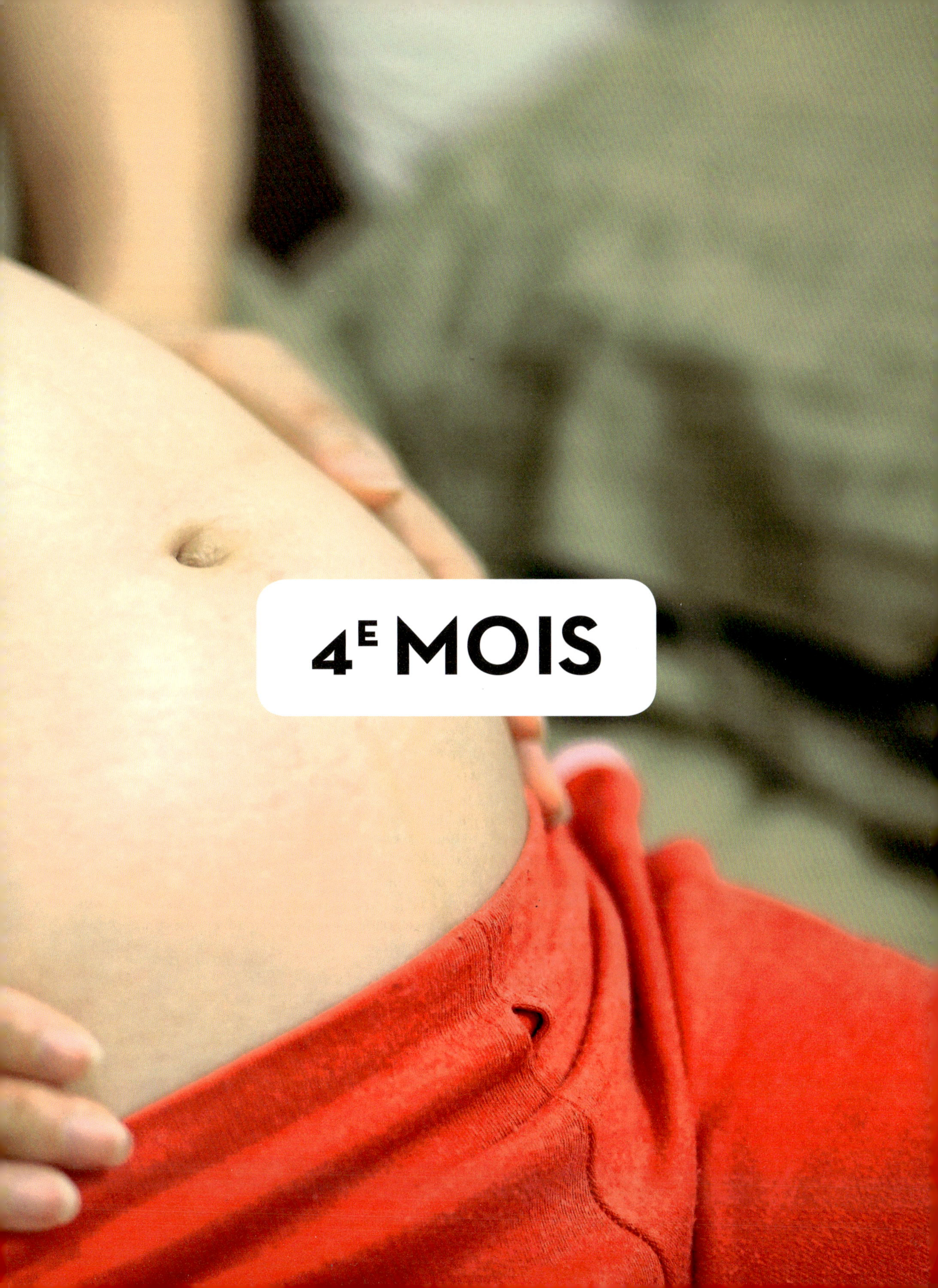

4e MOIS

4E MOIS

Vous

UN BÉBÉ DE RÊVE. Que de rêves en neuf mois ! « Il sera grand et actif… Elle sera blonde et malicieuse… » Le bébé se construit peu à peu, non seulement dans le corps, mais aussi dans la tête de la maman. Résultat d'impressions, compilation de souvenirs, tout est prétexte à créer cet imaginaire : histoire familiale, rencontre amicale et culture personnelle. Chaque jour ou presque, ce bébé évolue. Le décrire vraiment est en fait impossible, car c'est un tout : un « rêve d'enfant » qui mobilise toute l'attention de la future maman.

Tous ces rêves représentent un travail psychique indispensable. Ils vous permettent de vous sentir mère un peu plus chaque jour, ils vous aident à surmonter une fatigue qui vient plus vite et vous encouragent à penser tous les jours un peu plus à vous.

Mais cette construction imaginaire a aussi un côté sombre. Aucune future maman n'échappe à la crainte que son bébé soit atteint d'une malformation. Toutes savent que c'est une peur irraisonnée souvent difficile à chasser. Presque toujours, ces angoisses cachent une question, celle, tout simplement, que vous vous posez à vous-même : « Suis-je capable de mener à bien ma grossesse ? »

C'est en vous confiant à votre médecin que vous avez le plus de chances de dominer ces peurs. Il cherchera de manière objective à apaiser vos craintes. Il dispose aujourd'hui de toute une série d'examens qui lui permettent de bien connaître votre bébé. Mais il ne les prescrira que si vous appartenez à un groupe à risque. Pour la majorité d'entre vous, un bon suivi médical, les échographies et les mouvements perceptibles de votre bébé finiront par vous rassurer.

Votre bébé

Les organes des sens sont en plein développement conjointement à celui du cerveau. Son audition est déjà relativement performante et, plus la grossesse va évoluer, plus elle se fait « fine ». Il entend les variations de bruit et son cerveau est capable de les interpréter. Si de nombreux bruits extérieurs lui parviennent à travers la paroi utérine, il vit surtout dans un environnement sonore constant fait des gargouillements des intestins de sa maman, du bruit de ses vaisseaux sanguins ou de ses pulsations cardiaques.

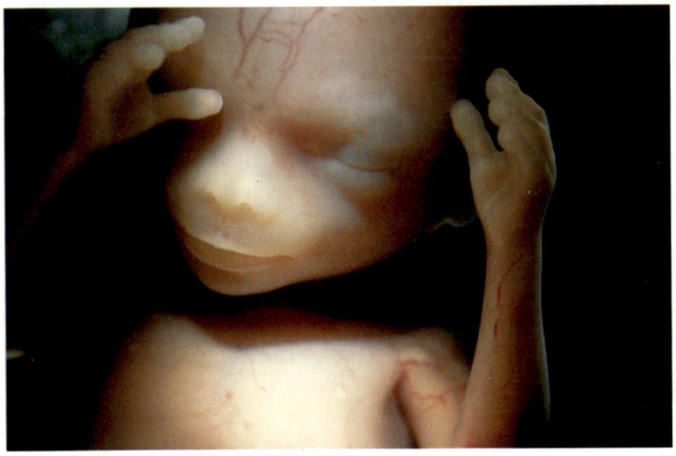

4e MOIS

À quatre mois, le fœtus est totalement formé, mais ses organes sont encore incapables de fonctionner de manière autonome. Les traits de son visage se façonnent progressivement, le front s'agrandit et on perçoit le réseau vasculaire sous la peau transparente.

Premières sensations olfactives et gustatives

Le goût et l'odorat se mettent en place très précocement. Ce sont les parfums du liquide amniotique sous la dépendance exclusive de l'alimentation de sa mère qui permettent au fœtus de faire ses premières expériences gustatives et olfactives.

L'odorat : prêt à fonctionner

Qui pourrait imaginer que le fœtus, immergé dans sa bulle, est capable de percevoir des odeurs ? Et pourtant, le nerf olfactif se constitue à 9 semaines de gestation et les bulbes olfactifs qui vont servir à transmettre l'information au cerveau peuvent déjà être identifiés vers 8 à 9 semaines de gestation. C'est à 11 semaines que les premiers récepteurs olfactifs se différencient. On a même constaté, à 13 semaines, la présence de cellules sensorielles très particulières en retrait des narines : les « organes voméro-nasaux ». Ces cellules sont importantes chez les animaux, puisqu'elles seraient à l'origine du flair. Tout est donc en place sur le plan nerveux pour qu'une odeur puisse être transmise au cerveau et en partie mémorisée. Ainsi, on a pu mettre en évidence qu'un bébé de quelques heures était capable de reconnaître, à l'odeur, le liquide amniotique dans lequel il a baigné pendant 9 mois. Le fœtus ne sachant pas respirer dans le ventre maternel, ces sensations olfactives sont essentiellement basées sur l'analyse chimique des molécules qui flottent dans le liquide amniotique et qui sont apportées par l'alimentation de sa mère.

« Le fœtus est équipé pour sentir, mais ne vivant pas dans une ambiance gazeuse, il ne peut que goûter. Goût et odorat sont pour lui deux sens très liés que le liquide amniotique permet d'exercer. »

Une éducation gustative précoce

Le fœtus boit ce liquide. Les résidus non assimilables sont évacués vers le côlon. C'est ce qui forme le méconium, qui sera éliminé dans les premiers jours de la naissance. Les papilles gustatives s'installent dans les tissus qui deviendront ceux de la langue (quelques mois plus tard), vers le 3e mois de la grossesse ; puis elles vont se

CES PREMIÈRES SENSATIONS SONT TOUT DE SUITE UTILES *au développement du futur bébé. Si toute expérience a besoin d'une certaine compétence cérébrale, tout acquis se traduit sur le plan neurologique par une modification structurelle qui, une fois acquise, permet une expérience suivante différente et souvent plus performante.*
C'est sans doute à partir de ce mécanisme que le fœtus « apprend » in utero, grâce à ses premières sensations, tout ce qui lui sera indispensable pour vivre après sa naissance.

développer, au point de tapisser pratiquement toute la cavité buccale et d'être deux à trois fois plus nombreuses que chez un adulte. Les papilles gustatives les plus précoces se trouvent à la pointe de la langue, puis naissent sur les bords latéraux et enfin sur toute la langue. Dès le 4e mois de la vie fœtale, les papilles gustatives sont capables d'appréciation. Le fœtus peut identifier les quatre saveurs de base : l'amer, le sucré, le salé et l'acide.

Des expériences faites à partir d'injections de glucose dans le liquide amniotique, dans lequel le bébé baigne et qui lui sert en partie de nourriture, montrent qu'il le tète avec beaucoup plus d'énergie ; il aimerait donc déjà le goût sucré.

Il semble aussi qu'au cours de la gestation, l'enfant soit initié aux saveurs de la cuisine « locale » qui, avant sa naissance, est celle de sa mère. En effet, des chercheurs ont constaté que certains nouveau-nés indiens appréciaient déjà la saveur du curry, alors qu'ils ont préalablement « goûté » cette épice in utero.

Pourquoi ne commenceriez-vous pas dès maintenant l'éducation gustative de votre bébé ? C'est assez simple.

N'hésitez pas, par exemple, à utiliser des épices ou des herbes aromatiques pour parfumer vos plats. Ainsi, votre bébé, par l'intermédiaire du liquide amniotique, commencera son apprentissage du goût. Parmi les plus « odorants » : le cumin, la cardamome, le genièvre, le clou de girofle, la cannelle et l'anis. Toutes ces saveurs, toutes ces odeurs, l'enfant, une fois né, va les retrouver dans le lait maternel, tout aussi « parfumé » des aliments ingérés par sa mère. Certains chercheurs pensent que les bébés qui refusent le lait « maternisé » le font en grande partie parce que ce lait n'a aucun goût. Il semble même que ces repères aident aussi l'enfant, qui a quitté l'utérus maternel, à reconnaître comme mère celle qui lui a permis de grandir dans son sein.

Ces échanges à l'échelle moléculaire *peuvent être considérés comme le début du dialogue mère-enfant, Les échanges de la mère avec son bébé sont également de nature hormonale. On pense que bon nombre de sensations, plus ou moins source d'émotion, vécues par la mère sont transmises au bébé par l'intermédiaire des hormones. C'est ainsi qu'on explique une accélération du rythme cardiaque du bébé lorsque sa mère est stressée ou violemment émue : le stress maternel provoque la sécrétion de catécholamines qui, en passant la barrière placentaire, provoquent l'agitation du bébé et une légère accélération de son cœur. C'est sans doute pourquoi il est conseillé aux futures mamans de vivre dans une atmosphère calme.*

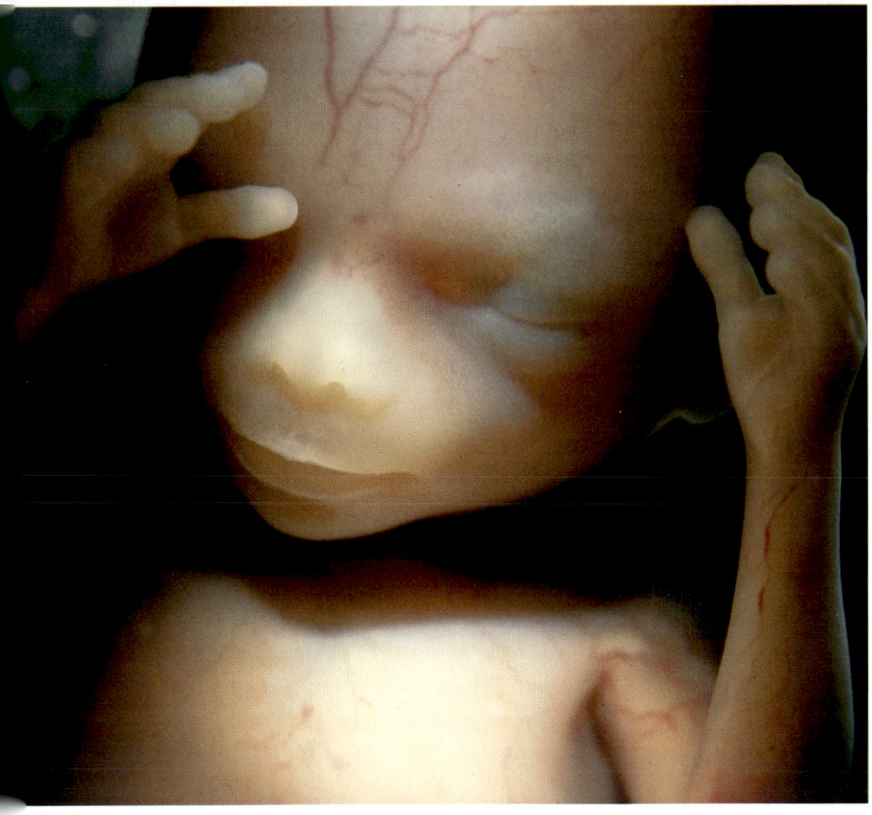

Vers le début de l'autonomie

Maintenant, le fœtus est totalement formé, mais tous ses organes ne sont pas encore capables de fonctionner de manière autonome. Son développement va désormais tendre vers cette autonomie. Il mesure 20 cm et pèse 200 g.

De plus en plus abouti

Progressivement, ses muscles se développent, lui apportant chaque jour un peu plus de force et d'énergie pour s'agiter. Ses proportions deviennent plus harmonieuses. Sa tête est toujours importante, mais moins disproportionnée, et surtout son visage se dessine. Son front s'agrandit, son nez est bien marqué et ses yeux sont cachés sous des paupières.

Mains et pieds sont reconnaissables. Les doigts des mains sont bien séparés. Le fœtus est capable de sucer son pouce. Sur ses doigts se dessine la place de petits ongles. Ses bras ont tellement grandi que ses mains peuvent se rejoindre. L'abdomen est volumineux. L'appareil digestif est terminé par l'ouverture de l'anus. Les reins commencent à fonctionner.

C'est au cours du 4e mois que poussent ses premiers cheveux. Son corps se couvre d'un fin duvet protecteur : le lanugo. Il est plus ou moins développé suivant les enfants et peut persister quelque temps après la naissance.

La structure de l'épiderme (composé de quatre couches) est terminée. Les muscles s'allongent, les os s'épaississent et se soudent pour former le squelette. Certaines glandes, comme celles qui sont chargées de la protection de la peau (sébacées et sudoripares), sont déjà capables de fonctionner. Sa peau s'épaissit, mais reste transparente, laissant apparaître son système circulatoire.

« Il est tout à fait normal qu'il ne bouge pas continuellement, car il passe la plus grande partie de son temps à dormir, soit 16 à 20 heures par jour. »

Ce mois est marqué par le début du fonctionnement de toutes les glandes qui gouvernent le corps humain. Leur commande est assurée par l'hypophyse, elle-même sous le contrôle de l'hypothalamus à la base du cerveau.

Son cœur bat la chamade

Lors de votre première échographie, le médecin vous a sans doute montré les battements de son cœur ; ce qui vous a probablement surprise, c'est la rapidité de ses battements. En effet, le cœur du fœtus bat beaucoup plus vite que la normale (120 à 160 pulsations par minute), car

ENTENDRE LE CŒUR DU BÉBÉ EST LE SIGNE QU'IL VIT.
Avec les moyens d'investigation actuels, on peut le voir à l'échographie à partir de la 6e ou 7e semaine d'aménorrhée. C'est un petit point qui scintille, un peu comme une étoile lointaine. Avec un stéthoscope adapté, on peut l'entendre à partir de 10 semaines. Le premier étonnement est la rapidité de son rythme, cela donne une impression de locomotive. Bien des femmes aimeraient avoir un Walkman® pour l'écouter en permanence. C'est le seul lien avec lui avant qu'il ne bouge, et c'est sans doute pour cela que son écoute suscite tant d'émotion.

c'est un cœur un peu particulier : les deux oreillettes et les deux ventricules communiquent jusqu'à la naissance. C'est souvent au cours du 4e mois que se produit, pour les parents, une merveilleuse découverte sonore : les battements du cœur de leur bébé. On les écoute à l'aide d'un capteur placé sur le ventre de la future maman. Bien sûr, c'est un moment particulièrement émouvant, que bien des pères aiment partager. Cette écoute est d'ailleurs l'un des tous premiers examens que pratique le médecin lors de chaque consultation.

À l'aise dans sa bulle

Le fœtus semble à l'aise, flottant dans une sorte de bulle remplie de liquide amniotique transparent (p. 124), relié au placenta par son cordon ombilical constitué d'une matière gélatineuse recouverte d'une gaine souple.

Le liquide amniotique contient de l'eau, des sels minéraux, des sucres, des graisses et des hormones, mais aussi des cellules de la peau du fœtus et des matières sébacées. Enfin, le liquide amniotique protège le bébé contre les chocs, les compressions et les éventuelles infections.

Les premières galipettes

Sa taille, proportionnellement faible par rapport à l'espace dont il dispose, va lui permettre de faire ses premières galipettes. Il fait alors l'expérience des premiers mouvements volontaires en poussant avec ses pieds. Des performances dont il est tout à fait capable, puisque son système nerveux et musculaire fonctionne. L'enfant est encore sensible aux déplacements et aux gestes de sa mère...

Mais, curieusement, c'est lorsque vous bougez le plus qu'il se tient tranquille et, inversement, c'est quand vous êtes allongée, au moment de vous endormir, que vous le sentirez le plus agité. Dès la 8e semaine de gestation, le système vestibulaire est en place. Sa fonction est celle de l'équilibre ; c'est par exemple grâce à lui que nous savons, même les yeux fermés, si nous sommes debout ou couchés. Le système vestibulaire situé au niveau de l'oreille interne est fait de petits canaux remplis de liquide. Ceux-ci, agités au moindre mouvement, font bouger à leur tour des cils dont le mouvement stimule les cellules nerveuses. Autre caractéristique du système vestibulaire, la présence de minuscules cristaux qui indiquent la position de la tête dans l'espace. La maturation de ce régulateur de l'équilibre se fait à partir du 5e mois.

***Vous commencez à sentir votre bébé bouger** entre la 17e et la 21e semaine, tout dépend de la quantité de liquide amniotique qui l'entoure. Tous ses mouvements ne sont pas encore perceptibles, mais le premier que vous ressentirez restera gravé dans votre mémoire. Les mouvements s'apparentent d'abord à des réflexes, et ce n'est qu'à partir du 6e mois que vous aurez vraiment l'impression que l'enfant donne des coups. Il est notamment sensible aux bruits forts.*

L'enfant imaginé

Avant que l'échographie ne révèle le sexe de l'enfant à naître (à la demande des parents), la plupart des futures mamans semblent persuadées, pour les unes, d'attendre un garçon, pour les autres, une fille. C'est une des manifestations les plus évidentes de l'enfant imaginé.

Construit sur des souvenirs

Il ne faut pas s'y tromper, derrière ces affirmations se cachent parfois des notions plus subtiles : en déclarant haut et fort que vous voulez un garçon alors que c'est une fille que vous désirez vraiment, vous vous préparez à une éventuelle déception.
L'enfant imaginé se construit à partir de fantasmes (« Il aura les yeux clairs, les jambes longues, de jolies dents... »). Il répare bien des blessures narcissiques. Également pourvu de toutes les qualités, toutes les capacités, l'enfant à venir ne saurait décevoir. Ce sont ces images qui entretiennent le désir d'enfant. Elles permettent de supporter des changements physiques qui bousculent complètement l'image d'un corps que la femme a mis parfois des années à accepter, à aimer. L'enfant imaginé est le fruit d'une histoire personnelle plus ou moins compliquée, le résultat d'un véritable portrait-robot familial, fait d'emprunts aux êtres les plus chers qui ont marqué la vie de la future maman.

Au jeu des préférences

Fille ou garçon ? Les souhaits des futurs parents s'expriment en deux parts relativement inégales. Lors d'une première grossesse, les futures mamans auraient tendance à préférer un garçon : « C'est mieux pour un aîné » ou « Cela fera tellement plaisir à son père », disent-elles. Ce garçon est visiblement un cadeau à l'homme qu'elles aiment, leur conjoint, ou parfois leur père. De plus, le garçon perpétue le nom, une donnée qui reste importante encore aujourd'hui et qui explique sans doute que 80 % des enfants portent le nom de famille de leur père, alors que la loi permet d'accoler les noms du père et de la mère.
La cote des filles remonte considérablement lorsqu'il s'agit d'une seconde naissance : elle atteint des sommets si l'aîné de la famille est un garçon. Certaines futures mamans veulent mettre au monde une fille parce qu'elles pensent connaître particulièrement bien leurs besoins. Amusez-vous à chercher en couple ce qui motive vos préférences respectives. C'est un jeu et vous accueillerez avec bonheur l'enfant que le hasard a voulu fille ou garçon.

De l'imaginaire à la réalité

L'échographie a bien évidemment une influence sur l'imaginaire des parents, tout particulièrement dans l'attribution du sexe. Les couples sont très partagés sur l'intérêt de cette information. Pour les uns, elle est une aide à mieux se préparer à la naissance et à l'accueil du bébé. Pour les autres, cette information ne respecte pas l'identité de l'enfant à venir. Ils refusent catégoriquement de « savoir ». Ils attendent

__Dans la tradition hindoue__, la vie commence au 4e mois pour les filles et au 5e mois pour les garçons quand ils reçoivent le souffle vital. La croyance veut encore que les fœtus de sexe féminin se développent plus vite que ceux de sexe masculin.

simplement un bébé et cela suffit à les combler.
Dans la pratique, les échographistes constatent que la question du sexe de l'enfant est rarement posée directement. Le plus souvent, les parents demandent s'il est visible, c'est donc à eux d'interpréter la question. Dans de rares cas, l'échographiste est submergé de questions insistantes, révélant une préférence presque irrationnelle pour un sexe. Toute la psychologie du médecin devra alors permettre au couple d'exprimer ses motivations et ses craintes pour essayer de le libérer de tout a priori ou de la trop forte pression familiale.
On ne saurait trop vous recommander de ne pas refuser l'identité sexuelle de votre futur bébé, ni de trop investir sur celle-ci ; l'erreur de diagnostic échographique peut devenir alors difficile à supporter et la déception gâcher la joie qui accompagne toute naissance.

Jamais seule

L'échographie confirme ou infirme les fantasmes de la mère et donne au père matière à rêver Aujourd'hui, presque 50 % des futures mamans demandent à leur conjoint d'être là le jour de cet examen. À l'heure des papas poules, cette présence semble logique.
Se laissant moins aller aux fantasmes, c'est pour eux, souvent, une véritable rencontre. Ils affirment, pour la plupart, se sentir plus concernés par la grossesse, plus impliqués, plus responsables. C'est là que certains débutent leur histoire de père. Bref, l'échographie est une bonne préparation au « paternage ».

De petites insomnies *ne sont pas rares. Elles s'expliqueraient par un comportement d'hypervigilance vis-à-vis de l'enfant. Car en percevant les mouvements de son bébé, la future maman s'aperçoit que c'est un être autonome, déjà volontaire et qui, un jour, prendra son envol. Il faut s'y habituer.*

Rêves de naissance

Vous constatez que, depuis que vous êtes enceinte, vous rêvez beaucoup plus que d'habitude. Rien de plus normal, puisque les rêves témoignent des bouleversements psychiques et des émotions vécus lorsque l'on est éveillé. On remarque curieusement quelques constantes dans les songes des futures mamans.
Le rêve de l'enfant donné : la jeune mère a accouché, mais elle ne sait pas comment l'enfant est là, sa présence étant lointaine et confuse. D'autres femmes rêvent qu'elles accouchent sans douleur et sans angoisse. Et généralement, l'enfant mis au monde ressemble physiquement à un enfant de 2 ou 3 mois.
Rarement, les futures mamans rêvent de fœtus. Leurs songes sont peuplés de bébés nés largement à terme. Ainsi, lorsque l'on demande aux femmes de dessiner leur enfant à naître, elles tracent le portrait d'un enfant fini.
Les femmes, on le sait, ont tendance à rêver d'eau plus que les hommes. Au cours de la grossesse, ce type de rêve s'accentue. Est-ce dû à la quantité de liquide que renferme alors le corps maternel ? Est-ce le signe d'un besoin de sécurité, de quiétude ou celui du total accomplissement de la féminité ? Quant aux rêves d'abandon ou d'exclusion, ils semblent encore assez nombreux. Ils ne sont pas toujours liés à la vie du couple. En cette période d'hypersensibilité, une scène de ménage ou tout simplement une contrariété influence les rêves, mais parfois cela est plus mystérieux. Les cauchemars ayant pour support la disparition d'un être cher, d'un parent, d'un enfant aîné par exemple, sont encore fréquents. Le travail psychique qui fait passer la femme-enfant à la femme-mère crée des images parfois inattendues : construire l'avenir demande un peu de distance avec le passé. Précisons bien sûr qu'il ne faut jamais attribuer aux rêves une valeur prémonitoire.

Un sentiment de plénitude

À ce stade de votre grossesse, vous vous sentez mieux. L'inquiétude d'une fausse couche s'est estompée. Vous avez l'impression de retrouver toute votre énergie, vous poursuivez avec plaisir vos activités et votre sexualité est stimulée par votre féminité épanouie.

Un retour sur soi

Durant les premiers mois, vos traits étaient tirés. Désormais votre visage s'éclaire et la prise de poids vous donne bonne mine. Vraiment, la grossesse vous réussit. De plus, les mouvements du bébé vous rassurent ; pour la première fois, vous sentez réellement cet enfant, vous savez qu'il vit en vous. Ses mouvements provoquent toujours votre émotion et votre joie. Ils sont la preuve tangible, vécue au plus profond de vous, qu'un petit être se développe bien dans votre chair. Ils ne suscitent pratiquement jamais d'inquiétude ; au contraire, ils tissent des liens puissants, le début du dialogue. Ainsi, cette époque est marquée par un profond retour sur soi : vous vous observez, vous êtes attentive aux manifestations de votre bébé, vous pensez constamment à lui et lorsque vous êtes seule, vous lui parlez « comme à un grand ». Des souvenirs d'enfance resurgissent ; l'amour qui, enfant, vous liait à votre mère va profondément influencer vos sentiments pour votre bébé.

Un désir de protection

Beaucoup de jeunes femmes éprouvent alors le besoin de res-

À travers le monde, *sexualité et maternité sont vécues différemment. Suivant les latitudes, la sexualité est taboue et entrave le bon développement de l'enfant alors que, pour d'autres, le bébé doit être souvent arrosé du sperme paternel pour bien pousser. Dans les régions du globe ayant perdu leurs traditions ancestrales, les sexologues nous révèlent que seulement 10 % des couples conservent alors une sexualité normale. 50 % des couples cessent progressivement leurs relations et 40 % ont des rapports beaucoup plus épisodiques.*

serrer les liens affectifs avec leur mère, qui jouera souvent un rôle important après la naissance. La future maman éprouve aussi un grand désir de protection. Elle a besoin de la présence de son compagnon et des conseils de son médecin.
C'est également le moment où elle rêve de son enfant et même lui prête des sentiments et des actions : « Il n'est pas content, il joue… » Au fil des jours un lien se tisse, de plus en plus fort. Elle ne dit plus : « Je suis enceinte », mais « Je vais avoir un enfant », véritable projection dans l'avenir. Cependant, l'amour se nourrit d'échanges et, pour l'instant, ils n'existent pas. L'amour que la mère croit ressentir pour son enfant, c'est à elle-même qu'elle le porte. Ce qui explique un certain état de béatitude.

Une sexualité épanouie

Le deuxième trimestre de la grossesse est souvent celui de la plénitude sexuelle. La future maman se sent physiquement en forme et vit sereinement comme « sur un petit nuage ». Les craintes quant au déroulement de la grossesse s'estompent, l'habileté et les gestes de la future maman ne sont pas encore gênés par l'épanouissement de son ventre.
Au début du 4e mois, les tissus du vagin et tous ceux de l'appareil génital se sont épaissis, sont congestionnés, leur état est très proche de celui induit par l'excitation sexuelle. À cela s'ajoute une plus grande humidification de la région vaginale. De plus, dans les deux mois qui vont suivre, la pression de l'utérus sur les organes génitaux va très souvent augmenter la libido de la femme. Le désir de l'autre est bien présent. Le regard que porte l'homme sur le corps transformé de sa femme entraîne des modifications dans le comportement sexuel du couple. Ses seins sont superbes, son ventre légèrement rebondi lui donne la douceur d'une silhouette un peu plus enrobée. Le corps féminin, magnifié par la maternité, attise leur désir. Pour un certain nombre de couples, cette période de la maternité est marquée par l'épanouissement de leur sexualité.

CETTE IMPRESSION DE BIEN-ÊTRE *se confirme sur le plan physiologique. Votre corps ne fournit plus les hormones indispensables au maintien de la grossesse, le placenta a pris le relais de l'ovaire, et cette « machine » extraordinaire travaille sans fatigue. Votre corps change, votre ventre s'arrondit, à vous de choisir de le montrer ou de préserver le plus longtemps possible votre silhouette.*

Le deuxième rendez-vous médical

C'est au cours de ce 4e mois que doit se dérouler la deuxième visite inscrite au calendrier du suivi médical d'une grossesse normale. Cette visite comporte un examen purement médical, complété par un entretien permettant à la future maman d'exprimer ses difficultés psychiques et sociales.

Questionnaire plus intime

Les questions médicales que vous posera le médecin sont d'abord destinées à rechercher des signes anormaux, tels que douleurs, pertes vaginales ou brûlures lors des mictions. L'examen se complète par la prise de poids, la tension artérielle, la mesure de la hauteur utérine et un toucher vaginal pour vérifier que le col de l'utérus est bien fermé. Il écoutera les bruits du cœur du bébé pour s'assurer de son bon développement. Il prescrira des examens sérologiques : glycosurie (recherche du sucre), albuminurie, recherche d'albumine et sérologie de la toxoplasmose si les examens biologiques précédents étaient négatifs. Ces recherches pourront être complétées par d'autres sérologies si nécessaire. Cette visite comporte la possibilité de s'entretenir avec une sage-femme ou un professionnel de la périnatalité sur d'éventuelles difficultés psychologiques ou sociales. Cette consultation spécifique s'adresse aux futures mamans, mais aussi aux futurs pères. Les questions abordées sont diverses : comment vivent-elles les modifications de leur corps ? Sont-elles soutenues affectivement ? Sont-elles inquiètes de l'accueil du nouveau-né par ses frères et sœurs ? Le premier bilan de cette consultation relativement nouvelle montre que l'entretien dure en moyenne une heure, cette consultation approfondie est d'ailleurs surcotée par la Sécurité sociale. Les futures mamans vivant en situation d'insécurité psychologique bénéficieront d'une consultation spécialisée avec un psychologue ; un ou deux entretiens suffisent souvent à les aider.

> **« Le médecin vous incitera à vous engager dans une préparation à la naissance, même si votre choix est la péridurale. »**

Les allergies plus ou moins aggravées

Cette consultation peut être l'occasion d'aborder avec le médecin des problèmes médicaux particuliers. C'est le cas, par exemple, des allergies. Une future maman souffrant d'allergie et traitée par désensibilisation ou par anti-histaminiques n'a aucune raison de s'inquiéter et d'interrompre son traitement. Les désensibilisations n'entraînent aucun risque pour le futur bébé. Mais la grossesse et ses changements hormonaux ont une influence sur le comportement allergique. Sans que l'on sache vraiment pourquoi, cer-

La vaccination contre *la grippe n'est pas contre-indiquée aux femmes enceintes. Plusieurs études épidémiologiques montrent que la grippe contractée lors des deux premiers trimestres de la grossesse augmente les risques de complications cardio-respiratoires. Parlez-en avec votre médecin puisque ce vaccin n'a aucune conséquence néonatale et protège l'enfant dans les six mois qui suivent sa naissance.*

taines femmes enceintes verront leur allergie régresser tout au long de la grossesse, alors que d'autres, au contraire, constateront une aggravation.
Ainsi, il semble que les femmes enceintes souffrant d'asthme se répartissent en trois catégories : celles qui voient s'atténuer leurs troubles ; celles pour qui la grossesse ne change rien et enfin celles pour qui les crises deviennent plus fréquentes, le pic maximal se situant entre le 3e et le 6e mois. Elles peuvent continuer leur traitement qui diminue les contractions, à condition d'être bien suivies. En général, l'asthme disparaît presque totalement au 9e mois. Quant aux rhinites, 30 % des femmes enceintes ayant un terrain allergique en souffrent. Elles s'installent au 4e mois et ont tendance à s'aggraver au cours des deux derniers mois à cause des hormones favorisant l'œdème des muqueuses nasales.
Les futures mamans qui se savent porteuses d'un terrain allergique peuvent essayer de prévenir la transmission à l'enfant en excluant de leur alimentation les arachides, les fruits secs oléagineux, la moutarde et les fruits exotiques. Un régime de précaution qu'elles doivent poursuivre si elles allaitent.

La mesure de la hauteur utérine, *du pubis au fond de l'utérus, permet d'estimer la taille du bébé en référence à l'âge de la grossesse. La mesure de la circonférence abdominale évalue, elle, la quantité de liquide amniotique dans lequel il baigne. Ces examens faits avec un simple mètre de couturière peuvent sembler aujourd'hui archaïques. Mais il n'en est rien, ils donnent, visite après visite, une bonne appréciation.*

L'herpès génital : à signaler toujours

Vous souffrez de démangeaisons, voire de brûlures au niveau de la vulve. Il est important d'en parler à votre médecin. Avez-vous eu déjà à souffrir d'herpès génital ? Est-ce que votre conjoint est atteint de cette affection ? Ce virus, caché à l'extrémité des nerfs, est encore aujourd'hui difficile à combattre. Le traitement est essentiellement local et plutôt destiné à traiter les manifestations que la cause pour diminuer leur fréquence et leur intensité. Le danger le plus reconnu est la contamination du bébé au moment de l'accouchement (le risque étant de 50 % environ). Même si la future maman n'a plus observé depuis longtemps aucune manifestation de cet herpès, mieux vaut en parler au médecin pour savoir agir en cas d'une récidive toujours possible. Des cultures effectuées à partir de prélèvements de cellules du col utérin et du vagin diagnostiquent cette affection. Celle-ci est trois fois plus fréquente chez la femme enceinte que dans la population féminine en général. Elle est d'autant plus grave qu'il s'agit d'une primo-infection et qu'elle survient à l'approche de l'accouchement. Une césarienne peut alors être envisagée. La recherche de vésicules caractéristiques, l'examen de la vulve et du col sont faits systématiquement par la sage-femme. En cas de doute, le nouveau-né sera protégé par un bain de bétadine largement appliqué sur la vulve et le vagin.

Se préparer à être parents

Devenir parents n'est pas toujours simple, surtout la première fois. Fortes de ce constat, les autorités de santé ont souhaité proposer aux parents une « préparation à la naissance et à la parentalité ». Essentiellement basée sur un dialogue entre les professionnels de la naissance et les parents, elle veut répondre à leurs inquiétudes et ainsi faciliter l'accueil du nouveau-né.

Un accompagnement global

En compagnie d'une sage-femme, le plus souvent, ou d'un médecin spécialement chargé de cette préparation au sein d'une maternité, le plus souvent hospitalière, les parents sont invités à réfléchir à leur projet de naissance. Il correspond à la conjonction de leurs aspirations avec l'offre locale de soins. Il inclut le suivi médical et la préparation à la naissance, les modalités d'accouchement, le suivi post-natal et la recherche de solutions si d'éventuelles difficultés se présentent. Mais la finalité première de cette préparation est la prévention précoce de possibles troubles de la relation parents-enfant.

Un programme chargé

Les objectifs de la « préparation à la naissance et à la parentalité » (PNP) ont été définis par la Haute Autorité de la Santé. Ils sont au nombre de dix. La PNP tend à :

- Élaborer des liens sécurisants entre la future maman et tous les professionnels qui sont à ses côtés.
- Accompagner les futurs parents en leur expliquant le déroulement de la grossesse, en les guidant dans leur choix des modalités d'accouchement et dans la durée du séjour à la maternité.
- Transmettre des connaissances et des conseils sur l'alimentation du nouveau-né en encourageant l'allaitement maternel.
- Encourager les parents à opter pour un style de vie sain afin de préserver la santé de la future maman et de son bébé.
- S'assurer que la femme bénéficie d'un soutien affectif pendant la grossesse, au moment de la naissance et au retour chez elle.
- Favoriser la construction de liens familiaux harmonieux, notamment en préparant le couple à l'accueil de l'enfant et à son nouveau rôle de parents.
- Apprendre aux jeunes parents comment avoir un bébé en bonne santé, comment bien le nourrir et quelles sont les grandes étapes de son développement psychomoteur.
- Prévenir les troubles de la relation mère-enfant et notamment les difficultés dues à une dépression du post-partum.
- Favoriser les échanges de conseils et le partage des expériences entre parents avant et après la naissance.

Le premier rendez-vous est programmé au 4e mois *avec une sage-femme ou un médecin qui reçoit le couple. Les sept rendez-vous suivants se dérouleront en groupe. Il est généralement proposé lors de la visite de confirmation de la grossesse, et la date en est fixée selon la disponibilité de la future maman. Le futur papa est encouragé à participer à l'entretien. Dans les situations difficiles, les rencontres individuelles peuvent se multiplier et des dispositions d'accompagnement spécifiques proposées.*

Une rencontre individuelle

La première étape de cette préparation est une rencontre en tête à tête avec la sage-femme. Le dialogue s'ouvre très naturellement avec les questions qui tracassent la future maman. Ensemble, elles abordent le désir d'enfant, le déroulement des premiers mois de la grossesse, les derniers mois, l'accouchement, l'après-maternité, le rôle du père et surtout la découverte de l'enfant. À l'issue de cette conversation, les futurs parents doivent être capables d'exprimer leurs besoins, leurs connaissances et leurs projets. Ils doivent avoir confiance dans la prise en charge proposée.

De son côté, la sage-femme leur indiquera le contenu des rendez-vous collectifs et elle identifiera aussi les besoins d'informations complémentaires et les compétences parentales qui pourraient être développées. Ainsi, ils recevront des conseils sur l'alimentation de l'enfant, sur la manière de le coucher en toute sécurité, sur la prévention des maladies et des accidents domestiques, sur la construction des liens d'attachement ou sur la façon de répondre aux pleurs parfois incompréhensibles d'un nourrisson. Le rôle de la sage-femme est aussi d'identifier les vulnérabilités médicales, psychiques ou sociales, comme une grossesse antérieure difficile ou une addiction tant chez la mère que chez le père, proposant l'aide la mieux adaptée. Enfin, elle rassurera les parents toujours inquiets sur leurs compétences.

La banalisation de la péridurale *a fait passer la maîtrise de la douleur au second plan alors qu'elle fut longtemps la préoccupation essentielle des préparations à la naissance. Aujourd'hui, la PNP se veut un accompagnement global de la future maman et si possible du couple. Elle insiste sur le rôle du père comme compagnon attentif de la future maman et comme participant actif à l'accueil de l'enfant.*

Des séances collectives

Cet entretien sera suivi de 3 ou 4 réunions de groupe programmées un peu plus tard dans le cours de la grossesse, souvent dès le début des congés de maternité pour les futures mamans salariées. Chaque rendez-vous dure en principe 2 heures et se déroule toujours un peu de la même manière. Dans un premier temps, la sage-femme délivre un enseignement théorique : mieux connaître son corps pour mieux comprendre ce qui se passe. Schémas, dessins, diapositives illustrent les différentes phases de la grossesse et le déroulement de l'accouchement. Grâce à une poupée, les futures mamans apprennent à bien tenir un bébé ou à adopter la bonne position pour l'allaiter. Puis viennent des exercices physiques destinés à assouplir le bassin et à bien maîtriser la relaxation (p. 192). Généralement, une des séances de préparation est réservée à la visite de la maternité, notamment de la salle de travail. Ainsi, le moment venu, les lieux sembleront plus familiers à la future maman. D'autres réunions se déroulent au cours du séjour à la maternité et dans les semaines qui suivent l'accouchement. Les premières sont destinées à aider au développement des liens d'attachement mère-bébé, les secondes servent à conforter les compétences des jeunes parents et à prévenir les suites anormales d'une dépression du post-partum plus importante que prévue. Chaque fois qu'ils le peuvent, les pères sont invités à être présents.

La deuxième échographie

Cette échographie du deuxième trimestre est dite de morphologie. Elle a pour but de localiser le placenta, de contrôler la croissance du bébé et de dépister d'éventuelles malformations ; c'est pourquoi l'échographie va visualiser au maximum les contours des organes et des membres.

Le bébé pas à pas

Cette échographie dure 30 minutes environ, le temps de bien examiner toute l'anatomie de votre bébé. Pourquoi l'examen morphologique du futur bébé semble aussi décousu aux parents ? En effet, il n'est pas rare que l'échographiste passe de l'examen du cœur au pied droit et du cerveau au pied gauche. Tout cela est « de la faute » au bébé. Au cours de l'examen, il bouge et, en changeant de position, masque ou découvre une partie de son anatomie. Le rôle de l'échographiste est alors de réagir au plus vite pour saisir au bon moment l'organe le mieux placé pour être examiné. Mais rassurez-vous, il a une liste de points à observer, établie à l'avance et de manière impérative. Il « observera » la tête et notamment le cerveau et la face, le thorax avec le cœur, les poumons, l'aorte et l'artère pulmonaire, l'abdomen avec l'appareil digestif et l'appareil urinaire. Mais aussi les membres, la peau, la colonne vertébrale, l'appareil génital. Il étudiera encore les mouvements du fœtus, le placenta, le liquide amniotique, les membranes et le cordon ombilical.

> **« Cette échographie installe l'enfant dans un rôle de personne, de patient même, sur lequel le médecin peut déjà pratiquer des prélèvements, et même des soins si nécessaire. »**

NORMALEMENT, L'IMAGE PEUT RÉVÉLER LE SEXE DE VOTRE BÉBÉ, *à condition qu'il soit dans une position favorable. Malgré tout, les erreurs d'interprétation restent nombreuses. Il est, certes, plus facile de reconnaître un garçon qu'une fille. Cependant, la fente vulvaire est aussi visible que le pénis et les testicules du petit garçon.*

Une image morcelée

L'enfant peut ne pas être entièrement visible en raison de sa taille. Le médecin ne peut le cadrer que par petits morceaux. Cette approche parcellaire est même souvent cause d'inquiétude. Est-il bien fait ? Ne lui manque-t-il rien ? Pourquoi l'échographie ne peut-elle représenter telle ou telle partie de son corps ? Certaines futures mamans se posent donc quantité de questions sur ce qu'elles n'ont pas vu, tandis que, pour d'autres, cet enfant morcelé est bien loin de celui imaginé, celui qui bouge en elles, qu'elles caressent et avec lequel elles aiment jouer.

Des émotions plus mesurées

Cette échographie est perçue de manière très différente selon les mamans. Bien sûr, elle leur permet de se représenter un peu mieux l'enfant. Alors que, pour certaines, cette image est source de joie, l'occasion de retrouvailles, pour d'autres, au contraire, son intérêt est considérablement estompé par les émotions éprouvées lorsque l'enfant bouge en elles. Il est vrai que l'image perçue peut apparaître comme décevante. Tout d'abord, elle n'est pas toujours de la qualité que l'on attendait. En effet, il existe une certaine inégalité de perméabilité des tissus d'une femme à l'autre et certaines futures mamans ne parviendront jamais à voir nettement leur bébé. De plus, la position de l'enfant au moment de l'examen ne permet pas toujours de visualiser ce que l'on avait rêvé de voir. Enfin, la qualité de l'image et la pratique de l'échographiste jouent aussi un rôle. Il ne faut jamais confondre image échographique et image télévisée.

Aujourd'hui, la future maman n'a pas à craindre les examens radiologiques, *les dosages des rayons X utilisés par les appareils médicaux ont beaucoup diminué. De plus, le radiologue qui examine une future maman a la possibilité de calculer au plus juste la « bonne » dose et de la protéger d'un tablier.*

Dans le panel d'émotions que ressentent les femmes devant la deuxième échographie, certaines disent éprouver une sensation particulière lorsqu'elles voient les mains, le cœur ou le visage de leur enfant, parties du corps éminemment symboliques chez l'être humain. D'autres encore, qui ont mal vécu la première échographie parce qu'elles n'étaient pas prêtes alors à voir leur enfant, ne seront pas plus satisfaites par cette deuxième visualisation.

Elles pensaient regarder leur bébé vivre en elles et on ne leur montre qu'un enfant tronqué, qu'elles ont le plus grand mal à visualiser. La plupart des parents au sortir d'une échographie se demandent toujours si le médecin leur cache quelque chose. Ce sentiment sera nettement atténué à la lecture du compte rendu qui leur est remis ; il se compose d'un bilan rédigé, et de quelques clichés. Enfin, certains parents s'étaient réjouis de cette rencontre avec leur bébé. Aussi, devant le peu d'enthousiasme de l'échographiste qui pratique cet examen à longueur de journée, ils sont déçus qu'il n'ait rien eu d'étonnant à leur raconter.

La médecine fœtale

Il est possible aujourd'hui de connaître très tôt l'état de santé de votre futur bébé avec « la médecine fœtale ». Différents examens permettent de mesurer les risques d'un enfant atteint de malformation ou porteur d'une maladie génétique incurable.

Les signes d'appel

Différentes raisons peuvent motiver des investigations particulières : vos antécédents médicaux ou familiaux, des fausses couches à répétition (p. 108), une incompatibilité Rhésus (p. 66), une grossesse très tardive (p. 38), la présence de mongolisme ou d'hémophilie dans la famille (p. 28) ou encore une grossesse multiple. À cela s'ajoutent aussi les signes révélateurs d'un mauvais développement du fœtus, mis en évidence par la mesure de la hauteur utérine, par des anomalies suspectées à l'échographie et bien sûr de mauvais résultats aux examens d'investigations que sont l'amniocentèse, la biopsie du trophoblaste, l'analyse du sang maternel ou l'analyse du sang fœtal. Le doute d'une éventuelle anomalie naît souvent encore de manière inopinée, voire brutale. C'est par exemple lorsque la future maman contracte une infection transmissible au bébé, telle que la rubéole, la toxoplasmose ou la varicelle.

Des centres hautement spécialisés

Si nécessaire, le médecin qui suit votre grossesse vous dirigera vers le Centre pluridisciplinaire de diagnostic prénatal (CPDPN) de votre région. Il en existe une cinquantaine en France, qui regroupent des médecins spécialisés en échographies, en examens biologiques, en génétique, en médecine et en chirurgie néonatale. De plus, les parents inquiets trouvent là des psychologues entièrement à leur écoute. Le médecin traitant qui suit la grossesse et qui a donc déjà tissé des liens avec le couple représente aussi un accompagnant utile.
L'intérêt de ces centres pluridisciplinaires tient à deux de leurs spécificités. On y trouve des médecins spécialistes dont chacun a une connaissance approfondie d'un type de pathologie et de son évolution au cours de la vie fœtale. Ensuite, ces spécialistes travaillent ensemble, leurs avis se complétant pour tenter d'obtenir une vue globale de chaque cas qui leur est soumis. Leurs savoirs et leurs moyens d'investigation sont mis en commun afin de répondre aux exigences de la médecine fœtale. Ces centres sont équipés d'appareils exploratoires de haute technologie qui permettent de réaliser des échographies spécifiques, par exemple d'un organe comme le cœur ou les reins, des scanners pour obtenir des images du squelette du fœtus ou de sa boîte crânienne ou encore de réaliser des analyses de biologie moléculaire.

Une aide à la prise de décision

Ces examens, suivis d'un diagnostic qui sera plus prédictif qu'affirmatif, mettent parfois les parents face à une prise de déci-

AUCUN DÉPISTAGE NÉONATAL *n'est pratiqué sans le consentement écrit des deux parents. C'est un document qui tient sur un simple feuillet, sur lequel seront inscrits le nom de chacun des parents, le nom du médecin prescripteur et le but précis de l'examen. Il incombe à l'équipe médicale de donner aux parents un maximum d'informations sur la maladie supposée, sous forme écrite si possible ou tout au moins oralement. On laisse aux parents tout le temps qu'ils souhaitent pour signer ce document.*

sion « impossible ». Il arrive encore qu'un désaccord entre la mère et le père complique la situation. Depuis 2002 à l'hôpital Cochin à Paris, depuis 2009 au CHU de Nantes et plus récemment à l'hôpital Foch de Suresnes, une consultation d'éthique clinique peut les aider dans leur choix : poursuite de la grossesse, intervention in utero susceptible de soigner l'enfant mais mettant la grossesse en danger ou interruption médicale de la gestation. Cette consultation s'adresse aussi aux soignants directement confrontés au désarroi parental. Elle réunit médecins, infirmières, psychologues, philosophes, sociologues, juristes et représentants de la société, tous formés à l'éthique clinique, pour réfléchir aux aspects sociaux, familiaux, religieux et culturels de la situation difficile traversée par le couple. Celui-ci recevra un compte rendu écrit des discussions de cette assemblée. Ce document ne préconise pas « une solution », mais se veut un éclairage pour aider les parents à prendre leur décision.

Soigner le plutôt possible, *c'est l'objectif de la médecine fœtale. L'analyse des différents examens pratiqués permet à l'équipe médicale d'établir le diagnostic le plus précis possible sur la santé du futur bébé et de proposer aux parents la meilleure prise en charge. Il peut s'agir d'un traitement médical ou d'une intervention in utero. Il est ainsi possible de donner des médicaments à la future maman qui les transmettra au bébé par l'intermédiaire du placenta ou de pratiquer des injections dans le liquide amniotique.*

Si l'enfant doit être soigné ou opéré dès sa naissance, la future maman se verra conseiller d'accoucher dans une maternité spécialisée. On lui recommandera alors de prendre contact avant la naissance avec l'équipe soignante, qui pourra ainsi parfaitement préparer la prise en charge de l'enfant.

Faire face à une mauvaise nouvelle

Lorsque la santé du fœtus ou celle de la mère est menacée ou lorsqu'une malformation très grave ou incurable met en danger sa vie, les médecins peuvent proposer aux parents une interruption médicale de grossesse (IMG). Généralement, la question leur est posée lors de la première consultation d'investigation. Les parents qui ne souhaitent pas avoir recours à une interruption médicale de grossesse pour des raisons morales ou religieuses doivent en faire part au médecin. Dans tous les cas, on laisse aux parents le temps de réfléchir et d'exprimer leurs sentiments, ils peuvent d'ailleurs, s'ils le souhaitent, demander un accompagnement psychologique. Les parents traversent quelques semaines de « tempête », partagés entre l'injustice, la culpabilité et la colère. Certaines femmes mettent en doute leur capacité à concevoir un enfant « normal ». L'IMG est très encadrée par la loi, elle impose l'acceptation signée des deux parents et une attestation médicale signée de trois praticiens précisant que l'enfant souffre « d'une infection grave, reconnue comme incurable au moment du diagnostic ». Elle se pratique le plus souvent sous péridurale à la maternité où la future maman aurait dû accoucher ; elle nécessite une hospitalisation de quelques jours dans le service de gynécologie.

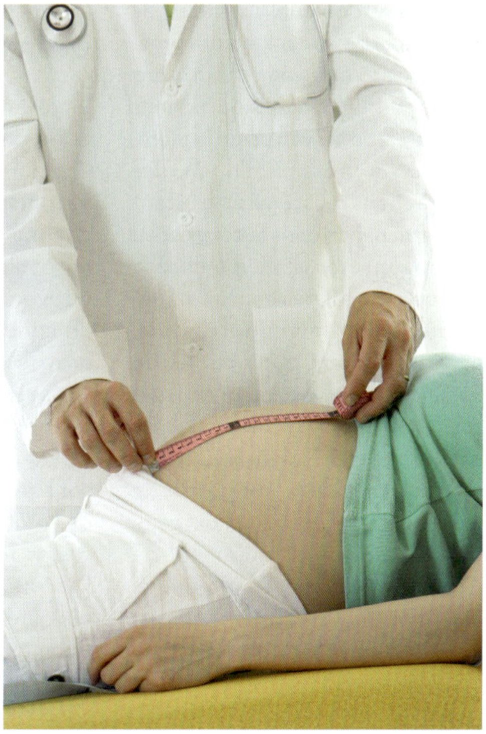

Les contractions : un phénomène naturel

Il est normal, au cours d'une grossesse, de ressentir quelques contractions, mais elles doivent être rares et non douloureuses. Le muscle utérin se ramasse, puis se détend, le ventre se durcit dans sa totalité et la future maman éprouve une sensation de constriction.

Un entraînement à l'accouchement

Ces contractions ne doivent pas être confondues avec celles ressenties au cours de l'accouchement, elles sont de faible ampleur et naturelles : l'utérus durcit de 20 à 30 secondes toutes les 15 minutes environ ; leur fréquence est toujours la même, mais elles ne sont jamais constantes, ni accompagnées de douleurs. Il ne faut pas les confondre encore avec la pression due aux mouvements in utero du bébé. Ceux-ci ne durcissent qu'une partie du ventre de la mère, là où il y a pression. En fait, des contractions musculaires existent en permanence dans le corps et au niveau de l'utérus, même chez la femme qui n'est pas enceinte. Simplement, au 4e mois de grossesse, elles deviennent perceptibles en raison du développement de l'utérus. Elles ont des fonctions bien précises : elles vident les veines utérines pour leur permettre de se remplir de sang mieux oxygéné et elles favorisent l'étirement de l'utérus vers sa partie inférieure. Certaines futures mamans ressentiront peu de contractions au cours de leur grossesse et d'autres, quelques-unes par jour.

LES CONTRACTIONS NORMALES SONT COURTES ET NON DOULOUREUSES. *Elles se produisent inopinément de jour comme de nuit. Parfois, vous en comptez deux ou trois successives, puis plus rien pendant des heures, voire des jours. Elles cessent le plus souvent lorsque vous vous allongez. Consultez si votre utérus reste dur plus d'une minute ou si les contractions sont de plus en plus fréquentes et de plus en plus fortes.*

Quand s'inquiéter ?

En revanche, dès que les contractions deviennent fréquentes et douloureuses, notamment si elles s'accompagnent de bouffées de chaleur et d'une accélération du pouls, il faut s'inquiéter. Elles peuvent entraîner l'ouverture du col de l'utérus et risquent de provoquer une fausse couche. On sait aujourd'hui que la plupart des fausses couches tardives, qui surviennent vers le 4e ou le 5e mois, sont dues à une béance du col de l'utérus qui, normalement, doit rester fermé et tonique jusqu'à l'accouchement. On rencontre ce type de difficultés chez des femmes nées avec un col utérin atone (c'est souvent une difficulté congénitale), et surtout chez celles qui ont eu un ou plusieurs avortements ou curetages après des fausses couches. Pour l'éviter, la technique utilisée est le cerclage. Dans cette intervention, ce qui compte, ce sont l'état du col et la position du bébé. Mais la femme ne peut pas s'en rendre compte objectivement. Une sensation de pesanteur ou l'impression que le bébé est « bas » ne sont pas des signes révélateurs. Seul un examen peut confirmer ou infirmer ces impressions.

En cas d'ouverture prématurée du col, on vous demandera de rester allongée le plus longtemps possible. Cette position permet de réduire la pression exercée sur le col de l'utérus et de limiter les efforts abdominaux qui agissent également sur celui-ci. Elle est obli-

gatoire en cas de contractions et de modifications précoces du col. Dans ce cas, on prescrit parfois des médicaments destinés à réduire les contractions. C'est une des circonstances où il est demandé au couple d'interrompre momentanément ses relations sexuelles.

Signe d'un placenta « bas inséré »

Certaines contractions associées à des saignements sont parfois le signe d'un placenta « bas inséré ». Le placenta s'est installé dans la moitié inférieure de l'utérus et non au fond, comme il l'est normalement. Des contractions légères amènent alors son décollement, provoquant des saignements. Dans ce cas, le médecin prescrit à la future maman du repos, des médicaments pour éviter les contractions de l'utérus et, s'il en est besoin, certaines hormones pour maintenir l'équilibre indispensable au bon déroulement de la grossesse. Dans 90 % des cas, le placenta va, au fil des mois, migrer en haut de l'utérus. Le placenta « bas inséré » est donc fréquent à l'échographie entre la 22e et la 24e semaine. Il faut lui laisser le temps de remonter avec l'étirement de l'utérus. Dans 10 % des cas, le médecin observera la présence d'un placenta praevia, qui peut saigner au moment de la mise en route du travail. Il arrive encore que le placenta recouvre la totalité du col de l'utérus, on parle alors de placenta recouvrant. Si celui-ci persiste après le 7e mois, la future maman devra être hospitalisée et une césarienne sera obligatoirement programmée pour son accouchement.

Le cerclage a eu son heure de gloire. *Aujourd'hui, on le pratique avec un peu plus de discernement. Il est nécessaire lorsque le médecin constate, chez la future maman, une béance du col. Les causes peuvent en être différentes, soit parce qu'elle a déjà accouché prématurément ou avorté tardivement, soit parce qu'une échographie a montré un problème au niveau du col, soit encore parce qu'elle a une malformation utérine. On cercle généralement à la fin du premier trimestre ou au début du deuxième trimestre, sous anesthésie générale ou sous péridurale. Certains cerclages peuvent être faits « à chaud » pour les femmes qui ont une poche des eaux visible au 5e mois ou au 6e mois. On tente de la réintégrer et ainsi la grossesse peut se poursuivre quelques semaines, ce qui s'avère souvent vital pour le bébé.*

Lutter contre l'anémie

Quand vous étiez petite, on vous forçait peut-être à manger certains aliments pour leur richesse en fer. Eh bien, cela va recommencer ! Cependant, il y a de fortes chances que, pour plus de sûreté, l'on vous en prescrive sous forme médicamenteuse.

Un besoin accru de fer

Du jour au lendemain, ou presque, votre grossesse fait passer vos besoins en fer de 18 à 50 mg en moyenne par jour, selon l'état de vos réserves. Ces nouveaux besoins sont dus à l'augmentation de votre volume sanguin, à la constitution du placenta et au développement du fœtus. Environ 20 % des femmes en âge d'être mères n'ont aucune réserve en fer, et les trois quarts des autres femmes ont des réserves insuffisantes. Le fer est un élément indispensable dans le fonctionnement des globules rouges. Son rôle est d'assurer la bonne oxygénation des tissus. Il est présent encore dans le foie, la rate et la moelle épinière. La plupart des femmes en manquent, car elles perdent une bonne partie de leurs réserves au moment de leurs règles. Votre besoin en fer augmente de façon substantielle aux abords du 2e trimestre. Il vous faut environ 20 mg par jour, mais beaucoup plus si vous avez débuté votre grossesse anémiée. Dans ce cas, la ration quotidienne peut s'élever à 30 ou 50 mg par jour.

À savoir : les grossesses gémellaires sont plus sujettes aux carences en fer, tout comme les grossesses rapprochées.

« L'apport en fer se fait généralement sous forme de comprimés, de sirops ou d'ampoules buvables. Et, si besoin est, en intraveineuse. »

Un complément médicamenteux systématique

L'accroissement de ces besoins est lié, toujours, à l'augmentation du volume sanguin et aux réserves que doit faire le fœtus pour préparer sa vie à l'air libre. C'est le fer donné par sa mère qui lui permet de fabriquer l'hémoglobine de son sang. Le fœtus demande à la mère une quantité constante en fer, quelle que soit celle qu'elle absorbe. Il est donc certain que, faute d'apport supplémentaire, celle-ci est de plus en plus anémiée. C'est pourquoi beaucoup de médecins le prescrivent dès le 2e mois de la grossesse. En effet, de nombreuses enquêtes alimentaires montrent que la grande majorité des futures mamans ne consomme que 12 à 16 mg de fer par jour pour les 20 à 25 mg indispensables dès le 6e mois de grossesse.

Si on ne sait pas encore avec certitude les effets de la carence en fer sur le fœtus, il est indispensable, en revanche, que la future

Prendre un supplément *de fer est conseillé à partir du 6e mois de la grossesse, car l'alimentation normale n'en apporte pas assez. Elle prévient l'anémie de la mère. Cela dit, rassurez-vous, une petite anémie maternelle n'a pas de conséquences sur l'enfant. Si cela se produit, c'est qu'elle a d'autres causes. De plus, au cours de l'accouchement, la mère va perdre un peu de sang et son organisme devra être capable de le remplacer au plus vite. Il faut savoir que le fer administré colore les selles en noir et qu'il n'est pas toujours bien toléré sur le plan intestinal.*

maman arrive avec des réserves à l'accouchement, qui s'accompagne toujours d'une petite hémorragie d'un litre et demi de sang en moyenne. Il lui est donc grandement recommandé de veiller à ce que son alimentation soit riche en cet oligo-élément. Les aliments qui contiennent du fer sont nombreux.

La richesse des aliments

Assez mal assimilé par l'organisme lorsqu'il est d'origine végétale, il est préférable de le « consommer » sous forme de viande ou de poisson qui, l'un et l'autre, en contiennent environ 30 %. En moyenne, une alimentation équilibrée apporte environ 10 % des besoins de la femme enceinte.
Il faut savoir que la vitamine C active l'assimilation en fer, contrairement au thé, en raison de son tanin, et au son, dont les fibres empêchent son absorption au niveau des intestins.
Le fer est particulièrement présent dans les haricots blancs, les lentilles, le cresson, les épinards, le persil, les fruits secs, les flocons d'avoine, le chocolat, le foie, les huîtres et le jaune d'œuf. Enfin, on trouve aujourd'hui un lait « spécial future maman », enrichi en fer.

L'anémie peut se manifester par une fatigue anormale *et persistante, une pâleur du teint et parfois des essoufflements. Mais souvent, elle ne se voit ni ne se ressent. C'est l'analyse de votre sang, la numération globulaire, faite le plus fréquemment dans le cadre du suivi de la maternité qui la révèle. Elle est sans conséquence sur le développement du futur bébé. Non traitée, elle entraîne une très grande fatigue après l'accouchement en raison de l'hémorragie normale au moment de la délivrance. Dans ce cas, en prévention, on procède à une injection intraveineuse d'acide folique avant et après l'accouchement ; cet apport en fer peut aussi prendre la forme d'une perfusion.*

Le rôle de l'acide folique

La vitamine B9, ou acide folique, ou encore folates, joue un rôle important dans la prévention de l'anémie. Elle est indispensable à la synthèse des protéines et à la multiplication des cellules. Toute future maman a besoin de deux fois plus d'acide folique qu'une femme ordinaire, en raison de la croissance de l'utérus, de la formation du placenta et de la croissance des tissus fœtaux. L'acide folique est rare dans notre alimentation et résiste mal à la cuisson. L'acide folique fixe le fer et participe à la fabrication des globules rouges et blancs par la moelle osseuse. On lui attribue aussi un rôle dans la prévention de certaines anomalies comme le spina-bifida. Voilà pourquoi votre médecin vous a conseillé de prendre de la vitamine B9 dès le début de votre grossesse, et parfois dès que vous envisagez de devenir mère. On le trouve dans tous les foies, dans les épinards, dans les croûtes de fromage, dans les œufs et dans les légumes, surtout s'ils ne sont pas consommés cuits. Parmi les fruits les plus riches en acide folique, on compte le melon, l'avocat, l'orange et la banane. Il en faut 800 microgrammes par jour, soit 100 g de melon ou 200 g de fromage à pâte molle ou d'avocat, ou encore 300 g de riz ou de banane.

Petits problèmes dermatologiques

Le plus connu et le plus redouté est le masque de grossesse. C'est ainsi que l'on nomme les taches brunes qui apparaissent sur le visage des futures mamans. Mais ces taches pigmentaires peuvent se développer sur d'autres parties du corps.

Des taches sur le visage

Le chloasma est le nom scientifique de ce phénomène. Il s'installe entre le 4e et le 6e mois de grossesse ; des taches brunes ou grisâtres irrégulières se remarquent au milieu du front, sur le menton et sur le pourtour de la bouche. Elles peuvent même s'installer à la pointe du nez.

Le masque de grossesse est le signe d'une réaction de l'épiderme aux effets du soleil quand il est modifié par les hormones de la grossesse. Les grains de pigment dus au bronzage, stimulés par les hormones, remontent des couches profondes de la peau vers les couches superficielles.

La première mesure de prévention, et la plus efficace, consiste simplement à s'isoler le plus possible des rayons solaires. Il est donc recommandé de ne pas prendre de bains de soleil aux heures les plus chaudes de la journée et surtout, même si vous vous mettez à l'ombre, de passer sur votre peau une bonne couche de produit solaire très filtrant, voire une crème écran total. Enfin, le port d'un chapeau à large bord est très efficace. Attention : il existe un risque de récidive lors d'une seconde grossesse.

> **« Les taches du masque de grossesse se situent souvent au niveau des pommettes et au-dessus des lèvres. Elles sont plus ou moins foncées selon les peaux. Les peaux mates sont plus marquées que les peaux claires. »**

Et sur le corps

Le masque de grossesse s'accompagne souvent d'une pigmentation plus marquée des aréoles des seins et de l'apparition d'une ligne foncée verticale sur le ventre, de l'ombilic au pubis.

Des laboratoires en cosmétologie proposent aux futures mamans des crèmes qui se veulent préventives. Elles contiennent toutes, en fait, un filtre puissant contre les rayons solaires. La vitamine B a la réputation de limiter le masque de grossesse, et certains dermatologues prescrivent une pommade « dépigmentante » à appliquer sur les taches les plus gênantes. Attention encore aux réactions de photosensibilisation de certains produits (l'essence de bergamote ou certaines eaux de Cologne), qui ont tendance à provoquer des marques brunes sur la peau. Si les taches ne touchent que l'épiderme, le masque disparaîtra assez facilement avec des crèmes. En revanche, si elles affectent le derme, seul un dermatologue pourra les traiter. Tous ces petits

---

SI VOUS VOULEZ OBTENIR UN LÉGER HÂLE, *préférez les terres de soleil, poudres à appliquer au pinceau. Attention, les crèmes autobronzantes sur le visage peuvent accentuer les marques brunes. En revanche, elles peuvent être utilisées sur le corps pour donner une peau légèrement hâlée. Sont tout à fait à exclure les séances d'UV en institut.*

---

problèmes disparaîtront après la naissance, mais soyez patiente, cela peut prendre six mois.

Des soins doux pour peau sensible

Ils tiendront essentiellement en un sérieux nettoyage et en une profonde hydratation. Pour le visage, un léger peeling éliminera les cellules mortes, ce qui facilitera le renouvellement cellulaire et permettra aux produits traitants de mieux pénétrer dans l'épiderme. Ces produits sont vendus sous forme de gels ou de crèmes et sont souvent fabriqués à base de plantes, moins agressives pour les peaux fragiles. Vous pouvez également essayer les masques nettoyants à l'argile. Ils absorbent en douceur les impuretés de la peau. Une crème revitalisante nourrira ensuite l'épiderme. Ce n'est qu'au bout d'une quinzaine de jours qu'il sera possible d'apprécier le résultat du traitement.

Certaines mamans constatent aussi que la fatigue laisse des cernes sous leurs yeux. Plus efficace qu'un maquillage-camouflage, il existe toute une gamme de produits anticernes et antirides pour les soins du visage et même des masques spécifiques pour le soin du contour des yeux.

Pour le corps, même traitement. Un bon gommage, fait une fois par semaine avec un produit spécial peau sensible, sera suivi d'une large application de lait adoucissant et, aux endroits légèrement cellulitiques, d'un produit désinfiltrant pour lutter contre la rétention d'eau ou encore d'une crème amincissante associée à un léger massage à la main ou avec un petit appareil. Certaines de ces crèmes, à base de lierre, sont particulièrement efficaces.

Une peau plus sèche

La nature de la peau change au cours de la grossesse, elle devient généralement sèche, voire très sèche, tant sur le visage que sur le corps. Tout cela est dû au changement d'équilibre hormonal, les tissus profonds se gorgeant d'eau au détriment de la couche superficielle de l'épiderme.

On a même constaté que, sous l'effet de la poussée hormonale, les grains de beauté se pigmentent plus fortement que la normale ou encore que certains apparaissent pendant la grossesse pour disparaître après la naissance.

Cependant, la future maman a, le plus souvent, un teint extraordinaire, grâce en partie à une alimentation équilibrée, riche en vitamines et en calcium, mais aussi grâce aux hormones, toujours elles, qui souvent donnent un parfait équilibre aux peaux grasses. En revanche, elles peuvent rendre encore plus sèche une peau qui l'était déjà. Il est alors indispensable d'apporter à la peau une large hydratation, par exemple en utilisant des crèmes à base d'huile de coprah ou de maïs, ou des huiles aussi à base de plantes. Il existe même en pharmacie une crème spécifique peau sèche, spécial future maman.

Acné, grains de beauté et couperose apparaissent parfois au cours de la grossesse. *Les poussées de boutons de type acnéique s'expliquent par l'activité de la progestérone, qui a pour effet d'augmenter l'activité sébacée. Un traitement local peut aider à faire disparaître ces rougeurs disgracieuses. De même, les poussées de psoriasis et d'eczéma ne peuvent être soulagées que par des traitements locaux. Pendant cette période, des grains de beauté ont tendance à apparaître. Attention, ils ne doivent pas être grattés ; tout grain de beauté anormal doit être montré au médecin. Enfin, on peut constater aussi l'apparition de couperose ou d'angiomes en étoiles, caractérisés par un centre rouge vif d'où partent de petits vaisseaux tortueux. Ces problèmes sont dus à une plus grande fragilité des vaisseaux sanguins.*

Opération antivergetures

Beaucoup de jeunes mamans craignent de voir leur peau se marquer de vergetures. Cette préoccupation est justifiée, puisque huit femmes sur dix constatent leur apparition au moment de la grossesse.

Une petite cicatrice

Elles se manifestent d'abord par des petites traces rosées semblables à de minuscules cicatrices qui peuvent survenir en 24 heures et sont malheureusement indélébiles. Leur taille est variable d'une femme à l'autre et d'une grossesse à l'autre. Elles sont dues à une rupture des fibres élastiques du derme et laissent sur la peau une cicatrice plus ou moins large, de 0,2 à 1 cm sur une longueur de 2 à 5 cm. Elles apparaissent en deux temps. Vous observerez d'abord sur votre peau des petites lignes violacées et marquées. Vous pouvez même sentir quelques démangeaisons. C'est la phase inflammatoire.

Puis une marque blanche nacrée

Quelques mois plus tard, votre peau va redevenir progressivement blanche, un peu nacrée et se creuser légèrement : la vergeture s'est installée sous l'aspect d'une cicatrice blanchâtre. L'épiderme, aminci à cet endroit, devient lisse et brillant, marqué de tout petits plis. C'est la cortisone sécrétée par les glandes surrénales qui les provoque. Elles se localisent bien souvent sur le ventre, les hanches, le haut des cuisses et même sur les seins. Elles ont tendance à apparaître un peu plus fréquemment après les 6e et 7e mois mais peuvent, dans certains cas, être présentes bien avant. Ainsi, les peaux jeunes semblent y être plus sensibles, ainsi que les peaux blanches et fines. Vous limiterez leur nombre en ne prenant pas trop de poids brutalement et en traitant préventivement votre peau avec des crèmes spécifiques.

Des soins réguliers

Pour être parfaitement efficaces, ces crèmes doivent être appliquées tous les jours, sous la douche en massage ferme, la peau peut même légèrement rougir. Le massage fait partie intégrante du soin, il stimule la circulation en surface et contribue à restaurer l'élasticité de la peau. Un léger gommage pour le corps, une fois par semaine, assure une parfaite pénétration du produit. Ajoutez aux soins locaux une hydratation de tout votre corps, seule solution pour entretenir son collagène. Vous avez à votre disposition des huiles à base d'amande douce, d'avocat ou de germe de blé et des laits hydratants pour le corps. Enfin, ne soyez pas étonnée de constater, après votre accouchement, lors de vos premiers bains de soleil, que les vergetures ne bronzent pas. Il faudra attendre

---

COMMENT SE FORMENT-ELLES ? *On a longtemps cru que les vergetures étaient dues à une modification de la nature des fibres élastiques et du collagène du derme qui, sous l'effet d'une tension inhabituelle, se distendaient et se cassaient. On estime aujourd'hui que l'effet des hormones est sans doute dominant. En effet, certaines adolescentes, sous l'effet des changements hormonaux de la puberté, voient leur peau se marquer de vergetures. Tout comme elles, les futures mamans sont sous l'emprise de grands changements hormonaux – œstrogènes, progestérone et cortisone en fin de grossesse. De plus, des analyses de peau montrent que l'atteinte est plus profonde et que l'hypoderme est aussi touché.*

---

un peu pour que la peau reprenne toute sa capacité à dorer au soleil, mais il restera toujours quelques marques plus ou moins visibles selon les natures de peau.

Des soins par microcristaux

Un appareil a été mis au point par des dermatologues : le Skin Renewing®. Il projette au niveau du derme des microcristaux pour stimuler le renouvellement cellulaire. Ainsi, le derme et l'épiderme se reconstituent et atténuent les vergetures. Pour être efficace, le traitement doit se faire en plusieurs séances et dans les trois mois qui suivent l'accouchement. Il est indolore et peut, dans les cas les plus spectaculaires, être pris en charge par la Sécurité sociale. Le nombre et la durée des séances sont variables en fonction de l'état de la peau. Mais si, après l'accouchement, les marques restent trop importantes, il est toujours possible d'avoir recours à la chirurgie esthétique. Mais sachez que cette réparation n'améliore pas totalement l'aspect de la peau.

Il est plus efficace de les prévenir que de les guérir, *et cette prévention passe par la recherche d'une peau souple et bien hydratée. Ces caractéristiques permettent à l'enveloppe cutanée de s'adapter aux variations de volume du corps. Mais il est indispensable de se maintenir dans une prise de poids raisonnable.*

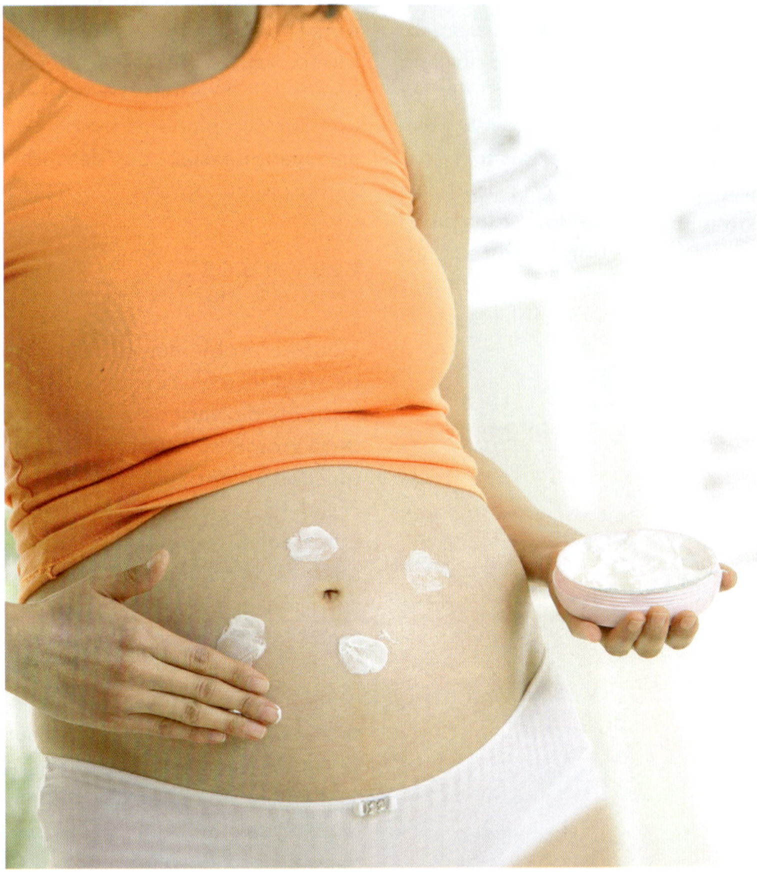

Crèmes et massages

La cosmétique offre différents produits destinés à prévenir l'apparition des vergetures. Plus tôt la prévention est entreprise, meilleurs sont les résultats. Elle ralentit notamment leur apparition. Vous trouverez des crèmes, des gels et des solutés. Ces derniers sont plus concentrés en principes actifs, les gels ont toujours un effet agréablement rafraîchissant et les crèmes sont parfaites pour les massages qui activent la microcirculation et favorisent les échanges cellulaires. Pour être efficace, une crème doit être correctement appliquée. Qu'elle le soit à la main ou à l'aide d'appareils spécifiques (généralement vendus avec les crèmes amincissantes), prenez votre temps, c'est aussi un moment de détente.

- Le massage du ventre : à partir du nombril en tournant de plus en plus largement vers les hanches.
- Les fesses : toujours par un massage circulaire du bord de la fesse vers la hanche.
- Les jambes : de la cheville à la cuisse en remontant le long des muscles comme on le fait pour enfiler des bas.
- Les cuisses : en massant de l'intérieur vers l'extérieur, de bas en haut avec de larges mouvements circulaires.

Les problèmes circulatoires

C'est surtout pendant la grossesse que se manifestent pour la première fois les problèmes circulatoires, dont le plus classique est la sensation de jambes lourdes. Le meilleur traitement, simple mais efficace, consiste à vivre le plus souvent possible les jambes surélevées.

Soulager la sensation de jambes lourdes

En plus de surélever vos jambes régulièrement et tout particulièrement pendant votre sommeil, vous pouvez vous soulager en utilisant une crème ou un gel contre les jambes lourdes qui, appliqués après une douche légèrement froide sur les jambes, décongestionnent et stimulent le tonus veineux. Certains de ces soins contiennent des extraits de plantes bien connues pour leurs vertus rafraîchissantes (menthol ou camphre). Essayez aussi le port de bas de contention. Quant à celles qui souffrent d'œdème des chevilles ou des jambes, l'application d'huiles anti-eau, le soir après une douche pas trop chaude, permet d'y remédier avec une relativement bonne efficacité.

Les crampes : sans gravité

La chaleur du lit, le ralentissement de la circulation au cours du sommeil et l'immobilité prolongée les expliquent. Un bon moyen d'éviter ces crampes, parfois très douloureuses, est de prendre de la vitamine B et de dormir les pieds surélevés. La bonne hauteur : 20 à 25 cm (ni plus, ni moins). Il faut surélever entièrement les pieds du lit (et pas seulement un côté), de manière à ce que jambes et pieds soient en parfaite extension. Glisser simplement un oreiller sous ses pieds ne sert à rien. Lorsque vous souffrez d'une crampe au mollet, massez-le de bas en haut ; si elle s'est installée dans le pied, redressez-le à la perpendiculaire vers votre jambe. Mieux vaut, dans les deux cas, vous lever et poser votre pied sur une surface plane et froide ; en appuyant dessus, vous détendez le muscle du mollet.

Les varices : souvent temporaires

D'autres problèmes circulatoires peuvent être plus ennuyeux. L'apparition de varices au moment de la grossesse est normale. Bien qu'elles soient temporaires, on craint toujours de les voir s'installer définitivement. Elles apparaissent de manière très variable suivant les femmes, souvent au cours du premier trimestre et généralement en quelques jours, presque brutalement. Elles s'installent un peu n'importe où sur la jambe, aux endroits où habituellement on ne les trouve pas : face latérale de la jambe ou de la cuisse, bord du pied, bord infé-

> ***Une varice, c'est une veine anormalement dilatée*** *qui marque la peau d'une tache bleue. C'est le résultat d'une anomalie de la paroi veineuse. Ce sont les hormones féminines, les œstrogènes et la progestérone, qui les favorisent. On comprend mieux pourquoi elles apparaissent particulièrement au cours de la grossesse, lorsque le taux de ces deux hormones est en augmentation. Le phénomène est accentué si le tissu des parois des veines est de mauvaise qualité pour des raisons héréditaires.*

rieur de la fesse. L'importance de leur apparition au cours de la première grossesse est le plus souvent liée à un terrain favorable hérité de l'un des parents, voire des deux. Les hormones de la maternité, œstrogènes et progestérone, semblent en être la cause, surtout les premiers mois. Généralement, 70 % des varices apparaissent avant le 6e mois. Après, elles sont dues à la prise de poids. L'augmentation du volume de l'utérus et le développement du bébé gênent la circulation du sang dans les vaisseaux sanguins profonds du ventre et dans la zone vulvaire. Elles sont disgracieuses et peuvent provoquer une gêne qui n'est pourtant pas dangereuse.

UNE PREMIÈRE GROSSESSE *sans varices ne signifie en rien que les autres maternités n'en provoqueront pas. Bien des phénomènes peuvent intervenir : l'âge, le changement de style de vie, le nouvel équilibre hormonal. Il est pourtant une certitude : les grossesses multiples sont toujours un phénomène aggravant dans leur apparition. Dans ce cas, les varices sont dues à la répétition de la pression importante des vaisseaux sanguins au niveau du ventre. À cela s'ajoute le ralentissement de l'exercice physique qu'entraîne toujours la grossesse. Enfin, la chaleur, notamment les bains chauds, les bains de soleil ou l'épilation à la cire, ainsi qu'une prise de poids de 15 à 20 kg, favorisent leur venue.*

Quand faut-il traiter ?

Ces varices ne sont ni moins ni plus douloureuses que les varices normales. Les sensations qu'elles procurent vont de la lourdeur des jambes aux brûlures, crampes, démangeaisons, fourmillements, voire aux douleurs réelles. Les phlébologues s'accordent à penser qu'il ne faut traiter ces varices que si elles sont douloureuses. Un traitement tout à fait particulier de toniques veineux ou de phlébotoniques à base essentiellement de plantes et de vitamines est alors prescrit. Enfin, renoncez à l'épilation à la cire chaude, préférez-lui les crèmes ou les appareils électriques.

Vous limitez l'apparition des varices en étant active, voir sportive ; la natation et la marche sont recommandées. N'hésitez pas à porter des bas de contention chaque fois que vous devrez rester longtemps debout ou assise. Enfin, évitez d'exposer vos jambes au soleil et fuyez le chauffage par le sol.

La relaxation

Si vous ne connaissiez pas les bienfaits de la relaxation avant votre grossesse, c'est vraiment le moment approprié pour en découvrir tous les avantages. La relaxation est idéale pour retrouver son calme et sa forme. D'ailleurs, elle fait partie de pratiquement toutes les préparations à l'accouchement.

Décontraction musculaire

À la base de la relaxation : la connaissance de son corps et de son interaction avec l'esprit.
Même au repos et malgré les apparences, les muscles et le système nerveux restent sous tension, réussir à l'apaiser n'est pas forcément facile ; la relaxation entraîne une détente maximale. Elle s'obtient par une baisse des stimuli, grâce à l'immobilité, à la concentration sur soi et au silence. Bien maîtrisée, on constate une décontraction de tous les muscles du corps, ceux qui animent notre squelette et ceux qui régissent nos organes. La respiration joue aussi un rôle important, une bonne ventilation pulmonaire apporte une parfaite oxygénation de notre sang et entraîne une grande sensation de bien-être.

S'entraîner dès maintenant

Avant même de commencer votre préparation à la naissance et quelle que soit la méthode choisie, vous pouvez apprendre vous même à vous relaxer.
Il existe de nombreuses méthodes de relaxation, mais voici la plus courante : vous allez apprendre à supprimer les tensions musculaires de votre corps. La première étape consiste à percevoir mentalement les différents états physiologiques qui nous gouvernent. Pour y parvenir, il faut vous exercer à contracter et décontracter vos muscles afin que vous soyez consciente de leur état d'effort et de leur état de détente. À chaque séance de relaxation, vous vous concentrez successivement sur différents groupes musculaires de votre corps, ceux des bras, des jambes, du tronc, du visage, etc. Vous devez tenir la tension quelques secondes et relâcher progressivement. La contraction se fait au moment de l'inspiration, la détente à l'expiration. Démarrez votre apprentissage par des séances courtes de 5 minutes, mais fréquentes. Dans un premier temps, chacune sera consacrée à un groupe musculaire. Au bout de quelques semaines, vous serez prête pour essayer de relâcher tous les muscles de votre corps en une seule fois. Après quelques exercices de respiration profonde, contractez tous vos muscles 3 ou 4 secondes, puis relâchez en expirant.

> **« Se relaxer est bénéfique tout au long de la grossesse, au cours de l'accouchement et même après pour apaiser le stress de la vie quotidienne. »**

LES CONDITIONS POUR ATTEINDRE UNE BONNE DÉTENTE : *pratiquez les séances dans une atmosphère calme et silencieuse ou dans un environnent sonore reposant. Allongez-vous sur un tapis de gym, avec 3 coussins, un pour la tête, un sous les genoux et le dernier en appui des pieds. Entraînez-vous un quart d'heure environ et si possible tous les jours ou au moins tous les 3 jours.*

Vous serez étonnée du résultat, cette pratique, renouvelée trois ou quatre fois, va vous apporter une grande sensation de détente.

Comme un poisson dans l'eau

La relaxation en piscine est aussi très efficace. Elle sera particulièrement appréciée des futures mamans qui n'ont pas la possibilité de faire une préparation à l'accouchement en piscine. Cette relaxation ne nécessite aucun exercice compliqué : il suffit tout simplement de se laisser flotter, soutenue ou non par un matelas de mousse. Le poids du corps disparaît, l'effet kinesthésique de l'eau le long du corps et le balancement des petites vagues devraient suffire à vous apporter calme et détente.

La relaxation en piscine est très appréciée en fin de grossesse, lorsque le corps se fait particulièrement encombrant. De plus, bien des futures mamans disent que c'est aussi un merveilleux moyen de lutter contre les insomnies.

Une bonne position pour vous sentir totalement relaxée est de vous laisser porter par l'eau tout en respirant doucement : faites la planche, genoux légèrement fléchis et tournés vers l'extérieur (en semi-grenouille), talon contre talon, une main sur le haut du ventre, l'autre à la hauteur du pubis, la nuque souple et relâchée, les yeux fermés.

Adoptez dès maintenant un autre rythme de vie. *Si vous travaillez, reposez-vous le week-end. Si vous avez d'autres enfants, confiez-les pour un après-midi de détente. Si vous n'avez pas d'aide à domicile, sachez que vous pourrez faire appel à une entreprise spécialisée dans certains gros travaux domestiques. Repérez les commerces livrant à domicile et faites vos courses sur Internet. Pensez encore à interroger votre mairie, peut-être pourrez-vous bénéficier d'une aide familiale. Il est préférable de vivre une grossesse sans stress. Rassurez-vous, cela n'a pas de conséquences sur le développement du fœtus, mais réfléchissez dès maintenant au pourquoi de votre fatigue nerveuse.*

Petits exercices pour une vraie détente

Mis à part les deux méthodes indiquées dans les pages précédentes, voici quelques postures « spécial futures mamans » qui peuvent vous aider à trouver un peu de détente seule, ou avec l'aide de votre conjoint.

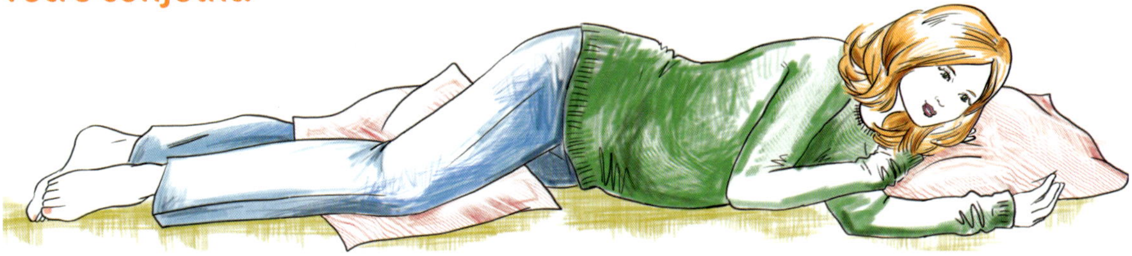

Voici la position la plus classique pour la femme enceinte : couchée sur le côté, un coussin sous la tête, une jambe repliée (droite ou gauche selon le confort de chacune), un ou deux coussins sous cette jambe à la hauteur du genou. Dans cette position, décontractez tous les muscles du corps.

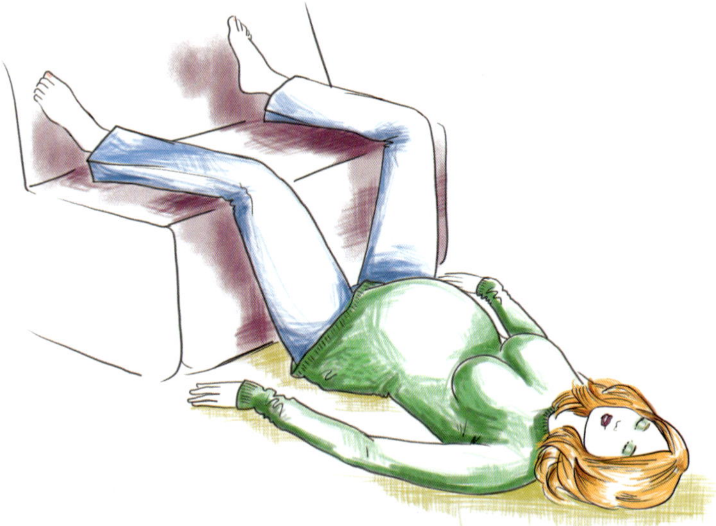

Cette autre position est également propice à la relaxation : allongez-vous dos sur le sol, un coussin très plat sous la tête, posez les jambes en hauteur sur l'assise d'un fauteuil, le bord du siège au creux des genoux. Respirez calmement par des inspirations et expirations régulières et de bonne amplitude.

Une autre méthode consiste à s'allonger bien à plat sur le sol, la tête non surélevée, dans le prolongement de la colonne vertébrale. Le dos doit être plaqué contre le sol, les jambes à peine écartées, les chevilles et les pieds souples, les bras légèrement écartés du tronc, la paume des mains vers le sol, les yeux fermés. Faites-vous la plus lourde possible comme pour entrer dans le sol, puis prenez conscience mentalement des différentes parties de votre corps.

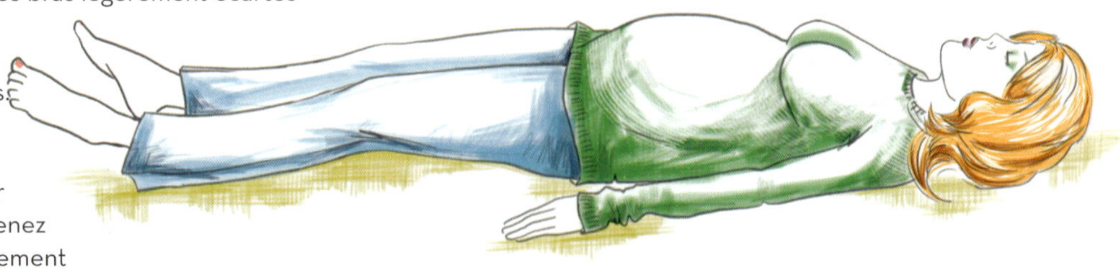

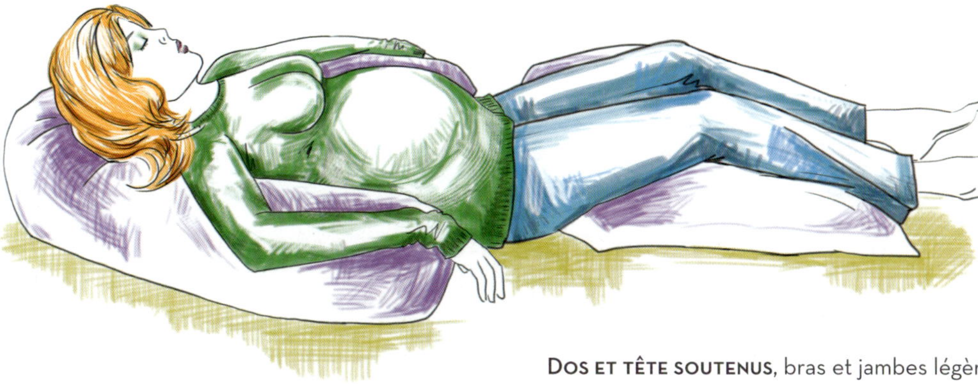

Dos et tête soutenus, bras et jambes légèrement écartés, un coussin sous les genoux, cherchez la sensation de lourdeur dans votre corps.

Vous pouvez aussi demander à votre conjoint de vous aider à pratiquer correctement ces deux exercices respiratoires en maintenant votre cage thoracique ou vos omoplates. Les deux exercices qui suivent vous seront utiles au moment de l'accouchement.

Assise en tailleur, pratiquez une respiration profonde, ample et régulière ; elle vous aidera lors de l'accouchement, au début et à la fin des contractions.

Assise en tailleur, essayez la respiration artificielle bouche ouverte, de façon légère et rapide, avec un temps d'inspiration égal au temps d'expiration. Elle vous aidera pendant les contractions.

L'annonce faite à l'aîné

Avoir un petit frère ou une petite sœur, c'est parfois une épreuve pour l'aîné. Même si vous avez choisi jusqu'alors la discrétion, il sent certainement qu'il y a quelque chose en préparation. Ne le laissez pas languir, faites-le participer à la fête.

Rassurez-le avant tout

Même petit, vous pouvez lui expliquer ce que l'arrivée d'un nouveau bébé va changer pour lui, mais surtout n'oubliez pas d'insister sur ce qui ne changera pas.
Précisez-lui tout de suite qu'il ne sera pas exclu de la maison, mais que cet espace se transformera quelque peu ; votre aîné aimera savoir ce qu'il gardera bien à lui et ce qu'il devra partager. N'hésitez pas à entrer dans le détail. Il gardera ses jouets, sa chambre si possible, et bien sûr toute votre affection. Expliquez aussi comment, concrètement, se passeront les journées.

***Emmener l'aîné à l'échographie** de son cadet n'est pas conseillé, en raison de la qualité de l'image. L'enfant ne peut pas la comprendre et n'a pas généralement la capacité intellectuelle d'imaginer son futur frère ou sa petite sœur. Pour certains psychiatres, cette rencontre sur écran suscite parfois des sentiments précoces de jalousie. Il vaut mieux garder le mystère que de peupler son imaginaire d'images médicales.*

Faites-le participer

Dès lors, son rôle d'aîné sera valorisé : les bébés, tout à coup, deviennent des personnes bourrées de défauts. Il en sera ravi. Vous pouvez lui montrer encore les bébés dans la rue, dans les magazines, l'encourager à toucher votre ventre, pour qu'il sente bouger son petit frère ou sa petite sœur. Pourquoi ne pas lui demander également son avis sur le choix du prénom ou la couleur de la layette ? Plus il sera impliqué dans cet événement familial, plus il s'attachera à son cadet. Attention, il y aura tôt ou tard des crises de jalousie parfois violentes (p. 456). Mais sachez que cette violence est quasiment toujours verbale ; tous les aînés rêvent un jour de se débarrasser de leur petit frère ou de leur petite sœur. Ne vous inquiétez pas, c'est une attitude tout à fait normale et sans danger, si l'aîné ne se sent jamais exclu.

Le bon écart

Deux ans semblent le bon écart entre deux naissances. Ce temps est nécessaire pour que vous retrouviez toute votre féminité et pour profiter pleinement de votre premier-né. Mais il n'y a pas de règle, c'est l'affaire de chaque couple.

Statistiquement, l'écart entre les deux premiers enfants, aujourd'hui, est de 2 ans et demi. Mais c'est sans doute lorsque l'aîné est un peu plus âgé, vers 3 ou 4 ans, que l'acceptation du petit frère ou de la petite sœur est plus facile. Bien sûr, tout est question de « maturité » et de caractère. L'enfant a pris conscience de son indépendance vis-à-vis de sa mère, avec notamment l'affirmation de son identité sexuelle. Il est plus disposé à avoir un cadet qu'un enfant plus jeune, pour qui sa mère est encore ce qu'il possède d'unique au monde. La jalousie « d'un petit » s'exprime souvent d'abord vis-à-vis de sa mère. Elle l'a trahi et il peut le lui reprocher ouvertement. Puis ses sentiments se tourneront vers l'intrus. Parallèlement, il fera tout

Comment on fait les bébés ? Une question que votre aîné posera bien à propos. *À cette question, mieux vaut répondre simplement et clairement. Employez les termes anatomiques exacts ; parlez de pénis et de vagin, nommez les spermatozoïdes et l'ovule en expliquant que ce sont deux graines qui donnent naissance à un fruit : le bébé. Cette question sera suivie, à plus ou moins de distance, d'autres sur la naissance et sur l'amour. Là aussi, des réponses claires et relativement succinctes doivent lui suffire. Si vous avez besoin d'un peu d'aide, demandez quelques conseils à la sage-femme en charge de votre préparation à la naissance.*

pour se faire remarquer. Régression, bêtises, caprices, tristesse ou agressivité, il choisira son mode d'expression en fonction de son caractère et des situations.

Expliquer par l'image

De nombreux livres pour enfants sur l'arrivée d'un bébé à la maison sont édités. Rien de tel qu'un livre comme support pour expliquer aux aînés cette future naissance.

Voici quelques ouvrages de référence :

- *Graine d'amour* (à partir de 3 ans), éd. L'École des Loisirs.
- *Un bébé, quelle aventure* (à partir de 4 ans), éd. Bayard.
- *Le Bébé* (à partir de 4 ans), éd. Gallimard Jeunesse 1ère découverte.
- *Quand le nouveau bébé arrive, moi je m'en vais* (de 5 à 8 ans), éd. Duculot.
- *Petit Jaune et Petit Bleu*, éd. L'École des Loisirs.
- *Les Mystères des graines à bébé*, par Serge Tisseron et Aurélie Guillerey, éd. Albin Michel Jeunesse.
- *Naître* (dès 7 ans), éd. Hachette.
- *Des p'tites bêtes sur la montagne*, Céline Herrmann, éd. Loulou & compagnie.
- *Il y a une maison dans ma maman*, par Vanessa Cabban, éd. Gautier Languereau.
- *Attendre un petit frère ou une petite sœur*, de Catherine Dolto et Colline Faure Poiré et Frédéric Mansot, éd. Gallimard Jeunesse.
- *Un bébé arrive dans la famille*, par William et Martha Sears et Christie Watts Kelly, éd. Chanteclerc.

Pour dédramatiser gentiment la situation, un DVD :

- *Franklin et le Chevalier vert.*

Pour donner encore plus de vérité aux explications :

- *L'Odyssée de la vie*, en DVD ou en livre avec le concours de Denis Boulard et René Frydman, éd. Hachette Jeunesse.

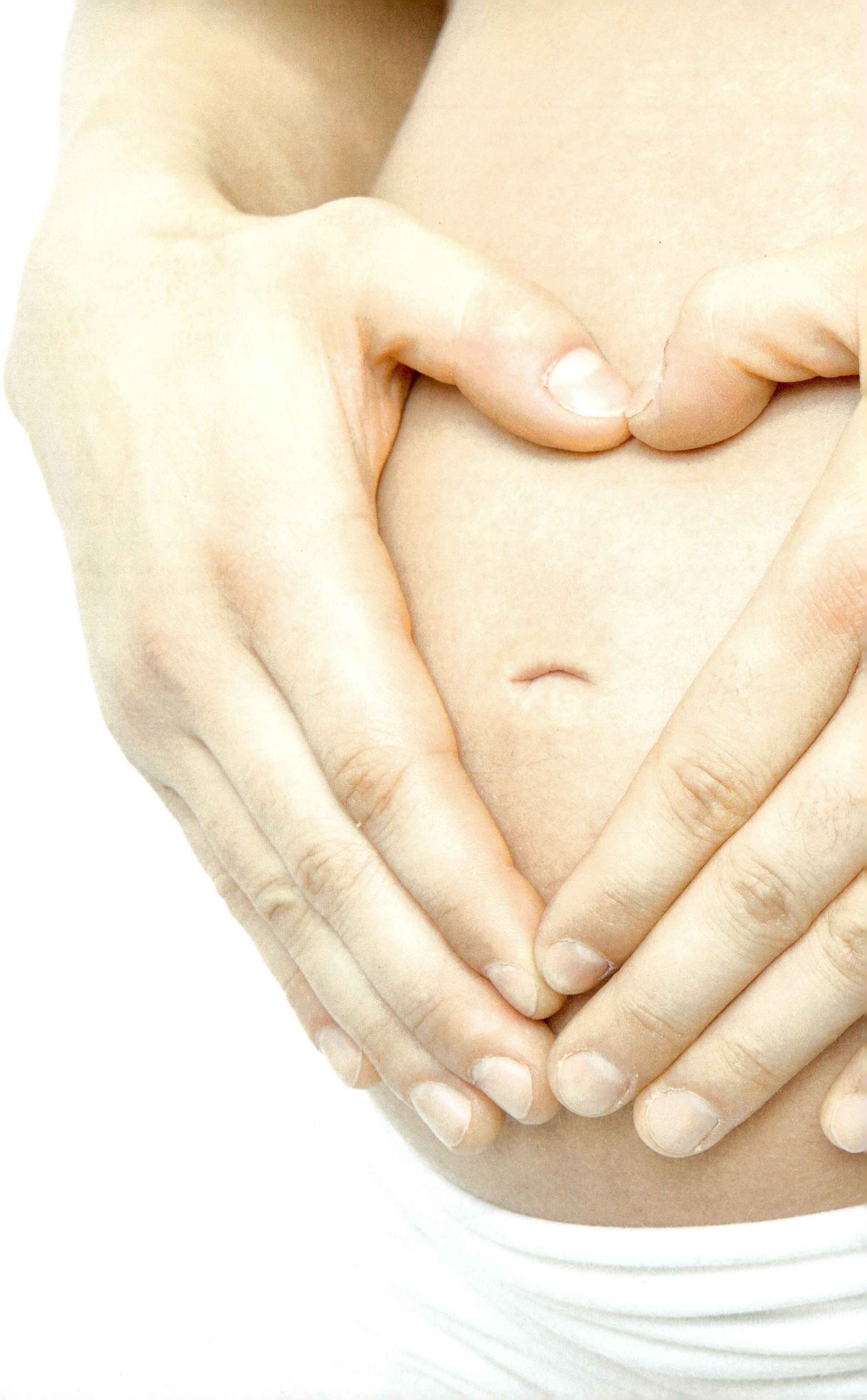

5e MOIS

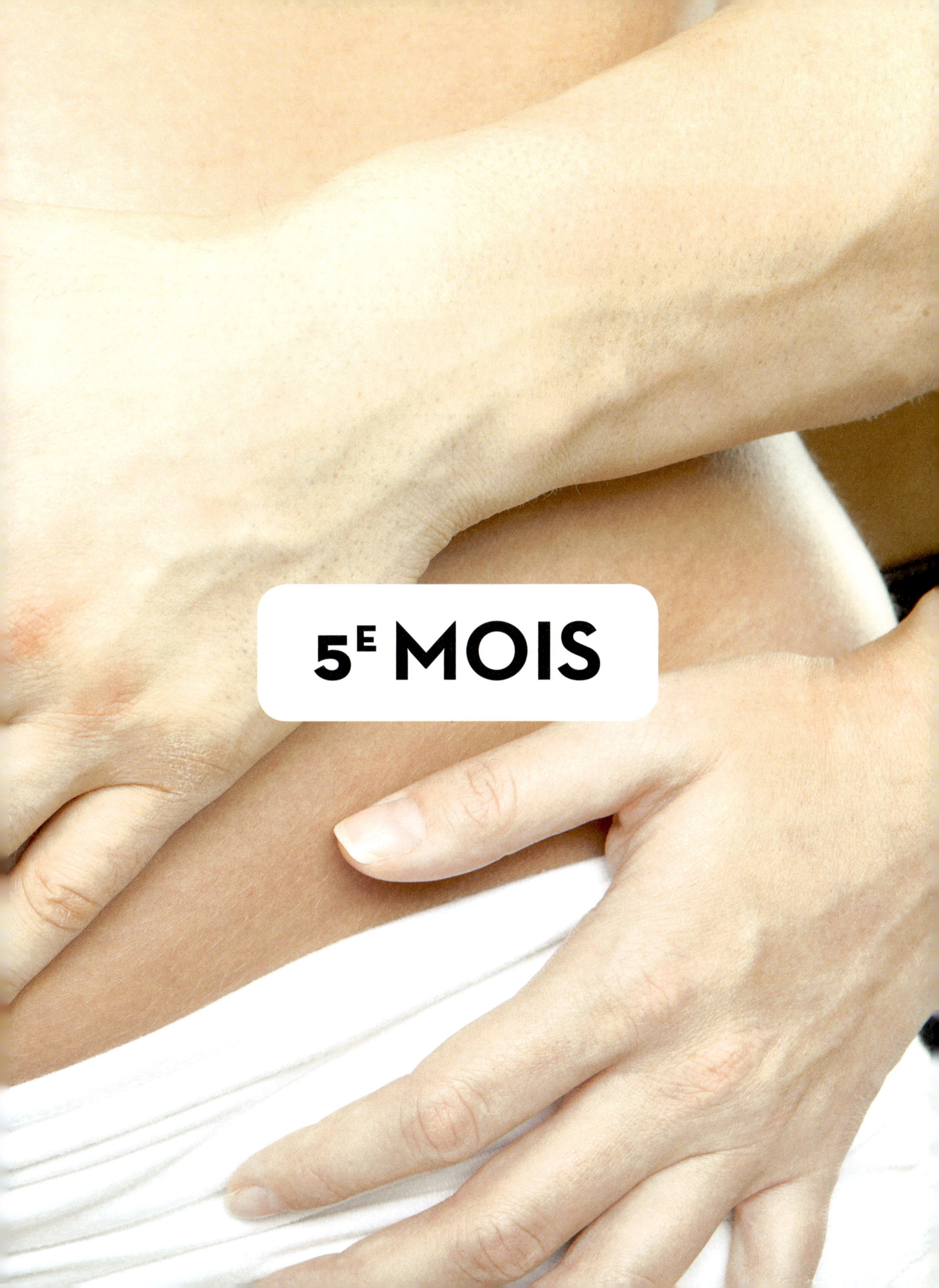

5E MOIS

Vous

VOTRE MATERNITÉ COMMENCE À SE VOIR, VOTRE VENTRE S'ARRONDIT. On devine un petit quelque chose dans la démarche qui devient un peu plus lourde, qui prend une autre grâce.

Au statut de femme se substitue celui de mère, unique et irremplaçable, regardée, observée, quotidiennement interrogée : « C'est pour quand ? C'est un garçon ou une fille ? Qui le gardera ? Quel sera son prénom ? » Ces questions reflètent de la part de votre entourage le besoin de partager cette maternité, même dans l'imagination.

Généralement, vous répondez avec complaisance, preuve de l'importance de ce moment dans votre vie, témoignage quotidien que la séduction du corps a fait place à une autre forme de féminité. En tant que future mère, vous n'êtes plus tout à fait la même femme, vous êtes porteuse de promesses dont chacun souhaite avoir une part.

TRÈS TÔT, LE FŒTUS PEUT COMMUNIQUER AVEC SA MÈRE. Il est capable de recevoir et d'émettre des signaux de façon de plus en plus élaborée. Par la voix, par le toucher, grâce à l'haptonomie, vous entrez en contact en établissant l'ébauche d'un véritable dialogue. Les sentiments n'ayant pas de support biologique, vous lui transmettez votre amour d'une autre façon.

Une mère qui se donne le temps de vivre avec son bébé, de dialoguer avec lui, de penser à l'évolution de l'enfant qu'elle porte se prépare à son accueil. Elle le considère déjà comme un être digne de respect et elle lui donne une place dans son cœur, dans la famille et dans la société. Ces préliminaires garantissent qu'au jour de la naissance, tous deux seront prêts à un échange profond de sentiments.

Votre bébé

Son sens du toucher est déjà assez élaboré pour qu'il perçoive les mouvements du liquide amniotique, un entraînement au plaisir des caresses. Ses yeux ont la capacité physiologique et neurologique de voir, mais ses paupières sont provisoirement fermées et les tissus rétiniens ne seront sensibles à la lumière que dans deux mois. On peut écouter parfaitement les battements de son cœur et constater qu'il bat vite. C'est un cœur un peu particulier, puisque les deux oreillettes et les deux ventricules communiquent par le trou de Botal, qui se refermera automatiquement à la naissance, dès la première inspiration d'air.

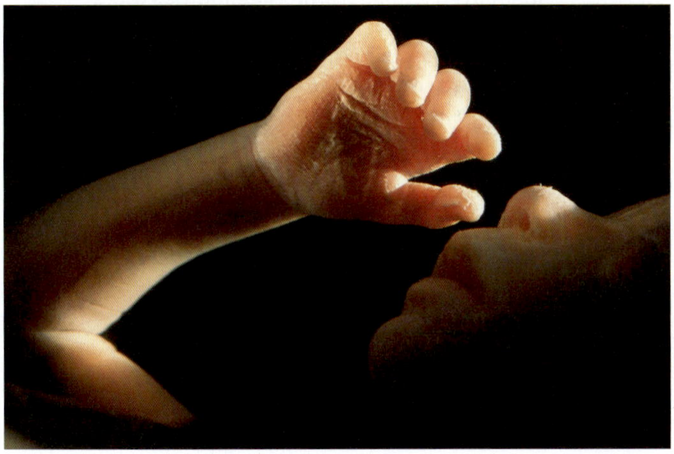

5E MOIS

À cet âge, le futur bébé acquiert une caractéristique fondamentale de son identité : ses empreintes digitales se dessinent au bout de chacun de ses doigts.

Le sens du toucher et les prémices de la vue

Si la vue est le sens le moins développé chez le futur bébé, sans doute en raison d'un manque de stimulation, le toucher est relativement performant. Mais aucun sens ne se développe et ne fonctionne indépendamment des autres. En fait, le bébé développe une sensorialité générale.

Premières sensations tactiles

Le tact se met en place très précocement ; il regroupe le toucher et la sensibilité cutanée. Les cellules nerveuses indispensables à cette fonction se développent dès la 6e semaine de gestation et s'organisent en couches à partir du 3e mois. Tout le mécanisme sera opérationnel à la fin du 6e mois. Au début, le fœtus ressent des choses confuses ; au fil des semaines, ses sensations tactiles se précisent. L'étude du développement des grands prématurés a contribué à bien des connaissances dans ce domaine.

Les toutes premières sensations tactiles proviennent des changements de pression du liquide amniotique. En appuyant sur votre ventre, même légèrement, vous stimulerez le toucher de votre futur bébé. La sensibilité tactile est le résultat d'une excitation des « mécano-récepteurs » qui transmettent le message reçu aux cellules nerveuses les plus proches : chez le fœtus, comme plus tard après la naissance, les corpuscules de Pacini et les corpuscules de Meissner sont spécialisés dans la réception des vibrations. Les premières sensations tactiles apparaissent dès 7 semaines et demie de vie fœtale, notamment autour de la bouche. À 11 semaines, on trouve des récepteurs tactiles sur tout le visage, mais aussi sur la paume des mains et la plante des pieds.

À 20 semaines de gestation, tout le corps et même les muqueuses sont capables de réagir au toucher. Aujourd'hui, tout le monde s'accorde pour affirmer que le brassage du liquide amniotique procure au bébé de multiples sensations d'effleurement, qu'il perçoit sans doute de manière agréable.

Sans des cellules nerveuses *capables de transmettre le message, tous les récepteurs sensoriels ne peuvent fonctionner. Il faudra environ 30 semaines de gestation pour que les connexions soient parfaites entre l'émetteur et le récepteur qu'est le cerveau. Les chercheurs pensent que les premières sensations sont d'abord fortuites et se confirment ensuite. Elles se précisent au fur et à mesure des expériences. Elles entraînent les circuits nerveux à se développer, à se modifier pour être de plus en plus performants. La formation des sens suit une chronologie bien précise. C'est tout d'abord le toucher qui se développe, ce qui permettra l'ébauche d'une première relation affective entre l'enfant et ses parents avant la naissance, puis apparaissent l'odorat, le goût, l'ouïe et enfin la vue.*

Une certaine sensibilité à la lumière

La vue est le sens que le futur bébé a le moins l'occasion de pouvoir « entraîner ». Le système visuel est le dernier à se mettre en place dans le déroulement du développement. À 7 mois de la vie fœtale, les paupières s'ouvrent ; elles étaient jusqu'alors collées. L'œil, qui est peu stimulé, sera pourtant prêt à fonctionner à la naissance. Dès maintenant, les globes oculaires bougent lentement. On pense que le fœtus perçoit la lumière venue de l'extérieur comme une lueur rougeâtre. Il semble encore qu'il soit sensible à l'ombre et à la clarté. De récentes expériences mettent en évidence cette perception. Le docteur Thomas Berry Brazelton, du Children Hospital de Boston, a découvert qu'en éclairant le ventre maternel d'une lumière faible et ponctuelle, il attirait l'attention du fœtus, qui se tourne vers la source lumineuse. Il s'est aperçu encore que les futurs bébés n'aimaient pas être en pleine lumière. Ainsi, si l'on éclaire fortement le ventre de la mère, en direction du visage du fœtus, il s'agite et peut même placer ses mains devant ses yeux et sa bouche. En revanche, si l'expérience est renouvelée, le futur bébé ne daigne plus se déranger.

Ce sont les stimulations appropriées *qui aident à l'installation d'une sensorialité générale, tout en tenant compte d'un calendrier génétiquement programmé. Un déséquilibre dans ces stimulations, de l'ordre du manque ou de la surstimulation, fragilise à son tour les acquis. En effet, s'il faut à toute expérience une compétence cérébrale, toute nouvelle acquisition se traduit par une modification de la structure neurologique. L'analyse de la sensation suivante se confirme, se mémorise et apporte une information complémentaire, voire différente. C'est toute la structure cérébrale qui se met en place, celle qui va permettre la vie, la survie face au danger, puis les phénomènes d'apprentissage qui demandent, pour la plupart, la mise en œuvre de plusieurs sens.*

Des terres encore vierges

Il existe dans la nature humaine un phénomène curieux : le fœtus apparaît de plus en plus comme un être assez étonnamment compétent sur le plan des sens et incroyablement immature pour tout ce qui concerne la motricité. Depuis quelques années, de nombreuses recherches tentent d'expliquer ce phénomène. La dernière théorie est celle « des territoires corticaux libres ».

Ces zones représenteraient 30 % du cortex de l'enfant, soit un tiers du cerveau qui ne serait pas programmé et serait libre pour emmagasiner les multiples expériences que vont lui apporter les premières années de sa vie. Ces zones se trouveraient entre celles destinées aux sens et celles programmées pour la motricité et empêcheraient la connexion des deux. Cette particularité expliquerait le manque d'autonomie motrice chez le bébé et serait à l'origine des réflexes archaïques.

En réalité, le seul mouvement dont l'enfant qui naît est capable est le cri. Le petit de l'homme est le seul à crier à la naissance, peut-être pour manifester son impuissance à agir dans un monde nouveau. Seule la perception de sensations qu'il connaît va le calmer : sa mère va le toucher, le caresser, lui parler, le poser contre elle et lui donner son odeur à respirer. Mis au sein, il va retrouver des saveurs qu'il a déjà expérimentées. Rassuré, il se tait, prêt à assimiler de nouvelles sensations, celles que lui offre le monde qui l'entoure, dont celles de la présence de l'autre, sa mère. Ce sont ces expériences qui structurent les zones corticales vierges, permettant à toutes les zones du cerveau de s'associer pour faire jaillir la pensée.

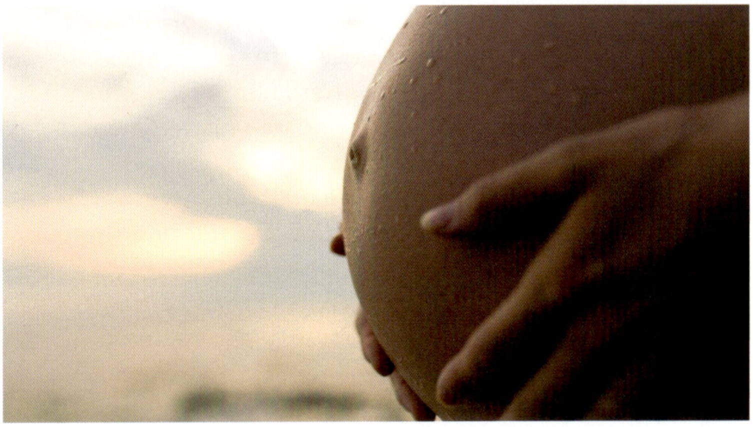

Il entend et, même, il écoute

C'est incontestablement dans le domaine de l'audition que le fœtus est le plus performant. Le système auditif est prêt à fonctionner, le fœtus réagit aux stimulations auditives dès la 22e semaine, mais sa maturation ne sera achevée qu'au 7e mois.

Il réagit aux sons…

L'oreille moyenne est formée et permet au fœtus de percevoir d'abord les sons aigus pour ensuite entendre les sons graves. Le fœtus met environ 3 secondes à réagir à des stimuli et, dans 90 % des cas, cette réaction se concrétise par une accélération des battements du cœur. Les réponses les plus probantes sont données en fin de grossesse, et tous ces mouvements sont atténués lorsqu'il y a souffrance fœtale. La plupart des sons d'une intensité moyenne ou forte passent in utero. Des écoutes faites à l'aide de petits micros placés dans le vagin d'une future maman permettent d'affirmer qu'ils sont parfaitement audibles, bien que gênés par les bruits de fond comme les battements du cœur et les bruits de digestion de la mère. En revanche, plus les sons sont aigus, plus ils sont atténués par les tissus. Des bruits particuliers, comme une sonnerie ou de la musique forte, le font réagir. On pense même que cela le dérange, car il se met à bouger (parfois en rythme) ; dans certains cas, les bruits violents provoquent une accélération de son rythme cardiaque.

« Les sons perçus par le futur bébé pendant neuf mois, façonnent les zones de son cerveau spécialisées dans l'audition et dans le langage. »

… et vit dans un environnement sonore

C'est la présence de liquide amniotique dans l'oreille moyenne et dans la caisse du tympan qui permet aux sons de se transmettre. Ce liquide est expulsé à la naissance au moment du premier cri et donne ainsi à l'oreille ses pleines capacités. Le fœtus entend les bruits émis par sa mère : battements du cœur, circulation sanguine et borborygmes. On évalue la puissance sonore de ces « bruits de fond » entre 70 et 95 décibels. Il entend également les siens, ceux qu'il fait en bougeant et, bien sûr, il entend la voix humaine. Celle de sa mère est déformée car transmise par la colonne vertébrale, celles des autres personnes qui parlent autour de lui parviennent atténuées, l'essentiel demeurant le rythme et l'intonation. De toutes récentes découvertes confirment que le fœtus entend dès la 22e semaine de vie in utero. Tous

---

Un bébé de 2 heures *n'ayant eu aucune stimulation auditive depuis sa naissance reconnaît la voix de sa mère parmi cinq voix féminines. Cette voix a même sur lui un effet stimulant : en l'écoutant, il tète avec plus d'entrain et d'énergie. Il réagit encore plus vivement si sa mère l'appelle par son prénom avec une forte intonation. De même, le bébé de quelques heures a déjà une bonne mémoire auditive. On sait que l'audition d'un bruit évoquant l'ambiance sonore de l'utérus, et tout particulièrement ceux reconstituant les battements du cœur de sa mère, a des vertus calmantes pouvant même l'amener jusqu'au sommeil.*

---

les bébés réagissent de la même manière : l'augmentation de la puissance du son provoque en eux une accélération cardiaque. Il semblerait même que le fœtus manifeste une certaine désapprobation en clignant des yeux.

Accoutumance ou mémoire ?

Un précurseur, référence mondiale de l'audition, le professeur espagnol Jean Feijoo, a beaucoup travaillé sur les capacités auditives du fœtus. C'est à lui que nous devons la belle expérience faite avec un extrait de *Pierre et le Loup* de Prokofiev. Il diffusa ce morceau régulièrement contre la paroi abdominale de plusieurs futures mamans. Parallèlement, celles-ci écoutaient une autre musique à l'aide d'écouteurs. Après la naissance des enfants, Jean Feijoo mit en évidence l'effet apaisant – sur les bébés – de cette phrase musicale, jouée au basson. Il poursuivit ses expériences avec la voix des pères ; il leur demanda d'enregistrer sur un magnétophone une liste de mots et de la faire écouter aux futurs bébés. Une fois nés, ces derniers (oh, merveille !) s'arrêtaient de pleurer dès que leur père récitait cette liste. Malheureusement, ces expériences ont été réalisées en trop petit nombre pour être scientifiquement reconnues.

Faut-il croire à l'éducation précoce ? *Aux États-Unis, en Californie, le docteur René Van de Carr a créé une « université prénatale ». À Hayward, à raison d'une séance par jour, les futures mamans peuvent « éveiller » leur futur bébé, dès le 5e mois de gestation. Ainsi, elles cherchent à développer l'attention du fœtus : à l'aide d'un appareil acoustique, elles lui font entendre des mots, associés à des gestes. À 28 semaines, elles lui répètent des mots monosyllabiques pour lui apprendre son premier vocabulaire. À la 32e semaine, musique et mots sont associés afin de développer la mémoire et le sens du rythme. Il paraîtrait que cette méthode favorise l'éveil des bébés, tant sur le plan de la communication que sur celui de l'apprentissage du langage. Bien sûr, toutes ces expériences sont à prendre avec beaucoup de précautions. Bon nombre de spécialistes sont totalement opposés à cette surstimulation précoce. Elle serait totalement inutile, se ferait au détriment d'un développement harmonieux et révélerait, avant tout, un manque de relations affectives vraies et profondes.*

Les Japonais, chantres de l'éducation précoce, ont imaginé de commencer certains apprentissages in utero. Ils placent sur le ventre des futures mamans des écouteurs et font entendre de la musique aux bébés ; il paraît que Mozart est un merveilleux formateur.

L'alphabet, dit par la mère ou par le père, leur est enseigné de la même manière. D'après ces chercheurs, les fœtus ayant subi cet entraînement seraient capables de parler dès 6 mois ! Mais n'y a-t-il pas un temps pour chaque chose ?

Marie-Claude Busnel, chargée de recherche au CNRS, s'est intéressée à la perception des fœtus âgés de 36 à 40 semaines. En leur faisant écouter différents sons, elle a tout d'abord observé que le fœtus réagissait par des mouvements de tout son corps, et que son rythme cardiaque s'accélèrait dès 90-100 décibels, que le son soit simple ou complexe. Toutes ces constatations invitent à communiquer très tôt avec le fœtus par la parole, c'est-à-dire à partir du 5e mois, dans un souci d'échange et non de compétition !

Développement du cerveau

À ce stade, le cerveau et la moelle épinière du futur bébé ne sont pas encore totalement achevés. À sa naissance, l'enfant possédera un « équipement » neurologique qui ne se modifiera pratiquement plus jusqu'à la fin de sa vie. Voici la genèse et la mise en place de notre système nerveux.

À chaque cellule, son rôle

Tout commence par la multiplication cellulaire de l'œuf fécondé (pp. 60 et 62). À partir d'une seule cellule se développe une plaque cellulaire dans la couche supérieure de l'embryon. Ces cellules deviennent, de façon irréversible, différentes des autres cellules de l'embryon vers la 3e semaine de gestation. Elles ont ainsi déjà reçu par petits groupes des affectations différentes. Le cerveau embryonnaire s'organise en tube creux. En quelques jours, les cellules se multiplient, certaines deviennent des neurones, d'autres des fibres gliales, cellules de support qui se tendent entre le tube neural et le cortex. À partir du « tronc » cérébral se développent des axones, qui se dirigent vers les muscles du tronc, des membres et des viscères. Des cellules dites « motrices » innervent les muscles des yeux, du visage et de la bouche. Puis les cellules sensorielles croissent.
C'est à partir de ce tube neural que se forment les hémisphères cérébraux et le canal central de la moelle épinière. Les cellules du tube neural vont ensuite se multiplier au point d'atteindre les 30 milliards de neurones que comptent le cerveau et la moelle épinière de l'homme. Cette formidable explosion de mille neurones à la seconde se fait au cours des premiers mois de la grossesse. À partir de maintenant, les neurones peuvent se détruire sans être remplacés.

« Le cerveau est l'organe qui se développe le plus vite, à raison de 1 000 neurones à la seconde. »

Un développement programmé

Ensuite se produira ce que les spécialistes appellent « la migration neuronale ». Les neurones tout juste formés vont se déplacer à la périphérie de la matière cérébrale pour former le cortex, partie périphérique du cerveau. Au cours des mois suivants et jusqu'à la naissance, les cellules

Le fœtus commence à être capable de percevoir *les sensations douloureuses dès la 25e semaine d'aménorrhée selon le docteur Hamza, chef de service d'anesthésie-réanimation à l'hôpital Saint-Vincent-de-Paul à Paris. En effet, à ce stade de développement, les connexions entre le système nerveux et le cortex existent déjà. Sa sensibilité à la douleur serait même extrême, car il ne possède pas encore les mécanismes d'inhibition qui se mettent en place dans les mois qui suivent la naissance. Cette caractéristique est de plus en plus reconnue par les équipes médicales qui interviennent pour soigner in utero un futur bébé malade. Dès qu'une intervention risque d'être douloureuse, les médecins procèdent à l'administration d'analgésiques.*

Tout au long de la gestation, *le cerveau se développe pour atteindre les deux tiers de sa taille adulte. À la naissance, sur le plan anatomique, il est bien développé et l'anatomie du cerveau compte un milliard de cellules. Pourtant, il n'est pas encore parfaitement fonctionnel, car toutes les connections intercellulaires ne se sont pas encore tissées. Chaque cellule corticale possède en moyenne 10 000 synapses, le plus grand nombre d'entre elles se développe dans les premiers mois qui suivent la naissance. Ce sont les stimulations de l'environnement, attendues par le bébé et immédiatement utilisées, qui favorisent leur explosion. Nulle autre période de la vie n'est aussi riche en modifications de la structure cellulaire du cortex que les six premiers mois qui suivent la naissance.*

nerveuses vont croître et se diversifier. Les neurones développent leurs axones (partie centrale de la cellule nerveuse) et leurs dendrites (prolongement en forme d'arbre de cette cellule), les synapses (partie de la cellule qui assure le contact entre deux neurones) s'installent, formant un réseau inextricable. La majorité des connexions se produisent dans la zone centrale du cerveau. C'est elle qui a pour mission de gérer les fonctions vitales comme la respiration, le réflexe de succion ou les rythmes du sommeil. L'arborisation des axones forme des circuits parfaitement structurés. Les intercommunications sont régies par l'expression biochimique de certains gènes, d'autres gènes gouvernent directement le développement des cellules nerveuses.
À partir du cinquième mois de gestation, le cerveau change d'aspect, il se plisse et « sa matière grise » se ride d'innombrables circonvolutions.
Enfin, avant la naissance, commence la myélinisation (substance qui gaine les fibres nerveuses) de certaines cellules, notamment de celles qui régissent l'équilibre et les fonctions motrices. Tout sera bientôt en place pour permettre au fœtus de développer « une certaine intelligence ». Ses capacités sensorielles vont lui donner la possibilité de les expérimenter. Toutes les recherches montrent que ce sont les stimulations sensorielles qui permettent au cerveau du fœtus de se développer normalement.

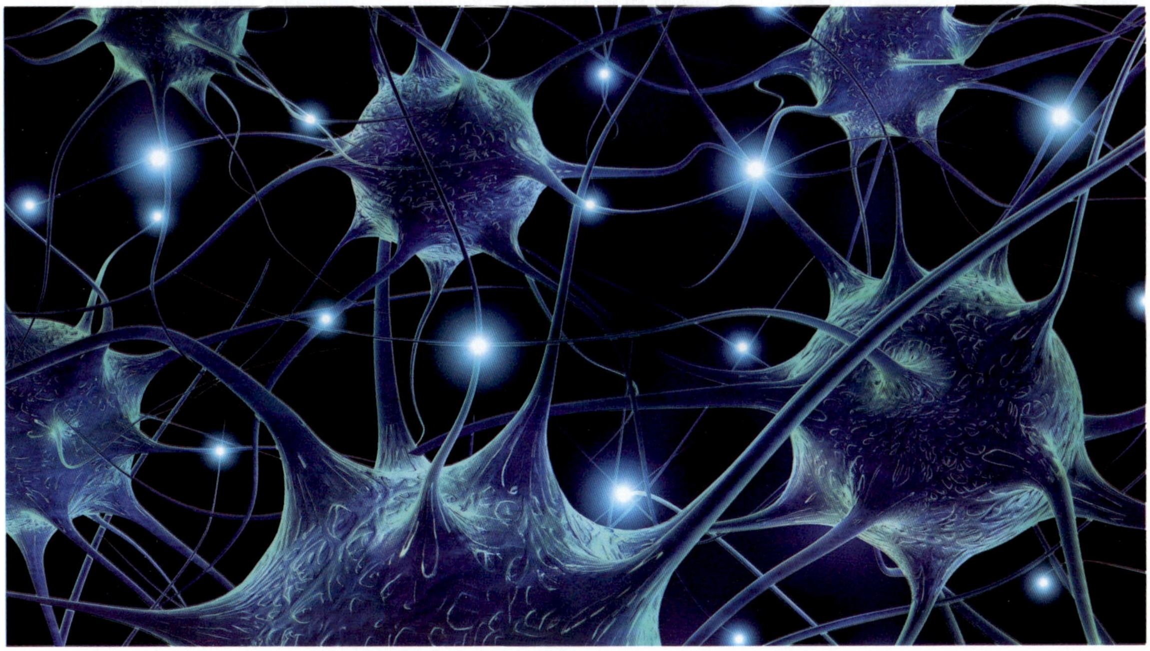
Le cerveau de l'embryon est l'organe qui se développe le plus vite au cours des premiers mois de la grossesse.

Accoucher sous péridurale

L'anesthésie péridurale est sans doute l'un des acquis les plus importants dans l'art d'accoucher aujourd'hui. Depuis 25 ans, cette technique s'est considérablement développée. Actuellement, plus des trois quarts des accouchements se déroulent avec son aide.

ACCOUCHER SOUS PÉRIDURALE *n'est pourtant pas une obligation, prenez le temps de la réflexion en sachant que vous pourrez la demander lorsque vous arriverez à la maternité pour accoucher. Par prudence, et pour respecter les consignes de sécurité, inscrivez sur votre agenda, au 7e mois de grossesse, une visite avec un anesthésiste même si votre décision n'est pas encore prise.*

Son principe : insensibiliser le bas du corps

Le médecin anesthésiste introduit à la partie basse de la colonne vertébrale, après anesthésie locale, un cathéter (tige creuse). Il doit le placer juste au-dessous du sac dural (enveloppes qui entourent la moelle épinière), car c'est là que prennent naissance les nerfs qui commandent toute la partie inférieure du corps, notamment l'utérus et le vagin. Un liquide anesthésiant est diffusé dans cette région. Très rapidement, tout le bas du corps est insensibilisé. La future maman ne perçoit qu'une impression de chaleur entre les jambes. Parfois, il arrive que l'anesthésie ne se fasse que d'un côté ou de manière incomplète. L'anesthésiste possède divers moyens pour obtenir une anesthésie totale : il peut faire une autre injection ou reposer complètement la péridurale.

Les avantages de cette anesthésie tiennent en son installation rapide et à son efficacité au regard de l'anesthésie générale, lourde et jamais totalement dénuée de risques. La péridurale s'impose, bien sûr, en cas d'accouchement prévu comme difficile ou long. Elle peut être pratiquée en cours de dilatation, à la demande de la future maman, même si elle n'a pas été prévue au préalable. Seule condition, que la consultation avec l'anesthésiste ait été faite. Toutes les anesthésies péridurales ne sont pas les mêmes et l'intensité de l'anesthésie peut varier. Tout dépend d'abord de la nature et de la quantité de liquide injecté, de l'endroit où il est injecté, de la durée de l'accouchement, de la « réceptivité » de la future maman qui change parfois, chez une même femme, d'un accouchement à un autre.

Accoucher ou non sous péridurale ?

Pour beaucoup de femmes, le déroulement de l'accouchement et les circonstances de la naissance sont déterminants dans leur manière de devenir mères. Souvent leurs opinions sont très diverses et leurs points de vue tranchés, chaque femme estimant que ce qu'elle a vécu peut être généralisé. C'est ce qui explique que, pour certaines, il n'y a aucun doute dans leur choix, tandis que pour d'autres, c'est le contraire. Il est prudent de ne pas vous dispenser de la préparation classique à l'accouchement. En effet, il arrive qu'au dernier moment la péridurale soit déprogrammée pour une raison médicale aussi simple qu'une fièvre ou une infection cutanée au bas du dos.

Un choix philosophique

Mais un petit nombre de futures mamans hésitent. La douleur n'est pas forcément leur principal souci. Elles souhaitent « vivre pleinement leur accouchement » et veulent dominer les sensations douloureuses de celui-ci. Parfois encore, elles veulent, telle leur mère, montrer qu'elles sont capables, elles aussi, de mettre leur enfant au monde sans avoir recours à une aide médicamenteuse. La difficulté de choisir est d'ailleurs telle qu'une décision qui semblait sans appel peut changer au moment de l'accouchement. En réalité, avec ou sans péridurale, l'essentiel est que la mère n'éprouve pas le sentiment d'être dépossédée de son acte, qu'elle n'ait pas l'impression qu'elle n'a pas vraiment réussi à mettre son enfant au monde. L'accouchement sous péridurale n'exclut pas la préparation à la naissance. Elle permet souvent à cet accouchement d'être encore mieux vécu. De plus, ces cours offrent une initiation aux premiers gestes de maternage.

La suppression de la douleur *est bien sûr l'énorme avantage de la péridurale. Les inconvénients de cette anesthésie consistent dans le fait qu'elle n'est pas toujours efficace à 100 % et qu'elle immobilise la femme pour parfois plusieurs heures. Aujourd'hui, grâce à la combinaison de nouveaux analgésiques, on peut privilégier la lutte contre la douleur sans les effets sur les muscles moteurs. La future accouchée garde une assez bonne motricité. Elle peut bouger, voire marcher et parfois se promener dans la maternité avec sa péridurale. Un système d'enregistrement à distance des battements du cœur du bébé permet à l'équipe médicale une surveillance parfaite. Cette solution est beaucoup plus confortable pour la femme qui n'est plus confinée dans sa chambre, elle trouve le temps moins long en compagnie de sa famille. De plus, la position verticale et le mouvement de la marche aident le travail de l'accouchement. Cette péridurale ambulatoire demande simplement des moniteurs sans fil et une équipe médicale motivée et disponible.*

Les inconvénients

Mis à part les problèmes psychologiques et le fait que cette anesthésie médicalise l'accouchement, la péridurale peut entraîner chez certaines jeunes mamans des maux de tête et des douleurs lombaires. Les céphalées sont parfois provoquées par la perforation de la dure-mère par l'aiguille de ponction. Ce petit incident est rare et s'explique par l'étroitesse de l'espace péridural. Le liquide céphalo-rachidien (liquide clair contenu entre les méninges) dans lequel baigne la moelle épinière s'écoule par cette perforation, entraînant des maux de tête qui durent parfois plusieurs jours. On les traite facilement par les analgésiques courants ; la jeune mère doit rester couchée bien à plat. Les douleurs lombaires se rencontrent lorsque l'analgésie péridurale a été longue et que l'accouchée est restée un certain temps en position gynécologique.

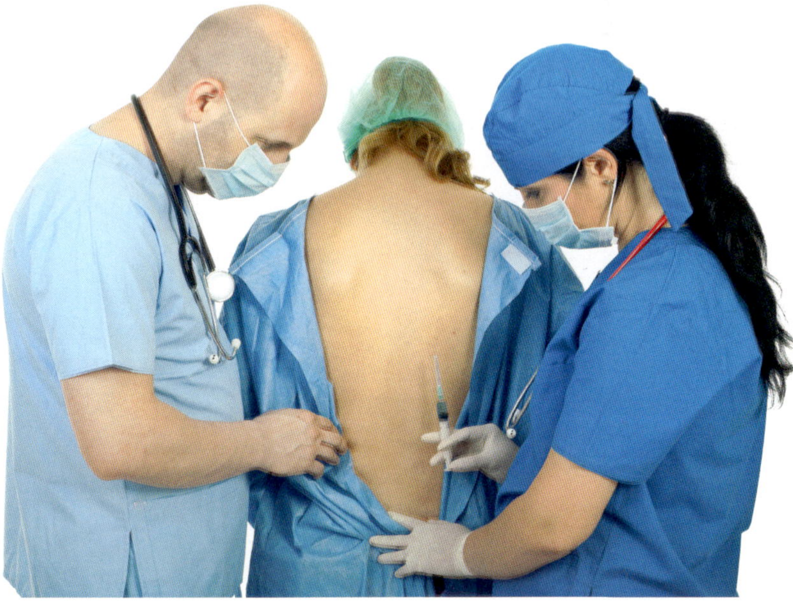

La préparation en piscine

Vous aimiez déjà l'eau avant votre grossesse et couler quelques brasses en piscine était déjà pour vous une manière simple et agréable de faire du sport. Alors, n'hésitez pas, préparez votre accouchement de manière aquatique.

En quoi consiste-t-elle ?

Cette préparation est souvent proposée à la place ou en complémentarité d'une préparation classique. Elle n'a rien à voir avec les pratiques de l'accouchement dans l'eau. Elle vous propose de préparer votre esprit et votre corps à la naissance de votre bébé de manière beaucoup plus détendue et, peut-être, efficace, qu'allongée sur un tapis de sol. Elle peut commencer dès le 6e mois et se poursuivre jusqu'au terme de la grossesse, à raison d'une heure par semaine. Les cours sont placés sous la responsabilité d'une sage-femme spécialement formée et d'un maître nageur. Pour votre confort, l'eau est à 29 ou 30 °C. Après un contrôle médical, notamment la prise de votre tension, la sage-femme vous proposera d'abord un entraînement physique fait de quelques mouvements de gymnastique, puis un entraînement respiratoire suivi d'un moment de détente.

Généralement chaque séance se déroule de la même façon. Elle commence dans le grand bassin avec des exercices musculaires et se poursuit dans le petit bassin pour travailler l'assouplissement du périnée et la respiration, puis vient un temps consacré à la relaxation. Une « troisième mi-temps » se déroule dans les vestiaires par des échanges entre les participantes et la sage-femme.

Sur le plan psychique, *les vertus de l'eau sont bien connues. On y voit, pour la femme enceinte, un retour vers le bien-être utérin et une identification avec le bébé qui flotte dans son ventre. Grâce à l'eau, la femme se réconcilie avec son corps. Elle peut ainsi superposer son image de femme à celle de mère. Sur le plan physiologique, on constate une nette amélioration des problèmes de transit intestinal, des douleurs du dos et du ventre. De même, les sensations désagréables de jambes lourdes sont atténuées par l'effet de massage de l'eau.*

Un travail musculaire

Les exercices physiques sont destinés à faire travailler les muscles qui seront sollicités au cours de l'accouchement. Ainsi, vous entraînerez ceux de vos bras et de vos pectoraux, ceux de votre dos (avec, notamment, des exercices pour corriger les hyperlordoses), ceux des jambes (avec, en particulier, l'acquisition de la position gynécologique), mais aussi votre périnée et vos abdominaux. L'eau va vous aider à prendre conscience de vos muscles et de leur travail en fonction de la qualité de vos mouvements. Vous chercherez des synergies dans le fonctionnement de certains et, au contraire, vous « sentirez » l'indépendance d'autres. Vous serez étonnée comme les mouvements et les efforts sont faciles dans le milieu aquatique et comme vous serez détendue après.

Vous travaillerez aussi votre respiration en soufflant au ras de l'eau et en vous exerçant à l'apnée, pas celle des plongeurs des grands fonds, mais celle utilisée au moment de l'expulsion lorsqu'il vous faudra pousser votre bébé vers la vie aérienne. Bien sûr, jamais on ne recherche la performance. La préparation en piscine offre un vrai moment de détente.

C'est encore un excellent moyen de s'occuper de soi et de mieux accepter sa nouvelle image corporelle. Dans l'eau, le poids de la grossesse s'oublie très facilement. Beaucoup de futures mamans ayant goûté aux joies de l'eau choisissent une remise en forme en piscine.

En compagnie d'autres futures mamans, *toutes en maillot de bain, l'ambiance est toujours gaie autour du bassin. C'est l'occasion de se rencontrer, de discuter et de partager angoisses et expériences. Toutes les futures mamans ayant ainsi « nagé » ensemble ne se sentent plus isolées, seules face à leurs petits ennuis. L'atmosphère démédicalisée incite à questionner librement la sage-femme présente. De plus, voir la silhouette des autres participantes en maillot vous aidera à mieux accepter votre corps.*

Une autre préparation aquatique : le Watsu®

Peut-être avez-vous entendu parlé de cette technique qui mêle le shiatsu et la relaxation. Elle consiste à se laisser porter par l'eau pour un retour vers un état primaire bienfaisant. Le thérapeute, aux côtés de la femme enceinte, l'accompagne dans des mouvements de bercements, d'étirements et de rotations. L'apesanteur soulage les pressions du bas du dos et l'eau fait disparaître la sensation de jambes lourdes. Les mouvements sont destinés à amplifier la mobilité du bassin. La relaxation prépare aux mouvements de récupération indispensables lors de l'accouchement. La future maman éprouve des sensations similaires à celles de son bébé, qui baigne dans le liquide amniotique. Cette similitude renforce leur proximité et leur communication.

Quelques conseils pratiques

Avant de vous inscrire aux cours de préparation en piscine, vous devez présenter à la sage-femme un certificat médical attestant que vous pouvez les suivre sans problème. Si vous souffrez d'hypertension, d'hypotension ou de certaines maladies cutanées, si vous avez un grand nombre de contractions utérines et des accès de fièvre, ces séances sont contre-indiquées. Il n'est pas rare que la sage-femme responsable des cours prenne la tension de chaque participante avant et après la séance.
Le remboursement par la Sécurité sociale de ce type de préparation est soumis à condition. Les moments de piscine doivent être intégrés aux séances de préparation « classique » à la naissance. Faute de cela, il faut compter entre 7 et 10 euros de l'heure. Certaines mutuelles prennent tout ou partie en charge. Il n'est pas nécessaire que vous sachiez nager pour pratiquer cette préparation. Toutes les adresses figurent sur le site www.fael.asso.fr

Choisir la sophrologie

Informer, expliquer, apprendre aux futures mamans à soulager par elles-mêmes leurs petits maux, à se relaxer et à visualiser de manière positive ce qu'elles vivent et ce qui les attend, voici le but de la sophrologie au cours de la grossesse.

Maîtriser sa vigilance

Dans cette pratique comme dans beaucoup, les phénomènes respiratoires sont importants ; une expiration lente et profonde, qui dure donc un certain temps, abaisse le seuil de vigilance, et un mouvement qui l'accompagne en permanence jusqu'au moment de l'inspiration le limite. Le mouvement apporte, sur la partie du corps activée, des effets physiologiques qui, grâce à l'état particulier de relaxation dans lequel elle se trouve, deviennent perceptibles sous forme de sensations. C'est ainsi qu'elle est préparée par le sophrologue à être plus attentive, plus présente à telle ou telle partie de son corps. La détente volontaire se fait par différents moyens : la voix calme et monocorde du sophrologue ou encore l'écoute de bandes magnétiques.

Le pouvoir des sons

La future maman a d'abord un entretien particulier avec le sophrologue, médecin ou sage-femme, qui permet de définir ce qu'elle attend de cette méthode et ce qu'elle va y apprendre. Ensuite, plusieurs séances d'initiation sont indispensables, le reste de la préparation se faisant seule, chez soi, chaque jour. La première séance dure 45 minutes et se déroule dans une pièce insonorisée. Assise dans un fauteuil relax, la jeune femme écoute une bande stéréo.
Deux semaines plus tard, au cours de la deuxième séance, elle écoute une autre bande. À la fin de cette audition, elle doit être autonome, c'est-à-dire qu'elle peut entrer et sortir de la relaxation sans l'aide des sons. La troisième séance se situe tout près du terme de la grossesse. La femme travaille sur son corps. Dans un état parfait de relaxation, toujours avec l'aide de sons, elle accomplit un certain nombre d'exercices, au rythme qu'elle désire : entraînement respiratoire, représentation de son vagin et de son utérus. Les différents sons entendus pendant les cours donnent l'impression de tourner autour de la tête. En s'accélérant, cette rotation entraîne

LE JOUR DE L'ACCOUCHEMENT, *si maman le désire, elle pourra écouter une bande spéciale de 30 minutes, mais accouchera sans écouteurs, parfaitement consciente. L'accouchement sophrologique ne supprime pas la douleur, il permet de mieux la supporter. La future maman qui aura appris à se détendre profondément pourra parfaitement la canaliser. Tout comme sa maîtrise à la visualisation d'images positives de l'accouchement l'aidera à pleinement participer à la naissance de son bébé.*

la perte de toute notion de temps et d'espace, facilitant ainsi le relâchement physique et mental. Ainsi par un bon entraînement, la future maman est capable de substituer une sensation agréable à une sensation désagréable par l'utilisation d'images. Par exemple, la chaleur, par représentation d'eau glacée ou de neige, devient fraîcheur. À ces séances de 2 heures s'ajoutent des cours de PNP classique.

La magie de la voix

D'autres praticiens proposent un entraînement différent : il commence au 6e mois et se découpe en six leçons. Chacune aborde un sujet théorique (physiologie de la femme, déroulement de l'accouchement, etc.) et le complète par des exercices physiques et sophroniques. Première étape : apprendre à se mettre dans un état entre sommeil et veille, et ressentir des sensations simples. Deuxième étape : s'imaginer après l'accouchement, parfaitement bien, chez soi, à côté de son bébé. À partir de là, chaque séance ramènera mentalement la jeune maman vers l'accouchement. Grâce à cette technique, elle peut se préparer sereinement à devenir une maman heureuse.

Apprendre à être consciente de ses tensions, *de ses sensations agréables et de ses émotions, c'est la promesse de la sophrologie. Pour y parvenir, sa technique associe de manière alternative relaxation et mouvement : la relaxation ayant pour fonction de diminuer le seuil de vigilance, le mouvement ayant, lui, pour but de le limiter. Les cours de sophrologie sont dispensés par un médecin ou une sage-femme spécialement formés, ils sont individuels ou collectifs par petits groupes d'au maximum quatre personnes. Huit séances sont prises en charge par la Sécurité sociale dans le cadre de la préparation à la naissance.*

Se faire aider par les médecines douces

Acupuncture, homéopathie, ostéopathie et hypnose ne peuvent pas être vraiment considérées comme des modes de préparation à l'accouchement. Ces médecines ont pour principaux avantages de calmer la douleur et de faire baisser le stress et les angoisses.

L'acupuncture ou la médecine chinoise

Le mode d'action de l'acupuncture n'est pas encore bien élucidé. La théorie repose sur l'idée que notre corps, comme d'ailleurs tout dans l'univers, est sous l'emprise d'énergies. Celles-ci se décomposent en deux forces opposées et complémentaires, le yin et le yang. C'est le déséquilibre de ces deux forces qui est la cause de tous nos troubles.

Selon des découvertes relativement récentes, l'acupuncture stimulerait la production d'endorphines, substances qui interviennent dans la transmission de la douleur par les cellules nerveuses du cerveau. Après un bilan énergétique, le praticien utilise, selon son diagnostic, des aiguilles pleines en or, en argent ou en acier, leur taille et leur forme étant variables. Il va les placer sur les trajets des énergies yin et yang qui parcourent notre corps. En piquant des points particuliers, il va agir sur ces énergies en les accélérant, les ralentissant, les tonifiant ou les dispersant. Les points de « puncture » sont choisis en fonction de chaque patiente, de son état de santé physique et psychique.

QUELQUES MATERNITÉS PROPOSENT L'ACCOUCHEMENT SOUS HYPNOSE. *Sous la houlette de médecins et de sages-femmes spécialement formés en deux ans, les futures mamans sont conditionnées psychologiquement dès le cinquième mois de grossesse. Ainsi, elles réussiront à surmonter le stress, l'anxiété et la douleur de l'accouchement que l'hypnose ne supprime pas mais aide à s'en détacher. Ces techniques abaisseraient d'environ 50 % le niveau des douleurs ressenties.*

Les aiguilles, placées à des endroits précis – le ventre, les pieds et les mains –, et pour une certaine durée, soulagent la douleur, favorisent la relaxation et préparent à l'accouchement. Au total, une dizaine d'emplacements sont déterminés comme points de relaxation, points de régulation de l'énergie et points actifs sur la tonicité du col de l'utérus. Si vous choisissez de préparer votre accouchement avec l'acupuncture, il est indispensable de choisir un praticien spécialisé dans la préparation à la naissance, un médecin ou une sage-femme ayant acquis une formation particulière. En effet, cette médecine peut avoir des conséquences néfastes : certains points « activés » peuvent ainsi déclencher des contractions et provoquer une fausse couche ou un accouchement prématuré.
À savoir : il existe quelques consultations hospitalières spécialisées.

Les granules de l'homéopathie

À partir d'un interrogatoire complet et d'un examen physique, le médecin homéopathe dresse le profil homéopathique de chaque patiente. Ensuite seulement, il prescrit les granules adaptés aux besoins de chacune, car l'homéopathie est une médecine individuelle. Le principe de l'homéopathie est celui des « lois de similitude ». En simplifiant, on peut dire qu'elle soigne le mal par le mal. C'est pourquoi ce médecin homéopathe va d'abord vous demander de décrire très précisément vos symptômes et il les rapprochera de ceux provoqués par certaines substances minérales, végétales ou animales. Cette substance, largement diluée, sera la base du traitement. Cette médecine respecte les changements de l'organisme ; ces doses infinitésimales sont actives par le signal électromagnétique qu'elles émettent et non par la concentration en substances actives qu'elles contiennent. Jamais toxique, ni pour la mère ni pour le futur bébé, cette médecine n'a pas d'effets secondaires et ne provoque pas d'accoutumance. Efficace chez certaines futures mamans, elle traite avec succès certains maux de la grossesse, tels que les nausées, la constipation, la sensation de jambes lourdes et les appréhensions de l'accouchement.

Le pouvoir des mains

L'ostéopathie est une technique de manipulation des muscles et des os qui prend en compte également les énergies du corps. C'est une autre manière de soigner, aux vertus tant préventives que curatives, qui s'intéresse au corps humain dans sa globalité, physique et mentale. Elle soulage les douleurs lombaires, certains maux de tête, les troubles digestifs et circulatoires, elle aide aussi à surmonter ses émotions. L'ostéopathe peut encore préparer le corps de la future maman à l'accouchement en vérifiant par exemple la mobilité des os du bassin et la tonicité du périnée. Il existe des consultations hospitalières, et certaines sages-femmes ont la qualité d'ostéopathe.

***Avant de vous engager** dans une préparation différente de celle préconisée par la grande majorité du corps médical, vérifiez quelques points. Qui la pratique, un médecin, une sage-femme ou une personne spécialement formée, mais par qui ? Quel est le rythme des séances et leur contenu précis ? Une « bonne » préparation ne consiste pas à faire quelques exercices physiques et respiratoires. Combien serez-vous de participantes et votre conjoint y sera-t-il associé ? Enfin, renseignez-vous sur le coût financier et interrogez votre mutuelle santé pour savoir ce qu'elle prend en charge. D'une manière générale, vous trouverez les coordonnées des bons praticiens auprès de votre maternité ou des organismes professionnels spécifiques.*

L'haptonomie

Ce n'est pas vraiment une préparation à l'accouchement, mais une préparation à la parentalité qui encourage les relations précoces parents-enfant. Cette pratique est particulièrement appréciée des pères, à qui elle donne une place de choix.

Établir le contact

Cette technique a pour fondement le sens du toucher et se pratique généralement dès que le bébé bouge, donc vers le 5e mois de grossesse. Rien n'est plus simple alors que d'entrer en contact avec lui. Il suffit d'exercer sur le ventre de la mère de petites pressions pour sentir, pour voir le bébé bouger.

Les fondements de l'haptonomie reposent sur l'idée que le fœtus perçoit très tôt ces échanges tactiles et en ressent plaisir ou désagrément. Plus ils sont chargés d'affectivité, mieux le fœtus enrichit sa personnalité et s'épanouit. Il est essentiel de donner à l'enfant, bien avant la naissance, une sécurité affective. Cette confiance lui permettra d'acquérir plus vite et mieux l'autonomie que l'on souhaite pour tout être humain : un bon attachement permet un meilleur détachement.

Jeux de mains bienfaiteurs

Les gestes essentiels pour communiquer sont enseignés aux parents en 5 ou 6 séances par des médecins ou des sages-femmes formés à cette technique. Ils peuvent ensuite pratiquer l'haptonomie seuls chez eux. Ainsi, la mère sait qu'en posant sa main au niveau du fond de son utérus, celui-ci se contracte et le bébé remonte nettement ; si elle met sa main sur le bas-ventre, le bébé descend. Ces premiers contacts donnent à la grossesse tout son sens. Les parents disent alors jouer avec leur bébé, lui parler, l'appeler. On sait que son sens du toucher est un des tout premiers à se développer et à être particulièrement performant (p. 204). Ainsi, après quelques rendez-vous à heures fixes, il n'est pas rare que le bébé vienne lui-même à la rencontre de ses parents.

En pratiquant l'haptonomie, la future maman relâche ses muscles, la tonicité de sa paroi abdominale et de son périnée se modifie ; son ventre semble se détendre pour laisser plus de place à l'enfant. L'haptonomie peut être aussi un moyen pour la future maman d'obtenir un peu plus de confort. Par exemple, lorsque le bébé comprime le diaphragme et gêne la respiration, elle peut l'encourager à descendre un peu. Au moment de la naissance, la mère va pouvoir ainsi guider l'enfant vers l'extérieur.

À partager en famille

C'est encore pour le père et les autres enfants de la famille une expérience extraordinaire. Chacun d'entre eux entre en « contact » avec ce petit être à venir, les parents apprennent à connaître déjà les réactions de leur bébé. Ils éprouvent toujours émotion et émerveillement. Pour

> ***La présence du père*** *et sa collaboration active sont indispensables. L'haptonomie est une affaire de couple. Elle lui donne souvent une force étonnante. Au moment de l'accouchement, la souffrance en est réduite ; elle ne disparaît pas, mais l'accouchement est dédramatisé, les tensions musculaires sont modifiées, élevant ainsi le seuil de tolérance à la douleur. La peur s'estompe au profit de la plénitude affective.*

Le chant prénatal *est une autre forme de communication précoce avec le bébé. Mais le chant prénatal semble encore avoir d'autres vertus. Il permet de s'exercer agréablement à toute une gamme de respirations, notamment en faisant des vocalises. La position du corps, indispensable pour bien chanter, sollicite les abdominaux et fait travailler le bassin. Au moment de l'accouchement, la mère, en exprimant des sons graves, stimulerait les contractions et aiderait à l'expulsion. Enfin, il est sans doute utile, à ce moment douloureux, de donner l'occasion à la mère de se concentrer sur sa respiration et de se sentir active. Les futures mamans qui pratiquent le chant prénatal témoignent de leur grand plaisir. Toutefois, les sages-femmes diffusant cette pratique sont peu nombreuses.*

les pères, cette pratique est une véritable préparation à la rencontre et au dialogue avec leur enfant. Que ceux qui le souhaitent n'hésitent pas.

Lors de l'accouchement, la participation du père est largement sollicitée, s'il a assisté aux cours d'haptonomie. Placé derrière sa femme, il pose ses mains sur son ventre et à chaque contraction, il guide en douceur et avec tendresse l'enfant dans le bon axe pour naître.

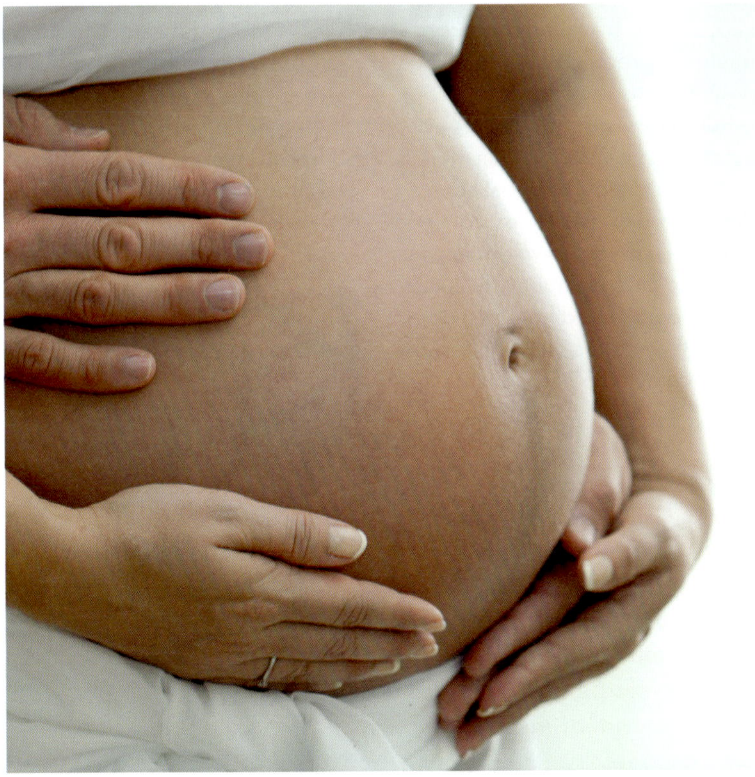

Une mise en condition

Cette méthode a pour but de créer les meilleures conditions physiologiques et psychologiques à l'attachement enfant-parents au cours de la grossesse et au-delà, l'attention accordée ayant toutes les chances de perdurer. Huit séances environ sont nécessaires pour initier le couple à l'haptonomie, il pourra ensuite la pratiquer très librement. Elles se font avec l'accompagnement d'une personne formée qui leur délivrera l'art du toucher haptonomique, bien différent du palper médical, des effleurements du massage ou des caresses amoureuses.
Les gestes, chargés d'affectivité, invitent le bébé à la rencontre des siens, de sa mère, de son père et de ses frères et sœurs s'il en a. Généralement, un soin particulier est apporté à « la formation » du père afin qu'il sache apporter, dans un premier temps, confort et détente à la mère puis, au moment de l'accouchement, une aide efficace pour guider la descente de l'enfant.
En revanche, l'haptonomie n'a pas de réelle efficacité sur la douleur. Elle peut cependant se pratiquer même si vous envisagez une péridurale. Au moment de l'accouchement, dans ce cas aussi, le père peut aider votre bébé à naître. Les jeunes parents l'ayant pratiquée une bonne partie de la grossesse ont une grande envie de faire enfin connaissance avec celui avec qui ils dialoguent depuis si longtemps.

Annoncer la nouvelle à votre employeur

Vous appartenez à la catégorie des futures mamans qui travaillent. Votre ventre s'arrondit, même si vous faites attention de ne pas trop le montrer, il va falloir pourtant annoncer à votre employeur ou au directeur du personnel de l'entreprise la bonne nouvelle.

Préserver les relations futures

Il est important pour vos relations futures qu'il ne soit pas le dernier informé ; bien que, sur le plan du droit du travail, vous soyez seulement dans l'obligation de ne lui indiquer que vos dates de départ et de retour de congé de maternité. Averti à temps, le responsable de l'entreprise où vous travaillez va pouvoir organiser votre absence.

Si vous avez un poste à responsabilités, réfléchissez à l'organisation possible de votre service en votre absence. Les futures mamans sont généralement angoissées à l'idée de cette annonce, mais rassurez-vous, même si, sur le moment, votre patron prend la chose de manière assez froide, voire désagréable, quelques jours plus tard, il se sera rendu à la raison.

L'annonce aux collègues de bureau est souvent plus simple. Vous constaterez que certains se révèlent sous des jours nouveaux, les plus distants pouvant se montrer sympathiques et prêts à vous aider. Mais ne comptez quand même pas trop sur leur solidarité, surtout si votre grossesse entraîne de nombreuses absences de votre part. Pensez que, pour quelques jours, vous ne serez pas remplacée et qu'il leur faudra faire votre travail, en plus du leur. Dans beaucoup de métiers trouver un(e) remplaçant(e) pour quelques jours ou plus n'est pas chose facile.

La législation en vigueur

Le code du travail vous accorde quelques prérogatives. Ainsi, vous pouvez vous absenter pour vous rendre aux visites médicales obligatoires, soit une fois par mois à partir du 4e mois de grossesse.

Pratiquement toutes les conventions collectives prévoient la possibilité d'aménagement de poste et d'allègement d'horaires de 5, 15 ou 30 minutes, en fonction de votre temps de transport. Et si votre emploi est trop fatigant ou votre état de santé incompatible avec votre métier, sachez que vous pouvez changer provisoirement d'emploi, tout en gardant le même salaire ; 40 % des femmes demandent à leur employeur des modifications dans leurs conditions de travail : réduction des horaires ou aménagement de leur poste de manière à ce que leur travail soit moins fatigant. Mais tout n'est pas rose en la matière. Dans notre société, le respect des règles de protection de la maternité, pourtant légales, n'a pas encore parfaitement droit de cité. C'est encore trop souvent un combat.

Fatigue et prématurité

Une enquête de l'Inserm (Institut national de la santé et de la

---

***La plupart des femmes** qui travaillent ressentent un accroissement de la pénibilité des tâches. De façon subjective, 70 % des femmes estiment leurs conditions de travail supportables et leur environnement agréable en temps normal, mais 35 % les trouvent pénibles, voire très pénibles pendant la grossesse et, pour 15 %, ils deviennent insupportables.*

---

recherche médicale) a cherché à déterminer les facteurs de risque liés à l'activité professionnelle au cours de la grossesse. Cette enquête rétrospective sur l'ensemble des facteurs de fatigue, tant professionnels que familiaux, a été menée auprès de femmes venant d'accoucher. La moitié de ces jeunes mères ont exercé une activité professionnelle durant leur grossesse. Cette étude de l'Inserm a démontré la relation existant entre la prématurité et le cumul de fatigue : les conditions de travail pénibles se rencontrent surtout chez les ouvrières, les personnels de service et les employées de commerce. Plusieurs études ont d'ailleurs confirmé la relation entre naissances prématurées et fatigue.

À ces sources de fatigue s'ajoute celle relative aux transports. Parmi les facteurs de risque, il faut encore prendre en compte le travail sur certaines machines, sources de vibrations ou de trépidations, et les tâches trop répétitives. Une autre enquête montre que 15 % des femmes enceintes effectuaient un trajet simple de plus de 30 minutes tous les jours, 81 % d'entre elles en utilisant les transports en commun. Indépendamment de cette étude, 15 % des femmes estiment leur travail professionnel très fatigant en fin de grossesse : 7 % accouchent prématurément, contre 4 % parmi les femmes ne travaillant pas.

Cette annonce constitue *pour certains employeurs une source d'ennuis potentiels. Les congés de maternité leur posent problème, mais surtout ils imaginent que leurs salariées seront moins disponibles et que leurs enfants ne manqueront pas de tomber malades bien trop souvent. L'ambiance se crispe et, dans certains cas, devient irrespirable. Cadres comme employées, toutes les catégories sociales sont ainsi malmenées. Selon un sondage CSA, un Français sur deux pense qu'avoir un enfant perturbe la vie professionnelle de la mère. Mais les femmes ne se laissent plus faire, elles sont de plus en plus nombreuses à saisir la Halde* pour discrimination liée à la grossesse.*

** Haute Autorité de Lutte contre les Discriminations et pour l'Égalité.*

Penser à l'avenir

C'est dès maintenant qu'il faut penser à votre avenir dans l'entreprise. Il se passera d'autant mieux que vous aurez annoncé tôt votre grossesse, laissant à l'entreprise tout le temps d'organiser votre remplacement. Lorsque vous serez en congé de maternité, ne laissez pas votre employeur ou même vos collègues sans nouvelle, manifestez-vous de temps en temps. Ainsi, tout le monde sera bien conscient que vous avez l'intention de reprendre votre place dans quelques mois. Et si, pour une raison médicale, vous devez prolonger votre congé ou si vous souhaitez aménager différemment votre temps de travail, prévenez directement votre employeur avant de lui envoyer le courrier réglementaire, une lettre recommandée avec AR.

Des calories pour votre bébé

La grande majorité des futures mamans sont raisonnables tout au long de leur grossesse, notamment en matière d'alimentation. Sans trop d'effort, elles établissent leur ration alimentaire à 2 500 calories par jour, qui sont les normes recommandées.

Quand la raison gouverne

Le comportement alimentaire de la future maman oscille souvent entre la crainte de ne pas se nourrir assez et celle de prendre trop de poids. Ce sont celles qui sont un peu rondes qui font le plus attention, et elles ont raison. En revanche, les femmes minces mangent plus et il est donc logique qu'en fin de grossesse, ce soient celles qui aient pris plus de poids. La composition de l'alimentation ne varie pas beaucoup dans cette période ; on note cependant une plus grande consommation d'eau, de calcium, et de vitamines C et B9 et de carotène, sous forme de crudités et de laitages. En revanche, l'absorption de glucides (tous les féculents : pâtes, pain, riz, etc.) diminue, ainsi que celle des lipides (graisses). En ce qui concerne les sels minéraux, leur apport est également faible et peut s'avérer insuffisant (fer, magnésium) ; l'apport protidique (viande, poisson, œufs), quant à lui, n'est pas modifié et semble suffisant. Votre alimentation au cours de la grossesse ne doit pas vraiment changer.
Dans l'idéal, les 2 500 calories journalières, dont vous avez besoin, correspondent à : 500 ml de lait ou 2 yaourts ou encore 50 g de fromage à pâte molle, 200 g de viande ; 250 g de pain ; 200 g de pommes de terre ; 200 g de légumes verts ; 300 g de fruits ; 20 g de beurre ; 15 g d'huile et 35 g de sucre.

Le poids de naissance

Même s'il n'existe pratiquement pas de corrélation entre les kilos pris au cours de la maternité et le poids du bébé à la naissance, on note un rapport certain entre le poids de naissance de l'enfant et l'âge de la future maman. Ainsi, plus la mère est âgée, plus son bébé sera gros. Il semble encore qu'il y ait une certaine influence du poids de la future maman avant la maternité. La prise de poids moyen au cours de la grossesse devrait être de 11 à 13 kg. Sur ce poids, 6 kg environ sont attribués au poids de l'enfant, au placenta, à l'utérus et au liquide amniotique ; 5 à 7 kg seulement s'ajoutent au poids initial de la future maman. On estime que jusqu'à la 20e semaine de gestation, la prise de poids peut être attribuée à la mère ; son corps fait des réserves, c'est ce que l'on appelle la phase « d'anabolisme ». Ensuite, la grossesse entre dans une phase dite de « catabolisme ». On constate alors les augmentations du flux sanguin utérin, du poids du placenta et du fœtus. C'est au cours de cette phase que l'organisme de la mère libère les protéines qu'elle a jusqu'alors engrangées pour les donner au fœtus en pleine croissance.

Bon poids, bonnes mesures

À la fin du 2e trimestre, votre prise moyenne de poids est d'environ 6 kg, si vous avez été raisonnable, dont 2 kg sont pour le fœtus et ses « annexes » : placenta et liquide amniotique ; 4 kg sont « à vous » sous forme de réserves.

DU CÔTÉ DE VOTRE BÉBÉ, *son poids et sa taille évoluent. Au cours du 5e mois, le fœtus connaît une véritable poussée de croissance. Il grandit de 11 cm. Sa taille est alors de 25 cm et son poids de 500 g. En quatre mois, il va devoir multiplier son poids par 6 et sa taille par 2 !*

On parle aujourd'hui de future maman anorexique. *Même si, pour quelques femmes, voir leur silhouette s'alourdir au cours de la grossesse est un réel problème, se sous-alimenter n'est pas sans risque tant pour la mère que pour l'enfant. Pour elle, il faut craindre des carences en tout genre, l'anémie mais aussi des difficultés cardiaque ; pour lui, un faible poids de naissance, une arrivée prématurée ou même la survenue de diabète ou d'obésité après la naissance.*

Elles seront utilisées au cours du 3e trimestre, au moment de l'accouchement et en période d'allaitement. Bien sûr, la prise de poids est aussi fonction de votre taille. Plus vous êtes grande, plus il est normal que vous preniez du poids. De même, si vous continuez à avoir une activité physique importante, si vous attendez plusieurs enfants ou si vous en avez déjà eu plusieurs, votre ration alimentaire sera un peu plus élevée, notamment sur le plan protidique.
La majorité des futures mamans n'ont pas besoin des conseils d'un nutritionniste : celles qui consultent le plus souffrent d'obésité, sont trop maigres ou ont des risques de diabète, les autres ont besoin d'être rassurées, de valider que leur régime alimentaire est le bon. De nombreux établissements proposent des consultations avec des diététiciennes.

Privilégier les produits laitiers

Le yaourt est un des aliments préférés des futures mamans. Sur le plan nutritionnel, il a sensiblement la même valeur qu'un verre de lait. Il apporte des protéines, du calcium, des vitamines et des sels minéraux. Autre aliment lacté, aujourd'hui très courant : le yaourt au bifidus, dont les bactéries existent à l'état naturel dans le tube digestif. Toutes les expériences menées sur ces produits dénotent une efficacité remarquable sur la régulation intestinale. Ils sont à la fois efficaces contre la diarrhée et contre la constipation. Natures, entiers ou aromatisés, ils ont pratiquement tous les mêmes valeurs nutritionnelles.

Garder sa séduction

Ce n'est pas parce que votre silhouette s'alourdit que vous ne devez pas rester séduisante. Soignez votre maquillage et adaptez votre garde-robe à vos nouvelles formes en privilégiant aussi votre confort.

Pour avoir bonne mine

Le teint d'une future maman est souvent resplendissant, pourquoi ne pas en profiter ?
Il est préférable que vous abandonniez les fonds de teint, qui ont toujours tendance à accentuer les cernes et les marques de fatigue, au profit de crèmes hydratantes teintées, beaucoup plus faciles à appliquer. Leur utilisation ne vous dispense toutefois pas d'utiliser comme base une crème hydratante ou antirides. Si vous avez quelques petits problèmes dermatologiques (p. 186), appliquez sur votre peau une crème pour peau grasse et à tendance acnéique. Elle limitera la production de sébum et de bactéries.
N'hésitez pas à accentuer votre bonne mine par un peu de blush en crème, il est plus discret qu'en poudre. Choisissez-le un peu doré, un ton au-dessus de la carnation naturelle de votre peau. Pour les yeux, jouez la simplicité : poudre à paupière beige ou légèrement rosée, mascara foncé (noir, vert, gris ou marron). Pour les agrandir, un trait d'eye-liner, du milieu de la paupière au bord extérieur. Pour les lèvres, utilisez votre couleur habituelle en choisissant peut-être un ton un peu plus doux.

Pour ne pas trop grever votre budget, *mêlez vêtements spécialisés (chers) et vêtements bon marché. Un principe : le bas sera souvent choisi dans un modèle « spécial future maman », le haut dans votre garde-robe d'avant, ou acheté plus pour son style que pour sa qualité. Dans tous les cas, pour votre confort, évitez les vêtements qui serrent le ventre.*

Des senteurs fraîches et légères

Côté parfum, préférez pour l'instant des senteurs fraîches, fleuries ou citronnées. Attention, la plupart des futures mamans transpirant beaucoup, certains parfums peuvent virer. Vous pouvez encore avoir l'impression que votre parfum « ne tient pas ». N'en croyez rien, c'est en fait votre odorat qui, sous l'effet des hormones, diminue ou se transforme. C'est pourquoi certaines odeurs semblent inexistantes alors que d'autres deviennent soudainement dérangeantes. Pas d'inquiétude, tout rentrera dans l'ordre après votre accouchement. N'hésitez pas à glisser dans votre sac un brumisateur d'eau minérale, c'est idéal pour vous rafraîchir dans la journée.

Des cheveux de nature changeante

Beaucoup de femmes constatent que leur grossesse améliore la nature de leurs cheveux : ils sont moins secs, moins fourchus grâce à l'apport d'œstrogènes ; la chute normale de remplacement est également ralentie, leur donnant un plus joli volume. Mais certaines, qui avaient déjà une nature de cheveux gras, voient, au contraire, leur problème s'accentuer. Le traitement est simple : des lavages fréquents avec un shampooing doux, non ionique. Dans la mesure du possible, évitez la chaleur du sèche-cheveux qui renforce le phénomène des cheveux gras. Mais quel que soit l'aspect de vos cheveux, et contrairement à ce que l'on raconte, teinture, décoloration ou permanente ne sont

Les ongles peuvent devenir fragiles et cassants. *Taillés court, bien limés, protégés par un vernis durcisseur, ils seront déjà plus résistants. Si vraiment leur état s'aggrave, la prise de gélules de gélatine (vendues en pharmacie) améliorera nettement leur état et il n'y a aucun risque pour bébé.*

en rien déconseillées pendant la grossesse.

Côté mode, féminine jusqu'au bout

En fait, les vêtements pour future maman se classent en deux tendances radicalement opposées : ceux qui cachent et ceux qui montrent. Bien sûr, on peut se choisir une garde-robe dans ces deux catégories. De même, il n'est pas obligatoire de s'habiller dans les magasins spécialisés. Vous pouvez – avec un peu de persévérance, il est vrai – trouver dans des collections de prêt-à-porter des modèles amples qui habillent sans difficulté une femme enceinte, l'idéal étant de ne pas changer son style mais de l'adapter à vos nouvelles formes. C'est encore le plus sûr moyen de supporter votre nouvelle image. Vous pouvez, bien sûr, porter les accessoires que vous aimez et qui personnalisent la tenue. N'hésitez pas à mettre en valeur ce qui fait votre féminité. Vous avez de jolies jambes ? Montrez-les. Il existe des tailleurs avec jupe droite pour femmes enceintes, une bande élastique sur le devant de la jupe permettant de caser les ventres les plus arrondis. Vous avez de jolis bras ? Portez des chemisiers à manches montées et courtes ; soulignez vos poignets en mettant quelques bracelets. Vos épaules sont superbes et votre cou bien proportionné ? Optez pour les décolletés, votre poitrine généreuse le permet.
Le choix d'un maillot de bain est souvent compliqué. Il existe bien sûr des maillots future maman ; ils sont confortables, notamment au niveau de la poitrine, et peuvent même être esthétiquement beaux. Mieux vaut sans doute se choisir un maillot une pièce, type nageur avec ou sans soutien-gorge. En l'achetant uni et de couleur foncée, vous affinez au maximum votre silhouette.

6^E MOIS

6E MOIS

Vous

SE PRÉPARER À L'ACCOUCHEMENT, QUELLE QUE SOIT LA MÉTHODE CHOISIE, C'EST AVANT TOUT SE DONNER DU TEMPS À SOI. Toutes permettent de prendre conscience que ce moment de la maternité est exceptionnel. Toutes aident à comprendre le déroulement physiologique de l'accouchement et calment ainsi l'anxiété qui est source de douleur. C'est encore, tout à la fois, un moment d'introspection et un instant intime volé à la vie trépidante.

LA MATERNITÉ TRANSFORME LES CŒURS ET LES COUPLES. Elle implique la construction d'une autre relation, où jamais plus le tête-à-tête ne sera le même.

« Il bouge ! Regarde, touche, voici sa tête, là, un de ses pieds. » La plupart des couples observent avec émotion les premiers mouvements de leur bébé. La future maman est alors heureuse de montrer à son compagnon que tout se passe bien. Elle tient à lui faire partager le trouble que suscitent en elle ces « galipettes », sensations difficiles à décrire avec des mots ; alors, elle guide doucement la main du futur père sur l'arrondi de son ventre.

Elle l'entraîne ainsi à faire connaissance avec son enfant, cherche à lui faire exprimer ses sentiments, le trouvant parfois si « extérieur » à cette aventure.

Elle leur est pourtant si commune ! Elle aimerait, comme cela lui arrive souvent à elle, qu'il parle à ce bébé, qu'il le touche, qu'il le caresse. Bref, qu'il devienne père aussi intensément qu'elle s'est sentie mère.

Faire participer le père à l'expérience de la grossesse n'est pas chose facile. C'est pour lui un monde totalement inconnu, où il ne peut pénétrer que si sa compagne le guide.

Votre bébé

Le cerveau se construit à une vitesse vertigineuse, à raison de 100 000 cellules à la minute. Il est achevé ainsi que la moelle épinière au début du 6e mois et, à la fin, les sillons cérébraux sont dessinés et les neurones sont en place. Le système neurologique du fœtus est suffisamment fonctionnel pour lui permettre « une forme d'intelligence », notamment celle qui consiste à expérimenter ses capacités sensorielles. La respiration automatique fonctionne grâce à son système nerveux. L'arbre bronchique croît et se prépare aux échanges gazeux.

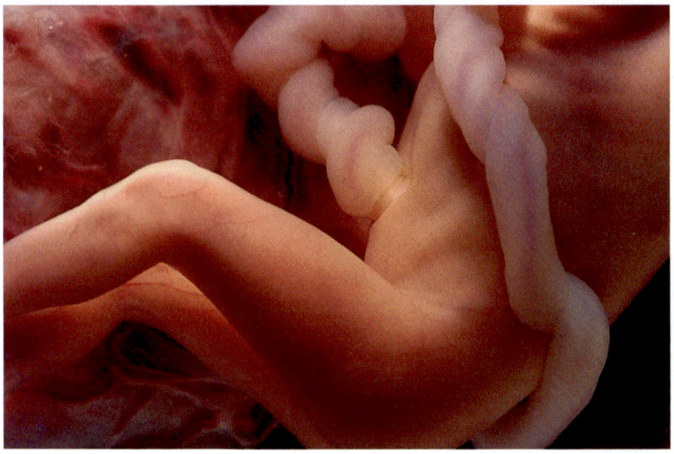

6E MOIS

Le cordon ombilical est solide et prend des dimensions importantes en fin de grossesse. Les vaisseaux sanguins sont cachés dans une masse gélatineuse, qui rend impossible la formation de nœuds et de coudes qui pourraient interrompre la circulation sanguine.

Acteur aussi de son développement

Le fœtus, dans le ventre de sa mère, ne se développe pas uniquement grâce aux apports maternels. Grâce à son sommeil, ses connexions nerveuses se multiplient. Il fabrique désormais les hormones qui favorisent sa croissance.

Un sommeil constructif…

Mais que fait le bébé dans le ventre de sa mère ? Il dort, il dort énormément et pratiquement rien ne le réveille. Au 5e mois de gestation, les spécialistes du sommeil distinguent les premiers cycles de périodes actives et de périodes de repos. Ils se succèdent à un rythme proche des futurs cycles du sommeil, qui seront ceux du nourrisson. Au 6e mois de gestation, ils constatent l'apparition du sommeil agité ou sommeil paradoxal. Cette phase du sommeil est connue pour être celle où s'installent les rêves. Le sommeil lent s'installe 15 jours plus tard. L'étude par électroencéphalogrammes des bébés prématurés a dévoilé quelques secrets du sommeil de l'enfant in utero. En effet, chez ces enfants, le développement du sommeil et de l'activité électrique du cerveau se poursuit selon une programmation que leur date de naissance anticipée ne modifie en rien. Jusqu'à la fin du 7e mois, les tracés encéphalographiques révèlent que le fœtus passe une bonne partie de son temps dans un état de sommeil paradoxal.
Comme c'est très précisément durant cette période de gestation que se produit l'essentiel de la maturation des cellules nerveuses, les spécialistes du sommeil pensent que le sommeil paradoxal joue un rôle important dans ce processus. En activant bon nombre de cellules essentielles au fonctionnement vital, il aiderait à leur développement.

> **« Les insomnies de la maman n'augurent en rien de la naissance d'un enfant nerveux et mauvais dormeur. Rassurez-vous et rendormez-vous. »**

… qui évolue jusqu'à la naissance

Les moments de veille et de sommeil ne se différencient que vers huit mois de gestation.
À 8 mois et demi environ, et pour la première fois, les tracés indiquent que le futur bébé vit des nuits rythmées en cycles de sommeil lent et de sommeil para-

---

Son système nerveux s'organise. *Dès le 4e mois de gestation et jusqu'à la naissance, les cellules nerveuses se multiplient à un rythme effréné : 250 000 divisions à la minute Elles se déplacent vers la périphérie de la masse cérébrale et établissent entre elles des connexions. La migration des cellules se fait de manière prodigieusement astucieuse par le biais de cellules guides qui amènent la nouvelle cellule exactement à la place qui lui est attribuée. Ainsi se forment les six couches du cortex. Puis, ces cellules tissent entre elles des connexions horizontales donnant à la région du cortex tout son pouvoir. Un seul neurone en établit ainsi plusieurs milliers avec ses semblables. À la fin du 6e mois, les sillons cérébraux sont dessinés et les neurones sont en place.*

---

doxal. Les études, par échographie notamment, montrent que la cage thoracique du fœtus bouge pendant les moments de sommeil agité. Un peu comme s'il s'essayait à la gonfler pour s'entraîner à respirer. Cette activité laisse supposer que le fœtus a déjà une activité neuronale. Rêve-t-il ? Peut-être, mais on ne peut pas le dire clairement et il ne sera jamais possible de connaître quelles images il s'invente. Au 9e mois, pour la première fois, on observe chez le futur bébé des périodes très courtes de veille calme, les yeux ouverts.

L'analyse du sommeil du fœtus permet même de déterminer la proximité de l'accouchement : on constate alors une parfaite égalité entre les deux types de sommeil, tant en qualité qu'en quantité. Et l'on sait encore que dans les 24 heures qui précèdent la naissance, le sommeil de la mère et du bébé sont en harmonie.

À la naissance, les deux phases de sommeil sont bien différenciées. Elles se succèdent au rythme de cinq à six cycles de 30 à 50 minutes (les rythmes sont de 90 à 100 minutes chez l'adulte). Mais l'enfant n'a pas encore acquis les notions de veille et de sommeil, de jour et de nuit.

Il lui faudra entre deux et trois mois pour les développer. Après la naissance, le processus de structuration neuronale se poursuit de manière autonome et toujours au cours du sommeil paradoxal.

Il a grandi. *Maintenant la respiration automatique est commandée par le système nerveux. L'arbre bronchique se développe, avec notamment l'apparition des alvéoles des poumons (sacs terminaux), qui sont déjà bien cernées par les capillaires chargés des échanges gazeux. Les traits du visage sont de plus en plus fins. Votre bébé a des sourcils, de jolies narines et des lèvres bien ourlées ; l'œil a la capacité de voir et les éléments constituant la rétine finissent de se mettre en place. Dans peu de temps, l'œil sera capable de voir, les paupières qui étaient jusqu'alors soudées vont se soulever. Il entend. Tout le système nerveux capable de perceptions sensitives est à sa place définitive. Le fœtus adopte une attitude caractéristique, bras repliés sur la poitrine, genoux ramenés sur le ventre : la position fœtale. Il pèse alors 1 kg et mesure 30 cm. S'il venait à naître maintenant, il pourrait vivre. Mais il a encore besoin de temps pour parfaire tous les organes et les sens dont il s'est doté depuis quelques mois.*

Grâce aux enzymes et aux hormones

Le fœtus possède la capacité de traiter certains apports maternels afin de les rendre utiles à son développement. Il se dote petit à petit notamment de substances chimiques, les enzymes dont le rôle est de contrôler que les cellules de son organisme sont bien le théâtre de réactions chimiques et qu'elles s'enchaînent parfaitement. L'apparition de ces enzymes indispensables à la vie est sous la dépendance d'un programme de développement génétique très précis. Chaque réaction chimique étant régie par un enzyme particulier, ce sont des milliers d'enzymes que le fœtus va produire et utiliser selon ses besoins. C'est ainsi, par exemple, qu'il transforme le glucose qu'il reçoit de sa mère par l'intermédiaire du placenta en protéines indispensables à sa croissance.

De même, il fabrique des hormones grâce au fonctionnement de ses glandes endocrines telles que l'hypophyse, la glande thyroïde et les glandes surrénales, très volumineuses chez le fœtus. Toutes ces hormones sont aussi des acteurs majeurs de sa croissance, tout comme l'insuline produite par le pancréas du fœtus. L'insuline active le métabolisme du calcium, ce qui est important pour l'ossification de son squelette.

Devenir mère, un vrai travail psychique

Entre votre bébé et vous s'établit une relation charnelle qui se prolongera plusieurs années après la naissance. Vous vous savez en train de le nourrir. Pour lui, vous vous êtes déjà imposé des contraintes en vivant tout à fait autrement : plus calmement, plus lentement, en contrôlant votre alimentation et en arrêtant, pour certaines, de fumer.

Retour sur soi

Vous allez percevoir des sentiments complexes : vous ressentez votre bébé non seulement comme une partie de vous-même, mais aussi comme une personne à part entière, capable d'autonomie. Vous lui attribuez des comportements volontaires : il a le hoquet, il fait des cabrioles... c'est ainsi que vous préparez dès maintenant vos relations de demain. Le secret du bon couple mère-enfant réside dans l'équilibre entre le don et l'éloignement.

C'est toute cette diversité d'émotions qui vous permet de vous supporter, et même de vous aimer, transformée, bien qu'encombrée par votre ventre. Beaucoup d'entre vous ont le sentiment que tout cela n'a pas vraiment d'importance en comparaison de ce qui se passe dans votre corps, de la responsabilité qui tout à coup vous investit. À 6 mois de grossesse, vous n'êtes pas encore gênée par votre état. Dans un mois à un mois et demi, le temps vous semblera déjà plus long. Vous aurez peut-être hâte de découvrir cette petite personne à laquelle vous vous dévouez entièrement. Il vous arrivera même, à certains moments, de la trouver embarrassante.

L'EXPÉRIENCE RASSURE *et le vécu d'une seconde grossesse est souvent fort différent de celui d'une première. Sur le plan physique, elle est parfois plus fatigante, mais sans doute appréciée plus sereinement. D'ailleurs, on s'aperçoit que ces futures mamans sont moins présentes aux cours d'accouchement, moins intéressées par l'haptonomie ou le yoga. Celles qui suivent la préparation à l'accouchement le font pour que s'installe un dialogue avec l'enfant qu'elles portent. La douleur de l'accouchement leur est connue, tout comme son mécanisme et sa technique ; elles savent aussi que, normalement, cette naissance sera plus rapide que la première.*

Apprendre à être mère

Il est faux de croire que tout est idéal dans la maternité. On ne devient pas mère d'un coup de baguette magique, c'est un long apprentissage. Une maturation qui a besoin de neuf mois et dont l'interruption précoce en raison d'une naissance prématurée peut parfois être cause de perturbation dans la relation mère-enfant (p. 306).

Certaines futures mamans, même si elles désirent profondément leur enfant, même si elles se réjouissent de leur naissance, ressentent par moments une légère déprime. C'est assez classique. Cette naissance va bouleverser leur vie ; il est logique qu'elles s'en inquiètent, qu'elles se posent quantité de questions : seront-elles à la hauteur de la tâche ? Redeviendront-elles les femmes qu'elles étaient avant ? Sauront-elles être mère et épouse ? Elles peuvent même un instant regretter de s'être engagées dans cette aventure. Un peu de fatigue, une déception familiale, une contrariété professionnelle sont souvent des facteurs favorisant ces idées sombres. Ces neuf mois d'attente constituent, pour certaines femmes, une période de fragilité psychique, surtout lors d'une première grossesse.

Quelques maternités ont créé des structures *qui accueillent les toutes jeunes futures mamans, avant même qu'elles aient commencé leur préparation à la naissance. Là, elles se retrouvent pour parler et, si besoin est, exprimer leurs craintes, poser toutes les questions sans appréhension. Pour écouter, pour soutenir les plus fragiles, une équipe de spécialistes est là, composée de sages-femmes et de pédiatres. On sait l'importance du dialogue et de l'écoute pour aider à une meilleure approche psychologique de la naissance. C'est aussi l'objectif poursuivi un peu plus tard, lors des réunions collectives proposées par les cours de préparation à la naissance.*

La vérité sur les envies

Les fameuses envies de la future maman sont célèbres : des fraises au beau milieu de l'hiver, du camembert en pleine nuit, à moins que ce ne soient des escargots ou de l'andouillette... Quelques futures mamans sont même étonnées de leur intensité.
Les envies n'ont pas vraiment de fondement physiologique. Elles sont plutôt psychologiques. Elles signifient le plus souvent : « Je veux qu'on m'aime », « J'ai besoin d'attention, j'aime qu'on s'occupe de moi », telle est leur traduction littérale. À bon entendeur.
Il est curieux de constater que ces envies ne sont pas partout les mêmes : les futures mamans américaines ont « envie » de glaces et de produits laitiers, donc de sucre, alors que les futures mamans japonaises réclament des mets salés... Sous nos latitudes, l'attirance serait plutôt portée vers les aliments acides et les condiments.

Devenir père

La paternité est un phénomène intellectuel ; la mère peut appuyer son imaginaire sur des changements physiologiques, sur la sensation du bébé qui bouge en elle. Le père, lui, doit se débrouiller avec ce qu'il voit lors des échographies et ce que sa compagne veut bien lui confier.

Se trouver une nouvelle identité

Une première paternité est toujours vécue avec une émotion très forte, d'autant plus que le monde de la maternité est, dans la majorité des cas, étranger à l'homme. La plupart d'entre eux ne se sont jamais vraiment posé la question de savoir comment l'enfant se développe ou ce qui se passe réellement au moment de l'accouchement. Le futur père, par la force des choses, « investit », comme peut-être jamais auparavant, dans son épouse ou dans sa compagne. Il vivra neuf mois à son écoute, inquiet quand elle est fatiguée, heureux de savoir après une visite médicale que tout va bien et que « son bébé grandit ». Devenir père, se sentir réellement impliqué dans cette tâche, est une prise de conscience qui se produit à des moments différents, selon les sensibilités. Il y a ceux qui le sont dès la réponse positive du test de grossesse, ceux qui pleurent à la première échographie, ceux qui n'y croient qu'à l'accouchement et ceux qui le deviennent en jouant avec leur bébé.

La meilleure préparation à ce nouveau statut paternel consiste à être très proche de la mère, à entrer en contact avec le futur bébé, tout particulièrement en assistant aux échographies. Cet examen imaginé pour contrôler le bon déroulement de la grossesse a bouleversé la vie des pères. Elle leur donne un fantastique support d'imagination. À la profonde émotion dont témoignent la plupart des hommes à la vue de « leur » bébé s'ajoute le fait de partager cette découverte avec leur compagne, et ce bien avant l'accouchement. De nouveaux liens s'établissent entre les conjoints grâce à cette expérience, qui est souvent pour le couple une occasion à la fois de découverte et de rapprochement. C'est aussi la possibilité pour l'homme de découvrir une « autre » compagne et d'accompagner sa grossesse.

Face à la grossesse, certains pères somatisent.

1,6 kg : c'est le poids moyen que prennent les pères entre le 6e mois de grossesse de leur compagne et le premier anniversaire de leur bébé. Certains « futurs papas » somatisent beaucoup. Ils sont irritables, se transforment en businessmen surchargés de travail, fuient leur foyer ; d'autres se sentent en permanence fatigués ou deviennent plus « fragiles » : ils dorment mal, ils manquent d'appétit, ils souffrent de maux de ventre ou de dents, ont des problèmes dermatologiques, développent orgelet sur orgelet ou des angines à répétition, notamment au début de la grossesse. En effet, il est curieux de constater une multiplication étonnante de ces affections chez les futurs jeunes pères. Ces manifestations montrent sans doute la part d'angoisse ressentie par les pères.

Beaucoup d'interrogations

Sa vie a parfois la forme d'un point d'interrogation. Il ne se

sent pas compétent tant qu'il n'a pas endossé concrètement son nouveau rôle. Il sait aussi qu'il devra assumer d'autres responsabilités. La famille devra trouver des moyens financiers supplémentaires pour cet enfant, il devra lui donner du temps, etc. Il s'imagine à la fois protecteur, jaloux, nourricier, participant ; il a un peu de mal à s'y retrouver, surtout qu'en face de lui, il a parfois une femme « changeante ».
Sa femme, sa compagne, sera-t-elle à la hauteur de sa nouvelle vie ? Mènera-t-elle à bien cette grossesse ? Sera-t-elle une bonne mère ? Pour trouver des réponses, il cherche dans son passé.
L'image de son propre père lui sert de référence, il étudie son comportement vis-à-vis de sa mère. Il se sent peut-être pour la première fois son égal ; pourquoi ne pourrait-il pas faire mieux ? Pourquoi ne deviendrait-il pas le père idéal ?

Des difficultés à se livrer

Dans certains cas, le futur papa peut éprouver un sentiment de solitude, plus ou moins fort tout au long de la grossesse. Sa compagne, tout à elle-même, tout à son bébé est moins disponible pour lui. Amis, famille n'ont plus d'yeux que pour elle. Il a souvent du mal à lui confier ces craintes, préférant un ami ou un collègue de travail qu'en fait il connaît assez peu. D'autres optent pour l'« hyperactivité ». Ils s'impliquent plus que de raison dans leurs activités professionnelles. Ils s'adonnent frénétiquement à leur passion, ils se transforment en fans, deviennent des accros du sport ou du bricolage, rénovant la maison du sol au plafond. Bref, c'est ainsi qu'ils calment leur angoisse face à un avenir plein d'inconnu.
Enfin, d'autres pères deviennent protecteurs à l'excès. Ils s'imaginent souvent exagérément responsables de la conception de leur enfant. Ils peuvent se sentir inconsciemment coupables de tous les désagréments dont la mère souffre. Heureusement, ces pères « compliqués » sont rares et ces comportements exacerbés s'observent le plus souvent chez des personnes à la personnalité fragile.

Les nuits des futurs papas peuvent être peuplées de rêves. *Le rêve le plus fréquent est celui de « l'enfant donné » ; le bébé, qui ressemble à un enfant de 2 ou 3 ans, s'installe soudainement dans la vie du couple. D'autres rêves sont encore des grands classiques, l'eau y joue un rôle important. L'eau traduit un besoin de quiétude ou de sécurité. Enfin, les rêves d'abandon ou d'exclusion se multiplient, on peut les relier souvent à des difficultés d'adaptation du couple à la nouvelle situation. Les cauchemars qui évoquent la disparition d'un être cher témoignent, pour la plupart, du travail psychique que représente le passage du statut d'enfant à celui de père de son enfant. Ces manifestations montrent que l'homme est aussi profondément bouleversé psychiquement par la paternité.*

Devenir parents

Même si vous et votre conjoint attendez intensément la venue de votre bébé, il va rompre, surtout si c'est le premier, l'équilibre que vous aviez établi tous deux. Si une fragilité s'était déjà manifestée, l'arrivée de l'enfant peut s'accentuer.

Vers une vie à trois

Le plus souvent, apprendre à vivre en couple constitue une étape importante dans votre vie. Il a fallu quelques années pour créer un bon équilibre entre les besoins d'individualisme et les besoins affectifs de chacun. La maternité représente une autre étape, tout particulièrement si vous attendez un premier enfant. La vie à trois va bousculer bien des acquis. Les neuf mois de la grossesse constituent la période idéale pour réfléchir aux nouvelles relations qui vont s'établir dans votre couple. Vous, vous allez vous investir entièrement dans votre rôle de mère. Dans votre « folie maternelle », comme l'appelle le célèbre pédopsychiatre, D. Winnicott, vous risquez de tout négliger, vous-même, comme votre conjoint.

Lui, de son côté, va vivre pendant neuf mois des moments délicats qui vont se prolonger jusqu'à la naissance. Même s'il est très proche de vous, il se sent plus ou moins en marge du nouveau couple mère-enfant qui est en train de se former. Et pourtant, après la naissance, il aura un rôle important dans l'élaboration d'une relation ouverte avec votre bébé. C'est à vous de l'aider à se faire une place dans votre nouvelle vie car, en fait, c'est la mère, et elle seule, qui décide de l'espace qu'elle laissera au père. L'enfant à venir est source de quantité de projets que vous aurez un grand plaisir à partager. Vous lui permettez ainsi de conforter son futur statut en se posant d'emblée comme un futur père maternant. Parlez de vos rôles respectifs dans votre future nouvelle famille et définissez vos diverses implications dans la vie quotidienne. L'idéal, pour le bon équilibre du couple, serait qu'il n'y ait pas de tâches dévolues à l'un ou à l'autre afin que personne ne se sente frustré.

De votre côté, évitez de penser que votre conjoint ne saura pas s'occuper aussi bien que vous du bébé. Il aura sans doute des maladresses mais, sauf si vous avez fait du baby-sitting dans votre jeunesse, n'êtes-vous pas plus ou moins inexpérimentée dans l'art du maternage ?

Les papas « poules » sont loin d'être majoritaires *dans la population des pères. Une étude réalisée par le CNRS auprès de 1 000 personnes montre que les mères consacrent deux fois plus de temps à leurs enfants que les pères. Elles assument aussi 80 % des tâches domestiques et les hommes consacrent seulement 10 minutes de plus par jour aux tâches familiales qu'il y a 10 ans ! L'arrivée d'un bébé dans un couple est sans doute le bon moment pour nuancer ce déséquilibre.*

Préparer demain

C'est maintenant, ensemble, que vous pouvez réfléchir aux espaces que vous consacrerez à votre couple. Ces moments partagés à deux ne se font jamais au détriment de la relation parents-enfant, tout au contraire, ils la renforcent généralement. Sorties à deux, week-ends en amoureux entretiennent et renforcent une relation affective profonde et durable. Tout ne doit pas être sacrifié à la fonction parentale. Vous pouvez vous « entraîner » dès maintenant à ces instants privilégiés en partageant par exemple une activité sportive, à condition qu'elle soit compatible avec la grossesse. Il est bien connu qu'une vie agréable, riche et détendue aide à surmonter les moments de doutes inhérents à cette période de bouleversements psychiques.

Une sexualité adaptée

La plupart des couples vont changer leurs habitudes amoureuses. Le ventre proéminent de la femme, les seins parfois douloureusement sensibles rendent la position classique dite du « missionnaire » peu confortable, sauf si l'homme porte le poids de son corps sur ses avant-bras. Beaucoup de couples adoptent alors la position allongée sur le côté, la femme appuyant son dos sur l'homme. Certaines femmes préfèrent les positions à genoux. La plus grande difficulté que peut rencontrer alors la future maman dans sa sexualité, et encore plus dans les mois qui vont suivre, est celle de son image corporelle.
Elle se sent moins séduisante, se voit souvent beaucoup plus grosse qu'elle ne l'est en réalité. Elle imagine alors que son partenaire éprouve pour elle moins d'attirance. Elle se sent moins capable d'éprouver du plaisir et d'en donner.
Ces perturbations peuvent créer bien des tensions, des frustrations dont il est préférable de parler plutôt que de les garder secrètes. L'arrivée d'un enfant dans un couple ne doit pas perturber l'équilibre qui en fait sa force.

La présence du père auprès de l'enfant *est à définir, à organiser au cours de la grossesse. Sa place se fera d'abord par la répartition des soins quotidiens que réclame le bébé. C'est en donnant le biberon si la mère n'allaite pas, en changeant son bébé, en le faisant manger et en étant présent que se construiront les relations et que se partageront les premières découvertes, les premiers jeux et les premiers câlins. Ce sera l'occasion pour l'enfant de bâtir une relation différente d'avec sa mère. Celle-ci est indispensable à son futur équilibre.*

Le choix d'être une maman qui travaille

Quelle que soit la solution adoptée, c'est au couple d'envisager ce choix et, bien entendu, surtout à la mère. Dans tous les cas, on ne saurait trop recommander aux mamans de faire le point sur leurs aspirations avant de prendre toute décision.

Redéfinir votre façon de travailler

En faisant le choix de reprendre une activité après votre grossesse, vous vous imposez aussi un rythme de vie soutenu. Opter pour l'inactivité professionnelle, c'est quelque peu se retrancher du monde et se recentrer sur les siens. Évidemment, aucune de ces situations n'est idéale. Avant de vous décider pour l'une comme pour l'autre, prenez le temps d'étudier toutes les possibilités d'aménagement des horaires de travail : mi-temps, travail à la carte, travail à domicile, sans oublier la possibilité du congé parental d'éducation. Essayez si possible d'éviter le travail dominical qui entraîne souvent une absence de cohésion dans les relations familiales, les parents se relayant auprès de l'enfant. Le bon développement psychique de l'enfant a besoin de partager des moments relationnels avec ses deux parents sur un temps relativement long et dans une atmosphère calme. Quelle que soit votre option, il est préférable, sans pour l'instant changer de statut, d'en avertir votre employeur. Pour celles qui décident de continuer une activité professionnelle, l'heure est venue de s'interroger sur le mode de garde qu'elles souhaitent pour leur bébé et les solutions mises à leur disposition sur le plan local. En effet, c'est avant même la naissance que vous devez penser à la première séparation d'avec votre bébé. La psychologue clinicienne Nathalie Loutre-Du-Pasquier qui, depuis de longues années, étudie la difficulté de concilier activité professionnelle et maternité, juge cette démarche particulièrement délicate.

Ces jeunes mères toutes occupées à construire la relation affective qui va les lier à leur enfant ont beaucoup de difficulté à imaginer sereinement la future séparation. C'est d'ailleurs ce qui explique que certaines femmes reculent jusqu'au dernier moment le choix d'un mode de garde. Cette spécialiste estime qu'il faudrait assurer un minimum de garanties aux mères engagées professionnellement, notamment celle de disposer d'un congé post-natal plus long afin de décider sereinement la reprise ou non de leur travail et de s'organiser. D'autre part, après avoir recommencé à travailler, ces mères devraient pouvoir aménager leurs horaires de façon à ce qu'elles puissent s'adapter à leur nouvelle situation.

La charte de « la parentalité en entreprise » *existe depuis 2008, elle a été signée par trois cent cinquante entreprises représentant trois millions de salariés. Ces entreprises s'engagent à sensibiliser tous leurs collaborateurs sur les aménagements de travail que l'on peut proposer aux parents salariés et à prévenir toute forme de discrimination à leur égard. Ainsi, la demande d'un congé parental ne devrait plus être considérée comme un désinvestissement, notamment si c'est un père qui le sollicite.*

Ne pas vous culpabiliser

Si vous aimez votre métier, si vous avez besoin de relations sociales pour vous épanouir, soyez vous-

Les femmes sont de plus en plus nombreuses à travailler. *Le taux de travail des mères est essentiellement lié au nombre des enfants de la famille. En effet, près de 80 % des mamans françaises travaillent si elles ont un enfant, 75 % lorsqu'elles ont deux enfants, et 38 % quand la famille compte trois enfants et plus. Aussi, de plus en plus de femmes choisissent de travailler à temps partiel : 22 % des femmes. Elles sont relayées par les pères dans 6 % des cas.*

Si de nombreuses femmes parviennent à conjuguer vie familiale et vie active, il faut savoir qu'avoir un enfant limite bien souvent les ambitions professionnelles. Mis à part le fait que certains employeurs ne favorisent pas leur avancement, estimant bien souvent qu'un enfant en bas âge est cause de beaucoup d'absentéisme, sur le plan psychologique, certaines jeunes mamans se désinvestissent toujours un peu professionnellement, tout au moins pendant un an ou deux. Pour elles, réussir leur rôle de mère semble souvent plus important que faire carrière.

même et ne culpabilisez pas si vous êtes presque impatiente de reprendre une activité professionnelle dès la fin de votre congé de maternité. Au contraire, sachez que vous serez d'autant plus une bonne mère que vous serez « bien dans votre peau ». Le professeur Philippe Cramer, pédopsychiatre, a une explication à ce phénomène. Ce sont les projections des désirs de la mère sur son bébé qui le rendent si familier et qui permettent à la mère de s'attacher à un enfant qu'elle ne connaît pas et qui est parfois cause de beaucoup d'inconfort. Son attachement est donc fondé sur le plaisir et non sur la frustration, l'amour ne naît jamais de la frustration, le bébé doit être porteur de gratification. Une mère qui décide de reprendre son travail après la maternité le fait le plus souvent pour sa satisfaction personnelle. Elle en sera donc heureuse et son bébé à son tour en bénéficiera.

Tous les psychologues et pédopsychiatres affirment que l'important, dans le développement du bébé, n'est pas une présence quantitative des parents, mais une attention qualitative. L'essentiel est d'être disponible pour les relations affectives et les jeux. Aujourd'hui, on sait que les enfants dont les mères travaillent, et qui sont gardés à domicile ou à l'extérieur, ne souffrent pas de l'absence maternelle si, au moment des retrouvailles, leur mère est disponible. Quelques moments quotidiens de profonde communication et d'échanges riches sont bien plus profitables pour le développement affectif de l'enfant qu'une présence constante et relativement indifférente. Le bébé, qui vit en symbiose avec sa mère, sera sensible à sa tension si elle reste au foyer alors qu'elle s'y ennuie ou si, inversement, elle travaille alors qu'elle ne le désire pas.

Daniel Stern, un autre pédopsychiatre, a largement démontré que le travail de la mère influence la vie des bébés, notamment sur le plan de l'éveil.

La mère à la disponibilité limitée se comporte différemment avec son bébé que celle présente à tous les instants ; elle intensifie ses interactions et agit souvent en « dents de scie ». Face à ce comportement, l'enfant « s'autorégule », il apprend à négocier avec sa mère, qui manque souvent de temps et parfois de patience. Cette connaissance de l'acquiescement et du refus marquera ses relations avec autrui, et ce pour toute la vie.

La visite du sixième mois

Le médecin vérifiera que votre grossesse se déroule normalement et que les éléments médicaux réunis au cours des visites précédentes ne se sont pas modifiés. Ils seront complétés au besoin par des examens plus spécifiques.

Le bilan de santé

L'interrogatoire de votre médecin portera donc sur votre santé, votre vie quotidienne, vos petits malaises et troubles. Il vous interrogera notamment sur l'évolution des petits désagréments qui avaient pu perturber votre premier trimestre. Il s'inquiétera, bien sûr, de l'apparition d'autres symptômes : problèmes digestifs, douleurs variées, pertes blanches, saignements, varices, œdèmes, contractions, etc.

Il s'intéressera plus particulièrement aux mouvements du bébé, à leur fréquence et leur intensité. Suivront un examen général avec pesée, prise de tension, mesure de la hauteur utérine, et un examen gynécologique : le toucher vaginal le renseignera sur la longueur du col utérin et sa fermeture. L'examen obstétrical, par le palper abdominal, lui donnera des indications sur la quantité de liquide amniotique qui entoure le bébé et sur sa position (tête en bas ou en haut). Le médecin reconnaît généralement une masse dure et ronde, la tête, et une autre masse molle, les fesses. Il peut même, en appuyant sur celles-ci, obtenir du bébé qu'il fasse le dos rond. C'est au cours du 3e trimestre que le médecin se préoccupe de savoir si votre bassin est suffisamment large pour laisser passer le bébé. Dans 95 % des cas, la nature fait bien les choses. S'il doit y avoir des difficultés, ce n'est qu'au cours de la visite du 8e ou du 9e mois que le médecin examinera votre bassin, s'assurant ainsi qu'un accouchement par les voies naturelles est possible.

Si vous savez que votre taux d'albumine doit être régulièrement contrôlé *en raison de difficultés rénales, vous n'êtes pas obligée d'avoir recours à des examens de laboratoire, le contrôle de l'albumine peut se faire régulièrement à la maison en achetant en pharmacie des tests d'auto-contrôle. Ils se présentent sous la forme de petites bandes de plastique dont une des extrémités se termine par une bande de papier. Il suffit de tremper une de ces bandes dans un peu d'urine. Si le papier ne change pas de couleur, il n'y a pas d'albumine, s'il tourne au vert, c'est au contraire la preuve de sa présence. Ces tests, très commodes, ne permettent pas de dosage. S'ils se révèlent positifs, ce résultat doit, bien sûr, être signalé au médecin, qui vous prescrira alors un dosage fait en laboratoire.*

Un examen biologique

Cette visite, comme celles qui l'ont précédée, sera suivie d'examens en laboratoire. Ils consistent à chercher dans les urines la présence de sucre et d'albumine. Le sucre peut faire craindre un début de diabète ; l'albumine, elle, est révélatrice d'une infection urinaire assez fréquente au cours de la grossesse. C'est une inflammation tantôt localisée sur les voies urinaires excrétrices : bassinet, uretères, vessie (pyélo-urétéro-cystite) ou sur le tissu rénal (pyélonéphrite). Un traitement approprié vient à bout de ce type d'infections sans trop de difficultés. Traitées, elles ne sont pas dangereuses pour le bébé ; négligées, elles peuvent être à l'origine de naissances prématurées. L'albumine dans les urines, associée à une hypertension et à l'apparition d'œdèmes peut faire craindre une toxémie gravidique débutante à ce stade gestationnel.

Lors de cette visite, le médecin ou la sage-femme prescrit une analyse de sang complémentaire. Elle consiste en une numération de la formule sanguine pour vérifier le nombre de globules blancs, de globules rouges et de plaquettes. Cette analyse permet de faire le point sur votre santé et de dépister par exemple une infection passée inaperçue ou une anémie qui nécessitera une supplémentation en fer. Enfin, si vous êtes de rhésus négatif et votre conjoint positif, le médecin prescrira systématiquement une injection d'immunoglobine anti-D ou un génotypage. De même, si vous n'êtes pas immunisée contre la toxoplasmose, on vérifiera que vous n'avez pas été contaminée depuis votre dernier examen. Cette précaution se renouvellera lors de toutes les visites.

La fièvre est une manifestation difficile à diagnostiquer *sans autres signes cliniques. Chez une femme enceinte, lorsqu'il n'y a pas de causes évidentes d'infection, et parce que l'on sait que beaucoup de maladies peuvent ressembler à une grippe, il est prudent de faire une prise de sang pour pratiquer une hémoculture et savoir quel germe est à l'origine de cette fièvre. Le médecin met ensuite en place un traitement. S'il s'agit d'une simple grippe, la future maman est soignée par un traitement à base d'antibiotiques. Il faut, bien sûr, éviter l'aspirine à forte dose et la remplacer par du paracétamol. Enfin, avant l'hiver, une future maman peut se faire vacciner contre la grippe. La fièvre est dangereuse parce que, si c'est une infection, elle est de nature à contaminer le bébé. Une fièvre élevée peut provoquer des contractions entraînant un accouchement prématuré.*

Une consultation en urgence s'impose

Au-delà de cette visite, certains signes exigent que vous contactiez votre médecin en urgence. Vous devez vous alarmer si :

- Vous constatez un écoulement anormal qui ne ressemble en rien à des problèmes d'incontinence ou à des pertes vaginales. Il peut être dû à une légère fissure de la poche des eaux. Hospitalisation et repos complet en position allongée sont alors indispensables.

- Si l'écoulement n'est pas très important, le bébé pourra continuer à se développer puisque le liquide amniotique est en perpétuel renouvellement. La complication la plus redoutable de cette fissure prématurée de la poche des eaux est l'infection et le début des contractions. En cas de rupture franche, l'hospitalisation rapide est indispensable en raison d'un risque important de procidence du cordon ombilical qui s'échappe par la brèche.

- Vous ressentez des contractions régulières et fortes. Là encore, une surveillance médicale s'impose ainsi qu'un repos complet. La prescription de médicaments qui agissent en bloquant les contractions lui sera associée par voie orale et, si nécessaire, par intraveineuse selon l'intensité et la fréquence.

- Au début, ils pourront être administrés par perfusions pour en accélérer l'efficacité, une hospitalisation est alors nécessaire. Si les contractions utérines ne sont pas trop fortes, le traitement peut être oral et le médecin peut vous demander d'arrêter tout effort, de rester allongée avec, au besoin, une surveillance régulière à domicile.

- Votre bébé bougeait beaucoup et, depuis 24 heures, aucun signe de mouvements, même après vos sollicitations. Allez consulter rapidement votre médecin.

- Vous constatez des saignements. Il peut s'agir d'un petit décollement du placenta.

- Après échographie, pour établir le diagnostic, le médecin vous demandera de vous reposer en restant allongée soit à la maternité, soit à domicile.

Prévenir le diabète gestationnel

Ce diabète apparaît chez certaines futures mamans prédisposées. Il doit être diagnostiqué et traité car, s'il disparaît après l'accouchement, il peut parfois réapparaître plus tard, au moment d'une seconde grossesse.

En relation avec les changements hormonaux

Dans certains cas, le diabète peut apparaître pendant la grossesse, puis disparaître après : c'est ce que l'on appelle « le diabète gestationnel » lié aux changements hormonaux de la grossesse. Ses conséquences ne sont pas anodines : accouchement plus difficile, recours plus fréquent à la césarienne, nourrisson plus fragile et plus gros que la normale. Au début de la grossesse, le taux de glycémie est normal, puis il s'élève brusquement, d'un jour à l'autre, généralement après 26 semaines d'aménorrhée.
Il n'est pas possible de savoir si ce diabète était préexistant ou s'il a été provoqué par la gestation. En effet, pendant cette période, les reins n'éliminent pas le sucre dans les urines de la même façon qu'avant, et la grossesse est diabétogène. Une courte hospitalisation permet habituellement de faire un bilan précis du taux de glycémie et de mettre en place un traitement. Dans les cas les plus extrêmes, la future maman est hospitalisée et traitée à l'insuline avec installation d'une pompe qui diffuse le médicament dans le sang, et ce de manière permanente.

« Le diabète gestationnel est à l'origine de la naissance de gros bébés, plus de 4 kilos, et donc d'un accouchement délicat. »

Un vrai dépistage

Actuellement, toutes les femmes doivent bénéficier d'un test mensuel de détection du sucre dans les urines, mais ce test n'est pas suffisant pour diagnostiquer le diabète, car il s'agit souvent d'un défaut de filtrage du sucre par le rein. Pour cela, il existe un test dit « d'O. Sullivan ». Il consiste en une prise de sang au 6e mois de grossesse (date à laquelle le diabète apparaît le plus souvent) qui permet de doser la glycémie une heure puis deux heures après absorption de 75 g de glucide.
On conseille généralement un régime strict qui permet, dans bien des cas, un retour à un taux

On parle de diabète *lorsque le taux de sucre dans le sang est plus élevé que la normale (< 1 g à jeun ou 2h après < 1,40 g). Le pancréas est l'organe chargé de cette régulation par la production d'une hormone, l'insuline.*
Son fonctionnement peut être insuffisant au cours d'une grossesse en raison de l'effet contraire des hormones de la grossesse sur l'insuline. Ce sont les analyses d'urine et de sang, systématiquement pratiquées lors des examens médicaux obligatoires, qui le révèlent.
Les symptômes les plus courants sont la soif permanente, l'envie d'uriner fréquente et une haleine qui sent l'acétone. La santé des futures mamans qui étaient déjà reconnues comme diabétiques ou de celles qui avaient déjà une prédisposition doit être étroitement surveillée.

de sucre dans le sang proche de la normale. Ce régime est de nature hypocalorique avec suppression des sucres, notamment ceux des boissons et des friandises, et répartition des apports glucidiques dans la journée, une partie au cours des trois repas et le reste lors de collations afin d'éviter une hausse brutale du taux de sucre dans le sang. La prise de poids sur les neuf mois ne peut pas dépasser les 14 kg. Les conseils d'une diététicienne sont souvent les bienvenus.

Le médecin conseille la pratique d'un peu d'exercice physique, comme la marche ou une gymnastique appropriée à la grossesse. Souvent encore, le repos demandé pour mener cette grossesse à terme exige un arrêt de travail anticipé.

Si cela ne suffit pas, on y associe des injections d'insuline, qui sont sans danger pour le bébé. Une autosurveillance de la glycémie à jeun 4 fois par jour peut être nécessaire.

Il existe des facteurs prédisposant au diabète gestationnel. *Ce sont les futures mamans en surpoids important, celles ayant dépassé la quarantaine, celles issues de familles de diabétiques, celles qui ont déjà souffert de ce trouble lors d'une première grossesse ou qui avaient vu leur glycémie s'élever sous l'effet de la pilule contraceptive.*

Travaillez votre périnée

Le périnée (ou plancher pelvien) est composé de couches musculaires qui ferment le bassin. Elles y sont accrochées par deux ligaments qui ressemblent à deux cercles entrecroisés. Le plus grand de ces ligaments contrôle les sphincters de l'urètre et du vagin ; le plus petit, le sphincter anal.

Mieux vaut prévenir que guérir

Le muscle périnéal supporte beaucoup de tensions au cours de la grossesse. On estime qu'il se relâche environ de moitié, provoquant très souvent un problème d'incontinence après l'accouchement. Vous pouvez assez facilement le localiser : l'exercice consiste, au cours d'une miction, à arrêter le jet urinaire. Ainsi, vous contractez votre périnée sans resserrer ni les abdominaux ni les fessiers ; c'est dès maintenant que l'on vous recommande de faire travailler ce fameux muscle par des exercices qui vont le renforcer et l'assouplir. Un périnée souple facilite l'accouchement et évite les fuites urinaires après. Tous les exercices reposent sur le même principe : sa contraction. Vous pratiquerez le plus simple à tout moment de la journée, assise ou debout. Il consiste à contracter lentement et doucement le périnée, puis à tenir la contraction 2 à 5 secondes et enfin à la relâcher au moins 10 secondes avant de recommencer. Vous obtiendrez une bonne efficacité si vous vous entraînez souvent : chaque « séance » compte une douzaine de contractions à pratiquer au moins deux ou trois fois dans la journée. Un autre exercice consiste à serrer à fond les sphincters, le sphincter anal, puis celui de la vessie. Bloquez ainsi 5 secondes. Pour être efficace, ce mouvement doit être fait plusieurs dizaines de fois par jour. Lorsque l'on maîtrise la contraction périnéale, on peut s'exercer à tout moment.

Des exercices simples et efficaces

À ces gestes, vous pouvez ajouter quelques mouvements de gymnastique douce. Par exemple, en travaillant votre respiration, vous pouvez prendre conscience des mouvements du bassin, du ventre, du dos et du périnée. L'éducation du périnée se fait également en travaillant la posture du dos.
Sous l'effet du poids du bébé, qui sera de plus en plus lourd au cours des mois, et du fait de l'inclinaison vers l'avant de l'utérus, vous avez tendance à vous cambrer : les ligaments qui maintiennent l'utérus et la vessie se détendent alors. Des exercices simples vont vous aider à compenser cette poussée. Mais il est préférable, au début, de s'entraîner sous la conduite d'une sage-femme ou d'un kinésithérapeute.

DEBOUT, VOS DEUX MAINS ENLACENT LE BAS-VENTRE ; le corps est souple et bien droit. Contractez et décontractez le périnée et les muscles fessiers.

Mettez-vous à quatre pattes, la tête appuyée sur les avant-bras, les genoux et les pieds rapprochés. Détendez complètement le périnée.

Assise, genoux légèrement écartés, pieds joints. Posez vos mains sur la face interne de chacun de vos genoux. Contractez le périnée et, en même temps, essayez de joindre vos genoux alors que vos mains les écartent. Pratiquez cet exercice en expirant. Relâchez. Dans la même position, mais les mains placées à l'extérieur des genoux, essayez d'écarter vos genoux alors que vos mains les retiennent.

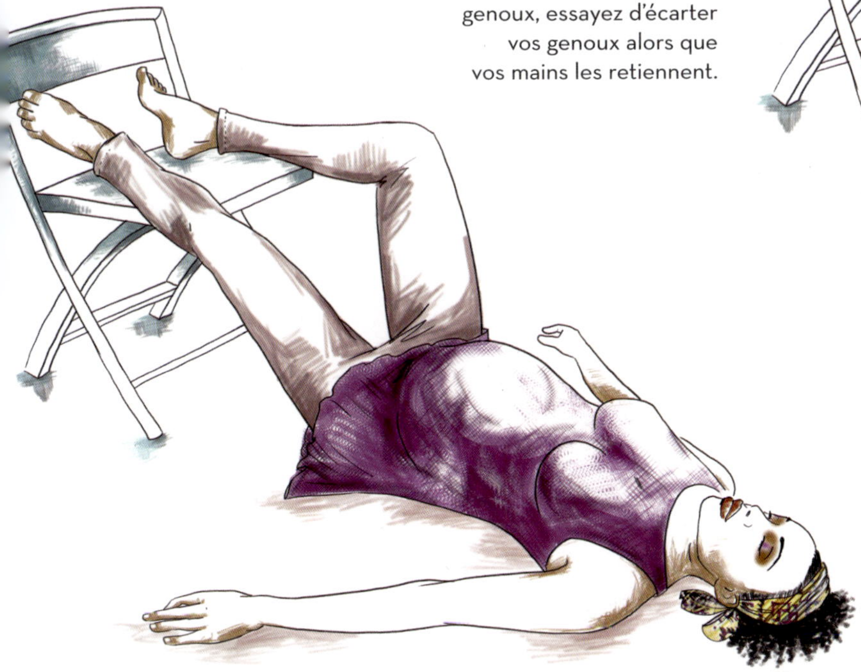

Couchée sur le dos, les jambes relevées sur une chaise. Relâchez les jambes l'une après l'autre, en faisant tourner le genou vers l'extérieur, le pied doit rester fixe. Pratiquez cet exercice complètement décontractée et en expirant. Puis redressez la jambe en contractant le périnée.

Prévenir les varices

À partir du 6e mois, le fœtus grossit et pèse donc de plus en plus lourd. L'apparition de varices peut en être une fâcheuse conséquence. Ces petites taches bleues qui se localisent sous la peau sont dues à une dilatation importante des veines des jambes. Elles peuvent également apparaître au niveau des cuisses et de la vulve.

Au niveau des jambes

Pourquoi, à ce moment de la grossesse, pouvez-vous être particulièrement sujette aux varices ? Le phénomène s'explique par la grosseur de l'utérus qui comprime les veines à l'intérieur du ventre, particulièrement lorsque la future maman est allongée car le retour veineux est plus difficile. Cette compression entraîne une accumulation de la quantité de sang dans les jambes, phénomène qui est encore accentué par la diminution de l'élasticité des tissus, due à une réaction hormonale. À cette première difficulté s'ajoute celle due à l'importance accrue du volume sanguin indispensable pour alimenter le fœtus et le placenta. Le débit cardiaque de la future maman augmente et les veines sont davantage sollicitées. Enfin, certaines hormones comme la progestérone, dont la fonction est d'assouplir les tissus, sont alors produites en quantité. Elles provoquent la dilation des veines et rendent leur paroi moins tonique. Ces différents phénomènes physiologiques expliquent l'apparition des varices, mais aussi les sensations de jambes lourdes et les crampes. Pour lutter contre l'apparition des varices, il est recommandé de faire quotidiennement un peu de gymnastique et de dormir les jambes surélevées. La marche régulière est encore l'un des moyens les plus simples dont vous disposez pour les prévenir. Les bas ou les collants de contention sont aussi très efficaces. Vous en demanderez la prescription à votre médecin, c'est lui qui déterminera le degré de contention qui convient à votre cas. Sur le plan esthétique, rassurez-vous, ils passent aujourd'hui totalement inaperçus. En revanche, vous éviterez les traitements veinotoniques non prescrits, dont on ne connaît pas les effets sur le développement du bébé. De même, n'envisagez pas de faire opérer ou scléroser vos varices, si vous en avez, pendant la grossesse. D'autant plus, que géné-

***Le massage est un moyen simple pour soulager les douleurs variqueuses** des jambes ou même simplement la sensation désagréable de lourdeur. Il se pratique couchée, jambes à la verticale, fesses appuyées contre la plinthe d'un mur. Commencez par un massage de la plante du pied, tout simplement avec l'autre pied puis, toujours avec ce pied, descendez à l'intérieur de l'autre jambe, sur toute sa longueur. Ensuite, massez vigoureusement la cuisse avec les mains.*
Recommencez avec l'autre jambe. Ce massage se fait des chevilles aux cuisses ; vous chasserez ainsi le sang de la plante des pieds à l'aine. Pour qu'ils soient efficaces, il faut pratiquer ces soins pendant 10 minutes au moins, particulièrement le soir après une journée fatigante. Pour accentuer l'efficacité de votre massage, vous pouvez utiliser une huile pour le corps. Les vertus des plantes pour soulager la sensation de jambes lourdes sont généralement reconnues.

ralement, la plupart disparaissent progressivement après l'accouchement. Si ce n'est pas le cas, il sera temps d'agir quelques mois après l'accouchement : un phlébologue peut retirer les varicosités par des mini-scléroses, technique qui a l'avantage d'être efficace et relativement peu douloureuse.
Thromboses et phlébites sont les complications des problèmes variqueux, elles se manifestent par une douleur et une sensation de chaleur dans le mollet. Ce sont des urgences médicales.

Soyez prudente en été. *Si vous souffrez de problèmes veineux, mieux vaut ne pas exposer vos jambes au soleil : les rayons UV et la chaleur ne feront qu'accentuer les marques sur vos jambes. En vacances au bord de la mer, n'hésitez pas à marcher dans l'eau, à hauteur de chevilles, l'eau provoque un léger massage bienfaisant. Les jours très chauds, douchez doucement et régulièrement vos jambes à l'eau fraîche en partant du haut de la cuisse vers le pied.*

Varices vulvaires et hémorroïdes

Les jambes ne sont pas la seule partie de votre corps qui peut souffrir de varices. Certaines futures mamans souffrent de varices vulvaires. Elles se manifestent par un gonflement d'une des grandes lèvres du sexe, parfois des deux. Elles sont douloureuses parfois à la marche et lors des rapports sexuels, seuls des traitements locaux peuvent les soulager. Heureusement, elles disparaissent spontanément après l'accouchement.
Généralement, les futures mamans qui souffrent d'hémorroïdes connaissaient déjà ce désagrément avant leur grossesse. Les hémorroïdes sont dues à des problèmes circulatoires : une veine du rectum ou de l'anus se dilate et peut même saigner. Souvent douloureuses, elles doivent être signalées au médecin qui prescrira des traitements locaux ou généraux, certains ayant été spécialement mis au point pour les futures mamans. Les hémorroïdes sont souvent cause de constipation. Seule solution alors : s'astreindre à rétablir le transit intestinal en buvant quotidiennement beaucoup d'eau et en mangeant suffisamment de légumes verts.

Le bon dosage des matières grasses

Le cholestérol et les triglycérides augmentent progressivement chez toutes les femmes enceintes. L'alimentation, et notamment la consommation de graisses, n'y est pour rien, c'est un processus physiologique normal.

Variez les apports

Vous n'avez aucune raison de limiter les matières grasses de votre alimentation puisque votre taux élevé de cholestérol et de triglycérides est dû à un métabolisme lipidique différent au cours de la grossesse. En revanche, les diététiciens recommandent éventuellement de varier la consommation de corps gras, notamment d'utiliser plusieurs huiles, chacune ayant des acides gras essentiels différents. Il est bon encore d'alterner les graisses d'origines animale et végétale. En fait, les graisses sont surtout « cachées » dans les charcuteries (sauf le jambon blanc), les viandes grasses, les fritures et les pâtisseries. Il faut savoir que c'est souvent en grignotant que vous consommez le plus de graisses. Mieux vaut éviter cacahuètes, chips et biscuits à apéritif. À titre d'exemple, 50 g de chips équivalent à 2 cuillerées à soupe d'huile. Il n'y a aucune raison de privilégier le beurre à la margarine et inversement, ils contiennent la même quantité de graisses, 82 g pour 100 g ; l'huile est nettement plus grasse, avec 100 g pour 100 g. En revanche, la crème est moins riche en graisses, 30 g pour 100 g et de 12 à 29 g pour les crèmes dites « légères ». Mais attention, les allégés, comme leur nom l'indique, ne sont qu'allégés et, à titre d'exemple, les beurres allégés sont équivalents en matière grasse aux fromages les plus courants.

> **« Les graisses sont source d'énergie, d'apport vitaminique et d'acides gras essentiels à la construction des structures cérébrales du fœtus. »**

Jouez sur l'équilibre

Comme lorsque vous n'étiez pas enceinte, trop de matières grasses, surtout si elles sont cuites, sont difficiles à digérer. La moitié des matières grasses de notre alimentation sont contenues dans ce que nous employons pour cuisiner, assaisonner ou accompagner nos aliments. Rien n'est plus facile que de limiter les corps gras, il suffit de réduire les matières grasses ajoutées, d'éviter les pâtisseries, les charcuteries et les aliments frits. C'est une solution si vous avez pris trop de poids au cours des mois précédents ou si vous aviez déjà, avant votre grossesse, beaucoup de surpoids. Mais attention : en aucun cas, vous ne pourrez suivre un régime « basses calories ». Les

__Il semble que le poids de naissance de l'enfant soit programmé génétiquement :__ une maman « ronde » mettra au mond un bébé de bon poids et, inversement, une femme mince un bébé de petit poids. La taille et le poids moyens de naissance se situent autour de 50 cm pour 3,250 kg. Les bébés « non conformes » peuvent rattraper leur retard au cours de la première année.

La prise de poids est un des soucis constants de la femme enceinte. *Il est évident que l'apport en graisses et en sucres rapides est à surveiller. Cependant, une erreur à proscrire concerne ce qu'on appelle le « régime sans sel ». Il a été pourtant largement prescrit à des générations de femmes enceintes pour un résultat quasi nul. C'est une méthode qui s'est, par ailleurs, avérée dangereuse. Soyons clair ! Vous pouvez, en fin de grossesse, réduire l'apport en sel dans votre alimentation mais, en aucun cas, le supprimer totalement. En effet, le sel, et particulièrement le sel marin non raffiné, contient des sels minéraux indispensables à l'organisme. Et si, pour diverses raisons, votre médecin vous demande d'en réduire l'apport, pensez que certaines eaux gazeuses en contiennent beaucoup.*

services spécialisés en diététique vous établiront un régime à 1600 calories par jour. Il est alors conseillé de vérifier régulièrement par l'échographie que l'évolution staturo-pondérale du bébé est normale. Si vous appartenez aux « maigres constitutionnelles », c'est en mangeant plus que vous grossirez un peu. Les aliments à privilégier, dans votre cas, sont les céréales, le riz, la semoule, les crèmes, le lait entier, les pâtisseries et les sucreries. Ne craignez pas d'en faire trop. Après la naissance de votre bébé, peut-être aurez-vous 1 ou 2 kg de plus, mais pas davantage.

Exemple de menu quotidien

Le Centre de recherche et d'information nutritionnelles propose ce programme :

- **Au petit déjeuner :** lait aromatisé ou yaourt ou fromage ; pain ou équivalent (biscottes, céréales) + beurre (fruit si absent à l'un des deux repas principaux).

- **Aux déjeuner et dîner :** légumes (crudités, légumes cuits ou potage) ; viande, poisson ou œufs (portion moins importante à l'un des deux repas) ; légumes verts cuits (à l'un des deux repas), féculents (pommes de terre ou céréales ou légumes secs), à l'autre repas ; fromage ou équivalent ; fruits ; pain ; matières grasses de cuisson (huile, margarine) et d'assaisonnement (beurre, huile) ; eau.

- **Collation :** produits laitiers (lait ou yaourt ou fromage) ; pain ou céréales.

Du côté des quantités, voici ce que cet organisme recommande de consommer.

Ces quantités sont moyennes, et, chez une future maman « à problèmes », le médecin peut les modifier pour raisons de santé ou de poids.

Lait (ou équivalents) : 1/2 litre ou 250 ml + 2 yaourts.
Fromage : 30 à 50 g.
Viande, poisson ou œufs : 175 g (1 part : 100 à 125 g + 1 complément : 50 à 75 g).
Pain (ou équivalents) : 200 g (soit 4/5e de baguette). 100 g de pain = 75 g de biscottes (7 ou 8) ou 75 g de céréales.
Pommes de terre (ou équivalents) : 250 g (2 pommes de terre moyennes). 100 g de pomme de terre = 25 g de céréales (pâtes, riz, etc.) ou 30 à 35 g de légumes secs (poids cru).
Légumes : 350 g (au moins une crudité et un plat de légumes cuits).
Fruits : 300 g, soit 2 fruits, dont au moins un cru.
Beurre : 25 g, soit 2 noix + 1 noisette ou **Huile :** 25 g, soit 2 bonnes cuillerées à soupe.
Sucre : 30 g (équivalent de 6 morceaux de sucre ou 2 cuillerées à soupe).

Si vous n'aimez pas beaucoup le fromage, compensez par quantité de laitages comme les yaourts et les crèmes desserts à base de lait. Le matin, vous pouvez prendre des céréales dans un grand bol de lait. Mais peut-être n'avez-vous une aversion que pour les fromages fermentés ? Dans ce cas, il existe des fromages à pâte cuite très légers en goût. Ils ont l'avantage d'avoir un très bon rapport calcium/poids. Pensez aussi à certains fromages de chèvre frais, particulièrement doux.

Le soleil, la chaleur et la mer

Vos vacances seront un peu différentes de celles que vous connaissiez jusqu'alors. Aux conseils habituels concernant les effets du soleil, s'ajoutent les précautions indispensables spécifiques à la grossesse. Sachez, par exemple, que le soleil a tendance à accentuer les marques brunes du masque de grossesse.

Le soleil avec modération

Vous constaterez peut-être que vous supportez moins bien la chaleur. Un constat fait par beaucoup de futures mamans. Ce phénomène est dû à la modification de leur circulation sanguine. La chaleur accentue la transpiration, déjà importante chez la femme enceinte, et favorise la dilatation des vaisseaux sanguins mis à rude épreuve, notamment au niveau des jambes.

Il semble encore que la chaleur et le soleil favorisent l'apparition des vergetures. Là aussi, on ne peut que recommander une bonne protection de la peau, des temps d'exposition raisonnables et, bien sûr, une bonne hydratation. Au soleil, les taches brunes qui sont apparues sur votre visage foncent un peu plus, les pigments décolorés peuvent s'étendre. Mieux vaut vous protéger avec une crème écran total et vous coiffer d'un chapeau de paille à larges bords.

N'oubliez pas votre santé. *Tout d'abord, les consultations prénatales ne doivent pas s'interrompre pendant les vacances. Avant de partir, demandez conseil à votre médecin : il vous recommandera, s'il le peut, un de ses confrères. Emporter votre carnet de maternité pour y faire inscrire le résultat de la consultation. Renseignez-vous, avant le départ, sur l'infrastructure médicale sur place : médecin, sage-femme, infirmière, centre hospitalier, laboratoire d'analyses médicales, pharmacie, etc. Si vous êtes sous traitement médical, demandez à votre médecin une lettre le détaillant, ainsi qu'une ordonnance, et achetez vos médicaments à l'avance de façon à ne pas risquer d'en manquer. Enfin, toutes ces précautions ne dispensent pas de vous inscrire dans un organisme assurant le rapatriement d'urgence en cas d'incident.*

La mer sans retenue

Les bains de mer sont tout à fait conseillés, dans une eau assez chaude (au moins 20 °C) et, bien sûr, propre. Faites preuve de prudence : les eaux froides de la mer du Nord et les fortes vagues de la Côte basque sont plutôt à éviter ; l'eau froide peut être cause de contractions et la « claque » violente d'une vague sur votre ventre peut, elle, provoquer un décollement placentaire.

Si vous souhaitez soulager quelques douleurs dorsales, préférez la nage sur le dos, la brasse étant la nage la plus traumatisante pour les cervicales.

Les médecins conseillent beaucoup de natation mais pas de plongeons, le choc violent d'un « plat » sur l'utérus pouvant entraîner aussi un décollement du placenta ; il est prudent de ne pas trop vous éloigner du bord, la fatigue arrive vite et le retour peut s'avérer difficile. De même, les médecins déconseillent la plongée sous-marine, toujours pour des raisons de sécurité, ainsi que les promenades en hors-bord en raison des violentes vibrations qu'ils transmettent à tout le corps. Bien sûr, le ski nautique est également à proscrire.

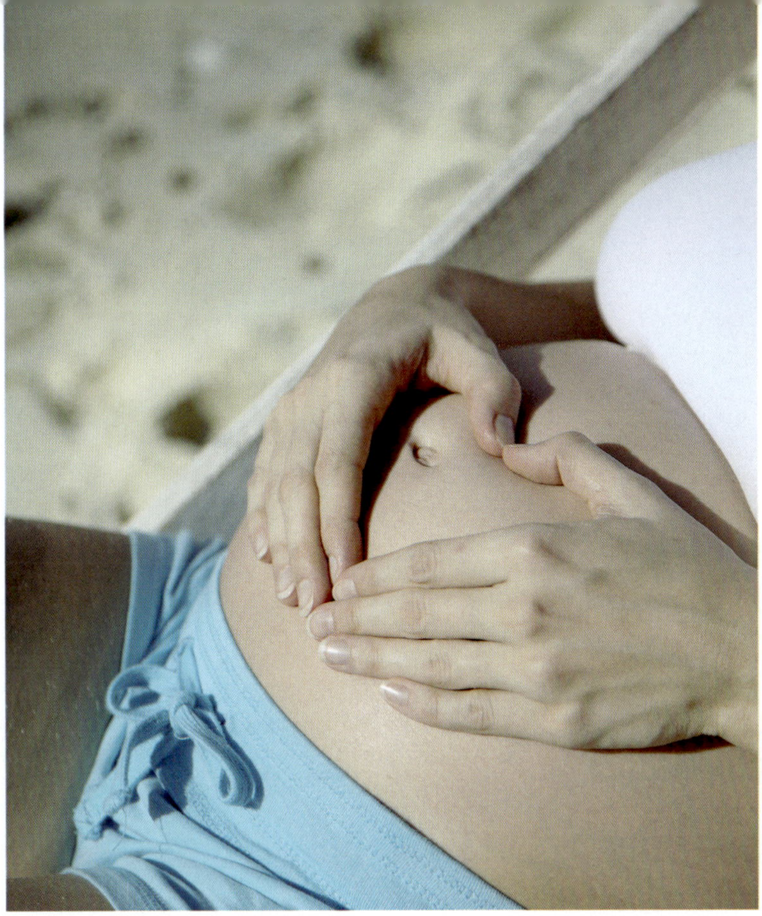

Mais vous pouvez aussi prévoir des destinations lointaines après avis de votre médecin. Efforcez-vous de connaître qui pourra, sur place, vous aider si vous avez quelques problèmes de santé. Pensez à emporter votre carnet de maternité. Tous les moyens de transport vous sont autorisés, à condition d'avoir toujours la possibilité de vous installer confortablement et de ne pas y passer trop de temps. En revanche, les vacances avec circuits et visites touristiques à toutes les étapes sont à envisager plus tard, après la naissance de votre bébé.

Voyage tout confort

Le second trimestre de la grossesse est le moment idéal pour programmer des vacances. En effet, à ce stade vous ne risquez plus les fausses couches et la naissance est encore loin. Vous partez en voiture ? La position assise prolongée est fatigante pour les reins et peut entraîner un léger œdème des chevilles ; aussi faut-il voyager bien calée dans un siège au dossier légèrement incliné. Arrêtez-vous toutes les 2 heures et choisissez les moments frais de la journée pour voyager. Les grandes voies de circulation telles les autoroutes sont plus confortables que les petites routes.

Vous avez choisi le train : idéal pour les longues distances, plutôt de nuit et en couchette, mais surtout avec un minimum de bagages. Il existe des formules de bagages accompagnés et des porteurs dans les gares. Il faut les réserver au moment du départ pour qu'ils vous attendent sur le quai au pied de votre wagon.

Vos déplacements en avion : c'est un moyen de transport sûr sans secousses ni fatigue à condition de ne pas faire le tour de la terre. Les voyages long-courriers sont éprouvants et vous obligent à rester longtemps assise, ce qui n'est pas toujours confortable et peut provoquer des troubles circulatoires, il est donc indispensable de porter des collants de contention « spécial maternité ». On conseille aux futures mamans de ne pas « dépasser » quatre fuseaux horaires. Pensez en avion à vous hydrater, la bonne moyenne : 1 litre d'eau pour 5 heures de vol. Les futures mamans ont des privilèges dont elles doivent profiter lors de l'embarquement et du débarquement.

Les fortes chaleurs sont souvent difficiles à supporter *par les futures mamans, certaines constatent une tendance accrue à la transpiration. Ce phénomène s'explique par un hyperfonctionnement de la glande thyroïde au cours de la grossesse, celui-ci augmente la température corporelle entraînant une transpiration de « défense » dont le rôle est de stabiliser la température du corps. Pour plus de confort, habillez-vous de matières naturelles, coton ou lin, et superposez les vêtements souples. Vous jouerez sur les épaisseurs en fonction de la température ambiante.*

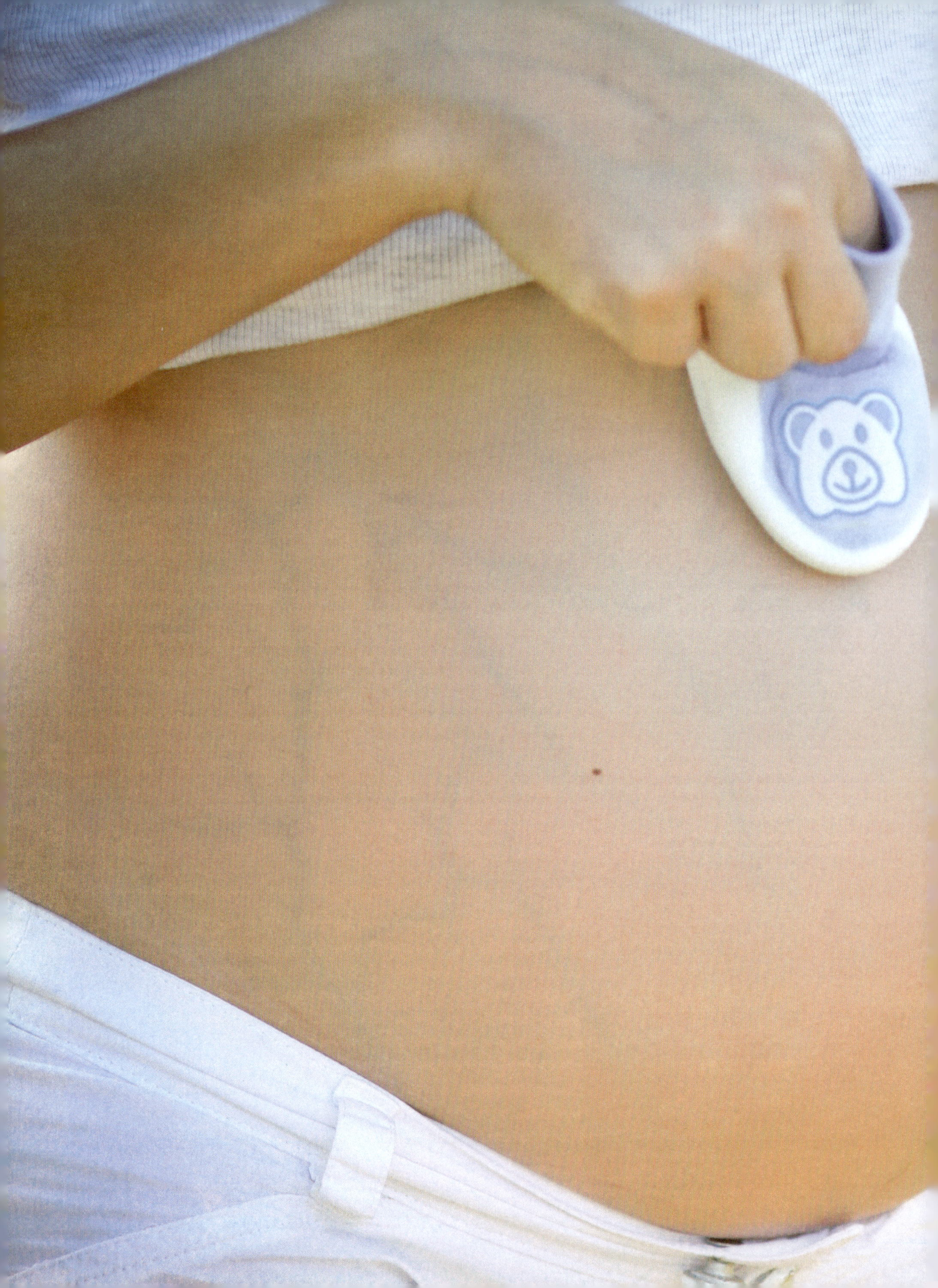

7e MOIS

7ᴱ MOIS

Vous

Le désir d'enfant est aussi une réalité pour les pères qui participent de plus en plus à l'aventure de la grossesse. Beaucoup de consultations médicales sont faites à deux. Ceux qui viennent assister aux échographies sont émus à l'écoute des bruits du cœur du bébé. Pour eux, qui ne ressentent rien dans leur corps, c'est un pas vers le réel.

Pour un certain nombre de futures mamans, la préparation à la naissance est maintenant leur préoccupation. Quelle que soit celle que vous avez choisie, toutes poursuivent le même but : préparer le corps pour qu'il réagisse au mieux à l'épreuve de la naissance. Même si vous avez prévu d'accoucher sous péridurale, ces préparations ne sont pas inutiles, puisqu'elles permettent de comprendre ce qui se passe dans le corps dans ce moment inoubliable qu'est la naissance. À l'occasion de ces rendez-vous, vous pourrez aussi visiter la salle de naissance et faire connaissance avec les divers matériels de surveillance médicale et ceux qui vous aideront à mettre votre bébé au monde.

Vous serez enfin disponible pour vous occuper de vous : contrôler votre régime pour ne pas prendre trop de poids, soigner votre corps, soulager par quelques mouvements simples les petits désagréments, tels que jambes lourdes et lombalgie.

Quitter le bureau et les collègues vous laissera un sentiment de solitude... même si vous n'êtes pas pressée de les retrouver. Peut-être que l'arrivée d'un bébé changera votre façon d'envisager l'avenir et que vous déciderez de lui consacrer tout votre temps. Si ce n'est pas le cas, il ne vous reste plus qu'à partir à la recherche de la crèche accueillante ou de la nounou dévouée et affectueuse. C'est dès maintenant que vous devez vous organiser pour mieux vivre avec votre bébé demain.

Votre bébé

Votre enfant va prendre environ 500 g au cours de ce mois puis, les deux derniers mois, près de 2 kg. Les apports nutritifs indispensables à sa croissance lui sont fournis par sa mère grâce au placenta. C'est un organe fort ingénieux qui gouverne les échanges mère-enfant sans que les sangs de l'un et de l'autre se mêlent. Oxygène, sels minéraux et nutriments transitent au niveau moléculaire. Le placenta a un fonctionnement paradoxal. C'est, à la fois, un filtre et une barrière protectrice. Il a la capacité d'arrêter un grand nombre de microbes et apporte au fœtus des anticorps « fabriqués » par l'organisme maternel.

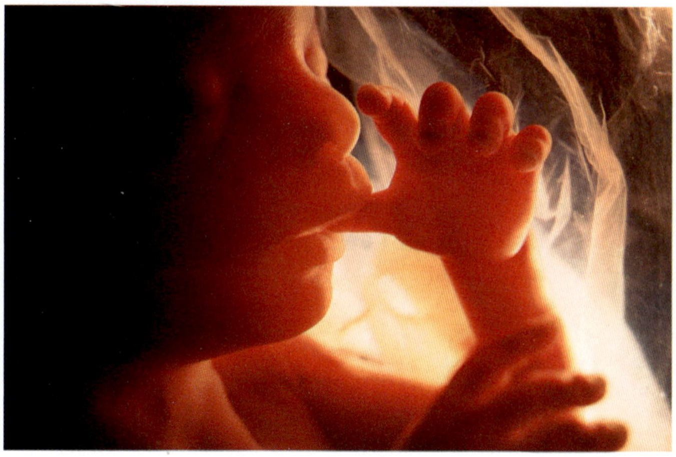

7E MOIS

Regardez les mains, quelle œuvre d'art ! À présent, le fœtus remue et fait des gestes. S'il arrive qu'un doigt frôle ses lèvres, le réflexe de succion se déclenche.

Il entend votre voix

Soyez-en sûre : votre bébé, avant de naître, connaît bien votre voix. Des études faites sur des enfants quelques heures après leur naissance prouvent qu'ils sont capables de reconnaître la voix de leur mère parmi des voix étrangères.

Une écoute sélective

Votre bébé perçoit bien votre voix in utero, conduite par les tissus et les os. Ainsi, les sons de votre voix à 60 décibels sont reçus par le bébé avec une intensité de 24 décibels, alors que les voix extérieures ne lui parviennent qu'à une puissance de 8 à 12 décibels ; il n'entend donc personne aussi bien que vous. Le liquide amniotique conduit les sons que vous émettez tout en les déformant et il semble que le fœtus perçoive sans doute davantage le rythme et les intonations que les sons réels. De plus, les docteurs Casper et Fifer ont constaté que des bébés de quelques jours, ayant vécu tout au plus 12 heures avec leur mère après la naissance, préfèrent la voix de celle-ci à toute autre voix de femme, et les voix féminines à celles des hommes, y compris celle de leur père même s'il a été très présent depuis la naissance de l'enfant. Des études récentes ont même établi qu'à la naissance, et jusqu'à 1 ou 2 mois, le bébé a une capacité de discrimination « universelle » des sons étonnante, notamment ceux émis par la parole : il peut ainsi détecter des différences phonétiques minimales.

> **« On s'est aperçu encore que les bébés préfèrent les comptines et les berceuses qu'ils ont entendues in utero à toutes les autres. »**

TOUTES CES RECHERCHES ONT PERMIS AUX SERVICES DE MÉDECINE NÉONATALE DE DÉVELOPPER DES SOINS « PSYCHOLOGIQUES ». *L'observation des enfants nés avant terme montre que le prématuré sait très tôt qu'on lui parle. Il distingue déjà les changements de tonalité et de fréquence de la voix qui s'adresse à lui. Pour apaiser ces enfants nerveusement fragiles, il n'est pas rare que les soignants placent à côté d'eux, dans la couveuse, un petit magnétophone qui restitue la voix maternelle. Depuis déjà fort longtemps, on sait que les pleurs du nouveau-né se calment en lui faisant écouter les battements d'un cœur humain. Cette écoute est souvent « magique », les cris s'apaisent presque aussitôt.*

La perception du langage

Il distingue aussi parfaitement la langue que parle sa mère.
Des études plus fines ont montré qu'en fait, ce sont les syllabes de la langue maternelle que le bébé reconnaît. On peut se demander si cette capacité est le résultat d'un apprentissage in utero. Bien que d'autres prétendent qu'à la naissance, les bébés sont capables de comprendre toutes les langues, le débat est loin d'être clos ! Un certain nombre de chercheurs pensent même qu'il existe une « culture prénatale ».
Des expériences menées par le professeur Jacques Mehler et Josiane Bertoucini nous en disent un peu plus sur ce que le bébé perçoit. Ils ont étudié les réactions d'une centaine d'enfants

dans les trois jours qui ont suivi leur naissance. Leurs recherches ont d'abord porté sur la langue française et le rôle de la syllabe, particulièrement importante dans notre langue pour la reconnaissance des mots. La perception de la syllabe semble tout à fait précoce. L'enfant de quelques jours est capable de différencier l'ordre des voyelles et des consonnes qui la constituent. Il semble encore beaucoup mieux différencier les syllabes ayant au moins une voyelle que celles faites uniquement de consonnes. L'expérience montre encore que le nourrisson fait aussi une différence entre des « pseudo-mots » de deux syllabes et de trois syllabes, et cela quelle que soit la durée de prononciation de ceux-ci.

En conclusion, l'enfant base son écoute « élémentaire » sur le nombre de syllabes, et perçoit donc l'organisation syllabique des sons de la parole dès les premiers jours de sa vie. L'équipe médicale a, ensuite, cherché à savoir si la syllabe était une unité de base de perception, quelle que soit la langue entendue. L'expérience a été poursuivie en donnant à entendre aux enfants du japonais. Là encore, la syllabe simple et le mot fait de plusieurs syllabes sont les seuls à pouvoir éveiller sa curiosité. Dès sa naissance, l'enfant est donc capable d'extraire une certaine organisation des sons émis par la voix ; le rythme et l'intonation de ce qui est prononcé pouvant encourager cette capacité. Au bout de 3 ou 4 jours, il sait faire la différence entre sa langue maternelle, qu'il préfère, et une autre langue. Mais il est, en revanche, incapable de distinguer deux langues étrangères l'une de l'autre.

On sait aussi qu'il s'habitue aux bruits et il est même possible de le conditionner. Une expérience a démontré que dans les familles russes parlant français, le nouveau-né préfère la langue que sa mère a parlé pendant la grossesse à la langue maternelle (russe). Et les réactions du bébé sont beaucoup plus intenses si, pendant les derniers mois de la grossesse, la mère a lu ou chanté le même texte. En fait, il semble que le bébé in utero ne comprend pas les mots, bien sûr, mais perçoit l'intonation, donc la charge affective qu'ils portent. Observez-vous lorsque vous parlez à votre bébé : votre voix est différente de celle que vous adoptez pour parler à un adulte et même à votre aîné si vous attendez un cadet.

Marie-Claude Busnel, chargée de recherche au CNRS, a également remarqué qu'il est capable de différencier une syllabe d'une autre et une voix grave d'une voix aiguë. Plus extraordinaire encore, elle s'est aperçue que le fœtus s'habitue à ces expériences et réagit par conséquent de moins en moins. Est-ce dû à un phénomène d'accoutumance ou seraient-ce les prémices de la mémorisation ?

Chez les Pygmées, *le vocabulaire utilisé par l'entourage de la future maman doit être choisi. Ainsi, pendant toute la grossesse, aucun parent ne doit prononcer de mots vulgaires près d'elle, car ils entreraient par le vagin et donneraient de mauvaises pensées à l'enfant. Une jolie manière de dire aussi qu'une grossesse doit se vivre en toute sérénité.*

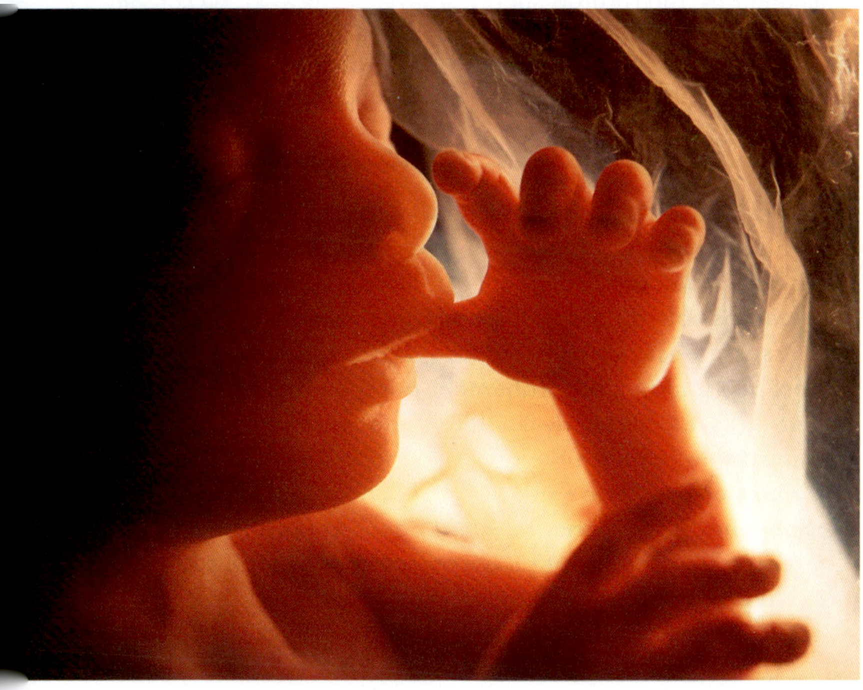

Vous soigner

Pas plus recommandée qu'en début de grossesse, l'automédication est pourtant tentante pour résoudre certains petits problèmes : insomnies, maux de tête, douleurs lombaires. Vous devez cependant savoir qu'en prenant un médicament, vous le donnez en partie à votre bébé.

Les médicaments à éviter

Jusqu'à la fin de votre grossesse, la vigilance s'impose vis-à-vis des médicaments non prescrits par votre médecin. Bien que l'élimination de la substance médicamenteuse soit assurée par vos reins, la prise de médicaments fréquente et prolongée empêche votre organisme de faire ce travail. Certaines molécules peuvent donc traverser la barrière placentaire et atteindre votre futur bébé. Lorsque le bébé naît, il risque d'être encore « sous médicaments » et ce seront ses propres organes hépatiques et rénaux, encore immatures, qui devront se charger de cette élimination. Même les spécialités qui peuvent vous sembler les plus anodines ne sont pas sans conséquences sur votre santé à tous les deux.

- **L'aspirine et tous ses dérivés ainsi que l'ibuprofène** aux doses habituelles en raison d'abord de leur effet anticoagulant. On les soupçonne aussi d'entraîner une toxicité cardio-pulmonaire et rénale, car ces médicaments traversent le placenta. L'aspirine à faible dose peut, en revanche, être recommandée dans certaines circonstances.
- **Les sirops et les produits antitussifs,** contenant ou de la codéine ou de l'iodure de potassium, qui peut être la cause d'hypothyroïdie chez le nouveau-né.
- **Les gouttes nasales de type vasoconstricteur :** elles sont susceptibles de provoquer des problèmes d'hypertension artérielle, un risque inutile pour une future maman.
- **Certains somnifères.** Ils peuvent provoquer chez le nouveau-né des états de somnolence avec diminution de l'activité de succion. Demandez toujours l'avis de votre médecin avant de prendre ce genre de médicaments.
- **Les laxatifs chimiques ainsi que l'huile de paraffine.** Les premiers provoquent une irritation des muqueuses intestinales, la seconde peut modifier l'assimilation de certaines vitamines.
- **Certains antibiotiques, notamment ceux à base de cycline :** ils ont le désagrément de jaunir l'émail des dents du futur bébé.

D'une manière générale, hormis les antispasmodiques et le paracétamol, vous prendrez systématiquement l'avis du médecin ou de la sage-femme avant de consommer un médicament.

- **Les produits dits naturels** ne sont pas pour autant inoffensifs,

CERTAINES INTERVENTIONS CHIRURGICALES *peuvent être pratiquées au cours de la grossesse. Elles sont réservées aux cas urgents. Il est, par exemple, tout à fait possible d'opérer une appendicite aiguë. La grossesse n'est pas un facteur favorisant. Le diagnostic n'est pas toujours spontanément posé, en raison de toutes les causes de douleur abdominale dont peut souffrir une femme enceinte. Cependant, jusqu'au 7e mois, on opère de l'appendicite par cœlioscopie, sans problème. Si cette crise survient pendant les derniers mois de la grossesse et s'il y a menace de péritonite, le chirurgien peut programmer une césarienne et pratiquer l'ablation de l'appendicite.*

c'est notamment le cas des huiles essentielles aux principes actifs puissants. Elles sont déconseillées, même en diffusion ou en massage.

Le problème des vaccinations

Certains vaccins sont déconseillés, particulièrement tous ceux contenant un virus vivant, même atténué, tels que les vaccins contre la rubéole, la rougeole, la varicelle, les oreillons et la poliomyélite par voie buccale.
En revanche, des vaccinations comme celles contre le tétanos et contre la grippe, à condition que ces vaccins soient faits de virus inactivés, sont parfaitement autorisées. Pour lutter contre les épidémies de rougeole, de varicelle ou d'oreillons, le médecin pourra vous prescrire des gammaglobulines spécifiques qui renforceront vos défenses immunitaires.
Si vous devez voyager à destination d'un pays soumis à vaccinations préalables, sachez que la vaccination anticholérique est sans danger, mais que les vaccinations contre la variole et la fièvre jaune ne sont pas conseillées. De même, il est fortement recommandé de vous protéger du paludisme par la prise de médicaments antipaludéens de synthèse. Attention, dans certains pays, cette maladie est résistante à la classique Nivaquine®. Les produits de remplacement peuvent être contre-indiqués pendant la grossesse. Voyez des spécialistes si vous ne pouvez repousser ce voyage après la naissance de votre enfant.

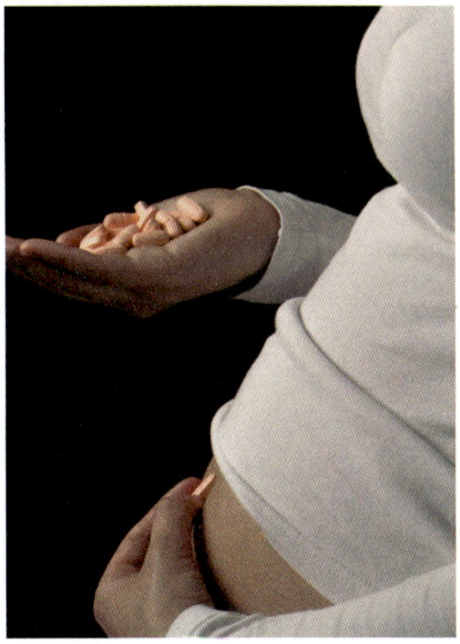

Vos chevilles et vos mains, et même votre visage sont légèrement gonflés *le matin au réveil. Vous n'avez pas d'albumine dans les urines, ni constaté une brutale prise de poids. Les gonflements qui apparaissent brutalement sont inquiétants et nécessitent une consultation médicale. Si ce n'est pas le cas, ces œdèmes ont pour cause principale une rétention d'eau. Le corps de la femme enceinte contient 4 litres d'eau de plus que la normale répartis dans le sang et dans les cellules. La seule façon naturelle de lutter contre ce trouble est de boire beaucoup, pour améliorer le drainage des tissus (1,5 litre par jour). Les vêtements trop serrés, aux chevilles et aux poignets, engendrent parfois des œdèmes. Ils s'accompagnent quelquefois d'une sensation de fourmillement due à la compression de certains nerfs par le gonflement des tissus. Marcher dans l'eau, fraîche de préférence, à hauteur de chevilles est un moyen simple de prévention. Cet exercice, à faire régulièrement (pendant une demi-heure environ) active la circulation et draine les tissus.*

Du bon dosage des radios

En principe, l'exposition aux rayons X est proscrite au cours de la grossesse, notamment sur les régions proches de l'abdomen. Mais il existe un seuil au-dessous duquel il n'y a aucun danger pour le bébé. Les appareils de radiographie utilisés aujourd'hui mesurent précisément la quantité de rayons X souhaitée et la durée de l'exposition. Les radios sont possibles sur toutes les autres parties du corps, elles se pratiquent alors avec le port d'un tablier de plomb sur le ventre. Les radios dentaires ne posent aucun problème. Les radios pulmonaires ne sont plus obligatoires et votre médecin en décidera de l'opportunité. L'examen radiographique du bassin pratiqué au 9e mois, et destiné à connaître ses mensurations exactes, est inoffensif car réalisé avec une faible dose de rayons X, donc tout à fait supportable par le bébé. Cette radiopelvimétrie est prescrite lorsque l'enfant se présente par le siège et pour les naissances gémellaires.

Dominer sa douleur

Bien que les séances de préparation à la naissance et à la parentalité n'aient pas comme objectif premier d'aider les futures mamans à maîtriser la douleur de l'accouchement, elles y concourent : en effet, mieux elles sont informées, moins elles se laisseront déborder par la douleur et l'émotion.

Se préparer dans sa tête

Généralement, c'est au 7e mois que la future maman est disponible pour reprendre les cours de préparation qu'elle a pu commencer dès le 4e mois. D'une durée d'une heure environ, ils sont organisés soit au sein même de la maternité, soit à l'extérieur, animés par des sages-femmes libérales mais dans le cadre d'un réseau périnatal. Ce sont normalement des cours collectifs, le groupe idéal n'excédant pas 6 personnes, mais ils peuvent aussi être dispensés par des sages-femmes en cours particuliers ou suivis parfois à votre domicile si votre santé vous interdit tout déplacement. Ces cours s'étalent sur 6 à 8 semaines et sont remboursés à 100 % par la Sécurité sociale.

« Péridurale et préparation à la naissance ne s'opposent pas. Une préparation permet souvent à un accouchement sous péridurale d'être encore mieux vécu. »

Cette préparation porte maintenant le nom de préparation à la naissance et à la parentalité (PNP). Elle a pour vocation de donner aux futures mamans des informations sur leur grossesse et de leur permettre un entraînement physique à l'accouchement. Une place est faite aussi à l'après-naissance, avec une initiation aux gestes de maternage.

Aujourd'hui, la première préoccupation de cette préparation est de nature psychologique. Elle vise à donner à la future maman des armes psychiques utiles pour dominer sa douleur.

Chaque rendez-vous comprend une discussion et des exercices physiques. C'est souvent avec les questions qui préoccupent les mères que s'ouvrent les échanges avec la sage-femme. Au fil des rencontres, c'est un véritable dialogue qui s'instaure avec une équipe médicale disponible.

La sage-femme explique les différentes phases de l'accouchement. Il est important de savoir pourquoi il est douloureux et de prendre conscience de ce que représentent l'ouverture du col, l'écartement des os du bassin, le glissement de l'enfant hors de son corps. Ces cours sont encore l'occasion de découvrir ce qu'est le périnée, pourquoi il est indispensable de le préparer à l'accouchement et bien sûr de le rééduquer après. La sage-femme enseigne aussi quelques trucs à la

La présence du père, au moins à quelques séances, est recommandée, afin qu'il puisse assister sa femme aux moments les plus durs et participer pleinement à la naissance de son enfant. Certaines maternités organisent même une séance de préparation « spécial père », où uniquement les pères sont accueillis. La connaissance des phases de l'accouchement et des gestes précis à faire pour accompagner la future mère les aidera à contrôler leurs émotions, surtout si cette naissance est une première expérience.

future maman afin de lui permettre de gérer sa douleur comme les bonnes positions pour mieux supporter les contractions. Bien assimilés, ces gestes deviendront de véritables réflexes, quelle que soit l'intensité de la contraction.
On constate une baisse de fréquentation aux séances de préparation à l'accouchement depuis quelques années. Seules 40 % des futures mamans se préparent ainsi. Cette préparation est sans doute concurrencée par d'autres méthodes et le recours à la péridurale dont l'efficacité sur la douleur est imparable (p. 210). Il faut le regretter, car peu de préparations offrent l'opportunité d'un dialogue entre les parents et une professionnelle de la naissance. De plus, elles n'interdisent aucunement le recours à la péridurale.

La méthode Bonapace vient du Québec et se veut une aide à l'accouchement naturel. *Cette préparation a pour objectif de diminuer la douleur des contractions en apportant à la future maman différentes techniques comme la digitopression, la respiration profonde, les massages la relaxation et la recherche de postures pour aider le bébé à naître. La digitopression consiste à appuyer sur des points précis du corps simplement avec un doigt et ainsi solliciter la sécrétion d'endorphines apaisantes, les massages soulagent les muscles noués et douloureux, enfin la relaxation aide à mobiliser les sensations de manière positive et à rester maîtresse de la situation. Cette préparation peut commencer dès la 24e semaine de grossesse et donne au père une place importante d'accompagnant. Il est possible de s'entraîner à cette préparation par Internet grâce à un e-coaching par webcam. Les intervenants en ligne corrigent les positions, donnent des conseils de massage et de relaxation et indiquent les points de pression. Pour en savoir plus : www.bonapace.com*

Exercer son corps

Un peu à la manière d'un échauffement sportif pour savoir adapter l'effort au résultat escompté, vous entraînerez certains muscles de votre corps, vous apprendrez à vous relaxer au bon moment et à respirer correctement pour apporter un maximum d'oxygène à vos muscles et aussi favoriser l'élimination des toxines, notamment de l'adrénaline, qui est responsable en partie de l'exacerbation de la douleur. La douleur s'explique par la transformation brutale du corps et l'étirement des muscles. Un bon accompagnement l'atténue, quand le stress et la panique l'accentuent. La sage-femme vous apprendra aussi comment pousser votre enfant vers la vie par une respiration adéquate et des positions qui facilitent sa descente.
La préparation physique repose encore sur l'apprentissage de la relaxation, et il faut plusieurs séances pour y parvenir. En effet, savoir bien se relaxer est indispensable pour garder le maximum d'énergie pour les instants primordiaux de l'accouchement. Un test : on est parvenu à une bonne relaxation quand on sent son corps devenir très lourd au point d'avoir la sensation qu'il pourrait s'enfoncer tout doucement dans le sol.
La future maman est aussi entraînée à maîtriser la respiration thoracique : gonflement de la poitrine, arrêt au sommet de l'inspiration, expiration lente bouche ouverte. C'est elle qui permet de reprendre des forces au début et à la fin des contractions.
L'entraînement se poursuit par la respiration bloquée. Cette respiration sert à pousser doucement l'enfant hors du corps de sa mère. À la suite d'une profonde inspiration, il faut retenir son souffle au minimum 30 secondes. La durée du temps d'apnée s'allonge progressivement.
L'efficacité d'une bonne respiration sur la douleur est aujourd'hui mieux comprise. En effet, la sensation de douleur est transmise au cerveau, à un endroit bien précis. Celui-ci est chargé de produire des endorphines, substance calmante analogue à la morphine. Leur fabrication peut être provoquée et accentuée par la respiration et surtout par la concentration mentale sur une activité respiratoire.
L'accouchement demande aussi une préparation musculaire qui porte sur les muscles du ventre et sur les muscles vertébraux. Les os du bassin sont ainsi assouplis.
Quelques mouvements de jambes indispensables facilitent encore la circulation. Les exercices physiques ont aussi pour but d'aider les futures mamans à prendre conscience des différentes parties de leur corps qui participent à l'accouchement.
Il y a de fortes chances encore que l'on demande à la jeune maman de poursuivre les exercices chez elle : mouvements des jambes et du tronc, exercices respiratoires (en particulier le blocage de la respiration qui n'est pas toujours facile à acquérir), etc.

Respirez et bougez

Les exercices ci-dessous sont pour les uns respiratoires, pour les autres musculaires. L'idéal est de les pratiquer quotidiennement sans forcer, à votre rythme. Et, si possible, un peu plus assidûment dans les semaines qui précèdent votre accouchement.

En général, votre séance de préparation personnelle dure un petit quart d'heure.
Elle se fait à tout moment de la journée, évitez simplement le temps qui suit les repas, la digestion peut rendre certains exercices plus pénibles.

Exercices respiratoires

La respiration profonde ou thoracique
– Inspirez à fond, gonflez votre poitrine, expirez en soufflant lentement.

La respiration bloquée
– Inspirez en remplissant votre ventre et soufflez lentement.
– Inspirez à fond et bloquez. Le muscle du diaphragme doit être mobilisé. Tenez le plus longtemps possible. L'idéal étant de parvenir par paliers à bloquer la respiration pendant 30 secondes.

La respiration superficielle
– Inspirez et expirez légèrement et rapidement, le temps d'expiration doit être égal au temps d'inspiration. Vous devriez pouvoir, au fil des semaines, tenir cette respiration 60 secondes environ.

La respiration haletante
Le rythme de la respiration superficielle s'accélère, en moyenne une respiration par seconde, elle se pratique bouche ouverte. Elle est très utile pour vous éviter de pousser lorsque, à la fin de l'accouchement, la sage-femme maintient la tête de l'enfant et protège ainsi votre périnée.
Vous pouvez pratiquer toutes ces respirations en position d'accouchement : dos relevé, appuyée sur des coussins, jambes repliées, cuisses écartées. Le plus délicat, mais le plus utile, est d'apprendre à passer brusquement de l'une à l'autre.

Exercices musculaires

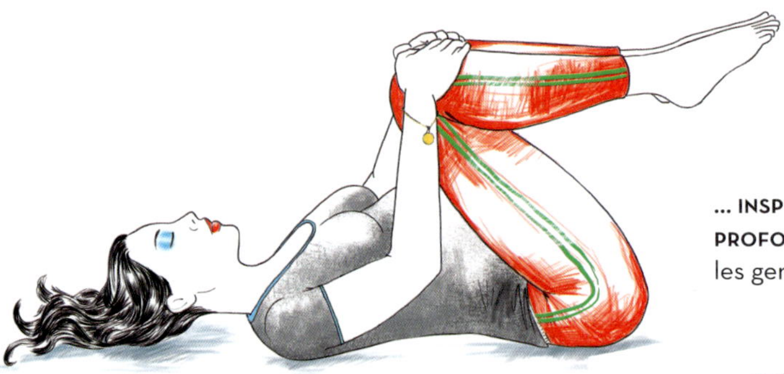

SUR LE DOS, JAMBES FLÉCHIES, mains sur les genoux…

… INSPIREZ LENTEMENT ET PROFONDÉMENT en tirant les genoux vers l'extérieur.

Allongée sur le dos, jambes écartées et fesses collées à un mur, respirez profondément, puis expirez en contractant les abdominaux.

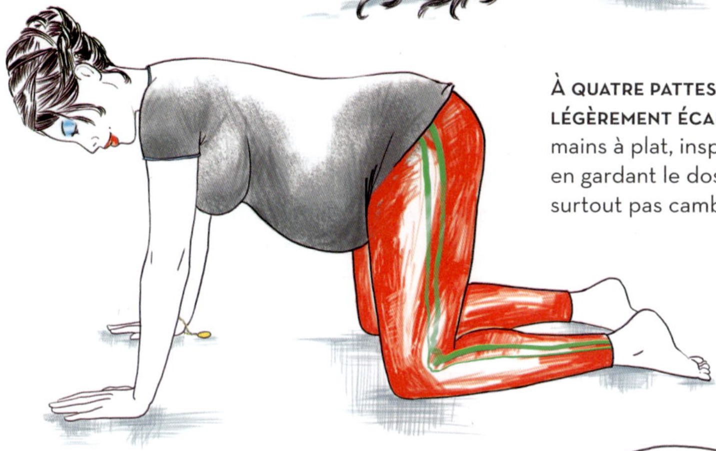

À quatre pattes, jambes légèrement écartées, mains à plat, inspirez en gardant le dos bien droit, surtout pas cambré…

… contractez le ventre et les fesses, basculez le bassin en avant pour « faire le dos rond », expirez. Recommencez plusieurs fois.

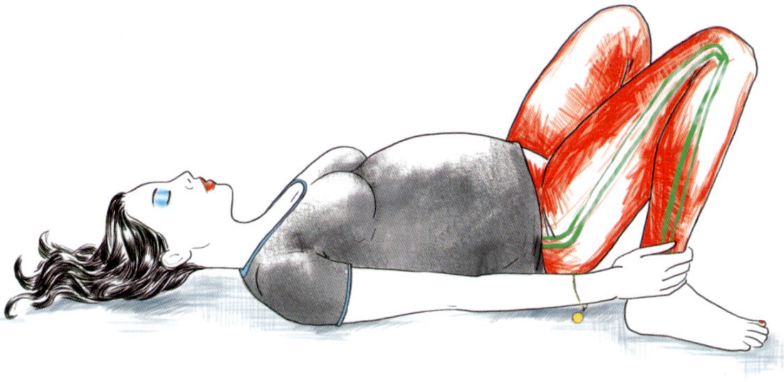

Sur le dos, jambes repliées, mains tenant les chevilles. Inspirez en tirant sur les bras, puis expirez en relâchant la traction sur les bras.

L'harmonie par le yoga

Le terme « yoga » définit à la fois un art de vie, une culture, une philosophie et une technique. Dans le domaine de la préparation à la naissance, il s'apparente surtout à un entraînement psychologique et respiratoire, accompagné d'un apprentissage du schéma corporel de la femme enceinte.

S'entraîner en douceur

Cette préparation en douceur aide à la décontraction physique et à la concentration psychique. Selon le contrôle de ces deux « pôles », la future maman en tirera plus ou moins de bénéfices. Sur le plan physique, le yoga est un entraînement musculaire important, mais fait en douceur, ce qui est idéal pour une femme enceinte. Il fait travailler le corps en contraction, en décontraction et apprend à respirer ; il aide donc à une parfaite relaxation. Pour les yogis, la future maman doit être empreinte de calme et de bonheur, cet état facilitant la circulation des hormones naturelles dont la quantité varie avec les émotions. De plus, toute pensée positive et constructive est directement transmise au fœtus qui, nourri de bien-être, aura toutes les chances de poursuivre un développement harmonieux et d'avoir plus tard une personnalité heureuse.

Des exercices réguliers

Les exercices qui sont enseignés appartiennent au hatha yoga, mélange de postures et de pratiques respiratoires. Simples, ils peuvent être suivis par toutes les femmes.

Les positions appelées « les asanas » font participer tout le corps en étirant les muscles en douceur : ligaments, articulations et vertèbres travaillent en souplesse. Jamais acrobatiques, elles sont exécutées avec lenteur et grande concentration ; leur action est si profonde qu'elles agissent sur les organes internes et les glandes endocrines. Les séances de yoga peuvent se faire au rythme de 1 ou 2 par semaine pendant 1 heure, ou bien 4 ou 5 de 15 à 20 minutes chacune. Une séance type fait travailler l'étirement du dos, et comprend des exercices de stimulation du périnée et de la circulation des jambes, des postures assises avec rotation de la tête, un entraînement respiratoire et enfin quelques minutes de relaxation.

ATTENTION, TOUTES LES POSTURES DU YOGA NE SONT PAS RECOMMANDÉES *aux futures mamans en raison du travail de certains muscles qu'elles impliquent. Elles doivent être adaptées à leur nouvelle morphologie. Il est donc indispensable de pratiquer cette préparation en compagnie d'un professeur de yoga qui s'est spécialisé dans la grossesse et qui est assisté par une sage-femme.*

Dans votre vie quotidienne

Vous pouvez observer cinq règles sans avoir une pratique approfondie du yoga :

- étirez la colonne vertébrale vers le haut « en poussant le ciel » de la tête ;
- basculez le bassin pour réduire la courbure du dos ;
- contractez le périnée jusqu'à ce que vous ayez l'impression de remonter l'enfant ;
- sentez le diaphragme se relever à l'expiration ;
- resserrez l'abdomen de l'avant vers l'arrière pour bien caler l'utérus dans le bassin.

Asseyez-vous en pliant la jambe droite devant vous et la jambe gauche pliée derrière. Joignez les mains devant la poitrine et redressez le dos. Levez les bras en gardant les mains jointes. Inspirez. Soulevez le bassin pour vous mettre en position à genoux. Puis redescendez en expirant profondément. Répétez l'exercice en inversant les jambes.

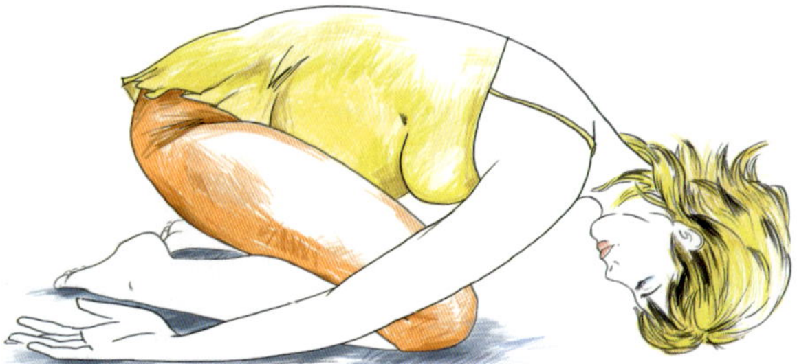

Agenouillez-vous et asseyez-vous sur les talons. Écartez les genoux, placez les bras le long du corps vers l'arrière, paumes vers le plafond, posez le front sur le sol. Conservez la posture quelques minutes pour étirer le dos.

Allongée sur le dos, repliez les genoux sous la poitrine. Prenez vos orteils et essayez de tendre vos jambes. Maintenez bien la colonne vertébrale plaquée au sol. En tenant cette posture quelques instants, vous sentirez le périnée se relâcher.

Adoptez la même posture avec les mains placées à plat sur les reins et le menton posé au sol. Maintenez la posture pour étirer le dos et tonifier les muscles dorsaux.

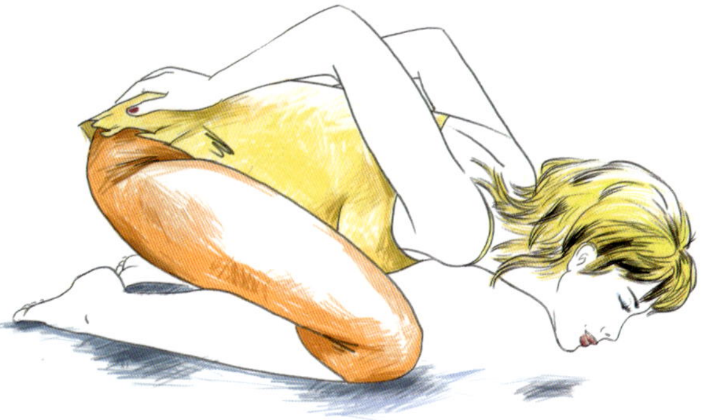

Avoir bon dos

Les douleurs lombaires étant parmi les plus fréquentes dans la population en général, il n'y a rien d'étonnant à ce que vous en souffriez aussi. Les douleurs débutent vers la 12e semaine de gestation, culminent vers la 22e semaine et durant les derniers mois de la grossesse.

La colonne vertébrale à rude épreuve

Ces douleurs ont pour origine un problème mécanique : le poids du bébé modifie la morphologie de la colonne vertébrale. Cette charge augmente la courbure lombaire et entraîne une cambrure anormale appelée « lordose ». De plus, toujours sous l'effet du poids de votre bébé, votre centre de gravité change : il se déplace alors vers l'avant.
Pour pallier ce changement, vous avez tendance à courber encore plus en arrière votre colonne vertébrale et à contracter au maximum vos muscles dorsaux, alors que vos abdominaux, relâchés par la grossesse, sont beaucoup moins efficaces pour compenser cette courbure.

Quand la douleur s'installe

On constate deux types de douleurs. Les premières, très voisines de celles que l'on ressent quand on a une sciatique, montent le long de la jambe jusqu'en haut de la cuisse. Il est malheureusement très difficile de les soulager. Les secondes, comparables à un « mal de reins », s'expliquent parfaitement puisque votre colonne vertébrale est très sollicitée. Cette souffrance est d'autant plus vive que vous êtes fatiguée ou que vous avez été dans l'obligation de rester longtemps debout. De plus, certaines hormones produites en quantité pendant la grossesse provoquent un relâchement général des ligaments articulaires, et notamment de ceux qui maintiennent les vertèbres. Ne négligez pas ces douleurs qui peuvent entraîner des lombalgies susceptibles de durer après la grossesse. Parlez-en à votre médecin.

Mesures préventives

Tous les gestes de la vie courante peuvent être mis en cause dans les douleurs lombaires : se lever, porter une charge lourde, se pencher, etc.

Les femmes qui ont déjà une certaine fragilité du dos *risquent de souffrir au moment de leur grossesse ; mieux vaut alors se préoccuper de ce problème très tôt. La grossesse accentue encore plus une lordose déjà existante du fait de la bascule du ventre en avant. Ces futures mamans sont donc susceptibles, plus que les autres, de souffrir de pincements des nerfs au niveau des vertèbres, ce qui se traduit en général par des lumbagos et des débuts de sciatique. Ces difficultés peuvent se corriger par des mouvements de gymnastique spécifiques qui musclent le dos, font travailler la bascule du bassin et corrigent la cambrure des reins. Au moment de l'accouchement, certaines mamans se plaignent de douleurs dans les reins. C'est souvent lorsque le bébé se présente en postérieur, sa tête appuie alors plus sur le bassin et l'écarte en touchant un nerf. Dans ce cas, une péridurale est ce qui soulage le mieux.*

L'OSTÉOPATHIE PEUT TENTER DE VOUS SOULAGER. *C'est une médecine alternative qui cherche les causes des pathologies dans le mauvais fonctionnement de notre structure osseuse, musculaire et organique. Elle fait appel à des manipulations douces pour agir sur les vertèbres, le bassin, le crâne, les articulations et différents organes. C'est une médecine qui traite les causes et non les symptômes. Elle agit à différents niveaux, tout d'abord sur les articulations et sur les muscles. Ainsi, le praticien traite certaines douleurs par un « travail » en douceur sur les différentes parties du bassin : iliaque, sacrum et sacro-iliaque. Il s'occupe aussi des membres inférieurs, déséquilibrés parfois sous l'effet de la relaxine, hormone destinée à assouplir tous les ligaments en préparation de la naissance. L'ostéopathie soulage donc les douleurs du dos, telles que les sciatiques et les lombalgies. L'ostéopathe s'intéresse aussi à la chaîne dorso-lombaire, aux côtes et à l'axe crâne-sacrum. Il est important de n'être suivie que par un praticien diplômé.*

Dormir : ayez un lit ferme avec éventuellement une planche sous le matelas. Placez sous votre nuque un oreiller mince. Préférez la position sur le dos, un coussin sous les genoux, ou sur le côté en « chien de fusil ».

S'asseoir : choisissez un siège qui soutient le bas du dos et non un siège bas, profond à l'assise et au dossier mous, très mauvais pour votre colonne vertébrale. Asseyez-vous toujours bien au fond de la chaise.

S'habiller : asseyez-vous pour enfiler chaussettes ou collants, slips, pantalons.

Se chausser : amenez le pied vers le haut, sur un point d'appui, et n'inclinez pas le buste en avant.

Faire le marché : prenez un panier dans chaque main, ou un caddie, que vous pousserez le dos bien droit ; un panier seul se porte le plus près possible de la cuisse.

Faire le ménage : pour balayer, passer l'aspirateur, nettoyer les meubles ou mettre un bébé au lit, pliez toujours les genoux en gardant la colonne vertébrale droite. Évitez les rotations du buste. Changez de main avant de ressentir la fatigue de l'épaule. Pas de mouvements brusques. Fléchissez au niveau des hanches, colonne « verrouillée », pour les travaux à faire penchée.

Les lombalgies banales au cours de la grossesse ne doivent pas être négligées. En effet, dans 67 % des cas, elles se prolongent une année après l'accouchement. Quelques bonnes positions et la pratique de certains exercices d'étirement de la colonne vertébrale vous soulageront aussi. Assise dans un fauteuil, calez bien votre dos au dossier, le dos le plus droit possible. Si vous vous asseyez par terre, la position du lotus est idéale, un coussin placé entre votre dos et le mur d'appui.

Quelques exercices simples

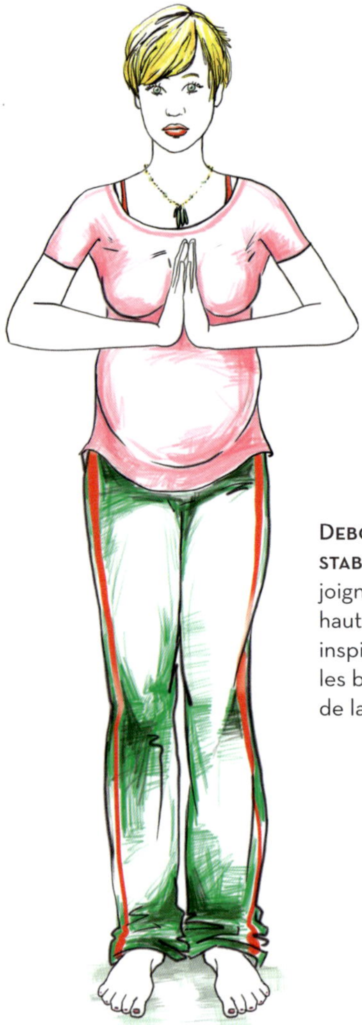

Debout, les pieds stables, la tête droite, joignez les mains à la hauteur de la poitrine, inspirez, puis levez les bras au-dessus de la tête.

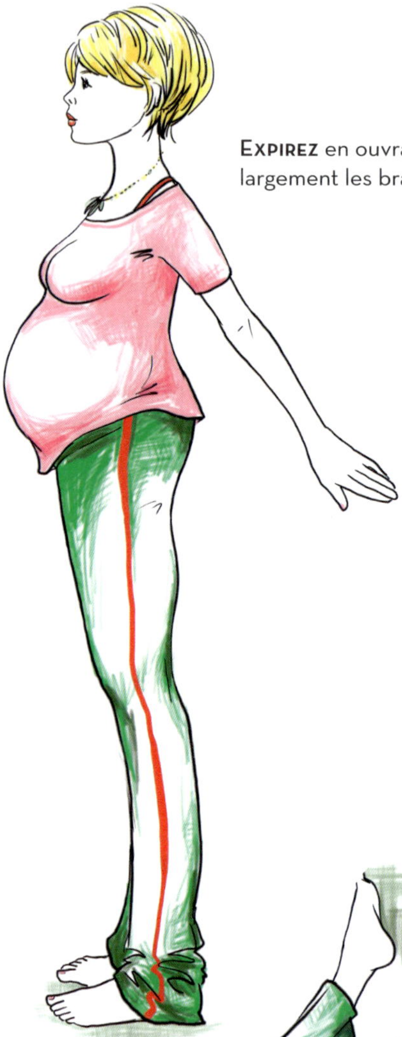

Expirez en ouvrant largement les bras.

Allongée, les jambes appuyées sur un mur, respirez profondément.

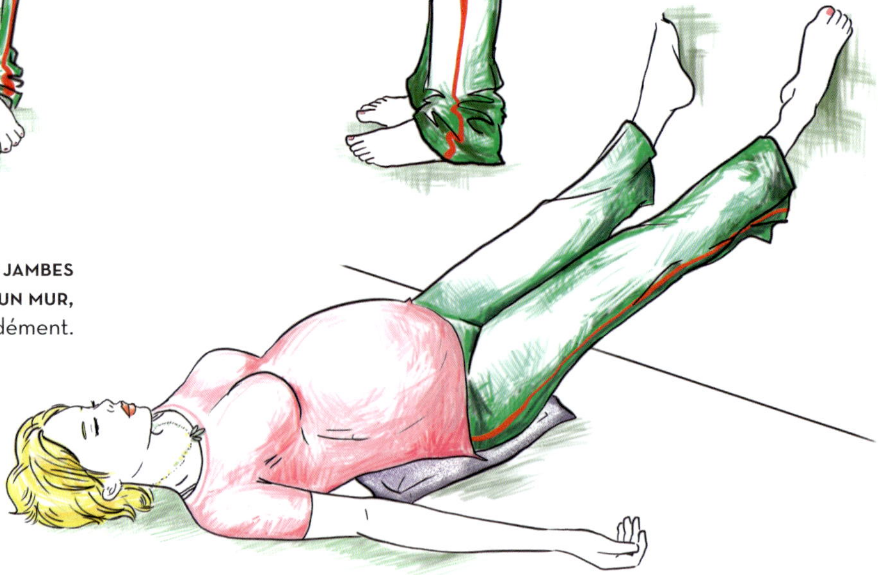

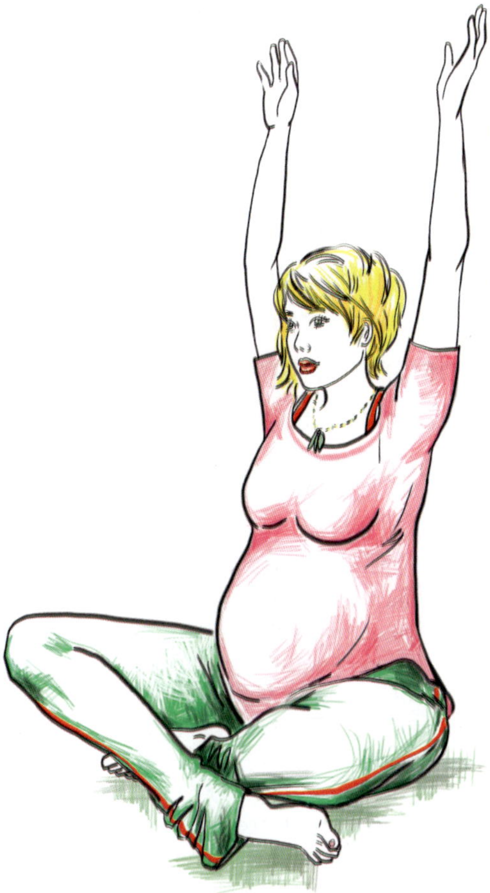

Dos bien droit collé à un mur, levez les bras et respirez doucement. Veillez à ne pas ambrer et à garder le dos bien plaqué contre le mur.

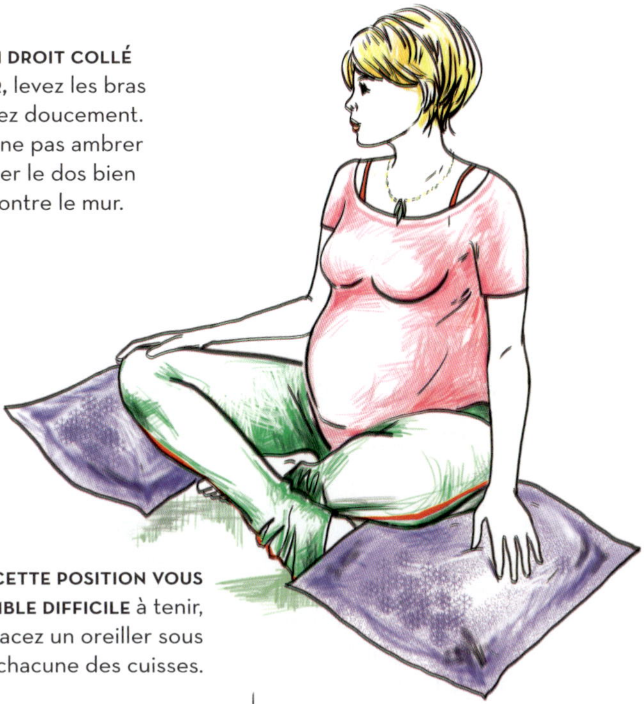

Si cette position vous semble difficile à tenir, placez un oreiller sous chacune des cuisses.

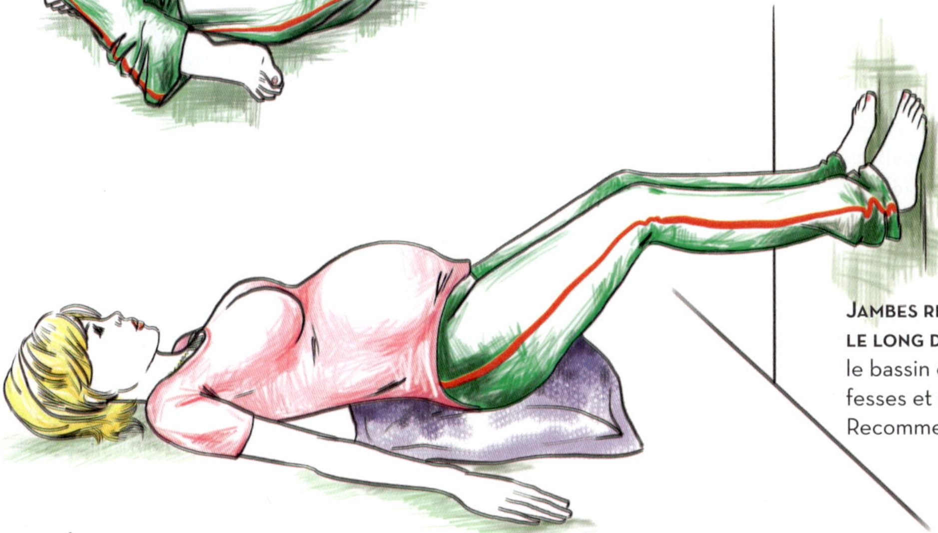

Jambes repliées, les pieds le long d'un mur, basculez le bassin en contractant fesses et abdomen. Recommencez plusieurs fois.

Jambes tendues, poussez avec les hanches. Le corps reste droit, des épaules à la plante des pieds. Puis revenez à la position de départ en basculant le bassin.

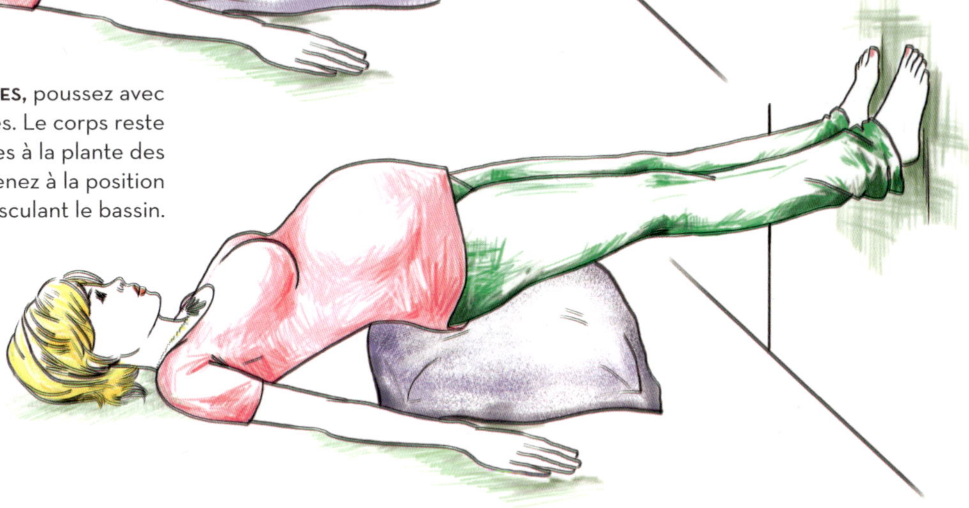

Nuits blanches au programme

Les insomnies deviennent relativement fréquentes, la moitié des futures mamans s'en plaignent. Le corps, plus lourd, rend parfois la position allongée inconfortable ; les mictions sont nombreuses et les remontées gastriques fort désagréables. Et puis : la date de l'accouchement approche, vous y pensez beaucoup, peut-être même un peu trop.

Les petits trucs pour bien dormir

Les conseils classiques en cas de réveil nocturne s'appliquent aussi aux futures mamans : manger léger le soir et dormir dans une pièce aérée et fraîche. Ne pas hésiter à changer de lit ; bien des futures mamans disent se rendormir facilement sur le canapé du salon simplement enveloppées dans une couverture légère. En effet, la régulation thermique du corps étant modifiée, vous avez trop chaud dans un lit qui, avant, vous convenait parfaitement. Pour favoriser le sommeil, il suffit parfois simplement de faire baisser la température du corps de quelques degrés, c'est ce que l'on appelle « la défervescence thermique ». C'est ce qui explique les vertus sédatives du bain, à condition que son eau ne soit pas trop chaude. Si vous avez un peu de mal à vous allonger dans une eau qui vous semble trop tiède, faites couler votre bain à la température dont vous aviez l'habitude et une fois dans l'eau, abaissez celle-ci de quelques degrés tout doucement par un filet d'eau froide.

En hiver, faites des étirements des jambes pour favoriser votre circulation sanguine, vous aurez ainsi sans doute moins de crampes, notamment dans les mollets, lorsque vous serez allongée. Dès que le temps l'autorise, vous pouvez aussi essayer la promenade digestive après le dîner. Une demi-heure de marche tranquille. Ce moment partagé avec votre conjoint ou une amie peut encore être l'occasion de vous confier. En effet, cette période de la grossesse est celle où s'installent les craintes de l'accouchement ; en les exprimant, vous éviterez qu'elles ne tournent en boucle dans votre tête, vous empêchant de dormir sereinement.

Certains aliments ont des vertus sédatives : la laitue, le lait, la pomme et l'ail ou les sucres lents. Les tisanes sont également efficaces, mais attention, la quantité de liquide ingéré oblige très souvent à se lever la nuit ; il est alors parfois bien difficile de se rendormir.

Faites un repas léger et ne vous couchez pas trop tôt après le dîner ; une à deux heures après, vous éviterez l'augmentation de la température du corps sous l'effet de la digestion. Réservez votre consommation de thé ou de café à votre petit déjeuner ; la théine comme la caféine restant longtemps dans l'organisme, leur effet peut se manifester plusieurs heures après leur ingestion.

Il est préférable encore d'éteindre votre ordinateur ou votre télévision trois quarts d'heure à une

---

VOS INSOMNIES N'EMPÊCHERONT PAS VOTRE FUTUR BÉBÉ DE DORMIR *ou d'en profiter pour faire des cabrioles. Votre position allongée lui donne un peu plus d'espace pour entraîner sa motricité. De plus, votre rythme de sommeil et le sien sont différents. De même, quelle que soit votre position, vous ne pouvez le gêner, le liquide amniotique est là pour le protéger, de plus il « saura », lui aussi, changer de position pour être plus confortablement installé.*

En homéopathie, la prescription est différente selon le type de troubles du sommeil. *Le réveil trop matinal, vers 5 heures du matin, suivi d'une impossibilité de se rendormir se traite avec* Nux Vomica. *Le réveil en pleine nuit, lui, impose la prise de granules de* Thuya. *En ce qui concerne la phytothérapie, quelques tisanes, à condition d'être prises au cours de l'après-midi, peuvent être efficaces. Ainsi, les phytothérapeutes recommandent un cocktail à base de passiflore, fleur d'oranger, mélisse et tilleul ou encore aubépine, rose pâle, fleur de bleuet et cônes de houblon.*

heure avant de vous coucher : la luminosité et l'excitation cérébrale provoquées par les images ne favorisent pas le sommeil, à l'inverse de la lecture.

Comme lorsque vous étiez enfant, retrouvez des rituels d'endormissement : prenez soin de votre corps, mettez-vous en tenue de nuit, faites, au besoin, un peu de relaxation et lisez quelques pages d'un bon roman. Entrer dans le sommeil n'en sera que plus facile.

La bonne position

Certaines d'entre vous ne supportent pas d'être allongées sur le dos, elles ressentent des nausées, des vertiges, ou même un sentiment d'oppression. Ces malaises s'expliquent par la compression de la veine cave inférieure par l'utérus, entraînant un phénomène d'hypotension. Dans ce cas, essayez de vous coucher sur le côté gauche, en allongeant la jambe qui est sous le poids de votre corps et en repliant l'autre au-dessus. Vous pouvez aussi glisser un petit coussin sous le genou plié, ainsi votre ventre ne sera plus comprimé. Cette position facilite la circulation du sang dans la veine cave située à droite. Si vous dormiez sur le ventre avant votre grossesse, vous aurez sans doute quelques difficultés à trouver le sommeil. Il vous faudra vous installer sur le côté, en position « chien de fusil ».

La sieste et les médecines douces

Si vos nuits sont très courtes, programmez-vous des temps de repos dans la journée : un le matin et un à l'heure de la sieste. Ce n'est pas parce que vous dormez un peu le jour que vous ne dormirez pas bien la nuit, tout au contraire. Si vous avez des difficultés à faire la sieste, remplacez-la par de la relaxation (p. 192). Elle peut considérablement vous aider, tout comme la natation, dont les vertus sont particulièrement relaxantes. Si vraiment les insomnies deviennent trop fréquentes et de plus en plus difficiles à supporter, il est recommandé d'en parler à votre médecin, lui seul pourra prescrire un somnifère approprié à votre état. Une petite cure d'une semaine suffit bien souvent pour retrouver des nuits plus calmes. Attention : ne prenez jamais de somnifères sur le conseil d'un proche, ni celui que vous preniez peut-être avant la grossesse. Si vous êtes adepte des médecines dites douces, l'homéopathie, la phytothérapie ou l'acupuncture peuvent se révéler efficaces. Bien sûr, vous devez tenir compte de l'avis d'un spécialiste. Ces médecines ont la réputation d'être bénéfiques et sans danger.

Alimentation : chasser les idées fausses

Vous êtes très attentive à ce que contient votre assiette. C'est bien, mais ne vous laissez pas influencer par des préceptes qui ont la vie dure et qui, de plus, ne reposent sur aucune donnée scientifique.

Le rythme de prise de poids idéal est de un kilo par mois.

NON. Il n'y a pas de règle, la prise de poids est variable d'une femme à l'autre. De plus, c'est en fin de grossesse que se situe la prise de poids la plus importante. Ainsi, jusqu'au 3e mois, il n'y a aucune différence dans la quantité d'aliments absorbés, soit 2 000 calories par jour. À partir du 2e trimestre, la future maman peut manger un peu plus, en forçant sur les protéines, les laitages et les fruits, soit 2 400 calories par jour. Au 3e trimestre, l'apport quotidien peut être porté à 2 800 calories par jour.

L'huile et la margarine sont moins grasses que le beurre et la crème.

NON. Beurre et margarine, à poids égal, contiennent la même quantité de lipides, soit environ 82 g pour 100 g. Les huiles, quelles que soient leurs origines, contiennent 100 g de lipides. En revanche, la crème est moins riche en lipides, soit 30 g pour 100 g et les crèmes allégées en contiennent bien sûr encore moins, de 12 à 29 g pour 100 g selon le produit. Mais c'est l'assimilation qui est différente entre les graisses d'origine animale et les graisses d'origine végétale. Attention : toutes les margarines ne sont pas d'origine végétale.

Le lait est lourd, difficile à digérer.

NON. Les futures mamans qui, avant d'être enceintes, avaient du mal à digérer le lait ne le supporteront toujours pas. Mais 90 % de la population le tolère parfaitement bien, surtout s'il est demi-écrémé. Il peut toujours être remplacé par un yaourt.

Pour les vitamines, rien ne vaut les légumes et les fruits frais.

NON. Tout dépend de l'état de leur maturité à la cueillette et du temps de transport entre celle-ci et l'arrivée du produit sur l'étalage du commerçant. Il est parfois beaucoup plus intéressant sur le plan des vitamines de les choisir surgelés. Les usines qui transforment les fruits et les légumes sont généralement situées au cœur même des régions productrices. Ils sont alors cueillis mûrs à souhait et surgelés sans attendre. Évitez les conserves en boîte dont le revêtement intérieur, fait de résine époxyde, contient du bisphénol A (p. 85) ou choisissez les conditionnements en pot de verre. Mieux vaut aussi ne pas consommer les produits faisant appel à des conservateurs chimiques ou même à certains colorants. On ne leur attribue rien de grave mais puisqu'on demande à la future maman de limiter les produits chimiques que sont les médicaments (p. 82), pourquoi ne pas vous en passer complètement ? Cela n'est pas trop compliqué, il suffit de lire la composition obligatoirement portée sur l'emballage.

Il ne faut pas manger de persil ni de safran.

NON. Si ces deux plantes ont des pouvoirs abortifs, ce n'est certainement pas dans les quantités utilisées habituellement en cuisine. On accuse aussi ces plantes de provoquer des troubles urinaires ou cardiaques : quelques feuilles de persil sur une salade ou le pistil d'une fleur de safran dans un court-bouillon n'ont jamais provoqué de tels troubles. De plus, le persil abortif est une variété bien particulière que l'on ne vend pas sur les marchés.

La viande rouge est bien meilleure que la viande blanche.

NON. Sur le plan du goût, c'est une affaire personnelle. Dans les deux cas, la viande doit être bien cuite tout au long de la grossesse, tout particulièrement si vous n'êtes pas immunisée contre la toxoplasmose. D'autre part, viandes blanche et rouge ont des valeurs protidiques identiques. De même, la richesse en fer (p. 184) est équivalente, quels que soient l'animal et les morceaux ; seuls les abats sont plus riches en fer.

Il n'y a que les laitages pour apporter du calcium.

NON. Vous consommez aussi du calcium en mangeant des oranges et du chou. Bien sûr, il s'y trouve en plus faible quantité : 300 mg de calcium sont contenus dans un kilo d'oranges ou dans 850 g de chou vert. Les légumes riches en calcium sont le cresson, les haricots blancs, les épinards et les endives. À cela, il faut ajouter certaines eaux minérales telles que Vittel® et Contrex®.

Le yaourt est décalcifiant.

NON. C'est l'aliment idéal pour l'apport de calcium. En consommant 100 g de yaourt, vous apportez à votre organisme 140 à 175 mg de calcium. Ce serait dommage de vous en priver. Les apports journaliers recommandés sont de 1,5 mg de calcium. Pour cela, nous vous conseillons de consommer un produit laitier à chaque repas, ce qui correspond à au moins 1 litre de lait ou son équivalent ; 1/4 de litre de lait = 2 yaourts = 300 g de fromage blanc.

Une future maman en fin de grossesse doit arrêter sa consommation de sel.

NON. Il est vrai que la suppression du sel dans l'alimentation de la future maman a été longtemps à la mode, notamment pour réduire le phénomène classique des œdèmes en fin de gestation. Aujourd'hui, on ne prescrit plus de tels régimes, sinon dans des cas bien précis. En effet, on s'est aperçu que le sel contenait des oligo-éléments importants. De plus, c'est lui qui régule l'équilibre en eau de la mère et de l'enfant. En fait, il n'a jamais été la cause directe de rétention d'eau, bien au contraire. Dans la plupart des cas, il est d'ailleurs éliminé très rapidement dans les urines. Une future maman peut donc manger salé raisonnablement.

Régime douceur

Vous avez pris trop de poids ? En moyenne, vous auriez dû grossir de 11 à 15 kg maximum. Du 5 au 7 mois, votre prise de poids devrait se situer entre 350 et 400 g par semaine. Il est bien sûr hors de question d'entreprendre un régime amaigrissant. Vous devez simplement limiter votre ration alimentaire à 1 800 Kcal.

Surveillez-vous

Avant tout, commencez bien par vous observer. Considérez que votre prise de poids est due à une trop grande consommation d'aliments « caloriques ». Avez-vous, sous prétexte que vous avez un bébé à nourrir, mangé un peu plus que de raison, voire pour deux ? Grignotez-vous entre les repas ? Chocolat, bonbons, fruits sont-ils pour vous un moyen de compenser vos inquiétudes ? Il faut être vigilante sur la prise de poids au cours des derniers mois. Pourquoi ne pas demander les conseils de diététiciennes ou de nutritionnistes ?

Ils sauront rectifier vos erreurs, faites souvent en toute bonne foi, et limiteront votre « assiette » à 1 800 Kcal. Pratiquement tous les services d'obstétrique hospitaliers ont ce spécialiste dans leur équipe. Mais vous pouvez aussi très bien vous contrôler vous-même en éliminant tout ce qui est trop gras et inutilement trop sucré.

Réduire les graisses

- Remplacez les laits entiers, les laits concentrés, les yaourts entiers, les fromages frais sucrés ou aromatisés aux fruits, les petits-suisses et tous les fromages à plus de 50 % de matières grasses par des produits écrémés, allégés et des fromages blancs à 0 % de matières grasses.
- Ne dépassez pas les 20 % de matières grasses si vous désirez un peu plus de « moelleux ».
- Éliminez les fruits secs, les fruits oléagineux, et limitez les viennoiseries.
- Évitez tous les apéritifs, les boissons alcooliques et les petits gâteaux salés ou cacahuètes qui les accompagnent.
- Dans votre situation, les produits allégés, hormis les produits laitiers, n'ont aucun intérêt, mesurez simplement la quantité de matières

Non aux régimes restrictifs ou exclusifs *en temps normal et encore plus pendant la grossesse, telle est la conclusion de l'Agence nationale de sécurité sanitaire de l'alimentation, de l'environnement et du travail (ANSES). Ces régimes entraînent la malnutrition du futur bébé. En conséquence, à la naissance, il risque d'être de faible poids et de petite taille et pourrait, en grandissant, développer des troubles métaboliques. Les effets de ces régimes sont particulièrement inquiétants s'ils sont entrepris au 3e trimestre de la grossesse, alors que le fœtus est dans une période de croissance rapide.*

grasses que vous absorbez quotidiennement.

Quatre repas dans la journée

Enfin, répartissez ces 1 800 Kcal sur quatre repas. Le petit déjeuner est particulièrement important, il est préférable de ne pas rester à jeun trop longtemps pour vous et votre bébé.

Sachez encore qu'une collation prise l'après-midi permet d'éviter le grignotage qui déséquilibre votre ration quotidienne et permet de couvrir vos besoins en calcium.

Pour bien contrôler votre prise de poids, n'hésitez pas à peser vos aliments. Très vite, vous saurez à l'œil évaluer la bonne quantité d'aliments et vous pourrez alors vous passer de ce geste fastidieux.

Le sucre indispensable

Les glucides jouent un rôle important au cours de la gestation. Les meilleurs, sur le plan de l'apport énergétique pour la mère et pour la construction du bébé, sont les sucres lents que l'on trouve particulièrement dans les céréales et les féculents. Les sucres rapides sont fournis par le sucre raffiné, les bonbons, mais aussi les fruits ou le lait. Ces glucides-là n'apportent que des calories. Mieux vaut les consommer modérément ou leur préférer le miel qui ne contient que 70 à 72 % de glucides et garder l'usage du sucre, le vrai, pour le café et le thé (un pour une tasse, deux pour un bol au maximum). Bien sûr, toutes les sucreries de type bonbons, chocolat et fruits confits sont à éliminer, ainsi que les boissons sucrées. Ne pas sucrer ses yaourts et réduire systématiquement la quantité de sucre dans les pâtisseries maison sont de bonnes habitudes à prendre et à conserver. Le « faux sucre », tel que l'aspartame, peut être consommé à partir du 2e trimestre si le goût sucré vous est indispensable.

Certaines d'entre vous souffrent de petits problèmes intestinaux. *Pendant la grossesse, l'action de certaines hormones sur les muscles de la paroi intestinale perturbe souvent le transit intestinal. Une alimentation riche en fibres et en légumes verts suffit souvent à pallier ce petit trouble. S'il persiste, rien n'empêche la future maman de manger quelques pruneaux ou du pain au son. En revanche, tout laxatif ne peut être pris sans avis médical. De plus, les laxatifs ont l'inconvénient d'accentuer la paresse intestinale, d'être irritants pour les intestins et de drainer excessivement les vitamines et les sels minéraux. Les ballonnements sont assez fréquents. À ce stade de la grossesse, l'utérus appuie sur les anses intestinales, provoquant des gonflements. Il est alors recommandé de manger souvent, en petite quantité, et d'éviter tous les aliments réputés provoquer des flatulences : haricots blancs, choux-fleurs, oignons.*

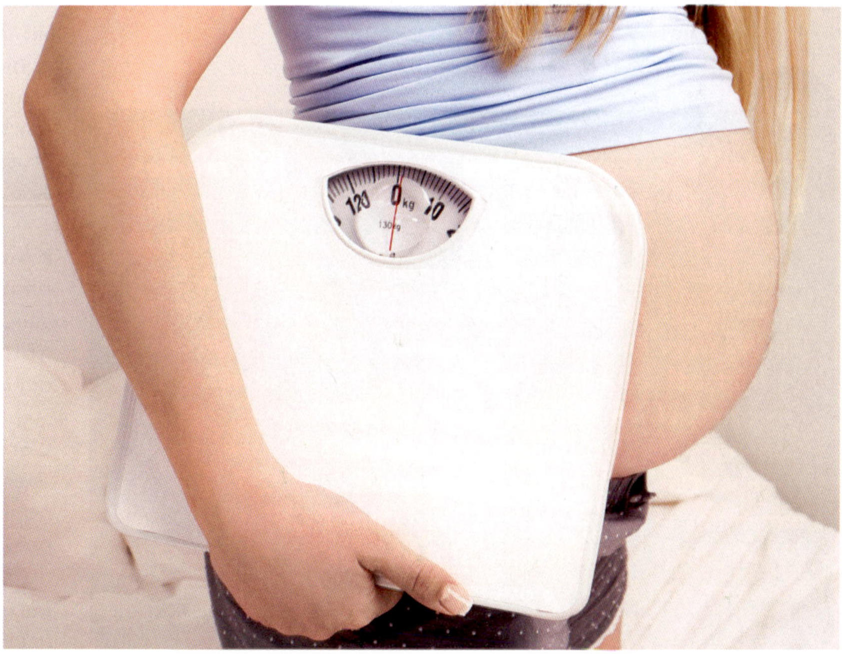

Le congé de maternité

Si vous êtes salariée, voici venu le temps du congé de maternité. Il est obligatoire et fixé, quel que soit l'emploi, à 6 semaines avant la date prévue pour l'accouchement et à 10 semaines après celui-ci. Pour une troisième grossesse, l'arrêt de travail débute 8 semaines avant la date présumée de l'accouchement et il se poursuit 18 semaines après.

Gérer ses congés

Ce temps de repos de 16 semaines au total pour un premier ou un second enfant obéit à des règles, vous ne pouvez pas décider de l'organiser à votre convenance. Ainsi, vous pouvez anticiper votre départ du travail de 2 semaines, mais votre congé parental est alors réduit d'autant. Si vous prenez votre congé de maternité plus tard, vous n'aurez pas la possibilité de le rattraper après la naissance. En cas de grossesse dite « pathologique », le médecin peut juger que, dans l'intérêt de la santé de la future maman et du bébé, le congé prénatal doit être avancé de 2 semaines. S'il y a naissance de jumeaux, le congé prénatal est de 12 semaines et le congé postnatal de 22 semaines.

Si votre accouchement a eu lieu plus tôt que prévu, votre période de repos est prolongée d'autant. Si votre accouchement a eu lieu plus tard que prévu, la durée de votre congé postnatal sera maintenue.

Toutes les Européennes n'ont pas les mêmes congés de maternité. *Les moins favorisées sont les femmes portugaises avec 13 semaines de congés, puis les Allemandes, les Irlandaises et les Anglaises avec 14 semaines et les Suédoises, les Finlandaises, et les Belges avec 15 semaines. À égalité avec les Françaises se trouvent les Luxembourgeoises, les Espagnoles, les Grecques et les Hollandaises. Les plus gâtées sont les Italiennes avec 20 semaines et les Danoises avec 28 semaines. Une directive européenne fixe à 14 semaines minimales le congé de maternité dans tous les pays de l'Union, mais laisse chaque État libre de déterminer une durée de congé plus longue.*

Sous la protection de la loi

La future maman qui travaille est protégée par la loi. Elle ne peut être licenciée de la conception de l'enfant à sa naissance soit, pour la loi, 16 semaines après l'accouchement d'un premier ou d'un second enfant ; au troisième, le délai est porté à 26 semaines. Cette règle a cependant quelques exceptions :

- Si la future maman est à la recherche d'un emploi, il est interdit à l'employeur de prendre en considération sa maternité pour refuser l'embauche. Elle n'est d'ailleurs pas tenue de l'avertir de sa grossesse au moment de l'entretien d'embauche.

- Aucune mutation d'emploi ne peut être faite sans raison médicale, elle pourra de toute manière n'être que temporaire et sans diminution de salaire.

Certaines conventions collectives, notamment dans la fonction publique et les hôpitaux publics, prévoient la diminution du temps de travail de toute future maman à partir du 3e mois, et ce sans modification de salaire.

En revanche, les « non-salariées », artisanes, commerçantes, membres d'une profession libérale, conjointes et collaboratrices de commerçants, d'artisans ou de professionnels libéraux n'ont droit à aucune des indemnités de maternité que perçoivent les salariées (p. 521 et suivantes).

Dans l'administration

Généralement, les fonctionnaires ont droit à une réduction de 1 heure de travail par jour à partir du 3e mois de grossesse, mais cette règle est soumise à l'approbation du chef de service qui décide en fonction de l'organisation du travail. Il y a donc une grande disparité selon les administrations ; 9 % des enseignantes ont réussi à prendre ce temps de repos, pour 64 % dans les autres secteurs de la fonction publique. Souvent, les services administratifs demandent aux femmes fonctionnaires de cumuler leurs congés de maternité et leurs congés annuels, à l'exception des enseignantes qui ne peuvent prendre leurs congés que durant la période des vacances scolaires.

Les indemnités journalières

Pour recevoir les indemnités auxquelles vous avez droit, vous devez envoyer à votre centre de sécurité sociale le feuillet destiné à la déclaration de votre arrêt de travail qui se trouve dans votre guide de surveillance de la grossesse. Votre employeur devra remplir de son côté l'attestation « maternité ». Dès lors, pour les organismes sociaux, vous serez en congé de maternité.
Dans la majorité des cas, les salariées du régime général de la Sécurité sociale reçoivent leur salaire directement de leur employeur, mais ce n'est pas une obligation. Si c'est le choix de votre employeur, il recevra directement de la Sécurité sociale les indemnités journalières qui vous sont dues. Dans le cas contraire, vous toucherez d'un côté vos indemnités journalières et, de votre employeur, les sommes complémentaires. Le montant des indemnités journalières de repos en cas de grossesse représente 100 % du salaire journalier net de base moins la CRDS et la CSG. Leur montant est encadré par un minimum de 9,20 € par jour et par un maximum de 80,15 €, sauf pour les départements, de la Moselle, du Bas-rhin et du Haut-Rhin où cette somme est de 79,82 €.
Les agricultrices, les chefs d'entreprise, les professions libérales, les artisanes, les commerçantes ou les conjointes de commerçants ont des prestations différentes, dans la majorité, ce sont des indemnités forfaitaires d'interruption d'activité ou des indemnités de remplacement.

La loi et ses aménagements. *Le système d'indemnisation des futures mamans non salariées entraîne très souvent des aménagements du congé de maternité, bien qu'institué par la loi. Ainsi, les agricultrices n'ont l'obligation de se reposer que 2 semaines, à prendre entre les 6 semaines qui précèdent l'accouchement et les 10 semaines qui le suivent. Les femmes chefs d'entreprise, artisanes, exerçant une profession libérale ou commerciale ont l'obligation d'interrompre leur activité 44 jours consécutifs dont 14 doivent être pris avant la date prévue de l'accouchement. Cet arrêt de travail peut être complété par deux fois 15 jours consécutifs. Ces disparités expliquent que statistiquement 73 % des femmes non salariées (professions libérales, commerçantes, agricultrices) démarrent leur congé prénatal moins de 6 semaines avant la date présumée de l'accouchement, et 23 % l'ont même commencé dans la semaine précédant l'accouchement (enquête de l'Institut national de la Santé - INSERM).*

Un temps pour préparer la naissance

Généralement, vous trouvez que le congé de maternité tombe bien : vous êtes fatiguée, vous vous sentez de plus en plus lourde et les transports quotidiens vous deviennent pénibles. Vous arrêter est un véritable soulagement. Enfin, vous allez pouvoir penser à vous et à lui, votre futur bébé.

Un repos attendu

Plus les conditions de travail sont pénibles, plus les futures mamans apprécient ce temps de repos. Mais pour certaines d'entre elles, ce n'est pas si simple. Elles se sentent tout à coup seules, leur conjoint travaille et les journées semblent longues à la maison. Elles avaient rêvé de faire quantité de choses, mais s'aperçoivent que le poids de la grossesse les fatigue vite. Pourtant, ce congé est indispensable pour la santé de la mère et de l'enfant. Il est d'abord un facteur important dans la lutte contre la prématurité et aide aussi au bon développement du bébé au cours des dernières semaines de gestation. Bruit, agitation, fatigue entraînent parfois une perturbation des échanges placentaires, cause de retard de croissance intra-utérine. Enfin, ce repos prépare le corps à l'épreuve de l'accouchement, et c'est une maman en pleine forme qui accueille son bébé. Les quelques semaines avant la naissance laissent tout le temps à la future maman de penser à elle, à son nouveau statut, de réfléchir au nouvel équilibre de son couple et, bien sûr, de s'organiser pour le moment où elle devra reprendre son travail. Le congé postnatal aura aussi cette fonction, mais il prendra toute sa valeur sur le plan des relations mère-enfant. Il permettra à la mère et au bébé de faire connaissance afin d'établir entre eux des liens affectifs forts qui aideront, quelques semaines plus tard, à leur séparation.

UN BON MODE DE GARDE *se choisit en fonction : de la situation de famille ; des horaires professionnels ; des revenus familiaux ; du lieu d'habitation ; des options éducatives choisies ; de l'état de santé de l'enfant ; des possibilités locales. En province, une maman dépense 300 € par mois pour faire garder son enfant ; à Paris, c'est le double.*

Organiser l'arrivée de l'enfant

C'est le moment idéal pour réfléchir, si ce n'est fait, à la manière dont vous allez réorganiser l'espace vital de votre famille. Garderez-vous votre bébé jour et nuit auprès de vous ? Avez-vous la possibilité de lui aménager une chambre bien à lui (p. 312) ? Quel que soit votre choix, vous pouvez dès à présent vous occuper de son berceau. Vous l'avez sans aucun doute déjà imaginé depuis quelque temps, toujours avec beaucoup d'émotion. Le choix de son style, de son genre est tout à la fois le reflet d'une histoire familiale et une projection dans l'avenir. Quel qu'il soit, il doit obéir à une règle simple : la sécurité. Sa stabilité parfaite et sa profondeur suffisante constituent la meilleure prévention contre les chutes. Si vous achetez un berceau neuf, privilégiez un matériel estampillé NF, ce label vous garantit qu'aucun produit toxique, comme certaines colles ou peintures, n'entre dans sa fabrication.

Pour ne pas être débordée après !

Pensez à organiser vos placards. Un bébé prend beaucoup de place… dans les armoires !

C'est le moment des bricolages indispensables : une étagère par-ci, une planche pour dédoubler un placard par-là… Prévoyez aussi une place pour tous les produits de toilette courants.

Suivant la taille de votre appartement, vous préférerez peut-être tout installer dans la chambre de bébé ou prévoir un petit coin pour sa toilette dans la salle de bains.

Pensez encore à votre organisation future, quand votre bébé sera là, vous risquez d'être prise au dépourvu. Alors que maintenant vous avez le temps de rechercher les commerçants qui livrent à domicile, les sites Internet qui vont vous simplifier la vie ou de trouver une femme de ménage ou une personne qui se chargera du repassage. Vérifiez si vous êtes correctement équipée pour l'entretien du linge, envisagez de changer de lave-linge s'il est trop petit, d'acheter un sèche-linge car, avec l'arrivée de bébé, les lessives seront quasi quotidiennes.

Profitez de cet arrêt de travail *pour répéter le plus souvent possible les quelques exercices musculaires et respiratoires que la sage-femme vous enseigne aux séances de préparation à la naissance. Même si vous avez décidé d'accoucher avec une péridurale, ils vous seront utiles. Finissez toujours votre entraînement par un peu de relaxation.*

C'est le moment de rédiger « votre projet de naissance » *si vous ne l'avez pas encore fait. Par ce document, vous et votre conjoint exprimez la manière dont vous souhaitez accoucher : avec ou sans péridurale, avec à vos côtés votre conjoint mais peut-être aussi votre mère ou votre sœur ou encore une amie ; désirez-vous pouvoir marcher pendant les contractions, accoucher allongée ou accroupie, sortir de la maternité le plus vite possible ? Expliquez vos choix, mais évitez pourtant l'impératif, l'équipe médicale vous écoutera d'autant mieux. Soyez bien consciente que si des circonstances inattendues survenaient, vos souhaits passeraient au second plan derrière les impératifs médicaux.*

Faire le choix du mode de garde

Si vous avez l'intention de reprendre une activité professionnelle, il est temps de vous préoccuper de qui va garder votre bébé. L'offre sur le papier est assez large mais, dans la pratique, c'est une autre aventure, plus ou moins « stressante » selon le lieu de résidence. En effet, certaines régions sont mieux équipées que d'autres. Dans certains cas, vous allez devoir vous « battre » pour obtenir un début de réponse à votre demande. Vous devez vous montrer persévérante et ne pas hésiter à multiplier les visites à la mairie et aux services de la petite enfance, allez même directement solliciter les directrices des diverses structures, contactez les élus, le maire ou le conseiller municipal chargé de la petite enfance. Ne vous découragez pas si on vous annonce que vous n'aurez une réponse que lorsque votre enfant sera né, c'est la règle. Concrètement, il y a de fortes chances pour que le mode de garde de votre bébé se fasse plus par défaut que par choix réel. Rassurez-vous, de nombreuses études l'attestent : tous les modes de garde sont bons. Les conditions pour que tout se passe bien : qu'il soit accepté par la mère et qu'elle s'efforce de ne pas en changer au cours de la petite enfance. L'équilibre du bébé demande une certaine stabilité.

Il y a crèche et crèche

La plupart des parents, lorsqu'ils évoquent la crèche, pensent crèche collective, mais sous ce terme se cachent des structures d'accueil pour jeune enfant qui n'ont pas la même organisation et pas toujours les même objectifs.

La crèche collective

La majorité des parents souhaitent que leur enfant soit accueilli dans une crèche collective municipale. Elle est réputée pour être un lieu sûr et épanouissant placé sous la responsabilité d'un personnel qualifié. Malheureusement, obtenir une place en crèche municipale est « mission impossible ». Seulement 24 % essaieront de « décrocher » une place et 10 % y parviendront !

Les places sont attribuées par des commissions composées d'un représentant du maire, du responsable de la direction de la petite enfance, des directrices des crèches municipales et parfois de représentants des parents. Suivant la taille de la commune et la volonté des élus, les commissions sont plus ou moins nombreuses, de 3 ou 4 à 11 parfois. Leurs décisions se font en fonction des possibilités d'accueil de chaque structure, du lieu de résidence de l'enfant, d'une appréciation globale de la situation familiale et de ses revenus.

Certaine situations sont considérées comme prioritaires, les familles monoparentales et celles vivant dans une extrême précarité. À ces critères de « base », chaque ville peut en ajouter d'autres.

« Attention, « inscription » ne signifie pas « admission », cela veut simplement dire que vous êtes inscrite sur la liste d'attente. »

La crèche familiale

Ce type de crèche a été inventé pour pallier le manque de crèches collectives. Elle regroupe une quarantaine d'assistantes maternelles sous la responsabilité d'une directrice-puéricultrice. Les crèches familiales sont créés à l'initiative d'une municipalité, d'un conseil général ou d'un centre communal d'action sociale. Ces organismes sont les employeurs de tout le personnel de la crèche familiale, les parents sont déchargés de tout problème administratif et règlent les frais de garde au Trésor public. Chaque assistante maternelle a la responsabilité de 4 enfants d'âges différents qui lui sont attribués, comme pour la crèche collective, par des commissions. En revanche, elles conviennent directement avec les parents des horaires de garde.

Généralement, chaque crèche familiale est rattachée administrativement à une crèche collective. Une fois par semaine, la directrice voit les assistantes maternelles à

***Le rejet de votre demande en première commission n'est pas obligatoirement définitif.** Confirmez votre souhait de rester en liste d'attente. Une place peut vous être attribuée dans quelques mois par une autre commission si quelques places se libèrent. Demandez également à la directrice de la crèche où vous êtes inscrite, si vous augmentez vos chances en souhaitant que votre bébé ne soit pas intégré à plein temps. Dans les grandes villes, les crèches étant plus nombreuses, inscrivez-vous dans plusieurs à la fois.*

leur domicile et avec les enfants. Elle surveille les conditions de vie et l'hygiène des bébés, leur alimentation et leur développement psychoaffectif et donne, au besoin, des conseils éducatifs et diététiques ; elle répond aux questions de l'assistante si nécessaire. Une ou deux fois par semaine, l'assistante maternelle, accompagnée de « ses enfants », rend visite à la crèche collective dont elle dépend dans le but d'aider à leur socialisation. Les assistantes maternelles des crèches familiales reçoivent une formation de base et, au fil des années, une formation continue financée par la municipalité et dispensée par des organismes spécialisés. Le paiement du mode de garde s'effectue à l'accueil de la crèche familiale qui rémunère l'assistante maternelle. Le tarif, établi selon les revenus de la famille, est identique à celui de la crèche collective.

La crèche parentale

Devant la pénurie de modes de garde, certains parents se sont organisés entre eux. La crèche parentale regroupe un certain nombre de parents en association loi de 1901. La crèche ne peut fonctionner sans l'accord du service de l'aide sociale à l'enfance au conseil général, qui assure le contrôle sanitaire des lieux, et sa direction doit être assurée à plein temps par une personne diplômée (puéricultrice ou éducatrice de jeunes enfants). Ces structures obéissent d'ailleurs aux mêmes normes de fonctionnement que les crèches municipales. Seule originalité : c'est l'association qui est l'employeur de tout le personnel.

La crèche parentale assure la garde des enfants durant toute la journée, mais les parents doivent, à tour de rôle, à raison d'une demi-journée par semaine, participer à la surveillance des enfants, à la gestion et à l'aménagement des locaux. Généralement, ces crèches regroupent une vingtaine d'enfants, qui y vivent dans des conditions très familiales. Les expériences d'éveil sont nombreuses et de nature originale.

Si vous connaissez une crèche d'entreprise à proximité de votre lieu de travail *ou de votre domicile, votre employeur acceptera peut-être d'y réserver une place pour votre bébé, mais il lui faudra participer à son financement. La société « ma place en crèche » (www.maplaceencreche.com) se charge de faire l'intermédiaire entre les demandeurs (vous et votre employeur) et les entreprises qui ont des places libres dans leur crèche.*

Ces crèches présentent toutefois quelques défauts : elles demandent aux parents une certaine disponibilité dans leur emploi du temps, elles résistent mal au temps, la grande difficulté étant le renouvellement des parents lorsque les enfants sont en âge d'entrer à l'école maternelle. Pour connaître les adresses des crèches parentales proches de chez vous, contactez l'association des crèches parentales (p. 552).

La crèche privée

C'est la nouvelle tendance. En effet, depuis 10 ans, deux sociétés privées se sont intéressées au marché des crèches. Début 2013, les crèches privées représentent 22 000 places, une création de crèche sur deux est le fait de ce secteur privé. Ces crèches sont soumises aux mêmes règles de sécurité et d'encadrement que les crèches classiques. En revanche, pour des questions de rentabilité, quand elles se substituent aux crèches municipales, on leur reproche de privilégier les familles aisées dont la contribution est plus intéressante et de prendre quelque distance avec les règles de fonctionnement habituel. Ces sociétés permettent aux entreprises qui se soucient de leurs salariés parents de leur offrir une solution de garde.

La crèche collective

Pourquoi les parents rêvent-ils presque tous de trouver une place dans ce type de structure ? Son organisation semble sans faille, elle offre une garantie de qualité tant en ce qui concerne les soins d'hygiène que des activités d'éveil.

Montrer sa motivation

Depuis quelques années, le nombre de places en crèche a régulièrement augmenté, en moyenne de 2 % par an, mais, selon les experts, il faudra encore au moins dix ans pour faire correspondre l'offre à la demande. En réalité, les crèches collectives sont inégalement réparties sur le territoire, certains départements en sont relativement bien pourvus, alors que d'autres en ont très peu. La situation s'est brusquement tendue lorsqu'il a été décidé de ne plus scolariser les enfants de moins de 3 ans.

Ce n'est pas une raison pour vous décourager si vous souhaitez ce mode de garde pour votre bébé. Vous allez devoir montrer votre motivation. Dans un premier temps, rendez-vous à la mairie pour faire votre inscription, munis d'un justificatif de domicile et de vos dernières fiches de salaires… Une fois votre inscription enregistrée, vous devrez vous manifester auprès de la directrice de la crèche dont dépend votre domicile ou de celle que vous avez choisie. Ne vous contentez pas d'un coup de téléphone, montrez votre détermination, mais restez calme et courtoise : la directrice de la crèche siège à la commission d'attribution des places. C'est bien qu'elle vous connaisse, qu'elle soit au fait de votre situation, mais il vaut mieux qu'elle ne se sente pas harcelée.

Des normes strictes à respecter

La crèche collective est un établissement réglementé, sous le contrôle de la direction départementale des affaires sanitaires et sociales de la préfecture où il est établi. Elle est placée sous la responsabilité d'une puéricultrice diplômée d'État ; cette professionnelle doit avoir cinq ans d'expérience en milieu hospitalier pédiatrique ou en tant que directrice adjointe d'une crèche. Elle est secondée par des auxiliaires de puériculture titulaires d'un BEP (brevet d'enseignement professionnel) et par des éducatrices (parfois des éducateurs) de jeunes enfants, eux aussi diplômés.

La crèche collective doit se soumettre à des normes : l'encadrement est constitué d'une auxiliaire de puériculture pour cinq enfants, d'une éducatrice de jeunes enfants pour huit enfants qui marchent, d'une diététicienne, d'une cuisinière et des employées de ménage. Et, suivant la taille de la crèche, d'un médecin et d'un psychologue vacataires.

Les locaux doivent avoir été conçus pour accueillir de jeunes enfants et, notamment, permettre une surveillance parfaite et une

L'inconvénient reconnu de ce mode de garde *collectif est la multiplication des petites infections telles que les rhinopharyngites et les maladies infantiles contagieuses. Généralement, ces soucis se situent la première année ; ils touchent souvent les mêmes enfants et amènent à se poser la question de savoir s'ils ne sont pas en relation avec des problèmes psychosomatiques, notamment lorsque la mère éprouve une vraie difficulté à confier son bébé à un établissement collectif. Dans ce cas, un changement de mode de garde apporte souvent une solution.*

sécurité maximale. La crèche collective offre une garde permanente des enfants âgés de 2 mois à 3 ans. Les enfants malades y sont même de plus en plus acceptés, sous condition de non-contagion. Avant d'être inscrit à la crèche, votre bébé devra passer une visite médicale effectuée par le médecin de l'établissement en présence d'un des parents. Il aura été préalablement vacciné par le BCG et doit être bien suivi médicalement. La directrice vous demandera de consulter son carnet de santé. De plus en plus souvent, les crèches ouvrent leurs portes aux enfants handicapés.

Le bon âge

Beaucoup d'enfants intègrent la crèche à la fin des congés de maternité de leurs mères. Certains psychologues pensent que c'est un peu tôt pour un bébé qui a encore besoin de beaucoup de maternage, bien que les auxiliaires soient très attachées à « leurs enfants ». Ils recommandent aux parents de s'organiser pour que le nourrisson ne reste pas à la crèche des journées entières. Pour eux, l'enfant s'intègre mieux vers 7- 8 mois, quand il commence à se déplacer et à s'intéresser aux autres enfants. Tous affirment que 8-9 mois est le plus mauvais moment pour intégrer la crèche, car l'enfant traverse alors une période d'angoisse marquée par la peur de l'étranger. Il semble que 12 mois soit l'âge idéal, car c'est celui des débuts de la vraie socialisation. Bien sûr, tous les parents ne peuvent attendre ce délai, mettant leur activité professionnelle entre parenthèses.

L'enfant qui entre en crèche à quelques mois a de fortes chances d'y rester jusqu'à l'âge de son entrée à l'école maternelle. Suivant les établissements, les enfants sont répartis en sections par âge : les nourrissons, les enfants qui ne marchent pas et les grands qui marchent ; ou ils sont regroupés en « familles », où tous les âges sont mélangés.

Les crèches collectives sont en principe réservées *aux enfants dont les deux parents travaillent. Des parents au chômage ou suivant une formation sont considérés comme « travaillant ». Sont prioritaires les mères célibataires. Généralement, les frais de garde sont payés mensuellement et calculés selon les revenus du foyer. Mais il existe une grande disparité d'une ville à une autre. Le plus souvent la participation des parents est de 0,06 % des revenus mensuels pour un enfant et de 0,05 % pour deux. Par exemple, un couple ayant des revenus de 3 000 € net paiera 1,80 € de l'heure.*

Les crèches municipales accueillent les enfants du lundi au vendredi, de 7 h à 19 h, mais ces horaires peuvent être modifiés par la directrice. Dans ce créneau horaire, les parents déposent et reprennent les enfants quand ils veulent. Il existe quelques crèches, fort rares, réservées aux enfants des parents qui ont des horaires atypiques. L'accueil des enfants est assuré toute l'année ; en période de vacances, les enfants sont regroupés dans une structure qui reste ouverte.

Des lieux d'éveil et de socialisation

Depuis plusieurs années, les parents sont un peu plus intégrés aux activités de la crèche. Ils peuvent rester avec eux le matin et le soir. Certaines crèches ont institué des carnets de correspondance parents-personnel de crèche, chacun indiquant par quelques mots les événements marquants de la journée ou de la soirée. Les crèches sont considérées comme des lieux d'éveil et de socialisation importants. On peut même affirmer, études à l'appui, que les enfants ayant fréquenté la crèche se scolarisent plus facilement que les autres.

Les assistantes maternelles

Ce mode de garde organisé est celui qui accueille le plus grand nombre d'enfants de moins de 3 ans. Les parents, même s'ils ne l'ont pas placé en tête de leurs souhaits, en sont plutôt satisfaits, car il leur apporte beaucoup de souplesse dans leurs horaires et offre souvent à leur enfant une relation affective de qualité.

Qui est l'assistante maternelle ?

C'est une personne qualifiée, qui a reçu 120 heures de formation dont la moitié avant son agrément par le conseil général, l'autre moitié après. Elle bénéficie encore d'une formation continue tout au long de sa carrière. Certaines possèdent même un CAP « petit enfance ». Elle est âgée de 18 ans au minimum et son agrément est établi pour cinq ans. Pour l'obtenir, elle doit présenter les garanties nécessaires pour accueillir des nourrissons dans des conditions propres à assurer leur développement physique, intellectuel et affectif. Elle doit aussi passer un examen médical, et disposer d'un logement dont l'état, les dimensions et l'environnement sont propices à l'accueil d'un jeune enfant. Une enquête est menée chez la candidate et dans son environnement immédiat par divers travailleurs sociaux, dont la puéricultrice de la PMI (Protection maternelle et infantile). L'agrément est accordé pour un nombre d'enfants défini, jamais plus de quatre petits de moins de 3 ans. Au quotidien, l'assistante maternelle trouve aides et conseils dans les RAM et à la PMI.

« Aujourd'hui, ce sont 500 000 enfants qui sont accueillis par environ 300 000 assistantes maternelles. »

Un statut de salariée

Son activité est soumise au code du travail : les parents s'engagent par un contrat de travail précisant ses horaires, son salaire mensuel et ses jours de repos. Elle dispose quotidiennement de 11 heures consécutives de repos et de 2,5 jours de congés par mois, qu'elle pourra prendre quand elle le désire. Elle ne pourra pas être employée plus de 48 heures par semaine, sauf avec son accord. Les parents doivent la déclarer à l'Urssaf, lui établir des fiches de salaire et lui donner des indemnités de licenciement en cas de rupture du contrat. Les absences imprévues de l'enfant ne sont pas rémunérées, sauf si elles dépassent 10 jours. Son salaire est au minimum de 2,72 € brut de l'heure, plus une indemnité minimum d'entretien (eau, électricité, chauffage et usure du matériel) de 2,99 €. À cela s'ajoute, si les parents ne fournissent pas le repas de l'enfant, une indemnité forfaitaire de 3,50 € en moyenne par jour. Dans les grandes agglomérations notamment, la rémunération demandée comme les indemnités sont bien supérieures. Dans tous les cas, les parents sont tenus de fournir les couches. Elle doit être assurée pour elle-même et pour les dommages que pourrait provoquer l'enfant lorsqu'il est sous sa responsabilité, et pour ceux dont il pourrait être victime.

Son recrutement peut se faire soit par l'intermédiaire des services sociaux communaux qui vous donneront la liste des assistantes maternelles libres, soit par petites annonces. Sachez encore que l'assistante sociale de votre quartier peut vous aider dans toutes les formalités administratives.

Votre assistante maternelle doit être obligatoirement déclarée. Les assistantes maternelles « au noir » ne présentent aucune des garanties exigées par les services sociaux sur les soins et le développement de votre enfant. De plus, c'est un travail « illégal » dont vous seriez complice, et donc passible d'amende, pour vous comme elle.

Son recrutement sur la toile

À l'heure d'Internet, il va de soi qu'un certain nombre de sites spécialisés se sont ouverts qui ont pour objectifs de mettre en relation les parents et les personnes susceptibles de garder leur bébé. Certains sont juste des sites de petites annonces avec CV, d'autres plateformes offrent des annonces de nounous recommandées par d'autres parents. Dans tous les cas, aux parents de faire leur sélection et toutes les démarches d'embauche.

Il est encore possible de faire appel à une assistante maternelle salariée d'une agence de services à la personne. Avantages, elle peut se recruter au dernier moment, les parents sont déchargés de toutes les démarches administratives, elle est diplômée généralement d'un CAP Petite enfance ou peut justifier d'au moins trois ans d'expérience. Inconvénient, c'est une solution onéreuse qu'il faut considérer sans doute comme un dépannage.

Un choix mutuel

Bien choisir cette personne est essentiel. Après avoir déterminé les horaires et les conditions qui vous conviennent, proposez-lui une entrevue à son domicile pour une véritable interview. Demandez-lui combien d'enfants elle a déjà gardés, combien sont actuellement sous sa responsabilité, ce que vous devez lui fournir quotidiennement (généralement les changes et le lait infantile), où compte-t-elle installer votre bébé, s'il y a un square pas très loin pour le sortir, si elle-même a des enfants et de quel âge, la profession de son mari ?

A-t-elle déjà du matériel de puériculture et de quelle nature ? Regardez autour de vous : son appartement est-il lumineux, chaleureux, ni trop en désordre, ni trop bien rangé ? La télévision marche-t-elle en permanence ? Ses enfants ont-ils l'air épanouis et heureux ? Faites-lui préciser dès maintenant son tarif. Fixez aussi les horaires que vous souhaitez, précisez également dès maintenant si vous risquez de reprendre votre bébé tard.

Une visite à l'improviste pour des précisions qui vous manqueraient dans les semaines qui suivent votre première rencontre vous permet de voir comment elle vit habituellement.

Si ce premier contact est bon, avant de prendre votre décision, vous devez revenir avec votre bébé. Là, vous verrez si l'enfant se plaît dans ses bras, si elle lui parle, si elle joue avec lui, bref si elle semble affectueuse.

C'est au cours de cette visite que vous et elle échangerez vos principes éducatifs : repas à la demande, sommeil dans le noir ou non, bain chez elle ou chez vous, etc. Normalement, c'est elle qui doit poser plus de questions que vous.

Pour que tout se passe bien, *il est indispensable de fixer un maximum de principes dès le début. La relation qui vous unit est celle d'employeur à employée. Deux recommandations pour éviter les conflits : payez votre assistante maternelle en temps et en heure et respectez au mieux les horaires convenus. En cas de retard, il est normal de la prévenir. Attendez qu'elle vienne vous ouvrir pour entrer chez elle récupérer votre enfant et ne vous attardez pas trop longtemps au prétexte de tout savoir sur le déroulement de la journée. Quelques attentions sont toujours les bienvenues, si elle vous rend un service, n'oubliez pas de l'en remercier, faites-lui un petit cadeau pour Noël, envoyez-lui une carte postale ou un mail lorsque vous êtes en vacances. Votre enfant sera le premier bénéficiaire de la bonne entente qui s'établira entre vous.*

Vivre quelques mois allongée

La bonne poursuite de votre grossesse exige que vous restiez allongée les quelques mois qui vous séparent de la naissance de votre bébé. Quelques conseils vont vous permettre de supporter cette contrainte le mieux possible.

Les raisons médicales

C'est le plus souvent alors que vous entrez à peine dans le dernier trimestre de votre grossesse que votre médecin vous prescrit ce repos forcé en position allongée. Il s'impose si vous ressentez déjà des contractions nombreuses et répétées. Celles-ci ont pour effet de modifier le col de l'utérus qui se raccourcit et s'ouvre, entraînant un risque d'accouchement prématuré. De même, si le médecin fait le diagnostic d'un placenta prævia avec un risque de décollement du placenta, ou d'un retard de croissance in utero, ou encore si vous souffrez d'hypertension, il fera la même recommandation car la position allongée favorise les échanges sanguins mère-enfant. Enfin, s'il constate que votre poche des eaux est fissurée, il vous incitera fortement à rester chez vous afin de mettre au maximum le bébé à l'abri des atteintes infectieuses extérieures dont il n'est plus protégé.

Selon le risque plus ou moins important d'accouchement prématuré (p. 308), selon les antécédents médicaux de la future maman, notamment le risque de phlébite, ce repos sera plus ou moins strict. Pour certaines, il consistera à se ménager et à limiter leurs activités au strict nécessaire ; pour d'autres, la position allongée ne se discute pas, sauf pour aller aux toilettes ou prendre sa douche. Au besoin, votre suivi médical sera fait à domicile.

« Privilégiez la position allongée sur le côté gauche, la jambe gauche tendue, la droite repliée. Cette position favorise le retour du sang vers le cœur. »

Le meilleur confort

Rien ne vous oblige à vivre ces quelques semaines recluse dans votre chambre, investissez le séjour. Cette position stratégique vous permettra aussi de participer pleinement, presque comme avant, à l'animation de votre maison. Quelle que soit la solution retenue, soignez votre confort : calez votre dos avec des oreillers, glissez sous vos chevilles un bon coussin pour surélever vos jambes ou faites-vous acheter un coussin spécial surélévation.

Changez vos draps souvent, vous apprécierez la douceur du linge bien repassé et, si vous le pouvez, couvrez votre lit d'un sur-matelas pour en améliorer le confort. Pensez encore à une table pliante de lit, ainsi vous aurez plus facilement sous la main votre téléphone, la télécommande de la télévision et de la radio ainsi que votre tablette informatique ou votre ordinateur portable. Si votre table de che-

---

Entretenez votre moral en soignant votre look, *ne restez pas en tenue de nuit toute la journée, habillez-vous en sélectionnant des vêtements confortables, maquillez-vous et soignez votre coiffure. Vous pouvez d'ailleurs faire venir une coiffeuse à domicile, voire une esthéticienne ou une manucure. Quand votre bébé sera là, vous aurez beaucoup moins de temps pour penser à vous, profitez-en !*

---

vet est basse ou trop petite pour accueillir une bouteille d'eau ou une Thermos®, un carnet de notes, votre répertoire téléphonique, quelques revues, et un ou deux livres, remplacez-la par une petite table à la hauteur de votre lit. Ces quelques aménagements éviteront que vous vous déplaciez trop fréquemment.
Rien ne vous interdit bien sûr de changer de pièce. Le canapé du séjour, un transat dans sa position la plus allongée sur le balcon ou dans le jardin lorsque le temps est clément et la température extérieure agréable seront appréciables. Attention : ayez toujours à portée de main une petite couverture ou un châle ; lorsqu'on est immobile, le froid vous saisit vite, même parfois sous un parasol en été. En revanche, évitez toujours une trop longue exposition au soleil et même de sortir à l'extérieur les jours de forte chaleur.

La rupture de la poche des eaux *comme un placenta prævia qui saigne exigent une hospitalisation et la mise en place d'une surveillance constante, pour éviter une naissance trop précoce. Au repos alité s'ajoute alors la prise de médicaments par perfusion, notamment si des contractions fortes sont présentes. Tout sera fait pour prolonger votre grossesse au plus près du terme prévu, car il faut gagner du temps afin de permettre aux poumons du bébé de poursuivre leur développement. Pour mieux supporter cet isolement temporaire, demandez à votre conjoint ou à votre mère de vous apporter quelques objets personnels comme des photos, une ou deux taies d'oreiller colorées ou la bougie qui parfume habituellement vos pièces à vivre.*

Lutter contre l'ennui

Internet sera pour vous presque indispensable. Vous pourrez y commander des livres, des fleurs et le matériel de puériculture qui peut vous manquer, tous ces objets vous seront livrés. Vous pourrez télécharger en toute légalité des musiques, des films, des reportages, des jeux et quantités de vidéos humoristiques mis en ligne par d'autres internautes et bien sûr vous pourrez « chatter » sur tous les thèmes qui vous tiennent à cœur. Vous pourrez encore décharger votre conjoint de la corvée des courses et même lui organiser les repas, une aide qu'il appréciera surtout si vous avez d'autres enfants. Voyez tout cela comme un entraînement à votre nouvelle vie, avec un bébé qui occupera beaucoup de votre temps.

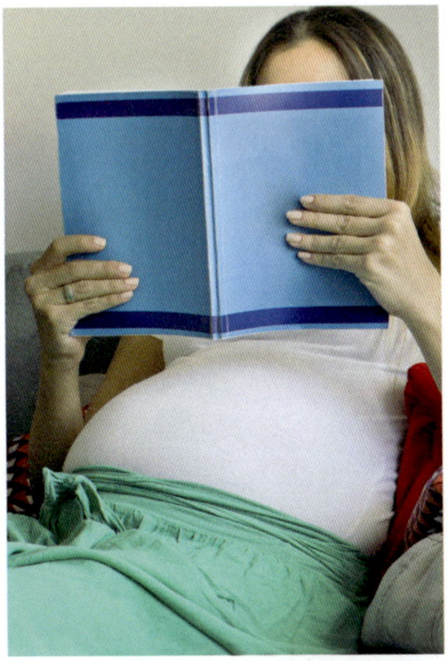

Profitez de cette période de calme pour écrire par exemple les pensées qui vous agitent, vos projets, vos espoirs pour votre vie future. Vous n'êtes pas obligée de remplir des pages et des pages de textes, imaginez « vos mémoires de future maman comme un scrapbook en faisant des dessins ou en découpant des images dans les magazines. Vous aurez certainement beaucoup de plaisir à les relire dans quelque temps. Pensez aussi que vous pourrez en faire cadeau à votre enfant quand il sera à son tour parent.
Pour ne pas vous ennuyer, organisez le temps de votre journée, donnez-vous un programme le matin, et l'après-midi après la sieste, programmez les visites et les coups de téléphone que vous ne manquerez pas d'avoir. Épluchez les programmes télé, vous constaterez qu'à toute heure de la journée ou presque, vous pouvez trouver des émissions et des reportages intéressants et que vous ignoriez jusqu'alors faute de temps et de disponibilité. Vous pouvez encore, de votre lit et tablette en main, aider vos proches, famille ou amis, voire certaines relations, à trouver une activité sportive pour eux ou pour leurs enfants, à dénicher une chambre d'hôte ou un gîte de charme pour leurs prochaines vacances ou pour un week-end de détente.

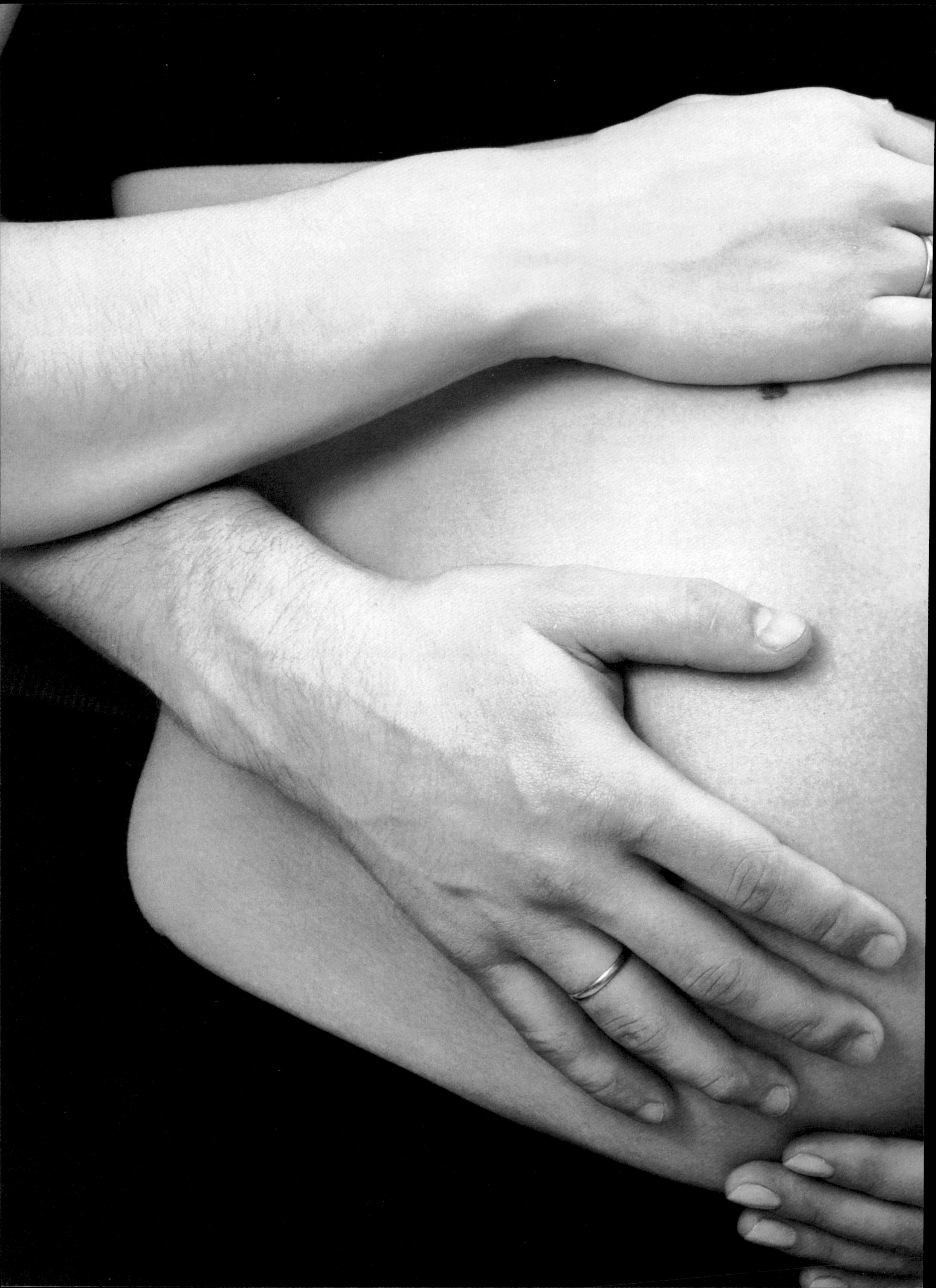

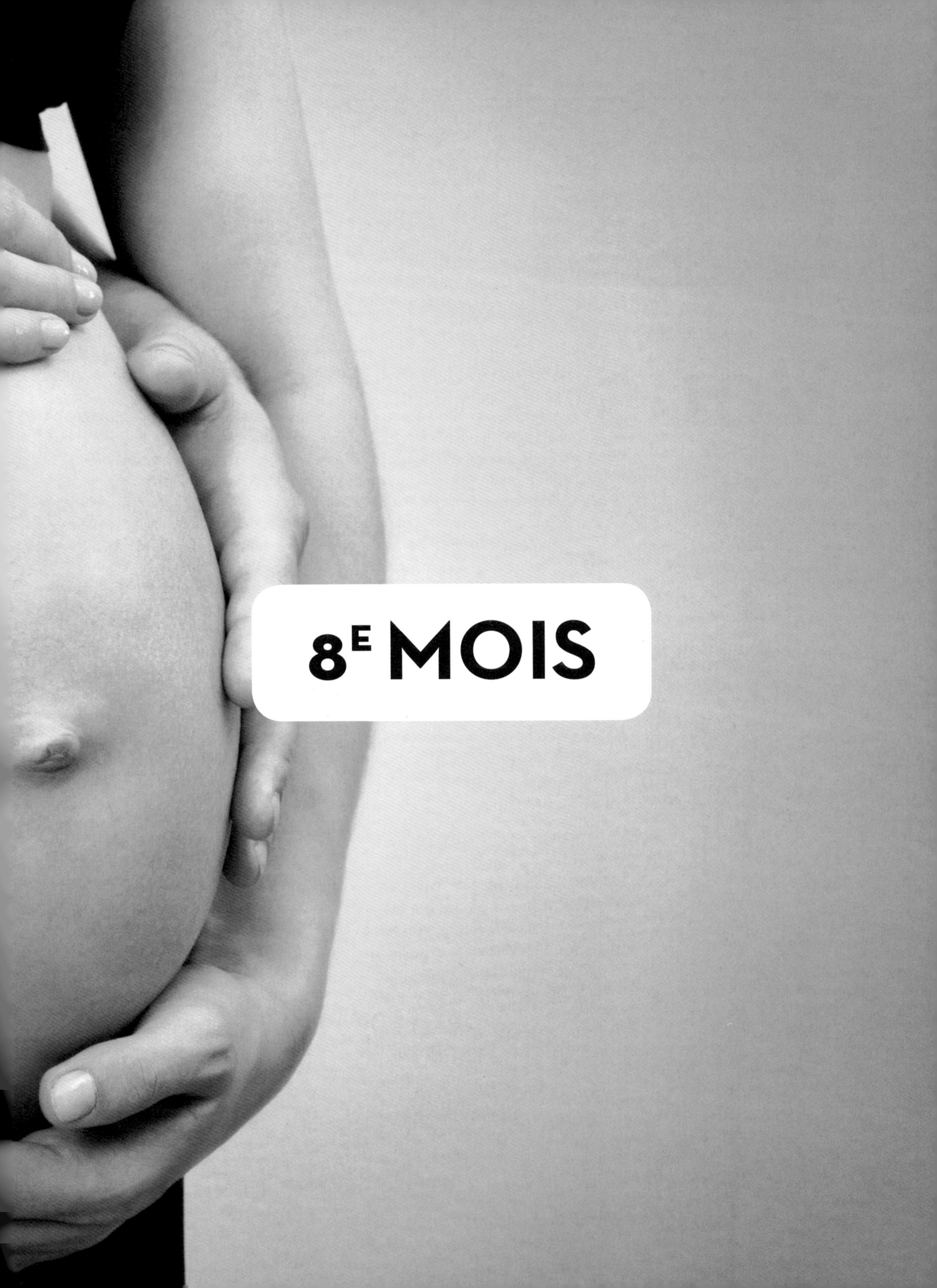

8e MOIS

8^{E} MOIS

Vous

Le rythme de la vie change, les préoccupations d'ordre professionnel s'éloignent ; l'activité quotidienne est centrée sur le bébé à venir. La future maman se pelotonne, s'observe, s'installe douillettement dans son nouveau rôle. Mais ce n'est pas une raison pour vivre « entre parenthèses ». D'ailleurs, la plupart des grossesses se passent bien à condition de respecter certaines règles, si vous ne voulez pas que votre bébé naisse trop tôt. La prématurité reste un des grands risques de la maternité, même si parfois les médecins décident de faire naître un bébé avant terme. Quand cette décision est prise, c'est toujours pour un moindre mal. On pense que le bébé aura de meilleures chances de se développer à l'extérieur, hors de l'utérus maternel. Ce sont des décisions exceptionnelles et, quoi que l'on fasse, quoi que l'on pense, il faut neuf mois à un bébé pour atteindre sa maturité.

Parmi les décisions qui vont engager l'avenir de l'enfant, une des toutes premières porte sur le choix du prénom. Il est temps de choisir même si certains parents, après avoir échangé des listes, consulté des ouvrages et demandé conseil, ne réussissent à prendre leur décision que quelques heures après la naissance.

L'approche du terme se reconnaît parfois au comportement curieux de beaucoup de futures mamans. Les plus maladroites, les plus allergiques aux travaux d'aiguilles se lancent... Il faut, c'est viscéral, qu'elles tricotent, qu'elles brodent, qu'elles bricolent. Confectionner quelque chose pour l'enfant qu'elles « couvent » devient essentiel. Chacune, avec plus ou moins de bonheur, confectionne son nid.

Votre bébé

LE BÉBÉ NE CONTRÔLE PAS SON ÉQUILIBRE IN UTERO, bien que son système vestibulaire existe et fonctionne depuis le 6e mois. Quand sa mère bouge, il n'essaie pas de rétablir son équilibre bouleversé ni de retrouver la position confortable qu'elle a pu déranger. En revanche, dès qu'elle est au repos, notamment lorsqu'elle est allongée, il décide de s'agiter. En fait, le bébé expérimente son système vestibulaire lorsqu'il adopte la position de plongeur, tête en bas, comme 95 % d'entre eux. Et les autres, auraient-ils perdu leur sens de l'équilibre ?

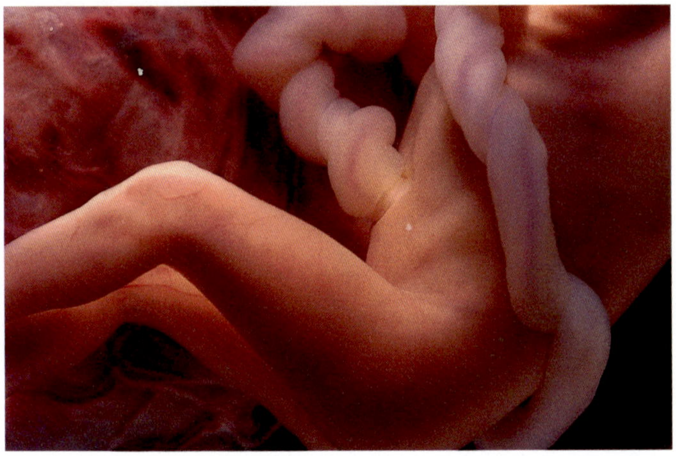

8E MOIS

Quand il ne dort pas, le bébé occupe une partie de son temps à faire des galipettes ; à partir du 6e mois, on estime qu'elles sont volontaires.

La troisième échographie

Voici votre troisième rendez-vous avec l'échographiste. Cette dernière échographie, qui se fait après la 32e semaine d'aménorrhée, permet notamment de contrôler la position du fœtus, mais aussi la quantité de liquide amniotique et la position et l'épaisseur du placenta.

Ultime contrôle

Tout comme celles des premier et deuxième trimestres, cette troisième échographie est utile, entre autres, pour contrôler la croissance de l'enfant en fonction de l'âge de la gestation (retard ou excès), d'apprécier la position, la structure et la maturité du placenta, et de dépister d'éventuelles malformations ou anomalies. Plus l'enfant grandit, plus l'échographiste est capable d'une véritable revue de détail. Ainsi peut-il s'assurer du bon fonctionnement, par exemple, du cœur et des reins, ou contrôler les mouvements de son corps et de son appareil respiratoire.
Souvent, le bébé est déjà en présentation céphalique (tête en bas), mais bien d'autres positions sont possibles. La position tête en bas est favorisée par la forme en poire inversée de l'utérus. Une fois l'emplacement des cuisses, des jambes et des pieds repéré, l'échographiste pourra déterminer avec précision la présentation du bébé et permettre à l'obstétricien de choisir la technique d'accouchement la plus appropriée.

« Si le bébé ne s'est pas placé « tête en bas », une autre échographie sera programmée quelques semaines plus tard. »

Le plus souvent, *le futur bébé se place verticalement, tête en bas, au cours de ce mois. Mais certains bébés peuvent attendre encore quelques semaines pour le faire. Pourquoi adopte-t-il cette position dite « du plongeur » ? Sans doute pour des raisons de confort, puisque l'utérus ayant alors la forme d'une poire inversée, il cale sa tête dans la partie la plus étroite, gardant un maximum d'espace pour le reste de son corps.*

Transformation psychologique du couple

Pour vous, la future maman, cette échographie est vécue comme une préparation à l'accouchement. C'est le dernier rendez-vous avec l'enfant imaginé (p. 170). La première est la découverte de la vie qui habite la future maman. La seconde aide aux fantasmes et la dernière prépare à la première séparation mère-enfant. C'est un véritable accompagnement médical et psychologique. L'échographie a transformé, dans bien des couples, les relations autour du futur bébé. En participant à ces examens, le père se rapproche de cet être qu'il ne peut connaître qu'au travers de son épouse. La grossesse devient un moment de vie partagée. La vue du bébé sur l'écran resserre aussi souvent les liens dans le couple ; la femme craignant de se voir délaissée par manque momentané de féminité s'aperçoit que son conjoint s'intéresse tout particulièrement au stupéfiant phénomène de la naissance de la vie. Toutes les enquêtes montrent que les pères ne vivent jamais l'échographie comme un moment angoissant. Tout au contraire, ils se disent rassurés et valorisés dans leur comportement de père. L'échographie, enfin, aide à rêver à deux… Ce n'est plus le bébé de la mère, mais le bébé du couple. C'est ainsi que l'on voit des pères devenir plus disponibles ou modifier leur comportement. Leur présence à l'accouchement sera alors la suite logique de cette belle histoire.

Grâce à un calcul combinant plusieurs mesures, *l'échographiste se fera une idée du gabarit du futur bébé : est-il plutôt petit ou plutôt gros ? Cette estimation biométrique est réalisée à partir des mesures du crâne, de la longueur du fémur et du diamètre de l'abdomen. Malgré la précision des appareils échographiques, cette estimation comporte pourtant une marge d'erreur de 10 %. La mesure de la hauteur utérine lors de la consultation médicale entre aussi en ligne de compte. Force est de constater que ces mesures sont toujours imprécises. L'important étant de comparer les mesures d'une échographie à une autre afin de s'assurer de la croissance du futur bébé. Dans certains cas, le médecin peut souhaiter compléter cette échographie par un écho-Doppler (**pp. 134-135**). Cet examen est prescrit lorsque l'on soupçonne un retard de croissance in utero ou une atteinte du fœtus, celui-ci ne recevant plus assez de nutriments et d'oxygène. Il est encore habituel lorsque la future maman a eu précédemment une ou plusieurs grossesses anormales.*

Des remboursements… à la pratique

Sont remboursées par la Sécurité sociale les trois échographies des premier, deuxième et troisième trimestres. Au-delà de ces examens, une entente préalable avec la caisse d'assurance maladie est nécessaire. La demande doit être faite par le médecin qui suit la grossesse. Ces trois rendez-vous ont d'ailleurs été déclarés indispensables par la conférence du Collège national des gynécologues et obstétriciens.

Presque un bébé

Il est maintenant presque à l'étroit dans la cavité utérine. C'en est fini de la position allongée des mois précédents. Il est le plus souvent en position fœtale, les bras le long du corps, les bras repliés. Il lui arrive d'enfouir sa tête contre la paroi utérine ou contre le placenta. À 8 mois, le bébé pèse en moyenne 2 à 2,5 kg et mesure 30 à 45 cm. Au cours du troisième trimestre, il va grandir et grossir. Son visage s'arrondit, ses membres s'enrobent, sa peau s'épaissit et passe de la couleur rougeâtre à un joli rose « bébé ». Le léger duvet ou lanugo qui couvrait son corps disparaît. L'enfant est recouvert alors d'un enduit épais et gras, le vernix, qui facilitera l'accouchement.

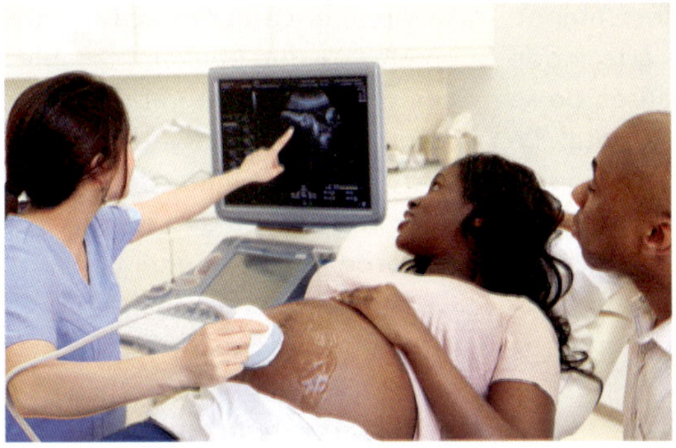

Il est capable de mouvements fins et mieux coordonnés, sa main peut attraper son pied ou tenir fermement le cordon ombilical. Celui-ci a changé. Il est beaucoup plus large pour permettre aux vaisseaux sanguins qui le parcourent de remplir leur fonction sans être gênés par les mouvements du fœtus. Il est maintenant capitonné d'une masse blanchâtre qui ressemble à de la gélatine. Il a déjà des mimiques, lorsqu'on le dérange, il fronce les sourcils ou crispe la bouche.

Son cœur continue à battre rapidement, de 120 à 140 battements à la minute.

Au fil du temps, ses mouvements respiratoires vont prendre un rythme automatique. Ses poumons sécrètent une substance graisseuse destinée à maintenir les alvéoles ouvertes ; ils sont matures, mais il leur faudra quelques semaines encore pour être capables d'un fonctionnement tout à fait normal.

Quand il bouge, vous pouvez facilement imaginer à travers le ventre un pied, un bras ou encore la tête.

Son prénom raconte une histoire

Si ce n'est déjà fait, il est temps pour vous et le père du bébé de décider du prénom que vous allez lui donner ; l'un et l'autre avez dû, sans doute, déjà y réfléchir ; peut-être même ce prénom a-t-il déjà suscité bien des débats.

Les derniers prénoms les plus attribués : *pour les filles, Emma fait la course en tête, suivie de près par Manon, Chloé, Camille, Léa et Zoé, Jade, Lola et Louise qui restent stables au fil des années. Chez les garçons, Louis tient toujours la corde, talonné par Lucas (ou Lukas), Nathan, Léo, Noa, Arthur et Théo. Les prénoms composés sont en totale perte de vitesse.*

Un choix très difficile

Si vous avez demandé à l'échographiste de vous révéler son sexe, la moitié des difficultés sont aplanies ou presque... Il est quand même recommandé d'avoir une idée de prénom pour un bébé de sexe opposé, on ne sait jamais. Le prénom est porteur de quantité de significations. En l'attribuant, on transmet une partie des projets faits autour de l'enfant imaginé (p. 170), mais aussi parfois un peu de son histoire ou de celle de sa famille. Mis à part les familles dans lesquelles on se transmet les mêmes prénoms de génération en génération (comme aux États-Unis), la recherche est, dans pratiquement tous les couples, l'occasion de larges débats. Dans quelle direction partir ? Que faut-il privilégier ? La mode, la sonorité, la signification complètement subjective ? Chacun d'entre vous va devoir choisir. Certains parents ne donnent qu'un seul prénom, d'autres deux ou trois en référence à des êtres chers, vivants ou disparus selon les traditions.

Effet de mode

D'une génération à l'autre, les prénoms ont été transmis, ont été exportés avec les familles, les cultures et les modes de vie. Certains ont disparu, tels Placide et Marguerite, d'autres renaissent, tels Paul, Louis, Marie et Charles. Pour les sociologues, la vogue de certains prénoms repose sur leur sonorité ; aujourd'hui, les sonorités anglo-saxonnes l'emportent, les feuilletons et les films américains apportant jusque-là aussi leur influence. Mais les psychanalystes pensent différemment. Pour eux, le prénom à la mode est un moyen de banaliser, de se défendre d'un désir parental. Le prénom est, en réalité, un indice sur l'histoire d'une famille. Parfois, il cache le nom d'un ancêtre valeureux, d'un héros admiré, du premier amour du père ou de la mère.

Une décision importante...

À consulter les registres de l'état civil et les documents du tribunal, force est de constater que l'imagination est sans bornes. Quel qu'il soit, le prénom est un lien symbolique, c'est pratiquement le seul et le premier acte volontaire et obligatoire que l'on a envers son enfant : son prénom le suivra toute sa vie. Il le caractérisera comme un être unique et irremplaçable. Les choix sont innombrables et, aujourd'hui, l'officier d'état civil doit faire de telles démarches pour s'opposer à un prénom qu'il n'exerce plus aucune censure. Ce qui ne vous empêche pas de prendre quelques précautions : pensez à votre bébé, obligé de porter ce prénom toute sa vie. Les consonances trop extravagantes ou comiques sont à éviter ; elles ne le seront qu'un temps et porter un prénom humoristique n'est pas agréable en toutes circonstances, ni permis à tout le monde. Bien sûr, la musique du prénom accolé au nom ainsi que la signification de l'association des initiales sont à prendre en compte.

Lorsqu'il y a conflit entre les deux parents, *le système des listes peut les départager. Chacun établit une liste de six à huit prénoms. Chaque conjoint barre ceux qu'il n'aime vraiment pas. Il doit en laisser au moins deux. Puis il ne reste plus qu'à en débattre et à se décider avant le jour inéluctable de la déclaration à l'état civil.*

... et pour toute la vie

Évitez en particulier les prénoms dont la syllabe ou la consonance finale est identique à la syllabe ou à la consonance initiale du patronyme. D'une façon générale, sont à proscrire tout à la fois le prénom à la mode et la singularité à tout prix. N'oubliez pas que les modes passent très vite, alors que les prénoms sont attribués pour la vie entière. Méfiez-vous des idées saugrenues. Certes, l'originalité est une excellente chose, encore faut-il ne pas en abuser. De même n'inventez pas d'orthographe fantaisiste.
Sont à éviter encore les prénoms pour lesquels il existe un grand nombre de variantes orthographiques, ainsi que les prénoms trop exotiques que personne ne sait ni transcrire ni prononcer. Faute de quoi, l'enfant passera sa vie à épeler son nom ou à rectifier des erreurs de transcription.
En règle générale, pensez à l'harmonie visuelle et verbale du nom et du prénom. Un prénom court convient à un nom de famille long et inversement. Et si vraiment les parents sont trop indécis, il existe quantité de livres donnant une multitude d'indications historiques, symboliques et sociologiques.

Coup de pouce

Les sources d'inspiration sont nombreuses. Les saints tout d'abord. Il en existe de fort rares. Sont encore possibles tous les prénoms du calendrier révolutionnaire ou de la mythologie. La mythologie grecque a beaucoup de succès (revoir ses classiques pour être bien certain que le héros ou l'héroïne choisie n'est pas un être abominable ou n'a pas eu un destin difficile à porter). À explorer également : les prénoms bibliques de l'Ancien ou du Nouveau Testament, ceux des contes et légendes, surtout s'ils correspondent à vos attaches régionales.
Vous pouvez tout aussi bien vous inspirer de noms de lieux, de héros de la littérature ou du cinéma. La télévision fait aussi parfois des ravages, surtout les feuilletons à succès, de même certaines célébrités de la vie politique ou sportive qui marquent leur époque.
Enfin, les prénoms puisés dans les constellations et les astres sont souvent plus poétiques et se démodent moins vite. Depuis quelque temps, on note un retour en force des prénoms « rétro », avec Firmin, Ferdinand, Adèle, Marthe, etc.
Dans les couples binationaux, c'est souvent le prénom « exotique » qui est préféré, affirmant ainsi que l'enfant appartient à une culture.

Le soigner avant sa naissance

Dans le ventre de sa mère, le fœtus est de moins en moins un inconnu. Souvent mis en évidence par les échographies, certains troubles peuvent être traités avant la naissance, afin de permettre au bébé de parachever son développement in utero dans des conditions optimales.

Des interventions toujours délicates

Un bébé, dont le médecin a diagnostiqué des battements de cœur anormaux (trop rapides), peut être, par exemple, traité in utero. C'est essentiel pour lui permettre de poursuivre son développement jusqu'au jour de la naissance. La technique consiste à donner à la mère le médicament que l'on souhaite administrer à l'enfant. Il franchit la barrière placentaire et régule les battements du cœur du fœtus.

Mais la médecine fœtale est capable d'interventions plus invasives : les déficits enzymatiques ou les anémies sont traités par transfusions au niveau du cordon ombilical.

Les interventions les plus spectaculaires sont les opérations à utérus ouvert. Elles tendent à devenir de plus en plus rares et réservées souvent à la pose de prothèses provisoires jusqu'à la naissance pour ensuite être finalisée par une intervention pédiatrique. En effet, ces opérations à utérus ouvert sont risquées pour la poursuite de la grossesse. En effet, elles provoquent des contractions difficiles à enrayer et peuvent dont être à l'origine d'une naissance prématurée.

Elles ne sont programmées que lorsqu'on craint que la malformation n'entrave le développement in utero de l'enfant.

> **« Le développement du fœtus est rapide et global. Intervenir pour réparer une anomalie, c'est le mettre sur la voie d'un bon développement. »**

Avec les techniques de chirurgie endoscopique et microendoscopique, le chirurgien intervient de plus en plus par les voies utérines. Les domaines d'interventions sont très variés et chaque futur bébé est presque un cas singulier.

Ces interventions à « ventre fermé » sont loin d'être sans risque, mais les résultats sont beaucoup plus probants qu'avec la solution « à utérus ouvert ». Ainsi, il est possible aujourd'hui de différencier la circulation sanguine de jumeaux dans les cas de communication placentaire (syndrome transfuseur-transfusé).

Une autre opération, palliative mais essentielle pour un organe, est pratiquée. Par exemple, lorsqu'une malformation risque de provoquer une obstruction complète des voies urinaires entraînant une dilatation importante du rein et sa destruction imminente. Une ponction à travers le ventre de la mère et l'utérus est alors réalisée pour dériver les urines du fœtus.

On sait aussi dilater une aorte ou une artère pulmonaire afin de permettre un bon développement du cœur. On opère encore les hernies du diaphragme. Dernières prouesses, les équipes de méde-

PARALLÈLEMENT, LA MÉDECINE DÉVELOPPE D'AUTRES TRAITEMENTS IN UTERO. *Ainsi, une équipe lyonnaise a réussi à greffer des cellules fœtales à un fœtus de 28 semaines atteint d'une grave maladie immunologique à caractère génétique. Dans les années à venir, on devrait voir se développer la thérapie génétique permettant de soigner in utero des enfants atteints de maladies génétiques.*

La technique opératoire « à utérus ouvert » *consiste à ouvrir le ventre de la mère, à sortir juste la partie du fœtus sur laquelle on doit intervenir de manière à le laisser dans son milieu. Puis on referme pour attendre l'âge normal de la naissance, qui se fera par césarienne. L'idée peut sembler belle, sauf que ces interventions entraînent deux opérations pour la mère et que les résultats sont loin d'être satisfaisants.*

cine fœtale de l'hôpital Necker et Trousseau à Paris opérent in utero des fœtus atteints de spina-bifida, une malformation de la colonne vertébrale, entraînant des troubles dans le fonctionnement de la moelle épinière.
La plupart des interventions sont la transformation d'opérations de pédiatrie à une plus petite échelle. Afin de prendre en compte la douleur fœtale, elles sont toutes faites sous anesthésie générale.

Opérations précoces

Heureusement, parmi les malformations, ce sont les anomalies mineures ou modérées qui sont les plus fréquentes. Leur traitement nécessite d'accoucher dans une maternité disposant d'un service de chirurgie néonatale. Elles touchent plus particulièrement l'appareil urinaire encore une fois. Dans l'immense majorité des cas, grâce au diagnostic échographique anténatal de plus en plus performant, elles sont prises en charge immédiatement à la naissance par un traitement médical ou chirurgical qui, autrefois, n'aurait été fait qu'après leur découverte, à la faveur d'une complication.
D'autres malformations, comme celles d'ordre cardiaque, sont opérées dans les trois jours qui suivent la naissance. Grâce au diagnostic anténatal, ces enfants peuvent être sauvés. Prévenues à temps, les équipes médicales sont prêtes à agir dès la naissance, et les interventions se font dans des conditions idéales. La grossesse d'une maman ayant déjà mis au monde un enfant souffrant d'une malformation cardiaque est par exemple particulièrement suivie.
Certaines anomalies, réputées graves hier, du fait de leur risque immédiat dans les premières heures ou les premiers jours de la vie, ont aujourd'hui grandement bénéficié de cette technique.
La naissance programmée dans des maternités spécialisées à proximité d'un centre de chirurgie néonatale a modifié le pronostic de ces anomalies. Cela concerne par exemple les malformations du tube digestif ou de la paroi abdominale.

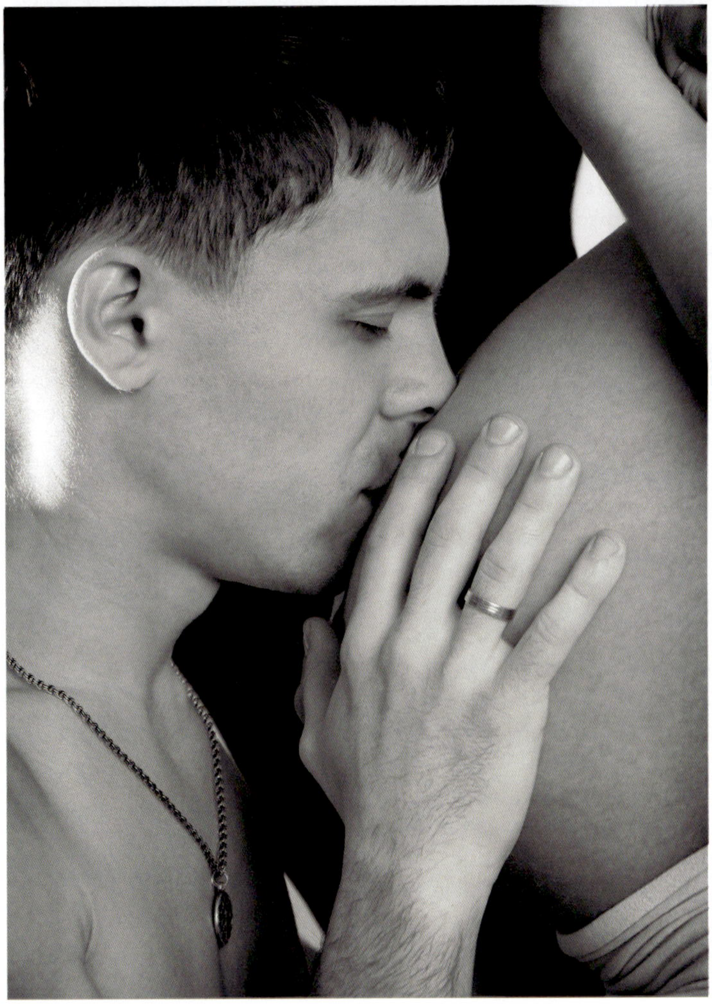

Plus qu'un mois, enfin !

Au 8e mois, votre silhouette a bien changé ! Votre ventre et votre poitrine ont pris des proportions importantes. Physiquement, vous vous fatiguez beaucoup plus vite, vous avez tendance encore à perdre facilement l'équilibre : le poids du bébé déplace votre centre de gravité. Bref, vous avez hâte que le bébé naisse !

Les petits maux de fin de grossesse

Vous pouvez ressentir de légères contractions. Mais rassurez-vous, elles n'ont rien de commun avec les contractions qui amèneront la dilatation de l'utérus. Vous pouvez aussi souffrir de gêne au niveau du pubis. C'est dû à l'étirement des ligaments de la symphyse. Du repos, la prescription de vitamine B ou quelques rendez-vous avec une sage-femme, voire chez l'ostéopathe, peuvent vous aider à rendre ces douleurs plus supportables.

- Les maux de tête sont parfois plus nombreux. La fatigue, une ambiance surchauffée ou enfumée en sont souvent la cause. Un peu de calme et d'air font généralement merveille.

- Les points de côté sont fréquents et, malheureusement, parfaitement naturels. En effet, le bébé prend de plus en plus de place. Dans l'abdomen, il compresse les vaisseaux, les viscères, l'estomac, etc. Sous sa poussée, il est logique que les côtes et le sternum se soulèvent provoquant des douleurs, dont les fameux points de côté.

- L'envie d'uriner est de plus en plus astreignante. Là encore, le bébé en faisant sa place appuie sur la vessie, laquelle n'a plus l'espace indispensable pour se distendre. Quelques centimètres cubes d'urine suffisent à la remplir.

- Certaines futures mamans retrouvent les nausées et les vomissements. Bien que désagréables, ces manifestations sont sans conséquences. D'autres se plaignent de brûlures d'estomac ou de remontées gastriques. Elles sont atténuées dès lors que la future maman élimine de son régime les plats trop gras ou cuisinés en sauce, les aliments connus pour leur fermentation dans l'estomac et s'astreint à manger lentement en mastiquant bien. La nuit, on conseille de dormir la tête surélevée par deux oreillers.

- Vous pouvez encore ressentir quelques douleurs, mais qui n'ont rien à voir avec des contractions ; elles se situent au niveau du bassin. C'est le signe qu'il se prépare à l'accouchement en relâchant quelque peu ses articulations pour permettre un passage plus facile à l'enfant. Ces sensations douloureuses s'accentuent à l'effort et à la marche, mais cèdent

Vous vous essoufflez facilement. *Votre respiration plus rapide, indispensable à l'élimination du gaz carbonique et à l'apport supplémentaire d'oxygène, s'explique par les changements physiologiques que votre corps supporte et par les échanges mère-enfant : la consommation d'oxygène augmente de 10 à 15 % par rapport à avant la grossesse. De plus, l'utérus, en augmentant de volume, compresse le diaphragme et réduit celui de la cage thoracique. Pour prévenir ces désagréments, limitez vos efforts. Et si les essoufflements persistent, notamment la nuit, parlez-en à votre médecin.*

avec la prise d'antalgique (prescrit par votre médecin). D'autres douleurs peuvent apparaître au niveau de l'estomac ou de la vésicule biliaire comprimés sous l'effet du développement du futur bébé. Parfois, ce sont les bras qui deviennent étonnamment lourds et contractés, ces sensations s'expliquent par la compression d'un ou plusieurs nerfs au niveau de la colonne vertébrale qui « porte la grossesse ».

Une certaine lassitude

Psychologiquement, on note chez un certain nombre de femmes un état de lassitude : la future maman a hâte d'être mère ; souvent, elle éprouve des angoisses, angoisse classique de la séparation et angoisse de l'avenir de cet être qu'elle porte depuis plusieurs mois. C'est donc le moment où se fait définitivement le choix du mode d'accouchement et notamment le recours ou non à l'accouchement sous anesthésie locorégionale. Les femmes abordent l'accouchement avec des approches différentes, se focalisant soit sur le vécu du moment, soit sur la douleur.
Choisir ou non une anesthésie péridurale ou locale est affaire de chacune. Un certain nombre de femmes n'envisage à aucun moment de prendre un médicament pour calmer les douleurs. Elles veulent vivre cet instant pleinement, considérant qu'il est lié à leur désir d'enfant. C'est pour elles une expérience physique et émotionnelle dont elles ne veulent pas se priver. Ce besoin peut être si vif qu'il est indispensable au passage psychologique à l'état de mère. Certaines femmes se sentent physiquement incapables d'assumer la douleur de l'accouchement, d'autres estiment qu'il est ridicule aujourd'hui de souffrir inutilement puisqu'il existe des analgésiques. Enfin, beaucoup de femmes font le choix de supporter sans aide les premières douleurs, ayant recours à la péridurale en cours de dilatation au moment où les contractions deviennent, à leur avis, insupportables.

Il est impossible de prévoir exactement le jour de votre accouchement, *même si vous connaissez très précisément la date de la conception. La grossesse a une durée uniquement statistique de 280 à 287 jours. Cependant, bien des éléments peuvent modifier la date du rendez-vous avec votre bébé : votre morphologie, votre fatigue, votre état de santé, un événement à caractère émotionnel… et la volonté de votre bébé. 50 à 60 % des futures mamans accouchent à la date prévue, à 3 ou 4 jours près ; 20 à 25 % accouchent 10 à 15 jours avant et les 20 à 25 % restantes 4 à 8 jours après. Sur le plan légal, la grossesse est fixée à 300 jours, une disposition qui n'est utile qu'en cas de divorce pour apporter la preuve de la paternité. L'important étant de ne pas dépasser le terme. La surveillance est rapprochée la dernière semaine.*

Naître plus tôt que prévu

En vingt ans, le taux des naissances prématurées a diminué de moitié. Mais depuis quelques années, leur nombre est de nouveau en augmentation. Il atteint 7,2 % des naissances, malgré toutes les campagnes de prévention et un suivi médical des futures mamans de mieux en mieux organisé.

Des situations différentes

Médicalement, un enfant prématuré est un enfant qui naît alors qu'il n'a pas terminé sa formation in utero. Un bébé sur 20 voit ainsi le jour avant d'être prêt. Selon la date de l'interruption de sa gestation et selon son poids de naissance, il souffrira de séquelles plus ou moins importantes ; parfois même, c'est sa vie qui sera en danger.

« Aujourd'hui, des enfants prématurés ne pesant pas plus de 750 g peuvent être sauvés, mais c'est toujours avec beaucoup de risques. »

CERTAINES GROSSESSES BÉNÉFICIENT D'UN SYSTÈME DE SURVEILLANCE À DOMICILE. *Le système est constitué essentiellement d'un capteur externe des contractions utérines. Placé sur le ventre de la mère, il enregistre deux fois par jour l'activité de l'utérus pendant 1 heure et demie à 2 heures, alors que la future mère a une activité normale à domicile. Les enregistrements sont transmis à la sage-femme ou au médecin par téléphone. Ce système est souvent remplacé par une autosurveillance de la future maman, qui note tous les symptômes perçus et compte les contractions pendant une heure le matin et une heure le soir. Elle communique les résultats de sa surveillance aux professionnels qui la suivent. De plus, la sage-femme, qui vient régulièrement à domicile, possède un appareil mobile d'enregistrement des contractions. Ce type de surveillance est aujourd'hui très répandu et permet d'éviter la fatigue des déplacements à ces futures mamans fragiles.*

Les naissances avant terme sont classées en trois groupes. La prématurité moyenne, la plus fréquente, près de 80 % des enfants, définit les enfants nés entre 32 et 36 semaines de gestation. La grande prématurité touche ceux qui naissent entre 28 et 32 semaines et dont le poids se situe entre 1000 et 1500 g ; elle représente 1 % des naissances, soit 7 000 enfants par an, qui bénéficient des progrès de la néonatologie. Ainsi, grâce aux soins prodigués par des équipes médicales hautement spécialisées, la moitié de ces enfants peut être sauvée. La grande prématurité définit les naissances qui surviennent à moins de 28 semaines de gestation ; la vie de ces bébés est en grand danger.

Enfin, on distingue les naissances prématurées « consenties », 40 % environ, décidées par l'équipe médicale qui considère que la poursuite de la grossesse est plus risquée, tant pour la mère que pour l'enfant, de l'accouchement avant terme et des naissances prématurées « spontanées », 60 % environ, dues au déclenchement naturel de l'accouchement.

En urgence

Il existe des signes d'alerte d'une menace d'accouchement prématuré, ils réclament la consultation d'un médecin rapidement, et même une hospitalisation en urgence, si possible dans une maternité dotée d'un service de réanimation néonatale, car il est préférable d'éviter le transfert d'un bébé fragile. Vous ne devez pas attendre lorsque :

- **Le début du travail de l'accouchement a commencé.** Vous ressentez des contractions fréquentes (à intervalles de moins de 10 minutes), douloureuses et régulières. Le médecin constate alors le raccourcissement et la dilatation du col. Le traitement consiste en un repos absolu avec administration de médicaments destinés à arrêter les contractions.

- **Vous avez « perdu les eaux ».** La rupture prématurée de la poche des eaux est souvent due à une infection bactérienne. Selon les cas, le médecin prendra la décision de prolonger la grossesse sous surveillance médicale étroite ou de provoquer l'accouchement pour le bien de la mère et de l'enfant.

- **Vous avez constaté une perte importante de sang.** Cette hémorragie est le résultat d'un hématome rétroplacentaire ou d'un placenta bas inséré. Selon, l'abondance de l'hémorragie, ses causes et l'état de la mère et du bébé, la gestation sera prolongée ou l'accouchement programmé immédiatement.

- **Sous l'effet d'une forte fièvre, vous constatez l'apparition de contractions importantes.** Avant toute décision, les médecins chercheront ce qui a provoqué cet accès de fièvre, la cause déterminera la ligne de conduite à suivre.

Menaces à bas bruit

Mais bien souvent, les menaces sont plus discrètes et plus sournoises : mal de ventre, mal de reins qui, en fait, cachent des contractions que la future maman, faute d'expérience, ne reconnaît pas. Selon l'état du col, la perte ou non des eaux et la date « normale » de l'accouchement, le médecin prescrira le repos, associé à des médicaments qui auront pour but d'arrêter le travail de l'accouchement et de maintenir la grossesse jusqu'à la 37e semaine. Si tout se passe bien, la future maman peut même rentrer chez elle, en restant, bien sûr, sous surveillance médicale. La plupart des centres hospitaliers ont organisé un service de surveillance à domicile par des sages-femmes, uniquement employées à cela et passant régulièrement examiner la future maman. Elles contrôlent l'évolution des contractions et l'ouverture du col, les battements du cœur du bébé et la tension artérielle de la mère.

La seule vraie prévention passe par une surveillance régulière. *Elle a lieu tous les mois, au cours des neuf visites obligatoires. Et si nécessaire, il y en aura plus. Il est important de savoir comment la mère se sent, comment est le col, quelle est la position de l'enfant, dans quel état de tension se trouve la mère, s'il y a ou non une infection... Bref, c'est en connaissant bien son corps que la future maman peut moduler ses activités et avoir un comportement adapté à la situation. Ce n'est pas parce que tout va bien qu'il faut commettre des imprudences. Il ne faut pas croire qu'il n'y a plus de problèmes avec les bébés nés prématurément et que l'on peut accoucher plus tôt sans problème, c'est faux ! Il faut tout faire pour accoucher le plus près possible du terme ou tout au moins après 37 semaines d'aménorrhée. Avec un peu de prudence, plus d'un tiers des accouchements prématurés pourraient être évités.*

Les facteurs de prématurité

Neuf mille enfants naissent avant 33 semaines de gestation. Aux facteurs médicaux s'ajoutent les facteurs sociaux et tout particulièrement les conditions de vie stressantes et fatigantes. Le respect du suivi médical de la grossesse est la meilleure prévention.

La lutte contre la prématurité

La recherche médicale a percé un grand nombre des mystères de la reproduction, de la conception et du développement du fœtus. Mais elle n'a pas encore trouvé ce qui provoque les contractions et surtout le moyen de les arrêter par des médicaments dès lors que l'accouchement vient de commencer.
En revanche, on connaît bien les différents facteurs qui aggravent les risques de prématurité.

Le tabagisme et l'âge de la future maman, *très jeune ou âgée, et des conditions socio-économiques difficiles augmentent les risques de prématurité tout comme certains facteurs psychologiques, notamment lorsque les difficultés s'accumulent. On sait aussi qu'il existe, dans le domaine de la protection de la maternité, une différence entre les classes sociales. Ainsi, les femmes diplômées sont plus attentives à la surveillance du bon déroulement de leur grossesse que les futures mamans non diplômées, qui considèrent que la maternité n'est pas une maladie, négligeant les consultations médicales, dont elles ne voient pas l'utilité.*

Les facteurs obstétricaux

Dans un certain nombre de cas, l'accouchement prématuré peut être pronostiqué assez facilement. C'est chaque fois que le fœtus est trop à l'étroit dans l'utérus maternel et manifeste, pour cette raison, une souffrance fœtale. Ainsi, certaines naissances prématurées, le plus souvent décidées par l'équipe médicale, sont dues à un utérus trop petit ou malformé, utérus bicorne, monocorne ou cloisonné. De même, les grossesses gémellaires ou multiples vont rarement à leur terme. Partager le même utérus, voire la même poche des eaux (p. 136), compromet le développement normal des futurs bébés au fil des mois et rend l'accouchement obligatoire à un certain stade.
D'autres situations médicales obligent au déclenchement anticipé de l'accouchement, tel un placenta praevia (implantation trop basse du placenta) ou un hématome rétroplacentaire provoquant un décollement du placenta de la paroi utérine, ou encore un fibrome sous la muqueuse utérine, réduisant l'espace de la cavité utérine. Enfin, une béance du col, due parfois à un traumatisme obstétrical, et non diagnostiquée à temps, entraîne une naissance avant terme.

Maladies et accidents

Des perturbations graves de la grossesse, comme un diabète gestationnel, une hypertension artérielle gravidique, une hydramnios, une toxémie ou une infection urinaire, contractées dans les derniers mois de la grossesse, sont reconnues comme favorisant ces naissances (voir le glossaire médical en fin d'ouvrage). Un choc violent sur l'abdomen, lors d'un accident de voiture alors que la future maman n'était pas attachée ou lors d'une chute, déclenche parfois une naissance avant terme. Enfin, des maladies chroniques comme le diabète sont susceptibles d'entraîner un déclenchement anticipé.

Les facteurs sociaux

Les conditions de vie de la future maman sont encore reconnues comme des facteurs favorisants de la prématurité. L'influence des conditions de travail est connue depuis longtemps comme le travail debout plus de 6 heures par jour, le travail posté (horaires décalés nuit-jour et variables), surtout sur une machine entraînant des vibrations du corps, le port de charges lourdes et le bruit élevé. Trop de voyages, notamment en voiture ou debout dans les transports en commun, tout comme des trajets quotidiens de plus de deux heures, sont aussi causes de naissances prématurées. D'une manière générale, le temps de la grossesse ne devrait pas se superposer avec une vie fatigante et stressante.

Le bébé de faible poids

Il ne faut pas confondre l'enfant prématuré avec l'enfant de faible poids. Ce dernier est né à terme, mais avec un poids et une taille inférieurs à la normale. Une difficulté qui touche 10 % des nouveaux nés. Mal diagnostiqué avant la naissance, le retard de croissance in utero est la première cause de mortalité néonatale.

Plus d'un tiers des retards de croissance in utero ne sont pas diagnostiqués avant la naissance. Au cours de la grossesse, c'est une hauteur utérine insuffisante pour son stade qui conduit le médecin à suspecter un retard de croissance in utero. Des soupçons confirmés ou infirmés par un examen échographique. L'évaluation de ce retard se fait à partir de courbes de références exprimées en percentiles. Les mesures du fœtus sont comparées à celles de cent autres fœtus du même âge de grossesse. Le 0e percentile correspond à la plus petite mesure, le 100e à la mesure maximale. En dessous du 10e percentile, le diagnostic de retard de croissance est avéré, entre le 10e et le 3e percentile, le retard est considéré comme « modéré », en dessous du 3e, il est « sévère ». Les mesures de la tête, de l'abdomen et du fémur sont prises en compte dans les calculs.

Dans 20 % des cas, le retard est dit « harmonieux » : il touche l'ensemble de la morphologie du bébé. Une maladie génétique, notamment une anomalie chromosomique, un problème infectieux, tels qu'une atteinte du virus de la rubéole, de la toxoplasmose ou du cytomégalovirus, ou une conséquence de la consommation d'alcool, de tabac, de drogues ou de médicaments, en est souvent à l'origine. Dans 80 % des cas, le retard est dit « dysharmonieux » et ne touche que l'abdomen ; il apparaît tardivement au cours du 3e trimestre en raison, le plus souvent, d'une lésion du placenta qui n'assure plus des échanges suffisants entre la mère et l'enfant ou d'une pré-éclampsie, ou encore de certaines maladies chroniques comme le diabète. Enfin, ce type de retard se rencontre aussi lorsque la future maman souffre de dénutrition ou d'anémie sévère. Pourtant, dans 30 % des cas, le retard de croissance in utero ne peut être expliqué.

Le nouveau-né est d'autant plus en danger que le retard de croissance in utero est associé à une naissance prématurée.

La plupart des enfants rattrapent leur retard de croissance, bien que le risque de taille modeste soit accru. Les conséquences sur sa santé sont sous la dépendance de la cause du retard, de sa sévérité et de sa date d'apparition.

On connaît aujourd'hui beaucoup mieux le profil des futures mamans concernées. *Quatre catégories professionnelles présentent des risques accrus : ce sont les employées de commerce, le personnel médico-social, les ouvrières spécialisées et le personnel de service. On s'aperçoit encore que les risques de prématurité sont multipliés par trois pour les femmes qui travaillent à plein temps par rapport à celles qui vivent leur maternité en poursuivant une activité à mi-temps. À ces considérations « professionnelles », il faut ajouter la situation des futures mamans déjà mères de famille, surtout si elles ont la charge d'une famille nombreuse. La fatigue est alors à mettre au compte des travaux ménagers.*

Les bons mouvements au quotidien

Vous êtes fière de votre ventre, vous n'hésitez pas à le montrer, oui, mais voilà, parfois il vous encombre. Vous constaterez au fil des mois que certains gestes deviennent plus difficiles. Non, vous n'êtes pas plus maladroite qu'avant, mais votre ventre vous gêne.

Des gestes plus difficiles

Vous constatez peut-être que certains mouvements deviennent moins faciles, voire parfois douloureux. Ce sont tout particulièrement les gestes qui font travailler votre dos. Rien n'est plus normal car, sous l'influence des hormones qui régissent la grossesse, vos ligaments musculaires sont distendus et plus souples qu'à l'ordinaire. Cette souplesse inhabituelle facilitera aussi l'accouchement. De même que vous vous tordez plus facilement les chevilles, votre équilibre est modifié. La proéminence de votre ventre change votre centre de gravité, et votre dos n'a pas encore pris l'habitude de compenser cette charge à l'avant. Chaussez-vous confortablement avec des chaussures plates tenant bien aux pieds et marchez posément. C'est le seul moyen d'éviter les chutes. S'asseoir deviendra encore plus délicat, vous vous sentirez mieux dans des sièges au dossier droit ; préférez des fauteuils avec accoudoirs, ils vous serviront d'appui pour vous asseoir comme pour vous relever. Calez vos fesses au fond du fauteuil de manière à avoir le dos bien droit. S'il n'y a pas d'accoudoirs, posez vos mains bien à plat de part et d'autre de l'assise. Ainsi, votre poids ne tirera plus sur vos abdominaux mais sera réparti sur vos bras.

Pour vous lever du sol ou bien du lit, il est toujours préférable de le faire progressivement. Croisez la jambe supérieure sur celle du dessous et utilisez vos mains pour vous aider à vous redresser. Puis mettez-vous à genoux et levez-vous.

Prendre le temps de bien s'installer

Pour toutes les activités qui nécessitent d'être accroupie ou si vous souhaitez vous asseoir par terre, faites-le en vous appuyant sur le côté d'une de vos cuisses ou bien installez-vous, fesses sur les talons.

- Évitez de soulever des charges volumineuses, elles réclament trop d'efforts des abdominaux et vous forcent à tirer sur vos bras.
- Ne soulevez pas d'objets lourds au-dessus de votre tête, par exemple pour les ranger en haut d'une armoire, faites-vous aider.
- Pour porter un objet posé au sol, installez-vous assez près et prenez l'habitude de vous accroupir en gardant le dos le plus droit possible. Il suffit ensuite de faire levier avec les jambes.
- Pour faire votre marché, c'est sans doute le bon moment de vous acheter un caddie ; si vous n'en avez pas, répartissez bien la charge dans deux sacs, un pour chaque bras.

Pour travailler au sol, adoptez la position agenouillée. Asseyez-vous sur vos talons, mais ne laissez pas vos jambes s'engourdir.

Pour soulever un objet au sol, mettez-vous en position accroupie. Gardez le dos droit et soulevez l'objet en faisant travailler les jambes. Mais n'essayez pas de porter un objet lourd, faites-vous plutôt aider.

Bébé dans ses meubles

Votre bébé sera là dans quelques semaines, il est temps de penser à sa chambre. Même si vous souhaitez le garder auprès de vous, sachez que la plupart des pédiatres et des psychologues pensent qu'un bébé, même tout petit, devrait avoir sa chambre.

Un espace sobre et sécurisant

Les meubles de la chambre d'un nourrisson sont limités : un lit, bien sûr, ou un berceau, une commode pour ranger la layette et sur laquelle vous pouvez, si nécessaire, disposer un matelas à langer pour le change rapide, un fauteuil où vous pourrez vous installer pour nourrir votre bébé, un simple panier pour les premiers jouets et un petit transat pour les tout premiers moments d'éveil. Il est préférable d'installer la vraie table à langer dans la salle de bains, surtout si l'on choisit un modèle qui fait baignoire. Dans tous les cas, les objets choisis doivent répondre aux critères d'hygiène et de sécurité indispensables. Préférez du matériel lavable, solide et parfaitement rationnel. Ne prenez pas de meubles aux angles trop vifs et pensez qu'un revêtement de peinture lavable est plus pratique qu'un meuble ciré. Les revêtements des murs et du sol de la chambre de bébé seront lavables. En ce qui concerne la table à langer, sachez que c'est un meuble relativement dangereux, il est cause de nombreuses chutes, choisissez-la large et stable. Elle doit aussi être estampillée NF, ou son étiquette doit mentionner obligatoirement « Conforme aux exigences de sécurité ».

La température de la chambre

Côté chauffage, pensez que la température de la chambre doit être suffisante, uniforme et régulière ; elle sera de 18 °C à 20 °C pendant le sommeil et de 21 °C au moment où le bébé est hors du lit. En humidifiant l'air ambiant, votre bébé respirera bien mieux. Posez simplement un bol d'eau sur le radiateur ou installez un humidificateur. Changez l'eau tous les jours pour des raisons d'hygiène ; il peut s'y développer des moisissures et des champignons à l'origine de troubles allergiques. De plus, un air ambiant trop sec est souvent la cause de troubles rhinopharyngés. Il existe aussi des appareils électriques chargés d'entretenir le degré d'humidité voulu. Chaque fois que vous en avez l'occasion, renouvelez l'air par une bonne aération fenêtre ouverte.

L'orientation de la pièce est aussi à considérer, car il est beaucoup plus facile de chauffer une pièce que de la rafraîchir. L'exposition sud-est est la meilleure. La position du lit dans la pièce a aussi son importance : on constate qu'un enfant dort mieux la tête tournée vers le nord (sans doute pour des raisons magnétiques). De même, on observe qu'il s'endort plus facilement s'il fixe quelque chose et,

***Vous pouvez décider d'installer bébé dans un lit-parc dès sa naissance.** Il existe, pour ce type de lit, des normes de sécurité : prendre un modèle étiqueté NF. Mais pour que l'enfant s'y sente bien, il est indispensable d'en réduire l'espace par un boudin d'une vingtaine de centimètres et faisant le tour des barreaux. Les nourrissons ont l'habitude, pour limiter leur espace et satisfaire ainsi leur besoin de sécurité, de s'installer dans un coin de leur lit pour dormir. Ne soyez pas étonnée de retrouver votre bébé tassé dans un coin, la tête contre les barreaux.*

à plus forte raison, si son regard est dirigé vers le haut : d'où l'intérêt et le succès des mobiles. La porte de la chambre simplement entrouverte peut aussi stimuler son attention.

Un nid douillet pour bien dormir

Choisir le berceau de son bébé est un moment important, chargé de beaucoup d'émotion. Qu'il soit acheté ou confectionné maison, ou encore imposé par la tradition familiale, il doit obéir à certaines règles : il faut qu'il soit stable, avec des piétements solides et bien écartés, et d'une profondeur suffisante pour éviter au bébé un peu agité de passer par-dessus bord. Le matelas sera plutôt dur, en crin végétal, en mousse ou à ressorts. Pour plus de commodité, vous choisirez des draps-housses pour le dessous. Il faut au moins trois changes. N'oubliez pas une alèse. Inutile d'acheter un oreiller, les bébés, aujourd'hui, se couchent bien à plat sur le dos. Côté couvertures, préférez plutôt celles de laine légère (pas d'édredon ni de couette).

Les bébés turbulents, ceux qui sont constamment découverts, dormiront dans des sacs de couchage ou des pyjamas-couvertures.

Tous les lits-parcs vendus en France *sont soumis à la norme EN : 716-1/2. Elle réglemente l'écartement des barreaux pour éviter que l'enfant y coince sa tête, ainsi que la hauteur des pans latéraux pour une bonne stabilité. Si vous achetez un lit d'occasion ou si vous vous le faites prêter, vérifiez qu'il respecte cette norme. De plus il est indispensable de l'équiper d'un matelas neuf. Ceux en mousse qui ont été déjà utilisés sont pour la plupart tassés et déformés, les autres sont bien souvent des nids à microbes et à acariens allergènes. Veillez à ce qu'il soit parfaitement à la taille du sommier à lattes.*

Sein ou biberon

C'est maintenant que vous allez décider du mode d'allaitement pour votre bébé. Aujourd'hui, plus de la moitié des mères décident de nourrir leur bébé au sein, et ce pour des raisons médicales ; rien n'est meilleur pour lui que le lait maternel. En revanche, le biberon permet aux papas de partager des moments intenses de communication.

Privilégier la relation affective

Le lait maternel apporte à l'enfant tout ce dont il a besoin, il est facile à digérer et ne nécessite aucune préparation. Il est toujours disponible, à la bonne température ; c'est aussi le mode d'allaitement le plus économique. Des raisons affectives peuvent encore conduire à ce choix : vous avez envie, vous avez besoin de sentir votre bébé contre vous, là, peau à peau ; vous souhaitez faire toujours corps avec lui. Mais l'allaitement au sein est loin d'être une obligation, il n'est pas la preuve irréfutable que l'on est une bonne mère.
De plus, s'y forcer est le meilleur moyen de ne jamais y prendre plaisir. On peut très bien établir une solide relation affective avec son bébé en le nourrissant au biberon. Des raisons pratiques peuvent conduire à une alimentation au biberon ; elle laisse notamment à la mère toute liberté dans ses allées et venues.
Mais des motivations médicales peuvent aussi l'exiger : par exemple, une grande fatigue ou encore un besoin de contraception rapide après l'accouchement. Il faut reconnaître aussi que nourrir son bébé au sein n'est pas toujours évident.

« Profitez de vos cours de préparation à la naissance pour aborder le sujet de l'allaitement avec la sage-femme et avec les futures mamans qui en ont déjà fait l'expérience. »

Un choix personnel

Vous êtes, tout d'abord, la seule à pouvoir faire ce choix et, vous ne pouvez dans ce domaine ni compter sur l'aide du père ni sur celle d'une femme qui le garde. Une lactation suffisante ne se fait pas si facilement que l'on pourrait le croire. De plus, les seins sont souvent sensibles, voire douloureux. Enfin, certaines femmes investissent beaucoup de

SI VOUS AVEZ DÉCIDÉ D'ALLAITER, *vous pouvez déjà préparer votre poitrine par des massages à l'aide d'une crème nourrissante et par un véritable « tannage » de l'aréole. Pour cela, elle est nettoyée à l'eau bouillie et à l'alcool glycériné, pour être ensuite nourrie par de l'huile d'amande douce ou de la lanoline. Il est alors conseillé de porter des coussinets d'allaitement pour protéger votre soutien-gorge. Pour parfaire cette préparation, n'hésitez pas à terminer votre douche par un petit jet d'eau fraîche sur la poitrine. Les bouts de seins ombiliqués (dont le téton est rentré) ne sont pas un frein à l'allaitement. Il suffit souvent de les stimuler pour les faire sortir ; un petit appareil, la Niplette® permet, si besoin est, de résoudre ce petit problème.*

leur féminité dans leur corps et elles ont du mal à imaginer leur poitrine comme pourvoyeuse d'alimentation. De plus, elles ont peur que les tétées successives ne l'abîment. L'essentiel est de décider du mode d'allaitement librement, et c'est un choix qui revient à la mère uniquement. Donner le sein n'est pas la seule façon d'établir une bonne relation affective mère-enfant : un biberon peut être également donné avec amour, seule compte la disponibilité de la mère pour son bébé. Enfin, une décision prise maintenant ne vous empêche pas de changer d'avis après la naissance. Mais attention, autant vous pouvez à tout moment arrêter l'allaitement au sein, autant une fois le lait « coupé » il est très difficile de revenir en arrière.

Enfin, ce n'est pas parce que, lors d'une première naissance, l'allaitement n'a pas été possible qu'il ne le sera pas pour le deuxième enfant. De toute façon, vous pouvez toujours essayer d'allaiter, quitte à arrêter ensuite, puisque la montée de lait peut être stoppée au septième ou quinzième jour après la naissance.

Il n'y a pas de durée d'allaitement conseillée, même pour quelques semaines, il est bénéfique pour le bébé. Et si vous souhaitez poursuivre l'expérience au-delà de votre congé de maternité, vous pourrez demander des aménagements de votre temps de travail ou mettre en place une organisation qui vous donnera le plaisir de nourrir votre bébé aussi longtemps que vous le désirez.

Même s'il est prévu que vous accouchiez par césarienne, *vous pourrez allaiter votre bébé dès les premiers instants. Si la césarienne est pratiquée sous péridurale, votre bébé pourra être mis au sein immédiatement après la naissance. Si vous devez être mise sous anesthésie générale, la première tétée aura lieu à votre réveil. Votre bébé aura peut-être alors quelques difficultés à prendre le sein, car il est encore endormi, mais, très vite, il retrouvera tous ses esprits.*

Biberons et tétines

Chaque année, ou presque, les rayons de puériculture voient fleurir de nouveaux produits, résultat des nouvelles techniques et d'une meilleure étude des besoins des mamans. Aujourd'hui, vous pouvez sans crainte choisir un biberon de plastique.

Des tétines de toutes les formes

Vous aurez le choix entre différents types de tétines. D'abord au niveau de leur matière, elles existent en caoutchouc ou en silicone. La première est souple et d'une matière naturelle avec un léger goût, la seconde est douce, ferme, transparente et sans aucun goût, sa matière est conçue pour éviter que les particules de poussière n'adhèrent à sa surface et pour les rendre imperméables à la salive. La première facilite la tétée des nourrissons « paresseux », la seconde convient mieux aux « gros mangeurs ». En fait, ce sont souvent les bébés qui choisissent eux-mêmes celle qu'ils préfèrent. De caoutchouc ou de silicone, les tétines se déclinent sous trois formes. La classique est à bout rond et existe depuis « la nuit des temps » ou presque. La tétine dite « physiologique » imite la forme du bout du sein maternel, plus confortable ; elle favoriserait une bonne croissance du palais. Sa forme et son ouverture projetant le lait contre le palais freinent légèrement le débit du lait et rendent la tétée plus active.

« Votre matériel de base pour les 6 premiers mois : 8 biberons et 8 tétines. »

Enfin, les tétines anticoliques ou antihoquets sont munies d'une valve pour réguler l'entrée d'air et le débit du lait. Lorsque le bébé tète, la valve s'ouvre et le lait remplit la tétine ; lorsqu'il s'arrête, la valve se referme. La tétine restant pleine, le bébé peut recommencer à téter sans effort. Cette valve reproduit ainsi la fonction d'allaitement au sein maternel, limitant l'ingestion de l'air.

Toutes les tétines ont des systèmes pour réguler le débit du lait, le plus simple étant le nombre de trous. L'alimentation d'un nouveau-né exigeant un débit lent, sa tétine ne sera percée que de très peu de trous, voire d'un seul. Les tétines à débit variable ne sont conseillées qu'à partir de 3 mois. Pour faciliter le choix des mères, les fabricants ont mis au point une classification par âge, s'appuyant sur la morphologie de la bouche du nouveau-né et sur le débit de lait recommandé.

L'INTERDICTION D'UTILISER LE BISPHÉNOL A *dans les plastiques destinés aux biberons a remis au goût du jour les biberons en verre dont le poids reste pourtant un handicap, notamment lorsque l'enfant commence à boire seul. Pour remédier à ce problème, les fabricants ont mis en point d'autres plastiques et vous trouverez maintenant des biberons légers en titran, en polypropylène ou en silicone. Ils garantissent que les molécules de ces matériaux ne migrent pas dans les aliments, même à forte température.*

Des biberons de toutes les tailles

Au rayon des biberons, le choix est particulièrement étendu. En verre, en plastique ou en polycarbonate, tous se stérilisent sans problèmes et supportent le micro-ondes, qu'il vaut mieux utiliser avec certaines précautions. La contenance normale d'un biberon est de 240 à

250 ml, il en existe de plus petits, souvent réservés aux jus de fruits ou à l'eau minérale entre les repas, et de plus grands, de 300 ml, pour les « grands bébés ». Côté décors et formes, la plus grande fantaisie est « autorisée ». Le plus grand progrès a été fait, en revanche, sur le plan de l'hygiène. Certains biberons ont été dessinés pour n'avoir aucun rétrécissement au niveau du col afin d'éviter les dépôts de lait qui favorisent les bactéries. D'autres ont été étudiés pour avoir une large ouverture afin de se remplir plus facilement. Un conseil : choisissez des biberons gradués ; ainsi, vous serez certaine de donner la quantité de lait adapté à l'âge de votre bébé.

Faut-il stériliser les biberons d'un nourrisson ?
Depuis quelque temps, ce point fait débat. Certains pédiatres estiment qu'un lavage au lave-vaisselle suffit et que l'on n'avait jamais démontré scientifiquement l'efficacité de la stérilisation des biberons. D'autres affirment qu'une stérilisation au moins jusqu'au 6e mois est indispensable pour éviter les gastro-entérites, fréquentes les premiers mois. Quel que soit le choix que vous ferez, il est en revanche indispensable de veiller au parfait nettoyage du biberon et de la tétine après chaque tétée. Si vous optez pour la stérilisation des biberons de votre futur bébé (d'ailleurs, il s'agit plus exactement d'une pasteurisation), vous aurez à votre disposition des stérilisateurs électriques qui réalisent l'opération en 8 ou 2 minutes selon les modèles.

La dernière visite obligatoire

L'examen médical du troisième trimestre se fait dans la première quinzaine du 8e mois. Il doit permettre de poser un pronostic sur la manière dont va se dérouler l'accouchement. L'examen est assez semblable à tous ceux que vous avez déjà subis.

> **Cette visite sera l'occasion de programmer votre consultation pré-anesthésique.** *Elle est obligatoire même si vous avez décidé de ne pas avoir recours à une péridurale. En effet, cette consultation assure votre sécurité si, au dernier moment, le médecin accoucheur devait pratiquer une césarienne et si vous changiez aussi d'avis et demandiez l'aide de la péridurale.*

Le déroulement de la visite

Le médecin examine la taille de l'utérus, écoute les battements du cœur du bébé et procède à un toucher vaginal pour examiner le col de l'utérus. L'état de votre col fait l'objet d'une analyse attentive pour déceler une éventuelle modification qui pourrait être le signe d'une naissance avant l'heure.
Au besoin, il vous prescrira une échographie du col afin de s'assurer qu'il ne s'est pas modifié et que vous ne risquez pas d'accoucher prématurément. Dans le cas contraire, il mettra en place un suivi médical particulier afin de prolonger la grossesse jusqu'au plus près de son terme « officiel ».
Il prend aussi votre tension artérielle demande une analyse d'urine afin de déterminer la présence ou non de sucre ou d'albumine. Par un palper de l'abdomen, il vérifie la position du fœtus. C'est encore au cours de cette consultation qu'est abordé le choix de l'allaitement.
Votre médecin va réaliser un prélèvement vaginal pour rechercher d'éventuels streptocoques ; ces germes, fréquents et inoffensifs pour vous, peuvent infecter votre bébé durant l'accouchement. Vous pourriez être porteuse saine de streptocoques sans symptômes ou signes d'infection. Si l'analyse de ce prélèvement en révèle la présence, vous serez placée sous antibiotiques le jour de l'accouchement.
Votre médecin peut également vous prescrire une radiopelvimétrie ou un scanner, si l'enfant se présente par le siège.

Souvent quelques douleurs

Si vous ressentez des douleurs c'est, bien sûr, le moment d'en parler. Il faut savoir les différencier : celles qui sont situées au bas du ventre, les tiraillements à hauteur de l'aine ou à l'intérieur des cuisses... C'est ce que l'on nomme médicalement le syndrome ostéo-musculo-ligamentaire dû au développement de l'utérus. Pour certaines, la douleur est forte lors d'un effort ou même en s'asseyant ou en se retournant dans le lit. Certaines souffrent aussi de douleurs ligamentaires au niveau de l'utérus, pouvant s'étendre jusqu'au fond utérin ou sous les côtes. D'autres disent souffrir plutôt au niveau du bassin, ces douleurs s'expliquent par le relâchement des articulations indispensable pour faciliter le passage de l'enfant au moment de l'accouchement. Aucun traitement, à part le repos, n'est malheureusement possible, le médecin peut simplement prescrire des analgésiques adaptés à l'état de grossesse. Enfin, de nombreuses futures mamans se plaignent de douleurs au niveau de l'estomac ou de la vésicule biliaire, là encore, elles s'expliquent par la compression de ces organes en raison du développement du bébé. Lors de

Cette consultation sera sans doute la dernière avant la naissance, *profitez-en pour poser les quelques dernières questions sur l'accouchement qui occupent votre esprit, elles cachent souvent vos appréhensions. La peur de la douleur est naturelle, surtout pour un premier bébé, tout comme la crainte de ne pas se montrer « à la hauteur » de l'événement, notamment de crier ou d'être incapable d'appliquer les conseils reçus lors des séances de préparation. Le médecin est là pour vous rassurer, pour vous expliquer que presque toutes les femmes redoutent ce moment jusqu'alors inconnu et que, si vous avez envie de crier ou de pleurer, vous ne devez pas vous retenir. Il vous dira sans doute que l'équipe médicale qui vous accompagne ne portera aucun jugement sur votre comportement, qu'elle trouvera les mots pour vous aider et les gestes médicaux aptes à vous soulager si vous ne parvenez pas à dominer votre douleur, car elle sait que son intensité et son ressenti sont variables d'une personne à une autre.*

cette dernière visite, obligatoire, votre médecin vous recommandera certainement de prendre rendez-vous pour une ultime visite avant l'accouchement. De plus, il est important de vérifier que votre carnet de maternité est bien rempli.

Une césarienne s'impose

Dans un certain nombre de cas, la césarienne est décidée à la suite de la consultation médicale du 8e mois à laquelle s'ajoutent les informations apportées par l'échographie et divers examens. Les raisons de ces césariennes tiennent aux conditions physiques de la naissance : bassin trop étroit pour laisser passer normalement l'enfant, placenta situé sur le col de l'utérus et gênant la sortie du bébé ou encore présentation transversale de l'enfant, enfin, selon le cas, si la future maman a déjà dû subir une césarienne pour une première grossesse et que l'on prévoit une difficulté. Le rendez-vous est pris, mais pas dans l'immédiat. En effet, sans problème médical particulier, ces césariennes programmées ne se font jamais avant la 38e semaine et demie de grossesse. À cette date, la maturité pulmonaire du fœtus est accomplie et sa respiration aérienne sera normale.
Selon le cas et la volonté de la future maman, la césarienne peut se faire sous anesthésie générale, péridurale ou rachianesthésie.

Un bébé presque « parfait »

Votre bébé est déjà prêt à respirer. Au 8e mois, les alvéoles des poumons sont formées et se couvrent d'une substance, le surfactant, qui empêche les petits sacs de l'arbre pulmonaire de se rétracter. En cas de doute, l'amniocentèse permet d'apprécier la maturité pulmonaire, car on trouve des composants graisseux du surfactant. Les enfants nés prématurément doivent souvent être ventilés et il leur faut parfois un an ou deux pour « récupérer » des poumons normaux, en raison de l'agression de l'oxygène sur cet organe.
Mais heureusement, les poumons perfectionnent leur fonctionnement entre la naissance et l'âge de 8 ans. On constate encore, sans trop savoir pourquoi, davantage de strabisme chez les enfants prématurés que chez les autres.

9e MOIS

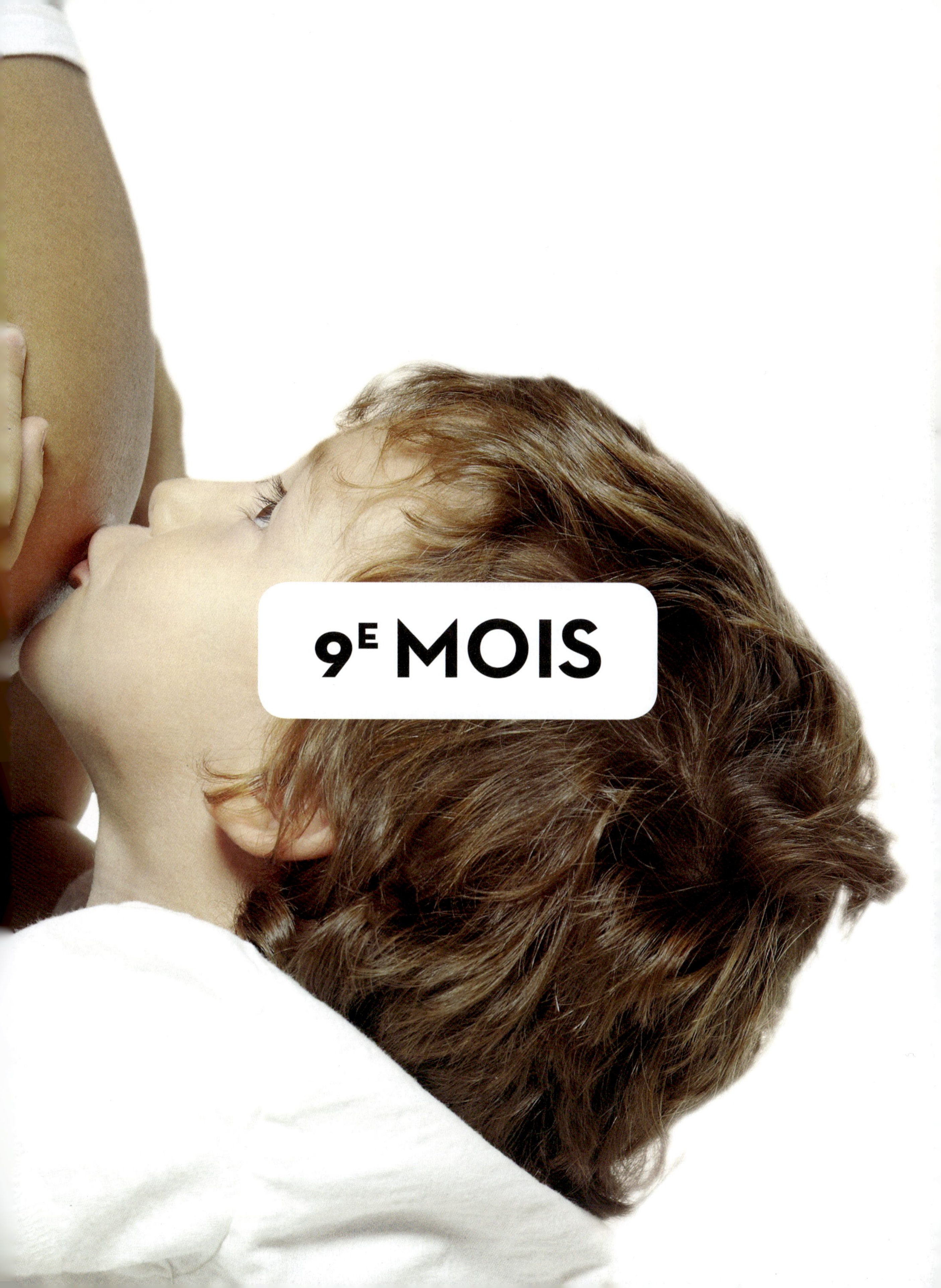

9e MOIS

Vous

Dans tout accouchement, la douleur est présente. Elle est souvent forte pour un premier enfant. C'est un phénomène curieux, dont on ne peut ni prévoir l'intensité ni savoir comment elle sera supportée. Aujourd'hui, il existe le moyen de combattre la douleur et l'angoisse avec la péridurale. Mais en aucun cas, cette analgésie ne doit être obligatoire. D'ailleurs, de plus en plus de consultations antidouleur se développent dans le cadre de la préparation à la naissance.

L'important, pour une jeune maman, c'est d'être active lors de son accouchement, c'est pourquoi une préparation est indispensable. Chaque femme devrait pouvoir vivre complètement son accouchement, un événement important qui se renouvelle peu de fois dans sa vie.

Terme de la grossesse, le neuvième mois est un moment plein d'ambiguïté. Vous êtes à la fois pressée d'en finir, inquiète de voir s'approcher le grand jour, excitée par les derniers préparatifs, lasse et alourdie par votre ventre.

Pratiquement au bout du chemin resurgissent toutes les questions qui ont ponctué ces neuf mois de grossesse. Sera-t-il le bébé que vous attendez ? Aura-t-il l'avenir que vous rêvez pour lui ? Sa naissance ne sera-t-elle pas trop compliquée ? Rassurez-vous, au moment où les contractions s'intensifieront, lorsque vous entrerez dans l'action, ces peurs disparaîtront pour laisser place à la concentration et à l'énergie qui, à leur tour, s'évanouiront en quelques secondes sous l'effet de l'émotion… L'une des plus fortes de la vie d'une femme.

Votre bébé

À QUI VA-T-IL RESSEMBLER ? Le bébé ne ressemble pas uniquement à son père et à sa mère. Les transmissions héréditaires sont bien plus complexes, et des antécédents familiaux peuvent resurgir alors que l'on n'y pensait pas. Si la médecine ne peut pas dire encore si le bébé aura les yeux bleus et le menton volontaire, elle connaît pourtant déjà beaucoup de choses sur lui grâce au suivi de la maternité, aux échographies et aux examens de dépistage anténatals. Dans le ventre de sa mère, le fœtus est de moins en moins un inconnu.

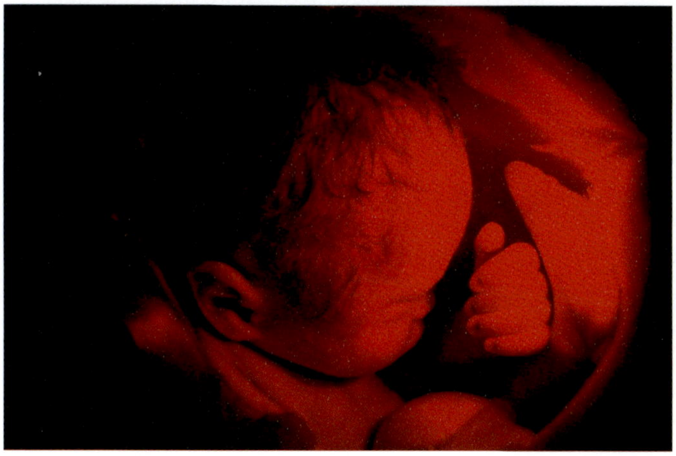

9 MOIS

Les bébés dorment beaucoup dans le ventre de leur mère, c'est pour eux le plus sûr moyen de grandir et de grossir afin d'être assez solides pour affronter le monde.

Prêt à naître

À neuf mois, votre bébé est presque prêt. Certains de ses organes fonctionnent bien, d'autres sont encore au ralenti et quelques-uns ont besoin d'attendre qu'il vive indépendant, à l'air libre, pour commencer à fonctionner.

Des organes presque parfaits

Pour la plupart des organes, la naissance sera un choc, suivi d'une lente maturation au cours des premiers mois, voire des premières années de la vie.

Le cerveau est parfaitement constitué ; il a une taille considérable par rapport au reste du corps, représentant un dixième du poids total du fœtus.
Mais le système nerveux est loin d'être entièrement achevé (p. 208). En effet, si toutes les cellules nerveuses sont là, elles ne possèdent pas toutes leurs fonctions et la myélinisation des fibres nerveuses, indispensable à un bon fonctionnement, n'est pas encore achevée : il leur faudra deux ans pour être prêtes !

« Il attend le signal hormonal qui le poussera dehors. Un processus qui reste encore un mystère. »

Les poumons contiennent leur arbre d'alvéoles ; celles-ci sont recouvertes d'une matière grasse, le surfactant, qui empêche qu'elles ne se rétractent. Ainsi, les poumons sont matures et l'air, en pénétrant à l'intérieur à la première inspiration, va déplisser complètement les alvéoles pulmonaires et mettre en route les muscles respiratoires.

Le cœur bat à 120-160 pulsations/min, mais sa morphologie est bien particulière : oreillette gauche et oreillette droite communiquent par le trou de Botal. Celui-ci se refermera au moment de la naissance, lorsque les poumons se rempliront d'air.

VOTRE FUTUR BÉBÉ A DÉJÀ UN PHYSIQUE DE « SÉDUCTEUR ». *Il a une peau rosée ; le duvet, le lanugo, qui la couvrait est pratiquement tombé. Certains bébés garderont jusqu'à leur naissance quelques petits poils sur la nuque ou sur les épaules. Le vernix, cette substance grasse et blanchâtre qui le recouvre et le protège, commence à se diluer dans le liquide amniotique. Il s'est arrondi, ses fesses sont plus grosses que sa tête, et il va encore grossir de 20 à 30 g par jour au cours du mois, et son poids de naissance va osciller entre 2,8 kg et 4 kg. La moyenne des bébés se situe à 3,2 kg.*

Les grandes fonctions en place

La circulation sanguine est aussi bien particulière. L'apport en oxygène et l'évacuation du sang ne se font que par l'intermédiaire du placenta, et la circulation est possible grâce aux vaisseaux du cordon ombilical ; le sang du fœtus ne passe ni par les poumons ni par le foie. Cette circulation sanguine s'établira normalement au moment de la naissance, par l'apport d'air et le clampage du cordon ombilical.

L'appareil urinaire est en place. Les reins ont commencé leur rôle de filtre, mais ils devront devenir matures pour remplir pleinement leur fonction, notamment en acquérant la capacité de concentrer les urines.

▸ **L'appareil digestif est une véritable miniature.** L'œsophage est très court. L'estomac a une capacité de 30 à 40 cm³. Le muscle qui ferme la communication entre l'œsophage et l'estomac est peu développé, ce qui explique la tendance facile à la régurgitation chez le nourrisson.

▸ **Ses intestins sont remplis de méconium,** qui sera expulsé lors des premières selles.

__Des prémices de mémoire mis en évidence.__ Grâce à l'observation des réactions d'un groupe de fœtus soumis à des stimulations acoustiques, on sait qu'à la veille de la naissance, le futur bébé possède déjà une certaine mémoire. Sa mémoire à court terme est d'au moins 10 minutes et sa mémoire à long terme de moins de 24 heures. Cela montre que son cerveau est prêt à tout apprendre du nouveau monde qui va le voir naître.

La morphologie d'un bébé

Sa structure osseuse est pratiquement terminée, seuls ne sont pas soudés les os du crâne pour faciliter le passage de la tête lors de l'accouchement. Il subsiste deux espaces, les fontanelles, l'une au-dessus du crâne, l'autre à l'arrière. Elles se fermeront dans les mois qui suivent la naissance. Si les caractéristiques physiques du corps sont en majorité déterminées au stade embryonnaire, leur développement se poursuit tout au long de la grossesse et bien après, puisque l'ossification se termine après la puberté. La construction du corps est une longue aventure génétiquement programmée et sous la dépendance de l'hormone de croissance. Si c'est au cours du 2e mois que commence l'ossification du squelette, c'est un mois plus tard que le corps s'allonge, les bras se développent, on commence à distinguer l'avant-bras, le coude et la main. Les jambes « poussent » quelques jours plus tard. Il est étonnant de constater que cette croissance, notamment des membres, se fait de manière symétrique. À ce jour, le mystère de ce développement synchronisé n'a pas été élucidé. La croissance des os longs des bras et des jambes se fait par les extrémités sous l'effet d'une plaque de croissance (plaque épiphysaire) faite d'un cartilage spécifique, dont certaines de ses cellules ont la propriété de devenir de l'os. Chaque bras et chaque jambe se développent au même rythme, avec un taux de croissance rapide, pendant toute la période embryonnaire et jusqu'à l'âge de trois ans. À la naissance, la taille d'un nourrisson varie de 48 à 52 cm.

Des sens fonctionnels

Sur le plan des sens, il est parfaitement équipé pour bien entrer dans la vie.

▸ **La vision est floue dans l'ensemble,** mais nette à 20 cm de distance. Mais l'enfant ne possède pas encore la possibilité d'accommoder sa vision.

▸ **L'audition est tout à fait fonctionnelle.** Il reconnaît la voix de ses parents et a déjà mémorisé un certain nombre d'intonations.

▸ **L'équilibre existe.** Il est déjà prêt pour la station debout.

▸ **Son goût est encore peu développé,** mais il distingue l'amer du sucré. Ses papilles gustatives n'ont plus qu'à apprendre.

▸ **Le toucher est aussi parfaitement fonctionnel,** et il est particulièrement sensible autour de la bouche.

▸ **L'odorat est sensible ;** le bébé aura, à la naissance, une prédilection pour l'odeur de sa mère.

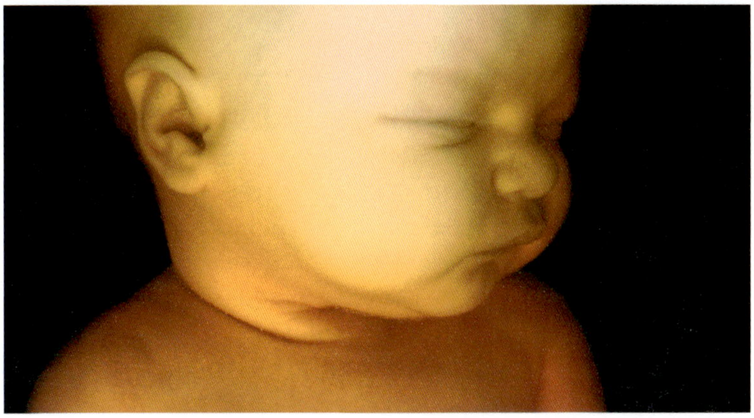

L'aider à se retourner

Lors de cette visite médicale, le médecin va procéder aux mêmes contrôles que ceux effectués lors des visites précédentes : poids, recherche de l'albumine, tension, toucher vaginal. Cet examen gynécologique est très important, puisqu'il indique si la naissance se prépare.

Prêt à plonger dans la vie

Par le toucher vaginal, le médecin apprécie la maturation du col, constate s'il se ramollit, s'il se raccourcit, s'il commence à se placer dans l'axe du vagin. Par la palpation de l'abdomen, il contrôle la position de l'enfant. Si le mois dernier, il ne s'était pas retourné, l'a-t-il fait maintenant ? Dans 96 % des cas, l'enfant se présente tête en bas, en présentation dite « céphalique ».

Dans le cas contraire, si sa tête est toujours en haut, calée dans le fond de l'utérus, ou s'il s'est positionné en travers de l'utérus, le médecin peut l'aider à se retourner. Ces manœuvres obstétricales sont pratiquées depuis très longtemps. Aujourd'hui simplement, les gestes ancestraux sont simplement réalisés sous échographie et parfois avec la surveillance du rythme cardiaque de l'enfant. L'échographie contrôle bien sûr la présentation mais aussi la position du placenta et celle du cordon ombilical. Le risque majeur : une altération du rythme cardiaque par exemple, en raison d'une traction du cordon. Mais le médecin ne forcera jamais cette tentative de version qui est faite sur rendez-vous à la maternité. Afin d'aider la manœuvre, on donne à la maman un traitement destiné à relâcher quelque peu l'utérus. Celle-ci ne dure que quelques minutes et après un contrôle du rythme cardiaque du bébé et un peu de repos, la future maman rentre chez elle. Dans les situations d'incompatibilité rhésus, une injection de gammaglobuline anti-D est faite avant que la future maman ne quitte la maternité.

> **« Un accouchement par le siège est tout à fait possible mais nécessite des conditions spécifiques. La question reste entière sur qui et quoi décident de la position du bébé dans l'utérus. »**

DANS 25 % DES CAS, L'ENFANT S'EST DÉJÀ PLACÉ TÊTE EN BAS *au cours des derniers mois de la grossesse. Mais il peut aussi choisir d'adopter cette position dans les semaines qui précèdent l'accouchement. 4 à 5 % des bébés ne se retournent pas et naissent donc par le siège. On parle de siège complet lorsque le bébé arrive par les pieds, et de siège décompleté lorsque ce sont les fesses qui sortent les premières.*

Le faire basculer

Le travail de l'obstétricien consiste à inciter le bébé à changer de position. Par massage et par pression des mains sur l'abdomen, il est possible de le faire basculer en douceur. Le médecin place une main sous les fesses du bébé, l'autre se positionne à hauteur de l'arrière de la tête. Par un mouvement de basculement lent, il va essayer de provoquer la rotation de l'enfant.

Pour aider la manœuvre, on demande souvent à la future

maman une respiration ample. Une fois sur deux, on réussit à décider le petit récalcitrant. Au besoin, cette tentative peut être renouvelée. On constate une meilleure efficacité de la « version par manœuvre externe » lorsqu'il s'agit d'une seconde, voire d'une troisième naissance. Ce geste n'est douloureux ni pour la mère ni pour l'enfant. Un contrôle de sa position et de son rythme cardiaque est prévu quelques jours plus tard. Très rarement, on constate ensuite des incidents tels que la perte des eaux, des saignements ou des contractions ; ils exigent une hospitalisation pour une surveillance approfondie.

Ce retournement de dernière minute a cependant des contre-indications : utérus mal formé ou présentant des cicatrices, ou encore placenta bas inséré. Certains médecins sont réservés sur ce retournement forcé. Ils craignent toujours une malformation utérine non diagnostiquée, un cordon ombilical un peu court ou enroulé autour du cou du bébé, une particularité que seul un écho-Doppler révèle. C'est enfin au cours de cette visite que le médecin examinera votre bassin pour s'assurer du passage aisé du bébé. Si votre bébé se présente par le siège, il est indispensable de s'assurer que votre bassin est assez large pour lui permettre le passage.

Il existe d'autres solutions pour tenter d'aider le bébé à se retourner. *Leur taux de succès est variable, mais elles ne sont jamais dangereuses. Ainsi, la future maman peut essayer les méthodes posturales telles que « le pont indien » ou « la prière musulmane ». La première consiste à s'allonger sur le dos, puis à surélever les fesses de 30 cm ; pour être utile, il faut tenir cette posture tous les jours, à raison de deux séances de 20 minutes. La seconde, dite « position genu-pectorale » ou « prière musulmane », consiste à s'agenouiller et à poser les avant-bras au sol plusieurs fois par jour.*

Autre solution : l'acupuncture qui, en stimulant un point unique du corps, a pour effet d'augmenter les mouvements du bébé in utero, lui donnant ainsi l'occasion de se retourner comme par inadvertance.

L'objectif de l'ostéopathie est de travailler sur la mobilité du bassin et de détendre le muscle utérin en espérant ainsi donner au bébé plus d'espace et lui permettre de se retourner. Une bonne préparation ostéopathique se fait en quatre ou cinq rendez-vous chez le praticien.

Enfin, l'haptonomie, si elle est pratiquée depuis plusieurs mois, incite le bébé, par la parole et le massage, à se placer tête en bas.

Mesurer le bassin

La présentation par le siège n'induit pas obligatoirement une naissance par césarienne. Tout dépend de la largeur du bassin de la future maman.

Le médecin accoucheur s'assure, par le scanner ou la radiographie, que la tête du bébé aura largement la place de passer. Le médecin peut alors demander une échographie et une radiopelvimétrie ou un examen au scanner, qui mesurent les différents passages osseux.

La radiopelvimétrie donne donc des indications précises, par des clichés de face et de profil, de la largeur ou plutôt de la circonférence des axes du bassin.

Le praticien contrôle aussi la position de la tête, qui doit être fléchie, le menton sur la poitrine. Ces radios au dosage minimal en rayons X sont sans danger pour la mère comme pour l'enfant. Le même type d'examen est pratiqué lorsque la future maman a été victime d'un accident ayant endommagé son bassin.

Il peut aussi prescrire une échographie du « contenu utérin » pour apprécier le poids de votre bébé. Les examens détermineront si vous devez accoucher par césarienne (p. 384).

Tête en haut, tête en bas

C'est votre bébé qui décide de sa position dans l'utérus. Celle qu'il juge la plus confortable ? Difficile de le dire, certaines paraissent tellement extravagantes... La présentation par le sommet est celle qui facilite le mieux l'accouchement.

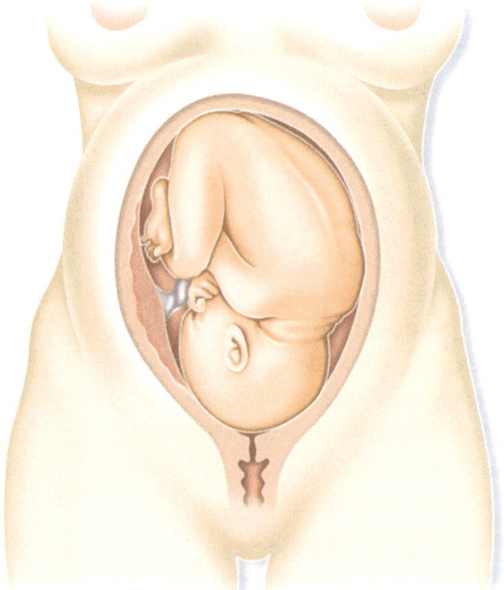

Présentation par le sommet de la tête. La grande majorité des bébés se présente dans cette position, la tête fléchie, le menton contre le thorax.

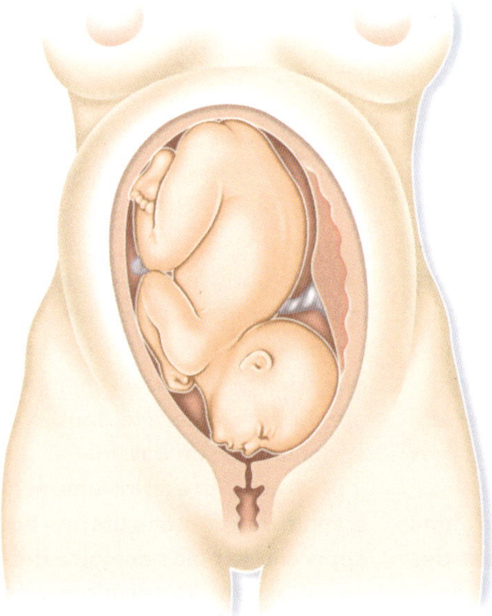

Présentation par la face. La tête est bien la première, mais l'enfant présente la partie la plus large, soit un diamètre de 13,5 cm pour un diamètre moyen de bassin de 12,5 cm. Si l'enfant tourne son menton, l'accouchement peut se faire par les voies naturelles, mais le visage de l'enfant est souvent fort tuméfié.

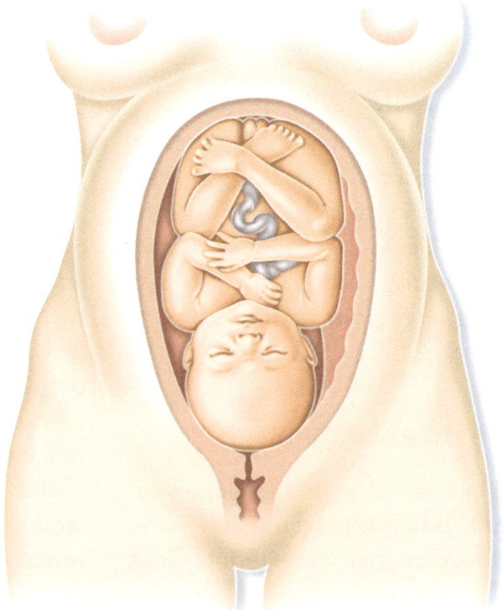

Présentation par le front. Le diamètre de la tête dit « occipito-mentonnier » est de 13 cm. La césarienne est obligatoire.

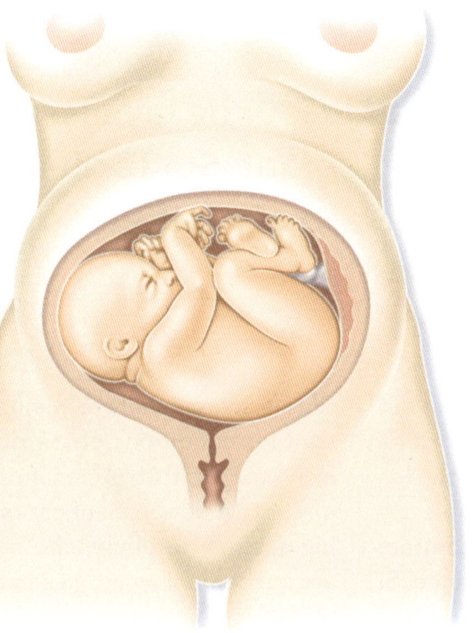

La présentation par l'épaule ou présentation transversale, l'enfant ne peut même pas s'engager dans le bassin. La césarienne est obligatoire.

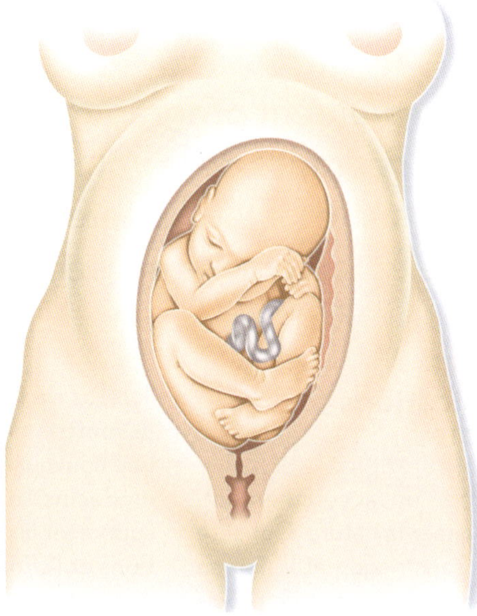

Présentation par le siège. 4 % des bébés naissent par le siège. L'accouchement est un peu plus long, mais se fait par les voies naturelles.

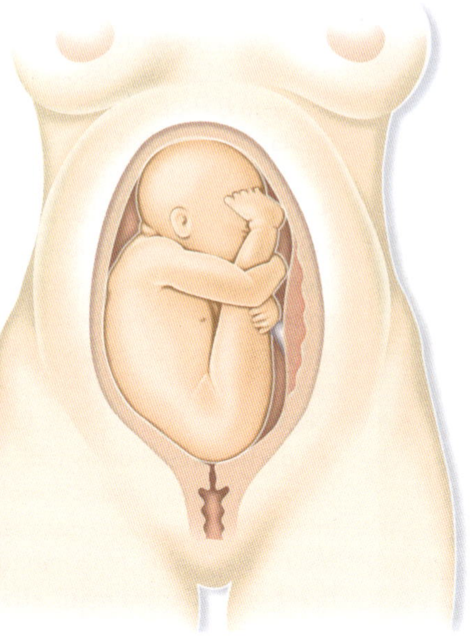

Siège décomplété. Le bébé a les jambes relevées, ses pieds sont à la hauteur du visage.

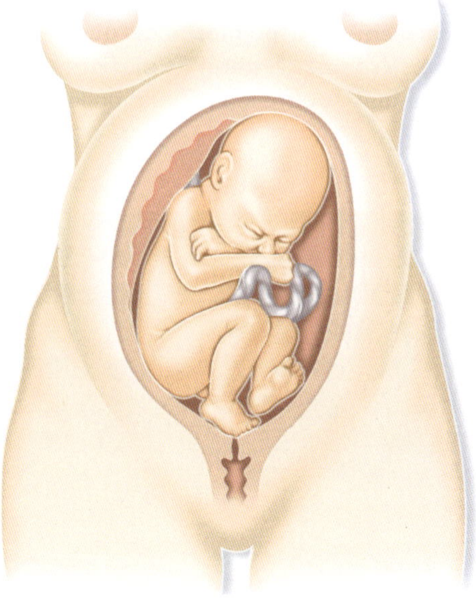

Siège décomplété avec les pieds qui se présentent en premier.

Naître à la demande

Un accouchement programmé signifie choisir le jour de la naissance, sans tenir compte de la volonté de naître de l'enfant. Sur le plan médical, on situe la date idéale pour accoucher entre le milieu de la 39 semaine et la fin de la 40 semaine d'aménorrhée.

Sur indications médicales

Déclencher un accouchement, c'est devancer la nature. Cet acte n'est pas sans risque et il doit se pratiquer pour des motifs précis et dans des conditions médicales idéales. Les indications médicales sont de deux ordres. Pour des raisons de santé maternelle, il est indispensable d'abréger la durée de la grossesse. C'est, par exemple, le cas d'une mère hypertendue ou présentant une affection cardiaque ou pulmonaire. L'autre raison est l'intérêt du fœtus. L'enfant souffre dans l'utérus de la mère et mieux vaut le mettre en observation dans une couveuse, à condition que les médecins l'estiment capable de supporter la poussée des contractions et l'effort de la naissance. Si ce n'est pas le cas, il faudra procéder à une césarienne.

Bien sûr, certaines conditions sont indispensables pour ces accouchements à la demande, notamment des paramètres obstétricaux idéaux et la présentation classique de l'enfant tête en bas. Tous ces éléments peuvent être évalués, ce qui permettra d'apprécier la plus ou moins grande facilité avec laquelle se fera l'accouchement.

Aux impératifs médicaux s'ajoutent parfois des convenances personnelles : *la mère souhaite accoucher à une date bien déterminée pour des raisons de confort à la fois familial et psychologique. Ainsi, le papa peut être présent à la naissance de son enfant. Autres avantages : la future maman est à jeun, reposée ; la surveillance fœtale s'établit dès le début, le contrôle des contractions est aisé, la mobilisation de l'équipe médicale est totale et la disponibilité de l'obstétricien que la future accouchée a choisi garantie. De plus, elle n'arrivera pas à la maternité en urgence, surtout si elle a fait le choix d'un lieu un peu éloigné de son domicile.*

Plus le score est élevé, meilleures sont les conditions obstétricales. Enfin, on doit être certain de la maturité du bébé. Sauf cas pathologique, on ne déclenche pas un accouchement avant 38 semaines et demie ou 39 semaines. Encore faut-il être sûr de la date du terme et donc de parfaitement connaître la date du début de la grossesse pour éviter la naissance prématurée du bébé. Le col de l'utérus doit être dans un état favorable, c'est-à-dire « mûr ». Les renseignements que donne le toucher vaginal sont collectés sous forme de tableau et de scores. Le plus classique est le score de Bishop. Il tient compte de la dilatation, de l'effacement, de la consistance, de la position du col, de la hauteur de la tête fœtale par rapport au bassin. Tous ces éléments sont totalisés et donnent un score qui, supérieur ou égal à 5, est idéal pour un déclenchement réussi.

On peut, lorsque le col de l'utérus est partiellement ouvert, décoller les membranes fœtales du col, une intervention manuelle qui n'est pas toujours agréable. Mais habituellement on obtient la maturation du col en appliquant un gel à base de prostaglandine. Cette maturation se fait en quelques heures ; parfois elle peut prendre un peu plus de temps, jusqu'à 24 heures avant

de décider le déclenchement du travail.
À ces conditions s'en ajoutent d'autres. Il faut que la future maman donne son consentement et, éventuellement, son compagnon doit faire de même. Enfin, il ne doit pas y avoir de contre-indication.

La « poche des eaux » est constituée des deux membranes qui entourent le fœtus depuis le début de la grossesse et qui, au fur et à mesure de son développement, se rapprochent des parois de l'utérus. Elles contiennent le futur bébé et le liquide amniotique. Au dernier stade de la grossesse, il est essentiellement composé de l'urine du bébé dont les reins fonctionnent depuis le troisième mois de la grossesse. Avant de procéder à la rupture artificielle de la poche des eaux, la sage-femme et l'accoucheur vérifient l'état du col : s'il est perméable, ils peuvent rompre les membranes pour accélérer le travail de l'accouchement. Ils utilisent un perce-membrane, qui ressemble à une longue tige terminée par un ergot. Ce geste n'est pas douloureux, puisque les membranes ne sont pas innervées. Il a pour conséquence d'intensifier les contractions.

Un protocole bien défini

Mais un tel accouchement ne se fait pas dans n'importe quelles conditions. Sa réussite tient au fait qu'il doit être déclenché au bon moment. Le déclenchement proprement dit se pratique par la perfusion d'une hormone, l'ocytocine, qui déclenche les contractions de l'utérus. La femme est allongée sur le lit d'accouchement, on installe autour d'elle des appareils de surveillance des contractions utérines et du rythme cardiaque fœtal. On augmente progressivement, sous ce contrôle permanent, la dose d'ocytocine, jusqu'à ce que l'on obtienne des contractions bien régulières (lorsque la dilatation du col le permet). On envisage de rompre la poche des eaux pour stimuler la naissance. Grâce à une petite tige introduite lors d'un toucher vaginal, le médecin rompt les membranes. Ce geste médical est indolore.

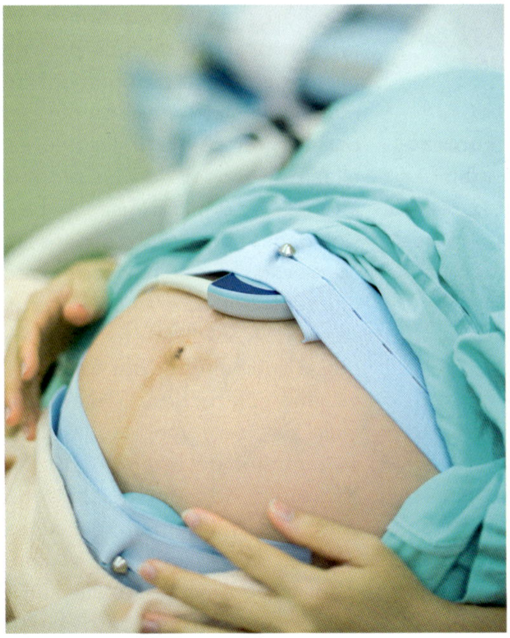

Aujourd'hui, le déclenchement est associé le plus souvent à une péridurale (p. 378) pour permettre à la mère de mieux supporter la longueur accrue du temps de travail. La consultation de préparation à l'anesthésie péridurale est alors programmée. Au cours de celle-ci, le médecin explique les précautions à prendre et les risques encourus. Il précise aussi les modifications qu'elle entraîne dans le déroulement du travail de l'accouchement. Il examine la future maman pour prévoir les produits anesthésiants les mieux adaptés. Il demande en outre un certain nombre d'examens, tels que le contrôle du groupe sanguin, une numération de la formule sanguine, le dosage d'hémoglobine et la normalité de la coagulation.

Reconnaître le bon moment

Vous êtes peut-être comme la plupart des futures mamans, surtout pour un premier bébé, inquiète du côté imprévisible du déclenchement de l'accouchement. Rassurez-vous, malgré la publicité donnée aux naissances dans des lieux publics ou inhabituels, pratiquement toutes les futures mamans ont le temps d'arriver à la maternité.

Un déroulement précis

Pour une première naissance, l'accouchement dure en moyenne de 8 à 10 heures. Si vous avez eu un premier accouchement rapide, si vous avez choisi ou si vous êtes obligée, faute de proximité, de vous faire suivre par un service hospitalier ou une maternité éloignée de votre domicile, prenez quelques précautions.
Voici quelques repères qui, habituellement, annoncent l'imminence de l'accouchement, comme, par exemple, la perte du bouchon muqueux qui obstruait le col de l'utérus. La perte du bouchon muqueux se produit parfois avant même la perception de contractions. Celles-ci existent pourtant mais elles sont encore indolores... Mais l'expulsion du bouchon muqueux peut se faire quelques jours avant l'accouchement (en moyenne 3 jours) ou dans les heures qui précèdent. Certaines femmes ne s'en aperçoivent d'ailleurs même pas.

Des manifestations précises

Vous ressentez des contractions douloureuses de manière très régulière. Comptez, elles reviennent toutes les 5 minutes et durent 30 à 40 secondes depuis une heure : il faut partir si c'est votre deuxième enfant. Pour une première naissance, vous pouvez attendre 2 heures tranquillement chez vous. Prenez la précaution d'aller à la selle. Un bain ou une douche, peuvent aider à vous relaxer, à condition que vous n'ayez pas encore perdu les eaux.
Les contractions efficaces sont régulières et reviennent à un rythme précis que vous pouvez mesurer. Elles se rapprochent de plus en plus et durent de plus en plus longtemps. Au fil des heures, elles deviennent de plus en plus intenses et douloureuses, la tension dans le bas-ventre et dans les reins est de plus en plus forte, avec une sensation de crampe. L'utérus se rétrécit. Si vous n'êtes pas sûre que la douleur que vous éprouvez est une contraction, posez votre main sur votre ventre. S'il durcit au moment de la douleur, c'est bien une contraction qui déforme votre utérus. Attention : certaines femmes ne ressentent pas vraiment de contractions, mais plutôt des envies fréquentes d'aller à la selle ou d'uriner ; d'autres ressentent des contractions en haut du ventre, sous les côtes. Mieux vaut dans ces deux cas, vous rendre à la maternité pour faire un bilan médical.

BON NOMBRE DE FUTURES MAMANS SE RENDENT TROP TÔT À LA MATERNITÉ. *Selon « l'encombrement » de la maternité et le moment de la journée, on les gardera ou on leur demandera de rentrer chez elles. En effet, très souvent, il s'agit d'un « faux travail » : les contractions enregistrées sont irrégulières, assez espacées, localisées tantôt d'un côté, puis de l'autre et puis elles disparaissent sous l'effet d'un antispasmodique en suppositoire, ou tout naturellement sans aucune intervention. L'accouchement est prévu pour un peu plus tard, car elles n'ont encore aucun effet sur la modification du col de l'utérus.*

▸ **Vous avez perdu les eaux.** Ces eaux sont une bonne partie du liquide amniotique dans lequel baigne le bébé. Normalement, c'est un liquide clair. Souvent une première fuite est suivie d'une autre moins forte mais plus constante. Cette rupture, ou la simple fissure des membranes qui forment ce que l'on appelle la poche des eaux, peut se faire sans la moindre contraction. Après avoir mis une protection périodique ou un linge propre pour protéger l'enfant de l'atteinte de tout germe, vous devrez vous rendre à la maternité sans délai. Voyagez allongée ou semi-assise.

Deux cas particuliers demandent un départ à la maternité des plus rapides :

• Une deuxième naissance se passe en général plus vite qu'une première, le travail est beaucoup moins long et les contractions se déclenchent souvent plus franchement et plus régulièrement.

• Une naissance annoncée par le siège, un utérus cicatriciel, l'arrivée de jumeaux, la prescription d'un accouchement par césarienne demandent un départ rapide, dès le début du travail. Il est indispensable de permettre une surveillance étroite de ce type d'accouchement.

Conservez, près du téléphone, le numéro d'un service d'ambulances.

Rester à jeun

Avant de quitter votre domicile, vous pouvez boire uniquement de l'eau nature mais il est préférable de ne rien manger, ce qui serait gênant en cas d'anesthésie. Parfois encore, les contractions en fin de dilatation ou à l'expulsion peuvent provoquer des nausées voire des vomissements. De même, il est préférable de vider vos intestins, pour ne pas être gênée au moment de l'accouchement, en vous aidant au besoin d'un suppositoire de glycérine. Vous avez le temps de prendre une douche ou un bain et de profiter des vertus relaxantes de l'eau.

Une décision partagée

Qui décide du moment de l'accouchement : la mère ou le bébé ? On sait que, dans les toutes dernières semaines, le taux d'œstrogènes de la mère augmente et que celui de la progestérone diminue. Au moment de l'accouchement, son système hormonal produit des prostaglandines placentaires qui stimulent les fibres musculaires de l'utérus, provoquant les contractions.

De son côté, on sait que le fœtus produit une substance stimulant les hormones maternelles. Il arrive encore que l'accouchement se déclenche après un rapport sexuel. En effet, celui-ci entraîne une production de prostaglandines qui agissent sur le muscle utérin et provoquent des contractions. Cet accouchement est joliment appelé « à l'italienne ».

Jouer les prolongations

Vous deviez accoucher hier, et vous n'avez toujours pas la moindre contraction. Pour l'instant, rien ne justifie vos craintes. En effet, l'Organisation mondiale de la santé (OMS) estime que l'on peut parler de dépassement de terme pour une grossesse qui se prolonge au-delà de 294 jours, soit 42 semaines d'aménorrhée.

Agir avec prudence

La grossesse est dite « anormalement prolongée » lorsqu'elle continue au-delà du 295e jour d'aménorrhée. Le diagnostic de dépassement du terme n'est pas facile à formuler. En effet, toutes les femmes n'accouchent pas précisément au bout de 39 semaines de gestation (41 semaines d'aménorrhée), chacune est réglée par son horloge interne. De plus, certains facteurs héréditaires semblent jouer. Statistiquement, on s'aperçoit encore qu'un tiers des grossesses qui se prolongent sont primipares, c'est-à-dire que la future maman attend son premier enfant. Le retard découle souvent d'une imprécision totale du début de la grossesse. Le seul moyen de la dater, à plus ou moins 3 jours, reste l'échographie du premier trimestre (p. 132). Cette précision est essentielle lorsque ce n'est pas la même personne qui suit la future maman tout au long de sa grossesse.

Sur la totalité des enfants nés « en retard », 45 % ne sont en rien différents des enfants nés à terme, 45 % sont qualifiés d'hypermaturés (ils ont simplement « profité » du confort utérin). Seuls 10 % des enfants sont considérés comme nés après terme et ont réellement des problèmes.

> **« Le « terme » désigne la date qu'il ne faudrait pas dépasser et non la date imprévisible de l'accouchement. »**

La durée de la grossesse est de 9 mois *ou 275 jours à partir de la fécondation, date qu'il n'est pas toujours évident de définir très exactement. Pour la calculer, les Anglais ajoutent 40 semaines à la date de l'apparition des dernières règles. Autre pratique, approcher au mieux la date de la fécondation en déterminant celle de l'ovulation (qui concorde à 24 heures près), puis y ajouter 275 jours ou 9 mois. Mais la date de l'accouchement ne peut jamais être fixée à 1 ou 2 jours près (sauf en cas d'accouchement provoqué). Il faut tenir compte du fait que certains événements peuvent avancer la naissance : une émotion, un voyage fatigant ou même une simple grippe qui, en raison de la fièvre qu'elle occasionne, déclenche des contractions. Plusieurs études montrent que le terme de la grossesse est plus court de quelques semaines chez les femmes de couleur d'origine africaine, antillaise ou métis. Il n'est pas rare de leur proposer un déclenchement une semaine plus tôt que les femmes blanches afin d'éviter des complications.*

Éviter la souffrance fœtale

Le médecin doit déterminer s'il y a souffrance fœtale ; si c'est le cas, après contrôle par différents examens, il provoque l'accouchement. On estime que 10 % des futures mamans dépassent le terme fixé. Les trois quarts d'entre elles accouchent deux ou trois jours après celui-ci. Toutes les autres bénéficient d'une surveillance particulière dès la fin de la 40e semaine avec surveillance du rythme cardiaque et de l'état du liquide amniotique. L'échographie permet d'en évaluer la quantité. S'il diminue trop, l'enfant est en danger.

Si le col de l'utérus est assez ouvert, le médecin ou la sage-femme complète parfois cet examen par une amnioscopie. Si le liquide est clair, aucun problème ; en revanche, si le liquide est teinté, cela signifie que l'enfant a émis ses premières selles de méconium, il faut intervenir. On demande également à la future maman de surveiller les mouvements de son bébé. Si celui-ci ne bouge pas pendant 12 heures, on peut craindre une souffrance fœtale.

D'une manière générale, on surveille attentivement le bébé, par les enregistrements de ses battements cardiaques. Ces examens sont renouvelés tous les jours ou tous les deux jours selon les maternités. Si le dépassement atteint 42 semaines, l'accouchement est alors déclenché, ou même avant si le col de l'utérus est favorable (ouvert, souple et court). Tout sera préparé pour accueillir un nouveau-né « à risque ». Si le bébé est vraiment en terme dépassé et que le col n'est pas favorable, l'accouchement par césarienne peut être envisagé.

Un bébé en dépassement de terme présente parfois une silhouette amaigrie, à la peau sèche et fripée ; il n'a plus de vernix protecteur sur sa peau, ses cheveux et ses ongles sont longs. Son crâne est bien ossifié. S'il naît en état de souffrance en raison du dépassement du terme, il est susceptible de présenter des troubles neurologiques ainsi qu'une détresse respiratoire grave. Sa vie est fragile. Ces troubles ont sans doute pour origine le vieillissement du placenta, incapable de poursuivre sa tâche au-delà de la date pour laquelle il a été « programmé ». Il ne peut plus nourrir, oxygéner et débarrasser le liquide amniotique des déchets rejetés par le bébé. L'enfant, très vite, souffre de déshydratation. Il arrive même qu'il soit victime de malaises en raison de carences en sucre et en calcium, mais le plus redoutable pour lui est le manque d'oxygène. Plus l'enfant est prisonnier longtemps, plus les risques s'aggravent.

La maternité dans le monde animal est parfois étonnante. *Ainsi, le plus gros bébé du monde est celui d'une baleine, le rorqual. Il pèse 8 tonnes et mesure 7 m de long. La gestation d'une baleine est de 16 mois et elle n'a un bébé que tous les 3 ans. L'éléphante met bas tous les 4 ans, tous les 8 ans en cas de surpopulation ; la gestation est de 20 à 22 mois.*

Deux espèces animales font appel à des sages-femmes : les dauphins et les éléphantes sont assistées de femelles plus âgées. Chez les hippocampes, c'est le mâle qui « accouche » et élève les enfants dans sa poche ventrale, la femelle y ayant déposé les œufs dont elle ne s'occupera plus. Le manchot couve l'œuf que lui confie la femelle dans une poche incubatrice et ne mange pas durant la couvée, qui dure 60 jours.

Mais le plus extraordinaire est cet oiseau qui construit un tumulus où pond la femelle. Il en contrôle la température pendant toute l'incubation, en ajoutant ou en enlevant du compost dont est fait le nid.

Qui va vous accoucher ?

Plus d'un tiers des accouchements en France sont faits par des sages-femmes et, dans la plupart des maternités, c'est la première personne que vous allez rencontrer dans votre chambre. C'est elle qui vous assiste tout au long de votre accouchement.

Le rôle de la sage-femme

Dès votre arrivée à la maternité, vous serez accueillie par une sage-femme. Au sein d'une maternité, la sage-femme fait partie du personnel médical. Elle a un pouvoir de prescription et est habilitée à faire un certain nombre de gestes comme l'épisiotomie ou la réanimation du nouveau-né, sa formation l'y a parfaitement préparée. Elle consultera votre dossier médical si cette maternité est celle où vous avez effectué le suivi de votre grossesse, sinon elle examinera votre carnet de maternité. Puis elle procédera à différents examens : prise de tension, pesée, analyse d'urine, mesure de la hauteur utérine. Un toucher vaginal lui indiquera si l'accouchement a commencé, elle mettra en place un monitorage afin d'enregistrer les battements du cœur de votre enfant et la puissance des contractions. C'est l'analyse de toutes ces informations qui déterminera si vous devez rester à la maternité. Si le moment tant attendu est relativement proche, la sage-femme vous conduira soit en salle de prétravail, soit dans une chambre où vous disposerez de matériel comme de gros coussins, un gros ballon, une barre d'étirement et parfois une baignoire ou un jacusi.

« Les sages femmes réalisent 70 % des accouchements. »

La sage-femme vous encouragera à bouger et à marcher afin d'aider l'enfant à descendre et à mettre sa tête dans le bon axe pour s'engager dans le bassin. Certains mouvements favorisent l'écartement du bassin. Enfin, le bain permet de se détendre entre deux contractions. Régulièrement, elle surveillera la progression du travail.
Si l'accouchement est bien engagé, elle vous installera en salle de naissance.
Dans tous les cas, son rôle est de contrôler votre état de santé ainsi que celui du bébé et le bon déroulement du travail. De plus, elle va s'assurer que tout se poursuit normalement. Elle pratique d'abord des gestes simples, tels que l'écoute des bruits cardiaques de l'enfant. Au moyen d'un appareil électrique qui capte les sons, elle effectue ce contrôle environ toutes les heures d'abord, puis beaucoup plus souvent au fur et à mesure que le travail avance. Elle contrôle aussi votre tension artérielle. Par des touchers vaginaux réguliers, elle surveille la dilatation du col, l'engagement de la tête (ou des fesses) de l'enfant ainsi que sa rotation. Elle installe un appareil de surveillance, le monitoring, qui lui permet de s'assurer que tout se passe bien. Dans la grande majorité des cas, c'est elle

***Il est important que l'équipe qui vous entoure** ait une bonne complémentarité et des compétences bien délimitées. Autrefois, beaucoup d'accouchements étaient faits par les généralistes. Aujourd'hui, seuls ceux qui s'en sont donné les moyens les pratiquent. La médecine évolue, elle est devenue plus collégiale, plus spécialisée, et l'accouchement est affaire de spécialistes, médecins accoucheurs et sages-femmes.*

qui met l'enfant au monde. Elle vous guide dans la respiration, vous conseille de vous reposer, vous aide à retrouver votre calme, vous stimule pour pousser. Elle vous accompagne jusqu'à la délivrance. Elle retranscrit ensuite toutes ses observations sur une feuille, le partogramme.

VOUS ÊTES MAMAN POUR LA PREMIÈRE FOIS ? *Ne soyez ni inquiète ni contrariée si la sage-femme vous invite à regagner votre domicile. Elle a constaté que le travail de votre accouchement n'a pas réellement commencé et elle connaît parfaitement le temps normal que dure la dilatation d'une « primipare ». De plus, elle vous donnera des indications très précises sur les manifestations des débuts du travail de l'accouchement et donc de votre retour à la maternité.*

L'obstétricien

Le médecin accoucheur intervient le plus souvent à la demande de la sage-femme lorsqu'une complication survient et qu'il faut aider l'enfant à naître soit avec l'utilisation d'instruments comme les forceps ou la ventouse, soit en ayant recours à une césarienne. L'accoucheur est parfaitement formé pour pratiquer cet acte, Si vous avez choisi d'accoucher dans une maternité du secteur privé parce que vous souhaitez que votre accouchement soit assuré par un médecin précis, la sage-femme l'appellera lorsqu'elle jugera que la naissance est proche, au moment de l'expulsion. Dans tous les cas, à l'hôpital comme dans une maternité privée, la présence d'un médecin de garde à toute heure du jour et de la nuit est obligatoire. Dans les grandes maternités hospitalières, l'encadrement médical de la naissance obéit à une hiérarchie. Tout en haut de la pyramide, se trouve le professeur, chef de service. Il est secondé par un ou deux adjoints praticiens hospitaliers. Les chefs de clinique, médecins spécialisés/séniors (gynécologues-accoucheurs, pédiatres, anesthésistes, etc.) ont la responsabilité d'une partie du service. À leurs côtés travaillent les médecins attachés, qui viennent une ou deux fois par semaine pour dispenser certains soins particuliers, en gynécologie obstétrique ou en pédiatrie, par exemple. Enfin, les internes, les chefs de clinique ou les assistants assurent généralement le service de garde. Vous rencontrerez aussi des externes qui sont là, comme les élèves sages-femmes, pour apprendre leur métier.

Un travail d'équipe

À la maternité hospitalière universitaire, vous allez encore rencontrer d'autres personnes, membres du personnel médical et hospitalier. Chacun a son rôle. Le personnel hospitalier se compose, en plus des sages-femmes, des infirmières, des puéricultrices, des auxiliaires de puériculture, des aides-soignantes. Celles-ci sont assistées dans leur tâche par le personnel de service chargé du nettoyage, de la cuisine et des petits services aux patients. Le personnel hospitalier travaille en équipe avec le personnel médical.

Une naissance inopinée

La crainte de ne pas avoir le temps de se rendre à la maternité fait partie des peurs classiques des futures mamans. Qu'elles se rassurent, cette situation est rare, elle n'existe pratiquement pas pour un premier enfant, elle se rencontre pour les enfants de rang deux ou trois.

Un accouchement express

Dans la grande majorité des cas, la future maman qui attend son premier enfant a entre 8 et 12 heures devant elle pour se rendre à la maternité entre le moment où elle constate les signes probants que l'accouchement s'est déclenché et la naissance de l'enfant. Celle qui est enceinte pour la deuxième ou troisième fois dispose de moitié moins de temps. Enfin, certaines femmes, sans que l'on puisse réellement l'expliquer, accouchent extrêmement rapidement. Les contractions sont presque immédiatement fortes et efficaces, la dilatation est rapide et très vite l'envie de pousser apparaît. Si vous vous trouvez dans cette situation et si vous ne pouvez pas atteindre votre maternité en quelques minutes, mieux vaut rester à votre domicile qu'accoucher dans une voiture au bord de la route.

Premier point : essayez de ne pas trop paniquer et dites-vous qu'après tout, il fut une époque où les bébés naissaient à la maison, c'est peut-être le cas de votre mère, et que dans le monde, un nombre considérable d'enfants naît hors maternité. Quelle que soit la latitude, même dans les lieux les plus reculés de la terre, on observe pourtant une constante, la future maman n'accouche pas dans la solitude, elle est entourée d'une ou deux personnes. Ce sera donc votre premier souci, trouver une amie, une voisine ou quelqu'un de votre famille capable d'être à vos côtés au plus vite. Bien sûr, la présence de votre conjoint est plus souhaitable s'il peut être rapidement là.

> ***L'accouchement inopiné doit rester une exception*** *car, même si les services de secours sont là pour aider la future maman à mettre au monde son bébé, le moindre incident inattendu reste dangereux. Il oblige parfois à des transferts d'urgence vers la maternité la plus proche toujours compliqués pour la mère comme pour l'enfant. Les futures mamans qui ont déjà eu plusieurs enfants ou dont le premier accouchement s'est déroulé relativement rapidement doivent être prudentes et ne pas hésiter à se rendre à la maternité dès le début des contractions régulières.*

L'aide précieuse du téléphone

Si le suivi médical de votre grossesse n'a révélé aucune complication, il y a toutes les chances que votre accouchement se déroule parfaitement bien. Malgré tout, vous avez besoin d'une assistance médicale, c'est auprès du SAMU (le 15 avec un téléphone fixe, le 112 avec un mobile) que vous la trouverez. Son premier rôle sera de vous envoyer une équipe d'urgence et de réanimation, puis le médecin régulateur suivra avec vous l'avancement du travail de l'accouchement. Il vous demandera combien de grossesses vous avez eues antérieurement, depuis quand vous avez des contractions, leur durée, leur espacement et si la poche des eaux est rompue ou non. Les réponses que vous apporterez à ces questions, notées de 0 à 2, lui permettront d'établir un score à partir duquel il saura s'il est encore temps de vous emmener à la maternité ou si l'équipe médicale d'urgence vous assistera à domicile. À tout moment, vous et les personnes qui sont auprès de vous pouvez demander à ce médecin les conseils ou les gestes à faire en fonction des circonstances.

POUR L'ADMINISTRATION, LE LIEU DE NAISSANCE EST NORMALEMENT CELUI OÙ A EU LIEU LA DÉLIVRANCE *mais, assez souvent, le médecin qui a assisté la maman inscrit la commune du domicile où le bébé a vu le jour.*

Un peu d'organisation s'impose

Si votre accouchement est prévu à domicile, les personnes présentes vont devoir organiser la naissance de votre bébé. La pièce où vous souhaitez accoucher doit être bien chauffée, 20 degrés au minimum, tout comme la salle de bain où normalement seront réalisés les premiers soins au bébé. Au besoin, ajoutez un chauffage d'appoint. Elles doivent préparer l'endroit où vous accoucherez en le protégeant d'une alèse ou de quelques draps propres pliés. Il faut encore prévoir des serviettes de toilette et une cuvette.

De votre côté, vous devrez appliquer les consignes qui vous ont été dispensées lors de vos séances de préparation à la naissance Si le futur papa est là et s'il a assisté à quelques cours, il vous sera d'une aide précieuse, notamment lorsque les contractions deviendront intenses. Vous choisirez la position qui vous semble la meilleure pour accoucher, allongée sur votre lit ou sur le sol, plutôt sur le côté gauche pour ne pas comprimer la veine cave, ou accroupie. Même si vous avez envie de pousser, attendez que celle-ci devienne impérieuse, cela signifie que la tête de l'enfant touche le plancher pelvien. Si vous êtes allongée, surélevez vos fesses par un coussin et repliez vos jambes sur votre ventre afin de rendre plus facile la sortie de l'enfant, vous pouvez aussi garder la position accroupie. Autre solution : installez-vous fesses au bord du lit, les jambes fléchies et la tête surélevée, une cuvette au bord du lit. Lorsque l'enfant se dégagera, vous ou son père le recueillerez dans vos mains et le poserez contre vous recouvert d'une serviette chaude. Vous l'essuierez doucement, dégageant si besoin est son nez et sa bouche des mucosités qui peuvent le gêner, puis vous le replacerez contre votre peau, bien au chaud, une serviette sèche sur lui. Une seule précaution : ne tirez pas sur le cordon.

Le médecin du service d'urgence ou le médecin des pompiers, souvent les premiers sur place, coupera le cordon et prodiguera les premiers soins au bébé.

Généralement, la mère et l'enfant sont transférés à la maternité la plus proche afin que la délivrance se fasse en toute sécurité.

Les derniers préparatifs

Avant de partir pour la maternité, vérifiez qu'il ne vous manque rien. Bien s'organiser et préparer les affaires du futur bébé, c'est se garantir un retour plus facile, sans panique ni angoisse et s'assurer une plus grande disponibilité pour le tout nouveau bébé.

Équipement de base

Faites le point sur l'équipement à acheter ou à emprunter : un couffin ou un berceau premier âge, un fauteuil relax, un landau ou au moins un porte-bébé, une table à langer, une commode ou une armoire pour ranger sa garde-robe, un matelas, une couverture, 6 petits draps, 2 alèses, une baignoire spécial bébé ou une grande cuvette, un thermomètre de bain, un paquet de couches « nourrisson ». Si vous avez décidé de changer bébé dans la salle de bains, préparez le nouvel aménagement nécessaire. Pensez au chauffage d'appoint si besoin est. Si vous allaitez, réfléchissez à votre confort. Trouvez le siège ou le fauteuil que vous placerez dans sa chambre. Vérifiez qu'il ne manque rien à son trousseau.

Finir sa chambre

Vous ne devez pas faire les travaux vous-même, mais il est temps de terminer la chambre de votre bébé. Il est de coutume d'utiliser des tons pastel pour habiller les murs et de choisir les meubles de son petit univers, mais tout est affaire de goût, les bébés grandissent aussi très bien dans des atmosphères plus toniques. Deux conseils pourtant : préservez au maximum la luminosité de la pièce et ne multipliez pas trop les motifs, tant sur les murs que sur les tissus ; trop de sollicitations visuelles peuvent fatiguer un petit être en plein développement.

« Glissez dans votre valise : le carnet de maternité, avec la carte de votre groupe sanguin, tous les rapports d'examens faits au cours de la grossesse, dont les échographies, votre livret de famille et votre carte de Sécurité sociale. »

Quelques produits d'hygiène

Achetez les produits de soins indispensables lors de votre retour : un lait de toilette, du sérum physiologique en dosettes, un flacon d'éosine, de l'eau minérale spécial biberon si vous ne

Votre valise est prête pour votre départ à la maternité. *Contrôlez que vous avez glissé à l'intérieur 1 chemise de nuit ou 1 grand tee-shirt qui ne risque rien pour l'accouchement et 1 paire de chaussettes (en saison froide). Pour votre séjour à la maternité, 2 pyjamas ou chemises de nuit ouvertes devant si vous allaitez, 2 soutiens-gorge d'allaitement, des compresses d'allaitement ou des coussinets, des slips jetables, 1 peignoir et des chaussons, 1 tenue d'intérieur si vous ne voulez pas recevoir vos visiteurs en chemise, 1 boîte de mouchoirs jetables, vos affaires de toilette et 2 serviettes-éponges. Ajoutez un peu de lecture et de musique. Évitez d'emporter des bijoux ou des objets précieux.*

Organisez votre absence

Si vous avez d'autres enfants, il est temps de les prévenir que votre absence est imminente. Laissez à votre mari (sauf si c'est une perle rare !) un pense-bête avec les téléphones indispensables pour la bonne marche de la maison. Remplissez le réfrigérateur et le congélateur, faites-vous livrer. Ainsi vous pourrez tester la qualité de ce service qui vous sera fort utile lorsque vous aurez votre bébé. Et surtout, résistez à l'envie extraordinaire qu'ont beaucoup de futures mamans de vouloir faire le ménage de leur maison ou de leur appartement à fond ; c'est sans doute une réminiscence de notre instinct animal qui nous pousse à faire notre nid, mais c'est également une source de fatigue. Mieux vaut arriver reposée à son accouchement.

le nourrissez pas (un pack de 6 bouteilles au moins), un appareil pour stériliser, une boîte de compresses stériles, 6 biberons, des goupillons pour nettoyer biberons et tétines, un shampooing doux spécial bébé, une pommade pour érythème fessier, une brosse à cheveux très souple, une sortie-de-bain avec capuche, un flacon d'huile d'amande douce, une paire de ciseaux à ongles pour bébé, un thermomètre médical.

Pensez à vous

Prenez le temps de parfaire votre préparation à l'accouchement, en travaillant les respirations (p. 358). Évitez tout médicament ; obligez-vous à une promenade quotidienne ; ne portez rien de lourd ; évitez les courses dans les grands magasins et la foule en général ; pensez à profiter de vos derniers instants de liberté pour aller chez le coiffeur, au cinéma ou au théâtre ; faites le point sur ce que vous emportez à la maternité et faites votre valise. Réfléchissez aux faire-part de naissance que vous achèterez ou confectionnerez et établissez la liste écrite de tous ceux à qui vous souhaitez annoncer la nouvelle ; recherchez le nom et l'adresse d'un pédiatre proche de chez vous et celle d'un kinésithérapeute pour la remise en forme postnatale (les pharmaciens sont souvent de bon conseil). Ayez sous la main le téléphone d'une compagnie de taxis ou d'un service d'ambulances.

LE TROUSSEAU DE BASE DE VOTRE BÉBÉ COMPTE :

- *en salle de naissance : 1 body ou chemise en coton, 1 pyjama, 1 brassière chaude, 1 paire de chaussons ou chaussettes, 1 bonnet, 1 gigoteuse ;*
- *au moins un change chaque jour avec : 1 chemise en coton ou body, 1 brassière chaude, 1 pyjama ou grenouillère, 1 paire de chaussons ou de chaussettes ;*
- *1 gigoteuse et drap housse ;*
- *des bavoirs en éponge ou lange tissu ;*
- *10 changes complets (3/5 kg) ;*
- *1 vêtement + bonnet pour la sortie ;*
- *1 savon liquide pour bébé ;*
- *1 petite brosse ou 1 petit peigne ;*
- *2 serviettes de toilette ;*
- *du liniment pour le change ;*
- *de la crème hydratante ;*

Les vêtements seront amples, les tissus souples, perméables à l'air, chauds et douillets, plutôt de matières naturelles. Pour la taille, prévoir large : un bébé grandit vite.

Penser à l'aîné

Heureusement qu'il y a les grands-mères ! En effet, dans 90 % des cas, ce sont elles qui gardent les aînés, le temps nécessaire à la naissance « du petit frère ou de la petite sœur » et à votre séjour à la maternité.

Le préparer en douceur

Il est indispensable de prévenir votre enfant de votre départ imminent pour la maternité et de lui en expliquer la raison. En revanche, s'il est petit, lui préciser la longueur de cette absence n'est pas utile, les petits enfants n'ayant pas réellement la notion du temps. Il n'est pas non plus nécessaire de le prévenir trop tôt ; 2 ou 3 jours avant la date prévue suffisent. L'enfant sera rassuré s'il sait qui s'occupera de lui et ce qu'il pourra faire en l'absence de sa mère.
On peut encore lui montrer l'endroit où l'on va « chercher » les bébés. Enfin, les petits enfants étant très attachés à leur mère par l'odorat, pourquoi ne pas lui laisser un objet ou un vêtement portant l'odeur de sa maman, qu'il va devoir momentanément quitter ?

« Même si les premiers jours votre aîné est un peu dérouté, rassurez-vous, c'est pour la plupart d'entre eux une véritable découverte et le début d'une réelle complicité. »

Il n'est pas rare de voir les enfants s'identifier à leurs parents, *notamment s'ils sont à l'âge de l'imitation ou à l'âge du « complexe d'Œdipe ». Les petites filles se promènent avec un coussin sur le ventre et imitent en tous points le comportement de leur mère. Elles peuvent devenir agressives, déçues de ne pouvoir faire que semblant. Quant aux petits garçons, ils peuvent accentuer leur agressivité vis-à-vis de leur père et deviennent de farouches protecteurs de leur mère. Certains enfants souhaitent même prendre la place du bébé dans le ventre maternel. Ils manifestent de cette façon leur angoisse à devenir grands.*

Grandir, toujours un peu difficile

Cette période va être difficile à vivre pour lui ; sa mère lui a été enlevée et il sait qu'il va devoir affronter une nouvelle vie où il lui faudra partager espace et affection. La douceur, la patience et la disponibilité de ses grands-parents lui seront alors d'un grand secours. Il est aussi essentiel qu'ils soient là au moment où la structure familiale change. Le futur bébé représente l'avenir, eux le passé. Ils en sont une référence vivante. C'est en racontant leurs souvenirs à leurs petits-enfants qu'ils leur apprennent qu'eux aussi ont été des enfants tout comme leurs parents, et qu'ils comprennent parfaitement le difficile passage au statut d'aîné, puisqu'ils l'ont eux-mêmes déjà vécu. Tout cela aide les aînés à comprendre le mécanisme de la filiation et leur permet d'appréhender, sans doute pour la première fois, des phénomènes tels que le vieillissement et le temps qui passe.
Mais pour que ces quelques jours soient enrichissants, il ne faut pas que l'aîné soit éloigné

de son cadre familial. C'est aux grands-parents de se déplacer. Il est préférable que l'enfant garde ses habitudes, ses repères, ses camarades et surtout reste proche de son père ; il a besoin de sentir qu'il appartient toujours à la famille et que l'arrivée du bébé ne l'a pas exclu.

De même, si les grands-parents vivent loin ou sont indisponibles et que vous faites appel à l'aide d'amis, mieux vaut qu'ils s'installent à votre domicile.

Enfin, si vraiment il n'y a aucune possibilité d'aide extérieure, le père peut prendre son congé parental de 15 jours et s'occuper ainsi de son ou ses « bébés ». Il vaut mieux ne pas choisir ce moment délicat pour inscrire l'enfant dans un système de garde qui lui est inconnu. Cette séparation, cet éloignement, pourrait être vécu comme un abandon et provoquerait ensuite un profond ressentiment envers son petit frère ou sa petite sœur, favorable à l'installation d'une jalousie qui pourrait devenir durable et difficile à atténuer avec le temps.

Se rencontrer au plus vite

Si assister à la naissance de son petit frère ou de sa petite sœur n'est pas recommandé par la majorité des spécialistes de l'enfance en raison du traumatisme que peut représenter l'accouchement chez un enfant et dont on peut douter qu'il facilite les relations fraternelles, la rencontre rapide entre l'aîné et son cadet est conseillée. Le premier enfant sera heureux de découvrir celui ou celle qui mobilise tant l'attention de ses parents, il ne saurait être exclu de la fête. Dans la plupart des maternités, on autorise aujourd'hui la visite des enfants à leur mère et à leur petit frère ou petite sœur. Si vraiment l'interdiction est impérative, il est toujours possible d'entretenir une relation quotidienne par un petit coup de téléphone ou de montrer le bébé à l'aîné dans la salle d'attente de la maternité. La maternité de l'hôpital de Bagnols-sur-Cèze a même aménagé un lieu spécial pour ces rencontres ; là, les aînés peuvent découvrir leur cadet, mais aussi exprimer toute leur exubérance à retrouver leur maman.

L'aîné sera flatté de participer à l'installation du nouveau bébé *si son âge le permet. Il peut accompagner son père à la mairie pour déclarer le nouveau venu, faire quelques courses destinées à accueillir sa mère et le bébé de retour de la maternité ou finir quelques aménagements dans la chambre du nouveau-né : le responsabiliser l'aidera beaucoup à franchir cette étape.*

LA NAISSANCE

LA NAISSANCE

Vous

Les maternités doivent se transformer pour intégrer, dans leur conception, dans leur décor et dans leur environnement, une petite part de chaleur humaine et permettre à chacun d'y retrouver un peu de ses racines. On doit y trouver ce qui est indispensable médicalement, bien sûr, mais avec le souci de favoriser l'émotion.

Donner la vie, c'est se prouver toute sa féminité, c'est vivre un peu plus longtemps, c'est réaliser l'exploit que l'on prépare en coulisses depuis neuf mois. Bien des sentiments étreignent alors la future maman. Saura-t-elle maîtriser son corps et la douleur ? Sera-t-elle capable de pousser sa précieuse charge en dehors ? Ce bébé sera-t-il bien celui qu'elle attend depuis des mois ?

L'accouchement, sur le plan physiologique, est une manifestation extraordinaire dont on ne sait pas encore aujourd'hui qui le décide : l'enfant, la mère ou le temps. Et pourquoi pas la Lune, puisque nous sommes des acteurs de l'univers ? Mais revenons sur Terre.

Si le père est présent pour soutenir la mère et partager ses sentiments, l'équipe médicale est là pour l'aider « matériellement » dans son travail. La sage-femme tient le premier rôle de la pièce. Disponible, affectueuse, compétente, on lui demande beaucoup de qualités, parfois trop.

Confort physique et moral, sécurité font de l'acte médical qu'est l'accouchement l'un des plus sûrs. Pourtant, la violence des contractions étonne toujours, les prouesses du corps féminin stupéfient, même si les progrès de la médecine permettent aux mères d'enfanter sans douleur.

Votre bébé

Le poids moyen d'un bébé à la naissance est de 3 kg environ. Sous l'effet du premier cri se mettent en place les fonctions vitales de la respiration et de la circulation sanguine. Le visage du nouveau-né change de couleur : de légèrement bleu, il devient rose. Certains enfants sont couverts de petits poils sur le corps et sur le visage. Ce lanugo va très vite tomber, laissant apparaître une peau transparente et fine où se dessine un fin réseau de capillaires sanguins. Ce petit être est déjà doté de ses sens. Ils permettent à l'enfant d'entrer en communication avec ses parents dès les premières minutes de sa naissance.

LA NAISSANCE

Statistiquement, sauf problème particulier, la moitié des bébés naissent 280 à 287 jours après leur conception, un quart avec 10 ou 15 jours d'avance et le dernier quart avec 4 à 8 jours de retard.

Faciliter le passage du bébé 374

L'ÉPISIOTOMIE est une incision de l'anneau vulvaire sur le périnée, dernier obstacle que doit franchir l'enfant. Elle est pratiquée au moment même de sa sortie afin d'éviter une déchirure des tissus.

Aider le bébé à naître 376

LES FORCEPS ET LA VENTOUSE sont des instruments que le médecin accoucheur utilise parfois pour aider l'enfant à venir au monde. Leur indication médicale a beaucoup changé au fil du temps.

Une naissance sans douleur 378

LA PÉRIDURALE insensibilise uniquement le bas du corps et soulage ainsi les mères. Elle leur permet de profiter pleinement de la naissance de leur bébé.

Pas toujours possible 380

TOUTES LES FEMMES n'ont pas accès à la péridurale, avant tout pour des raisons pratiques et plus rarement pour des contre-indications médicales.

Naissance par le siège 382

5 % DES BÉBÉS s'obstinent à conserver une position tête en haut dans les derniers mois de la grossesse. Une situation pratiquement toujours prévue, qui induit une naissance plus longue qui ne nécessite pas systématiquement une césarienne.

Naissance par césarienne 384

CETTE OPÉRATION CHIRURGICALE consiste à inciser la paroi abdominale et se pratique aujourd'hui habituellement sous péridurale. Un enfant sur cinq voit le jour par césarienne.

Le dernier acte 386

SPONTANÉMENT quinze à vingt minutes après la naissance, le placenta, qui n'a plus de fonction, se détache du fond de l'utérus. C'est un filet de sang, venu de la paroi utérine, qui décolle le placenta. Si ce n'est pas le cas, le médecin aidera à la délivrance.

Le premier cri 388

ENFIN, « IL » EST LÀ ! Vous vous êtes donnée totalement, votre bébé a fait de gros efforts. Poussé, comprimé, il s'est frayé un passage, il est enfin propulsé à l'air libre. Ses premières inspirations ouvrent ses poumons et transforment sa circulation sanguine. Tout commence pour lui.

Tout contre vous 390

DANS LES SECONDES QUI SUIVENT L'EXPULSION, votre bébé est placé contre vous. Peau à peau, vous faites connaissance. Vous serez étonnée de sa vivacité, de son attention. On voit même des bébés assez vigoureux pour grimper le long du corps de leur mère à la recherche du sein nourricier.

Naissance gémellaire 392

LES NAISSANCES DE JUMEAUX ou d'enfants plus nombreux sont généralement des accouchements programmés dans des maternités équipées d'un service de néonatalogie. Il est possible de mettre au monde des jumeaux par les voies naturelles, mais sous conditions.

Premiers examens de santé 394

LA BONNE SANTÉ de votre bébé est vérifiée par toute une série d'examens, certains seront pratiqués dans les minutes qui suivent sa naissance, à vos côtés dans la salle d'accouchement. D'autres se programment quelques heures ou quelques jours plus tard.

L'arrivée à la maternité

Dans la majorité des cas, vous êtes attendue à la maternité. Dès votre arrivée, vous êtes examinée par une sage-femme ou par le médecin de garde. Selon l'avancement du travail de l'accouchement, vous êtes installée dans votre chambre ou en salle de naissance.

Premiers contrôles

Généralement, vous êtes accueillie par une sage-femme qui vous conduit dans une salle pour réaliser différents examens. Ils sont destinés à apprécier l'état de santé de votre bébé, le vôtre et l'avancement de votre accouchement. Les battements du cœur de l'enfant sont contrôlés par monitorage, votre tension artérielle, vos pulsations cardiaques, le taux d'albumine de vos urines et votre température sont mesurés. Enfin, elle évalue l'ouverture de votre col par un toucher vaginal. Cette dernière information lui permet de savoir si le travail de l'accouchement est engagé. Au besoin et à condition que la poche des eaux ne soit pas rompue, on peut avoir recours à une amnioscopie pour contrôler la couleur du liquide amniotique et s'assurer que le bébé ne souffre pas.

Un palper de votre ventre apprécie la position du bébé et l'intensité des contractions. En prévision d'un accouchement sous péridurale, on effectue un prélèvement sanguin pour analyse si celle-ci n'a pas été faite dans les 10 jours précédant la date prévue de votre accouchement. Elle prend aussi connaissance du dossier établi par l'anesthésiste, il y a quelques semaines.

Avant que vous ne quittiez la salle d'examen, elle installe un cathéter sur l'un de vos avant-bras ou sur le dos de votre main. Ce dispositif médical est impératif. Il permet de vous apporter un soutien médicamenteux à tout moment de l'accouchement et pare à toute éventualité de complications. C'est une sécurité.

Selon l'avancement du travail de l'accouchement, vous êtes installée dans votre chambre ou dans une salle de repos ou encore, si l'accouchement est imminent, directement en salle de naissance.

« Vous pouvez avoir le sentiment que l'on vous a oubliée parce qu'on vous laisse de longs moments seule. Rassurez-vous, la sage-femme connaît le temps nécessaire au pré-travail. Malgré tout, n'hésitez pas à l'appeler si besoin est. »

VOUS AVEZ CHOISI D'ACCOUCHER SUR RENDEZ-VOUS.
La veille du jour fixé, il est recommandé de faire un repas léger, de prendre un bon bain et un léger laxatif, et de bien vous reposer. À l'arrivée à la maternité, vos analyses de sang sont vérifiées, ainsi que la manière dont se présente l'enfant. Le médecin ou la sage-femme préparera la perfusion d'ocytocine indispensable pour provoquer les contractions et le travail de l'accouchement et celle prévue pour la péridurale. Si vous avez choisi d'être accouchée par un médecin en particulier, celui-ci sera appelé par la sage-femme en fin de dilatation.

Comment allez-vous vous rendre à la maternité ?
Si le papa est disponible, vous n'avez aucun problème. Si, en revanche, vous êtes seule au moment de partir, il est exclu que vous preniez le volant : une contraction un peu forte peut vous mettre dans une situation délicate. Certains taxis ne sont pas toujours très « emballés » d'avoir à conduire une future maman à la maternité. Ils craignent toujours l'accouchement inopiné. Mieux vaut peut-être vous arranger avec une amie, un voisin, voire une ambulance. Les frais de transport en ambulance sont pris en charge à 100 %, uniquement sur prescription médicale (elle peut se faire a posteriori). Enfin, si vraiment vous avez l'impression que vous allez accoucher dans les minutes qui suivent, téléphonez aux pompiers ou appelez le SAMU, ils vous transporteront en sécurité jusqu'à la maternité la plus proche, pas forcément celle que vous avez choisie.

Le temps du pré-travail

Si votre accouchement ne s'annonce pas pour tout de suite, vous êtes dans ce que l'on nomme la phase de « pré-travail » de la dilatation du col de l'utérus.
Si les contractions sont bien espacées, vous pourrez vous promener, vous distraire. On sait que la position verticale est particulièrement bénéfique au déroulement de l'accouchement. D'ailleurs, on met à votre disposition différents accessoires qui vont vous aider à vous détendre ou à favoriser la descente du bébé : de gros ballons pour s'asseoir aident à l'ouverture du bassin, des cordes de suspension ou un espalier pour des étirements facilitent l'engagement de l'enfant dans le bassin, un amas de gros coussins vous invite à vous relaxer. Rien n'est obligatoire, c'est à vous de choisir la position qui vous apporte le plus de confort.
À chacune de trouver sa position : marcher, s'accroupir, se relaxer dans un bain chaud. De plus en plus de maternités offrent aux futures mamans la possibilité de se baigner soit dans une baignoire d'eau tiède parfois équipée de jets de massages, soit dans un Jacuzzi® à l'eau bouillonnante. Ces hydromassages doux détendent le corps et relaxent l'esprit. L'eau tiède aide à la dilatation, soulage la douleur et accélère le processus de l'accouchement. Le bain est très prisé lorsque les contractions deviennent douloureuses, même si l'accouchement proprement dit se fera plus tard avec l'aide d'une péridurale. Si vous avez soif au début du travail, vous pouvez boire mais uniquement de l'eau ou du thé. Le jus d'orange ou les liquides épais sont interdits.
Détendez-vous entre les contractions, écoutez de la musique, lisez, discutez avec votre compagnon. En revanche, la fin de la dilatation et bien sûr l'expulsion se font sur un lit d'accouchement.

En salle d'accouchement

Lorsque les contractions deviennent plus fréquentes, toutes les 3 ou 4 minutes, qu'elles durent de 30 secondes à 1 minute et que la dilatation est au moins de 2 ou 3 cm, il est temps pour vous de gagner la salle d'accouchement. Par un nouveau monitoring ou une simple écoute au travers de la paroi abdominale, la sage-femme ou le médecin vérifie les battements du cœur du bébé et sa réaction aux contractions. Puis il ou elle reprend votre température ainsi que votre tension artérielle.

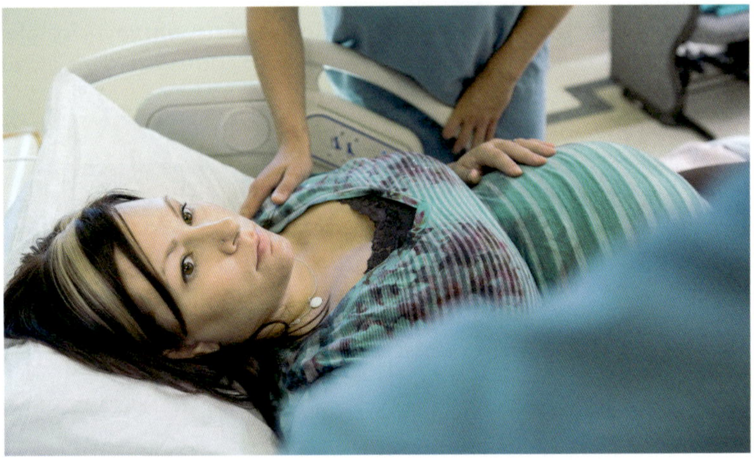

Sous surveillance continue

Du début à la fin de votre accouchement vous serez sous la surveillance assidue de l'équipe médicale. Le monitoring et, si nécessaire, d'autres examens permettent de s'assurer du bien-être du futur bébé.

Enregistrer le cœur de l'enfant

Dès votre arrivée à la maternité, puis à plusieurs moments au cours de la dilatation et enfin pendant tout le temps de l'expulsion, on posera sur votre ventre deux capteurs. Ils sont retenus par des ceintures et reliés à un appareil de la taille d'un ordinateur qui déroule une bande graphique. C'est un monitoring, il transcrit sur papier le rythme et les variations des battements du cœur de votre bébé et la fréquence et l'intensité de vos contractions.

Chacun des micro-capteurs a un rôle particulier. L'un sur votre ventre, placé à la hauteur de l'épaule du bébé, capte les battements de son cœur que l'on peut entendre ou non ; le second enregistre l'intensité et la régularité des contractions du muscle utérin, même celles qui ne sont pas douloureuses ou qui ne sont pas ressenties, notamment sous l'effet de la péridurale. Édité par le moniteur, le tracé des contractions utérines ressemble à des montagnes russes.

Les capteurs restent en place jusqu'à la naissance. Il est parfois nécessaire de bien les replacer, car ils peuvent bouger si la future maman fait trop de mouvements ou si le bébé change de position.

Dans certaines maternités, il existe des enregistreurs sans fil. La future maman est ainsi plus libre de ses mouvements et peut marcher la première partie de la phase de dilatation. L'enregistrement se fait alors automatiquement sur un appareil placé dans la salle de naissance ou dans une autre pièce, sous le regard attentif de la sage-femme.

La comparaison de la courbe des contractions et de celle du rythme cardiaque du bébé permet d'évaluer son comportement in utero. Il est normal de constater un ralentissement modéré et bref des battements du cœur au moment de la contraction. Ils peuvent passer de 160-180 à 120 par minute. Mais tous les bébés n'ont pas le même rythme. Cependant, un ralentissement long et significatif des battements du cœur peut constituer un indice de souffrance fœtale, qui exige d'autres examens et, au besoin, s'il se répète, l'anticipation de l'accouchement par les voies naturelles voire, s'il est intense et prolongé, en urgence par césarienne.

Prévenir et anticiper

L'écoute des battements du cœur de l'enfant est aussi nécessaire pour repérer certaines difficultés dues à des particularités du cordon ombilical. Les troubles du rythme cardiaque surviennent lorsque le cordon est plus long ou plus court qu'à l'ordinaire ou encore lorsque, au cours des derniers mois de gestation, l'enfant, en se retournant dans l'utérus maternel, a enroulé le cordon autour de son cou. Au moment de l'accouchement, lorsqu'il descend, il tire sur celui-ci et en diminue le flux : un geste simple de la sage-femme ou du médecin le libérera dès que la tête est sortie.

***Pour que l'écoute du monitoring ne soit pas angoissante,** on en baisse très souvent le son. Ne vous inquiétez pas si le moniteur se met à sonner ou si une lumière rouge s'allume, ces alarmes sont destinées au personnel médical. Elles signifient que les capteurs ont bougé et qu'ils ne remplissent plus leur rôle.*

Autre complication plus grave : la procidence du cordon. Une partie de celui-ci sort en avant de la tête de l'enfant. Fortement comprimé, il n'apporte plus au bébé l'oxygène dont il a besoin. Une césarienne ou les forceps sont alors indispensables.

LA BANDE D'ENREGISTREMENT DU MONITEUR MONTRE DE BONNES OSCILLATIONS *avec de temps en temps des accélérations. Rassurez-vous : ce rythme cardiaque témoigne d'un enfant en bonne santé. Lorsque le bébé dort, on constate des oscillations moins importantes et moins variables. La souffrance fœtale se caractérise par des oscillations faibles, irrégulières ou qui s'interrompent sur un temps très court. L'intervention médicale s'impose.*

Éviter la souffrance fœtale

Cette surveillance est faite pour votre sécurité et celle de l'enfant. Elle est devenue systématique et toutes les maternités sont équipées de moniteurs qui sont reliés à un tableau central, donc toujours sous contrôle. Si le monitoring a détecté des modifications dans les battements cardiaques du fœtus, on peut pratiquer une analyse du sang fœtal.

En prélevant une goutte de sang sur le crâne du bébé, grâce à une amnioscopie et un petit stylet, on contrôle si l'enfant souffre ou non au cours de l'accouchement. Ainsi, on connaît les degrés d'oxygénation et d'acidité du sang. Il est possible encore d'utiliser dans certains cas un capteur d'oxygène, ce petit appareil se place sur le cuir chevelu de l'enfant.

Ces deux analyses fournissent de précieux renseignements sur la santé de l'enfant. En effet, la souffrance fœtale entraîne une modification dans l'équilibre acido-basique de la formule sanguine. Le pH sanguin diminue quand l'organisme souffre, alors que le taux de gaz carbonique augmente. Plus le pH est bas, plus le CO^2 est élevé, plus le fœtus souffre. Dans ce cas, le médecin décide d'intervenir dans le déroulement de l'accouchement.

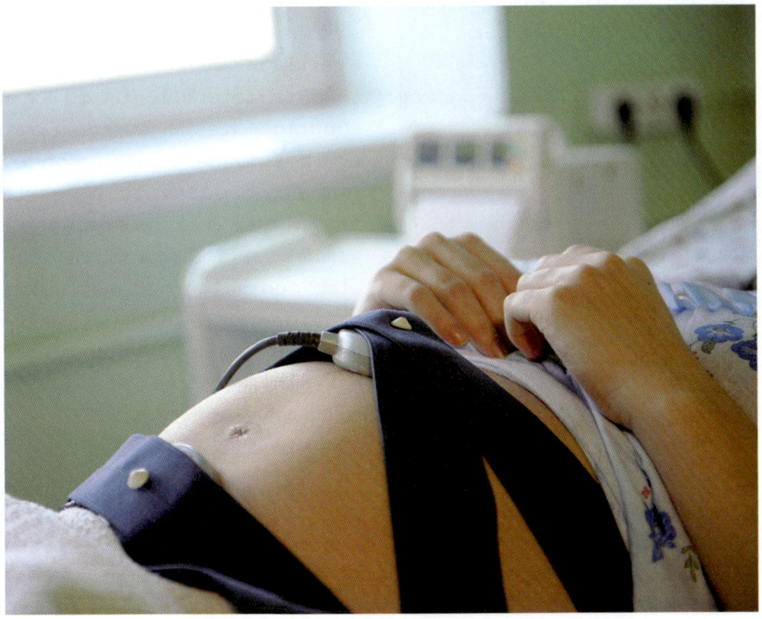

Intervenir à bon escient

Enfin, grâce au cathéter intraveineux posé au début du travail, un certain nombre de médicaments peuvent être rapidement administrés : antispasmodique pour supporter la douleur, ocytocine pour rendre les contractions plus efficaces et plus régulières, calcium ou magnésium pour enrayer une tétanisation. Il est utile aussi pour poser simplement une perfusion de sérum glucosé, qui vous apportera les nutriments nécessaires au maintien d'un effort prolongé. Bien sûr, ce cathéter devient indispensable en cas de complications, notamment si la mère souffre d'une chute de tension.

Bien que la grande majorité des accouchements se passent sans problèmes, une faible proportion d'entre eux nécessite une intervention. Le contrôle médical de la grossesse, les échographies et tous les examens, des plus simples aux plus sophistiqués, réalisés au cours des neuf mois dépistent la plupart des problèmes, évitant des situations compliquées au moment de l'accouchement.

Des étapes bien marquées

L'accouchement débute souvent de longues heures avant la naissance. Il se décompose en trois étapes : la dilatation, qui commence doucement jusqu'à 6 cm d'ouverture du col et qui se poursuit plus rapidement, de 6 à 10 cm ; l'expulsion et enfin la délivrance.

L'effacement du col

Au début du travail, la future maman ressent tout d'abord des contractions. Elles apparaissent de façon intermittente et sont plus ou moins rapprochées et douloureuses. Avec le temps, elles deviennent de plus en plus puissantes, longues et régulières. Elles favorisent l'effacement et l'ouverture du col utérin ainsi que la sortie de l'enfant. La dilatation du col doit se faire régulièrement, progressivement. La sage-femme en apprécie l'ouverture en centimètres. Ainsi, pour permettre le passage de la tête de l'enfant, la dilatation doit être complète, soit une ouverture de 10 ou 11 cm.

Généralement, la perte des eaux est un des tout premiers signes que le travail de l'accouchement a commencé, mais ce n'est pas systématique. Sous l'effet des contractions, la poche gonfle à l'avant de la tête du bébé et fait butoir sur le col. La sage-femme ou le médecin décide alors d'attendre ou non la rupture spontanée de cette poche des eaux qui survient naturellement à 7 ou 8 cm de dilatation. À l'aide d'un petit instrument, il s'agit d'inciser la membrane qui contient les eaux. Cette intervention est totalement indolore, vous ressentirez simplement l'écoulement d'un liquide en haut des cuisses. La sage-femme ou le médecin s'intéresse à la couleur du liquide. S'il est transparent et clair, voire légèrement jaune, tout va bien ; s'il est très jaune ou verdâtre, cela signifie soit que l'enfant a émis une selle de méconium, soit qu'il y a souffrance fœtale. L'examen des courbes données par le monitoring, ainsi que l'analyse du liquide amniotique à la recherche de germes sont indispensables pour établir un diagnostic. L'installation d'une péridurale se fait habituellement lorsque la dilatation du col est entre 3 et 7 cm, selon la tolérance de chacune.

> ***Chaque phase de l'accouchement ou presque a un type de douleur.*** *Dans la phase de dilatation, la douleur est dépendante des contractions, elle est donc intermittente et de durée variable. Elle s'explique par la distension des muscles du col de l'utérus et par le travail de l'utérus lui-même. Ce muscle est très innervé et toutes les modifications qu'il subit au cours de l'accouchement sont douloureuses. L'utérus se comporte comme tout muscle soumis à un effort : il brûle de l'oxygène en libérant des toxines et des déchets, ce qui cause la douleur. Pour les unes, les contractions sont immédiatement douloureuses, pour les autres, elles le deviennent à mesure que le travail de l'accouchement progresse. Il n'y a pas vraiment d'égalité entre les femmes, certaines ont des contractions ni trop longues, ni trop douloureuses, ni trop rapprochées, et pourtant efficaces. Dans la phase de l'expulsion, la douleur est presque continue, puisque les contractions se succèdent toutes les 2 minutes.*

La « descente » du bébé

L'enfant va commencer sa descente, poussé par les contractions.

Pour franchir le détroit creux et dur que constitue le bassin osseux, l'enfant fléchit la tête et appuie son menton sur sa poitrine. Il présente ainsi le diamètre le plus petit de son crâne dans l'espace le plus large du bassin. Le diamètre le plus étroit de la tête de l'enfant est normalement de 9,5 cm quand le passage du bassin est d'environ 12 cm. Les os du crâne de l'enfant n'étant pas entièrement soudés, sa tête s'adapte à la taille du passage. La descente du bébé dans le bassin osseux se fait plus ou moins lentement. Tête en oblique, il franchit le « détroit supérieur », puis il atteint la partie inférieure du bassin pour passer le « détroit inférieur ». Pour ce faire, il tourne sa tête dans l'axe du détroit. La sage-femme peut voir ses cheveux. On réalise un dernier sondage vésical, si cela est nécessaire, et on se prépare à la dernière phase.

L'expulsion

C'est la dernière phase de l'accouchement. La tête du bébé remplit la totalité du vagin ; grâce à l'inclinaison du coccyx, elle va se redresser et prendre la direction de la vulve. Le périnée distendu enserre la tête du bébé.
Au cours de cette étape, le médecin ou de la sage-femme aide l'enfant à naître tout en évitant aux tissus du périnée de se déchirer. L'expulsion d'un premier enfant dure en moyenne 30 minutes, beaucoup moins pour un second. L'effort du travail et de l'expulsion ainsi que la douleur entraînent des modifications importantes du rythme cardiaque maternel.
Tout en restant dans des normes comparables à celles d'un effort sportif, le rythme cardiaque s'accélère au début du travail pour rester constant au cours de la dilatation et des contractions. Sa fréquence augmente encore lors de l'expulsion pour redevenir tout à fait normale 10 minutes après l'accouchement.

POUR UN PREMIER ENFANT, ON ESTIME QUE LA PHASE DE DILATATION DURE ENVIRON 8 HEURES. *Elle progresse à raison de 1 cm par heure jusqu'à 6 cm d'ouverture du col, puis de 2 cm par heure jusqu'à 10 cm. Selon les femmes, l'expulsion peut se dérouler sur 10 à 40 minutes, de la dilatation complète à la naissance de l'enfant. La délivrance se produit généralement 10 à 20 minutes après la naissance. La durée de l'accouchement est en moyenne de 10 à 12 heures. En revanche, pour une seconde grossesse, l'effacement du col et la dilatation peuvent se faire simultanément, ce qui raccourcit d'autant la durée de l'accouchement.*

Respirer pour mieux se contrôler

Pourquoi faut-il apprendre à respirer pour bien accoucher ? Parce qu'une bonne respiration favorise une bonne irrigation des tissus, notamment des tissus musculaires, et leur apporte l'oxygène indispensable à un bon travail.

Respiration et contractions

Les contractions des muscles de l'utérus *sont généralement douloureuses et vont en s'amplifiant au cours de l'accouchement. Leur intensité varie avec la progression de l'enfant, en fonction de sa position, mais aussi selon votre sensibilité, votre état nerveux et votre degré de fatigue.*

Au cours de l'accouchement, le muscle qui travaille le plus est celui de l'utérus qui, sous l'effet des contractions, produit un acide : l'acide lactique. S'il n'est pas éliminé par la circulation, il provoque des sensations locales douloureuses. Seule une respiration régulière assure une parfaite oxygénation et un bon drainage de l'acide lactique. Contrôler sa respiration, c'est aussi contrôler mentalement son corps, donc ne pas se laisser submerger par celui-ci.

Au début du travail, lorsque les contractions sont faibles et courtes, les sages-femmes conseillent une respiration profonde et lente tout au long de la contraction. L'inspiration apporte l'oxygène, l'expiration élimine les toxines. Pour lutter contre l'accélération naturelle de la respiration due à l'effort musculaire, le mieux est de vous détendre et de respirer calmement.

Quand les contractions deviennent plus fortes, votre respiration change légèrement. Au moment de la montée de la contraction, prenez une grande inspiration (l'air entre sans forcer dans votre bas-ventre), puis expirez profondément et longuement sans contracter vos abdominaux. Imaginez que votre souffle cherche à éteindre une bougie tout doucement et que vous « expirez » par le vagin. Si la contraction se prolonge, prenez une inspiration normale et expirez en douceur. Entre les contractions, reprenez votre respiration habituelle.

À aucun moment, vous ne devez éprouver la sensation de manquer d'air. Concentrez-vous sur votre respiration et sur ce qui se passe dans votre corps. Ces deux techniques respiratoires évitent que le diaphragme n'appuie sur l'utérus. Plus vous expirez profondément, plus celui-ci s'abaisse. Les exercices de relaxation que vous avez appris lors de votre préparation à la naissance vont être d'un grand secours si vous êtes nerveuse ou tendue. En effet, ils vous permettent de ne pas céder à la panique et à son corollaire : l'hyperventilation. Elle se caractérise par une inspiration ample et une expiration par souffles saccadés. Cette respiration superficielle et rapide n'aide pas à une bonne oxygénation de votre organisme, vos muscles se contractent et durcissent et vous avez de légers vertiges. Bref, votre corps ne supportera pas longtemps ce manque d'oxygénation sans se fatiguer. La sage-femme va vous aider à retrouver une respiration bien rythmée, où les inspirations et les expirations sont de durée et d'intensité égales. Entre les deux, marquez une légère pause. Si vous ne parvenez pas à tenir cette symétrie, évitez les inspirations longues ; en revanche, privilégiez les expirations longues. Deux petits trucs pour vous aider : comptez jusqu'à 3 ou 4 quand vous inspirez et faites de même à l'expiration ou encore inspirez par le nez et expirez par la bouche profondément.

Enfin, demandez au futur papa de vous accompagner en adoptant cette respiration. Un contact visuel ou tactile facilite votre synchronisation.

L'accouchement est imminent

Après la dilatation, en position gynécologique, vous devez attendre sans pousser que la tête de l'enfant soit descendue dans le vagin et qu'elle touche le plancher pelvien, déclenchant ainsi une envie de pousser encore plus forte. Vous agissez alors de façon active en bloquant votre respiration ; à chaque contraction, vous poussez l'enfant vers l'extérieur.
Vous adopterez alors une respiration lente. Soufflez vers le bébé comme si vous vouliez lui donner de l'énergie, celle de sortir à l'air libre. Votre corps pousse efficacement lorsque vous bombez le bas de votre ventre et votre périnée. Vous devez faire l'inverse de la respiration adoptée naturellement pour aller à la selle qui consiste à pousser le ventre vers l'intérieur en retenant sa respiration. Toute la partie de votre corps située sous la tête de votre bébé doit être ouverte.
Pour l'expulsion, vous aurez besoin d'une respiration bloquée. C'est le fameux conseil : « Inspirez, bloquez, poussez ». Au moment où vous sentez la contraction venir, vous devez prendre une grande inspiration suivie d'une profonde expiration pour bien vider les poumons. Reprenez une grande inspiration, bouche fermée, et bloquez-la tout en poussant. À la fin de la contraction, expirez, puis prenez une inspiration profonde, suivie d'une expiration totale et laissez-vous aller vers une respiration normale. On conseille aux jeunes mamans de retenir leur respiration 10 secondes environ, pour ne pas fatiguer le cœur.
Une autre méthode est couramment utilisée. Elle se définit par un « Inspirez, bloquez, poussez » juste au début de l'expulsion, puis par un simple « Inspirez, bloquez, soufflez ». Dans ce cas, vous expirez doucement à la fin de votre respiration. Cette respiration est particulièrement efficace lorsque la mère peut s'étirer en s'accrochant soit à une barre, soit à des poignées latérales. La sage-femme peut aussi l'aider en la soutenant par les aisselles. Si vous ne parvenez pas à prendre assez d'air pour fournir une poussée ample et efficace, vous pouvez inspirer et pousser autant de fois que vous le voulez au cours de la contraction. Lorsque la tête du bébé passe les derniers millimètres, on vous demandera de ne plus pousser du tout, pendant quelques instants.
Une fois que la tête du bébé est à l'extérieur, le plus dur est fait. Vous devrez encore pousser, mais beaucoup moins fort, pour faire glisser doucement l'enfant vers la vie.

BIEN DES FUTURES MAMANS CONSIDÈRENT LES DOULEURS DE L'ENFANTEMENT COMME NORMALES, DONC SUPPORTABLES. *Pour elles, c'est une étape à franchir pour devenir mère. C'est une douleur naturelle, « positive ». Ce qui explique encore que ces femmes n'ont pas réellement le souvenir d'avoir souffert. La joie de faire connaissance avec leur enfant et le plaisir des jours qui suivent la naissance effacent les moments difficiles. Pour d'autres, au contraire, la douleur de l'accouchement est mal surmontée et peut même laisser des traces : difficultés relationnelles mère-enfant, difficultés dans le couple, voire refus d'une autre maternité.*

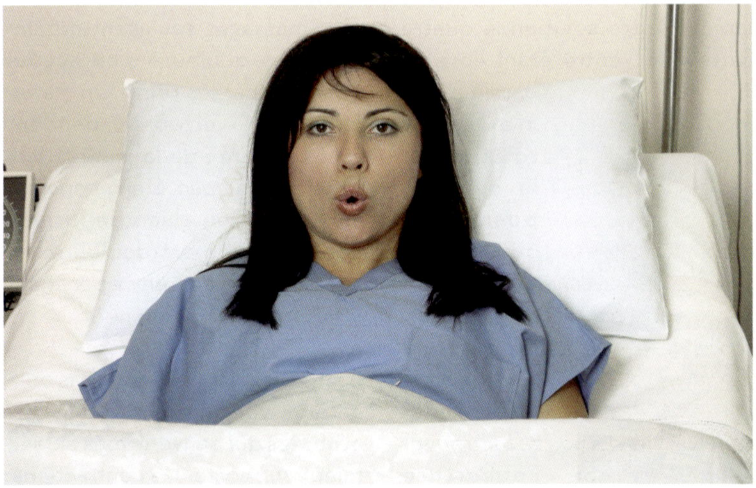

Une épreuve d'endurance

On compare souvent l'accouchement à une performance sportive. Comme elle, il demande un entraînement, des efforts et une certaine endurance.

Une épreuve fatigante

La puissance des contractions ou l'intensité de la douleur sont très variables d'une femme à l'autre. L'effort fourni peut être comparé soit à un 100 m en athlétisme, soit à une épreuve de fond représentant plusieurs kilomètres de course. Beaucoup d'éléments entrent en ligne de compte : si la mère est primipare, la naissance sera généralement moins rapide. Statistiquement, on a mesuré que la durée moyenne d'un premier accouchement est de 8 à 9 heures, et, pour une grossesse suivante, pas plus de 5 à 6 heures en raison de la dilatation plus rapide et plus facile du col de l'utérus. Ce délai moyen est souvent raccourci par l'utilisation de médicaments en perfusion, destinés à régulariser les contractions et à assouplir le col de l'utérus (ocytocine).
Mais la fatigue due à un accouchement peut être aggravée par la taille de l'enfant ou sa présentation (un siège demande souvent un peu plus d'efforts de la part de la mère). Sans compter qu'à tout cela s'ajoute la fatigue générale due à la grossesse.

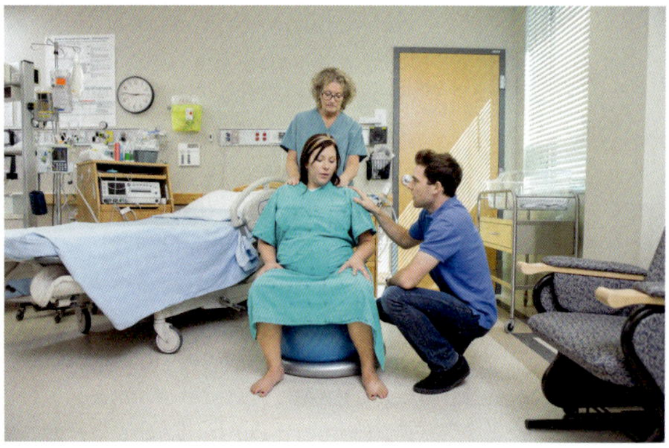

Les bonnes positions

En absence de contre-indication médicale, il est recommandé au début de marcher et de bouger en gardant le plus possible une position verticale. Celle-ci accélère le travail, notamment par des prises d'appui au moment des contractions et par des positions favorisant la flexion en avant du tronc. Ces positions aident à mieux supporter la douleur, le poids de l'utérus appuyant moins sur le sacrum, favorisent l'ouverture du col et rendent donc l'accouchement plus rapide. Autre solution, à quatre pattes : le ventre étant libre, le bassin a une meilleure rotation et le bébé se positionne mieux. En vous balançant d'un côté puis de l'autre, vous l'aiderez à trouver l'ouverture maximale. Il semble encore que la pesanteur due aux positions verticales contribue à la descente du bébé.

Les vertus du massage

Le massage à mains nues ou avec une huile essentielle peut aider à la décontraction et donner à la future maman une sensation de bien-être. Un massage léger des jambes et des bras décontracte les muscles « noués » du corps. Un massage des reins, du bassin et du sacrum soulage les douleurs lombaires. Ces massages peuvent être effectués par le futur père. Sa présence et le contact peau à peau sont presque toujours d'un grand réconfort. La future maman apprécie cette participation active à la naissance de ce bébé voulu à deux.
Ces massages soulagent notamment les douleurs d'un accouchement par les reins. On masse la colonne vertébrale pendant toute la durée de la contraction, la future maman étant couchée sur le côté en chien de fusil. Si cette position est douloureuse, elle peut s'asseoir en se penchant en avant.

La position allongée n'est pas obligatoire, voici, page suivante, les attitudes qui peuvent vous aider à mieux supporter les contractions.

Lorsque les contractions commencent, prenez appui sur le futur papa ; ses bras entourant votre corps, il peut vous masser le dos.

Assise, menton dans la poitrine, mains dans la pliure des genoux ; au moment de la contraction, tirez sur les mains, après la contraction, reposez-vous sur les oreillers.

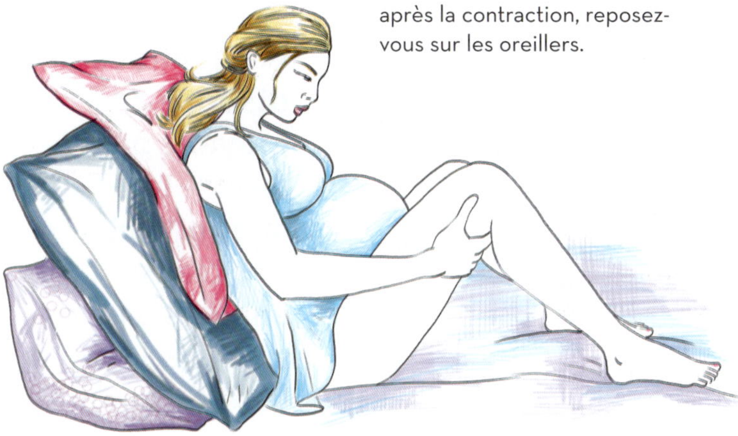

Au moment de l'expulsion, vous pouvez vous accroupir, le haut du corps soutenu par votre compagnon. Cette posture facilite la descente du bébé, puisque le corps est en position verticale.

À genoux sur un oreiller, le haut du corps repose sur un plan élevé.

La douleur : intense et variable

Accouchement et douleur sont intimement liés. Pourtant, selon les femmes, les circonstances ou la tension nerveuse, la douleur est plus ou moins forte et plus ou moins bien supportée. Elle est différente selon les phases de l'accouchement.

Plus ou moins supportée

On estime de 5 à 10 % le nombre d'accouchements spontanés dont les mères disent ne pas avoir souffert. Pour certaines, en revanche, le travail est rapide et violent et la jeune maman n'a pas le temps de récupérer entre les contractions. Pour d'autres, la douleur s'éternise, le col ne se dilate plus, tout le bas de leur ventre est douloureux, ainsi que leurs jambes. Leur seul souhait est d'en finir au plus vite. Nombreuses sont les femmes qui redoutent de souffrir au moment de l'accouchement, mais un lien de confiance avec une ou plusieurs personnes de l'équipe médicale crée un sentiment de sécurité.

« La médecine dispose de moyens pour rendre la douleur supportable, des traitements analgésiques simples jusqu'à la péridurale. »

Le rythme des contractions est le même pour toutes les femmes. Elles sont d'abord ressenties toutes les 20 ou 25 minutes, puis tous les quarts d'heure, puis, enfin, toutes les 5 minutes.

Tout au long de la dilatation, elles vont durer de 40 à 60 secondes, toutes les 2 minutes. Après la naissance de l'enfant, au moment de l'expulsion du placenta, elles sont moins douloureuses et plus courtes. Le plus difficile, lorsque survient la contraction et pendant, c'est de rester détendue. Seul le muscle utérin doit se contracter, tous les autres muscles devant être au repos. Vous ne devez pas lutter mais, au contraire, la laisser vous envahir. Plus vous résistez, plus elle est douloureuse et moins elle est efficace sur la dilatation du col de l'utérus.

Les contractions sont indépendantes de votre volonté, *tant sur le plan de l'intensité que celui de la fréquence. L'utérus se contracte automatiquement comme le muscle cardiaque. L'ordre de fonctionnement est donné par un centre nerveux, qui serait situé dans les couches profondes du cerveau. Mais l'écorce cérébrale de surface, siège de la conscience et de la volonté, joue un rôle sur la manière dont on supporte la douleur. D'où la nécessité de la préparation à l'accouchement, même si une péridurale est prévue. Certaines mères ressentent les contractions comme une simple crispation, d'autres comme une brûlure ou comme une colique, d'autres encore comme une forte pression extérieure. Enfin, pour certaines femmes, la douleur se situe au niveau des reins.*

Sous l'influence de l'anxiété

Au moment de l'accouchement, l'organisme maternel sécrète des hormones, les bêta-endorphines, qui atténuent naturellement la douleur mais ne la suppriment pas. On sait, en revanche, que différents facteurs accentuent l'intensité de la douleur : la puissance des contractions, la rigidité du col,

la fatigue physique et le volume du bébé à naître ont leur importance. À cela s'ajoute l'anxiété, surtout lors d'un premier accouchement. Faire baisser son intensité est l'un des objectifs des séances de préparation à la naissance, en expliquant à la future maman le processus de l'accouchement et en lui donnant quelques moyens pour contrôler sa souffrance. Mais l'anxiété ne naît pas uniquement de l'ignorance. Ainsi, on s'aperçoit qu'elle s'installe notamment si la maman ressent un manque de soutien affectif familial ou, plus simplement, l'impression d'une certaine indifférence de la part de l'équipe médicale.
Dans ces circonstances, elle est très sensible psychologiquement. Une réflexion maladroite de son entourage ou le moindre « reproche » de l'équipe médicale accentue alors son stress. Tout son corps se contracte, le col de son utérus aussi, et la douleur devient plus intense.

La future maman peut souffrir de violentes douleurs lombaires, *c'est ce que l'on appelle « accoucher par les reins » en langage populaire. La douleur est telle parfois que les contractions utérines elles-mêmes ne sont plus ressenties. Elle a pour origine la pression de la tête de l'enfant sur les terminaux nerveux situés au niveau du sacrum, en bas du dos de la mère. Elle est accentuée à chaque contraction de l'utérus qui comprime les nerfs rachidiens. Cette position du bébé est tout à fait normale, elle est qualifiée de droite ou gauche postérieure. Ce sont généralement des accouchements très longs et fort douloureux. Il arrive même que, submergée par la douleur et l'angoisse, la future maman soit dans un tel état de tension que tout le travail s'arrête. La position allongée est souvent fort douloureuse ; mieux vaut être assise, penchée en avant ou couchée sur le côté en chien de fusil. Des massages effectués par le père ou une sage-femme peuvent soulager ces douleurs. La femme est couchée sur le côté, le père masse la colonne vertébrale pendant toute la durée de la contraction. L'acupuncture, la réflexothérapie lombaire peuvent être d'un grand soulagement, mais, bien sûr, la péridurale est le plus communément proposée.*

Le stress et l'inconscient

Comment le stress augmente-t-il la douleur ? On sait qu'il engendre la production d'adrénaline dans l'organisme. Cette substance diminue la production de l'endorphine, qui aide à supporter la douleur. De plus, l'adrénaline accélère les rythmes cardiaque et respiratoire et surtout contrarie la stimulation de l'ocytocine sur le muscle utérin. La future maman panique, souffre de tremblements de tétanie, devient incapable de respirer efficacement. C'est ainsi que le stress peut interrompre complètement le travail. La dilatation ne reprendra qu'une fois la personne calmée.
Le rôle du personnel médical est alors de l'apaiser, notamment celui de la sage-femme, qui va la réconforter par sa présence, ses paroles et son empathie afin de lui permettre de reprendre une respiration adaptée. Si ces gestes ne suffisent pas, elle recourt à l'administration de tranquillisants. Le médecin envisagera, dans certains cas, un accouchement sous analgésie.
L'inconscient joue aussi un rôle non négligeable au moment de l'accouchement. Selon l'histoire de chaque femme, ce sont des souvenirs plus ou moins heureux qui resurgissent. Ils auront alors une influence sur l'instant vécu. Bien évidemment, la « qualité » des réminiscences aidera à surmonter douleur et fatigue, ou au contraire aura tendance à augmenter stress et angoisse. La préparation à l'accouchement et les rencontres avec un personnel soignant disponible constituent pour elle un moment privilégié où elle peut exprimer ses craintes et ses angoisses avant le jour de la naissance.

Des anesthésies pour soulager les contractions

Mis à part l'anesthésie générale et la péridurale, il existe d'autres moyens de lutter contre la douleur. Certains sont connus dans toutes les maternités, d'autres sont plus rares.

L'anesthésie par inhalation

On peut y avoir recours lorsque la mère a bien établi le rythme des contractions et en fin de dilatation. L'équipe médicale met à sa disposition un masque relié à une bouteille de gaz contenant un mélange de produits analgésiques (du protoxyde d'azote mélangé à de l'oxygène). Trente secondes avant la contraction, elle applique le masque sur son visage. Les contractions deviennent ainsi moins douloureuses, à condition que la future maman n'ait pas perdu le rythme des respirations. Ce mélange de gaz aide le col à se relâcher tout en permettant une meilleure oxygénation des tissus, ce qui contribue à atténuer la douleur.

Par influx nerveux

C'est un petit appareil, le *Transcutaneous electrical nerve* simulation (TENS), à peine plus gros qu'une boîte d'allumettes. Son action s'appuie sur les recherches faites sur la transmission de la douleur. Elle consiste à stimuler électriquement certaines fibres nerveuses à travers la peau. Les électrodes, utilisées notamment pour combattre les douleurs lombaires, sont installées dans le dos de la patiente au niveau même où elles se manifestent. Ces douleurs étant assez superficielles, la stimulation électrique est très efficace.

Elle rend les contractions du début du travail moins douloureuses, notamment pour les femmes ayant déjà accouché. À la seconde naissance, elles connaissent leur corps, savent comment il va réagir. Cette technique est plus performante si la patiente règle elle-même l'intensité et l'amplitude de l'impulsion électrique. Cette autonomie est possible tant que les contractions sont encore bien supportées, ensuite la sage-femme ou le médecin prend le relais. En effet, les futures mamans sont alors incapables de manipuler efficacement l'appareil. Cette électrostimulation s'interrompt à tout moment en fonction des besoins. Le TENS est très utilisé en Angleterre, mais encore peu en France.

***Tous les humains ne sont pas égaux devant la douleur :** certains la ressentent plus fortement que d'autres. Cette différence provient de l'équipement nerveux et de l'histoire de chaque individu. Les personnes particulièrement sensibles à la douleur ont soit des terminaisons nerveuses chargées de la réception de l'information « douleur » très sensibles, soit un centre nerveux captif hyperréceptif. L'un des facteurs de la douleur est lié tout particulièrement à la méconnaissance du phénomène physique de l'accouchement.*

La réflexothérapie lombaire

Elle est surtout efficace pour les mères accouchant « par les reins ». La méthode consiste à injecter de l'eau distillée, mélangée à un anesthésique local, à la jonction du bord inférieur de la dernière côte et de la masse musculaire lombaire. Cette injection ne perturbe pas les contractions qui, elles, restent douloureuses. Seules les douleurs lombaires disparaissent au moins pour une heure. Au besoin, l'injection peut être renouvelée.

Une vieille histoire

Comment atténuer la douleur lors de l'accouchement ? Cette préoccupation ne date pas d'aujourd'hui. Dans les années 50, un médecin anglais, le docteur Read, constate que la douleur est moins forte selon l'état de tension de ses patientes. Pour lui, la crainte de cet acte pourtant naturel reposait sur l'ignorance du déroulement de la grossesse et de l'accouchement ; cette peur par anticipation était entretenue par l'idée que cette douleur était une fatalité, voire une volonté divine. Il décida alors d'expliquer aux mères ce qui se passait en elles et de les initier à certains exercices physiques et respiratoires permettant une préparation musculaire et nerveuse.
À la même époque, en Russie, le docteur Velvoski cherche à expliquer le fondement des douleurs de l'enfantement. S'appuyant sur les expériences de Pavlov, il conclut à un conditionnement de la future maman à la souffrance, contractions et douleurs étant le lot de tous les accouchements. Il crée alors une méthode dite « psychoprophylactique », mêlant discussions et exercices physiques permettant la maîtrise du corps. Popularisée par le docteur Lamaze, elle fut diffusée en France sous le nom de « préparation à l'accouchement sans douleur ». Malgré sa proposition rarement atteinte, elle connut un grand succès.

Il existe une constante dans la manière d'exprimer la douleur *(mis à part celle du langage) et un ordre d'apparition des manifestations, indépendamment des origines ou de l'âge de la mère. C'est la conclusion de l'observation de femmes lors du travail de l'accouchement faite par Anne-Marie Bonnel, chargée de recherche au CNRS. Elle a ainsi établi une échelle des valeurs. Au stade I, la future maman, sous l'effet de la douleur des premières contractions, modifie sa respiration. Au stade II, elle ferme ses mains à chaque contraction. Au stade III, la contraction des mains est permanente. Au stade IV, une agitation, avec des mouvements brusques et incontrôlés, apparaît. Les deux derniers stades ne s'observent pas chez toutes les accouchées et la durée de chaque stade est variable d'une femme à l'autre.*

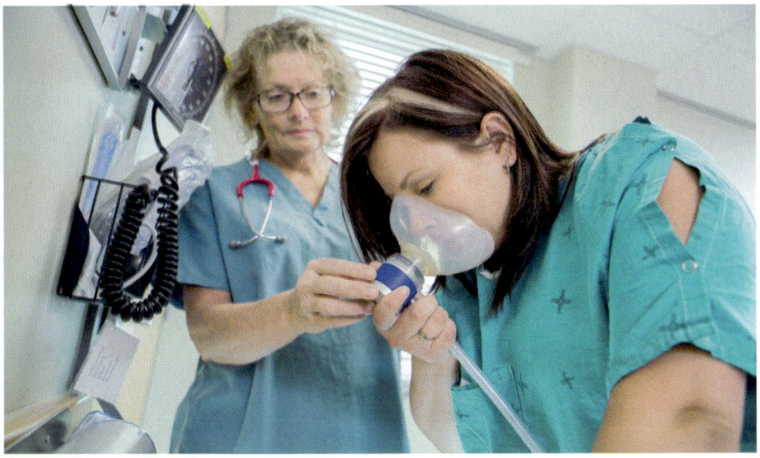

Dans les années 70, le docteur Leboyer, estimant l'accouchement trop médicalisé et traumatisant tant pour la mère que pour l'enfant, imagina « l'accouchement sans violence ». Il préconisa d'autres gestes et un environnement plus chaleureux : lumière douce, utilisation d'un miroir permettant à la mère de mieux contrôler ses poussées, choix de la position pour accoucher, clampage du cordon ombilical tardif, contact peau à peau de la mère et de l'enfant, tétée précoce, bain du bébé par la mère ou le père, dont la présence est éminemment souhaitée...
À la même époque, le docteur Odent introduit en France une pratique anglo-saxonne : le bain en salle de travail pour aider à la dilatation.
Tous ces pionniers ont contribué à une évolution des pratiques obstétricales plus diversifiées aujourd'hui. La finalité reste toujours la sécurité, mais le confort psychologique de la mère comme de l'enfant est pris en compte.

Allongée, accroupie ou assise ?

Traditionnellement les futures mamans accouchent sur une table équipée d'étriers. Le médecin ou la sage-femme ont ainsi un contrôle parfait du déroulement de l'accouchement. Pourtant, la position n'est pas forcément confortable pour l'accouchée et ne favorise pas la descente du bébé.

Sur une table d'accouchement...

Autrefois, en France, les femmes accouchaient assises sur une chaise, qui appartenait à la famille ou à la commune. La médicalisation de l'accouchement est à l'origine de la table d'accouchement. Mais doit-on conserver cette manière de faire et des aménagements qui soulageraient la future mère sont-ils possibles ? La question soulève un vrai débat dans le monde médical.

Il y a ceux qui restent farouchement pour la position en décubitus dorsal : la personne est allongée sur une table gynécologique, les jambes relevées et les pieds calés dans des étriers. Cette position est la plus utilisée en France. Et ceux qui sont à la recherche d'une position plus efficace médicalement, adaptée aux besoins de la mère mais permettant une intervention pratique des médecins.

Dans de nombreux cas, la table gynécologique est relevée dans une position semi-assise afin de permettre à la future maman d'attraper les jambières et ainsi d'accompagner au mieux la poussée au moment de l'expulsion. Cette position est la plus commode pour une bonne surveillance médicale et donne toutes les possibilités d'intervention rapide.

Un certain nombre de spécialistes reprochent à la position en décubitus dorsal d'être un obstacle à la descente du bébé et de provoquer des accouchements douloureux au niveau du dos. En effet, il n'y a aucun effet de pesanteur, le sacrum est immobilisé et les douleurs lombaires à leur maximum. De plus en plus de sages-femmes et d'obstétriciens préconisent de l'aménager en ramenant les cuisses de la femme vers le ventre, celle-ci plaçant ses cuisses dans les étriers de manière à ce que l'angle fémur-colonne vertébrale soit inférieur à 90 degrés. La position sur le côté droit ou gauche est de plus en plus fréquente. Elle a l'avantage de faciliter l'ouverture du bassin. Les tables d'accouchement offrent maintenant quantité de positions, plus ou moins assises. De plus, à côté des tables d'accouchement, les futures mamans disposent de barres de suspension ou de cordes qui leur permettent de se suspendre au moment des poussées.

... sur un tabouret...

Pour d'autres, la position la plus naturelle est la position accroupie. Les médecins ont donc mis au point des tabourets d'accouchement permettant à la femme de s'installer dans cette position plus confortablement. Ils estiment que c'est ainsi que les poussées, au moment de l'expulsion, sont les plus efficaces, la pesanteur du

***Un accouchement est le plus souvent fort long,** vous ne devez pas hésiter à changer de position, à varier vos postures selon vos sensations, selon vos besoins. Entre deux contractions, discutez avec le personnel médical ou votre conjoint. En revanche, vos mouvements seront plus limités si vous accouchez avec l'aide d'une péridurale. En accord avec les soignants et si vous faites quelques concessions, il est possible de trouver des solutions.*

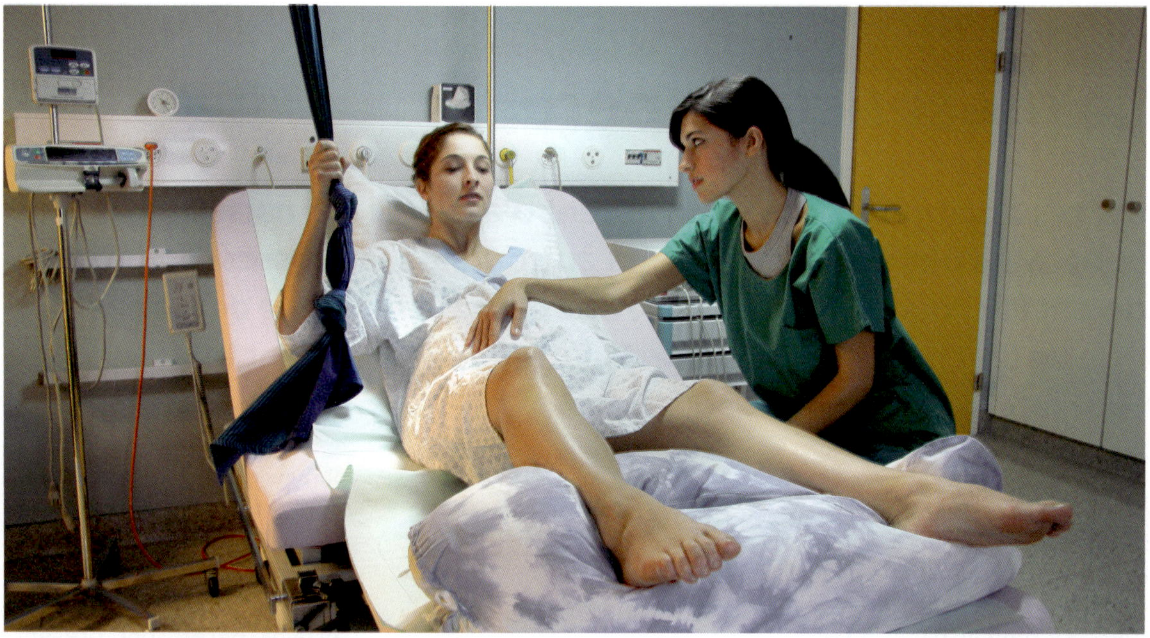

corps de la mère comme celle de l'enfant aidant la naissance. De plus, dans cette position, le bassin s'élargit et le sacrum se libère. Certaines maternités proposent même aux futures mamans d'accoucher assises sur des chaises d'accouchement, qui n'ont bien sûr plus rien à voir avec celles utilisées au cours des siècles passés. Dans cette position, l'expulsion est facilitée : l'utérus ne comprime plus la veine cave inférieure et la poussée est plus aisée. Il semble encore que l'oxygénation de la future maman soit meilleure, le bébé n'oppressant plus le diaphragme. Toujours dans cette position, la force exprimée dans les jambes exerce une contre-pression qui renforce la poussée de l'expulsion.

... ou encore dans un fauteuil

Depuis quelques années, on a vu s'installer des matériels totalement nouveaux ; ce sont des fauteuils, voire des sièges relax suspendus par des sangles et munis d'un moteur pour changer de position et permettre au médecin, le moment venu, d'intervenir. Extrêmement confortables, ils sont munis d'accoudoirs, dotés d'appuis pour la nuque et pour le dos. Ils sont équipés de différents accessoires à utiliser selon la phase de l'accouchement et le souhait de la future maman.
Ils permettent toute une gamme de postures allant de celle assise à celle accroupie. Dans toutes les positions, les jambes peuvent être soutenues. Le siège est bien sûr conçu pour laisser libre la zone pelvienne. Dans d'autres maternités, on a fait le choix de larges sofas surélevés pour ne pas entraver le travail de la sage-femme, mais assez larges pour installer des coussins qui maintiennent confortablement le dos de l'accouchée. Le conjoint peut s'y asseoir prenant sa compagne au creux de sa poitrine et lui servant d'appui au moment de l'expulsion. Tous ces matériels ont en commun une corde de suspension destinée à réaliser des étirements du rachis. Ils facilitent la descente du bébé par la simple loi de la pesanteur.

Dans la plupart des régions du monde où l'accouchement n'est pas médicalisé, *les femmes accouchent accroupies. Cette position est de plus en plus rare dans notre vie quotidienne. Mais elle est pourtant physiologiquement la plus adaptée au réflexe expulsif, qui se manifeste par une contraction maximale des muscles abdominaux profonds, transverses et obliques. Au moment de l'accouchement, cette force s'ajoute à celle de la poussée de l'enfant.*

La présence du père

De très nombreux pères choisissent d'assister à la naissance de leur bébé. S'ils ont été très présents au cours de la grossesse, ils considèrent l'accouchement comme une étape essentielle de la construction de leur nouvelle identité. D'autres appréhendent la violence de l'enfantement.

Trouver sa place

Aujourd'hui la présence du père en salle d'accouchement est presque une évidence. Certains pères s'y sentent plutôt à l'aise, d'autres ont parfois le sentiment d'avoir été contraints à se conformer à ce que leur compagne, leur famille et la société attendent d'eux. Tous auront plus aisément le sentiment d'être à leur place dans ce lieu où les femmes sont en nombre et fort actives, s'ils souhaitent profondément assister à cet événement et s'ils ont soutenu leur compagne tout au long de la grossesse.
L'accueil que leur fait le personnel médical joue également un grand rôle. Bien sûr, en cas de complications, ils devront sortir le temps de l'intervention. Il n'est plus rare aussi qu'ils assistent aux césariennes. Une fois le champ opératoire installé, il se placera à la tête de sa compagne.

Plus ou moins actifs

Chaque père aborde l'événement différemment. Ceux qui ont été des compagnons attentifs et affectueux, ceux qui ont participé aux préparations à la naissance, tout particulièrement s'ils se sont formés à l'haptonomie, sont de vrais accompagnants : ils savent aider efficacement la future maman à dominer la douleur, à se détendre entre deux contractions et l'encourager gentiment au moment de l'effort des poussées. Ils n'imposent rien et mesurent leurs conseils. Bref, ce sont des pères qui sont déjà dans leur rôle.
Certains pères sont présents physiquement mais leur attitude révèle une gêne, voire une envie de fuir l'événement. Pour ces pères, la vision de l'accouchement est insupportable. Généralement, ils se protègent derrière un appareil photo ou une caméra : derrière le viseur, ils ne participent pas vraiment, ils restent spectateurs. Certains prennent conscience de leur réticence ; ils commencent

> **« La présence ou l'absence du père à l'accouchement n'influe pas sur les futures relations entre le père et l'enfant. »**

DANS DE NOMBREUSES PEUPLADES, LES PÈRES PRATIQUENT « LA COUVADE ». *Pour eux, il n'est pas question d'assister à l'accouchement. Ils ont imaginé une autre façon de jouer un rôle important dans la naissance de leur enfant. L'homme est censé participer à la douleur de l'enfantement : il pleure, il crie, se roule par terre, se couche et geint. Plusieurs explications peuvent être données à ces manifestations bruyantes. L'homme crie pour attirer sur lui les mauvais esprits, il les trompe et, pendant ce temps, sa femme peut accoucher tranquillement. On dit aussi qu'il prend ainsi une part de sa souffrance et qu'il la soulage. Psychologiquement, ces manifestations n'ont rien d'étonnant, parce que la mise au monde réveille chez lui, comme chez la femme, l'angoisse de sa propre naissance.*

à filmer mais, pris par l'émotion, interrompent leur reportage. Et puis il y a les pères qui ont cédé à la pression de leur compagne ; mal à l'aise, ils ne savent où se mettre et saisissent la moindre occasion pour sortir de la salle d'accouchement tant la situation les stresse, tant l'ambiance les panique.
Enfin, il existe aussi des pères qui veulent « coacher » leur compagne à la manière d'un entraîneur sportif. Ils les abreuvent de conseils, ils s'identifient à elles, respirent et poussent comme elles. Le couple partage alors le même effort.

Absence justifiée

Si 80 % des pères assistent à la naissance de leur enfant, 20 % sont absents. Certains résistent à toutes les pressions prétextant soit le respect de l'intimité de la future mère, soit des obligations professionnelles, un rendez-vous impossible à déplacer, un voyage d'affaires prévu depuis trop longtemps, soit une incapacité à supporter la vue du sang... Ce n'est pas par indifférence qu'un père refuse d'assister à l'accouchement de sa femme. La maternité est souvent pour les hommes une affaire exclusivement féminine, de douleur et de sang. Ils ne se sentent pas capables de supporter tout ça. Stressés ou tendus, ces hommes ont raison de s'abstenir, car rien n'est plus contagieux que l'angoisse. A contrario, dans certains cas, c'est la future maman qui ne souhaite pas la présence de son compagnon. Elle refuse de lui offrir le spectacle de son corps dans l'effort et la douleur de l'enfantement. Elle craint que leur intimité, si puissamment exposée, transforme les relations affectives et sexuelles de leur couple.

Que les pères maternants ne craignent pas d'être perturbants pour leur enfant. *Tous les spécialistes de l'enfance l'affirment : l'enfant, dès ses premières semaines, fait la différence entre son père et sa mère. Il est capable de reconnaître sa voix, son odeur, la manière dont il le tient et ses gestes. Hommes et femmes ne manipulent pas le bébé de la même façon et le bébé en est bien conscient.*

Une expérience inoubliable

La présence des pères aux accouchements est relativement récente. Parmi les pères, il semble qu'un certain nombre accepte d'être présent à l'accouchement, uniquement pour faire plaisir à la future mère. Certains restent du début à la fin, d'autres ne supportent pas le moment même de la naissance et suivent uniquement le temps du travail, d'autres, au contraire, n'arrivent qu'au moment de la naissance. Malgré tout, lorsqu'on les écoute, on s'aperçoit qu'ils ne le regrettent pas : ils gardent de l'événement un souvenir impérissable. Ils sont généralement étonnés par la puissance et la douleur de l'enfantement. Ils n'imaginaient pas qu'il faille fournir un effort physique aussi intense. Bref, ils sont réellement admiratifs. Par ailleurs, le bébé les surprend beaucoup : son visage bleu déformé par la poussée, la taille de sa tête et de ses épaules, la matière blanchâtre qui le recouvre, l'aspect torsadé du cordon ou encore la rapidité avec laquelle, une fois la tête passée, il se jette dehors. Des images qui ne leur étaient pas totalement étrangères, mais qu'ils cachaient soigneusement dans leur inconscient. Être confronté à l'épreuve de la réalité — voir sa femme accoucher, voir son bébé naître — est autre chose que de regarder un reportage sur la naissance.

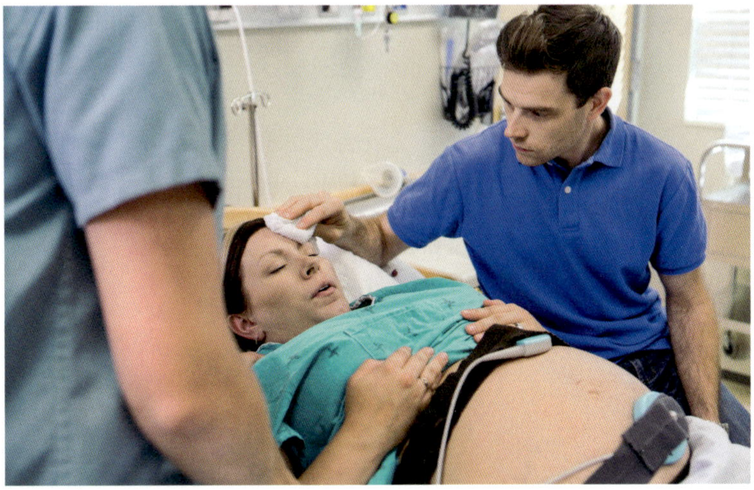

Les étapes de l'expulsion

L'utérus est un muscle creux dont les fibres sont disposées en trois couches superposées dans des directions contraires. Cette anatomie est idéale pour produire le maximum de poussées au moment de l'expulsion.

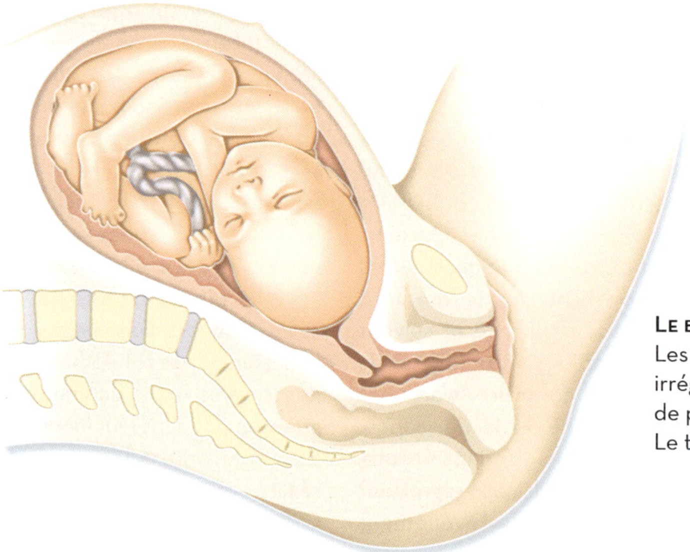

Le bébé est prêt à naître. Les contractions, d'abord irrégulières, deviennent de plus en plus rapprochées. Le travail commence.

Sous l'effet des contractions, le bébé est poussé en avant, effaçant peu à peu le col de l'utérus.

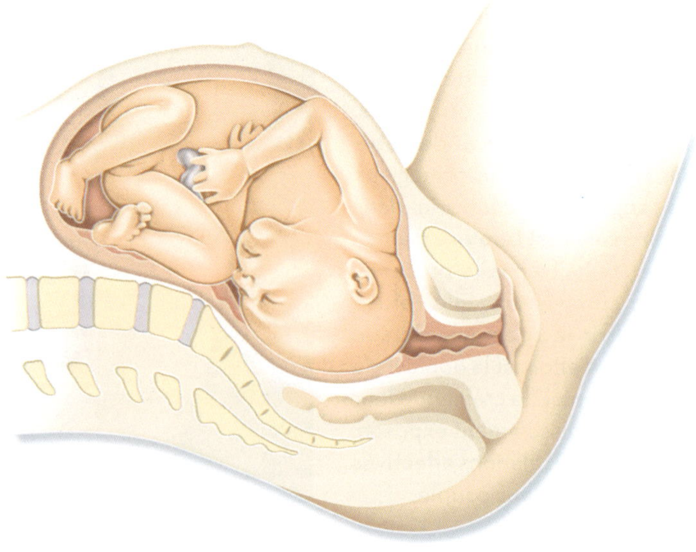

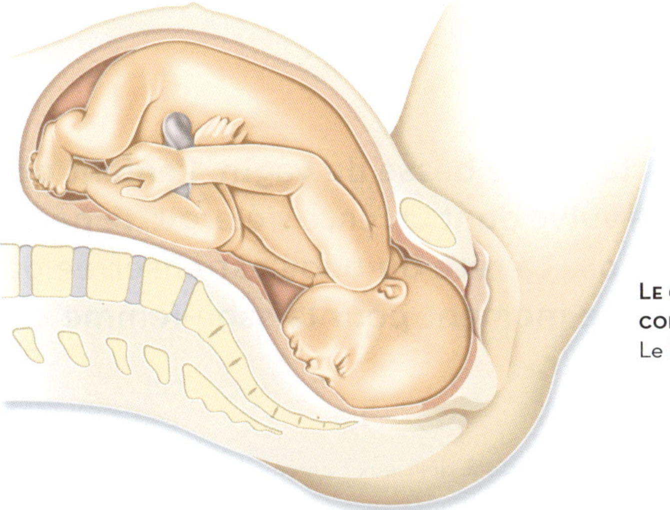

Le col est complètement dilaté.
Le haut du crâne apparaît.

C'est le moment de pousser.
La tête du bébé distend la vulve, le dégagement commence.

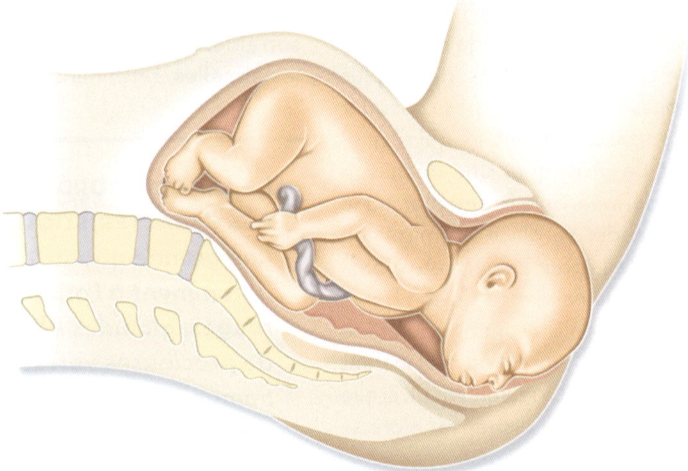

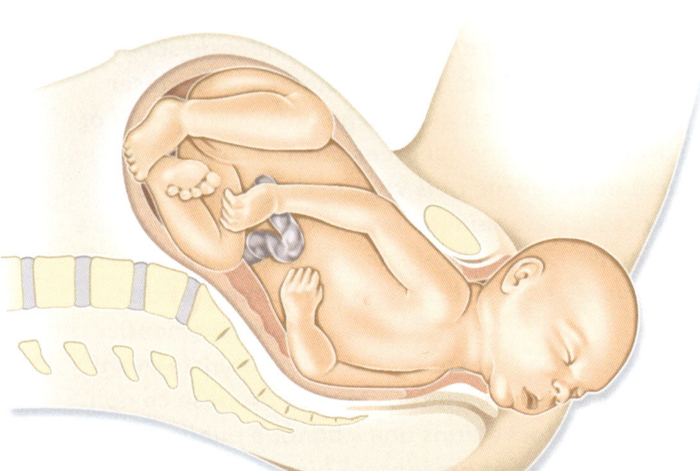

La tête est passée.
Le médecin ou la sage-femme positionne le bébé pour aider au dégagement de l'épaule. Le reste du corps suivra très vite.

Entrer dans la vie

La tête de l'enfant est dans la partie basse du vagin, l'enfant poursuit sa descente, il atteint la vulve dont la fente s'élargit, le périnée est au maximum de sa tension. La tête du bébé est enserrée dans un anneau musculaire, c'est le moment pour la sage-femme ou le médecin accoucheur d'intervenir.

Les gestes de l'accoucheur

La sage-femme ou le médecin accoucheur demande à la mère de cesser ses efforts, de ne plus pousser, afin de ne pas brusquer la sortie de l'enfant, ce qui risquerait de provoquer une déchirure du périnée. Si la future maman le demande, on place un miroir en face d'elle pour lui permettre d'assister à la naissance de son bébé. L'apparition du sommet du crâne et des cheveux est un réel instant de bonheur. La maman peut, si elle le souhaite, lui dispenser alors sa toute première caresse.

Ensuite, l'accoucheur contrôle la sortie de l'enfant millimètre par millimètre avec une extrême douceur, tout en le maintenant. Lorsque la tête est dégagée, il aide au passage du reste du corps, notamment des épaules et des bras. Il dirige la tête du bébé vers le bas pour libérer une épaule et un bras, tout en faisant faire à l'enfant une rotation. Il dégage ainsi l'autre épaule et l'autre bras. Le reste du corps jaillit alors littéralement en quelques secondes. C'est toujours un moment d'une très grande intensité pour la mère. Si elle le souhaite, l'enfant est immédiatement placé sur son ventre et c'est l'instant délicieux de la première rencontre.

Dans certaines maternités, la sage-femme propose à la maman, avec son aide, de prendre l'enfant sous les aisselles, terminant ainsi elle-même la sortie du bébé. Ainsi se passe la naissance d'un enfant se présentant tête en bas, en position dite « céphalique », le crâne en premier. Selon que l'enfant est tourné sur la gauche ou sur la

---

LE SANG DU CORDON FOURNI PAR LE PLACENTA A DES CARACTÉRISTIQUES EXTRAORDINAIRES : *il contient une grande quantité de cellules souches. Elles sont notamment à l'origine des cellules sanguines, globules rouges, globules blancs, plaquettes. Elles ont surtout de précieuses vertus : étant immatures sur le plan immunitaire, leur utilisation ne provoque pratiquement pas de réaction de rejet de l'organisme qui leur est étranger. Elles ont encore une capacité étonnante à se multiplier. Ces cellules souches sont utilisées dans le traitement de certains cancers du sang ou de certaines maladies génétiques affectant les cellules du sang.*
Il est possible, pour traiter ces maladies, de réaliser des greffes de cellules souches hématopoïétiques. Lors de la greffe, elles sont injectées dans la circulation sanguine du receveur, puis vont se diriger dans la moelle osseuse, au sein de laquelle elles vont produire à nouveau les différents éléments du sang. Le recueil du sang placentaire est réglementé comme les dons d'organe, il est effectué à la fin de l'accouchement, lorsque le cordon de l'enfant est coupé et juste avant la délivrance. Si votre maternité vous propose ce don, n'hésitez pas. Stocké dans une « banque publique » de sang, il sauvera et améliorera bien des vies.

***Assister à la naissance de leur enfant** en le regardant sortir de leur ventre dans un miroir, c'est ce que proposent certaines équipes médicales. Celui-ci est placé entre les jambes de l'accouchée au moment où apparaît la tête. C'est toujours un moment d'émotion intense qui les incite à pousser avec encore plus d'efficacité pour enfin faire connaissance avec celui ou celle qu'elles attendent depuis neuf mois.*

↗

droite, que son occiput est dirigé vers l'avant ou vers l'arrière, sa position sera définie droite antérieure, droite postérieure, gauche antérieure ou gauche postérieure. La naissance d'un enfant dans une autre position demande de la part de la sage-femme ou du médecin accoucheur d'autres gestes.

Le cordon ombilical

L'aspect du cordon étonne toujours un peu : il est incroyablement torsadé. C'est un état naturel qui est souvent accentué par les pirouettes du bébé in utero. Il est aussi recouvert sur toute sa longueur d'un tissu gélatineux, « la gelée de Wharton », qui le rend souple et incompressible au point que, même s'il se noue, il continue à fonctionner normalement. Tous les cordons ne se ressemblent pas. Certains enfants ont des cordons courts de moins de 30 cm, d'autres fort longs de plus de 1 m. Les galipettes in utero du bébé sont à l'origine d'enroulement autour d'un bras ou d'une jambe et parfois autour du cou. Il peut encore présenter un ou plusieurs nœuds. S'ils sont très serrés, ils peuvent parfois réduire les échanges entre la mère et l'enfant, pourtant indispensables à son développement. Toutes ces particularités sont rarement visibles à l'échographie et se révèlent seulement à la naissance. Normalement, le cordon abrite trois vaisseaux sanguins : deux artères et une veine. Un produit antiseptique et un autre asséchant sont appliqués sur la plaie avec une compresse stérile. Le premier prévient toute infection, le second accélère la cicatrisation.

Début de l'autonomie

Au moment de la naissance, le bébé est toujours relié au placenta par le cordon ombilical.
Celui-ci est coupé une fois que l'enfant est entièrement sorti mais selon les pratiques médicales, plus ou moins rapidement après la naissance. Il cesse de fonctionner à la première inspiration d'air du bébé. Sous l'effet de l'augmentation de la pression de l'oxygène, il se ferme, interrompant ainsi la circulation sanguine entre la mère et l'enfant. Il ne bat plus. Pour clamper le cordon ombilical, le médecin ou la sage-femme place deux pinces distantes d'une dizaine de centimètres. Elles ont pour but d'éviter tout saignement des artères et de la veine ombilicale au moment de leur section. Le cordon sera ensuite coupé par la sage-femme, ou le papa s'il le souhaite.

Faciliter le passage du bébé

L'épisiotomie est une incision de l'anneau vulvaire sur le périnée, dernier obstacle que doit franchir l'enfant. Elle est pratiquée au moment même de sa sortie, lorsque le passage se révèle trop étroit et afin d'éviter une déchirure des tissus.

Au bon moment

Ce geste médical est fréquent lors d'un premier accouchement, mais il ne doit pas être systématique. L'épisiotomie est parfois nécessaire lorsque l'accoucheur utilise les forceps. Elle est recommandée si l'enfant se présente par le siège, tout comme dans le cas d'un accouchement prématuré. Expulsé rapidement, le bébé fragile ne souffre pas.

L'épisiotomie doit être pratiquée ni trop tôt ni trop tard. Trop tôt, elle est inefficace et trop importante ; trop tard, elle n'évite pas une déchirure. L'incision est faite en biais aux ciseaux droits. Le médecin ou la sage-femme sectionne franchement le périnée latéralement sur 1 ou 2 cm au moment d'une contraction ou d'un effort expulsif. Réalisée au bon moment, elle sera courte et peu douloureuse, même si vous n'êtes pas sous péridurale. L'accoucheur doit essayer de l'éviter, mais il lui incombe aussi d'en prendre la décision, au dernier moment, en fonction de la tension des tissus.

> **« Une cicatrisation parfaite associée à une bonne rééducation du périnée, et tout sera comme avant ! »**

Différentes épisiotomies

Il existe deux types d'incisions. L'épisiotomie médiane augmente le diamètre antéro-postérieur de la vulve. Elle est facile à réparer et peu hémorragique, mais peut entraîner des complications rectales importantes en cas de déchirure associée. L'épisiotomie médio-latérale, la plus fréquente, libère bien le passage. Elle a l'avantage de pouvoir être agrandie en cas de besoin.

Certaines femmes semblent plus prédisposées que d'autres à cette intervention, les rousses en particulier et toutes les femmes à peau fragile, voire « friable », ainsi que les sportives qui ont des muscles durs, celles qui ont pris trop de poids ou celles qui ont un périnée court. La taille et le poids du bébé ont aussi de l'importance. L'épisiotomie est faite habituellement sans aucune anesthésie, en profitant de l'anesthésie physiologique que produit la pression de la tête du bébé sur les tissus. L'incision est parfois réalisée sous anesthésie locale par l'injection de lidocaïne ou d'un produit de la même famille.

Pendant les 48 heures qui suivent l'intervention, cette partie du corps est douloureuse. *La douleur est d'autant plus difficile à supporter que la jeune maman, fatiguée, voudrait en avoir fini avec toutes les misères de l'accouchement et n'avoir à se préoccuper que de son bébé.*

Dans certains cas, à cette douleur se mêlent celles des muscles du bassin et d'une poussée d'hémorroïdes. La douleur est forte pendant la marche, elle est parfois telle qu'il faut installer sous les fesses de la maman un rond de caoutchouc ou un bloc de mousse pour éviter le frottement de la cicatrice sur le drap.

Un geste à mesurer

De nombreuses sages-femmes et beaucoup d'obstétriciens souhaitent l'éviter en demandant aux futures mamans une bonne préparation périnéale au cours de la grossesse et en laissant l'expulsion distendre totalement les muscles. Un massage régulier de quelques minutes plusieurs fois par semaine préparerait les tissus à la distension due au passage de la tête du bébé et réduirait d'un tiers les épisiotomies. D'ailleurs, les sages-femmes et les médecins accoucheurs sont généralement très fiers d'avoir réussi à faire naître un bébé sans cette intervention.

NORMALEMENT, SEULEMENT 10 % DES FEMMES DEVRAIENT AVOIR BESOIN D'UNE ÉPISIOTOMIE *mais, dans la pratique, aujourd'hui 27 % environ des femmes subissent cette intervention, toujours justifiée par le risque d'une déchirure ou par la nécessité d'accélérer la naissance. Elle peut être à l'origine de difficultés momentanées dans la reprise de l'activité sexuelle des couples. En revanche, elle ne peut être mise en cause dans les manifestations d'incontinence urinaire dont souffrent 30 % des femmes après leur accouchement.*

Une épisiotomie plutôt qu'une déchirure

Mais il vaut toujours mieux une épisiotomie bien faite qu'une déchirure. Une épisiotomie de 2 cm se répare en cinq jours et, dès que les fils sont éliminés, c'est terminé ! Une déchirure, c'est autre chose : elle est toujours plus délicate à réparer qu'une coupure nette. De plus, certaines déchirures atteignent le sphincter anal. Incontestablement, si aujourd'hui les femmes souffrent moins de délabrement pelvien, c'est parce que les équipes obstétricales font très attention au périnée, qu'elles ne pratiquent les épisiotomies que quand cela est nécessaire. Enfin, il faut savoir qu'une épisiotomie pour une première naissance n'en implique pas une autre pour un deuxième accouchement : les tissus sont légèrement distendus et gardent de manière tout à fait surprenante « la mémoire » du passage de la tête du bébé.

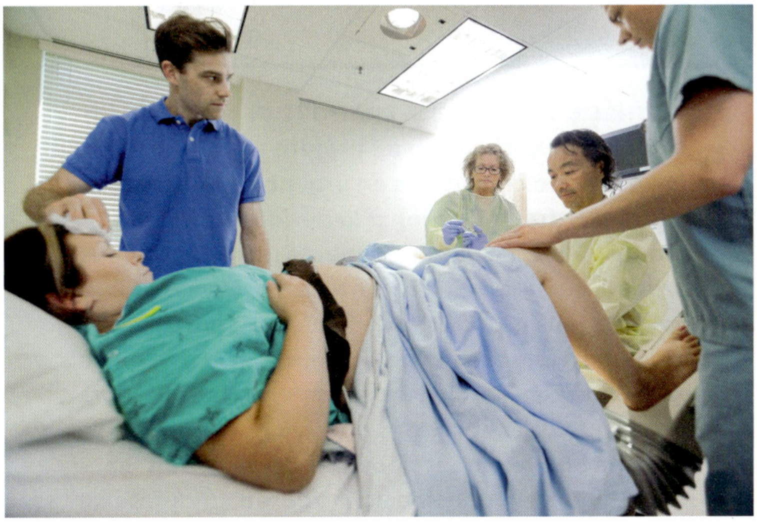

Il faut recoudre

Après la délivrance, sous anesthésie locale ou sous anesthésie péridurale si elle a été installée avant l'accouchement, le médecin recoud les différentes couches de tissus qui ont été sectionnées. Il répare plusieurs plans musculaires et les différentes couches de la peau pour s'assurer d'une cicatrisation solide. Le vagin et le plan musculaire sont recousus avec des fils résorbables ; la peau avec un fil résorbable de plus en plus souvent, parfois avec un fil classique ou des agrafes qu'il faudra enlever après cicatrisation (celle-ci demande 5 ou 6 jours) et avant la sortie de la maternité. Beaucoup de femmes appréhendent ce moment, mais l'ablation des fils ou des agrafes n'est pas douloureuse, tout au plus légèrement désagréable accompagnée parfois de petits picotements.

Aider le bébé à naître

Les forceps et la ventouse sont des instruments que le médecin accoucheur utilise parfois pour aider l'enfant à venir au monde. Bien que souvent liés à toute une fantasmagorie effrayante de l'accouchement, ces instruments ne sont plus agressifs, car leur indication médicale a beaucoup changé au fil du temps.

Accompagner la sortie

L'aide des forceps ou de la ventouse intervient dans un accouchement sur dix. C'est toujours le médecin accoucheur qui en décide et qui les met en place. Il y recourt dans des circonstances bien particulières, telles que la souffrance fœtale due à une compression durable du cordon ombilical ou l'arrêt de la progression de la tête du bébé dans le bassin malgré les efforts de poussée de la mère. Enfin, il s'en sert lorsque, pour une raison médicale, la future maman ne peut fournir sans danger les efforts d'expulsion demandés. Le choix des instruments dépend des habitudes du médecin et de chaque situation obstétricale.

Forceps et ventouse sont utilisés lorsque l'enfant est engagé dans le bassin. La pose du forceps ou de la ventouse d'accompagnement n'est pas douloureuse ; le passage de la tête de l'enfant peut l'être un peu plus. Accoucher à l'aide de ces instruments est plus confortable sous péridurale. Dans le cas contraire, le médecin pratique une anesthésie locorégionale : il injecte un produit anesthésique au niveau des nerfs honteux qui innervent le périnée.

« La plupart des jeunes mamans dont l'enfant est né en ayant recours à ces instruments n'ont aucun souvenir douloureux. »

L'idée que la péridurale rendrait l'extraction instrumentale plus fréquente reste à prouver. Les études statistiques ne réussissent pas à déterminer si l'utilisation des forceps ou de la ventouse est en relation avec le taux de produit anesthésiant injecté ou avec la pratique des médecins qui, sachant leur patiente anesthésiée, choisissent d'aider systématiquement le bébé à naître.

L'utilisation de ces instruments ne peut être mise en cause dans certaines douleurs ressenties après l'accouchement. Si certaines jeunes mamans disent souffrir pendant deux ou trois jours, en s'asseyant ou en marchant, c'est

L'ANESTHÉSIE GÉNÉRALE SE PRATIQUE DE MOINS EN MOINS. *Si on a le choix, on lui préfère la péridurale, même pour une césarienne en urgence. Elle se décide en cas de contre-indication à la péridurale ou la rachianesthésie. Le médecin injecte par intraveineuse un produit qui fait très vite perdre conscience à la patiente. Les produits utilisés aujourd'hui sont pratiquement inoffensifs pour l'enfant. Il arrive parfois simplement que l'enfant naisse endormi ; il faut alors attendre quelques secondes pour qu'il se réveille. Cette réaction est étroitement dépendante de la puissance et de la quantité d'anesthésiant utilisée. L'anesthésie générale est toujours un acte médical réfléchi.*
Elle se programme en fin de travail et n'interrompt pas les contractions.

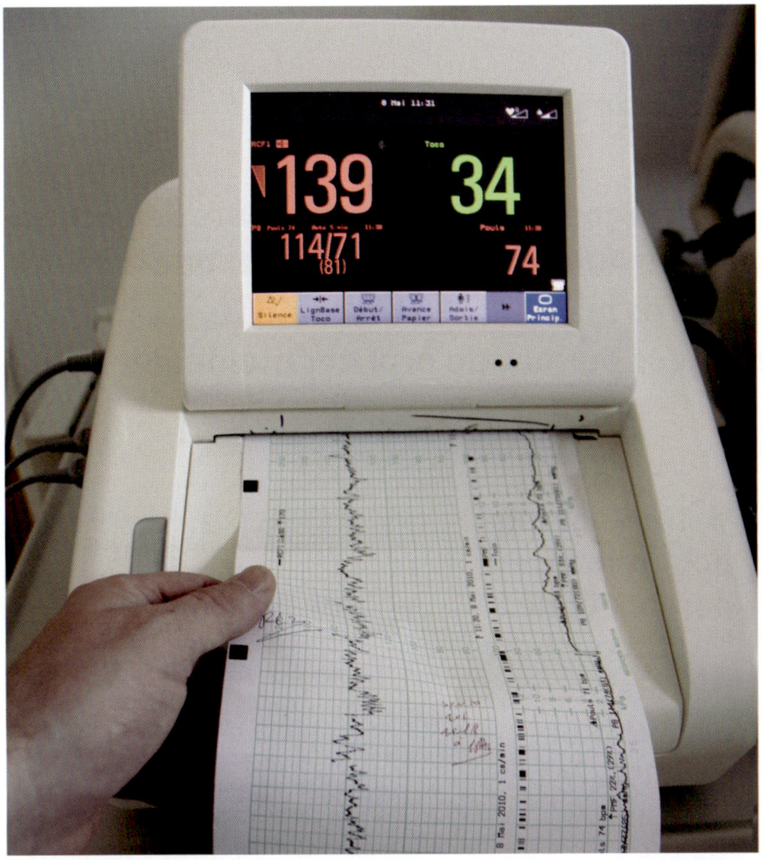

Pendant l'accouchement, le monitoring permet de vérifier le rythme cardiaque du fœtus et les contractions utérines de la mère.

La mauvaise réputation, notamment des forceps, *tient au fait, qu'autrefois, ils étaient utilisés dans des cas – lorsque l'enfant souffrait et se trouvait encore très haut dans le bassin par exemple – où aujourd'hui on pratique une césarienne.*

en raison de l'étirement important des muscles et des articulations du bassin au passage du bébé. Elles constateront d'ailleurs que ce désagrément se dissipe assez rapidement.

Les forceps

Les forceps ont été inventés par un médecin accoucheur londonien au XVIIe siècle : le docteur Chamberlen. Forceps est un mot anglais qui signifie « pinces ». Plusieurs types de forceps existent, mais ils ont tous la forme de cuillères pour bien épouser la forme de la tête du bébé. Les forceps à branches croisées et solidaires ont été longtemps utilisés. Aujourd'hui, on leur préfère ceux à branches parallèles et toujours solidaires. Le troisième type s'apparente à des spatules indépendantes qui permettent au bébé de glisser sous la poussée de sa mère.

Leur utilisation est exclusivement réservée au médecin accoucheur. Celui-ci, entre deux contractions, guide la pose de la première branche du forceps avec ses doigts. Il place les deux branches symétriquement sur les côtés de la tête de l'enfant. Il attend une contraction, demande à la future maman de pousser, et il tire sur les deux branches des cuillères qui écartent les parois du vagin. Il facilite ainsi la progression de la tête. Le médecin peut aussi aider l'enfant à fléchir ou à tourner la tête pour glisser hors du corps maternel.

Tous ces instruments servent donc à écarter les parois du vagin pour permettre à la tête de l'enfant de passer plus facilement. Ils peuvent laisser de petites marques sur le crâne du bébé ; elles disparaissent en quelques jours.

La ventouse

De plus en plus utilisée, la ventouse se fixe sur le cuir chevelu du bébé quand la dilation du col est complète et lorsque la tête de l'enfant est engagée. Cet instrument ressemble à une petite coupe de 4-5 cm prolongée par un petit tuyau souple ou rigide. On pose la coupelle sur le sommet du crâne du bébé, celle-ci y adhère grâce au vide d'air créé par aspiration. La ventouse est mise en place lors d'un effort de poussée contrôlé. Elle permet d'orienter, au besoin, sa tête dans le bon axe et de rendre plus efficace chaque poussée. L'enfant ainsi guidé naîtra aisément. Elle crée une bosse passagère sur le sommet du crâne, qui disparaît en quelques heures.

Une naissance sans douleur

La péridurale est devenue un recours contre les douleurs de l'accouchement largement répandu. Aujourd'hui, en France, elle soulage plus des deux tiers des futures mamans. En insensibilisant uniquement le bas du corps, elle leur permet de profiter pleinement de la naissance de leur bébé.

Un protocole précis

La péridurale est de la responsabilité du médecin anesthésiste, assisté d'un ou plusieurs infirmiers anesthésistes et bien sûr de toute l'équipe médicale. Normalement, la péridurale est installée alors que la dilatation du col de l'utérus se situe aux environs de 3 cm mais, dans la pratique, c'est l'intensité de la douleur qui décide. Généralement, l'intervention se fait entre deux contractions pour plus de confort. Le médecin anesthésiste demande alors à la future maman de s'asseoir, de faire le dos rond et de baisser les épaules ou bien de s'allonger en chien de fusil. Ces deux positions ont l'avantage d'écarter les vertèbres, donc de faciliter l'injection du produit anesthésiant. Dans tous les cas, le praticien demandera d'observer une immobilité totale pendant quelques instants. L'anesthésiste pratique d'abord une anesthésie locale. Après s'être assuré que celle-ci produit son effet, il repère l'espace péridural et installe un cathéter, qui diffuse le produit analgésiant tout au long de l'accouchement.

« Tout est fait pour que la parole divine, "Tu accoucheras dans la douleur", ne soit plus de mise. »

La péridurale est réalisable même au dernier moment *si la douleur est insupportable et si la dilatation avance trop lentement. La femme peut en faire la demande, mais encore faut-il que le médecin anesthésiste soit libre. Elle n'est parfois pas envisageable en cas d'accouchement trop rapide, notamment pour une seconde naissance, car elle n'aurait pas le temps de faire effet. Dans cette situation, l'anesthésiste peut proposer une rachianalgésie de fin de travail qui soulage tout aussi efficacement. Si tout est trop rapide, il faudra faire sans, mais l'équipe vous guidera, d'où l'intérêt, dans tous les cas, d'une préparation à l'accouchement.*

La rachianesthésie

Dans certains cas, il fait directement une injection de produit anesthésique, qui limite l'anesthésie à 4 heures environ, c'est ce qu'on appelle une rachianesthésie. C'est une variante de la péridurale ; elle est pratiquée en cours d'accouchement lorsque la naissance est proche. Son avantage : elle est rapide ; son inconvénient : elle se pratique en une seule injection non renouvelable. Elle consiste à injecter dans le canal rachidien un liquide anesthésiant qui insensibilise le petit bassin. Son utilisation permet d'intervenir sans douleur en cas de déchirure, d'utilisation des forceps, d'épisiotomie ou de réparation d'une déchirure.

Sous contrôle permanent

Le médecin anesthésiste ne reste pas obligatoirement aux côtés de la future maman, mais un infirmier anesthésiste surveille régulièrement le bon déroulement de l'anesthésie. La péridurale exige un contrôle permanent de la tension, qu'elle a d'ailleurs tendance à faire baisser. Aussi installe-t-on un appareil de contrôle sur un bras, alors que sur l'autre, on pose un cathéter, qui sert à l'injection d'ocytocine destinée à assurer la régularité des contractions et à celle d'un médicament en cas de chute de tension. L'injection du liquide analgésiant suscite tout au plus une impression de distension non douloureuse, et 10 à 20 minutes après l'installation de la péridurale, la douleur des contractions s'efface, tout le bas du corps est insensibilisé... Seuls des fourmillements et une impression de chaleur dans les jambes peuvent être ressentis. Le bon déroulement du travail et la puissance des contractions sont contrôlés par monitoring et par l'équipe médicale.

Dans certaines maternités, on propose aux femmes d'accoucher avec l'aide d'une PCEA (patient controlled epidural analgesia). ***Un système de pompe laisse la future maman libre de doser l'analgésie en fonction de ses sensations et de sa volonté d'être consciente de ce qui se passe dans son corps. Ce type de péridurale peut même être ambulatoire dans la phase de dilatation. Elle ne gêne pas la mobilité grâce à un dosage parfaitement adapté aux douleurs de la phase de dilatation. Bien sûr, la surveillance par l'équipe médicale reste constante. Cette autonomie et cette participation sont appréciées par une grande majorité de celles qui en ont bénéficié. Sur le plan médical, elle a encore l'avantage de limiter la prise médicamenteuse.***

Naissance détendue

La première phase du travail n'est pas modifiée. En revanche, sa durée peut même être réduite par la péridurale. En effet, l'absence de douleur évite le spasme du col de l'utérus et la résistance du périnée, le travail progresse alors vite et de façon régulière. Tout comme pour un accouchement sans anesthésie, la future maman est installée en position gynécologique lorsque le col de l'utérus est en dilatation complète. Les douleurs de l'expulsion n'existent pas sous péridurale ; tout au plus, l'envie de pousser est-elle ressentie très faiblement. La poussée, dans la plupart des cas, se fait sous la conduite de la sage-femme ou du médecin accoucheur ; elle peut alors, en toute sérénité, mettre en pratique l'entraînement qu'elle a reçu lors des séances de préparation à la naissance. Ils l'ont familiarisée avec l'effort que l'équipe médicale lui demande. Bien guidée, totalement insensible à la douleur, elle met son enfant au monde presque avec le sourire.

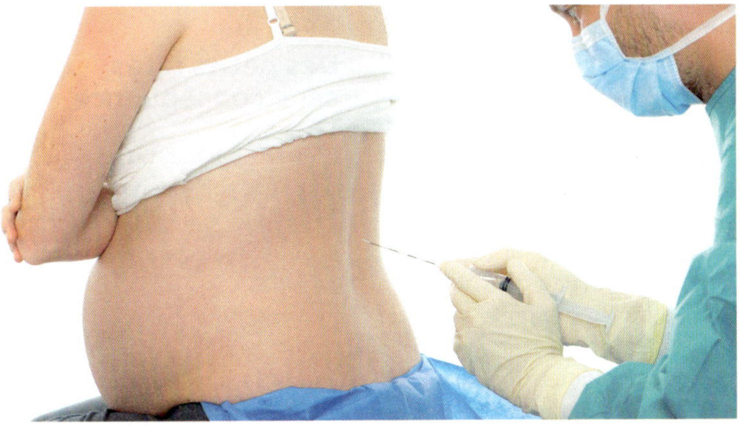

Normalement, la péridurale ne prive pas la mère d'une sensation unique : celle de sentir son bébé passer hors de son corps sans souffrir. Cette caractéristique est due à la formule du cocktail anesthésiant qui supprime la douleur tout en gardant les sensations. En effet, aujourd'hui les doses d'anesthésiques ont été diminuées pour être complétées par un peu de morphine. Le cocktail est ajusté selon les réactions de chacune : certaines sont sensibles à de petites quantités de médicaments, alors que d'autres ont besoin de beaucoup plus. En tenant compte des désirs de la future maman, l'anesthésiste évalue donc la dose à injecter au fur et à mesure de l'accouchement. L'anesthésie péridurale est maintenue jusqu'au moment de la délivrance. Son efficacité est totale, même si la sage-femme ou l'accoucheur doit intervenir pour obtenir une délivrance complète.

Pas toujours possible

80 à 90 % des mamans désirent accoucher sous péridurale, seules 70 % d'entre elles y parviendront. La différence s'explique surtout pour des raisons pratiques et, plus rarement, pour des contre-indications médicales.

Des contraintes pratiques

Si toutes les futures mamans qui souhaitent accoucher avec l'aide d'une péridurale ne parviennent pas à voir leur vœu exaucé, c'est en raison essentiellement de l'indisponibilité immédiate des médecins anesthésistes. Leur présence est obligatoire pour cet acte, mais leurs emplois du temps sont souvent surchargés, surtout qu'ils doivent aussi gérer quantité de situations d'urgence. De plus, la France manque de médecins formés à cette spécialité. Rassurez-vous, ils feront au mieux pour être disponibles.

***Le prix de cette analgésie est aussi un frein à « la péridurale pour toutes » :** la Sécurité sociale ne la rembourse qu'à 70 % du prix facturé par la maternité. Dans certains d'établissements privés, une péridurale coûte cher, ce qui laissera à la charge des parents une différence d'autant plus importante. Une information qu'il est préférable de connaître au moment de choisir sa maternité. Certaines assurances complémentaires prennent en charge ces dépassements d'honoraires.*

Des contre-indications médicales

Il existe aussi des contre-indications médicales, généralement dépistées au cours de la consultation « pré-anesthésie ». Certaines femmes sont allergiques aux produits anesthésiants. Heureusement, il est rare qu'elles le soient à tous. Le médecin anesthésiste procède, lors de la consultation, à un dépistage des produits à éliminer.

Autre contre-indication à la péridurale : certaines déformations de la colonne vertébrale telles que la scoliose ou l'hyperlordose. Ces pathologies peuvent empêcher la réalisation simple de la mise en place de l'aiguille. Les troubles de la coagulation font partie des contre-indications formelles. La numération sanguine, le taux de plaquettes dans le sang et les facteurs de coagulation sont donc inclus dans un bilan sanguin obligatoire. Il est réalisé soit avant d'engager le protocole de la péridurale, soit quelques jours avant l'accouchement.

Certains problèmes dermatologiques sont encore à examiner, notamment lorsqu'ils ont un caractère infectieux et sont localisés à l'endroit où doit avoir lieu l'injection. La présence d'un tatouage en bas du dos, là où le médecin fait l'injection, peut demander la prise de quelques précautions en raison de l'ignorance des encres utilisées. Soit elle est faite dans un espace du dessin qui laisse un peu de peau vierge apparaître, soit le médecin pratique une petite incision pour atteindre la peau au-delà du derme. Toute montée de fièvre exclut encore une péridurale, car elle peut toujours cacher une infection encore non diagnostiquée.

Des petits ratés sans conséquence

Il arrive parfois qu'un seul côté du corps soit insensibilisé, en raison d'une mauvaise diffusion du produit analgésique. Dans la plupart des cas, l'utilisation d'autres moyens pour calmer la douleur suffit à rétablir une homogénéité. Faute de quoi, on remédie à cet inconvénient en pratiquant une seconde injection. Elle n'a pas plus d'inconvénient pour le bébé que la première.

Une péridurale un peu surdosée provoque parfois une baisse de tension artérielle chez la mère, entraînant des répercussions sur le rythme cardiaque du bébé. C'est en grande partie la raison pour laquelle le monitoring fœtal reste en place.

Certaines mamans se plaignent de frissons ou de maux de tête après l'accouchement, notamment en position verticale. Ils sont la conséquence d'une petite fuite de liquide céphalo-rachidien hors de l'espace péridural. Ils cèdent au repos allongé et à une thérapeutique adaptée. Atteindre la zone péridurale est un geste technique délicat et dans 0,5 % à 1 % des cas, l'anesthésiste pique un peu trop loin, créant une brèche dans la dure-mère, l'enveloppe de la moelle épinière. Cette fausse manœuvre provoque une fuite de liquide céphalorachidien responsable des maux de tête. On propose souvent à la future maman de boire du café, du thé ou une boisson à base de caféine. Si cela ne suffit pas à calmer les céphalées, le médecin réalise un « blood patch ». Il injecte un peu de sang de la mère au niveau de la brèche pour colmater le trou accidentel. L'injection peut être assez longue et douloureuse. Seule une sensation de pesanteur au niveau du dos indique que la quantité de sang nécessaire a bien été injectée. Cette technique est efficace à 80-90 %, dès le premier essai.

LE SOULAGEMENT EFFICACE DE LA DOULEUR *n'est pas le seul critère de satisfaction pour une jeune maman. Celle-ci évalue le vécu de ce moment en prenant en compte l'autonomie dont elle a pu disposer, des facteurs sociaux et culturels, de ses relations avec les soignants, des conditions d'accueil et d'accompagnement. Bref, elle se demande si ses attentes vis-à-vis de ce moment unique dans sa vie ont été comblées.*

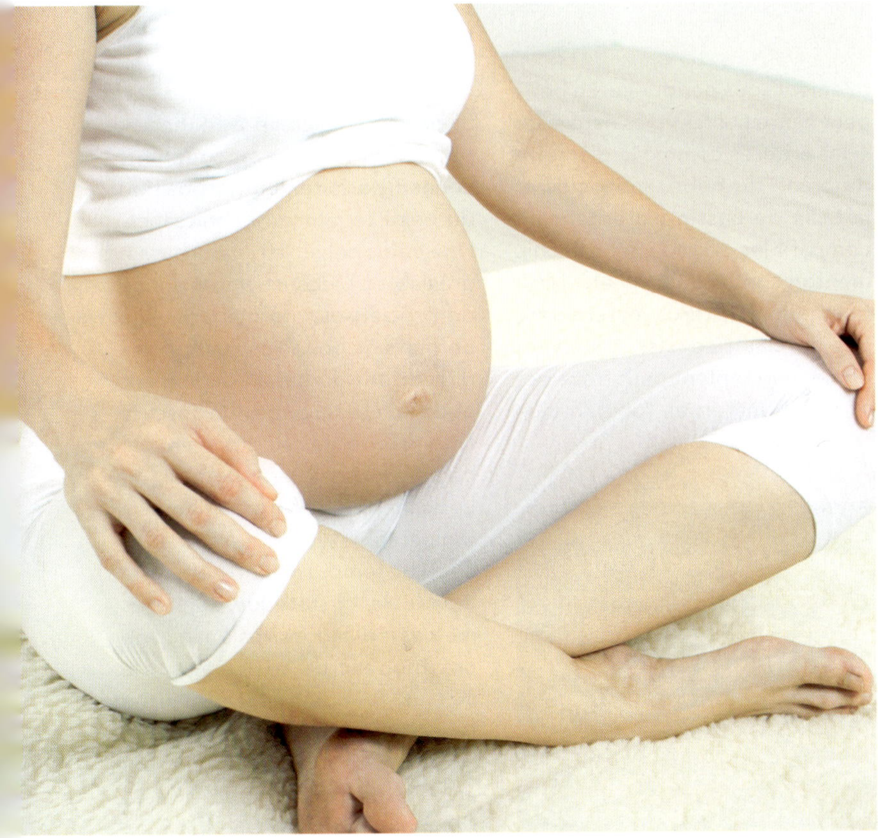

Les méthodes non médicamenteuses

Elles peuvent parfois être une alternative. Elles ne suppriment ni ne réduisent la douleur, elles donnent en revanche les moyens psychologiques de la supporter. La pratique du yoga tout au long de la grossesse est une aide précieuse. En sus de son pouvoir relaxant, le yoga assouplit les muscles et les articulations. La maîtrise de la respiration permet de mieux gérer la douleur, tout comme la pratique des sensations dérivatives. Les exercices de respiration et de relaxation viennent à bout des angoisses et calment les douleurs de l'enfantement.

La préparation par la sophrologie permet, avec la pratique, de modifier les sensations, dont celles de la douleur des contractions. Elle devient moins présente et moins forte, comme estompée. De même, grâce à la relaxation profonde réalisée au début de chaque contraction, l'intensité de la douleur diminue.

Naissance par le siège

5 % des bébés s'obstinent à conserver une position tête en haut dans les derniers mois de la grossesse en dépit des manœuvres externes qui ont tenté de les encourager à se retourner. On en ignore la raison, excepté pour les prématurés qui, faute de temps, n'ont pas basculé.

Une naissance plus longue

Ces bébés vont naître avec les fesses (deux tiers des cas) ou les pieds (un tiers des cas) en premier. La naissance par le siège est toujours impressionnante et plus longue que la normale. En effet, dans un accouchement normal, la tête ronde et dure du bébé vient buter sur le col de l'utérus et force le passage pour l'ouvrir. Si ce sont les fesses ou les pieds qui arrivent en premier, le butoir n'a plus la même efficacité. L'enfant dans l'utérus peut avoir adopté deux positions dites « en siège » (p. 331). On parle de « siège complet » quand il est assis sur ses talons et de « siège décompléte » quand il a les jambes relevées. Ces accouchements se font généralement sous péridurale. Le bébé peut naître par les voies naturelles si les critères comme le diamètre du crâne du bébé, son poids et la taille du bassin maternel sont compatibles, s'il a la tête fléchie menton contre poitrine et, classiquement, si l'utérus maternel n'a pas de cicatrice. Assez souvent et même si l'enfant peut traverser le bassin maternel, l'obstétricien propose à la future maman de pratiquer une césarienne (toujours sous péridurale). Dans tous les cas, les accouchements par le siège requièrent un personnel médical plus nombreux que pour un accouchement tête en bas : un obstétricien, un anesthésiste, un pédiatre et une sage-femme.

> **« L'accouchement par le siège ne nécessite pas une césarienne systématique, mais une évaluation au cas par cas. »**

Une situation prévue

Si besoin est, grâce à l'échographie, le médecin accoucheur connaît parfaitement la position du bébé le jour de la naissance. Une radiopelvimétrie du bassin préalable à l'accouchement donne de précieuses informations. Elle permet une bonne évaluation des dimensions du bassin de la mère et de la tête du bébé. On s'assure ainsi que le passage par la voie basse est possible.
Le scanner, moins irradiant que la radiographie et qui a fait depuis quelque temps son entrée dans le monde de l'obstétrique, donne les mêmes indications, mais avec une précision accrue. Le passage de la tête est un point délicat dans ce type d'accouchement, puisqu'elle sort en dernier et qu'elle n'a subi aucune des déformations classiques « en obus ». Elle est bien

__Dans certains cas, l'enfant se présente par l'épaule ou par le front,__ ces positions exigent une césarienne systématique, car elles ne lui permettent pas de passer la filière osseuse du bassin. C'est parfois la forme de l'utérus maternel qui est la conséquence de la position horizontale du bébé. Légèrement resserré au fond, il n'a pas la forme classique dite « en poire ».

ronde et son diamètre est à son maximum. L'obstétricien a, dans de rares cas, besoin de faciliter son passage en ayant recours aux forceps (p. 377).

Siège complet ou décomplété

La poche des eaux peut avoir le rôle de poussoir tant qu'elle n'est pas rompue et aider ainsi à la dilatation complète du col. C'est pourquoi elle est conservée le plus longtemps possible en cas de siège. Tant que les fesses du bébé ne sont pas complètement apparues, la future maman ne devra pas pousser : l'enfant doit descendre seul. Le médecin ou la sage-femme n'interviennent pas, craignant que le bébé, stimulé par le toucher, ne commence à respirer alors qu'il n'est pas à l'air libre. En revanche, lorsque les fesses apparaissent, elle doit pousser de toutes ses forces.

Petit à petit, le bébé progresse ; lorsqu'il est sorti jusqu'à la taille, l'accoucheur contrôle la bonne position du dos et l'expulsion peut se poursuivre. Si le délai semble long entre la sortie des fesses, des jambes et celle des épaules, l'accoucheur peut pratiquer des manœuvres destinées à accélérer la descente de l'enfant. Il va sortir manuellement ses épaules, puis sa tête. La péridurale, si elle a été installée, a alors toute son utilité. Les quelques manœuvres pour dégager l'enfant sont plus faciles à pratiquer sur une femme qui ne souffre pas. Il est étonnant de constater que dans les minutes qui suivent l'accouchement, l'enfant né par le siège reprend la position qu'il avait in utero : il place ses jambes « en attelle », c'est-à-dire le long du corps. Sa tête est bien ronde mais, parfois, il a un léger hématome sur les fesses ou sur le sexe, zones vers lesquelles ont convergé les efforts de poussée.

Les sièges décomplétés *ont parfois des conséquences pour l'enfant. En effet, ses articulations au niveau des hanches ne sont pas en bonne position. Dans les tout premiers moments qui suivent la naissance, le médecin vérifie que l'enfant ne présente pas « une luxation de la hanche ». Son diagnostic peut être contrôlé par une échographie au cours du premiers mois de l'enfant. S'il présente une luxation de la hanche, ses jambes seront bandées en attelle afin de maintenir les hanches en bonne place. Cette technique permet que tout rentre dans l'ordre en deux ou trois mois.*
Elle est indispensable pour éviter ensuite une boiterie qui ne serait plus réparable que par une opération chirurgicale. Généralement jusqu'à la marche, des radios et des examens médicaux réguliers vérifient que tout est parfaitement à sa place. Certains enfants souffrent encore de torticolis dû à une mauvaise position in utero. Quelques séances de kinésithérapie ou d'ostéopathie traiteront cette difficulté.
La partie inférieure du corps du bébé peut encore être marquée d'hématomes dus aux pressions et aux manœuvres obstétricales indispensables à sa naissance, dont la traction des pieds. Ils s'effaceront très rapidement.

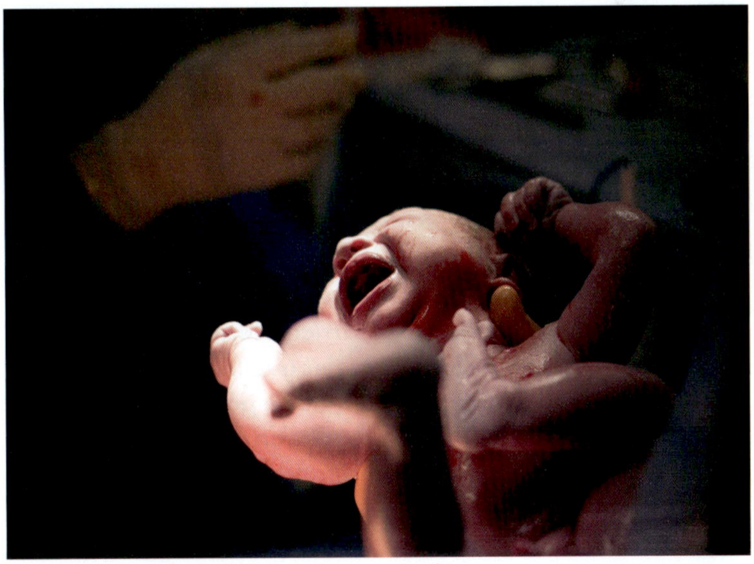

Naissance par césarienne

Cette opération chirurgicale consiste à inciser la paroi abdominale et se pratique aujourd'hui habituellement sous péridurale. L'incision, généralement, est faite horizontalement sur moins de 7 cm au niveau du pubis. Un enfant sur cinq voit le jour par césarienne.

Une intervention programmée

La programmation d'une telle intervention a différentes causes. Le plus fréquemment, une certaine présentation du bébé l'impose, tout comme la forme et les mensurations du bassin maternel. Elle se justifie aussi lorsque le médecin prévoit un accouchement très long, notamment pour les naissances multiples. Elle est indiquée dans le cas d'un utérus fragilisé par l'ablation d'un fibrome ou par une perforation utérine au cours d'une IVG (interruption volontaire de grossesse), d'une toxémie gravidique accompagnée d'une tension artérielle de plus en plus élevée, avec présence d'albumine dans les urines, ou d'une poussée d'herpès génital. Les mamans diabétiques accouchent souvent par césarienne en raison de la taille de leur nouveau-né. Enfin, le médecin décide de pratiquer une césarienne chaque fois que l'échographie a diagnostiqué un placenta prævia (placé devant le col), un enfant de faible poids ou souffrant d'hypoxie (manquant d'oxygène) ou encore un bébé prématuré. Pour ces enfants l'accouchement par les voies basses pourrait s'avérer insurmontable.

« En France, aujourd'hui, près de 1 accouchement sur 5 se déroule par césarienne. »

UNE CÉSARIENNE POUR UNE PREMIÈRE NAISSANCE *ne la rend pas obligatoire pour une seconde. Tout dépend de ce qui l'a motivée la première fois. S'il s'agissait d'un problème ponctuel, comme une présentation ou une souffrance fœtale, une naissance par voie basse peut-être envisagée avec certaines précautions. Dans tous les cas de difficulté permanente, la césarienne devra être renouvelée. Avant d'envisager une naissance par les voies naturelles, l'obstétricien contrôlera la solidité de la cicatrice utérine par échographie ou hystérographie et que le placenta n'est pas ancré en profondeur dans la paroi utérine (placenta accreta). On estime que l'on peut pratiquer aisément trois ou quatre césariennes, voire cinq, sur le même utérus.*

Mais aussi en urgence

Dans l'accouchement, il y a toujours une part d'impondérables. Combien de fois l'équipe médicale pense que l'accouchement ne pourra pas se dérouler par la voie basse et tout se passe sans difficulté ? Et à l'inverse, alors que tout aurait dû se passer normalement, soudain, le bébé ne va pas bien. Il faut l'aider à naître grâce à une césarienne. Après coup, on est incapable de savoir pourquoi il n'allait pas bien.
La césarienne peut être réalisée à tout moment au cours d'un accouchement, et notamment en cas d'hémorragie, de décollement brusque du placenta, d'un arrêt de la dilatation du col de l'utérus, d'un travail anormal entraînant une souffrance du bébé ou encore s'il y a procidence du cordon.

Après une césarienne, *la jeune maman est hospitalisée cinq jours environ, les agrafes ou les fils lui seront retirés quelques jours après l'intervention, à moins que la suture ait été faite avec un fil résorbable. Elle peut simplement éprouver quelques douleurs dues à la cicatrisation pendant plusieurs jours. Il est conseillé de se lever et d'avoir une vie normale. En général, la maman se sent fatiguée pendant un bon mois. La zone restera insensible et gonflée deux ou trois mois, puis tout rentrera dans l'ordre.*

Un protocole précis

La césarienne a lieu au bloc opératoire et consiste à inciser l'abdomen et l'utérus. Au préalable, les poils pubiens sont rasés, la peau est désinfectée et la vessie vidée par une sonde urinaire. L'incision de 7 cm minimum est faite horizontalement à la limite du pubis. Le médecin extrait le bébé manuellement, et le cordon est coupé. La naissance ne prend pas plus de 10 minutes. Le placenta se décolle naturellement ou manuellement. La plaie utérine est ensuite refermée avec du fil résorbable. Il faut en moyenne une demi-heure au chirurgien pour refermer l'utérus et les plans musculaires, la sous-peau et la peau qui recevra les fils (nœuds séparés ou surjets) ou les agraphes. La césarienne laisse normalement une cicatrice à peine visible. Cependant, chaque cicatrice se referme différemment, certaines ont tendance à faire des boursoufflures. Dans le cas où ce phénomène est déjà connu chez la future mère, des précautions sont nécessaires, comme la prise de corticoïdes.

L'intervention se fait de plus en plus avec l'aide d'une anesthésie péridurale ou une rachianesthésie et de moins en moins sous anesthésie générale.

Sous péridurale

La pose d'une péridurale pour un accouchement par césarienne ne diffère pas de celle d'un accouchement par voie basse. En revanche, les produits analgésiques et anesthésiques, ainsi que leur concentration, sont différents, car ils doivent insensibiliser totalement la moitié inférieure du corps. Si la césarienne a été programmée sous péridurale, le médecin anesthésiste a prévu le dosage médicamenteux dès la visite médicale pré-anesthésie. Si, la césarienne est décidée en urgence alors que la péridurale a déjà été installée au cours de l'accouchement, l'anesthésiste procède à une injection supplémentaire. Si toujours dans ce cas d'urgence, il n'y a pas de péridurale en place, l'anesthésiste choisit une anesthésie péridurale ou une rachianesthésie.

La péridurale a une action constante de 1 heure et demie. La future maman demeure consciente pendant l'intervention. On installe le champ opératoire de manière à lui éviter d'être spectatrice. En revanche, elle entend les soignants et le premier cri de son bébé. Si ces bruits l'angoissent, on propose à la maman d'écouter, un casque sur les oreilles, un peu de musique. Avant d'opérer, le chirurgien s'assure de la totale insensibilisation de la patiente.

L'enfant est extrait très rapidement et présenté à sa mère, qui peut le câliner quelques instant, et instaurer le premier lien. Ensuite, le chirurgien doit recoudre la plaie. Cette phase de l'opération est, dans bien des cas, la plus mal vécue physiquement (des vomissements peuvent se manifester) mais, heureusement, le bonheur de découvrir son bébé l'atténue bien vite.

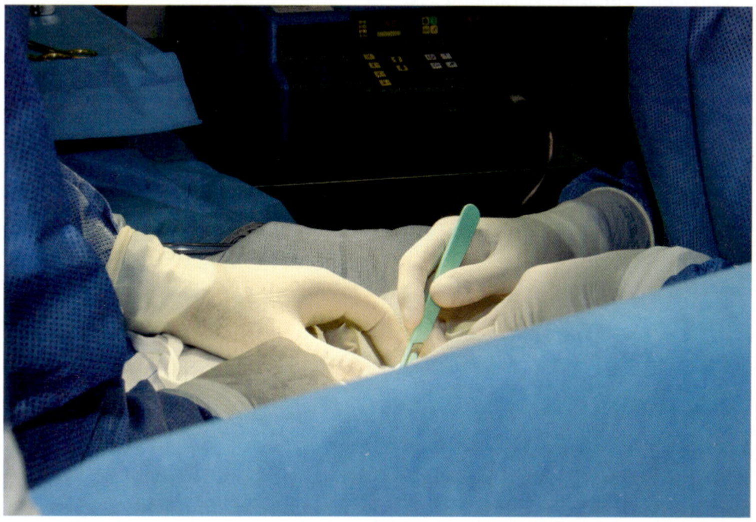

Le dernier acte

Spontanément, quinze à vingt minutes après la naissance, le placenta, qui n'a plus de fonction, se détache du fond de l'utérus où il était resté inséré. C'est un filet de sang, venu de la paroi utérine, qui décolle le placenta. Ce dernier doit être expulsé ainsi que les membranes qui entouraient l'enfant.

Expulsion du placenta

Dès le bébé sorti, une injection d'ocytocine sera adminitrée pour contracter l'utérus. Quelques contractions, beaucoup moins fortes que celles qui ont conduit à l'accouchement, accélèrent le processus de l'expulsion du placenta. La jeune maman devra aider à cette expulsion, en effectuant une ou deux poussées en serrant le ventre. Souvent, la personne qui aura conduit l'accouchement appuie légèrement sur son utérus tout en tenant le cordon ombilical ; cette manœuvre accélère la sortie des annexes. Placenta, membrane et cordon sont ensuite examinés. Certaines mamans souhaitent les voir. La sage-femme vérifie alors qu'ils sont au complet et que rien n'est resté accolé aux parois utérines. Un placenta pèse entre 500 et 700 g.

En Polynésie française, *la tradition survit à la médicalisation de l'accouchement. Bien que la majorité des naissances se fassent à la maternité, les parents tahitiens continuent à enterrer le placenta de leur nouveau-né dans leur jardin et à planter un arbre au même endroit. Il est ainsi de coutume de proposer aux parents de récupérer le placenta et le cordon après la naissance. Plus de la moitié d'entre eux les ont emportés congelés dans une glacière jusqu'à l'île d'origine de leur famille. Là, la cérémonie traditionnelle d'enfouissement a lieu, destinée à symboliser la continuité entre l'homme et la nature. Cette pratique est même considérée comme un signe d'appartenance fort à une nation autochtone.*

Ultime vérification

Si, à l'examen de la « délivrance », on s'aperçoit qu'elle n'est pas complète ou si l'hémorragie, normale tout d'abord, persiste plus qu'il ne faut, le médecin (ou la sage-femme) procède à une révision utérine. Il glisse sa main, protégée par un gant stérile, dans l'utérus de la mère et vérifie, tout au long des parois, qu'aucune membrane ni fragment de placenta n'y sont encore accrochés. Cette intervention qui dure tout au plus 5 minutes se fait sous anesthésie péridurale si l'accouchement s'est déroulé ainsi. Sinon, une anesthésie locorégionale est nécessaire.

Délivrance artificielle

On procède de la même manière si, au bout de 30 minutes, le placenta ne semble pas devoir être expulsé naturellement. C'est ce que l'on appelle « une délivrance artificielle ».

Deux phénomènes peuvent l'expliquer : le placenta est incomplètement décollé ou l'utérus a commencé à se rétracter et le retient. En effet, laisser le placenta à l'intérieur de l'utérus entraîne un risque majeur d'hémorragie ; l'utérus, incapable alors de se rétracter, ne pourrait pas fermer les vaisseaux qui le parcourent.

Une délivrance est complète lorsqu'il n'y a plus de saignement abondant et que s'écoule un simple filet de sang. Une administration d'ocytocine sera maintenue pendant quelques heures pour activer la délivrance et éviter l'hémorragie du post-partum, première cause de complication de l'accouchement.

Encore des contractions

Une fois la délivrance achevée, l'utérus se contracte pour permettre la ligature spontanée des multiples vaisseaux qui alimentaient le placenta. Il va, au fil des semaines, reprendre une taille normale. L'utérus est un organe parfaitement contractile. Il se rétracte au moment de l'accouchement, ce qui provoque des contractions. Et il se contracte encore ensuite pour reprendre sa taille initiale et sa position normale dans le bassin. Ces dernières contractions sont appelées « tranchées ». De plus en plus sensibles avec le nombre d'accouchements, elles provoquent des douleurs proches de celles des coliques. Elles sont fréquentes dans les deux ou trois jours après l'accouchement. Grâce à ces tranchées, l'utérus cicatrise les brèches vasculaires dues à l'accouchement et les saignements prennent fin. De même, lorsque la mère allaite, elle peut ressentir des contractions au moment de la mise au sein. Elles sont dues à la production par l'hypophyse d'ocytocine naturelle. On constate qu'une femme qui a eu plusieurs grossesses a souvent des contractions plus intenses. En cas de fortes douleurs, des médicaments sont prescrits.

Tout un symbole !

La délivrance est la dernière étape de l'accouchement. Mais c'est également le nom que l'on donne au placenta une fois qu'il est expulsé. Dans nos civilisations, « la délivrance » est considérée comme un déchet. Tout au plus est-elle pesée (son poids doit être d'un sixième du poids de l'enfant), examinée, pour marquer le point final de l'accouchement, puis elle est détruite. Pourtant dans le passé, et dans bon nombre de cultures, la délivrance a été et est encore intimement liée au devenir de l'enfant. Dans l'Antiquité, le placenta était réputé avoir le pouvoir de guérir les femmes stériles de la communauté. Ainsi, dans le sud-ouest de la France, la coutume voulait que la délivrance soit jetée dans un puits ou dans l'eau calme d'une rivière. Cette immersion lui donnait la vertu de favoriser la lactation. On retrouve cette croyance dans d'autres endroits du monde, où la délivrance est par exemple enterrée au pied d'un arbre ou d'un arbuste. On considère que l'enfant et la plante grandissent de concert. Il peut aussi être enfoui dans un endroit secret et protégé. Le cordon ombilical symbolise bien souvent la chaîne qui relie le nouveau-né à ses ancêtres.

APRÈS LA DÉLIVRANCE, VOUS NE REGAGNEREZ PAS IMMÉDIATEMENT VOTRE CHAMBRE. *Vous resterez environ 2 heures encore en salle de travail. Mais rassurez-vous, vous vous y sentirez bien, tout à la joie de découvrir votre bébé. Vous baignez d'autant plus dans le bonheur que votre organisme sécrète alors des endorphines. Peut-être aurez-vous un peu froid, peut-être sentirez-vous quelques frissons, une couverture vous sera alors d'un bon réconfort. La sage-femme viendra vous examiner régulièrement pour vérifier que votre utérus se contracte bien, qu'il est bien dur. Elle contrôlera également votre tension et regardera vos pertes sanguines. Il se peut qu'elle presse sur votre abdomen en poussant l'utérus vers le bas pour aider à l'évacuation d'éventuels caillots de sang. Ce n'est pas très agréable, mais ce geste est indispensable pour prévenir des hémorragies qui peuvent se produire.*

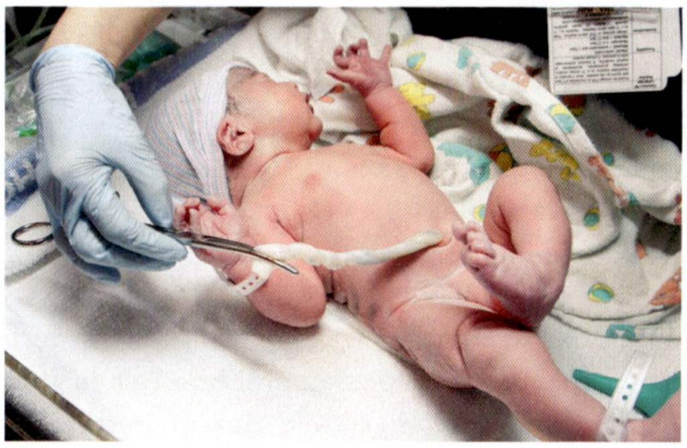

Le premier cri

Enfin, « il » est là ! Vous vous êtes totalement donnée, votre bébé a fait de gros efforts. Poussé, comprimé dans l'espace étroit qu'est l'utérus maternel, il est enfin propulsé à l'air libre. Tout commence pour lui. En quelques minutes, le nouveau-né va devoir s'adapter à sa nouvelle vie.

Crier pour respirer

Dès l'expulsion, le premier cri témoigne de la mise en place de la fonction respiratoire nécessaire aux bons échanges gazeux au niveau des poumons.
In utero, la trachée-artère, les bronches, les bronchioles et les alvéoles pulmonaires sont remplies de liquides sécrétés par les cellules des parois alvéolaires. En perpétuel renouvellement, ils sont rejetés par le pharynx dans le liquide amniotique. Au moment de la naissance, sous l'effet de la compression du thorax lors du passage par les voies génitales, une grande partie de ce liquide est expulsée (le reste le sera par aspiration au cours des premiers soins). La première inspiration se produit dans les 20 secondes qui suivent la sortie de l'enfant. Au contact de l'air, la glotte s'entrouvre par un mouvement réflexe et les muscles inspiratoires se contractent violemment, provoquant une dépression à l'intérieur du thorax ; l'air s'engouffre alors dans l'arbre respiratoire. Sous son effet, les alvéoles des poumons se déplissent.
La première expiration s'apparente à un réflexe et laisse un peu d'air dans les alvéoles. Il est indispensable pour la bonne continuité des échanges gazeux vitaux et pour permettre la réouverture des alvéoles à la deuxième inspiration.
Il semble que la différence de température entre l'utérus maternel et l'atmosphère de la salle d'accouchement, fraîche pour ce bébé qui est complètement mouillé, ait une influence sur le réflexe du premier cri. L'évaporation du liquide amniotique, si l'enfant n'est pas essuyé et recouvert d'un drap, provoque une déperdition calorique importante. En un quart d'heure, la température du nouveau-né peut passer de 37 °C à 33 °C, alors qu'il est né dans une pièce proche de 22 °C. On comprend qu'il soit surpris et le manifeste. Afin qu'il ne perde qu'un minimum de température, il est enveloppé dans une serviette sèche, il se réchauffe aussi contre le corps de sa mère. Ses cris se calment sous les caresses et à l'écoute de ses mots tendres. Enfin, la mise au sein finit généralement par l'apaiser complètement.

> **« Une grande émotion saisit les parents dès qu'ils perçoivent les cris de leur bébé, qu'ils interprètent comme chargés de sens. »**

Après la naissance, le cordon est recoupé à 1 cm du nombril, *puis le médecin (la sage-femme ou la puéricultrice) pose une pince stérile (pince de Bar) qui favorisera la cicatrisation et formera un joli nombril. Il entoure le tout d'une gaze stérile, sèche ou mouillée d'un peu d'alcool à 90°, maintenue par une bande. Les soins au nombril se font quotidiennement jusqu'à la cicatrisation, qui se fait normalement en quelques jours.*

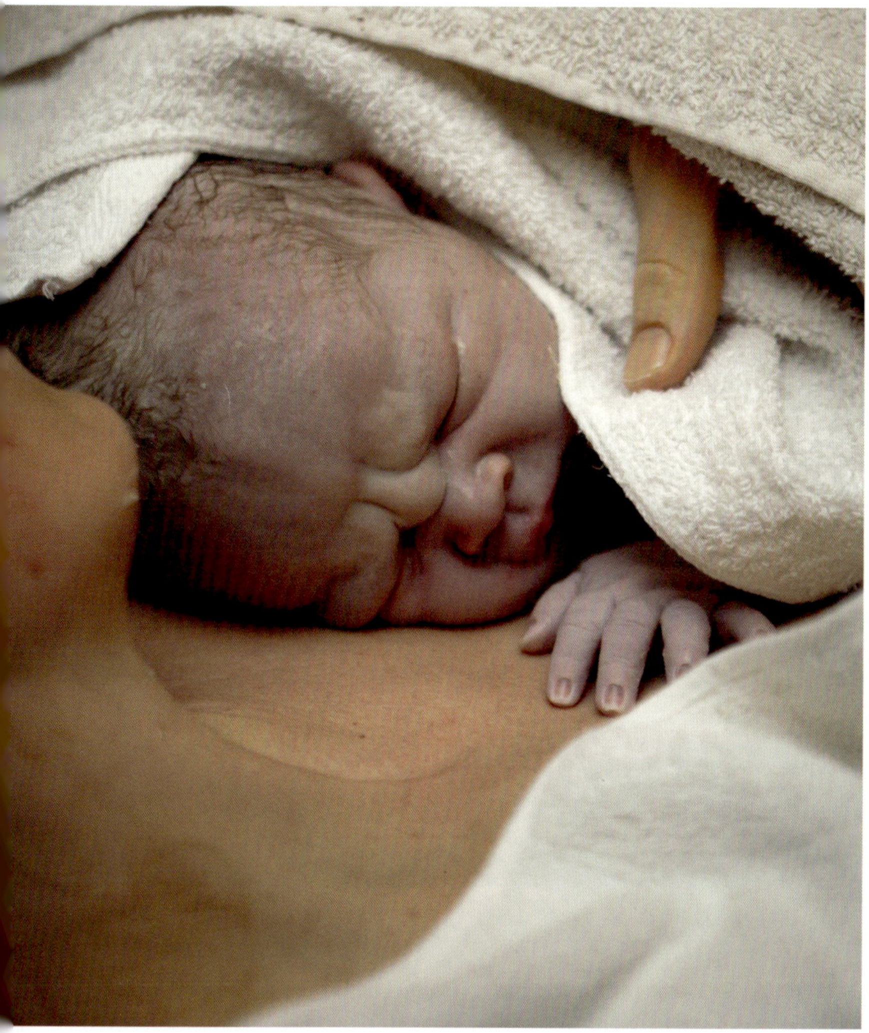

d'oxygène dans le sang provoque encore la contraction du canal artériel, qui mélangeait chez le fœtus la circulation pulmonaire à la circulation générale du reste du corps. Ainsi s'établit la double circulation indispensable à la vie aérienne.

Une drôle de tête !

Pour toutes les mamans, leur bébé est le plus beau du monde, et ce malgré quelques petites disgrâces esthétiques. En effet, pour naître, le bébé a dû forcer bien des passages. Sa tête porte souvent les traces de cet effort : c'est la bosse séro-sanguine. La peau de son visage est souvent bleutée au niveau des oreilles, du menton et du front. Il peut être poilu sur le dos, les cuisses et les épaules et couvert de duvet sur les joues et le front : c'est le lanugo, duvet qui couvre le fœtus. Sa peau peut être couverte de petits grains blanchâtres sur le nez, les joues, le front et le menton : ce sont les grains de milium. Ses yeux sont parfois rouges en raison d'une petite hémorragie de la conjonctive.
Rassurez-vous, tout cela disparaîtra en quelques jours et sans soins particuliers.

Une autre circulation sanguine

Les premiers cris sont suivis de petits grognements. Le bébé tremble un peu. Son visage, qui était légèrement bleu, devient rose. Dans la plupart des maternités, le cordon ombilical est coupé au bout de 4 à 5 minutes. La première inspiration transforme profondément la circulation sanguine de l'enfant ; le trou de Botal (qui assurait la communication entre les deux oreillettes du cœur du fœtus) est obstrué par une membrane qui, tel un clapet, vient se plaquer contre l'orifice en raison d'une différence de pression sanguine ; la plus grande pression

DANS LES MINUTES QUI VONT SUIVRE SA NAISSANCE, *votre bébé va être identifié. On lui attache au poignet un bracelet où sont portés son nom, son prénom, votre numéro de dossier d'hospitalisation. Vous pouvez prendre le temps de lui donner un prénom si vous n'aviez pas encore choisi. Parfois, on y ajoute son sexe et sa date de naissance. Ce bracelet est le premier signe de reconnaissance sociale du bébé. Beaucoup de parents le conservent après la sortie de la maternité.*

Tout contre vous

Dans les secondes qui suivent l'expulsion, votre bébé est placé contre vous. Peau à peau, vous faites connaissance. Vous serez étonnée de sa vivacité, de son attention. On voit même des bébés assez vigoureux pour grimper le long du corps de leur mère à la recherche du sein nourricier.

Le contact peau à peau

Lorsque la sage-femme déposera votre enfant sur vous, votre émotion sera à son comble. Attendrie, comblée, vous oublierez en un quart de seconde tous les efforts que vous avez dû fournir pour le mettre au monde. L'objectif premier de cette pratique est ainsi atteint : favoriser le lien entre la mère et l'enfant. Le père n'est pas exclu de ce moment fort, il caresse son bébé, embrasse sa compagne, dont il admire souvent la force et le courage. Le bébé est installé sur le côté afin que sa bouche et son nez soient bien dégagés. Il est rapidement essuyé, couvert d'une couverture et coiffé d'un bonnet. La chaleur de votre corps contribue à le maintenir bien au chaud, car il ne doit surtout pas avoir froid. Même si la température de la salle d'accouchement avoisine les 25 °C, il ne faut pas oublier qu'il vivait jusqu'alors à 37 °C et qu'il n'est pas encore capable de réguler sa température interne.

Si vous avez accouché par césarienne avec anesthésie générale, *vous serez privée malheureusement de cette rencontre. Votre conjoint aura le privilège de découvrir les premiers instants de cet enfant. Soyez bonne joueuse, vous avez eu le bonheur quelque peu égoïste de sentir cet enfant grandir en vous et puis, très rapidement, vous allez avoir aussi votre part d'émotion. En revanche, si la césarienne s'est faite sous péridurale, on posera contre vous votre bébé dès vos soins terminés.*

Une mutuelle découverte

Si vous lui parlez, il va tout naturellement tourner sa tête vers vous. Vous allez le caresser, le blottir contre vous et le découvrir. Il est calme et tranquille dans sa première découverte du monde. Certains bébés, en revanche, paraissent agités ou tendus, c'est souvent la conséquence d'un accouchement long et pénible. Dans quelques heures, votre bébé aura retrouvé son calme. Pour préserver cet instant de communication intense, le personnel médical se fait discret.

Comme tous les bébés lorsqu'ils naissent, il est couvert d'une substance grasse blanche, le vernix caseosa. On suppose qu'il protège la peau des éléments salés du liquide amniotique. Deux théories s'affrontent quant à l'importance de cette protection naturelle. Pour certains, l'enfant doit en être débarrassé au moment de sa toilette. Pour d'autres, il faut attendre un peu pour que la peau bénéficie de l'apport en vitamines de cette substance.

Généralement, le nouveau-né a la peau mate. Son corps a une morphologie particulière : la tête et l'abdomen sont volumineux, le dos est droit et la colonne vertébrale bien rectiligne. Mais le thorax est étroit, car l'enfant n'a pas encore fait travailler à plein ses poumons. De plus, il ne se soulève pas régulièrement, parce que la respiration d'un nouveau-né est irrégulière dans sa fréquence comme dans son amplitude. Cette respiration est essentiellement abdominale et se fait uniquement par le nez.

Une morphologie bien à lui

Les jambes du bébé sont incurvées, ses pieds peuvent être tournés vers l'intérieur ou vers l'extérieur. Cela est dû à la position peu confortable du fœtus dans les tout derniers mois de vie utérine. Petit à petit, le bébé « expérimente » la respiration aérienne et gonfle progressivement ses poumons. Ses mouvements sont désordonnés en raison d'un système nerveux encore immature.

Il relève la tête comme s'il voulait explorer le monde qui l'entoure, mais elle dodeline un peu : les muscles du cou doivent se renforcer pour qu'il réussisse à la tenir bien droite. De plus, il semble ne pas avoir de cou. Certains bébés ont le crâne en pain de sucre ou de forme asymétrique. Ce sont les conséquences de la forte poussée de l'accouchement ou d'une position in utero un peu trop appuyée sur le bassin. Rassurez-vous, ces déformations disparaîtront rapidement. Certains bébés naissent chevelus, souvent les cheveux sont foncés et raides, d'autres naissent presque chauves, seul un petit duvet très blond couvre leur chef. Les premiers perdront rapidement leur toison, remplacée par un cheveu plus clair et plus fin. Les seconds mettront un peu de temps à « se faire des cheveux ». Le nez est minuscule, légèrement aplati, alors que les oreilles paraissent très grandes. Mais ce qui attendrit toujours les parents, ce sont les yeux de leur bébé : ils sont très grands et le regard, bien que fixe, semble rêveur.

CERTAINES MATERNITÉS VOUS PROPOSERONT DE BAIGNER VOTRE BÉBÉ. *C'est une pratique un peu moins fréquente qu'il y a quelques années. Même si le bain n'a pas tout à fait le rôle de « passage » que lui ont attribué les adeptes de la naissance sans violence, il reste pour l'enfant un moment de détente et de tendresse. Il semble que la plupart des bébés apprécient la caresse de l'eau tiède sur leur peau. Pour la première fois, ils étendent largement bras et jambes ; leur visage reflète alors un bonheur certain. Vous pouvez à loisir l'observer et constater, émerveillés, qu'il vous regarde lorsque vous lui parlez. Ce bain, une fois les premiers soins pratiqués, dure de 5 à 8 minutes, l'enfant trempant dans l'eau, sans le laver pour lui laisser sa protection de vernix.*

Téter, un réflexe vital

Bien souvent, l'enfant qui rampe vers le sein sait trouver le mamelon et se met à téter. Il mobilise tous ses réflexes dits « archaïques » pour atteindre le sein de sa mère. Si vous avez décidé d'allaiter, ne ratez pas cette mise au sein précoce. Cette première tétée a deux vertus : elle est souvent la garantie d'un bon démarrage de la lactation et elle provoque des contractions qui aident au décollement du placenta.

Lors de la première mise au sein de votre bébé, ce n'est pas véritablement de lait que vous allez le nourrir, mais de colostrum, un liquide jaune orangé, épais et peu abondant. Il est très riche en protéines, en sels minéraux et en éléments immunitaires. On lui reconnaît une action anti-infectieuse majeure et des vertus laxatives, car il aide le nourrisson à évacuer le méconium, matière verdâtre qui obstrue son tube digestif durant sa vie fœtale. Le troisième jour après la naissance, le colostrum est remplacé par un lait de « transition », enfin suivi du lait « nature », dont la composition se fixe au 20e jour de l'allaitement et varie au cours d'une même journée.

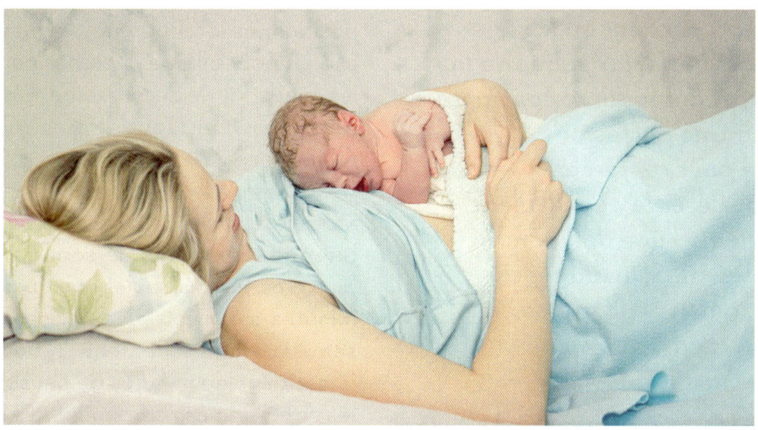

Naissance gémellaire

Les naissances de jumeaux ou d'enfants plus nombreux sont généralement des accouchements programmés dans des maternités équipées d'un service de néonatalogie. Il est possible de mettre au monde des jumeaux par les voies naturelles mais sous conditions.

À quelques minutes d'écart

L'accouchement par la voie naturelle est possible si deux conditions sont remplies : le premier enfant doit être en position céphalique et le second enfant ne doit pas être plus gros que le premier. Des informations que le médecin aura controlées par les différentes échographies réalisées au cours de la grossesse. L'accouchement de jumeaux par voie basse est un peu plus long que pour une autre naissance. En raison de la plus grande distension des tissus de l'utérus, les contractions sont moins efficaces et la dilatation du col beaucoup plus lente.

« 45 % des jumeaux et 90 % des triplés naissent prématurément. »

C'est pourquoi l'on conseille aux futures mamans d'accoucher sous péridurale pour participer plus sereinement à la naissance des enfants. De plus, si une complication survient, pour la naissance du second enfant par exemple, la péridurale permet de procéder à une manœuvre pour le sortir ou bien à une césarienne de dernière minute.

La surveillance est réalisée par un monitoring en plaçant deux capteurs externes, un pour chaque bébé. La maman est soutenue par une perfusion de glucose.

Une épisiotomie est souvent pratiquée dès le premier bébé. Dès le cordon ombilical coupé, le médecin replace le capteur du monitoring pour surveiller le rythme cardiaque du second. Il vérifie aussi sa présentation, parfois à l'aide d'une échographie. Se trouvant tout à coup beaucoup moins à l'étroit, le bébé peut se placer transversalement. Une sage-femme doit le maintenir en position verticale en posant ses mains sur votre ventre. Des manœuvres intra-utérines sont parfois nécessaires pour positionner le bébé dans le bon axe ou pour aller le chercher par les pieds s'il ne se présente pas tête en bas. C'est l'obstétricien qui réalisera ce geste.

L'expulsion de l'un comme de l'autre est souvent rapide et facile, puisque les enfants ne sont pas bien gros. Parfois, seules quelques minutes séparent les deux naissances. Habituellement, après une dizaine de minutes de pause, les contractions reprennent et le

---

APRÈS LA NAISSANCE DE JUMEAUX, *l'hémorragie de la délivrance est abondante (plus que pour un enfant unique). Cela est dû à la présence de deux placentas ou d'un seul très volumineux et de deux sacs amniotiques. Le médecin accoucheur ou la sage-femme sont particulièrement attentifs aux suites de la délivrance. Le muscle utérin, très détendu, se contracte et se rétracte moins fortement. Une perfusion d'ocytocine est souvent placée pour renforcer les contractions utérines et accélérer le décollement du placenta. Une révision utérine ou une délivrance artificielle sont souvent nécessaires. Si le diagnostic n'a été fait précédemment, l'examen de la masse placentaire permet de savoir si les jumeaux sont de vrais ou de faux jumeaux.*

---

45 % des jumeaux naissent avant l'heure, *très souvent avant le 8e mois, parfois même plus tôt, auquel cas, ce sont de grands prématurés. Il est préférable que leur naissance ait lieu dans une maternité associée à un service de réanimation néonatale de niveau 3 s'ils naissent avant la 33e semaines de gestation, de niveau 2 si c'est entre la 33e et la 36e semaine.*

second bébé s'annonce. Dès que la tête du deuxième enfant est en position basse, le médecin, ou la sage-femme, percera la seconde poche des eaux, s'il y en a une, pour accélérer la naissance.

Sur rendez-vous

Très souvent, on préfère programmer la naissance de jumeaux afin que cet accouchement, un peu plus compliqué que celui d'un seul enfant, puisse se faire dans des conditions optimales et avec un personnel médical totalement disponible. Dans la salle de naissance se trouvent un obstétricien, une ou deux sages-femmes, un anesthésiste et un ou deux pédiatres. Le déclenchement est prévu entre la 38e et la 39e semaine d'aménorrhée. En effet, à ce terme les enfants n'ont plus à craindre les risques de la prématurité. Au-delà, le placenta risque de ne plus être capable de jouer son rôle. En fait, le vrai problème pour les jumeaux est d'arriver à ce terme, de ne pas naître prématurés ni de dépasser le terme.

Par césarienne

Le recours à la césarienne n'est pas obligatoire dans le cas d'une grossesse gémellaire, mais il est deux fois plus fréquent que pour une grossesse classique. Elle s'impose lorsque le premier enfant se présente en siège, alors que le second est tête en bas, ou lorsque la grossesse est monoamniotique c'est-à-dire que les enfants sont dans la même poche et partagent le même placenta. Elle se décide également lorsqu'il y a souffrance fœtale – ce qui est relativement fréquent, puisque les jumeaux sont de faible poids, donc fragiles – et en cas d'anomalie de la dilatation, car l'efficacité des contractions est moindre.
Si nécessaire, elle peut être pratiquée entre les deux naissances, le premier naissant par voie basse, le second par césarienne s'il y a une souffrance, mais cela est très rare. Pratiquement toutes les mamans de triplés accouchent par césarienne en raison essentiellement de la prématurité des enfants. Celle-ci ne leur permet pas de traverser l'épreuve de la naissance sans risque.

Les soins aux bébés

Juste le temps de faire connaissance rapidement avec leurs parents, posés sur le ventre de leur mère, puis les jumeaux sont placés dans une couveuse. Ils y séjournent quelques heures s'ils sont nés pratiquement à terme et si leur poids de naissance n'est pas trop faible.
Certains y resteront quelque temps si leur prématurité impose des soins très spécifiques. Dans certaines maternités, on couche les enfants dans un lit chauffant pour quelques jours. La couveuse ou le lit chauffant évitent aux enfants un brusque refroidissement.

Premiers examens de santé

La bonne santé de votre bébé est vérifiée par toute une série d'examens, certains seront pratiqués dans les minutes qui suivent sa naissance, alors qu'il est encore à vos côtés dans la salle d'accouchement. D'autres examens suivront quelques heures ou quelques jours plus tard.

Le score d'Apgar

Selon la taille de la maternité et les circonstances de la naissance, ce test est pratiqué par une sage-femme, une puéricultrice ou un pédiatre. Dans la première minute qui suit la naissance, on procède à la détermination du score d'Apgar. Il évalue les capacités de l'enfant à vivre hors de l'utérus maternel et sans l'assistance du placenta.
Le test d'Apgar a été mis au point en 1952 par une anesthésiste américaine, le docteur Virginia Apgar. Le score est la somme d'un certain nombre de valeurs estimant la vitalité de l'enfant. Pour l'obtenir, le médecin étudie le rythme cardiaque, la respiration, le tonus musculaire, la coloration de la peau, les cris et la « réactivité » à l'aspiration. Chacun de ces six critères de bonne santé est noté de 0 à 2 selon l'état du bébé.
Le score idéal est de 10/10. Ce qui signifie que l'enfant a un rythme cardiaque supérieur à 100 (entre 120 et 160), que sa respiration est normale et efficace, qu'il a poussé un cri franc à la naissance, que sa peau est bien rosée, que ses mouvements spontanés sont actifs. Un score entre 7 et 10 est le plus fréquent en raison d'une peau légèrement bleutée si l'accouchement a été un peu long ou de l'absence de cri spontané quand l'enfant est gêné par les mucosités encombrant sa gorge. Dans ce cas, on vérifie que cette bonne « note » s'améliore ou se confirme 5 minutes après la naissance, puis 10 minutes après la seconde vérification.
Si le score obtenu se situe entre 3 et 7, bébé a sans doute souffert pendant l'accouchement. On aspire soigneusement le fond de sa gorge, on l'aide à respirer au moyen d'un masque à oxygène. Si son rythme cardiaque présente des anomalies, on effectue sur lui des gestes de réanimation simple. Au bout de quelques minutes de soins, le score redevient satisfaisant. Dans tous les autres cas, l'enfant doit être placé en soins néonataux.
Ce score figure sur le carnet de santé de votre enfant, qui vous sera remis à la sortie de la maternité et qui l'accompagnera durant toute sa vie.

L'ENFANT SERA SOUMIS À UN EXAMEN QUI PERMET D'ÉVALUER SA SANTÉ NEUROLOGIQUE, *un peu plus tard, après la naissance. Le pédiatre observe le tonus musculaire du bébé et un certain nombre de réflexes liés à son hypertonie naturelle. Parmi ceux-ci, « l'épreuve du foulard » : le pédiatre tire la main de l'enfant vers l'épaule opposée et constate que le coude ne dépasse pas le milieu du corps. Puis il essaie d'étendre la cuisse qui est normalement en flexion sur l'abdomen et qui doit résister. Autre particularité : le pied très fermé se pose facilement sur la face antérieure de la jambe. Enfin, le médecin essaie d'amener le pied à la hauteur de l'oreille en fléchissant le bassin et en tendant les jambes : cette « manœuvre talon-oreille » est impossible chez un enfant normal et à terme.*

Une grande toilette

Maintenant que vous avez fait connaissance, votre bébé a besoin de soins pour être encore plus beau. Ils lui éviteront quelques désagréments dus à sa nouvelle vie aérienne. Ils se font très souvent dans la salle d'accouchement, sur une table de réanimation surmontée de lampes chauffantes pour que votre tout-petit, qui n'a pas encore la possibilité physiologique de réguler sa température, ne prenne pas froid. Son papa peut bien évidemment y assister. La sage-femme ou la puéricultrice procède à la désobstruction de la bouche, de la gorge et des fosses nasales à l'aide d'une sonde aspirante (matériel jetable et à usage unique). C'est alors que les bébés qui n'ont pas beaucoup crié à la naissance s'expriment. Si l'enfant semble avoir quelques difficultés respiratoires, il reçoit un peu d'oxygène. Puis il est débarrassé des mucosités qui ont pu rester sur sa peau soit par une légère douche ou, selon les maternités, dans son premier bain auquel vous participerez. En revanche, le vernix, enduit blanchâtre légèrement gras et protecteur naturel contre le froid, est préservé. Le praticien prend la température de l'enfant pour vérifier qu'il n'est pas en hypothermie. Dans certaines maternités, l'enfant reçoit par la bouche ou en injection de la vitamine K1, qui prévient toute perturbation dans la coagulation du sang. On procède ensuite à l'instillation de 1 ou 2 gouttes de collyre antibiotique dans chaque œil pour éviter tout risque d'ophtalmie purulente.

Dans les jours suivant la naissance *on prélèvera quelques gouttes de sang au talon du bébé, afin de diagnostiquer cinq maladies assez fréquentes. Avec ce prélèvement, on effectue le test de Guthrie, qui diagnostique une maladie héréditaire du métabolisme : la phénylcétonurie, déficit sévère d'une enzyme fabriquée par le foie. Un simple régime alimentaire entrepris précocement permet d'éviter les graves lésions cérébrales qu'elle entraînerait, faute de dépistage. Aujourd'hui, ce test est associé à celui de l'hypothyroïdie, maladie due à une insuffisance de sécrétion de la glande thyroïde, laquelle est également cause de retard mental. Là encore, un traitement palliatif précoce supprime toutes conséquences fâcheuses. On procède au dépistage de l'hyperplasie des surrénales, de la drépanocytose et de la mucoviscidose – par un dosage de la trypsine, une enzyme déficiente dans cette maladie –, en vue d'une prise en charge précoce.*

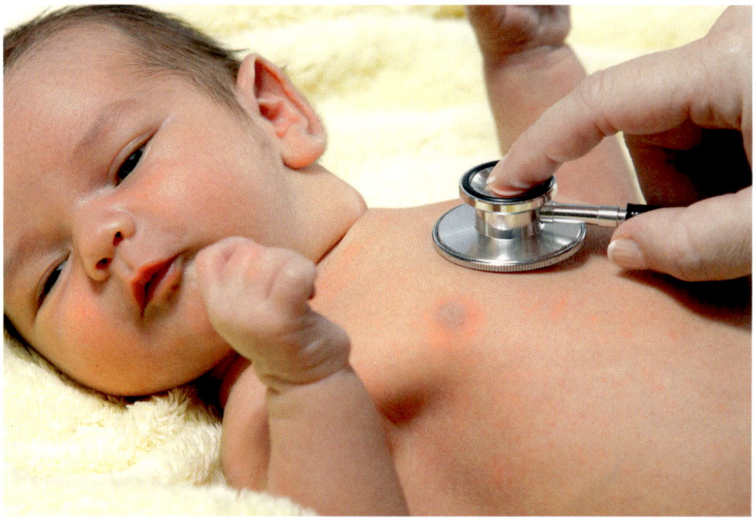

Contrôles de la tête aux pieds

Le médecin ou la sage-femme fait un examen général du corps pour dépister une malformation : le bon positionnement des os des deux fémurs dans les cavités osseuses des hanches, le cou pour vérifier l'absence d'hématome, l'intégrité des clavicules et des organes génitaux. Une sonde est glissée dans les narines pour provoquer le réflexe de toussotement, puis dans l'estomac afin de dépister une atrésie de l'œsophage (interruption de cet organe). L'anus est examiné pour s'assurer de sa perméabilité. L'état du palais et de la bouche est vérifié et confirme l'existence du réflexe de succion. Puis l'enfant est pesé et mesuré : taille, périmètres crânien et thoracique.

LES PREMIÈRES SEMAINES DE MAMAN

LES PREMIÈRES SEMAINES DE MAMAN

Vous

L'APRÈS-MATERNITÉ, C'EST LE TEMPS OÙ LA MÈRE DOIT REDEVENIR AUSSI LA FEMME. Elle souhaite retrouver sa silhouette, sortir, voir ses amis, retravailler et renouer avec la séduction.

C'est parfois difficile à réussir rapidement, d'autant que l'épreuve de l'accouchement est fatigante. Une bonne remise en forme passe par du repos. Il n'y a qu'une contrainte : travailler sans tarder les muscles périnéaux.

C'est le début d'une autre vie. Les premiers regards s'échangent et, comme par magie, naissent les mots tendres aussitôt suivis des premières caresses. Toute mère ressent, dès la naissance, le besoin de toucher ce bébé qui lui a été si familier pendant des mois, qu'elle a considéré comme un peu d'elle-même et qu'elle découvre maintenant comme un être à part entière. Dans cette histoire d'amour, le père a souvent un peu de mal à trouver sa place. Il est, en même temps, fier d'avoir cette mère pour compagne, mais il sera totalement heureux lorsqu'elle redeviendra femme. La responsabilité de la paternité va le changer. Selon les relations qu'il a entretenues avec son propre père, en fonction du rôle que la mère lui laissera, il deviendra attentif et présent ou, au contraire, distant et absorbé.

Un bébé dans une famille, c'est à la fois l'aboutissement et le commencement d'une histoire d'amour. Les émotions sont profondes, bouleversantes, et suscitent un retour naturel vers son passé, pour mieux s'installer dans l'avenir. Bonheur et angoisse se confondent. Devenir mère ou devenir père est aussi une évolution saisissante pour le couple.

Rien ne sera plus jamais tout à fait comme avant. C'est une nouvelle vie qui commence, intensément riche de ce qui fait l'être humain.

Votre bébé

70 % DES JEUNES MAMANS CHOISISSENT DE POURSUIVRE AU MOINS QUELQUES SEMAINES, ET MÊME PARFOIS PLUS, LE DIALOGUE INTIME QU'ELLES ONT ÉTABLI AVEC LEUR BÉBÉ DEPUIS LE DÉBUT DE LEUR GROSSESSE : elles choisissent d'allaiter. C'est une nouvelle expérience pleine de découvertes et de richesses affectives. Elles sont étonnées des performances tant physiques que psychologiques que cela représente. C'est une vraie collaboration qui s'instaure avec le nourrisson. L'organisme maternel, sous le contrôle d'une hormone produite par l'hypophyse, la prolactine, apporte le lait de manière continue au bébé qui, lui, sous l'effet mécanique de la succion, entretient et stimule la lactation. Peu d'êtres sont autant faits l'un pour l'autre. Mais surtout, ces mamans découvrent qu'à chaque tétée, des sentiments de fusion profonde les envahissent. Avec leur lait, elles donnent autant de nutriments que d'amour.

LES PREMIÈRES SEMAINES DE MAMAN

La maternité provoque de profonds bouleversements hormonaux. Il faudra 6 à 8 semaines pour que tout rentre dans l'ordre, si la maman n'allaite pas, et 2 à 6 semaines après l'arrêt de l'allaitement.

C'est un phénomène aujourd'hui largement reconnu et qui retient l'attention des médecins.

Dans les jours qui suivent l'accouchement

Vous sentez votre corps différent. Bien évidemment, le poids de votre bébé a disparu, mais ce n'est pas pour autant que vous êtes exactement comme avant. La grossesse a transformé votre corps plus ou moins temporairement.

Les séquelles d'un passage en force

Le passage de votre enfant à travers vos voies génitales a pu laisser des traces. Vous pouvez vous sentir plus ou moins endolorie selon les circonstances de l'accouchement et la taille de votre bébé. La filière génitale d'une jeune accouchée se reconnaît facilement. Le col de l'utérus reste ouvert une semaine environ, il peut même montrer une légère déchirure qui se répare spontanément dans la majorité des cas. Le vagin est gonflé les premiers jours après l'accouchement. Il faudra presque 1 mois pour que tout rentre dans l'ordre. Les grandes et les petites lèvres de la vulve ont doublé de volume.

Les tranchées

Vous constaterez sans doute que votre ventre n'est pas parfaitement plat. L'utérus a besoin de temps pour reprendre son volume antérieur. Avant la grossesse, ce muscle creux n'est pas plus gros qu'une poire et pèse entre 50 et 100 g. Au cours de la grossesse, il est capable de se distendre au point d'abriter un enfant de 3 kg ou plus. Il pèse alors 1 kg, ses parois s'étant considérablement épaissies. L'utérus est un organe parfaitement contractile, puisqu'il est constitué de deux couches de muscles longitudinaux séparés par une couche circulaire. Il se rétracte au moment de l'accouchement, ce qui provoque des contractions. Et il se contracte ensuite, pour reprendre sa taille normale. Ces dernières contractions sont aussi appelées « tranchées ». Elles provoquent des douleurs proches de celles que produisent les coliques. Elles sont fréquentes dans les deux ou trois jours après l'accouchement. Grâce à ces tranchées, l'utérus cicatrise les brèches vasculaires dues à l'accouchement, et les saignements prennent fin. On constate qu'une femme qui a eu plusieurs grossesses a souvent des contractions plus intenses. En cas de fortes douleurs, des médicaments peuvent être prescrits. Ces ultimes contractions sont en fait la manifestation sensible que l'utérus retrouve sa position normale dans le bassin. On dit

En cas d'allaitement, la date du retour de couches est difficile à déterminer, *on sait qu'il le retarde, mais pas indéfiniment. En moyenne, une mère qui allaite retrouve un cycle régulier quatre à six mois après l'accouchement. À cette date, la sécrétion de prolactine diminue de moitié, ce qui la ramène à des proportions proches de celles d'une femme qui n'allaite pas, mais qui suffit à entretenir la lactation. Il est faux de croire que le lait maternel est alors moins bon ou de penser qu'il y a obligatoirement reprise de l'ovulation. L'apparition des règles ne la signifie pas toujours. En revanche, une ovulation peut survenir même lors de l'allaitement. Vous pouvez vous prémunir avec une contraception adaptée.*

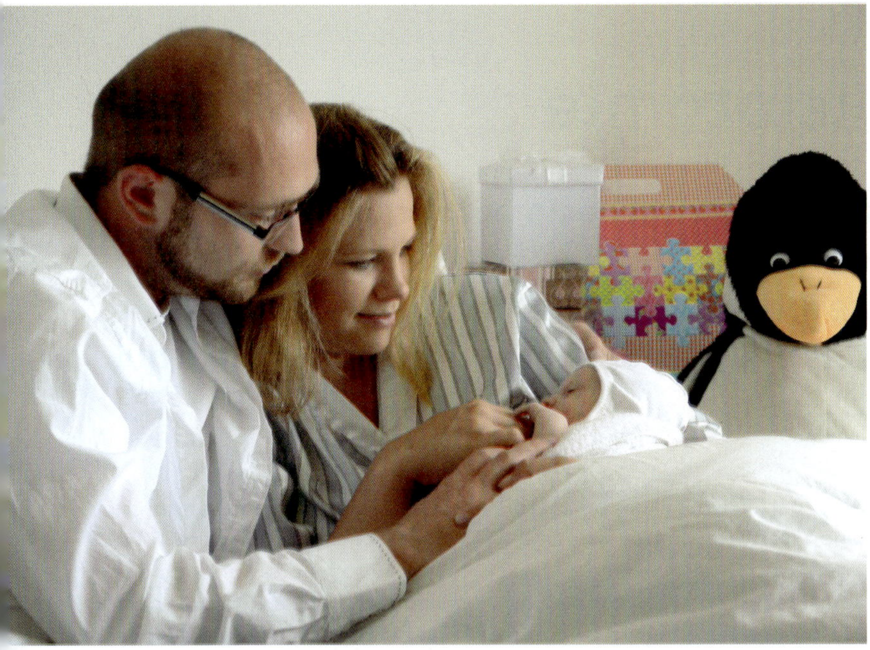

alors qu'il « involue ». Lorsque la mère allaite, elle peut ressentir des contractions au moment de la mise au sein. Elles sont dues à l'ocytocine, une hormone qui est sécrétée par l'hypophyse et qui fait se contracter l'utérus.

Les lochies

Aux tranchées utérines sont associées des pertes vaginales, les lochies. Elles s'écoulent sur 21 jours en moyenne, mais ce temps varie beaucoup d'une femme à une autre. C'est la manifestation de la cicatrisation de l'implantation du placenta dans la cavité utérine. Leur aspect change au fil des jours. D'abord d'une couleur rouge vif, elles deviennent plus foncées. De même, abondantes au début, elles seront plus rares avec le temps. Enfin, elles se terminent par un écoulement jaune clair ou incolore. Toute mauvaise odeur ou toute reprise d'un saignement qui avait eu tendance à se calmer doivent être signalées au médecin. Cela pourrait être le signe d'une infection ou d'une complication de cicatrisation. De même, pour éviter tout risque d'infection, on recommande aux jeunes mamans d'utiliser uniquement des serviettes hygiéniques et non des tampons.

VOUS POURREZ CONSTATER DE LÉGERS TROUBLES URINAIRES *si votre accouchement a été difficile, parfois même une difficulté à la miction ; plus souvent, il s'agit d'une propension à l'incontinence lorsque vous toussez ou que vous riez. C'est un trouble assez banal. Parfois, l'incontinence peut se révéler quelques semaines plus tard, au moment d'un effort, d'un éternuement ou d'un éclat de rire. Une rééducation rapide du périnée par quelques exercices simples évitera que ce trouble ne s'installe définitivement.*

Les troubles intestinaux

La constipation dans les jours qui suivent l'accouchement est fréquente. Deux phénomènes en sont la cause : l'action de la progestérone sur les fibres lisses des muscles intestinaux et la forte pression de la tête du bébé sur le rectum au moment de la naissance, celui-ci ayant été entièrement vidé. Mieux vaut ne pas attendre et vous contraindre à aller à la selle le jour qui suit votre accouchement. Pour vous aider, vous pouvez consommer des légumes verts ou des pruneaux, aux vertus laxatives bien connues. Enfin, si ces conseils simples ne suffisent pas, vous pouvez toujours demander à l'équipe médicale un léger laxatif. Pour certaines jeunes mamans, ces difficultés sont accentuées par une poussée d'hémorroïdes. En effet, lors de l'accouchement, il n'est pas rare que des veines anales se dilatent, provoquant de vraies douleurs accrues par la fatigue et la constipation, laquelle est due, souvent, à la peur d'aller à la selle. Ces hémorroïdes se soignent par des pommades locales et des anti-inflammatoires auxquels est associé un régime sans résidu.

Après une épisiotomie

Pour aider votre bébé à naître, le médecin accoucheur ou la sage-femme ont dû pratiquer une épisiotomie. Cette petite intervention chirurgicale, qui consiste à inciser le bas de votre vulve, entraîne de légers désagréments, mais uniquement dans les quelques jours qui suivent l'accouchement.

Quelques sensations désagréables

Si l'intervention en elle-même est presque indolore au moment où elle est pratiquée, sous péridurale ou sous anesthésie locale, les suites peuvent créer des sensations désagréables. Vous ressentez toute la zone située autour du périnée comme endolorie, plus ou moins ankylosée pendant les 24 heures qui suivent l'intervention. Pendant les 2 ou 3 jours qui suivent, toute la région de la vulve est enflée et vous pouvez alors ressentir de légers picotements dus aux tiraillements des fils de l'épisiotomie. Au fil des jours, cette légère douleur va s'atténuer et, au bout d'une semaine, vous ne sentirez plus aucune gêne normalement. Pourtant, certaines femmes disent souffrir plus longtemps. En fait, il leur est souvent difficile de faire une distinction entre les douleurs dues à l'épisiotomie et celles qui sont la conséquence de l'accouchement : vos parois vaginales souffrent d'éraillures internes provoquées par le passage du bébé ou par l'utilisation de forceps. Vous pouvez encore subir une poussée d'hémorroïdes. Si les suites de cet acte chirurgical vous inquiètent, n'hésitez pas à en parler avec l'équipe médicale, avant de quitter la maternité. À votre visite de contrôle six semaines plus tard, l'examen du périnée et de la cicatrice d'épisiotomie vous permettra de faire le point.

Une hygiène rigoureuse

Il est bien sûr indispensable que cette incision cicatrise vite et bien. Une bonne cicatrisation nécessite une hygiène rigoureuse ,d'autant plus que cette incision est proche des sphincters et est souillée par les lochies qui sont les saignements du post-partum. À la maternité, les soins sont prodigués plusieurs fois par jour par le personnel soignant, ce qui ne vous empêche pas de faire vous-même votre toilette après chaque miction. La toilette se fait à la main sans gant de toilette ou éponge, avec un savon liquide au pH neutre et non parfumé, le rinçage s'effectuant à l'eau presque froide. Des gestes qui peuvent se faire devant un lavabo comme sous la douche, l'eau qui coule ainsi sur la plaie atténue agréablement les sensations douloureuses. Les traces de sang séché se nettoient avec un morceau de gaze stérile. Il est indispensable de bien sécher la plaie par de petits tapotements et toujours avec un peu de gaze stérile. Ne vous pressez pas d'enfiler un sous-vêtement, un séchage « naturel » parachèvera votre toi-

Pour apporter un peu de confort aux jeunes accouchées, *dans certaines maternités, on met à leur disposition une petite bouée de caoutchouc à glisser sous les fesses de manière à surélever le corps et à éviter ainsi tous les frottements désagréables, surtout si elles souffrent également d'une poussée d'hémorroïdes. Dans d'autres, on utilise une serviette roulée que l'on glisse sous le haut des cuisses de la jeune maman lorsqu'elle est assise en tailleur.*

lette. Vous pouvez aussi sécher la plaie avec un peu d'éosine non alcoolisée et surtout avec l'air d'un sèche-cheveux.
Veillez encore, chaque fois que vous allez aux toilettes, à vous essuyer de l'avant vers l'arrière pour éviter toute propagation bactérienne. Si vous partagez les toilettes avec d'autres personnes, nettoyez systématiquement le siège avec une lingette antibactérienne et changez souvent de garniture, notamment la première semaine.

AU MOMENT DE LA REPRISE DES RAPPORTS SEXUELS, ***quelques jeunes mamans se plaignent d'une certaine sensibilité de l'épisiotomie, et même d'une réelle douleur. Il est alors recommandé d'en parler à son conjoint et d'attendre un peu pour avoir des rapports complets. Certains mauvais souvenirs de ce moment délicat qu'est le retour à une sexualité normale peuvent être cause de troubles profonds plus tard. Des massages réguliers avec une pommade spéciale pour assouplir les tissus, un bain chaud avant les rapports et l'utilisation d'une pommade lubrifiante peuvent apporter un peu plus de confort. Une gêne ou une douleur persistante doivent amener à consulter.***

Une parfaite cicatrisation

Au bout de quelques jours, massez la cicatrice délicatement pour assouplir les tissus. N'hésitez pas à contrôler l'état de la cicatrisation à l'aide d'une petite glace, vous constaterez que cette cicatrice est beaucoup moins importante que vous ne l'imaginiez. Ne craignez pas, non plus, d'aller à la selle, les fils maintiennent parfaitement les bords de la plaie. Normalement, la cicatrisation est obtenue en 5 ou 6 jours.
Les fils résorbables, majoritairement utilisés, ne nécessitent aucun soin particulier mais, parfois, il faut attendre 2 semaines pour qu'ils disparaissent totalement. La cicatrice bien refermée ne demande non plus aucun soin autre que ceux d'une hygiène courante. Seule complication possible, comme dans toute intervention chirurgicale : l'apparition de petits abcès aux points d'ancrage des fils. Bien traités, ils vont disparaître rapidement. En cas de douleur, votre médecin peut vous soulager en vous prescrivant des anti-inflammatoires ou des analgésiques. S'il diagnostique une légère infection ou un fil mal résorbé, il vous conseillera la prise d'antibiotiques. Malgré tout, il n'est pas rare de ressentir une petite gêne dans les semaines qui suivent l'intervention. Vous pouvez la calmer par de légers massages avec une pommade prescrite par votre médecin. En revanche, des douleurs lancinantes doivent être signalées au médecin, il peut s'agir d'un hématome, d'une infection plus importante ou d'un nerf inclus dans un point de suture. Dans certains cas, fort rares, la cicatrice est douloureuse ou gênante ; il est alors possible de la reprendre chirurgicalement dans les mois qui suivent l'accouchement. L'opération peut se faire sous anesthésie locale. Sachez encore, si une certaine gêne persiste, qu'il existe des cures thermales gynécologiques proposant des soins spécifiques.

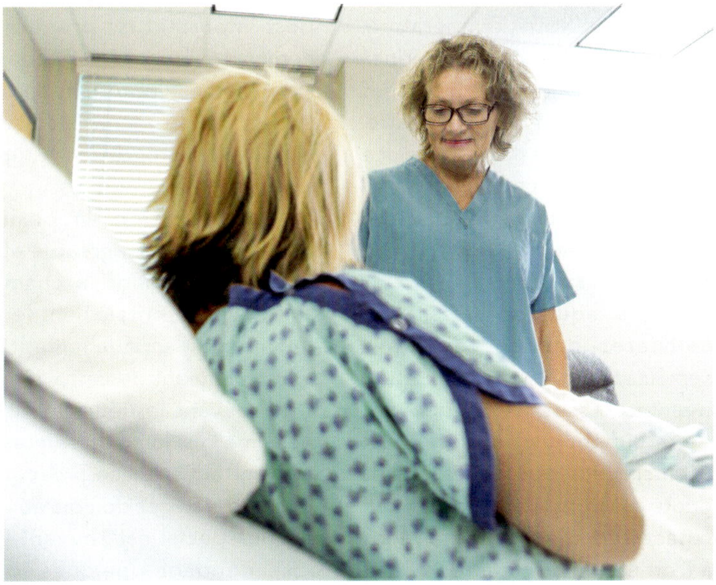

Après une césarienne

Les premiers jours qui suivent l'intervention sont parfois difficiles. La jeune maman ressent alors une fatigue générale, souffre de petits problèmes de transit et peut avoir une montée de lait douloureuse. À tous ces troubles s'ajoute l'inconfort de la cicatrisation.

Les suites de la césarienne

La jeune maman est hospitalisée une semaine environ, les agrafes ou les fils lui seront ôtés 5 à 7 jours après l'intervention, à moins que le chirurgien n'ait utilisé des fils résorbables. La technique du surjet intradermique donne le plus souvent une belle cicatrice. La cicatrice horizontale basse est normalement discrète, située dans les poils du pubis, à la lisière ou dans un pli existant. La sonde urinaire, posée à la suite de l'opération, est retirée rapidement.

L'équipe médicale surveille votre rétablissement en contrôlant votre pouls, votre température, la quantité et la qualité des urines et des écoulements vaginaux. Par le palper régulier de votre ventre, elle s'assure de la remise en place de l'utérus. Elle renouvelle le pansement posé sur votre abdomen mais, rapidement, elle laissera la cicatrice à l'air libre.

Ne vous inquiétez pas si vous constatez pendant quelques semaines une insensibilité cutanée au-dessus et au-dessous de la cicatrice, c'est tout à fait normal. Vous remarquerez sans doute aussi un petit ballonnement cutané superficiel, il mettra deux à trois mois à disparaître.

***La césarienne n'est plus ce qu'elle était.** Une, deux ou trois, voire plus, sont possibles, toujours en repassant par la même cicatrice. Seule la souplesse des tissus sous-jacents risque à la longue d'être réduite.*

Des douleurs bien traitées

Aujourd'hui, les douleurs sont prévenues et bien traitées. La prescription d'analgésiques aide à surmonter ces moments désagréables. il existe des protocoles antidouleurs très efficaces, à la condition d'être suivis à la lettre. Il est important de prendre les médicaments systématiquement avant même la réapparition de la douleur. Ce protocole représente un véritable progrès par rapport aux anciennes pratiques.

Après l'opération, la position assise n'est guère agréable et les premiers pas dans la chambre sont difficiles, notamment le lendemain de l'accouchement. Le point culminant de cette gêne se situe souvent le deuxième ou le troisième jour, lorsque les intestins se remettent en place, provoquant de nombreux gaz douloureux. Un régime spécial est souvent proposé pendant quelques jours. Alors seulement, vous pourrez reprendre une alimentation normale. Elle sera progressive et composée d'aliments favorisant le transit intestinal.

Vous pourrez prendre une douche dès le 4e ou le 5e jour après l'opération.

Des exercices pour se rétablir

Même si les premiers mouvements sont douloureux, il est recommandé de bouger passé les premières 24 heures. De petits mouvements suffisent pour éviter les problèmes circulatoires. Attention, il ne s'agit pas d'une gymnastique des abdominaux ! Seulement d'une remise en forme très douce.

- **Très progressivement, les jambes droites ou légèrement surélevées,** mettez les pieds en extension. Puis faites des petits cercles concentriques avec un ou les deux pieds. Les tout premiers mouvements sont exécutés dans le lit pour vous préparer à faire, sans faux pas, la première promenade traditionnelle de l'accouchée : le tour du lit. Deux à trois semaines plus tard, la pratique d'exercices, sans forcer bien sûr, et en suivant attentivement les conseils des spécialistes, facilite la récupération physique. En effet, les muscles du ventre doivent travailler très tôt pour retrouver progressivement leur force.

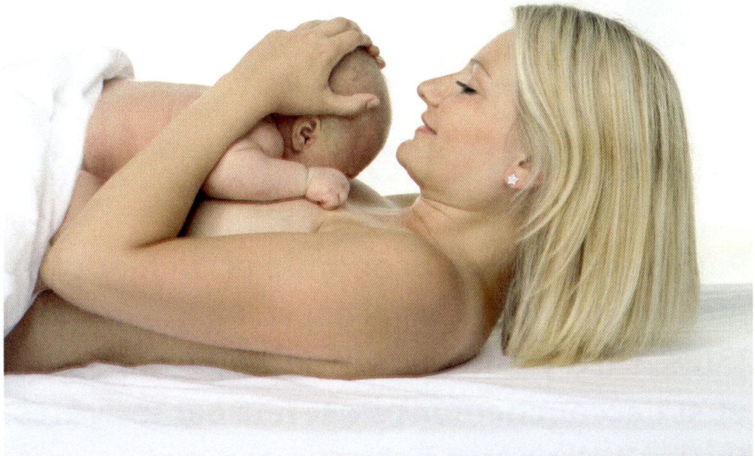

▸ **Toujours allongée,** jambes tendues, chevilles croisées ou non, contractez les muscles des jambes : étendez les genoux, durcissez les muscles des cuisses, serrez les fesses ; tenez quelques secondes et relâchez.

▸ **Allongée dans votre lit,** fléchissez et étendez les genoux alternativement en faisant glisser le talon sur le drap vers le pied du lit, puis en le ramenant progressivement vers la cuisse. Terminez l'exercice en pliant les deux jambes en même temps.

▸ **Couchez-vous sur le côté,** genoux repliés sur la poitrine. Bougez doucement le bassin d'avant en arrière en utilisant les abdominaux et les fessiers.

▸ **À demi couchée,** les oreillers soutenant le haut du dos : baissez le menton vers la poitrine et écrasez le bassin sur le matelas pour réduire la cambrure. Redressez-vous pour toucher les genoux avec les mains. Reposez la tête et les épaules en arrière pour vous détendre.

▸ **Pour vous lever,** il faut plier les genoux et glisser un pied vers le bord du lit. Tournez les épaules du même côté en prenant appui sur le bras replié et en posant la main sur la cicatrice. Assise au bord du lit, reprenez votre souffle en balançant les pieds de bas en haut. Redressez-vous lentement en vous servant du contrepoids des jambes.

Contractions et allaitement

Ce n'est pas parce que vous avez eu une césarienne que vous devez renoncer à l'allaitement maternel. C'est le type d'anesthésie choisie pour cette intervention qui détermine le moment de la première mise au sein. Une césarienne sous péridurale permet une première tétée dès la naissance dans la salle d'accouchement. En cas d'anesthésie générale, il faudra attendre que la mère et l'enfant soient parfaitement réveillés. La meilleure position est toujours celle de l'allaitement allongé afin d'éviter quelques tiraillements sur la cicatrice.
Enfin, certaines mères se plaignent des contractions que provoque la mise au sein. Elles sont dues aux tranchées, c'est-à-dire aux contractions de l'utérus qui se remet en place (p. 387). Ces douleurs sont d'autant plus fortes qu'elles tiraillent un muscle en pleine cicatrisation.

VOTRE CICATRICE METTRA PRESQUE SIX MOIS À PRENDRE SON ASPECT DÉFINITIF, *une simple ligne blanche sur la peau. Elle ne doit être ni rouge ni boursouflée ; dans le cas contraire, il faut en parler à votre médecin. Il est recommandé de ne pas exposer votre cicatrice au soleil du moins pendant six mois. Généralement, la cicatrice dont l'incision a été pratiquée horizontalement est pratiquement invisible, elle est cachée par les poils pubiens. Si, malgré tout, vous trouvez cette cicatrice disgracieuse, sachez que la chirurgie esthétique peut tenter de la rendre moins visible.*

Sortie **précoce**

Pour des raisons d'économie et de mode de vie, le séjour à la maternité est de plus en plus court. En moyenne, il dure entre trois et cinq jours, s'il n'y a eu aucune complication pour la mère et pour l'enfant et si l'accouchement s'est fait par les voies naturelles. En réalité, il faudrait s'adapter à chaque cas.

Un temps bien rempli

Le séjour à la maternité dure en moyenne quatre jours. Ce temps correspond à un suivi médical normal. L'état de santé de la jeune maman est contrôlé quotidiennement : prise de la tension, de la température et contrôle du pouls. Lors de sa visite, le médecin ou la sage-femme vérifie que la jeune accouchée n'a pas de problèmes circulatoires en examinant régulièrement ses jambes.

Ce séjour est surtout l'occasion de faire connaissance avec son bébé et d'apprendre les gestes indispensables du maternage. Dans la plupart des maternités, les premiers soins sont faits par des puéricultrices dans la chambre même de la maman ou dans de petites salles de soins vitrées entre deux chambres pour lui permettre une initiation facile et de visu. Une maman qui éprouve des difficultés pratiques peut faire appel au personnel soignant pour quelques leçons particulières. En cas de problèmes relationnels entre elle et son bébé, elle peut avoir, sur place, la visite d'un psychothérapeute qui sera à l'écoute de ses préoccupations.

Même si, à la maternité, les journées paraissent longues, ne multipliez pas les visites. Profitez des instants d'intimité avec votre bébé pour faire connaissance. Les jours de séjour à la maternité sont bien remplis : mise en route de l'allaitement, apprentissage des soins de puériculture, soins gynécologiques pour la mère et surveillance médicale pour le nourrisson. Le retour à la maison est toujours un moment de grande agitation, où les tâches matérielles prennent parfois le pas sur les relations mère-bébé.

La Haute Autorité de Santé considère comme « précoce » toute sortie de la maternité dans les 72 heures qui suivent un accouchement par voie basse et dans les 96 heures après une césarienne. Elle se fait à la demande de la mère ou du couple et si l'environnement familial et social est bon. Elle repose sur l'absence de risques médicaux pour la mère : pas de d'hémorragie sévère après l'accouchement, pas de complication ou de pathologies particulières. L'enfant doit montrer encore une bonne adaptation à la vie extra-utérine, avoir un examen clinique parfait, ne souffrir d'aucune pathologie ni d'ictère et enfin s'alimenter normalement. Enfin, le suivi médical à domicile, 2 à 3 visites, doit avoir été organisé avant la naissance et en lien avec la maternité.

DEUX HEURES APRÈS VOTRE ACCOUCHEMENT, VOUS REGAGNEREZ VOTRE CHAMBRE. *Selon les maternités, votre bébé est installé près de vous ou dans une petite chambre attenante. Il existe également des crèches qui permettent aux jeunes mamans de récupérer plus rapidement de la fatigue de l'accouchement, le bébé est à vos côtés toute la journée et il retrouve ses congénères la nuit.*

Un relais à domicile

Il existe aujourd'hui une tendance à diminuer le séjour au sein de la maternité. Il y n'a pas si longtemps, il était de dix à douze jours. Ce qui est important, c'est de ne pas rentrer fatiguée. Un certain nombre de maternités proposent même aujourd'hui aux mères de rentrer chez elles deux jours après l'accouchement. La jeune maman a été informée de cette possibilité soit au cours de ses visites prénatales à la maternité, soit à son arrivée pour l'accouchement. Mais ce retour précoce ne se fait pas dans n'importe quelles conditions. Le jour du retour à la maison de la mère et de l'enfant, il est prévu une visite d'accueil à domicile faite par une infirmière, une sage-femme ou une puéricultrice, qui reviendra les jours suivants. Si cela s'avère nécessaire, elle prolongera de quelques jours ses visites. La maternité propose ce service d'hospitalisation à domicile comme alternative à l'hospitalisation.

La mairie du domicile de la maman peut mettre à la disposition de la mère une aide ménagère (à raison de 1 heure 30 par jour) ou participe au financement d'une travailleuse familiale.

La jeune maman, surtout à la naissance d'un premier bébé, se sent un peu seule de retour chez elle. *Elle a besoin le plus possible d'aide affective, celle de son mari ou de sa famille. C'est important que quelqu'un soit là pour transmettre les traditions, pour prendre le relais en cas de fatigue. Objectivement, l'accouchement représente un effort physique, le corps de la femme est meurtri, elle a perdu du sang, ce qui accroît sa fatigue, et elle est dans une situation toute nouvelle qui peut être perturbante. Les dix premiers jours, elle vit dans une atmosphère où se mêlent de grands moments de bonheur et de vraies périodes de fatigue physique. Ce mélange crée une grande fragilité. S'ils ne peuvent pas être présents, la jeune maman peut faire appel à une sage-femme ou à une puéricultrice qui viendra à son domicile. Qu'elle n'hésite pas à demander un peu d'assistance, elle est justifiée et nécessaire pour bien commencer son rôle de maman.*

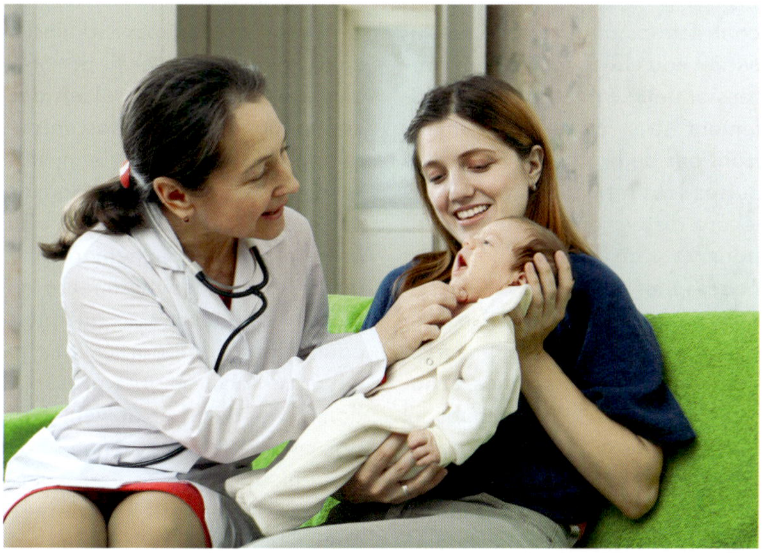

Avec certains avantages

Il semble que ces séjours de courte durée, réservés à des mères qui le désirent et qui sont en parfaite santé, ainsi que leur bébé, aient un effet bénéfique sur l'allaitement : elles sont davantage à allaiter et n'éprouvent, pour la plupart, aucune difficulté.

De plus, on a constaté que les bébés trouvent plus facilement un rythme équilibré de veille et de sommeil. Toutes les mères ayant fait cette expérience ont particulièrement apprécié de ne pas être séparées trop longtemps de leur enfant, notamment les jeunes mamans psychologiquement fragiles. En outre, les pères et les aînés ne se sont pas sentis exclus de l'événement et, au contraire, se sont plus investis dans les soins à donner au bébé. C'est sans doute le meilleur moment pour le père de prendre son congé de paternité. Ces deux semaines de disponibilité peuvent être l'occasion pour le couple de s'installer doucement dans sa nouvelle vie de famille. C'est aussi l'occasion pour le père de tisser avec son bébé des liens d'attachement précoces, importants pour leur relation future.

La rééducation périnéale

Bien qu'aucune étude ne démontre l'efficacité réelle des exercices préconisés sur l'incontinence, ils permettent aux femmes d'être attentives à la qualité de cet ensemble de muscles souvent négligé.

Les fonctions du périnée

Le périnée est un ensemble de muscles et de ligaments dont la forme ressemble à un hamac reliant l'anus au pubis, formant ainsi le plancher de la cavité abdominale qu'il ferme. Le muscle principal est le muscle releveur de l'anus, c'est lui que l'on détend pour uriner ou aller à la selle. Ce muscle se contracte au moment des relations sexuelles.

Pendant la grossesse, l'utérus, du fait du poids de l'enfant, du liquide amniotique et du placenta, a pesé sur le périnée. En outre, la distension du vagin au moment de la naissance l'a mis à rude épreuve, et ce d'autant plus que l'accouchement a été long, que le bébé était gros ou qu'il avait un gros périmètre crânien, que la mère n'est pas vraiment une sportive ou qu'il s'agit d'une troisième grossesse ou plus. Le bon état du périnée est important dans la qualité des relations sexuelles.

***Lorsqu'un des muscles du périnée « claque » ou se déchire, la vessie, le vagin et l'utérus ne sont plus retenus à leur place dans le bas-ventre,** ils descendent tôt ou tard. C'est ce que l'on nomme communément « une descente d'organes ». Le prolapsus se manifeste des années après l'accouchement par une béance de la vulve ou par une sensation de lourdeur dans le bas du bassin. La qualité des tissus, la longueur du vagin, la morphologie du petit bassin et une trop forte prise de poids au cours de la grossesse entrent aussi en ligne de compte pour créer cette perturbation. Le prolapsus se répare par une intervention chirurgicale et se prévient par une préparation à la naissance et une rééducation précoce.*

Les séances de rééducation

Lors de la visite postnatale, votre médecin ou votre sage-femme fait une évaluation de votre périnée. Selon le diagnostic, il ou elle vous prescrira de simples exercices de contractions ou une vraie rééducation sous la conduite d'un professionnel. On estime que seulement 30 % de jeunes mamans n'ont pas de problème, toutes les autres souffrent, pour 40 %, d'une légère distension des muscles et pour 30 %, de lésions importantes nécessitant une prise en charge dans un centre spécialisé. Un bilan complet est alors programmé avec des examens radiologiques, échographiques et urodynamiques ; il détermine le rythme de la rééducation à prescrire, 30 à 40 séances. Fréquemment, la jeune maman reçoit la prescription d'une dizaine de séances de rééducation périnéale, à effectuer deux mois après la naissance. Elle apprend ainsi à contracter le muscle du périnée. Les exercices consistent en des contractions des muscles entourant le vagin et surtout le muscle releveur de l'anus. Vous pouvez participer à des cours collectifs ou préférer l'accompagnement particulier d'un kinésithérapeute ou d'une sage-femme. Ces quelques cours sont remboursés par la Sécurité sociale après prescription du médecin et doivent être pris comme le début d'un entraînement que vous ferez régulièrement chez vous. Le périnée étant moins sollicité couchée ou assise que debout, n'hésitez pas, dès que vous en avez l'occasion, à vous allonger sur votre lit ou dans une chaise longue. Prenez l'habitude de contracter les muscles du périnée et du sphincter anal à tout moment de la journée, et ce très rapidement après l'accouchement.

Premiers exercices

Dès les premiers jours qui suivent votre accouchement, vous pouvez pratiquer des exercices simples, comme la contraction des muscles fessiers ou l'arrêt du jet urinaire au cours des mictions (« stop-pipi »). Vous pouvez même, à l'aide d'un miroir, contrôler les contractions de votre périnée. Couchez-vous sur le dos, jambes fléchies, genoux écartés, placez un miroir devant votre vulve. Simulez une contraction destinée à arrêter l'urine, vous constaterez alors le travail du noyau fibreux et des muscles releveurs de l'anus. La partie inférieure de votre vulve doit d'abord s'élever, puis s'abaisser lorsque vous relâchez la contraction. Autre technique, celle dite du casse-noisettes. Allongée sur le dos ou assise, pliez les jambes et serrez fort les genoux.
Si cela est insuffisant, vous pourrez avoir recours à l'électrostimulation musculaire (le biofeedback). Elle se pratique dans le cabinet d'un médecin gynécologue, d'une sage-femme ou d'un kinésithérapeute spécialisé. Elle améliore la prise de conscience de l'efficacité des contractions grâce à une sonde vaginale associée à un signal sonore ou visuel qui matérialise la contraction et son relâchement. Il existe aussi une technique très simple mise au point par un médecin sexologue, le docteur Pierre Velay. En position gynécologique (allongée sur le dos, jambes écartées), la femme contracte ses muscles. Des tubes en Pyrex stériles et de tailles variables sont introduits dans la cavité vaginale ; on leur imprime alors des mouvements de va-et-vient très doux. La rééducation du périnée doit se faire progressivement, de la partie moyenne de la cavité vaginale (au niveau des muscles élévateurs) vers la région périnéale. Au début, les tubes ont un diamètre de 3 ou 4 cm selon l'état du périnée et du vagin. À la fin d'une bonne rééducation, leur diamètre va diminuer jusqu'à 1 cm. Lorsqu'un bon niveau de récupération est atteint, l'exercice se déroule debout. Il existe encore un appareil d'électrostimulation (Femifree) qui permet de faire sa rééducation à domicile : 8 électrodes à placer en haut des cuisses stimulent la contraction des muscles pelviens. Vous pouvez aussi utiliser des cônes vaginaux : ils se glissent dans le vagin et doivent être maintenus par contraction en position debout. De formes et de poids différents, ils se choisissent en fonction de la capacité du plancher pelvien.

L'INCONTINENCE URINAIRE PEUT SE MANIFESTER TOUT DE SUITE APRÈS L'ACCOUCHEMENT, *ce qui est banal, ou se révéler quelques semaines plus tard, au moment d'un effort, d'un éternuement ou d'un éclat de rire. On estime que 30 % des femmes en souffrent après la naissance d'un enfant et que 10 % d'entre elles vivront avec ce handicap toute leur vie si elles ne sont pas rééduquées. Dans tous les cas, vous devez surveiller particulièrement la qualité de votre périnée si le poids de votre bébé dépasse 3,7 kg à la naissance, si le périmètre de son crâne est de plus de 35 cm ou si vous avez déjà eu des fuites urinaires pendant votre grossesse. Une rééducation périnéale est indispensable.*

En cas de complications

Pour quelques jeunes mamans, la rééducation même renforcée est insuffisante, les circonstances de leur accouchement ont fortement endommagé leur périnée. Il faut envisager une intervention chirurgicale. Sous anesthésie locale, le praticien pose une bandelette « sous-urétrale » au niveau du sphincter urétral. Elle supprime notamment les fuites urinaires à l'effort.

Un phénomène physiologique et... psychique

Plus de 60 % des Françaises ont choisi de donner le sein, un peu plus d'année en année. Plus de la moitié vont allaiter leur bébé pendant presque quatre mois, les autres pour une durée plus longue.

Une stimulation précoce

Si vous avez fait le choix d'allaiter, c'est peu de temps après la naissance, dans la salle d'accouchement, que vous ferez votre première expérience. La mise au sein précoce favorise la montée de lait. De manière étonnante, on constate que plus la stimulation de la tétée est précoce, plus les quantités de lait sécrétées ensuite vont être abondantes.

Sans restriction ni de temps ni de fréquence

C'est entre le 3e et le 6e jour après l'accouchement que la lactation se met définitivement en place.

« La reprise de l'activité professionnelle est le plus grand frein à cette pratique. Pourtant il existe des lois qui permettent d'adapter son temps de travail lorsqu'on allaite. »

Les seins se tendent et vous pouvez ressentir les signes d'un premier engorgement. L'efficacité de la succion de votre bébé aide à mieux supporter cette sensation.

SUR LE PLAN PSYCHOLOGIQUE, ON CONSIDÈRE QUE L'ALLAITEMENT MATERNEL EST LE PROLONGEMENT DE LA GROSSESSE. *La mère ne nourrit plus son enfant de son sang, mais de son lait. Comme le liquide amniotique, il se parfume des aliments ingérés par la mère. Nombre de jeunes mamans témoignent d'ailleurs d'un lien fusionnel avec leur bébé au moment des tétées. C'est incontestablement une expérience unique, bien qu'elle soit de courte durée et surtout non imposée à qui que ce soit.*

Il faut que l'enfant tète à « pleine bouche » : l'aréole du sein, la partie brune du mamelon, doit être entièrement dans sa bouche. Son visage doit être bien en face du sein. Certaines femmes craignent de ne pouvoir allaiter, car elles estiment que leur poitrine est trop menue. Or la lactation n'a rien à voir avec le tour de poitrine. C'est la capacité de la glande mammaire qui importe, l'épaisseur du tissu adipeux ne jouant aucun rôle. Autre vieille croyance : penser que son lait est trop clair. Le lait maternel définitif est produit vingt jours environ après le début de la lactation. Ce lait, parfois qualifié de « parfait », est clair, légèrement bleuté, et sa saveur à peine sucrée est parfaitement adaptée aux besoins de l'enfant.

Parallèlement à son aspect, sa composition évolue ; au fil des mois, il contient de plus en plus de sucre stimulant la croissance du cerveau et plus de graisses pour fournir à son organisme l'énergie nécessaire à son développement. On s'est aperçu encore que le lait d'une maman qui vient d'accoucher prématurément a une composition beaucoup plus riche que celui d'une femme ayant accouché à terme : il est particulièrement riche en sucre et en protéine comme pour « forcer » cet enfant à développer sa maturité au plus vite.

Un démarrage parfois délicat

Le mamelon, largement innervé, est très sensible, et le bébé y exerce une forte pression qui le rendra particulièrement douloureux, surtout pendant 3 ou 4 jours. C'est seulement au bout d'une certaine période que le mamelon se fait ; les tétées deviennent alors plus agréables. Attention : cette hypersensibilité peut être cause d'engorgement (p. 414) : la mise au sein étant pénible, la mère fait téter son enfant moins longtemps et moins souvent. C'est d'ailleurs souvent pour elle source d'angoisse, ce qui a pour conséquence de diminuer l'ocytocine favorisant ainsi l'engorgement.

Le colostrum, lait des premiers jours, joue dans la protection immunitaire un rôle essentiel. *En effet, c'est un véritable concentré d'anticorps qui tapissent en quelques jours toutes les muqueuses de la bouche et du tube digestif. Le lait des jours suivants a tout autant d'importance ; le sucre qu'il contient, le gynolactose, est essentiel dans le développement de la flore microbienne de fermentation, qui s'oppose à la prolifération de la flore putréfactive due à la digestion. On en comprend toute l'importance. Même pour quelques semaines, le lait maternel est intéressant sur le plan immunitaire et digestif. Il est particulièrement adapté aux besoins des enfants de faible poids ou nés prématurément.*

Résister aux pressions

Sous prétexte de calmer les pleurs du nourrisson, on pourrait avoir tendance à proposer à une jeune maman, qui a pourtant décidé d'allaiter, de lui donner des biberons complémentaires. Ne tombez pas dans cette facilité sans les conseils d'une sage-femme spécialisée dans l'allaitement à votre écoute dans de nombreux établissements. En effet, il vous faut un peu de temps pour prendre la position idéale pour allaiter et votre bébé a lui aussi besoin d'apprendre comment bien téter. Souvenez-vous que c'est la succion qui forme le bout des seins et qui active la montée de lait. Plus votre bébé va téter, mieux il le fera et plus vous serez détendue. Accompagner une maman dans les premières tétées demande du temps et un soutien que de nombreuses équipes ont décidé de promouvoir sans militantisme.

Ne pas forcer sa nature

Cependant, certains problèmes d'allaitement peuvent être rapportés à une ambiguïté personnelle. Ainsi, certaines refusent l'allaitement, considérant leurs seins comme un symbole de leur sexualité. Elles ont peur que les tétées successives n'abîment leur poitrine. Pour d'autres, c'est l'acceptation de l'enfant qui est difficile. Elles ont l'impression d'être dévorées. Entrent également en compte les réactions de l'entourage et, en premier lieu, celles du conjoint. De toute façon, il n'y a aucune raison de se forcer à allaiter. Il est préférable de stopper la montée de lait aussitôt après l'accouchement, avant même que le bébé n'ait stimulé la lactation par la tétée. L'allaitement maternel doit être un choix libre et éclairé.

Les petits problèmes quotidiens

La mise au sein ne nécessite aucun soin particulier autre que ceux d'une hygiène normale. Il faut surtout éviter que le mamelon ne soit trop humide et il faut le sécher au moyen d'une compresse propre. Toutefois, des petits problèmes pendant l'allaitement peuvent inquiéter.

Trouver les bons gestes

Lorsque bébé boit, il doit être à son aise. Très vite, mère et enfant trouveront chacun la position idéale : le visage face au sein, le bébé a la bouche à la hauteur du mamelon ; son corps est parallèle à celui de la mère, assis si elle est assise et couché si elle est étendue. En position assise, mieux vaut s'installer dans un siège assez droit pourvu d'accoudoirs. Les pieds sont légèrement surélevés sur un petit banc ou sur de gros livres. Le bout du sein est maintenu entre l'index et le majeur de manière à bien dégager le nez du bébé pendant qu'il tète. Une légère pression peut favoriser la venue du lait. Dans tous les cas, l'idéal pour donner le sein est de trouver un endroit relativement calme de la maison.
Certaines situations de fatigue ou de stress peuvent être à l'origine d'une baisse de la lactation. Mais, le plus souvent, c'est entre la mère et le bébé que naît la tension. La jeune maman craint de ne pas faire les gestes adéquats, elle pense qu'elle n'a pas assez de lait ou bien qu'il n'est pas suffisamment bon... Son bébé ressent son malaise et tète mal. Si c'est votre cas, essayez de vous relaxer avant les tétées et, si besoin, contactez une association de promotion de l'allaitement.

Les mamelons mal formés ne signifient pas que la mère ne pourra pas allaiter. *Cependant, des malformations existent, comme le mamelon ombiliqué : en pressant l'aréole du sein, le mamelon se creuse. Dans tous les autres cas, il faut parler de mamelons peu saillants ou rétractifs. Si la mère a du mal à allaiter, elle peut recourir à la téterelle, sorte de mamelon de verre ou de plastique. Pour éviter de renoncer trop rapidement, il ne faut pas oublier que c'est l'enfant, en tétant, qui aide à l'épanouissement des mamelons et que ce sont les hormones qui influencent le développement de la poitrine pour la rendre apte à l'allaitement.*

Allaiter confortablement

Pour votre confort et celui de votre bébé, vous pouvez utiliser un coussin d'allaitement. Il met le bébé à la hauteur du sein maternel et permet à la mère de garder la position idéale tout au long de la tétée. Il a aussi l'avantage de soulager la fatigue de la jeune maman. Enfin, il se transforme en un siège douillet d'enfant, idéal pour une digestion confortable. Ces coussins sont réalisés dans des matières facilement lavables, ils garantissent donc une parfaite hygiène.

Trop de lait a pour conséquence l'engorgement...

Certaines mères sont surprises de constater, au moment de la mise au sein, un écoulement important de lait par l'autre sein. Cette réaction est due à une lactation excessive. La quantité de lait produite par une jeune maman est variable d'un moment à l'autre ; elle est également liée à la capacité de la glande mammaire. Il faut penser, dans ce cas, à protéger le sein qui n'allaite pas par une compresse. Ces mamans doivent veiller tout spécialement à ne pas souffrir d'engorgement. Elles peuvent exprimer leur lait sous une douche tiède ou l'offrir à un lactarium. Cet organisme leur donnera toutes les indications pour leur permettre de le recueillir facilement et dans les conditions d'hygiène idéales. En effet, le lait maternel est indispensable à la survie de certains bébés, notamment les grands prématurés.

ALLAITER SON ENFANT REPRÉSENTE SANS DOUTE UNE FORTE CONTRAINTE NOTAMMENT LES PREMIERS MOIS ; *ensuite, l'enfant peut de temps en temps être nourri au biberon. C'est ce que l'on appelle « l'allaitement mixte ». Pour ne pas tarir la montée de lait, il est préférable de garder un maximum de tétées au sein dans la journée. Par exemple, sur sept repas, donnez-en deux au biberon et cinq au sein. Sachez que le lait maternel se congèle parfaitement. Dans ce cas, il est indispensable de respecter les notions d'hygiène habituelles dans la confection des biberons. Ces petites astuces permettent aux jeunes mamans de se libérer un peu de temps ou même de pouvoir reprendre un travail à mi-temps.*

L'engorgement mammaire

Il est encore recommandé, tant que la lactation n'est pas bien installée, d'allaiter avec les deux seins à chaque tétée, particulièrement les femmes qui ont beaucoup de lait. La technique consiste à laisser l'enfant vider un sein avant de lui donner un peu de l'autre. À la tétée suivante, le bébé commencera par ce dernier. Souvent, l'engorgement mammaire est dû à une contrariété ou à une angoisse. Comment le reconnaître ? Les seins se tendent, durcissent et deviennent douloureux. La meilleure prévention est encore la tétée complète et fréquente durant les premiers jours. Si l'enfant ne vide pas complètement les seins à chaque tétée, il faut le faire manuellement en appuyant doucement sur le sein les deux mains bien à plat, en effectuant la pression du thorax vers le mamelon. Si ce massage ne suffit pas à extraire le lait, il faut le répéter sous une douche chaude.

Les crevasses

C'est l'humidité qui provoque les crevasses. Le meilleur moyen de les prévenir est de ne pas prolonger les tétées pendant les premiers jours. Il faut attendre que les mamelons se tannent. Là encore, l'enfant va aider sa mère. Quand elle lui donne toute l'aréole du sein, bébé excite les glandes sébacées, les tubercules de Montgomery, qui sécrètent un liquide lubrifiant empêchant la formation des crevasses. Si, malgré tout, elles apparaissent, il faut alors les traiter immédiatement pour éviter qu'elles ne s'ouvrent. L'application de pommades riches en vitamines A et E est recommandée : très efficaces, elles ne présentent aucun danger pour l'enfant.

L'abcès au sein

C'est l'un des rares cas où le médecin demande à la mère de ne plus allaiter ou d'éviter tout au moins d'allaiter avec le sein malade : son lait contient alors des germes pathogènes dangereux pour l'enfant. L'autre sein pouvant suffire à nourrir le bébé. Si la mère peut et souhaite continuer l'allaitement après la guérison, elle doit tirer son lait chaque jour jusqu'à résorption de l'abcès, pour entretenir le mécanisme de la lactation.

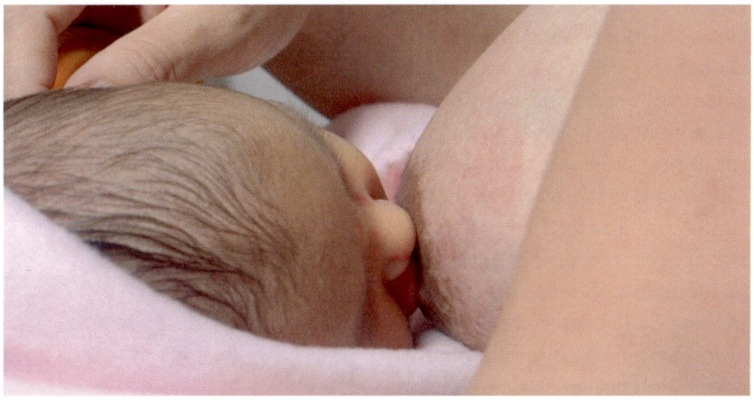

Un fragile équilibre hormonal

La fabrication du lait et sa montée dans les glandes mammaires furent longtemps un mystère. Au XXe siècle, la découverte des hormones et de leurs propriétés a permis d'expliquer le phénomène de la lactation.

Le rôle des glandes mammaires

L'hormone est une substance sécrétée par une glande endocrine, véhiculée par le sang et qui a le devoir d'exciter le fonctionnement d'un organe. En l'occurrence, l'hormone de la lactation, la prolactine, est sécrétée par le lobe antérieur de l'hypophyse. C'est elle qui va stimuler la production de la glande mammaire, qui renferme les grappes d'acini glandulaires. L'action de la prolactine est conjuguée avec celle d'autres hormones sécrétées par le placenta, les ovaires et les glandes surrénales. C'est ce cocktail qui va produire le lait maternel. Dans le même temps, le lobe postérieur de l'hypophyse produit l'ocytocine, l'hormone partenaire de la prolactine. Elle va déclencher les contractions des muscles et favoriser ainsi la migration du lait des acini vers les canaux galactophores. Ces derniers se multiplient jusqu'aux pores galactophores, situés au bout du sein. On le sait, la lactation est entretenue par l'enfant qui tète. Sa succion exerce une pression sur le mamelon, vidant les alvéoles pleines de lait qui se remplissent alors à nouveau. Parallèlement, l'excitation nerveuse du mamelon est transmise au cerveau, puis à l'hypophyse, laquelle, en réponse, produit plus ou moins de prolactine et d'ocytocine.

Stimuler la lactation

Certes, ce mécanisme paraît simple. Mais les dosages hormonaux sont si complexes qu'il suffit parfois de bien peu de chose pour en perturber l'équilibre : la fatigue, l'émotion, le stress font baisser la lactation. Cela se produit souvent au moment du retour à la maison. Un seul remède pour reprendre un rythme normal : mettre l'enfant au sein le plus souvent possible afin de stimuler la glande mammaire. Ne pas hésiter non plus à vider régulièrement ses seins.

Boire beaucoup, plus d'un litre d'eau ou de tisane par jour et se reposer au maximum sont les meilleurs stimulants pour la lactation. Il existe une panoplie de médicaments pour la favoriser. Le plus répandu, non toxique, est le Galactogyl®. C'est le produit de l'association de trois plantes (le galéga, le cumin et le fenouil) et d'une substance chimique, le dipliosphate tricalcique.

L'homéopathie peut également être un recours à l'insuffisance de la montée de lait. La prise de granules *Ricinus communis* 4CH (posologie selon l'avis du spécialiste) permettra de passer ce cap. Les massages stimulent également la lactation et sont utiles en cas d'engorgement (p. 415) : la main bien à plat, effleurer le sein circulairement puis, en épousant bien sa forme, effectuer progressivement un massage plus ferme qui redeviendra léger en fin de séance. Enfin, vous trouverez des tisanes

Où sont les nourrices d'antan ? *L'allaitement du bébé par sa mère est une pratique relativement récente. En effet, jusqu'au début du xxe siècle, un grand nombre de bébés étaient confiés aux soins d'une nourrice. Ces femmes faisaient commerce de leur lait et entretenaient leur lactation de mois en mois et même d'année en année, tout simplement en gardant en permanence un bébé au sein.*

dites « d'allaitement » à base d'anis étoilé, de fenouil et de cumin. On recommande de consommer trois tasses de tisane chaque jour.

Arrêter d'allaiter ...

Sauf en cas de maladie grave de la mère, il est recommandé de passer du sein au biberon en douceur. La technique pour stopper l'allaitement est la même, quel que soit le moment choisi, par exemple vers le 4e mois, qui est en principe le moment habituel du sevrage. Le passage du lait maternel au lait premier âge se fait progressivement sur 10 à 15 jours.

Pour un nourrisson qui est à 5 tétées par jour :
- les 3 premiers jours : 4 tétées et 1 biberon ;
- les 3 jours suivants : 3 tétées et 2 biberons ;
- les 3 jours suivants : 2 tétées et 3 biberons ;
- les 3 jours suivants : 1 tétée et 4 biberons ;
- les jours suivants : 5 biberons.

Le sevrage de la lactation par l'absorption de médicaments à base d'œstrogènes de synthèse n'est pas sans risque. Il faut craindre des perturbations telles que nausées ou vertiges. Il faut également s'assurer de l'absence de risque de phlébite.
L'allaitement mixte, au sein et au biberon en alternance, est encore possible. Les mères qui reprennent le travail après leur congé de maternité ont souvent recours à cette solution pour se garder le plaisir de donner le sein matin et soir au moins. Mais la lactation étant stimulée par la succion, il n'est pas rare que le lait se tarisse petit à petit. Aussi faut-il rester très vigilant pour que l'enfant ne soit pas perturbé et conserve un bon équilibre nutritionnel.

... et reprendre après

Vous avez arrêté d'allaiter et vous souhaitez changer d'avis, il est possible de reprendre l'allaitement après quelques jours, voire quelques semaines d'interruption. Mais, c'est le bébé qui en décidera. En effet, alors qu'il s'est habitué à la succion de la tétine qui demande peu d'efforts, il n'est pas certain qu'il accepte de reprendre le sein. N'attendez pas qu'il ait trop faim pour le lui proposer. Aiguisez son appétit en barbouillant votre bout de sein d'un peu de lait avant de chercher à le nourrir. Le contact peau à peau avec votre bébé devrait provoquer une réaction hormonale propice à relancer la lactation (l'allaitement). Mettez votre bébé le plus souvent possible au sein, au moins toutes les deux heures et pour 10 à 15 minutes. S'il ne tète pas assez, tirez votre lait pour entretenir la lactation. Buvez beaucoup, surtout des tisanes.

Pour empêcher la montée de lait, *le plus facile est de le faire aussitôt après l'accouchement, avant même que l'enfant ait stimulé la lactation par la tétée. Le produit le plus couramment utilisé est le Bromocriptine®. Ce médicament agit sur l'hypophyse et l'hypothalamus pour inhiber la production de prolactine. La posologie habituelle est de 2 comprimés par jour pendant 3 semaines. Si ce traitement s'avère insuffisant, il faudra le prolonger de 10 jours. Vertiges et nausées sont les seuls effets secondaires connus, ils disparaissent lorsque l'on fractionne les doses. Il existe aujourd'hui une médication qui possède une longue durée d'action avec une seule prise (Dostinex®).*

Régime pour allaiter

Aucun aliment n'est défendu pendant l'allaitement. Il faut simplement savoir que certains d'entre eux peuvent donner un goût au lait. Mais bébé, en principe, ne s'en formalise pas, et l'on pense même que c'est ainsi qu'il s'habitue aux goûts de l'alimentation familiale.

Des protéines et des laitages

La femme qui allaite n'a donc pas à s'inquiéter sur le choix de ses menus. Son régime doit être un peu plus riche qu'à l'ordinaire. Lait, yaourts et fromages contiennent beaucoup de protéines et de calcium, indispensables à la fabrication du lait maternel. L'idéal est de consommer 75 cl à 1 l par jour de lait écrémé. L'apport en protéines se fait grâce aux œufs, à la viande et au poisson. Les viandes maigres insaturées (qui ne sont pas riches à l'excès en matières grasses) sont indispensables. Le sont également les huiles et les margarines d'origine végétale, à base de tournesol, de maïs, de colza ou d'olive, qui ne sont pas saturées de lipides comme les huiles ou les margarines animales. Elles apportent au lait des acides gras essentiels dans la constitution du système nerveux du nouveau-né. Pendant tout l'allaitement, on conseille à la mère de boire de 1,5 l à 2 l d'eau par 24 heures. Cette quantité prend bien sûr en compte toutes les boissons. L'eau est à préférer plate pour des raisons de digestibilité, mais aussi d'apport en sodium ; certaines eaux gazeuses sont particulièrement salées. À l'eau, vous pouvez ajouter des jus de fruits (attention, le jus d'orange peut être à l'origine de légères diarrhées chez le nourrisson), de la bière sans alcool, du lait, des infusions, des potages ou des bouillons.

« La nocivité d'un toxique dépend de différents facteurs, liés au type de produit, à sa quantité et au moment où il a été ingéré. Le produit passe plus vite dans le lait maternel s'il a été administré par voie buccale. »

Une alimentation renforcée

Une femme qui veut garder son équilibre a besoin de 2 000 calories par jour. Dans tous les cas, son régime ne doit pas lui apporter moins de 1 500 calories par jour. Au-dessous, elle risquerait d'avoir du mal à poursuivre normalement l'allaitement. Généralement, la ration alimentaire d'une jeune

CE N'EST PAS ENCORE LE MOMENT DE VOUS METTRE AU RÉGIME *même si vous vous trouvez un peu trop ronde. Essayez dans un premier temps d'éviter les excès de sucre et de graisses. Le stockage des calories est un phénomène physiologique lié à l'allaitement, vous ne pouvez donc pas le contrarier. Mieux vaut attendre la fin de l'allaitement pour perdre les 2 ou 3 kilos que vous avez en trop. Aujourd'hui, les mamans qui allaitent sont parfois déçues de ne pas ressembler aux femmes qu'elles voient dans les publicités. Leur silhouette est encore un peu lourde, leurs seins sont volumineux, marqués de grosses veines bleues. Bref, leur moral peut en prendre un léger coup, mais ce n'est pas pour cela qu'elles choisissent de renoncer.*

maman qui allaite doit avoisiner les 2 500 calories.

Voici quelles sont les rations moyennes quotidiennes que pourront contenir ses menus, si elle n'a pas de problème de poids :

- 250 g de viande grillée ou 300 g de poisson grillé ou deux œufs ; 400 g de légumes verts frais ;
- 50 g de fromage ;
- 400 g de fruits et 1/3 de litre de lait.

Pollutions alimentaires

Si les aliments que vous ingérez contiennent des produits toxiques résultant d'une pollution du milieu ou d'une technique d'élevage ou de culture, ceux-ci peuvent « polluer » votre lait. On sait même que le lait des mères les plus jeunes est moins pollué que celui des multipares plus âgées. Alors l'immunité est-elle une affaire de jeunesse ? Oui, pour la résistance aux polluants ; cependant, toutes les femmes y sont spécialement vulnérables au cours des premiers mois de lactation.

On a découvert, en outre, qu'une certaine relation peut exister entre le degré de pollution et le type d'alimentation de la mère. Ainsi, le lait des mères inuits vivant dans la baie d'Hudson, au nord du Canada, est l'un des plus pollués du monde. Il contient cinq fois plus de biphényle polychloré (substance extrêmement dangereuse) que celui des mères québécoises.

Cette substance, résidu de l'industrie, se concentre dans la chair des poissons et des crevettes consommés par les phoques et les narvals, qui représentent 60 % de l'alimentation des Inuits.

Le même phénomène se produit avec les poissons exposés au mercure. Ainsi, l'Anses (L'Agence nationale de sécurité sanitaire de l'alimentation, de l'environnement et du travail) recommande aux mamans qui allaitent de ne pas consommer plus d'une fois par semaine du gros poisson sauvage tel que le thon ou le bar. On conseille de laver soigneusement les fruits et les légumes mangés crus pour éliminer toutes traces de pesticides et d'insecticides : le DDT et l'hexachlorophène passent dans le lait maternel et peuvent se révéler très dangereux.

Des études ont montré que les résidus des pesticides étaient au moins cinq fois plus élevés dans le lait de femme que dans le lait de vache. Le lait du premier mois de lactation est plus sensible encore aux polluants que dans les mois suivants, comme si une sorte de résistance s'organisait ensuite contre les agressions extérieures. L'organisme humain stocke ces produits, puis les concentre dans les graisses et les tissus avant de les rejeter dans le lait. On peut retrouver des traces d'insecticides provenant des aérosols et plaquettes utilisés dans la maison.

Un certain nombre de substances toxiques ou médicamenteuses passent dans le lait à des concentrations variables. *Un verre de vin, de bière ou de champagne de temps en temps est toléré, mais la consommation régulière de boissons alcooliques est interdite. En effet, l'alcool passe dans le lait et peut entraîner des retards de croissance ou d'autres troubles du développement. Même interdiction pour le tabac, la nicotine se retrouvant également dans le lait. Ainsi, une femme qui fume 10 à 20 cigarettes par jour produit un lait qui contient environ 0,4 mg de nicotine par litre. Bien entendu, toutes les drogues sont interdites et la prise de médicaments est à éviter ou tout au moins doit être sévèrement contrôlée. Certaines spécialités sont même formellement interdites : beaucoup d'antibiotiques, les sulfamides, les laxatifs chimiques et tous les produits contenant de l'iode. Dans tous les cas, demandez conseil à votre médecin ou à votre pharmacien.*

Une contraception rapide

La reprise d'une contraception dans les semaines qui suivent l'accouchement est parfaitement possible mais avec certaines précautions. Cette contraception sera différente selon que vous allaiterez ou non. Petit tour d'horizon des solutions qui vous sont offertes.

Le stérilet

La majorité des médecins déconseillent l'utilisation immédiate du stérilet. Mieux vaut attendre environ un mois à 6 semaines que l'utérus ait repris sa taille normale, afin d'éviter qu'il tombe ou qu'il se déplace, provoquant le risque d'une perforation utérine. Enfin, le contact entre le vagin et la cavité utérine, par l'intermédiaire du fil du stérilet, peut provoquer l'inflammation de l'endomètre (muqueuse utérine). Dans tous les cas, l'utérus doit être ferme et la femme ne doit souffrir d'aucune infection. Le stérilet de cuivre ou stérilet hormonal peut être prescrit même si vous allaitez. En effet, il ne diffuse que très peu d'hormones, moins de 1 % passe dans le lait maternel, ce qui est sans conséquence pour l'enfant. Les stérilets classiques ou à la progestérone empêchent la nidation et, pour ceux à la progestérone, agissent sur la glaire cervicale. Leur durée d'utilisation varie de 2 à 4 ans suivant leur type.

« La palette de plus en plus diversifiée des moyens contraceptifs permet à chaque femme un choix selon ses besoins et après discussion avec son médecin. »

***Des contraceptifs plus récents sont aussi à la disposition des jeunes mamans,** généralement dès la 3e semaine après l'accouchement. L'implant contraceptif, un bâtonnet plus fin qu'une allumette, se glisse, pour une durée de trois ans, sous la peau du bras, libérant un progestatif, l'étonorgestrel. Il est efficace le lendemain de sa pose. Le patch contraceptif se colle sur l'abdomen et diffuse le contraceptif 3 semaines sur quatre. L'anneau contraceptif se place dans le vagin tel un tampon et doit être changé toutes les semaines.*

La pilule

Les contraceptifs oraux effraient beaucoup de jeunes mamans qui craignent que les hormones absorbées avec la pilule ne passent dans le lait et n'aient une influence néfaste sur le développement de l'enfant. Or, toutes les études menées à ce jour aboutissent à la même conclusion : le taux d'hormones passant dans le lait d'une mère qui allaite et qui prend la pilule n'excède jamais 1%, soit beaucoup moins que celui que reçoit le fœtus à travers le placenta.
Les pilules progestatives, comme leur nom l'indique, ne contiennent que de la progestérone et sont sans conséquence sur la lactation et sans danger pour le bébé. Elles peuvent donc être prescrites très rapidement après l'accouchement. Pour garantir une contraception optimale, les jeunes mamans peuvent les prendre de 1 à 3 semaines après l'accouchement pour être protégées avant la première ovulation. À ce stade, les médecins préfèrent conseiller l'utilisation de micropilules, elles

contiennent des progestatifs faiblement dosés. Elles présentent toutefois un inconvénient : elles demandent une certaine discipline dans leur prise quotidienne en continu, et même une régularité à l'heure près.
Les pilules œstroprogestatives combinent deux hormones : la progestérone et l'œstrogène. Ces dernières modifient le fonctionnement de l'hypophyse, la glande régulatrice du système hormonal. On leur reproche parfois de freiner légèrement la lactation. En revanche, elles auraient une action sur la richesse du lait en protéines, en lactose, en graisses, en calcium et en phosphore.
Leur prescription nécessite un bilan préalable afin d'éviter toute complication. Faiblement dosées en œstrogène, elles sont sans danger pour le bébé mais sont très souvent prescrites après une période de deux à quatre mois de pilule microprogestative.
Il n'existe pas de pilule parfaite, mais leur taux de réussite contraceptive est de 100 %, l'absence d'ovulation étant la meilleure protection contre le risque de grossesse.

L'allaitement vous protège-t-il d'une autre grossesse ? *Oui, exclusivement si votre lait est l'unique aliment ingéré par votre bébé, si vous le nourrissez à la demande jour et nuit à raison d'une tétée toutes les quatre heures au maximum dans la journée et toutes les six heures au maximum la nuit, si votre bébé boit au sein, si vous n'avez pas de saignement plus de 2 jours d'affilée après le 56e jour qui suit l'accouchement… Compte tenu de toutes ces contraintes, la méthode dite de « l'allaitement et de l'aménorrhée » (MAMA) n'est efficace qu'à 98 % et pendant moins de 6 mois après l'accouchement. Des études mettent en lumière le rôle de la fréquence des tétées ; celles-ci favorisent la sécrétion de prolactine (l'hormone de la lactation) dans le sang. C'est cette hormone qui bloque l'ovulation. Plus le nombre de tétées est important, plus le taux de prolactine est élevé. En résumé, l'allaitement n'est pas un mode de contraception fiable.*

Les méthodes locales

Avant le retour de couches, beaucoup de médecins préconisent une contraception locale. Le diaphragme et la cape cervicale ne devraient pas être utilisés avant 6 semaines. Il est indispensable de mesurer le vagin ou le col afin que le moyen contraceptif soit parfaitement adapté à la nouvelle morphologie de la jeune accouchée. Ces mesures sont réalisées par un médecin ayant été formé. L'usage des spermicides a supplanté ces modes de contraception et leur usage s'est développé. La jeune mère a à sa disposition des ovules, des éponges, des crèmes ou des gels spermicides. À moins qu'elle ne demande à son partenaire de prendre en charge la contraception du couple. La pilule pour hommes n'est pas au point. Les recherches portent sur l'administration d'hormones qui entraînent une diminution de la spermatogenèse et donc du nombre de spermatozoïdes dans le sperme.
Pour l'instant, le préservatif reste le contraceptif au masculin. C'est une méthode très sûre, si le préservatif est utilisé à chaque rapport et s'il est mis en place au bon moment, c'est-à-dire lors d'une érection et non juste avant le rapport. Le préservatif peut être utilisé dès la reprise des rapports sexuels. Il peut être nécessaire de l'accompagner d'un lubrifiant (à base d'eau), les changements hormonaux provoqués par l'allaitement ont parfois une certaine sécheresse vaginale pour conséquence. Attention, il arrive que le préservatif craque. Reste alors la seule solution si le rapport a eu lieu à un moment proche de l'ovulation : la pilule du lendemain.

Sexualité après bébé

Le désir sexuel après une maternité est variable d'un couple à l'autre. Généralement, les couples qui n'ont rien changé à leurs relations au cours de la grossesse n'éprouvent aucune difficulté après l'accouchement. La question se pose seulement chez ceux pour qui la grossesse a signifié des changements de comportement.

Presque comme avant

Sur le plan strictement médical, il est tout à fait possible de reprendre une activité sexuelle dans les jours qui suivent votre accouchement. Mais la plupart des médecins conseillent d'attendre au moins deux à trois semaines pour une reprise normale et régulière des rapports. S'il y a eu intervention chirurgicale – épisiotomie ou césarienne (pp. 374 et 384) –, ce délai peut être allongé de huit à quinze jours. Dans tous les cas, il faut attendre qu'il n'y ait plus de saignements, que la sensibilité utérine s'atténue et que le muscle périnéal ait repris un peu de son tonus : il ne le récupérera complètement qu'après quelques semaines. Alors seulement, vous retrouverez, vous et votre conjoint, un plaisir proche de celui que vous connaissiez avant la maternité. Mais attention, une ovulation peut se produire trois semaines après l'accouchement. Il est donc important de penser aussi à la contraception (p. 420).

> **« Retrouver une bonne relation amoureuse passe par un dialogue avec votre conjoint pour échanger vos craintes et confier votre inconfort éventuel. »**

Parfois la naissance d'un enfant leur apporte un bonheur si parfait qu'il stimule leur désir. *Très vite, elles se sentent à nouveau femme et se disent sexuellement plus épanouies qu'avant. Ce sont généralement des femmes qui ont vécu une grossesse idéale, ont eu un accouchement et des suites de couches faciles. Elles ont d'ailleurs poursuivi leur vie de femme tout au long de leur grossesse et jusqu'à son terme. La naissance est souvent ressentie comme une liberté et une nouvelle légèreté. Bien évidemment, l'attitude de leur compagnon est importante, plus il met la jeune maman en confiance, plus il la rassure, plus le couple se retrouve.*

Les cas particuliers

Nombre de femmes souffrent de dyspareunie (douleur éprouvée lors des rapports) dans les semaines qui suivent l'accouchement. L'utilisation d'un produit lubrifiant, sous forme de gel ou de gélules, peut atténuer ce problème. De plus, la tonicité du vagin a changé : il peut rester entrouvert, ses parois sont élargies et la vulve, surtout après plusieurs grossesses, est moins serrée.
L'épisiotomie est également souvent mise en cause dans l'origine des douleurs. Elle laisse parfois une cicatrice qui se rétracte et forme un tissu fibreux. Quant aux épisiotomies mal recousues, elles peuvent faire souffrir plusieurs semaines après l'accouchement. Aussi, toute épisiotomie sensible doit être examinée, voire reprise chirurgicalement.

Des problèmes psychologiques

Pour certains couples, les difficultés sont d'ordre psychologique. Certaines femmes sont perturbées par cette transformation. Elles ne savent plus vraiment qui elles désirent être et manifestent souvent leur malaise par une attitude agressive. Pour les célèbres sexologues Master et Johnson, 47 % des femmes connaîtraient une période de frigidité après l'accouchement. Bien des femmes, en réalité, éprouvent une certaine crainte au moment de la reprise d'une activité sexuelle, elles se sentent endolories, fatiguées, mal dans leur peau, des sentiments qui ne sont pas favorables à un réel épanouissement.

Il faut savoir que plus vous retardez la reprise de ces relations, plus vous aurez des difficultés par la suite. En revanche, l'absence de désir n'a rien d'exceptionnel et ne doit pas vous culpabiliser. Retrouver une relation amoureuse à cette période de la vie passe sans aucun doute par un dialogue avec votre conjoint. Vous échangerez vos craintes, vous confierez votre inconfort, les douleurs que vous ressentez au moment des rapports. C'est ensemble que vous trouverez des solutions et que vous résoudrez le mieux ces petites difficultés.

Vous et votre partenaire

Si votre sexualité traverse quelques passages difficiles, sachez que votre conjoint peut aussi éprouver quelques difficultés et sa libido peut être mise à rude épreuve. Il peut avoir du mal à accepter le nouveau statut de sa compagne : de séductrice, elle est devenue mère. Par ailleurs, il doit endosser la responsabilité de père, partager l'affection et la disponibilité de son épouse avec une autre personne, il ne reconnaît pas tout à fait le corps de celle qui lui a donné un bébé. Si sa femme ou sa compagne repousse trop souvent ses avances, il peut se sentir exclu de cette nouvelle famille et remis en cause dans le couple. Ce malaise le conduit parfois à s'éloigner. L'important, là encore, est de parler pour éviter qu'un malentendu ne s'installe. Le couple doit prendre le temps d'analyser les changements de vie et d'affectivité, de trouver au besoin un nouvel équilibre. Pour certains couples, cette recherche passe par une relation à deux, loin du bébé. Il n'y a rien d'anormal à confier l'enfant nouveau-né quelques jours à l'une de ses grands-mères ou à une amie pour retrouver un peu de l'insouciance d'avant. D'autres, au contraire, voient leur affectivité et leurs relations sexuelles renforcées par l'arrivée d'un bébé. Au sentiment d'accomplissement de leur histoire d'amour s'ajoute parfois un plus grand plaisir dû aux exercices de musculation périnéale que suit la jeune maman.

LES SEINS ONT UN RÔLE IMPORTANT DANS LA SEXUALITÉ ET POUR LA JEUNE MAMAN *qui allaite, ce n'est pas toujours simple. Ainsi, une poitrine lourde et volumineuse, la montée de lait et les seins tendus à en être douloureux peuvent perturber la relation amoureuse. Certaines femmes peuvent être étonnées lorsque, au cours des rapports sexuels, leurs seins laissent échapper du lait de manière intempestive. En revanche, pour d'autres mères, l'allaitement est source de plaisir et peut, au moment de la mise au sein du bébé, leur procurer des sensations proches de l'orgasme.*

Se tonifier en douceur

Vous pourrez reprendre quelques mouvements de gymnastique dans les semaines qui suivent l'accouchement, à condition qu'ils soient doux. Vous ne devez néanmoins jamais oublier que le meilleur moyen de retrouver votre forme est d'abord de vous reposer le plus possible.

Des mouvements simples

Cette gymnastique douce peut même se faire allongée sur votre lit.

Mouvements de mains : joignez les deux mains à la hauteur du menton. Faites claquer les paumes sans disjoindre le bout des doigts. Répétez l'exercice 10 à 15 fois de suite.

Mouvements de bras : croisez les avant-bras sur le ventre, de manière à ce que l'intérieur des deux poignets soit en contact ; montez les bras ainsi réunis le plus loin possible derrière la tête, le poignet du dessous poussant celui du dessus qui résiste. Inversez les poignets tous les dix mouvements.

Les abdominaux

Il peut être difficile de faire des abdominaux dans les premiers jours après l'accouchement, surtout s'il y a eu une intervention chirurgicale, même aussi bénigne que l'épisiotomie. Dans ce cas, le ventre peut toujours être remis en forme par des massages : effleurez très légèrement l'abdomen du bout des doigts en partant du pubis et en remontant jusqu'aux seins, puis continuez progressivement du milieu du ventre vers les hanches.
Ces massages sont encore plus efficaces lorsqu'ils sont effectués avec une crème ou une huile pour le corps. Si l'accouchement s'est déroulé sans incident, vous pouvez très vite travailler vos abdominaux en douceur.

Ce premier exercice est facile et vous pouvez le pratiquer allongée :

Fléchissez les jambes en les remontant sur le corps, serrez les talons et les genoux, puis contractez les muscles fessiers ; relâchez et recommencez une quinzaine de fois en alternant contraction des muscles fessiers et des muscles du périnée tout en rentrant le ventre.
L'exercice suivant est un peu plus violent, aussi est-il préférable de le programmer cinq ou six jours après l'accouchement :

Allongée sur le dos, les mains croisées derrière la nuque, soulevez légèrement le buste ; faites des mouvements amples de pédalage, la cuisse décollant bien du sol. Pour varier cet exercice, par un mouvement de torsion du buste, amenez le coude droit et touchez le genou gauche, et inversement. Recommencez une trentaine de fois.

Attention : les exercices classiques de musculation du ventre ne sont pas adaptés à une jeune maman, ils risquent notamment de contra-

---

TOUS LES EXERCICES QUE VOUS POUVEZ FAIRE DISCRÈTEMENT *peuvent être effectués tout au long de la journée. C'est une habitude de mise en forme que vous pouvez appliquer dans votre vie quotidienne bien des mois après votre accouchement. Il vous faudra attendre encore un peu pour reprendre un sport, à l'exclusion de la marche et de la natation, qui sont recommandées après comme avant bébé si elles sont pratiquées tranquillement.*

---

rier les exercices indispensables à la remise en forme du périnée, qui doit précéder la remise en forme des abdominaux.

Les fesses et les cuisses

De retour à la maison, voici un truc de kinésithérapeute pour faire travailler les fesses et les cuisses sans s'en apercevoir : mettez à vos chevilles des petits bracelets-haltères de 500 g et vaquez à vos occupations, ainsi lestée, 1 heure ou 2 par jour. Marchez le plus souvent possible sur la pointe des pieds.

Les jambes

Il est essentiel pour une jeune accouchée d'activer la circulation de ses jambes. Le massage reste sans doute l'exercice le plus simple et le moins fatigant. Encore une fois, il est plus efficace accompagné d'une crème ou d'une huile dite « délassante ».

Remontez simultanément de chaque côté de la jambe les deux mains en effleurant la peau. Ce geste ressemble à celui que l'on fait en enfilant des bas.

De même, il est utile de masser ses pieds régulièrement : massez doucement la voûte plantaire et effleurez les chevilles à l'aide des orteils. Le travail de la voûte plantaire se réalise aussi en faisant rouler sous les pieds une bouteille ou une barre ronde.

Enfin, prenez l'habitude de faire travailler vos chevilles en leur donnant un mouvement ample de rotation et en changeant de sens toutes les cinq rotations. Cet exercice se réalise jambes tendues, légèrement soulevées du sol, la pointe du pied tendue.

***Pour compléter cette gymnastique douce :** travaillez la respiration. Reprenez les exercices de respiration abdominale appris au cours de la grossesse. Gonflez d'air votre ventre, chassez cet air vers la poitrine et expirez en creusant le ventre. Veillez à ce qu'expiration et inspiration soient d'amplitude égale et, si possible, augmentez-la au fur et à mesure.*

Attention : tous ces exercices se font les jambes écartées et sont à proscrire dans les quinze premiers jours après l'accouchement, surtout si vous avez eu une épisiotomie.

Quand recommencer à pratiquer un sport ?

Le plus vite possible, dès que votre médecin le permettra et que votre entourage pourra vous seconder pendant votre évasion sportive. La seule contre-indication est la fatigue. Les meilleurs sports, car ils font travailler tout le corps et plus spécialement les abdominaux, sont la natation, bien sûr, mais aussi le patinage.
Grâce à la natation, tous les muscles travaillent ; aussi est-elle recommandée aux femmes qui souffrent du dos ou qui ont des problèmes circulatoires. Il ne faut pas oublier le vélo, qui développe toute la musculature, ni la marche, sport complet que l'on peut doser en fonction de sa fatigue, de sa disponibilité et de son humeur.
Si vous êtes une sportive avérée, attendez environ un mois après votre accouchement avant de reprendre une activité sportive intensive. La grossesse est une épreuve sportive, prenez le temps de récupérer. Vous pouvez simplement faire un peu de gymnastique pour réhabituer vos muscles à l'effort. Tant que vous n'avez pas fait le bilan de santé postnatal, évitez les sports violents pouvant entraîner des chocs abdominaux. Ainsi sont déconseillés les plongeons à la piscine, le ski nautique, le ski alpin, le parapente, le judo, tous les sports de combat et le tennis, tant que l'utérus n'aura pas retrouvé sa taille normale.

Gym douce

Pour renforcer les muscles du ventre

Exercice simple à faire le plus souvent possible dans la journée. Il faut pratiquer 50 mouvements de ce type, par jour, pour que vous soyez sûre du résultat. Inspirez profondément, puis soufflez en rentrant le ventre le plus possible, bloquez 5 à 10 secondes et recommencez.

Assise, jambes pliées et écartées, croisez les bras, inspirez...

... puis descendez le dos en basculant le bassin vers l'avant. Les muscles du ventre se contractent tandis que vous expirez.

Pour tonifier la poitrine

JAMBES ÉCARTÉES, bras repliés, pressez une petite balle en caoutchouc dans chaque main.

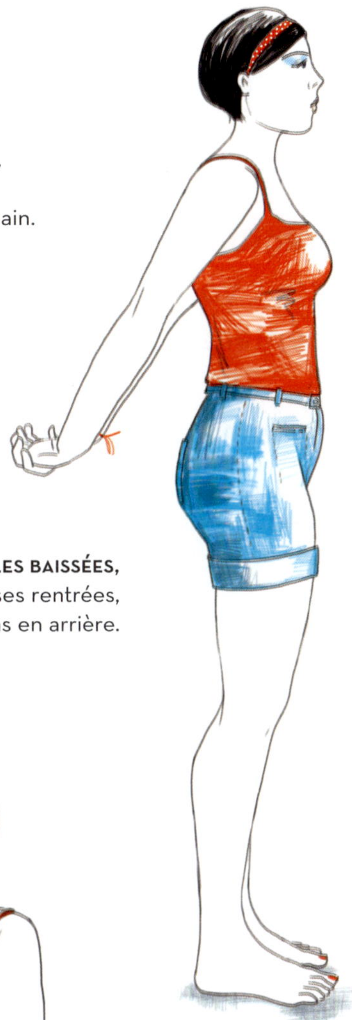

DEBOUT, ÉPAULES BAISSÉES, dos droit, fesses rentrées, tirez les bras en arrière.

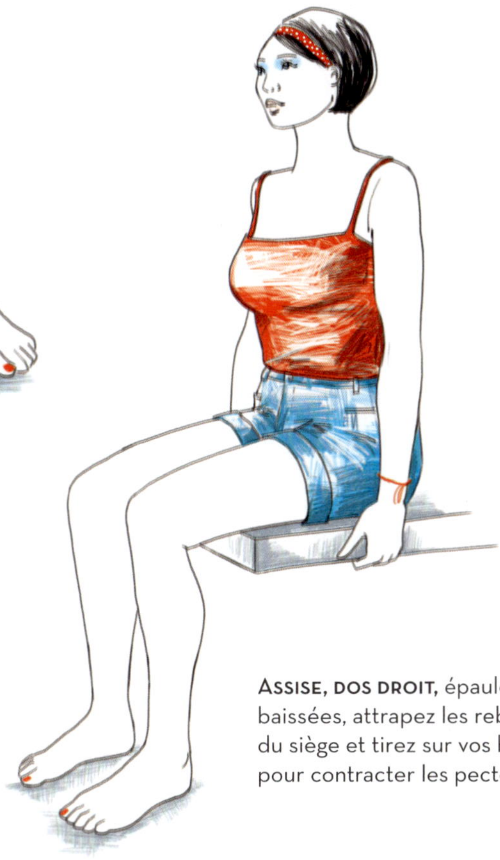

ASSISE, DOS DROIT, épaules baissées, attrapez les rebords du siège et tirez sur vos bras pour contracter les pectoraux.

Soulager votre dos

La grossesse a mis principalement votre colonne vertébrale et toute votre région lombaire à rude épreuve. Le poids du bébé a déséquilibré tout votre corps. Pendant neuf mois, votre centre de gravité s'est déplacé.

Douleurs lombaires

Pour garder votre équilibre, vous avez raidi vos vertèbres et vos muscles dorsaux, ce qui a pu entraîner des irritations au niveau des racines des nerfs qui émergent des vertèbres.
De ce fait, certaines d'entre vous souffrent de points dans le dos, plus ou moins douloureux, ainsi que de sciatiques, parfois lancinantes et annonciatrices de problèmes dorsaux.
Mais généralement, ces problèmes disparaissent après l'accouchement. Pour avoir un bon dos, il convient tout d'abord d'observer quelques principes simples : éviter les mouvements brusques et la rotation du buste, garder le dos droit, faire porter les efforts sur ses hanches et sur ses cuisses.
Voici un exercice simple pour faire travailler votre dos : allongée sur le sol, un coussin sous la tête, les jambes à demi-repliées, inspirez et grandissez-vous. Baissez le menton et reculez la tête des épaules, faites basculer votre bassin de manière à coller votre dos au sol. Maintenez cette position en respirant profondément quelques minutes. Ainsi, vous réalisez un auto-étirement de la colonne vertébrale.
Deux groupes de muscles agissent encore sur la colonne vertébrale : ce sont les abdominaux et les paravertébraux qui ont toute leur efficacité s'ils sont suffisamment puissants.
Aussi, pourquoi ne pas faire quelques mouvements de gymnastique pour renforcer ces muscles ? Pour cela, certains sports sont recommandés, tels que la natation, en particulier la nage sur le dos.

Rééquilibrer votre bassin

L'accouchement a distendu quelque peu les ligaments qui tiennent la structure osseuse de votre bassin, elle a pu être bousculée de quelques millimètres et vous occasionner des douleurs lombaires. Quelques exercices vous permettront de la rééquilibrer et de prévenir les lombalgies, voire de les faire disparaître.
Allongée sur le dos, tendez vos jambes et concentrez-vous sur le creux de vos reins. Puis pliez vos jambes en gardant les pieds bien à plat sur le sol. Écartez-les pour qu'elles soient dans le prolongement de vos hanches. Mettez vos deux mains sur votre ventre et accompagnez ses mouvements rythmés par votre respiration. Vos mains montent et s'écartent largement à l'inspiration ; à l'expiration, elles redescendent et se rapprochent. À faire une dizaine de fois.
Petit à petit, votre expiration deviendra plus longue. Pensez à rentrer votre ventre le plus profondément possible, mais sans serrer. Faites le mouvement encore une dizaine de fois.
N'hésitez pas à consulter un ostéopathe si les douleurs persistent ou s'accentuent.

Ce sont les muscles du ventre qui tiennent votre dos, il est donc intéressant de travailler vos abdominaux. Voici quelques suggestions :

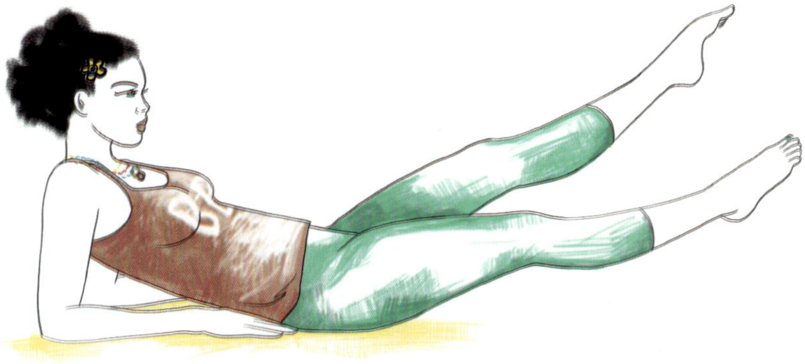

Rien de tel pour les fameux abdominaux que les petits battements de jambes quotidiens, en appui sur les coudes, le buste relevé.

Autre proposition : allongée sur le dos, un coussin sous votre tête, tendez vos jambes et appuyez-les contre un mur. Inspirez, étirez votre dos et écartez les pieds en les faisant glisser sur le mur. Soufflez et ramenez vos pieds en position initiale.

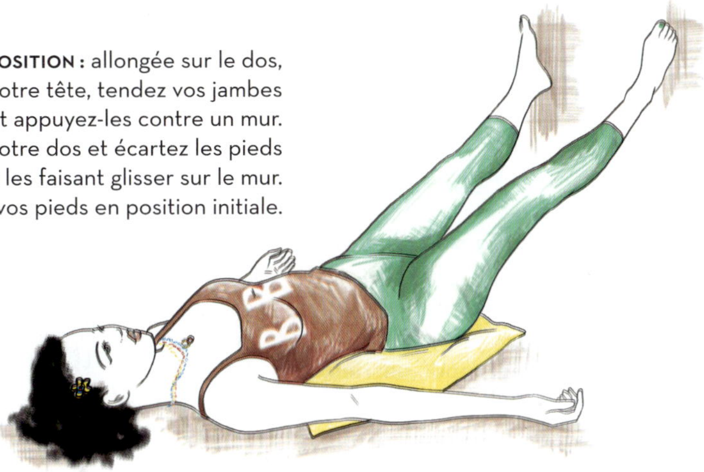

Quelques exercices vous permettront de retrouver plus rapidement vos mensurations habituelles : à genoux, descendez les fesses une fois sur le côté droit, une fois sur le côté gauche, en essayant le plus souvent possible de ne pas (ou très peu) décoller les genoux du sol.

Travaillez aussi votre taille. Elle s'est un peu élargie, parfois empâtée. Allongée, les bras en croix, ramenez les jambes pliées sur la poitrine. Tournez la tête vers l'épaule droite et baissez lentement les jambes vers le côté gauche en inspirant et en expirant à fond. Répétez l'exercice en changeant de côté. Tournez la tête vers l'épaule gauche et baissez les jambes vers la droite.

Le baby blues

Pratiquement toutes les mères éprouvent un certain vague à l'âme après l'accouchement. C'est un phénomène aujourd'hui largement reconnu et qui retient l'attention des médecins. Ne cachez pas cette difficulté, vous en paieriez peut-être le prix plus tard.

Ses manifestations

Vous ne comprenez pas ce qui vous arrive, vos premières expériences d'allaitement sont difficiles, vous êtes inquiète ou au bord des larmes pour un rien. La dépression du post-partum, comme on la nomme en terme médical, peut se manifester dans les tout premiers jours qui suivent l'accouchement ou quelquefois une à deux semaines après le retour à la maison. Généralement, elle n'est pas grave et ne nécessite aucun soin particulier, juste un peu d'attention de la part de votre entourage. Beaucoup d'hôpitaux comptent parmi leur équipe soignante un psychologue spécifiquement chargé des mamans fragiles.

« Le baby blues n'est pas obligatoire et celles qui n'en souffrent pas sont parfaitement normales ! »

Les signes avant-coureurs

Les premières manifestations de mal-être ne sont pas à sous-estimer, leurs causes doivent être recherchées. Il suffit souvent d'une ou deux conversations avec le psychothérapeute de la maternité pour que les idées noires s'envolent. On sait que certaines jeunes mamans ont des prédispositions à cette légère dépression, notamment celles qui ont des antécédents de troubles dépressifs ou celles qui vivent dans des conditions sociales défavorisées. On sait aussi que la dépression du post-partum atteint particulièrement des mères très jeunes ou ayant des difficultés relationnelles avec leur famille ou leur conjoint. Les premiers signes apparaissent les premiers jours après l'accouchement. Ils se caractérisent par une fatigue matinale, des insomnies, des crises d'angoisse, un sentiment de dévalorisation, des douleurs lombaires et une anorexie. Une indifférence ou une inquiétude démesurée de la mère pour son enfant peuvent être des signes avant-coureurs, qui vont permettre à l'équipe médicale d'établir un traitement préventif. Mais parfois ce trouble apparaît de manière surprenante chez une femme qui ne semblait pas fragile.

***Depuis peu, les femmes, inquiètes au sujet de leur futur métier de mère,** peuvent faire appel à des puéricultrices dites de « secteur ». Rattachées à un centre de protection maternelle et infantile (PMI), elles se déplacent pour aider les femmes à se préparer sur le plan matériel (choix entre le sein ou le biberon, apprentissage du change, installation du coin de bébé). Mais elles peuvent aussi intervenir sur le plan psychologique, notamment si la jeune mère a besoin de conseils et d'écoute. Généralement, la puéricultrice continuera, le temps de quelques visites, cette initiation au « dur » métier de maman.*

Quelles en sont les raisons ?

Le baby blues est sans doute dû à la conjonction de plusieurs phénomènes. L'accouchement est une épreuve physique qui nécessite un repos réparateur et indispensable. Mais il n'est pas toujours possible de prendre le temps de « souffler », de penser un peu à soi, alors que le bébé retient toute votre attention. La fatigue est donc naturelle. Elle s'ajoute à la chute des progestatifs, hormones de la grossesse. Il faut encore compter avec les bouleversements dans la vie quotidienne, sur les plans affectif et pratique.

Sur le plan psychologique, la jeune femme perd à jamais son statut d'enfant en devenant mère. Inconsciemment ou non, cela provoque chez elle une période, plus ou moins agréable, d'introspection : elle se souvient de son enfance. Une certaine nostalgie peut alors l'envahir, teintée parfois d'anxiété ou même d'angoisse face à sa nouvelle responsabilité parentale. Elle éprouve aussi une certaine inquiétude sur le nouvel équilibre qu'elle va devoir trouver dans sa vie conjugale et familiale.

Faire face aux petits soucis

À tous ces problèmes psychologiques s'ajoutent souvent des difficultés matérielles. Si la maman travaille, elle doit rechercher un mode de garde, ce qui n'est pas toujours évident. De plus, elle se sent tiraillée entre sa volonté de conserver une activité professionnelle et l'obligation de penser dès maintenant à se séparer d'un enfant qu'elle a longtemps attendu et dont elle a fait la connaissance depuis bien peu de temps. Quelques larmes soulagent souvent et tout rentre dans l'ordre, deux ou trois jours plus tard, avec la joie d'être mère. Rassurez-vous, la dépression du post-partum n'a aucune raison de durer.

Ce que vit l'enfant

Cette dépression, si elle se prolonge, pourrait avoir des conséquences sur l'enfant. Il observe son visage triste et ressent ses gestes comme machinaux, dépourvus de tendresse, voire agressifs. Le bébé se détourne d'elle. Il y a difficulté d'attachement entre eux. Les manifestations les plus courantes de ce mal-être sont chez le nourrisson des troubles du sommeil et de l'alimentation qui peuvent conduire, si l'état dépressif de la mère ne s'améliore pas, à une véritable dépression chez l'enfant. Il est indispensable d'avoir recours à une consultation spécialisée afin que le dialogue mère-enfant se rétablisse au plus vite.

L'amour maternel

Pendant des siècles, on a parlé d'instinct maternel ; il semble aujourd'hui que plus personne n'y croit vraiment. En fait, l'amour qui naît entre la mère et l'enfant a des racines complexes. La naissance est une étape importante certes, mais elle n'est pas totalement fondamentale.

La magie de la rencontre

Au moment de la rencontre, le lien mère-enfant est déjà une vieille histoire. Entre son désir d'enfant et l'amour du bébé qu'elle a porté neuf mois durant, la mère a cristallisé, dans la plupart des cas, des sentiments qui sont déjà puissants. Le travail psychique qui prépare à l'amour maternel se ferait en majorité dans les derniers mois de la grossesse, notamment lorsque les premiers mouvements sont perceptibles. Le déroulement de l'accouchement est, bien sûr, une étape primordiale, mais la rencontre du bébé imaginé et du bébé réel l'est davantage encore. Plus leurs deux images se superposent et plus rapidement et mieux s'installe la relation affective. Il n'est pas rare que la mère soit étonnée de constater que cet enfant n'est pas tout à fait celui qu'elle avait mentalement construit. D'ailleurs, pratiquement aucun n'avait imaginé l'aspect du bébé qui vient de naître couvert à la fois de sang et de vernix blanchâtre, la tête plus ou moins déformée par la pression exercée au moment de la naissance. Souvent aussi, elles sentent en elles un grand vide. Ces impressions durent, dans la majorité des cas, quelques minutes tout au plus pour être remplacées par la fierté et le bonheur du devoir accompli. L'idéal est que la naissance soit vécue comme la continuité de la grossesse. Le geste, de plus en plus répandu, de placer l'enfant sur le ventre de sa mère quelques minutes après l'expulsion est un moment important dans la naissance du lien mère-enfant.

« Même si l'on pense aujourd'hui que des prémices du lien mère-enfant s'installent in utero grâce à une communication précoce, c'est dès la naissance que tout se joue. »

La jeune femme peut alors examiner son bébé tout à loisir et constater qu'elle est passée du rêve à la réalité. Spontanément, elle lui parle doucement ; affectueusement, elle le caresse du bout des doigts, puis de la main. Des bouffées d'affection l'envahissent. Et le plus étonnant s'accomplit : à la séduction de la mère répond celle du bébé.

L'amour maternel ne ressemble pas à un coup de foudre, *il plonge ses racines très profondément dans le psychisme de la mère pour parvenir à un véritable épanouissement. Dès qu'une femme souhaite être mère, elle va désirer cet enfant. Enceinte, elle commence à édifier son amour avec lui. Après l'accouchement, c'est sa qualité d'éveil qui construit souvent la relation, puisqu'elle permet le jeu des échanges. Ils sont gratifiants pour la mère, qui se sent compétente.*

Un amour contagieux

Ce bien-être qui lui est donné le pousse à manifester à son tour son contentement : il vagit, il sourit,

L'amour maternel peut mettre un peu de temps à s'installer *sans que vous soyez pour cela une « mauvaise mère » ; c'est au contact quotidien, au cours des soins, que vous apprécierez la douceur de ce bébé qui fait tout pour être aimé. Il se construit dans un premier temps à partir des compétences du nourrisson, puis avec les premiers pas et les premiers mots et bien sûr avec les premiers témoignages d'affection. On souhaite généralement avoir un enfant pour avoir quelqu'un à aimer et qui vous aimera en retour.*

il regarde sa mère droit dans les yeux, et celle-ci fond, étreignant toujours mieux son enfant. Pour les psychiatres étudiant cette première rencontre, cet amour est établi sur un malentendu. Et il va perdurer quelques semaines. Ce sont les petits gestes de la vie quotidienne qui vont forger leur relation. Si le bébé est presque une terre vierge, sa mère est chargée de quelques « bagages ». La maternité et l'accueil de son bébé l'entraînent souvent à retrouver en elle des souvenirs plus ou moins construits de son enfance et tout particulièrement des relations d'amour qu'elle a entretenues autrefois avec sa mère. L'affection est une maladie contagieuse que le nourrisson va s'empresser d'attraper. Il est étonnant encore de constater avec quelle rapidité les parents cherchent à intégrer l'enfant dans le groupe familial. Le jeu des ressemblances y participe activement, chacun cherche sur l'enfant l'empreinte du conjoint : le nouveau venu a les yeux de sa mère, la bouche de son père, et il aura sûrement le nez de sa grand-mère ! Ils définissent ainsi l'image de l'enfant réel, effaçant peu à peu celle de l'enfant imaginé. Tous les essais pour caractériser le bébé aident les parents à mieux connaître ce petit étranger aux réactions déjà si personnelles.

Des difficultés relationnelles

Pour certaines mères, tout n'est pas aussi simple. Elles ressentent l'accouchement comme une rupture, ce qui entraîne des troubles relationnels avec leur enfant. Bien sûr, la façon dont s'est déroulé l'accouchement n'est pas sans importance, certaines femmes pardonnant difficilement à leur bébé de les avoir fait souffrir. D'autres acceptent mal la différence entre l'enfant rêvé et l'enfant réel, surtout s'il naît avant terme ou avec un handicap. La relation est aussi parfois difficile à établir entre une mère qui accouche par césarienne ou sous anesthésie générale et son enfant qu'elle ne voit ni ne sent naître. La rencontre est souvent tardive et l'attachement est moins spontané. L'allaitement, s'il est facile, peut aider à mieux entrer en contact.

Partager son amour entre deux enfants

Aimer deux enfants à la fois est parfois source d'inquiétude lors de la naissance d'un second enfant. Pourtant, même si le souvenir de la première grossesse reste à jamais gravé dans la mémoire, l'arrivée d'un autre bébé est aussi émouvante. L'histoire d'amour qui a lié la mère et son premier enfant se renouvelle à chaque naissance. L'amour d'une mère est presque inépuisable et son cœur est assez grand pour être partagé, et tous les bébés sont des séducteurs. Sans doute, le deuxième enfant n'aura pas tout à fait le même caractère que le premier mais, très vite, sa mère saura en reconnaître les atouts et s'amusera à chercher les différences. Souvenez-vous que les aînés ont toujours toutes les qualités tant qu'ils ne sont pas mis en concurrence avec un ou plusieurs cadets.

Seule avec son bébé

Si la maternité des mères célibataires ne pose pas de problèmes particuliers, l'après-maternité est sans doute un moment plus délicat, surtout si se manifeste le fameux baby blues.

Un moment difficile

Le désir de maternité a souvent été vécu de manière impulsive, très charnelle. L'instinct maternel est d'une autre nature, c'est un mélange de tendresse et de sens des responsabilités. Les mères célibataires semblent avoir besoin d'une période d'adaptation un peu plus longue. Plus que les autres, elles peuvent se sentir submergées par les soins qu'impose un bébé ; elles vont devoir seules bâtir une famille, assumer seules la lourde tâche de s'occuper d'un enfant. Dans le couple, l'enfant est un aboutissement ; là, malgré la volonté de la mère, cet enfant peut rappeler l'échec d'une relation, ou tout au moins le souvenir d'une relation forte mais qui n'a pas duré.

Les mères célibataires en grande difficulté *peuvent être accueillies dans des établissements spécialement conçus pour les héberger, elles et leurs bébés. Les maisons maternelles sont destinées aux mères célibataires enceintes et mères d'un jeune enfant jusqu'à 3 mois. Elles ne paient aucun frais de séjour, ils sont pris en charge par l'aide sociale à l'enfance. Les hôtels maternels accueillent les mères et les enfants (s'il y a des aînés) après les congés de maternité pour une durée maximum d'une année. La mère participe aux frais de séjour en fonction de ses revenus.*

Des difficultés à surmonter

Puis viennent les problèmes pratiques, parfois accentués par des difficultés financières. Bien que prioritaires dans les modes de garde institutionnalisés, ces mères ne sont pas à l'abri du manque de places en crèches. Situation d'autant plus angoissante qu'elles doivent impérativement reprendre leur emploi, car elles sont seules à supporter les charges familiales. Pour certaines, dont les horaires d'activité professionnelle ne sont pas compatibles avec ceux de la crèche, il leur faudra organiser un mode de garde complémentaire et souvent onéreux.. Ce qui explique que l'on trouve le plus de situations précaires parmi les mères célibataires. Certaines sont contraintes de confier l'enfant à leur famille, bien souvent à leur mère, ce qui n'est pas sans poser quelques problèmes de rivalité affective et éducative.

Garder ses amis

La vie sociale, tout au moins dans les premières années de l'enfant, est aussi limitée. Pour être libre, il faut avoir la possibilité financière de confier son enfant à une personne rémunérée, ou trouver quelqu'un qui le garderait. Heureusement, parents et amis sont souvent présents. Enfin, sur le plan éducatif, elles doivent assurer les deux rôles, celui du père et celui de la mère. Curieusement, les psychologues constatent qu'elles ont tendance à mieux jouer celui du père, sans doute par crainte que celui-ci ne manque trop à leur enfant. De plus, au fil des mois, la jeune maman va constater qu'elle devra attendre encore longtemps avant que cet enfant devienne une compagnie capable de la sortir de sa solitude. Elle a d'ailleurs confondu la compagnie d'un enfant et celle d'un adulte autonome et responsable. Pourtant, toutes ces difficultés ne leur font généralement pas regretter leur décision ; les chiffres montrent

cipation : en devenant adultes, elles confirment leur statut de femme. Il y a alors confusion entre féminité et maternité. Plus que pour toute autre mère célibataire, l'enfant marque un processus de réparation qui vient d'un manque d'affectivité. Cette maternité est bien souvent menée en opposition avec le milieu familial de l'adolescente.

Le choix du père

Généralement, les femmes célibataires qui font le choix d'une maternité volontaire en avertissent leur partenaire. Même si celui-ci ne coopère pas volontairement, elles ont besoin de satisfaire leur désir d'enfant avec une personne « aimée ». Elles choisissent un homme qui représente un certain idéal, une personnalité assez forte pour être compatible avec leur image du père. C'est souvent quelqu'un avec qui elles ont tissé une relation amoureuse relativement durable. Toutes les situations sont possibles : ce père peut accepter d'endosser le rôle en étant présent uniquement dans la vie de l'enfant ou, au contraire, il peut refuser toute collaboration. Les psychologues sont unanimes : l'évolution des enfants élevés seuls avec leur mère est identique à celle des enfants qui vivent au sein d'un couple.

qu'elles sont de plus en plus nombreuses à décider, malgré tout, d'avoir un deuxième enfant.

Mère poule

Il semble que les mères célibataires fréquentent un peu plus que les autres femmes le cabinet du pédiatre. N'ayant pas de compagnon pour les rassurer ou répondre à leurs interrogations, elles sont seules à affronter une situation qui les inquiète. Personne n'est là pour les rassurer. Le pédiatre ajoute donc souvent à son rôle de soignant celui de confident. Ses conseils d'ordre psychologique peuvent aider à rendre la symbiose mère-enfant moins oppressante pour les deux partenaires. D'autre part, le pédiatre aidera la mère à laisser sans remords son nourrisson manifester ses besoins d'indépendance, indispensables à son développement.

Mère célibataire et adolescente

Parmi les mères célibataires, certaines sont encore des adolescentes. Leur maternité est parfois le résultat d'une contraception mal comprise, l'oubli d'une pilule minidosée par exemple ; mais elle peut aussi être un moyen d'éman-

***Une maman célibataire doit pouvoir compter sur un accompagnement familial solide,** ses parents, ses frères et sœurs lui éviteront de vivre dans une situation de profond isolement et permettront à l'enfant de connaître des situations d'attachement avec des personnes diverses, notamment avec un adulte masculin.*

Première séparation en douceur

Tous les bons moments ont une fin. Si vous avez une activité professionnelle, il est temps de penser à ce que sera votre vie quotidienne à la fin de vos congés de maternité. Comment allez-vous partager votre temps entre votre travail et votre vie de famille ?

Vous préparer

Si votre grossesse et votre accouchement se sont déroulés sans problèmes et, bien sûr, si vous avez une activité professionnelle, vos congés de maternité se terminent 10 semaines après l'accouchement.
Vous avez dû prévoir depuis quelques mois un mode de garde (pp. 284 à 288). Il est indispensable de confirmer très vite votre inscription à la crèche ou de prendre contact avec l'assistante maternelle qui va s'occuper de votre bébé, à moins que vous n'ayez opté pour une garde partagée. La séparation est un moment délicat, la mère et l'enfant se connaissent bien et ont tissé des liens affectifs profonds. Elle doit se faire en douceur. Avant de laisser votre bébé une journée entière chez sa nourrice ou à la crèche, on vous proposera d'y aller très progressivement.

Des relations confiantes

La mère, le bébé et la personne qui va le garder vont faire connaissance. Pour vous, c'est le moment de parler de votre enfant et de vos principes éducatifs à la professionnelle qui va s'en occuper. Ne manquez pas de poser toutes les questions et de confier toutes vos craintes. Votre interlocutrice vous expliquera l'organisation de sa journée, ses gestes de maternage, qui sont rarement les mêmes d'une femme à l'autre et, bien sûr, les contraintes à respecter pour que chacun se sente au mieux dans son rôle. De son côté, votre bébé découvrira un environnement différent, de nouveaux adultes, et surtout, s'il va à la crèche, le monde des enfants de son âge. Tout cela va l'enrichir et ne doit pas le perturber. Bien au contraire, très vite, il va nouer des amitiés et apprendre à communiquer. Cette première séparation, en fait, est surtout difficile pour la mère.
D'une manière générale, il est rare qu'un enfant ne s'adapte pas au mode de garde choisi par sa mère. C'est le plus souvent elle qui ne supporte pas la séparation, transmettant ainsi sa tension au bébé. Elle éprouvera même peut-être une certaine jalousie envers cette femme qui va partager les mêmes émotions qu'elle, et à laquelle son enfant va s'attacher. De longs câlins le soir, de retour à la maison, effaceront ce dépit amoureux.
De plus, même si elle est passionnée par son métier, il y a fort à parier qu'elle envisagera sa carrière d'une manière différente et prendra, tout au moins la première année, un certain recul par rapport à sa profession.

Toutes les crèches collectives proposent d'intégrer en douceur leurs nouveaux « pensionnaires ». *Les deux premières demi-journées se déroulent en compagnie des parents. Puis l'enfant reste seul, le temps d'une demi-journée d'abord, et enfin pour une journée complète. Ainsi, on évite un possible traumatisme de la séparation. Cette méthode peut tout à fait s'adapter aux crèches parentales ou aux nourrices à domicile.*

Horaires souples… mais chargés

Vous pouvez choisir de travailler à temps partiel mais, dans ce cas,

Si l'intégration de l'enfant à un mode de garde *ne peut se faire dans les trois mois qui suivent la naissance, il faudra attendre quelques mois. En effet, le développement psychoaffectif d'un enfant lui fait traverser des périodes critiques – que l'on situe à 4, 8 et 12 mois, où toute séparation avec sa mère est vécue comme un drame, car il a peur de toute personne étrangère ou qu'il ne reconnaît pas immédiatement.*

vous devrez vous conformer à un certain nombre de formalités. Votre employeur peut, pour une raison objective, refuser cet aménagement du temps de travail. S'il n'y voit pas d'inconvénient, il devra vous établir un avenant à votre contrat de travail. Un Français sur six travaille à temps partiel, 80 % sont des femmes dont presque une sur deux fait ce choix pour s'occuper de ses enfants.

Selon une étude de l'Insee, les mères qui ont de jeunes enfants et qui exercent une profession (à plein temps ou à temps partiel) passent en moyenne par jour : 10 heures 45 minutes à dormir, prendre leurs repas et faire leur toilette, 4 heures 50 minutes à exercer leur profession, dont les activités qui y sont liées comme les trajets (samedi et dimanche inclus, soit 34 heures par semaine). Elles consacrent 6 heures à l'organisation de leur foyer et 2 heures 20 à leurs loisirs.

Si l'on fait le total du temps imparti au travail, qu'il soit professionnel ou domestique, on constate que les jeunes mères travaillent près de 77 heures par semaine.

Les nouveaux pères et les papas poules semblent, au regard de ces chiffres, être des perles rares. L'emploi du temps des hommes reste dominé par leurs activités professionnelles et l'arrivée d'un enfant n'a que peu d'influence sur leur vie quotidienne.

Pas encore la parité

L'engagement professionnel des mères n'est pas comparable à celui des pères. La naissance d'un premier enfant ne change pratiquement rien à la vie professionnelle de ces derniers. Le père de deux enfants consacre 71 % de son temps à son travail contre 29 % à sa famille, alors que la mère active, qu'elle ait un ou deux enfants, se partage quotidiennement entre ses deux vies, ne voulant sacrifier ni son travail ni ses enfants. Les femmes sont 75 % à conserver une activité professionnelle lorsqu'elles ont un enfant, 65 % avec deux enfants et 35 % seulement avec trois.

Mais la parité n'existe pas non plus à la maison. Si les jeunes papas collaborent aux soins du bébé au cours des onze premiers jours de leurs congés de paternité, ils s'essoufflent assez vite. La dernière enquête du ministère de l'Emploi assure que quatre à six mois après la naissance, ils ne sont plus 6 % à prendre en charge seuls un soin, 18 % confirment qu'ils ne s'occupent ni des changes ni des biberons ni de toute autre activité de « maternage ». Quant aux tâches domestiques, elles ne les passionnent pas non plus, ils disent y consacrer une heure par jour, alors que les mères y passent deux heures et demie. On est loin de la parité, à la maison comme au bureau.

Le rôle du père

Bien qu'aujourd'hui beaucoup de pères assistent aux échographies et que quelques-uns participent aux séances de préparation à la naissance, la rencontre avec leur enfant a lieu dès la salle d'accouchement.

Première rencontre

En effet, depuis un peu plus de quarante ans, les pères sont admis au chevet de leur épouse en salle de naissance. En fonction de leur caractère et de l'équipe médicale, leur rôle est actif ou passif. Le père découvre souvent avec admiration l'effort fourni par sa femme pour mettre un bébé au monde, et il se trouve confronté à des images qui le bouleversent, faisant naître en lui des sensations fortes et complexes.

Une gestuelle personnelle

Père et mère ont à jouer des rôles différents auprès de l'enfant. Dès sa naissance, le bébé sait qui est l'un et qui est l'autre. Il les reconnaît par l'odeur, par le physique, par le son de la voix. Des observations faites aux États-Unis ont montré qu'il réagissait différemment à l'approche de l'un ou de l'autre. Le nourrisson a pour chacun des membres de sa famille des mimiques et des gestes différents. À l'écoute de la voix paternelle, l'enfant voûte ses épaules, hausse ses sourcils, entrouvre sa bouche et ses yeux s'illuminent : il est prêt à jouer. Ces observations ont montré encore que le père n'a pas le même comportement avec un petit garçon ou une petite fille. Dans le premier cas, la façon d'être du père est plutôt physique et, dans le second, sa relation est plutôt de nature protectrice. Il n'y a donc pas de risque que l'enfant confonde ses deux parents si aucun des deux n'a un rôle défini et figé auprès de lui.

« Pour lui, devenir père est aussi un bouleversement et un enrichissement de son identité. »

Se faire une place

Les relations père-enfant dépendent de l'espace que leur laissera la mère, le rôle du père étant parfois d'atténuer l'intensité de la relation mère-enfant afin de permettre à ce dernier d'acquérir son indépendance. Le bon équilibre passe sans doute par un partage de toutes les tâches, des plus gratifiantes aux plus matérielles. Il semble inévitable qu'il y ait une certaine rivalité père-mère et que de nos jours la mère doive laisser un peu de ses prérogatives.
Certains hommes se sentent malhabiles dans ce nouveau rôle. Qu'ils sachent que le métier de père, comme celui de mère, s'apprend par l'expérience, le tâtonnement, et au prix de nombreuses erreurs. Le plus difficile pour eux est sans doute de faire la part entre leurs occupations professionnelles et leurs nouvelles obligations de père. On voit aujourd'hui apparaître des pères très maternants,

***Les 15 jours du récent congé de paternité** vont leur donner le temps de démarrer, voire d'établir la relation père-enfant. Aujourd'hui, près des deux tiers des pères prennent leur congé de paternité pour, disent-ils, passer du temps avec leur nouveau-né et leur conjointe, pour organiser ensemble leur nouvelle vie. Ce sont les papas âgés de 30 à 34 ans qui sont les plus nombreux.*

qui font des câlins et qui, dans le quotidien, semblent plus proches de l'enfant que la mère. L'essentiel, dans ce cas, est que les rôles respectifs de chacun des parents, dans les soins apportés à l'enfant, soient bien différenciés. L'enfant fera naturellement la différenciation sexuelle. Bien sûr, la tendresse ne fait jamais de mal.

Acteur du développement

Un chercheur français a étudié l'influence du paternage sur le développement de l'enfant. Il a constaté que les bébés dont les pères étaient très présents au quotidien avaient un meilleur quotient de coordination vision-préhension, utilisaient mieux leurs jambes et leurs bras pour résoudre des problèmes concrets et semblaient avoir une meilleure capacité à imiter les actes simples. Autre constatation : au niveau du développement social, l'enfant paterné pourra nouer avec autrui des relations équilibrées, donc présenter des conduites d'attachement plus élaborées.
Enfin, il semble qu'il ait une maturation sociale précoce, remarquable, notamment lors de l'intégration à la crèche ou à l'école.

Apprendre sur le tas

Les nouveaux pères se trouvent confronté à des tâches qui ne les concernaient pas jusqu'alors. Ils peuvent en éprouver des sensations nouvelles ou, en les accomplissant, faire resurgir des émotions oubliées, celles de leur enfance. Sur le plan psychologique, le rôle du père dans le couple est fondamental, il doit accompagner l'élan qui aide la femme à devenir mère. Il est chargé d'accompagner, de protéger sa compagne, qui peut sombrer dans ce que Winnicott, célèbre psychiatre anglais, appelle « la folie maternelle ». Il doit assurer ce soutien, tout en restant quelque peu à l'écart de ce que vit le couple mère-enfant. L'arrivée d'un bébé est sans doute un bon moment pour remettre à plat la répartition des tâches dans la famille. C'est dès les premiers jours, dès les premiers mois, qu'il doit s'imposer lorsque la mère hésite dans un geste de maternage. Il s'apercevra que même s'il ne prend pas son enfant de manière identique, il est capable du même résultat : le bien-être et la sécurité de son enfant. C'est en osant qu'il va apprendre.

DURANT LA PREMIÈRE ENFANCE, LE SENTIMENT PATERNEL SE TRADUIT PAR UNE SORTE DE NEUTRALITÉ BIENVEILLANTE, *sous-tendue d'un intérêt positif pour les différents besoins de l'enfant. Le sentiment paternel se détache progressivement de son caractère narcissique initial pour devenir plus altruiste ; le père se sent prêt à satisfaire les besoins de son enfant au détriment des siens propres. Lorsque le nourrisson grandit, chaque progrès psychomoteur constitue un fil supplémentaire dans cette trame de communication qui se tisse jour après jour entre eux deux.*

Les relations avec votre propre mère

La deuxième personne à être informée de l'arrivée d'un bébé dans la famille est le plus souvent la mère de la future maman. Elle endosse le statut de grand-mère avec plus ou moins de plaisir et sans qu'elle ait eu son mot à dire.

La suite d'une première histoire d'amour

Si les liens qui unissent la fille à sa mère ont une grande importance dans la maternité, c'est parce qu'ils cachent le pouvoir de transmettre la vie. Il semble donc normal qu'avant de donner la vie et à la naissance de l'enfant, la future maman, puis la jeune mère, se tourne vers celle qui la lui a donnée. Il naît souvent alors une nouvelle complicité entre ces deux mères. Elle s'installe dès l'annonce de la grossesse, si la future grand-mère est prête psychiquement à changer de statut : elle n'est plus celle qui transmet la vie. Sa réaction est extrêmement révélatrice de la qualité de la relation mère-fille qui s'est construite depuis la petite enfance. Dans certains cas, cette nouvelle peut aussi cristalliser les difficultés non dites ou faire resurgir d'anciens conflits. Quoi qu'il en soit, l'annonce de cette vie à venir pose l'hypothèse de la mort pour les plus âgés de la famille.

> **« Cette naissance bouleverse les rapports mère-fille et réveille de bons ou de mauvais souvenirs ; pourtant, la jeune maman sait qu'elle doit définir au mieux les limites du champ commun. »**

La jeune maman attend de sa mère *la transmission d'un certain nombre de savoir-faire, surtout s'il s'agit d'un premier enfant. Ce passage de relais demande diplomatie et compréhension de part et d'autre. En effet, la jeune maman, bien qu'inexpérimentée, n'est pas toujours prête à accepter les leçons de sa mère sans les discuter. Elle peut même souhaiter s'en démarquer. Dans ce cas, elle devra justifier cette rupture tout en préservant la continuité des usages familiaux. De son côté, la grand-mère doit conseiller sans empiéter sur le territoire de sa fille et accepter de transmettre malgré les critiques.*

À la recherche d'un modèle

Dans ce moment de passage et de bouleversements, la jeune femme cherche un modèle d'identification. Sa propre mère va l'aider à trouver celle qu'elle veut devenir. Il semble que l'on est d'autant plus apte à donner de l'amour maternel que soi-même on en a fait l'expérience et que la grossesse a été affectivement très entourée. Attendre et prendre soin d'un enfant renvoient à celui que l'on a été (p. 18). C'est d'ailleurs ce qui explique ce besoin commun à presque toutes les jeunes mamans de se faire raconter leur enfance et de ressortir des tiroirs les photos de famille du temps où elles étaient petites.
Devenir mère, c'est grandir en quelques mois comme jamais auparavant ; « de fille de... », on devient « maman de... », tout en gardant vivaces ses sentiments de filiation.

La future maman cherche à partager ses sensations, *ses inquiétudes, mais aussi ses plaisirs avec sa mère, cela lui semble naturel, puisque c'est elle qui lui a donné la vie. La jeune femme est toujours demandeuse, même si l'entente avec sa mère n'a pas été parfaite par le passé. C'est la qualité de la réponse de celle-ci qui crée une vraie proximité ou qui avive les tensions. Une future grand-mère trop intrusive ou, à l'inverse, trop indifférente peut tout gâcher.*

Autrefois les mères étaient souvent présentes à l'accouchement de leur fille, elles ont été remplacées par les pères, mais restent les premières à se pencher sur le berceau du nouveau-né. Leurs premières réflexions et attitudes sont attendues, mais parfois redoutées par la jeune maman alors particulièrement sensible. Selon la relation qui s'est établie au cours de la grossesse, les mots et les gestes sont interprétés comme tendres, drôles ou violents. La jeune maman peut modérer ses sentiments en prenant conscience que ce n'est jamais facile de devenir grand-mère même si ce statut a été désiré ou accepté.

Être grand-mère est relativement compliqué. Il ne s'agit pas seulement de remonter dans le temps pour revivre à travers sa fille les relations vécues avec sa propre mère, mais aussi de se transformer en mère d'une jeune mère, alors même que cette dernière conserve son statut de fille. Il faut renoncer également à l'autorité qui s'était perpétuée envers son enfant devenue adulte et qui est aujourd'hui parent. Il lui faudra de plus s'attacher à un enfant à la fois proche et lointain, puisqu'il n'est pas directement le sien.

Des conseils sûrs

Les tout premiers pas d'une maman sont toujours hésitants, et bien des questions se posent sur le bon geste, le bon comportement et sur ce qui est normal ou ne l'est pas. Qui mieux que celle qui a élevé la jeune mère est plus à même d'apporter les réponses ? Elle a l'expérience, elle connaît tout de son caractère, ses qualités comme ses faiblesses. La confiance est totale. L'arrivée d'un bébé fait donc évoluer la relation mère-fille vers un lien plus égalitaire, la plus âgée épaulant la plus jeune et l'autorisant à prendre sa place.

Une mère de substitution

Si, dans la majorité des cas, la naissance d'un enfant rapproche les mères et les filles et favorise même les réconciliations, parfois cet événement n'est pas suffisant. C'est souvent l'attitude des grands-mères qui est alors en cause : trop protectrices, elles ont tendance à vouloir remplacer leur fille ; trop autoritaires, elles ont un avis tranché qui ne permet aucune liberté ; trop occupées à leur propre narcissisme, ce sont des grands-mères de façade sur lesquelles on ne peut pas compter.

La jeune maman souffre alors d'un manque de modèle et se tourne vers une autre femme d'expérience, parfois sa grand-mère si elle est encore vive d'esprit, une grande sœur qui a déjà eu des enfants ou une amie un peu plus âgée qu'elle. Une image maternelle positive est importante pour construire son identité de mère, car l'instinct maternel n'existe pas, l'amour maternel est une construction, un apprentissage.

Retrouver sa silhouette

Plus la maman a pris du poids pendant la grossesse, plus l'installation de cellulite est à craindre. Elle n'est pas forcément liée à l'obésité, mais l'excès de poids favorise son apparition. Aussi, une prise de poids de 13 kg au cours des 9 mois de grossesse semble être une limite à ne pas dépasser.

Un corps différent

Les kilos supplémentaires sont apportés par le bébé, mais aussi par le développement des graisses corporelles dû aux changements hormonaux. Il reste en moyenne 6 ou 7 kg en plus après l'accouchement. Selon les cas, la quantité de tissu adipeux peut diminuer ou doubler par rapport à ce qu'elle était avant la grossesse. Une femme maigre ou de poids normal a peu de risques d'obésité après son accouchement. Il n'en est pas de même pour toutes celles qui avaient des problèmes de poids avant d'être enceintes. Elles prennent en moyenne 3 ou 4 kg de plus par grossesse, si ce n'est davantage.

La grossesse provoque toujours des modifications physiologiques importantes. La femme enceinte constate souvent l'apparition ou l'aggravation de plaques de cellulite, souvent liées à des troubles circulatoires qui peuvent s'amplifier quand la cellulite s'installe.

S'il vous a fallu 9 mois pour faire votre bébé, il vous faudra tout autant de temps voire plus pour que vous retrouviez votre silhouette et votre dynamisme.

LES SOINS LOCAUX PEUVENT ATTÉNUER LES VERGETURES, *mais leur vertu première est de vous donner le plaisir de vous occuper un peu de vous. Sont particulièrement conseillés : le gommage de la peau avec un produit exfoliant pour le corps, l'exposition au soleil, l'hydratation avec une huile pour le corps et une crème à base d'extraits de lierre, de prêle ou de rose musquée stimulant les fibres collagènes de la peau. Enfin, si votre peau est marquée d'importantes vergetures, sachez qu'elles peuvent être opérées. On retire la peau amincie et l'on suture les deux bords de la peau saine. Il restera une mince cicatrice linéaire pour chaque vergeture.*

Les facteurs favorisants la cellulite

L'origine de la cellulite a donné lieu à différentes théories médicales :

- la cellulite serait un phénomène allergique survenant en cascade ;
- elle proviendrait d'un trouble de la nutrition ;
- certaines théories l'évoquent comme la traduction d'une maladie générale ;
- la théorie vasculaire la présente comme le résultat d'une influence veineuse.

On sait pourtant que la grossesse, la prise de la pilule, l'abus de sucreries, les troubles circulatoires, le manque d'exercice ou l'anxiété sont des facteurs extrêmement favorisants. On distingue actuellement deux formes de cellulite (qui peuvent atteindre aussi les hommes) : une forme généralisée, diffuse, qui provoque une obésité cellulitique prédominant à la racine des membres, au dos, et à la face interne des genoux.

Les signes annonciateurs sont un aspect de peau d'orange, des douleurs spontanées à la palpation, une certaine fatigabilité, une hypotonie musculaire et des symptômes de capillarité comme des ecchymoses. Une forme localisée, qui apparaît le plus souvent à la nuque, sur toutes les parties courbes du corps comme le bassin et les cuisses et même les bras. Elle a l'aspect d'une plaque de consistance pâteuse, recouverte de peau d'orange.

La cellulite est-elle difficile à traiter ? Oui par le passé, mais son traitement a fait des progrès considérables ; il passe cependant presque toujours par un régime alimentaire.

La dernière marque de votre grossesse est souvent une petite ligne brune qui traverse verticalement votre ventre. *C'est en quelque sorte le prolongement du masque de grossesse. Comme lui, elle est sans doute due aux modifications hormonales. Elle disparaîtra avec le retour de couches et la reprise du cycle ovarien. Elle s'atténuera grâce à de simples exercices de musculation abdominale : la peau retrouvera son élasticité et se retendra, faisant ainsi rétrécir cette ligne.*

Comment l'éliminer ?

Sur un plan strictement local, la mésothérapie est un traitement qui semble donner de bons résultats. Cette technique consiste à pratiquer des micro-injections, faites simultanément grâce à un instrument appelé « multi-injecteur ». On utilise des aiguilles tantôt courtes (4 mm), tantôt longues (6 mm), de façon à modifier le type de stimulation pour éviter toute accoutumance, facteur traditionnel d'inefficacité thérapeutique. Ce traitement est localisé aux cuisses, au ventre et aux faces internes des genoux et des chevilles. Le médecin utilise plusieurs mélanges de produits selon le type de cellulite.

L'électrothérapie et les ionisations peuvent être efficaces aussi. Elles connaissent un certain renouveau avec l'application sur les électrodes de l'hormone qui dévore la cellulite, appelée TA3. Cela consiste à poser deux électrodes aux pieds, aux chevilles, aux mollets, aux genoux, aux cuisses et en haut des cuisses pour effectuer un drainage électrique.

Ces traitements sont associés à des séances de mésothérapie.

Pour traiter la culotte de cheval, une technique d'aspiration chirurgicale a été mise au point, la liposuccion. Après plusieurs séances de mésothérapie, elle consiste à aspirer les graisses qui sont dissoutes grâce à une solution isotonique destinée à faire éclater les adipocytes (cellules graisseuses). L'intervention permet d'aspirer environ 1 litre de liquide au moyen d'une sonde glissée dans une incision d'environ 2 cm, réalisée au niveau du pli sous-fessier.

Enfin, l'électrolipophorèse traite les amas de cellulite localisés à certains endroits du corps : haut des cuisses, ventre, chevilles sont les cibles les plus courantes. Le traitement consiste à introduire, à 1 ou 2 cm sous la peau, deux aiguilles très fines et très longues ; dans chacune d'elles on fait passer un courant électrique de nature différente, ce qui provoque un drainage des cellules, qui se vident de leur trop-plein d'eau et de sel.

Des techniques non invasives se montrent efficaces, mais les temps de traitement sont beaucoup plus longs. La stimulation mécanique des tissus réactive le fonctionnement des cellules soit à l'aide d'appareils, soit manuellement (palper-rouler).

Atténuer les vergetures

Il ne faut pas croire au miracle : les vergetures ne disparaissent jamais complètement. Elles sont le signe d'un relâchement, d'une rupture du tissu élastique du derme. Elles laissent des traces indélébiles, plus ou moins larges, de quelques millimètres à un centimètre, allant d'une couleur violacée au rose perle et au blanc nacré. Très visibles dans les quelques semaines qui suivent l'accouchement, elles vont naturellement s'atténuer et leur largeur va diminuer. Le retour au poids normal et l'entretien cutané des régions atteintes favorisent leur atténuation.

Retrouver une belle poitrine

La plupart des jeunes mamans sont inquiètes de savoir si elles retrouveront une belle poitrine après leur maternité. Curieusement, certaines poitrines conservent un peu de l'ampleur que leur avait donnée la grossesse, alors que d'autres vont diminuer.

Sous influence hormonale

Les seins ne sont constitués d'aucun muscle, ce sont des glandes, les glandes mammaires enveloppées de tissus graisseux. Elles sont accrochées au muscle pectoral et soutenues par du tissu cutané qui l'enveloppe. Presque toute la surface du sein est couverte d'une peau fine et douce, légèrement élastique. La peau qui recouvre l'aréole est épaisse, pigmentée et un peu rugueuse, mais sa particularité la plus importante est sa robustesse pour résister aux efforts de succion du bébé. Les glandes mammaires sont pratiquement de la même taille, que la femme ait une petite poitrine ou des seins volumineux. La capacité de produire du lait n'est pas liée à la taille des seins. Celle-ci est déterminée par la quantité des tissus graisseux et conjonctifs qui entourent les tissus glandulaires. Les seins, tout particulièrement les glandes mammaires qu'ils abritent, sont extrêmement sensibles aux hormones que sont les œstrogènes et la progestérone. C'est d'ailleurs ces hormones qui sont à l'origine du gonflement de la poitrine dans les tout premiers moments de la puberté et dans les premiers mois de la grossesse. Cette manifestation a peut-être été pour vous le premier signe que vous attendiez un bébé. Lors de l'accouchement, essentiellement sous l'effet de l'expulsion du placenta au moment de la délivrance, l'équilibre hormonal, œstrogènes et progestérone, installé depuis 9 mois, change. Cette rupture influence la tonicité des seins dans les jours qui suivent l'accouchement. Ils ne retrouveront leur galbe que lorsque le cycle ovarien réapparaîtra naturellement ou sous l'effet de la pilule contraceptive. La poitrine de la jeune maman sera alors généralement très proche de ce qu'elle était avant la maternité. Il faut

« Les seins comme les organes génitaux appartiennent aux organes sexuels de la femme. Les uns comme les autres ont un double rôle à la fois érotique et essentiel à la reproduction. Les deux fonctions cohabitent plus ou moins en chaque femme. »

L'allaitement en lui-même ne modifie pas l'esthétique des seins, *c'est la grossesse. Ce sont les brusques changements de volumes qui abîment les seins, tels qu'une prise de poids importante dès les premiers mois de la grossesse ou un amaigrissement rapide après l'accouchement, notamment s'il survient au moment de la montée de lait. Le développement de la taille des seins pendant la grossesse et la progressivité du sevrage sont des facteurs déterminants ; ainsi, un allaitement prolongé sur 5 ou 6 mois permet un sevrage progressif et un retour à la normale en douceur.*

Porter un soutien-gorge pendant toute la période d'allaitement est indispensable. *Sans soutien, le poids inhabituel de la glande mammaire casserait les fibres élastiques de la peau, provoquant des vergetures et, plus tard, une ptôse de la poitrine. Des seins très lourds doivent même être soutenus jour et nuit. Les modèles de soutiens-gorge d'allaitement les plus commodes s'ouvrent devant par une fermeture à glissière. On peut aussi choisir un soutien-gorge spécial sport que l'on peut enfiler : son dos élastique et ses bretelles permettent de le faire glisser vers le haut ou sur le côté pour l'allaitement. On en trouve encore dont les attaches sont situées entre les deux bonnets. Mieux vaut choisir des modèles en coton, faciles d'entretien.*

souvent attendre une année pour juger de leur évolution. Pourtant, dans quelques cas, les glandes mammaires s'atrophient et la poitrine fond. Ce phénomène n'est pas en relation avec l'allaitement.

Une peau à chouchouter

Vous ne pouvez agir que sur la qualité de cette peau et sur les muscles qui les supportent, tel le grand peaucier du cou qui s'étend de la base des épaules aux mamelons. Les soins de la peau sont classiques : gommage, hydratation et produit raffermissant « spécial buste ». Il en existe un grand choix, mais ils ont tous les mêmes recommandations d'application : de légers massages du cou aux seins, qu'il faut masser par des mouvements circulaires. Les crèmes, les sérums et les huiles s'utilisent quotidiennement, le gommage se pratique une ou deux fois par semaine. Il est recommandé d'éviter les bains chauds ; préférez les douches fraîches, voire froides, sur les seins. Ne mettez pas non plus votre poitrine au soleil, sa peau particulièrement fragile vieillit très facilement et se relâche. Portez un bon soutien-gorge, il ne doit marquer ni vos épaules, ni votre dos, ni le dessus des seins. Si votre poitrine est lourde, mettez aussi un soutien-gorge pour dormir. Et si vous vous êtes remise au sport, notamment le jogging, choisissez un soutien-gorge adapté.

Retrouver leur galbe

Quelques exercices simples vont vous permettre de faire travailler le grand peaucier du cou et de redonner du galbe à votre poitrine. Ils ne sont pas difficiles à pratiquer et ne demandent aucun effort particulier, mais leur efficacité dépend surtout de votre persévérance.

Voici quelques mouvements à pratiquer tout au long de la journée :

- **Crispez un sourire,** de manière à faire remonter tous les muscles du cou. Pour être utile, il doit être répété une vingtaine de fois ;
- **Les bras pliés à hauteur de la poitrine,** serrez très fort les paumes l'une contre l'autre (à répéter 10 fois) ;
- **Debout devant un mur,** bras pliés, mains à plat sur le mur à hauteur de la poitrine, poussez aussi vigoureusement que possible (à répéter 10 fois) ;
- **Levez les bras à hauteur de la poitrine,** joignez les mains en mêlant les doigts et appuyez fortement les paumes l'une contre l'autre (à répéter 10 à 15 fois) ;
- **Mettez les bras à l'horizontale.** Repliez les avant-bras sur la poitrine, puis ouvrez sur les côtés paumes en haut (à répéter 10 à 15 fois également) ;
- **Allongée sur le dos,** les genoux repliés sur le ventre, un poids dans chaque main (vous pouvez par exemple utiliser des bouteilles d'eau plus ou moins pleines), tendez les bras au-dessus de votre tête, puis fléchissez-les jusqu'à poser les coudes sur le sol. Faites une série de 20 mouvements, 2 ou 3 fois par jour. Il est bon d'ajouter à ces mouvements spécifiques un peu de sport tel que la natation, notamment le dos crawlé, et le tennis. Là aussi, c'est la régularité qui est payante.

Cures thermales postnatales

Peut-être en rêvez-vous ? Vous avez fait quelques économies pour vous l'offrir, ou vos parents ou beaux-parents vous font ce cadeau. Mais deux points vous préoccupent : est-ce vraiment efficace et comment choisir la meilleure ?

Entreprendre une cure

Ces cures postnatales constituent sans doute la plus complète des remises en forme après une naissance. Leurs objectifs consistent à remodeler la silhouette, à traiter les problèmes de dos, à poursuivre d'une manière plus agréable une rééducation périnéale, à apprendre à équilibrer son alimentation ou encore à en finir avec la dépression de l'après-maternité. Si vous avez subi une épisiotomie ou une césarienne, leur cicatrisation doit être parfaite, de même qu'il est préférable de ne plus allaiter. Le moment idéal pour programmer ce séjour se situe après le retour de couches, si possible quand vous n'êtes pas trop fatiguée et que votre bébé a pris un bon rythme de vie. Pour être efficace, la cure doit durer au minimum six jours. La plupart des centres de thalassothérapie organisent des cures postmaternité de 8 à 10 jours. Il faut savoir qu'elle demande une certaine énergie et ses effets sont plus bénéfiques après que pendant.

Pour la mère et le bébé

Les centres de cure thermale proposent des soins spécifiques de remise en forme adaptés aux jeunes mamans. La thalassothérapie utilise les bienfaits de l'eau de mer enrichie en iode. Massages par douche sous-marine, bains bouillonnants, douches au jet, gymnastique aquatique, bains de boue et bains d'algues aident à éliminer les toxines et favorisent le bon fonctionnement de tout l'organisme. La plupart de ces cures comprennent des soins qui ne relèvent pas du thermalisme : massages, séances de relaxation, de gymnastique douce ou encore de rééducation périnéale. Un programme diététique est établi pour perdre les quelques kilos superflus inévitables après une grossesse. Certains centres proposent aux mamans de participer avec leur bébé à cette remise en forme. Ils organisent des activités d'éveil, avec notamment une initiation aux plaisirs de l'eau, et, souvent, des massages. D'autres établissements préfèrent se concentrer sur les soins maternels, bébé étant alors confié à la halte-garderie de l'établissement.
Certaines stations thermales se sont spécialisées dans les soins gynécologiques de l'après-maternité. C'est par exemple celle de Challes-les-Eaux. Son eau riche en soufre aurait des vertus anti-inflammatoires, cicatrisantes et antispasmodiques. Bains, douches et pulvérisations d'eau thermale sont les bases des traitements réalisés individuellement sous la responsabilité d'une sage-femme.

Eau douce ou eau salée

Votre choix se portera sur une cure en eau de mer, la thalassothérapie, ou une cure thermale en eau douce, toutes deux toujours réalisées à 37 °C. La première vous offre les bienfaits de l'iode marin, de la plage et du climat tonique du bord de mer, la seconde vous apporte les vertus des eaux minérales riches en oligo-éléments et en sels minéraux. Généralement, à votre arrivée, vous devrez prendre rendez-vous avec le médecin et la diététicienne du centre pour un petit bilan de santé. Puis vos journées seront rythmées par quatre soins d'une durée moyenne de 30 minutes, le matin ou l'après-midi, et par des moments indispensables de repos, de relaxation et de marche au grand air.

Quels effets ont les différents soins qui vous sont proposés ?
- **Les bains d'algues et de boue** reminéralisent votre organisme et adoucissent votre peau.
- **Les différents massages sous l'eau ou avec l'eau** sous forme de jets stimulent la circulation san-

guine, tonifient la peau et diminuent les tensions musculaires.

La gymnastique aquatique vous permet des mouvements plus « durs » et plus complexes qu'au sol en vous faisant oublier votre poids. En outre, le mouvement de l'eau sur votre peau a un effet de massage. Selon vos besoins, vous choisirez de participer à des cours collectifs de gymnastique spécialisée pour soulager votre dos, pour travailler vos abdominaux ou remuscler votre périnée. Vous pourrez aussi vous inscrire à des soins spécifiques « jambes lourdes ». Les soins les plus pratiqués : bains bouillonnants, jets de massage, gymnastique aquatique, massages, enveloppements et relaxation.

Remise en forme postnatale

La Sécurité sociale rembourse certains soins de remise en forme après la naissance (différente de la rééducation périnéale et à programmer après). Dans la plupart des cas, ce traitement postnatal consiste en 10 séances chez un kinésithérapeute qui aide la jeune mère à remuscler son ventre par des exercices de gymnastique. Il associe à ces soins deux types de massages : les uns pour soulager les muscles du dos mis à rude épreuve pendant la grossesse, les autres pour améliorer la circulation dans les membres inférieurs. Certains médecins proposent même aujourd'hui des minicures de balnéothérapie, avec bains bouillonnants, douches au jet et massages.

Une partie des cures thermales postnatales peuvent également être prises en charge, mais jamais l'hôtellerie. Seuls sont remboursés par la Sécurité sociale les soins de kinésithérapie. Pour espérer un remboursement à 30 % environ de vos soins, vous devez demander à votre médecin une prescription précisant les régions à traiter et le nombre de séances de rééducation. Cette ordonnance doit être envoyée au centre médical de l'établissement que vous avez choisi. Il vous la retournera avec une demande d'entente préalable qu'il faut envoyer à votre caisse de sécurité sociale. Sous une quinzaine de jours, vous devriez recevoir une prise en charge. Si vous possédez une complémentaire santé, vérifiez ce qu'elle vous remboursera.

Le recours à la chirurgie esthétique

Certaines femmes, malgré tous les soins et exercices physiques entrepris pour retrouver leur silhouette, ne réussissent pas à accepter leur corps de mère. Pour des raisons physiques ou psychiques, elles souhaitent avoir recours à la chirurgie esthétique.

Ventre plat

Au cours de la grossesse, le ventre subit une distension cutanée considérable, pouvant provoquer parfois un relâchement des muscles abdominaux. Apparaissent également des vergetures, dont l'origine est à la fois mécanique et hormonale. Aussi, après l'accouchement, il peut rester un bourrelet cutané plus ou moins important ; le ventre est mou, surtout si la prise de poids a été importante et si le muscle reste faible.
Dans le cas d'une grossesse gémellaire, la distension se situe différemment selon les femmes : soit dans la région de l'ombilic, soit un peu au-dessous, soit franchement dans la région pubienne. L'excès de graisse peut être éliminé par lipo-aspiration, tant sur le ventre et les fesses que sur les cuisses.

Pas plus d'une semaine d'hospitalisation

L'intervention chirurgicale, appelée « plastie abdominale », consiste à enlever les graisses inutiles et à retendre la peau. L'incision principale s'effectue le plus bas possible, au ras des poils du pubis ; elle est plus ou moins longue selon l'état du ventre. On décolle la peau et les tissus graisseux jusqu'aux dernières côtes et à l'appendice xiphoïde ; la peau et la graisse en excès sont enlevées. On découpe une boutonnière à la place de l'ombilic, la fente naturelle étant recousue. L'intervention se déroule sous anesthésie générale et l'hospitalisation dure de quatre jours à une semaine. La cicatrice, qui se situe généralement très bas, forme une très fine ligne blanche lorsque l'intervention est parfaitement réussie. Les suites opératoires sont légères : le ventre est normalement un peu gonflé juste après l'opération. Les fils sont retirés au bout de quinze jours. Cette opération peut être également envisagée après une césarienne. Elle fait disparaître la cicatrice précédente pour en créer une autre, mais n'est possible que si les tissus sont de bonne qualité et si la cicatrice post-césarienne a été bien traitée. Après ce genre d'intervention, les nouvelles grossesses sont à éviter pendant deux ans au moins, l'idéal étant de ne plus en envisager.

Remodeler ses seins

C'est un grand classique de la chirurgie esthétique. Le sein est constitué d'une glande et de graisse uniquement soutenues par une enveloppe de peau. Plus la glande est volumineuse, plus il aura tendance à prendre du volume au cours de la grossesse, la peau étant alors mise à rude épreuve. Après la grossesse, celle-ci sera plus ou moins capable de se rétracter autour d'une glande mammaire qui va diminuer de volume. Cependant, pour 10 à 15 % des femmes, la peau ne se

LE CHOIX DE LA CHIRURGIE ESTHÉTIQUE *mérite d'être bien pesé car les résultats ne sont pas toujours à la hauteur des espoirs que vous pensez légitimes car cette chirurgie laisse bien sûr des cicatrices. Aujourd'hui, elle se pratique sous anesthésie locale associée à une sédation ou sous péridurale ou encore une anesthésie générale selon le lieu de l'intervention. Les fils utilisés sont généralement résorbables.*

rétracte pas, ou insuffisamment, et les seins seront « ptôsés ». Dans certains cas, plus particulièrement sur les fortes poitrines et s'il y a surcharge pondérale, les seins resteront lourds et volumineux en raison d'un excès de graisse.

Les techniques de réparation sont nombreuses et classiques en chirurgie esthétique. Elles consistent soit à réduire le volume glandulaire, soit à remettre la glande mammaire en place et, bien sûr, à remodeler l'enveloppe cutanée avec une remise en place de l'aréole. La qualité de la glande mammaire et de la peau joue un rôle non négligeable sur le résultat de l'intervention. Cette dernière a notamment de l'importance sur l'esthétisme des cicatrices. Certaines peaux étant plus marquées que d'autres, les résultats opératoires ne peuvent s'envisager que six mois après l'intervention. Avant de vous décider, sachez que certaines cicatrices ne peuvent être évitées, même si le chirurgien cherche à les rendre les plus discrètes possible. Il faut savoir également que le sein ne garde pas forcément la forme que lui a donnée le chirurgien.

Il arrive aussi que la grossesse fasse fondre la poitrine, dans ce cas, le chirurgien posera une prothèse. Généralement, on conseille ces types d'opération lorsque la femme ne souhaite plus avoir d'enfant et au minimun dans un délai d'un an après l'accouchement. La grossesse n'est pas contre-indiquée, mais elle risque de produire une seconde fois les effets que la chirurgie avait effacés. De plus, il est souvent recommandé aux mères de ne pas allaiter si elles ont eu recours à la chirurgie esthétique, qui peut avoir lésé les canaux galactophores.

Le haut des cuisses et le ventre peuvent être remodelés *si la cellulite s'est installée en trop grande quantité. L'intervention appelée « liposuccion » consiste à pratiquer une petite incision, faite dans un endroit où la cicatrice ne se verra pas, et à aspirer la graisse grâce à une micro-canule. L'hospitalisation est généralement de quelques heures, tout au plus 24 heures. La perte de poids, de 1,5 kg environ, est immédiate et se poursuit dans les semaines qui suivent l'opération.*

En revanche, l'allaitement n'est pas déconseillé systématiquement après une opération qui a été effectuée pour réparer des bouts de seins ombiliqués.

Varices disgracieuses

Les kilos en trop, les prédispositions héréditaires ou une mauvaise hygiène de vie (talons trop hauts, abus d'excitants, chaussettes serrées, chauffage par le sol) peuvent donner aux varices, provoquées par la grossesse, un caractère définitif. Tel est le cas de celles qui ne se sont pas résorbées dans les deux mois qui suivent l'accouchement. Deux interventions sont envisageables : la sclérose et la chirurgie.

La sclérose permet de traiter les petites veines superficielles. La technique consiste à injecter dans la veine un produit chimique qui « brûle » la paroi interne. Le calibre de la veine se réduit alors au bout de quelques semaines, puis se ferme.

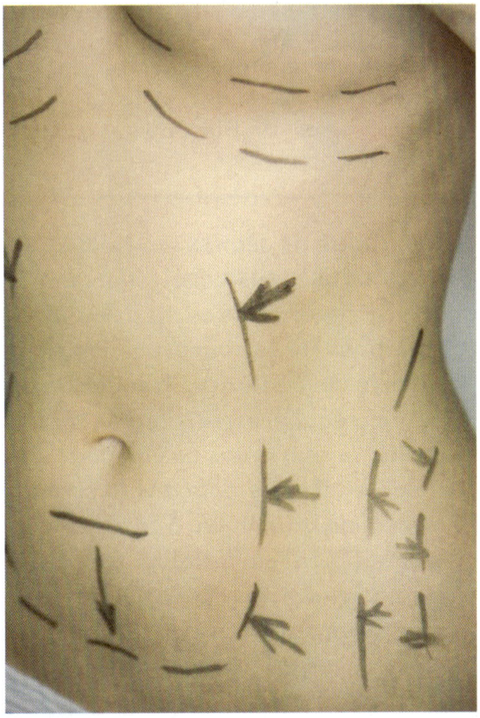

Pour les veines plus importantes, il faut opérer. Cela consiste à extirper la veine en cause par un stripper ou à occlure des trajets ou carrefours veineux. Cette opération est aujourd'hui extrêmement courante, elle demande une hospitalisation brève, variable selon les cas, et une à deux semaines de repos ensuite.

Combattre les kilos superflus

Le temps nécessaire pour retrouver un poids normal dépend essentiellement du nombre de kilos pris pendant la grossesse et de la volonté de chaque femme. Le surpoids habituel après l'accouchement est d'environ 2 ou 3 kg, mais il peut être de beaucoup plus. Plus vous tarderez à les perdre, plus ils seront difficiles à éliminer.

Cuisine légère

Tout d'abord, nourrissez-vous d'aliments qui rassasient sans faire prendre de poids. Lesquels ? Tous ceux qui sont pauvres en matières grasses et dont la teneur en calories est faible. L'essentiel est de s'alimenter avec des aliments sains, faciles à digérer et riches en vitamines et en sels minéraux. Dans un régime, le mode de cuisson est aussi important que ce que l'on mange. La poêle à revêtement antiadhésif permet de cuire viandes, œufs, poissons, pratiquement sans matières grasses. Un truc : pour éviter que certains aliments n'attachent, ajoutez une cuillerée à café d'eau. La cocotte-minute et le couscoussier cuisent tout. La première fait gagner du temps, le second garde aux aliments un goût naturel incomparable. Les cuiseurs-vapeur électriques permettent de cuisiner rapidement et sans matières grasses tous les aliments. De plus, ils vous seront utiles au moment du sevrage de votre bébé lorsque vous devrez le nourrir de façon plus consistante. Pour assaisonner, utilisez des herbes, des oignons et de l'ail. Il vaut mieux limiter le sel qui stimule l'appétit. Les sauces des salades peuvent être préparées au yaourt ou à la sauce tomate. Celles qui n'aiment que la vinaigrette doivent prendre l'habitude de l'allonger largement d'eau ou se contenter de citron.

« Surtout, abandonnez tous les vêtements amples de votre grossesse. Vous devez vous aimer dans votre nouvelle peau, même si votre silhouette ne vous semble pas idéale ; pour le moment, ce n'est que passager. »

BEAUCOUP DE JEUNES MAMANS SE RETROUVENT SEULES POUR LE DÉJEUNER. *Il est alors indispensable de faire un vrai repas et de se mettre à table. Attention aux collations sur le pouce, qui conduisent au grignotage le reste de la journée. Essayez de prendre vos repas à heures régulières. Privilégiez le petit déjeuner, c'est en réalité le seul repas où l'on peut dévorer sans prendre de poids. Il ne semble pas raisonnable d'entamer un régime draconien. S'occuper d'un enfant petit, au quotidien, est fatigant. De plus, le régime n'est à commencer que six semaines après l'accouchement. Là, seulement, vous pouvez faire véritablement le bilan du surpoids dû à votre grossesse.*

Boire beaucoup

Tout régime nécessite l'absorption de beaucoup de liquide. 2 litres quotidiens sont indispensables au retour du poids normal. Si vous faites partie de celles qui n'ont jamais soif, buvez par petites quantités mais souvent. Préparez-vous systématiquement tous les soirs un grand bol de tisane. Et dès que vous avez un petit creux, buvez un grand verre d'eau.

Des aliments interdits ?

Il faudra limiter à une cuillerée à soupe par repas les matières grasses (beurre et huile). Et éliminer au moins pour un temps les charcuteries (sauf le jambon) et les produits très sucrés : confitures, miel, chocolat, sodas, jus de fruits reconstitués et pâtisseries de toutes sortes.
Hormis ces restrictions, vous pouvez manger de tout. Ne soyez pas obnubilée par les calories, modérez simplement les quantités. Vous pouvez augmenter votre consommation de fruits et de légumes crus comme cuits, ils vous donneront la sensation d'être rassasiée. Toutes les viandes et les poissons sont autorisés, même ceux qui ont la réputation d'être gras, ces derniers contiennent des oméga 3 et des acides gras dont vous avez particulièrement besoin après votre grossesse. N'éliminez pas les féculents, ils vous donnent l'énergie pour tenir physiquement. Veillez simplement à ne pas les agrémenter ni les cuire avec trop de matière grasse. Renforcez vos apports en produits laitiers, 3 ou 4 par jour, choisissez-les écrémés ou demi-écrémés. Vous pouvez même manger des fromages s'ils ne sont pas trop gras (lire ces informations sur les emballages).

Bouger sans modération

Et si vous perdiez du poids en promenant votre bébé ? La marche est l'activité sportive la plus simple, la plus efficace, la moins chère et à la portée de toutes. De plus, les promenades feront le plus grand bien aussi à votre bébé, sauf par temps de grand froid. Le bon dosage est d'au minimum une demi-heure par jour de marche rapide.
Profitez encore du fait que votre bébé n'est pas encore lourd pour privilégier de temps en temps les escaliers à l'ascenseur. L'activité sportive associée à un léger régime alimentaire est la manière la plus rapide et la plus durable de perdre du poids.

Évitez les régimes à la mode qui vous promettent des résultats rapides. *Généralement, le programme alimentaire qu'ils proposent est fort déséquilibré. Déjà « dangereux » chez une femme « normale », ils sont totalement inadaptés aux jeunes mamans plus ou moins carencées en fer et en vitamines. De plus, si ces régimes offrent des résultats spectaculaires, ils sont souvent suivis d'une reprise de poids rapide, car ils n'apprennent pas à modifier ses habitudes, cause la plus fréquente de surpoids. Mieux vaut consulter un nutritionniste, qui établira un régime que vous serez capable de tenir au besoin plusieurs mois pour maigrir sans craindre « l'effet yoyo ».*

Quelques conseils pratiques

Attendez votre retour de couches et le moment où vous êtes bien habituée à votre nouvelle vie avec bébé.

- **Ne cherchez pas à perdre trop vite** les quelques kilos qui vous embarrassent, vous risqueriez de les reprendre très vite. 2 kg par mois, c'est largement suffisant !

- **Pour lutter contre la fringale de 11 h,** buvez un verre d'eau, faites un peu de relaxation et, si vous n'y tenez plus, mangez un yaourt maigre sans sucre.

- **Faites une liste pour vos courses,** mettez aussi votre réfrigérateur au régime et éliminez de vos placards bonbons et gâteaux secs.

- **Faites bouger votre corps :** sachez qu'une activité physique est efficace sur le poids à condition qu'elle soit régulière, au moins trois fois par semaine pendant une demi-heure.

- **Soyez très attentive aux repas du week-end,** ils font souvent reprendre tout ce qui a été perdu avec beaucoup d'efforts le reste de la semaine.

- **Notez quotidiennement ce que vous mangez aux repas et en dehors.** Ainsi, vous visualiserez la réalité et les circonstances qui vous font craquer. Vous pourrez alors mieux les éviter.

S'organiser à la maison

À la maison, vous allez retrouver les tâches ménagères, auxquelles vont s'ajouter les soins au bébé. La plupart des jeunes mamans sont partagées entre la joie de quitter la maternité pour être enfin en famille et l'angoisse des premières expériences solitaires de maternage.

La fatigue

La chute hormonale qui suit l'accouchement est à l'origine de votre fatigue. Mais pas uniquement. Les pleurs et le biberon de nuit raccourcissent considérablement le repos. Le jour, bébé dort beaucoup mais demande pourtant une vraie disponibilité, toutes les trois heures environ, pour ses repas. Tétées, changes, petits câlins, la journée passe vite et la fatigue s'installe avec, à la clé, sautes d'humeur et mal de dos.
Votre fatigue est normale, surtout si vous n'avez pas pris assez de temps pour vous reposer toute suite après votre accouchement. Même si vous vous sentez en forme, souvenez-vous que l'accouchement peut se comparer à une épreuve sportive de haut niveau. Ne brûlez pas votre énergie inutilement pour tout ce qui est approvisionnement de base, optez pour les commandes sur Internet avec livraison ou expédition. N'entreprenez pas immédiatement de faire le tour de tous les membres de votre famille pour leur présenter le nouveau venu ou de réunir tous vos amis pour qu'ils admirent votre merveille. Si vous êtes seule à la maison pour déjeuner, ne pique-niquez pas sur un coin de table. Faites-vous une cuisine simple avec si possible des produits frais pleins d'éléments nutritifs indispensables pour acquérir des forces et les garder. Souvent, c'est un mois, voire deux mois après son retour chez elle que la jeune maman ressent un vrai « coup de barre » : le manque de sommeil et la fatigue de la vie quotidienne avec un bébé ont eu raison d'elle.

Laissez-vous aider et n'hésitez pas à partager les tâches, *il suffit souvent de demander au papa un peu d'aide pour qu'il y pense. C'est le début des « bonnes habitudes » et l'occasion pour lui de s'occuper de son bébé. Pendant ce temps, occupez-vous de vous : faites de la gym, de la remise en forme, prenez un petit bol d'air dans le quartier, rendez visite à une amie, les idées ne manquent pas. Laissez votre conjoint et votre bébé seul à seul, c'est beaucoup mieux.*

Petits conseils d'intendance

N'essayez pas de tout faire toute seule. Gardez les taches que vous préférez et déléguez à d'autres, notamment au papa ce qui vous ennuie un peu. Vous verrez, vous n'en serez que plus disponible pour votre bébé.

- **Au sein ou au biberon,** nourrissez votre enfant à la demande. Il se régulera sans problème et vous, vous échapperez aux longs moments épuisants à attendre qu'il tète.
- **Si vous nourrissez votre bébé au biberon,** stérilisez les flacons de verre et les tétines en une seule fois et gardez-les ensuite au réfrigérateur.
- **Vous pouvez encore faire quantité de choses,** votre bébé dans un porte-bébé ventral. Tout contre vous, l'enfant éprouve un parfait sentiment de sécurité, il sent votre odeur, votre chaleur, il est bien et vous, vous avez les mains libres. Veillez toutefois à ne rien faire

qui puisse mettre sa sécurité en danger.

- **Simplifiez les tâches ménagères au maximum,** vous les ferez après et il sera toujours temps, dans quelques semaines, de programmer une journée de ménage à fond. Faites appel à une société d'aide à la personne pour un petit coup de main.
- **Faites des listes,** c'est le plus sûr moyen de ne rien oublier et de se libérer l'esprit de bien des soucis qui, en réalité, sont sans grande importance.

Sachez vous reposer

Le plus délicat est de caler sa nouvelle vie sur le rythme du bébé. Dans la journée, pendant que bébé dort, installez-vous pour une petite sieste bien méritée. Les premières semaines, vous pouvez même faire comme lui, dormir un peu le matin et un peu l'après-midi. Le soir, couchez-vous tôt. Vous récupérerez d'autant mieux, et surtout vous serez plus en forme pour affronter ses réveils de nuit. Tant que votre bébé réclame à boire la nuit, il vous semblera judicieux de le garder dans votre chambre. Mais vous vous apercevrez peut-être qu'il n'est pas toujours facile de dormir avec un nouveau-né qui s'agite et qui respire fort. Si vous décidez de le mettre dans une chambre isolée, installez une écoute sur votre table de chevet, vous serez alors plus rassurée. Lorsque vous sentez que le manque de sommeil perturbe votre vie éveillée, faites appel à votre conjoint pour essayer de faire une nuit réparatrice, soit 7 à 8 heures de sommeil en continu. Si vous allaitez, tirez le lait nécessaire à un ou deux biberons (ils se gardent au réfrigérateur) et laissez le papa prendre en charge les biberons de nuit. Essayez d'organiser vos journées pour ne pas accumuler de la fatigue inutile : faites-vous aider au maximum, surtout dans les travaux ménagers et les corvées difficiles ; enfin, évitez de faire coïncider les repas de famille avec ceux du bébé, cela créerait des tensions inutiles. Dans la journée, isolez-le suffisamment pour qu'il puisse dormir et ne pas vous déranger plus que nécessaire. Ne brûlez pas les étapes, adaptez-vous à son rythme, il est, a priori, plein de bonne volonté. Si vous êtes fatiguée, débordée, déprimée, faites appel au service social de votre mairie ou à votre caisse d'allocations familiales. Ils vous enverront une aide ménagère dont le travail est rémunéré en fonction de vos revenus. Consultez votre médecin pour qu'il vous prescrive quelques vitamines ou oligoéléments. Il vous soutiendra au moindre problème.

Mais si vous avez à vous plaindre de ce bébé, c'est peut-être lui qui, à travers ses petits malaises (p. 488), essaie de vous dire que quelque chose ne va pas !

VOTRE VIE À TROIS S'ORGANISE AUSSI. *Votre enfant ne doit pas accaparer tous vos instants. Essayez de garder des moments rien que pour vous et votre conjoint. Par exemple, faites du sport ensemble ou programmez-vous une fois par semaine une sortie en tête-à-tête. Votre bébé, pendant ce temps-là, dormira paisiblement dans son berceau sous la responsabilité d'une ou d'un baby-sitter. Si vous allaitez bébé, avant de partir, tirez un peu de votre lait et conservez-le au réfrigérateur jusqu'au moment du repas.*

Faites le bilan postnatal

Un contrôle médical est fortement recommandé après une maternité. Six à huit semaines après la naissance, un rendez-vous postnatal vient conclure toute la série d'examens qui a eu lieu au cours de la grossesse.

Le retour de couches

Cela signifie le retour des règles. Il se produit généralement 6 à 8 semaines après l'accouchement si la maman n'allaite pas ou, dans le cas contraire, 2 à 6 semaines après l'arrêt de l'allaitement. L'utérus diminue de volume. Il se place dans le petit bassin et retrouve sa taille normale au bout de 2 ou 3 mois. Les tissus, devenus mous pour aider le passage de l'enfant, récupèrent leur tonus, notamment ceux du vagin et de la vulve, au bout de quelques jours. En revanche, l'endomètre, la muqueuse qui tapisse l'intérieur de la cavité utérine, ne se régénère qu'au bout de 20 à 45 jours.

Bilan gynécologique

Lors de l'examen, le gynécologue constate l'involution de l'utérus, l'état du vagin, etc. L'examen gynécologique se fait au spéculum afin d'observer l'intérieur du vagin et le col de l'utérus. Le praticien appréciera ainsi la qualité des muqueuses et leur coloration. Il est également indispensable qu'il procède à un toucher vaginal associé à un palper du ventre. Il contrôle ainsi la position de l'utérus, sa forme, sa sensibilité et l'état général des autres organes génitaux (les ovaires). Il examine, s'il y a lieu, la cicatrice de l'épisiotomie ou de la césarienne. Il effectuera peut-être un frottis vaginal en prélevant des cellules desquamées au niveau du col de l'utérus ou du vagin.
Mais surtout, il testera votre périnée pour envisager avec vous la prescription d'une rééducation de celui-ci (10 à 12 séances remboursées par la Sécurité sociale).
Si vous avez besoin d'une remise en forme musculaire, notamment au niveau de l'abdomen ou du dos, il vous prescrira quelques séances avec un kinésithérapeute. La Sécurité sociale en rembourse 10 en postmaternité. Elles ne seront à programmer qu'après la rééducation du périnée. Que vous allaitiez ou non, il procédera également à un examen de la poitrine. C'est le moment de lui confier vos difficultés, celles par exemple liées à l'allaitement (p. 412), ou encore de faire le point sur votre situation vaccinale. C'est souvent lors de cette visite que sont abordés les problèmes de contraception et de reprise d'une sexualité normale.

__Si vous souhaitez avoir rapidement un autre enfant,__ c'est le moment d'en parler avec votre médecin. Il vous conseillera en fonction de votre état général et du déroulement de votre accouchement. Si vous avez eu quelques difficultés, il vous prescrira des examens médicaux complémentaires, comme des radiographies qui n'avaient pas pu être faites au cours de la grossesse ou certaines vaccinations. Dans tous les cas, pour des raisons de fatigue, il est souhaitable d'attendre un an avant de se lancer dans une nouvelle grossesse pour profiter de votre nourrisson !

Parfois des examens complémentaires

Ces contrôles simples peuvent s'accompagner de toute une panoplie d'examens permettant d'autres investigations, telles que l'échographie, pour examiner les ovaires et l'utérus et, notamment,

physiologiques. Ce déséquilibre interne peut être compensé par un apport de micronutriments, sous forme d'un cocktail de fer, acide folique, calcium, sélénium, magnésium, zinc, cuivre, plus vitamines B1 et B2, à prendre au cours de la grossesse et dans les 3 mois qui suivent la naissance.

La chute des cheveux

C'est un phénomène normal après une grossesse. Cette chute est le résultat des modifications hormonales. Tout doit normalement rentrer dans l'ordre dès le retour de couches, mais on peut cependant aider la chevelure à retrouver son éclat. Les lavages fréquents avec un shampooing doux sont conseillés. Demandez à votre pharmacien des produits simples non ioniques et sans détergent et lavez-vous la tête autant de fois que vous voulez. Évitez les décolorations et les teintures. Choisissez une coupe décontractée qui permet des soins plus faciles et un séchage naturel. Jamais de brushing à haute température : la chaleur du sèche-cheveux a tendance à provoquer de la séborrhée, cause de beaucoup d'alopécies. Si après plusieurs mois, les cheveux continuent à tomber, il est préférable de consulter un dermatologue.

rechercher s'il n'existe pas de rétention placentaire.

Une grande fatigue

Un certain nombre d'anémies ainsi que de spasmophilies peuvent être mises au compte de la grossesse. Elles sont dues à une fatigue persistante, surtout si la jeune mère n'a pas pris assez de temps pour se reposer après l'accouchement. L'anémie en fer est la plus courante ; elle provoque une asthénie (diminution des forces physiques) et une mauvaise résistance aux infections. Des recherches médicales affirment qu'il faut plusieurs mois à une jeune mère pour récupérer toutes les pertes en fer occasionnées par la grossesse. Pour rétablir cet équilibre, on associe aux prescriptions de fer et d'acide folique (vitamine que l'on trouve dans la plupart des végétaux et dans le foie) de la vitamine C, qui favorise l'assimilation du fer contenu dans l'alimentation.

Environ 66 % des femmes se disent fatiguées après l'accouchement et un tiers d'entre elles le sont davantage qu'elles ne l'avaient prévu (d'après une enquête réalisée par un laboratoire pharmaceutique auprès de 200 jeunes femmes qui ont accouché dans un grand hôpital parisien). Cette fatigue, qui a sans doute des raisons psychologiques (« baby blues » p. 430), a aussi des causes

On constate parfois des perturbations du cycle. *Un accouchement accompagné d'une hémorragie importante peut troubler le système hormonal et le cycle ovarien. Les règles peuvent même disparaître momentanément. Mais le cycle menstruel peut être dérangé par l'absorption de tranquillisants ou d'antidépresseurs prescrits pendant le post-partum et le retour de couches.*

L'accueil mitigé de l'aîné

L'arrivée d'un petit frère ou d'une petite sœur entraîne toujours un profond bouleversement chez l'aîné. Ses sentiments sont faits d'un mélange de joie et de jalousie. Aussi, il est recommandé de préparer la rencontre.

Première rencontre

Vous lui avez peut-être montré les échographies, vous lui avez sans doute demandé de poser sa main sur votre ventre au moment où le bébé faisait des cabrioles. Alors, poursuivez son initiation. Il vaut mieux que vous évitiez la projection des images de l'accouchement, souvent trop réalistes pour ne pas être traumatisantes. En revanche, à la naissance de son petit frère ou de sa petite sœur, l'aîné sera heureux, grâce à quelques photos prises à la maternité, de faire sa connaissance. Vous pouvez aussi réaliser une cassette audio des premiers cris et des premiers vagissements.

À la recherche d'un nouveau statut

Pour l'aîné, c'en est fini de sa vie d'enfant unique. Les premières manifestations d'un certain inconfort psychique se traduisent souvent par des nuits agitées. Beaucoup d'enfants profitent de l'absence de leur mère pour essayer de s'installer dans le lit conjugal. Dormir contre papa peut être d'un grand réconfort pour une nuit, mieux vaut lui expliquer que cette expérience n'est qu'une exception. Si ses nuits sont perturbées le temps de votre absence, le papa peut compenser son sentiment d'abandon par un câlin un peu plus long au moment du coucher. Les choses se compliquent souvent dès le retour à la maison. Bon nombre d'aînés régressent, jouent au bébé, ne veulent plus manger qu'au biberon, recommencent à mouiller leur lit alors qu'ils étaient propres. Exigences et colères se multiplient. Ils peuvent même exprimer clairement leur envie de voir disparaître l'intrus. N'y attachez pas trop d'importance. Valorisez le statut d'aîné et de grand. Très vite, l'enfant s'apercevra que le rôle de bébé ne lui convient plus.

De nouvelles responsabilités

L'amour entre frère et sœur naîtra de gestes quotidiens ; après tout, ce bébé est aussi un peu à lui et il aimera jouer à l'aîné. Il prendra un réel plaisir à participer aux repas ou à la toilette du bébé. Il peut donner le biberon ou encore, au moment du change, aller chercher ses couches ou ses vêtements. Il peut aussi lui parler doucement et le bercer pour l'aider à s'endormir. Il est important de lui réserver des moments bien à lui, qu'il retrouve l'affection de ses parents comme avant. Jamais il ne doit se sentir exclu ou abandonné. Ce n'est pas le moment d'abréger l'histoire du soir. Mieux vaut attendre.

La naissance de jumeaux peut se révéler particulièrement perturbatrice pour l'aîné, *surtout s'il n'a pas été réellement préparé à l'événement (ce qui est de plus en plus rare grâce à l'échographie). Il risque alors de se sentir seul contre deux. De plus, les jumeaux occupant beaucoup ses parents, il aura l'impression de ne plus avoir assez d'espace pour lui. Il est alors indispensable de prendre quelqu'un pour aider au maternage des deux plus petits afin de se libérer un peu pour l'aîné. Le père a alors un rôle important, il peut entretenir une relation privilégiée avec son « grand ».*

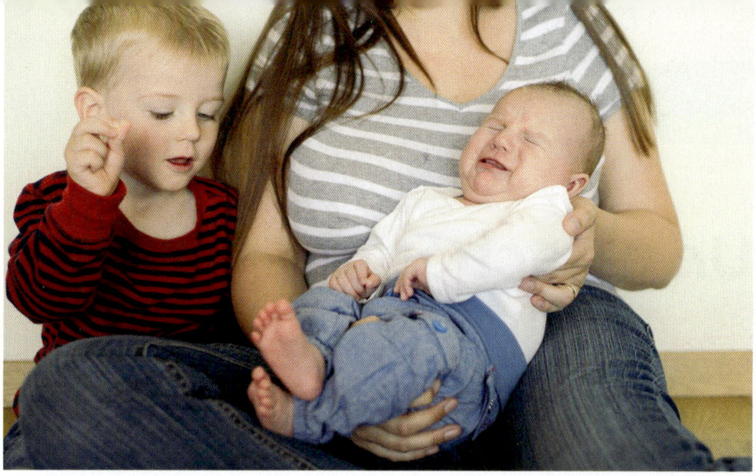

Des erreurs à ne pas commettre

Envoyer l'aîné chez ses grands-parents au moment de la naissance du bébé et sans explication. Imaginez sa réaction quand il reviendra. Il va simplement penser que le bébé a pris sa place.

Donner sa chambre au bébé et l'installer dans une nouvelle, aussi jolie soit-elle.

Rentrer de la maternité chargée de cadeaux pour le bébé et ne rien prévoir pour lui.

Le mettre à l'école, le même mois que la naissance. Il peut y voir une façon de se débarrasser de lui, tandis que bébé, lui, reste tranquillement à la maison.

Plus tard, surprotéger et donner toujours raison au petit au détriment du plus grand. Les enfants détestent l'injustice !

S'agacer de sa jalousie. C'est le jaloux qui souffre, qui est malheureux. C'est lui qui a besoin de votre tendresse.

Seul contre deux

La jalousie est un sentiment naturel. Il est d'autant plus fort que l'on est petit et que se raisonner est impossible. Mais bon nombre de psychologues pensent que plus on est jaloux, plus on l'a dit, mieux on saura se contrôler à l'âge adulte. D'ailleurs, dans certaines ethnies, si la mère n'a pas eu d'enfant depuis plusieurs années, elle adopte momentanément un bébé du voisinage, l'allaitant au sein, le cajolant tant et plus, lui accordant toute son attention pour rendre son propre enfant jaloux ; les adultes de la famille lui répètent que le grand doit toujours céder. Les visites des grands-parents, des oncles, des tantes et des amis sont souvent éprouvantes. Le nouveau-né a beaucoup trop de qualités et l'aîné se sent totalement dévalorisé. Laissez-lui présenter « son bébé » et pensez à le gratifier de compliments et d'une pincée de réconfort.

Il est des moments plus tendus que d'autres dans la relation difficile avec le nouveau venu. *Ainsi, les repas seront pratiquement toujours mal vécus par l'aîné. Pour qu'il ne se sente pas trop exclu, pourquoi ne pas lui demander une participation ? Faute de quoi, il imaginera forcément une bêtise à faire pour monopoliser l'attention. Bien calé dans un fauteuil et sous l'œil attentif des parents, il peut donner le biberon au bébé ou tout simplement surveiller le moment où la petite lumière du chauffe-biberon s'éteint pour indiquer que le lait est à la bonne température. Montrez-lui également que, plus grand, il a son propre chemin.*

L'écart entre les naissances

Existe-il un écart idéal pour limiter au maximum les conflits ? Bien sûr, il n'y a pas de réponse standard. Si l'écart d'âge entre les enfants est faible, la jalousie, bien qu'elle existe, risque de ne pas s'exprimer par des conflits ouverts. De même, si les enfants ont une grande différence d'âge, l'aîné se coule plus facilement dans le rôle du grand frère ou de la grande sœur et s'occupe volontiers du bébé. Les situations intermédiaires sont moins roses. En effet, lorsque les écarts sont moyens (3-4 ans), les tensions sont les plus vives. L'aîné a profité pendant quelques années d'une vie où il était seul avec ses parents, et il voit d'un mauvais œil l'intrus lui voler ce privilège. Le sentiment de jalousie va s'exprimer avec des hauts et des bas… mais sans jamais s'éteindre.

Un attachement à construire

La naissance d'un bébé prématuré n'est pas sans provoquer quelques difficultés dans la relation mère-enfant. Depuis quelques années, plusieurs équipes de médecins s'intéressent tout particulièrement à ces problèmes relationnels.

Problèmes relationnels

Les difficultés d'attachement de la mère à l'enfant peuvent être dues à plusieurs facteurs : un accouchement difficile, dont le déroulement n'a pas été tout à fait celui que la mère avait espéré ; le bébé qui, physiquement, ne ressemble pas exactement à l'enfant imaginé ; la jeune maman qui, presque instinctivement, ne veut pas s'attacher à un enfant en grande difficulté vitale ; et surtout le manque de contacts peau à peau au moment de la naissance, dont on sait l'importance dans l'attachement mère-enfant.

Le sentiment d'avoir un bébé donné plutôt que de l'avoir fait est connu de beaucoup de mères de prématurés. Il est d'abord dû au déroulement interrompu de la grossesse. Les neuf mois de la gestation sont indispensables à la préparation psychologique de la future maman, les derniers mois étant particulièrement riches en projets, en fantasmes, stimulés par le poids et les mouvements de l'enfant.

L'accouchement n'est plus l'événement heureux qu'elles attendaient : beaucoup de jeunes mères ne réussissent pas à associer dans le temps accouchement et naissance car, le plus souvent, elles ne font qu'entrevoir leur bébé avant sa mise en couveuse. Dans la plupart des cas, l'enfant est dirigé vers une unité de néonatalogie située, au mieux dans un autre endroit de l'hôpital, mais le plus souvent dans un lieu distant de plusieurs kilomètres.

La Colombie est un pays pauvre *où la médecine, et notamment celle s'intéressant aux prématurés, se débrouille avec les moyens du bord. Il y a quelques années, des médecins ont constaté que les enfants qui, faute de place dans les couveuses, étaient laissés à leur mère avaient plus de chances de survie que ceux qui en étaient séparés ; ils se sont également aperçus qu'il y avait moins de problèmes relationnels entre la mère et l'enfant.*

Aider à la rencontre

L'équipe médicale met en place toute une stratégie pour aider la mère à s'attacher à son bébé. Elle lui propose souvent de l'allaiter à distance ; la jeune maman tire son lait, qui est apporté à son enfant. Le lait maternel enrichi en vitamines et en fer est idéal pour sa croissance et pour lui donner les défenses immunitaires qu'il n'a pas encore.

Dans certaines maternités, on a mis en place un système d'enregistrements sur cassette des voix maternelle et paternelle ; on leur demande de se mettre dans la situation de parents lisant une comptine pour aider leur enfant à s'endormir le soir, en lui parlant vraiment, à lui, comme s'il était effectivement près d'eux et non pas dans un incubateur. Cette « musique » ou celle d'un enregistrement musical écouté très souvent par la mère pendant sa grossesse, déjà familière au bébé in utero, est diffusée dans sa couveuse. Son écoute apporte à l'enfant une sensation d'apaisement ; recherche oculaire et mouvements lents des membres apparaissent chez l'enfant inquiet ou agité. Ces manifestations d'apaisement ou d'éveil sont souvent

une fois par semaine. C'est ainsi que même des bébés de 700 g ont pu être sauvés !
Les unités Kangourous sont nées en France dans les années 80. Selon leur organisation, elles reçoivent des enfants souffrant de troubles différents. Il s'agit toujours de nouveau-nés qui demandent une surveillance et des soins spécialisés, mais dont la survie ne nécessite pas des soins lourds avec, notamment, la mise en réanimation. Elles accueillent des bébés prématurés, des enfants de petit poids, malades ou souffrant de malformations légères et qui sont installés dans une chambre en compagnie de leur mère. Celle-ci peut pratiquer les soins habituels d'hygiène, porter son bébé peau contre peau, interroger les soignants au moindre doute, recevoir la visite des autres membres de la famille. Cette méthode favorise les contacts mère-enfant et aide à la naissance d'une relation affective, qui aurait pu être fragilisée par la maladie de l'enfant et l'angoisse de la mère. La moyenne de ces séjours « familiaux » est de six jours environ.
De telles unités se sont répandues dans des maternités tant publiques que privées.

suivies d'un endormissement profond induisant une modification importante des rythmes cardiaque et respiratoire. Cette technique est adoptée par certains services de réanimation néonatale. Bien sûr, dès que la mère est capable de se déplacer, même sur un fauteuil roulant si elle a dû accoucher par césarienne, elle est invitée à venir le plus souvent possible voir son bébé, lui parler et participer aux soins.

Les mères kangourous

Certaines maternités vont encore plus loin dans la recherche du confort psychique de la mère et de l'enfant. Elles ont créé des unités « kangourous », une technique de maternage des petits prématurés qui nous vient de Colombie. Psychologiquement, il est certain que le confort du bébé est bien meilleur que dans une couveuse. L'enfant doit être ainsi porté 24 heures sur 24. Ce maternage étant assez fatigant, il n'est pas rare que toute la famille se mobilise pour porter le bébé. Les mères kangourous, dans les premières semaines qui suivent leur accouchement, viennent à l'hôpital tous les jours, puis au moins

Lorsque l'enfant prématuré est hospitalisé dans une unité spécialisée *éloignée de la maternité où se repose sa mère, le père est alors chargé d'un rôle essentiel : c'est lui qui voit l'enfant le premier, c'est lui qui informe la mère, au fur et à mesure de ses visites, de l'état de santé du bébé. Sa mission est délicate, car il doit lui dire la vérité sans pour cela trop l'inquiéter. Si elle se sent étrangère à cet enfant qu'elle n'a pas pu porter jusqu'au bout, le père prend le relais et tout doucement se « maternise ».*

Une nounou à domicile

Vous n'avez pas réussi à décrocher une place dans une crèche ou aucune assistante maternelle n'est disponible, il ne vous reste donc comme solution que d'embaucher une personne qui gardera votre bébé chez vous.

L'employée de maison

Avoir une personne qui garde son enfant à domicile est d'un grand confort, mais c'est un mode de garde très onéreux. Bien sûr, la personnalité de la personne qui va s'occuper de votre enfant a de l'importance. D'une manière générale, donnez la préférence à une personne gaie et dynamique même si, en raison de son âge, elle n'a pas une grande expérience des enfants. En revanche, si votre vie professionnelle est très prenante et que vous n'avez pas le temps de former quelqu'un, choisissez une personne organisée et qui connaît bien les tout-petits. Dans les deux cas, ayez à l'esprit que bien s'occuper d'un enfant prend du temps et que vous ne devez pas être trop exigeante sur le plan du ménage. D'ailleurs, il est recommandé, avant d'entreprendre les démarches d'embauche, de définir avec cette personne la disponibilité dont vous avez besoin et les tâches que vous lui confiez. Pourquoi ne pas classer ces tâches, noir sur blanc, par ordre de priorité, en y joignant le degré d'autonomie que vous souhaitez laisser ? Ce travail vous aidera aussi à bien identifier le profil de la personne que vous recherchez et à mieux évaluer sa rémunération.

Votre choix fixé, laissez à votre employée le temps de prendre ses marques et indiquez-lui clairement les règles éducatives qui vous tiennent à cœur. Vous pouvez d'ailleurs instituer un temps de mise en route d'une semaine sur le modèle de l'intégration en crèche : l'enfant comme sa nounou ont besoin de faire doucement connaissance. Ensuite, prenez régulièrement un peu de temps pour discuter avec elle : dire immédiatement si quelque chose ne va pas est toujours plus facile que d'attendre qu'un climat de tension s'installe.
Enfin, si vous exigez d'elle des horaires précis, faites de même, tout particulièrement en fin de journée : elle aussi a une vie privée. En revanche, vous pouvez rentrer à l'improviste pour vérifier que tout se passe bien. Vous devez bien sûr déclarer cette personne à l'Urssaf et son salaire ne peut être inférieur au Smic.

La garde partagée

Il était une fois deux familles à la recherche d'une nounou pour leurs enfants pratiquement du même âge. Face à la difficulté de trouver une employée familiale et à son coût financier, elles décident d'unir leur besoin. C'est ainsi que naît une garde partagée. Une même personne garde tous les enfants tantôt chez l'une, tantôt chez l'autre. Chaque famille lui signe un contrat de travail : cette personne bénéficie alors d'un statut normal de salariée. Les allocations et les déductions fiscales sont adaptées à la situation de chaque foyer.

Le plus délicat est de trouver la bonne personne.
Voici le test d'observation que propose le pédiatre américain, le docteur Brazelton : lorsque cette personne prend l'enfant dans ses bras, est-elle capable de capter son regard, d'établir avec lui une communication ? Si oui, on peut alors être persuadé que, pour elle, l'enfant sera plus important que tout le reste.

CERTAINES ENTREPRISES SPÉCIALISÉES DANS LES EMPLOIS À DOMICILE *proposent de mettre à la disposition des jeunes mamans des « auxiliaires parentales » à temps plein ou temps partiel. Elles garantissent la formation des personnes et prennent en charge toutes les tracasseries administratives. Seul bémol : ce type de service n'est pas le plus économique.*

Comment la recruter

Par l'intermédiaire des journaux papiers ou des petites annonces sur les sites web. Sachez qu'il est préférable de répondre à une petite annonce plutôt que d'en passer une. En effet, une personne qui passe une annonce montre déjà une certaine motivation. Si vous devez recruter vous-même, soyez très précise. Indiquez notamment les horaires, le salaire, les compétences demandées et l'âge des enfants à garder. Sur www.institut.fepem.fr, le site de l'institut Fepem de l'emploi familial, vous trouverez de précieux conseils.

Restent ensuite les annonces chez les commerçants de votre quartier. Les boulangeries sont les commerces les plus performants : il y passe beaucoup de monde et notamment des mamans. Si vous avez trouvé la perle rare, avant d'établir le contrat de travail, vérifiez que cette personne est bien en règle, qu'elle a bien un permis de séjour si nécessaire. Si elle n'a pas de numéro de Sécurité sociale, vous devez l'inscrire à la caisse d'assurance maladie. Vous pouvez payer votre nounou avec des chèques emploi-service universels ou lui faire une fiche de salaire : le site web de l'Urssaf vous simplifie grandement la tâche. Toute dépense engagée pour la rémunération d'une aide à domicile ouvre droit à une réduction d'impôt égale à 50 % des dépenses, dans la limite d'un plafond variable selon les situations familiales.

Les jeunes gens au pair

Ces jeunes étrangers, âgés de 18 à 28 ans, viennent en France pour une durée limitée à celle de leurs études (18 mois). Ils doivent être logés, nourris, blanchis et toucher une petite rémunération pour leur temps de travail (250 € environ). En contrepartie, ils doivent s'occuper de votre enfant, de son linge à la surveillance des devoirs, cinq heures par jour pendant six jours et deux soirées de baby-sitting par semaine.

La ou le stagiaire « aide familial », son nom officiel, doit être déclarée à la Direction régionale des entreprises, de la concurrence, de la consommation, du travail et del'emploi (DIRECCTE), cotiser à l'Urssaf et à la Sécurité sociale. Il est prudent qu'il ou elle souscrive une assurance responsabilité civile.

Il est plus sûr de recruter une personne au pair par l'intermédiaire d'une association spécialisée contre quelques frais d'inscription. Mais vous aurez ainsi la possibilité de changer de personne au bout d'un mois si besoin est. Avant de la faire venir, entendez-vous sur les points importants par téléphone ou par courriel. C'est aussi l'occasion d'apprécier son niveau de français. N'espérez pas trop une personne anglophone, elles sont de plus en plus rares. Aujourd'hui, les jeunes filles et les jeunes gens au pair viennent des pays de l'Est, d'Amérique latine ou même de Chine. L'adaptation à la vie de famille et à une culture différente n'est pas toujours facile pour ces jeunes gens.

LES PREMIÈRES SEMAINES DE BÉBÉ

LES PREMIÈRES SEMAINES DE BÉBÉ

Vous

Un des premiers sentiments qui jaillit au moment de l'accouchement est un incroyable et intense émerveillement. Les parents ont imaginé un enfant dont l'échographie a donné les contours. Or, il apparaît toujours avec un visage qui les surprend et qui révèle déjà une personnalité. Immédiatement, des ressemblances s'imposent : c'est un des grands-pères, c'est une cousine, une tante... Ce bébé appartient tout de suite à un clan. Autour de lui, la famille et les amis se pressent. Chacun lui trouve une ressemblance, lui attribue un trait de caractère, lui souhaite un avenir joyeux. Le grand livre des souvenirs ouvre un nouveau chapitre.

C'est déjà un tendre séducteur. Il est là, attendu, imaginé pendant neuf mois. Sa vitalité est extraordinaire et donne déjà des signes de son caractère. Il a soif de rencontrer ses parents du regard et du toucher. Il va tout faire pour les séduire et saura répondre favorablement à toutes leurs avances, les sollicitant au rythme de son plaisir. Regardez ses mimiques tantôt drôles, tantôt émouvantes, il sait déjà jouer avec les sentiments de ses parents.

Ceux-ci lui sourient, il répond, provoquant à son tour d'autres sourires, et ainsi commence une histoire d'échanges et d'amour qui ne finira jamais.

Ces premières semaines du nouveau-né seront celles des grands « apprentissages ».

Il découvre le goût du lait, l'odeur de sa mère, la voix de son père, les chatouilles des autres enfants de la famille. Plaisirs et déplaisirs rythment ses jours. Tour à tour béat, affamé et repu, il dicte à tous une douce loi et, satisfait, gratifie les siens de ses tout premiers sourires.

Votre bébé

AVANT DE QUITTER LA MATERNITÉ, VOTRE BÉBÉ DOIT SUBIR SON PREMIER EXAMEN MÉDICAL. Il consiste à analyser quelques gouttes de son sang et à vérifier qu'il possède bien un certain nombre de réflexes dits « archaïques », qui prouvent que ses fonctions neurologiques sont intactes. Un examen clinique complet montre qu'il ne souffre d'aucun problème organique. Enfin, dans certaines maternités, on pratique une série de 28 tests pour évaluer ses compétences précoces à partir de son tonus musculaire et de ses réponses aux stimulations physiques. Les résultats permettent un diagnostic d'évaluation de ses aptitudes à entrer en relation avec les autres.

LES PREMIÈRES SEMAINES DE BÉBÉ

Les bébés sont génétiquement programmés pour entrer en communication avec leurs parents. C'est sans doute une spécificité typiquement humaine.

Prêt pour la vie

Avant de quitter la maternité, le bébé est soumis à un examen médical complet. L'examen porte essentiellement sur ses capacités neurologiques, sur la présence des réflexes archaïques et le contrôle de l'intégrité des sens indispensables à la communication.

Les réflexes archaïques

À sa naissance, le nouveau-né est capable de quatre actions réflexes :

- **Le réflexe de succion :** le pédiatre approche son doigt de la bouche du bébé, celui-ci se met à téter vigoureusement.

- **Le réflexe d'agrippement, ou grasping reflex,** permet l'attachement physique à la mère. Le médecin touche de sa main la plante des pieds du bébé pour vérifier que les orteils se replient. Il fait de même avec les mains. Le nouveau-né referme automatiquement les mains sur le doigt et l'agrippe avec tant de force que l'on peut le soulever.

- **La marche automatique** pronostique de la future station debout. Le pédiatre tient le nourrisson sous les bras. Dès que les pieds de l'enfant prennent contact avec la table, il fait un pas ou deux et lorsque l'on place un objet dur contre sa jambe, il soulève son pied comme pour enjamber l'obstacle.

- **Le réflexe de Moro** (dit « réflexe du parachutiste ») est une attitude primaire de défense. C'est une réaction démesurée de l'enfant à une stimulation auditive (bruit) ou à un changement brusque de position. Le bébé est couché, on soulève son buste en le tenant par les mains, puis on le laisse retomber brusquement. L'enfant retombe en levant et écartant aussitôt bras et jambes. Il ouvre les mains comme pour se cramponner, puis ramène ses bras contre sa poitrine dans un geste d'autoprotection et se met à pleurer.

L'examen neurologique

Certaines réactions témoignent de la bonne mise en place des connexions nerveuses :

- **Le médecin contrôle certaines capacités,** comme la reptation ou le réflexe des quatre points cardinaux : le pédiatre effleure le visage du nouveau-né autour des lèvres, celui-ci tourne sa tête et place sa bouche de manière à atteindre la stimulation. Il contrôle ensuite le maintien de la tête : l'enfant placé en position assise, légèrement incliné vers l'arrière, réussit à maintenir sa tête.

- **Le réflexe tonique du cou :** l'enfant est couché sur le dos, la tête tournée d'un côté. Son bras est tendu de ce même côté, l'autre est fléchi. Si l'on tourne sa tête de l'autre côté, le bébé modifie aussi la position de ses bras.

- **Le réflexe d'allongement croisé :** le pédiatre chatouille la plante d'un des pieds du bébé sur un côté en tenant la jambe tendue. L'autre jambe se plie pour amener le pied au contact du pied stimulé.

- **Le passage du bras :** le nouveau-né est à plat ventre, le visage contre la table et les bras le long du corps. Il tourne la tête de côté pour dégager son nez et ainsi mieux respirer, puis il fléchit son bras placé du même côté que son visage et porte sa main à sa bouche.

L'EXAMEN MÉDICAL EST RÉALISÉ PAR LE PÉDIATRE DE LA MATERNITÉ *et toujours en présence des parents. Les conclusions sont portées sur le carnet de santé de l'enfant.*

***Le carnet de santé est remis aux parents** dès la naissance. Il est rempli par le médecin lors des consultations et les parents pourront y porter des indications plus ponctuelles (traitement en cas de rhinopharyngites, dates des maladies infantiles, etc.). Ce carnet est un document confidentiel qui ne doit pas circuler entre toutes les mains. Cependant, il est indispensable qu'il suive l'enfant lorsque celui-ci est confié à une nourrice, ou même lorsqu'il part en vacances chez ses grands-parents. En cas d'urgence, le praticien consulté aura ainsi un bon résumé de son état de santé général. Il contient quantité d'informations à destination des parents.*

Un bilan clinique complet

Le médecin examine ensuite de manière systématique :

Le cœur et les artères : le cœur doit, au repos, battre régulièrement de 120 à 170 pulsations par minute (de 60 à 80 pulsations par minute chez un adulte). Le pédiatre palpe également les grosses artères.

Le souffle : l'examen au stéthoscope permet de déceler deux anomalies : une respiration abdominale ou encore l'absence de pause respiratoire. C'est la régularité de la respiration qui est importante, et il est normal que votre bébé de quelques jours ne respire que par le nez.

Le crâne : son périmètre est mesuré. La palpation des fontanelles antérieure et postérieure permet la recherche d'une éventuelle tension ou d'une bosse dure, calcifiée (céphalhématome).

Les yeux : le médecin regarde l'iris et vérifie que le reflet de lumière est symétrique sur les deux pupilles.

Les organes génitaux : pour les garçons, le médecin observe la taille du pénis et du scrotum et vérifie la présence des deux testicules. Pour les filles, il regarde la taille de la vulve, du clitoris et des petites lèvres.

L'abdomen : le foie, la rate et les reins sont palpés pour déceler une éventuelle hernie. Ombilicale : sans gravité. Inguinale (au niveau de l'aine), très ennuyeuse chez les petites filles, car elle peut menacer un des ovaires.

Le nombril : la cicatrisation doit être en bonne voie.

Les mains et pieds : au niveau des mains, le pédiatre recherche un pli palmaire médian (évocateur d'une trisomie 21). Les anomalies éventuelles des pieds sont notées : soudure anormale de deux ou plusieurs doigts, anomalies de posture (tournés vers l'intérieur, vers l'extérieur ou encore se faisant face).

Les hanches : le pédiatre fait tourner les jambes du bébé autour de l'articulation pour vérifier qu'aucun craquement suspect ni déboîtement ne survient. En cas de doute, le médecin prescrira une échographie des hanches, qui peut être réalisée à la fin du premier mois. Le dépistage de la luxation de la hanche est fait aujourd'hui systématiquement car plus son traitement est précoce, meilleur est le résultat. Elle a deux causes, soit une prédisposition génétique, soit un étirement survenu au cours de la vie fœtale ou à la suite d'un accouchement difficile, par le siège ou d'un gros bébé.

Les clavicules : le pédiatre s'assure que les clavicules n'ont pas souffert lors de l'accouchement. Si le bras pend le long du corps ou s'il n'est pas dans une position normale de flexion, cela traduit un étirement important lors de la naissance.

La peau : elle doit être bien rose. Certaines anomalies bénignes peuvent être décelées, comme le milium (petits grains blancs sur le nez), l'érythème toxique (taches rouges encerclant un point blanc) ou les angiomes.

La vue et l'ouïe : Il observe si l'enfant suit du regard un objet qui se déplace devant ses yeux et s'il est capable d'accrocher le regard. Le dépistage de la surdité est obligatoire, il se pratique à l'aide d'écouteurs placés sur les oreilles du bébé. Le médecin le soumet à des sons de différentes fréquences et observe ses réactions. Si votre maternité n'a pas l'équipement nécessaire, l'examen sera réalisé en consultation par un médecin de ville.

Tous les sens en éveil

Certains sens sont même présents bien avant la naissance. Mais ceux du nouveau-né ne sont pas encore aussi performants que ceux de l'adulte, ils le deviendront sans peine. Ce n'est qu'une affaire de temps.

Le tact, source de bien-être

Avant de naître, l'enfant est déjà sensible aux caresses. À la naissance, le bébé est parfaitement équipé sur le plan du toucher. Sa peau perçoit diverses sensations. Tous ces signaux sont transmis au cerveau par des terminaisons nerveuses, dont certaines indiquent le contact, d'autres mesurent la pression, d'autres encore évaluent le chaud et le froid ou la douleur. Douceur et chaleur, associées à l'odeur, sont, sans aucun doute, les sensations préférées des bébés.

La vue : du plan fixe à la découverte

L'enfant, dès qu'il vit dans la lumière, oriente les yeux par rapport à l'espace et maintient son regard à l'horizontale quand sa tête bouge. Cependant, il est encore incapable d'une bonne convergence oculaire. Son accommodation est aussi très mauvaise : le bébé a donc d'abord une vision trouble de tout ce qui demande un changement de courbure du cristallin. Le bébé voit la lumière et parvient à distinguer des intensités très fines. Il est encore capable, dès sa naissance, de diriger son regard vers un point précis.

Dès sa 2e semaine, l'enfant réagit à l'approche d'un objet. Il a donc une première conscience de la profondeur du champ qui l'entoure. Vers la 4e semaine en moyenne, il devient capable de fixer un objet, qu'il soit proche ou lointain, mais il ne peut y arrêter longtemps son regard.
L'examen de la vision se pratique au cours du premier mois avec un disque en carton, où sont dessinés des cercles alternativement blancs et noirs. L'examinateur cherche à capter le regard de l'enfant et à lui faire poursuivre le déplacement du disque. Il étudie encore le test du réflexe de menace : le bébé ferme les yeux lorsqu'il est exposé brutalement à une lumière forte.

Un odorat subtil

Dès les premières minutes de la vie, le nourrisson réagit à la présentation d'une grande variété d'odeurs. Celles que nous jugeons désagréables ou agréables, il sait même finement les différencier.
Ce sens est important, notamment dans la recherche du sein au moment de l'allaitement. Un chercheur danois en a fait la preuve : il place de part et d'autre du nez du bébé deux morceaux de coton, l'un imprégné de l'odeur du sein maternel, le second du sein d'une autre mère. L'étude montre qu'à partir du 6e jour, les bébés se tournent plus facilement vers le coton dont l'odeur leur est familière. Le nourrisson possède donc un odorat assez performant pour reconnaître sa mère.

L'audition : une oreille fine

L'enfant à la naissance entend fort bien. Toutes les mères ont observé qu'un bruit fort le dérange alors

***La préférence du bébé envers le sucré est observable dès qu'il respire,** et avant même que le nouveau-né ait été alimenté. Elle déclenche chez lui des mimiques de plaisir et de détente. Ainsi, l'administration d'une solution sucrée est conseillée pour atténuer le stress du bébé et la douleur dans certains cas.*

que d'autres le calment, mais leur rythme doit être régulier pour mettre fin à ses pleurs. La voix humaine, en particulier celle de ses parents, le fait réagir : elle est, en effet, capable de déclencher son sourire.
Des recherches ont pu montrer que le nouveau-né préfère entendre la voix de sa mère plutôt que celle d'une femme inconnue, toutes deux lisant le même texte. En revanche, il ne fait pas de différence entre la voix de son père et celle d'un autre homme.
Il préfère, en outre, entendre parler la langue maternelle plutôt qu'une langue inconnue.
Pour vérifier la bonne audition d'un bébé, il suffit de lui faire écouter le son d'une clochette : très nettement, ses yeux ou sa tête se tournent dans la direction de la source sonore.

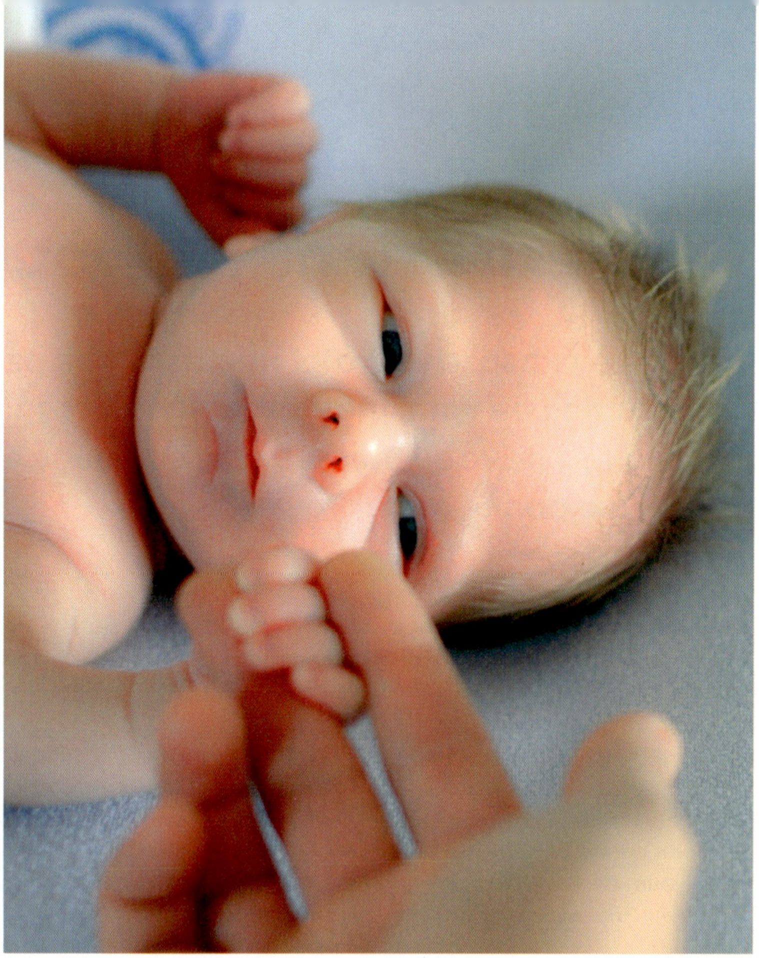

Le goût : un amateur de sucre

Selon les travaux du professeur Matty Chiva, l'enfant peut, dès la naissance, reconnaître les quatre sensations gustatives élémentaires : le salé, le sucré, l'acide, l'amer. Les expériences montrent qu'il sait nettement signifier sa préférence pour les saveurs sucrées et son aversion pour ce qui est amer. La saveur sucrée du liquide amniotique expliquerait la prédilection du nouveau-né pour ce goût.
Le nourrisson est particulièrement sensible au galactose, contenu dans le lait maternel, et au lactose, qui compose le lait de vache. Il goûte ces substances comme des substances sucrées. Là encore, les bébés ne sont pas tous identiques. Certains bébés perçoivent plus vite, plus fort et plus finement certains goûts que d'autres.

La déficience auditive est le trouble le plus fréquent : *800 enfants naissent chaque année avec des troubles de l'audition. Depuis 2013, la loi instaure la généralisation du dépistage précoce. Il est réalisé par la technique des Potentiels évoqués auditifs automatisés (PEAA). Le bébé est équipé d'écouteurs qui diffusent des sons brefs. Les réactions du bébé sont enregistrées grâce à des électrodes. Elles sont transcrites sous forme de courbes qui peuvent être comparées à des courbes de références. Cet examen est fiable à 97 % dans le dépistage des surdités profondes et sévères. Si l'examinateur repère une anomalie, il évoque avec les parents une suspicion de surdité. Celle-ci devra être confirmée ou infirmée par des examens complémentaires réalisés dans un Centre de dépistage et d'orientation de la surdité (CDOS). En cas de surdité avérée, l'enfant est pris en charge dans les trois premiers mois. Cette précocité est essentielle pour permettre une bonne acquisition du langage et un parfait développement intellectuel.*

Ces petits riens qui vous étonnent

Sans être exhaustive, voici une liste des petits soucis qui ne manqueront pas de vous inquiéter. Premières inquiétudes d'une jeune maman attentive au bien-être de son bébé et qui cachent le souhait d'être une bonne mère.

Les éternuements : les bébés éternuent beaucoup, mais ils ne sont pas enrhumés. C'est pour eux le moyen d'expulser les croûtes de mucus qui obstruent leurs narines.

Les pleurs sans larmes : rien n'est plus normal puisque, les premiers jours de la vie, les canaux lacrymaux ne sont pas encore ouverts.

La langue toujours blanche : la production de salive est encore limitée, ce qui ne permet pas un nettoyage normal de la cavité buccale. Les glandes salivaires ne fonctionnent vraiment qu'à partir de 3 mois.

Les lèvres cloquées : certains nourrissons ont des ampoules sur les lèvres inférieure et supérieure. Ce sont des cloques de succion, qui ne doivent pas être percées.

Le crâne déformé : à la suite de l'accouchement, la tête du bébé peut présenter une déformation du crâne (en pain de sucre) ou même parfois une bosse (dite « sérosanguine ») surtout si, pour l'aider à naître, on a utilisé la ventouse. Mais elle peut être aussi le résultat d'un léger traumatisme au moment de la naissance, la boîte crânienne ayant été fortement compressée pour franchir le bassin maternel.
Cette bosse est un œdème du cuir chevelu, avec un léger épanchement sanguin. Elle est sans gravité et disparaît au bout de quelques jours.

***Beaucoup de nouveau-nés ou de prématurés ont la peau toute jaune** les trois premiers jours de leur vie. Une couleur que l'enfant né à terme perdra très vite. C'est généralement la mise en fonction lente du foie qui est à l'origine de cette jaunisse dite « physiologique » qui, dans ce cas, ne se traite pas. En revanche, cet ictère est soigné par photothérapie chez les bébés prématurés et par exsanguinotransfusion s'il est le résultat d'une incompatibilité sanguine fœto-maternelle.*

La poitrine gonflée : la glande mammaire est légèrement gonflée et peut même produire du lait. Ce phénomène s'explique par la transmission des hormones maternelles au bébé.
Il est recommandé de ne pas presser les seins pour en extraire le lait. Cette manifestation étonnante doit disparaître au bout de 10 à 15 jours. Mais toute inflammation doit être signalée au médecin. Chez les petites filles, on constate parfois des sécrétions vaginales blanchâtres dues à ces hormones maternelles.

Une respiration bruyante : lavez plusieurs fois par jour ses narines avec du sérum physiologique, mettez bébé dans une position demi-assise et tout rentrera dans l'ordre. Pensez également à humidifier suffisamment l'atmosphère de sa chambre. Il existe de petits appareils qui remplissent cette fonction.

Une ou plusieurs taches dites « de naissance » : elles sont relativement fréquentes et inquiètent souvent les parents, mais la plupart disparaissent au bout d'un ou deux ans. Elles peuvent être de nature différente. L'aigrette s'installe de la racine du nez à la paupière, voire au front. Sa couleur

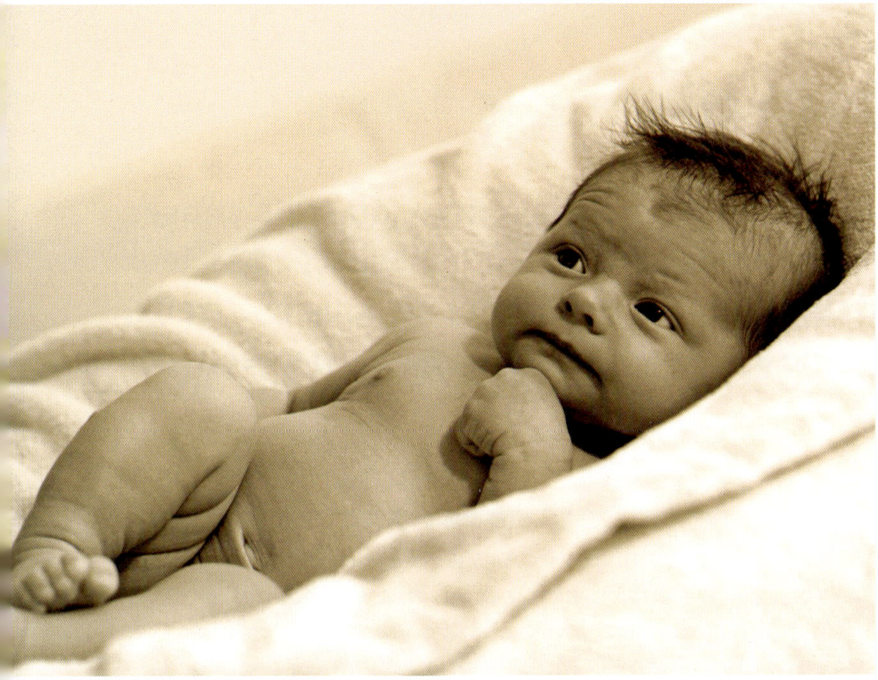

rosée est due à des vaisseaux sanguins dilatés ; elle s'estompe généralement au cours de la première année. Les taches de vin sont les plus connues. Elles sont constituées par un réseau de vaisseaux sanguins en relief sur la surface de la peau. Ces angiomes peuvent s'élargir au fil des mois et se situer sur tout le corps. Les angiomes plans (sans relief) disparaissent spontanément, souvent vers l'âge de 6-7 ans. S'ils subsistent et sont esthétiquement gênants, ils pourront être enlevés au laser, tout comme les angiomes caverneux (en relief). La fraise, ou angiome tubéreux, se présente comme une tache rouge et apparaît dans les jours qui suivent la naissance. Elle se développe les premiers mois, se stabilise, puis disparaît dans la majorité des cas vers 4 ans.
La tache gris bleuté des Mongols est caractéristique des bébés à la peau mate ou foncée, notamment les enfants de couleur ou d'origine méditerranéenne. Elle est toujours située en bas du dos ou sur les fesses ; elle est le résultat d'un excès de cellules pigmentaires. Elle disparaît d'elle-même dans les deux premières années. Les taches café au lait sont planes et situées le plus souvent sur le tronc ou à la racine d'un membre. Elles sont sans gravité si leur nombre est inférieur à six et leur surface de moins de 2 cm.

Les battements de son cœur sous les fontanelles : la plus impressionnante est celle située sur le dessus de la tête, c'est aussi la plus significative médicalement. Cet espace entre les os du crâne non soudé est mou, mais recouvert d'une peau très solide, bien qu'elle semble très ténue. Les battements observés sont ceux de la circulation sanguine intracrânienne. La peau qui couvre cette fontanelle doit être tendue, son affaissement est signe de déshydratation ; bombée, elle indique un enfant fiévreux. Avec l'âge, les fontanelles se referment : la fontanelle postérieure vers 2 à 3 semaines, la fontanelle antérieure, la plus grande, vers l'âge de 12 à 18 mois.

Une transpiration excessive : à la fin d'une tétée ou d'un biberon, votre bébé a le visage mouillé de transpiration. Rien n'est plus normal, la succion représentant un réel effort physique et musculaire. De plus, l'absorption d'un liquide chaud provoque une montée momentanée de la température interne. La transpiration est alors un moyen normal de lutter contre la chaleur. Par ailleurs, la tétée, le bain, le change provoquent parfois chez le bébé de légers tremblements du menton ou des membres. Ce sont simplement des manifestations liées à l'immaturité du système nerveux.

La couleur de ses yeux est difficile à définir. *Si certains bébés naissent avec des yeux d'un noir profond ou marron, d'autres ont un regard gris-bleu ou bleu ardoise, plus ou moins bleu ou gris selon les jours. La couleur des yeux est déterminée génétiquement, mais leur nuance évolue avec la pigmentation de l'iris qui est progressive. La couleur des yeux varie tout au long de l'enfance pour devenir définitive à l'adolescence. Il vous faut donc un peu de patience pour découvrir ce qui sera un élément fort de sa séduction.*

Un grand besoin d'amour

Dans le ventre de sa mère, le bébé sait déjà deux ou trois choses d'elle. Maintenant, il va vraiment faire sa connaissance. Dès leur première rencontre, une communication intense se noue entre eux. Il attend qu'elle lui apprenne à aimer, il fera tout pour y parvenir, car c'est un élève très doué.

Établir le contact

L'amour de la mère pour son enfant est une longue histoire, qui souvent est née dès la conception. Ces premiers liens se sont renforcés au fil des mois. Maintenant, ils vont s'épanouir dans la découverte de ce petit être fragile, mais qui a déjà un début de personnalité. Seul dans un nouvel environnement, puisqu'il n'est plus relié à sa mère, le bébé a assez peu d'autonomie pour nouer les contacts essentiels à sa survie. Pourtant, il possède quelques bagages de secours : ses réflexes archaïques et ses sens. Posé sur le ventre de sa mère, il va naturellement ramper jusqu'au sein nourricier, s'y blottir et montrer qu'il sait déjà bien téter. Au passage, il exerce quelques-uns de ses sens, toucher, odorat et goût. C'est alors que la magie opère. Sa mère, qui rêve de lui depuis des mois, voit dans ces premières manifestations une demande d'affection et de protection. Elle guide son bébé, elle lui tend son sein.

L'ENFANT, DÈS LE DÉBUT DE SA VIE, *répond à sa manière. Il sait, par ses cris et par ses mouvements, manifester son plaisir, son approbation, tout comme son déplaisir ou son opposition. Il agite frénétiquement les bras ou les jambes comme pour dire « Prends-moi », il glousse pour attirer le regard de l'adulte. À l'inverse, il est capable, très jeune, de se détourner, de fuir un regard, s'il se sent mal compris.*

Un petit séducteur

L'amour de l'enfant pour sa mère est fondé à l'origine sur un besoin commun à tous les mammifères, celui d'être nourri et protégé, mais aussi sur une attente bien particulière. Il attend que sa mère lui enseigne l'amour et il va tout lui donner pour y parvenir. Des relations privilégiées vont s'établir entre eux dès la naissance.
Et le plus étonnant s'accomplit ; le bébé va séduire sa mère. Il vagit, il sourit, il se pelotonne au creux de ses bras, il fixe son regard, et la mère fond de tendresse. Elle l'examine à loisir et prend conscience de toute la réalité de son enfant. Elle remarque sa réceptivité à toutes ses sollicitations, les siennes et celles des autres adultes qui l'entourent. Dès sa naissance, le bébé semble particulièrement s'intéresser à la personne qui prend soin de lui ou qui, très simplement, lui parle. On pense même que la capacité d'attachement du nourrisson est liée à son intérêt inné pour le regard de celui ou celle qui se penche sur son berceau. De nombreuses études montrent qu'à 5 jours, il fixe avec intensité le regard de l'adulte, à condition que celui-ci le regarde droit dans les yeux. Le petit homme arriverait donc au monde prêt à détecter des informations socialement utiles.

Un sourire communicatif

Ce n'est que le début de l'idylle. Le bébé va aussi commencer à gazouiller et tenter de sourire.
Dès les premiers jours, votre bébé vous sourit : il ferme les yeux et ses lèvres s'étirent d'une manière plus ou moins crispée. C'est d'ailleurs quand il dort profondément

qu'il sourit ; votre bébé semble exprimer ainsi un état de bien-être si parfait qu'il vous comble de bonheur. Vous êtes rassurée, vous êtes une « bonne mère », que votre enfant aime et reconnaît déjà. Tout naturellement, vous vous penchez sur lui, vous lui parlez tendrement, vous lui caressez la joue ou posez un baiser sur son front. Votre bébé est « aux anges », il sent votre odeur, perçoit votre voix et la douceur de la caresse. Voici comment le sourire réflexe est transformé par le pouvoir de l'imagination de la mère en un sourire-communication.

Avec le temps, l'enfant perçoit que son sourire provoque chez son interlocuteur de la joie et un sourire en retour, suivi de manifestations de tendresse. Il comprend donc très vite son intérêt à le renouveler, son sourire devient alors social.

Des échanges constructifs

La relation mère-enfant, père-enfant, est essentiellement entretenue par le langage. Langage des mots, mais aussi des gestes, du corps, de la musique. « Tout est langage », a écrit Françoise Dolto. Si le besoin d'attachement est inné, le choix de l'objet d'attachement, la mère dans 70 % des cas, est le fruit d'un apprentissage plus ou moins long. L'enfant ne crée pas seul cet « objet d'attachement » : il ne cristallisera cet amour particulier qu'après de longs échanges avec elle, mais aussi avec ceux qui l'entourent. Quand un bébé regarde sa mère, il la regarde en train de le regarder. Il se produit alors un jeu de miroirs infini.

Cette relation d'amour se construit sur l'échange, comme toutes les relations amoureuses.

Chaque bébé construit sa propre histoire d'amour avec sa mère. *Même si le souvenir de la première grossesse reste à jamais gravé dans la mémoire, l'arrivée d'un autre bébé est aussi émouvante. L'histoire d'amour se renouvelle à chaque naissance. L'amour d'une mère est presque inépuisable et son cœur est assez grand pour être partagé. Enfin, tous les bébés sont des séducteurs. Sans doute, le deuxième n'aura pas tout à fait le même caractère que le premier mais, très vite, sa mère saura en reconnaître les atouts et s'amusera à chercher les différences.*

Le bien-être obtenu par les soins de la mère et par le contact peau à peau avec elle, pousse le nouveau-né à s'attacher plus étroitement au corps maternel.

La mère, en réponse, l'étreint toujours un peu plus, l'aime davantage, lui témoigne en permanence de l'intérêt et flatte son narcissisme : il est beau, il est gentil. Il manifeste alors à son tour son affection, il sourit, il recherche le contact.

Au fil des jours, de satisfactions en petits bonheurs quotidiens, les liens vont se tisser, de plus en plus forts. Mais l'attachement, comme tout amour, traverse des hauts et des bas. Certains jours, bébé est indifférent ; d'autres jours, c'est sa mère qui ne se sent pas disponible.

Les fondements de l'attachement

De ce lien unique et privilégié dépendent le bien-être de bébé et son développement. Les spécialistes de l'enfance l'ont examiné avec attention et tentent de découvrir son secret…

L'attachement réciproque

La clé du mythe de l'attachement réciproque est définie par Sigmund Freud, le père de la psychanalyse, comme une force intérieure qui pousse l'enfant à satisfaire d'abord sa libido en tétant le sein de sa mère. En quelque sorte, « Je t'aime parce que tu me nourris ». Pour le psychologue Bowlby, au contraire, cet attachement n'est pas soumis aux exigences d'une situation. C'est un lien d'affection spécifique qui relie un individu à un autre. Bien entendu, les psychologues comparent toujours le petit de l'homme aux descendants des autres espèces animales. Recherches très intéressantes pour la race dominante, qui est très handicapée à sa naissance, comparée au petit de l'oie qui nage derrière sa mère ou au poulain qui tète debout. Le nouveau-né *Homo sapiens* est incapable de se déplacer. Ses gestes sont incontrôlés. Il ne peut communiquer que par les cris, le regard et le sourire.

Perfection des échanges

Pour René Zazzo, psychologue français, c'est l'harmonie des échanges mère-enfant qui permet un bon ajustement de leurs relations. La relation d'amour est construite sur l'échange, donc sur le bien-être. C'est lui qui pousse le nouveau-né à s'attacher au corps maternel. La mère répond par l'étreinte, qu'elle perfectionne de jour en jour. Le bébé, à son tour, influence le comportement de sa mère et leurs réactions-échanges sont de plus en plus fréquentes et profondes.

Une convergence de forces

Pour le professeur Bertrand Cramer, le lien se tisse progressivement : c'est un processus qui prend du temps, s'étalant depuis l'avènement du désir d'enfant jusque tard dans l'enfance. Il n'est pas constant, passe par des hauts (souvent au moment de la naissance), par des bas, voire quelquefois un rejet. L'attachement entre parents et enfant n'est donc pas instantané, ni acquis d'emblée. Il est le résultat d'une convergence de forces où se rencontrent les désirs des parents, leurs capacités relationnelles, leur histoire, ainsi que l'inné du bébé et le développement de ses propres capacités relationnelles.

Premier plaisir : le stade oral

Jusqu'à 1 an, l'enfant est dit au stade oral de son développement. Cette théorie a été avancée par Sigmund Freud. Pour lui, ce stade représente la première phase du développement de la sexualité. Tous les plaisirs sont apportés essentiellement par la bouche et la succion. À ces plaisirs s'ajoutent, petit à petit, d'autres satisfactions sensorielles (toucher, vue, audition) tournées vers la mère. La bouche, et notamment les lèvres, sont alors de fantastiques zones érogènes, la succion et la satisfaction de la faim lui apportant le maximum de plaisir. Un autre psychanalyste, Karl Abraham, a

Même quand vous prenez votre bébé dans son berceau, *entrez en contact avec lui par la voix et par le toucher. Quelques mots tendres, quelques petites caresses sur ses mains et sur sa joue vont lui permettre de ne pas être surpris. Pour le mettre en confiance, soulevez-le doucement en plaçant une main sous sa tête et l'autre sous ses fesses.*

distingué dans le stade oral deux périodes : le stade oral précoce, de la naissance à 6 mois, où tout plaisir est succion ; puis le stade sadique oral, qui apparaît avec la poussée dentaire et l'envie de mordre. Nous savons aussi que, dès les premiers mois de sa vie (au cours de cette phase orale), le bébé a découvert le plaisir que peut lui procurer son sexe, le pénis pour le petit garçon ou le clitoris pour la petite fille. En effet, déjà très petits, les nourrissons, en explorant leur corps, s'amusent avec leur sexe et en éprouvent grand plaisir.

Savez-vous que, lorsqu'il est dans vos bras, *la distance qui sépare son visage du vôtre est exactement celle qui permet à son système oculaire d'obtenir une image nette. De nombreuses expériences ont mis en évidence l'attirance des bébés pour le visage humain. Cette préférence à tout autre image s'explique par la fascination qu'exercent sur eux les courbes et les rondeurs du visage, l'ombre des sourcils, l'éclat du regard. Votre bébé vous fixe intensément dans les yeux, ce qui lui donne des contrastes parfaits : l'iris de vos yeux qui se détachent clairement sur le blanc de l'œil, votre bouche qui bouge lorsque vous lui adressez des mots tendres, votre sourire répond au sien.*

Profonde complicité

Pour le professeur Hubert Montagner, c'est à travers sa mère que l'enfant perçoit le monde extérieur. Leur complicité est si profonde que leur relation est également biologique. Analyse à la clé, H. Montagner montre que les taux hormonaux de l'un et de l'autre sont semblables lorsqu'ils sont ensemble ! Et cet accord fonde le bon développement psychique et physique de l'enfant. Pour Françoise Dolto, l'attachement mère-bébé est presque, à la naissance, une vieille histoire.

Dans le ventre de sa mère, il est déjà en parfaite communication avec elle par les échanges au travers du cordon ombilical et du liquide amniotique, mais aussi par ce qu'il entend et sent du monde extérieur au travers de la paroi utérine.
Parallèlement, les psychothérapies mère-bébé montrent une transmission de l'inconscient maternel au nourrisson. Ainsi, bien des troubles psychologiques et psychosomatiques peuvent être dus à une défaillance dans le système d'attachement.

Une période fondamentale

Pour le Pr. Philippe Jeammet, pédopsychiatre, la confiance que le bébé porte à ses parents pour répondre de manière parfaitement adéquate à ses besoins fonde des assises narcissiques solides et apporte un profond sentiment de sécurité intérieure. Ces acquis de la petite enfance perdurent toute la vie et permettent un parfait équilibre psychique.

Doué pour la communication

Le nouveau-né est doté d'une immense sensibilité. Il peut apprendre et s'adapte beaucoup plus rapidement qu'on a pu l'imaginer. Il est non seulement compétent, mais il est aussi un séducteur-né. C'est pourquoi l'environnement néonatal a une grande importance sur le devenir de l'enfant.

Le visage de la mère

Lorsqu'il naît, le petit de l'homme dépend entièrement de son entourage pour survivre, et tout particulièrement de sa mère. Or, on constate qu'il va tout faire pour s'installer dans une vie de famille confortable. On sait aujourd'hui, par exemple, qu'il est passionné par le visage humain. Il le recherche dès les premières heures de vie, rivant son regard au regard de l'adulte, s'y accrochant pour provoquer l'échange. Des recherches ont montré que, sollicité par deux dessins, l'un géométrique, l'autre évoquant le visage humain, c'est le second qui l'intéresse. Et si on met celui-ci en concurrence avec le visage de sa mère, c'est alors vers ce dernier qu'il se tourne.

Le bébé sent le souffle de sa mère. Il est même capable de reconnaître certaines voix et différencie sans difficulté celle de sa mère et celle d'une autre femme. De plus, si sa mère le regarde de façon inexpressive, l'œil vague, le visage froid, le bébé se tortille, se met à pleurer et cherche à attirer son attention. Il sait donc très vite qui est sa mère, cherche à l'aimer et à se faire aimer d'elle. Ce qui prouve, s'il en est besoin, que dès le berceau, il perçoit les sentiments qui animent sa mère. Ce bébé n'en finit pas d'émerveiller les pédiatres, qui font chaque jour des découvertes à son sujet.

Premier langage

Ainsi, dès le début de la vie, bébé réagit aux bruits qui l'entourent et pleure lorsqu'il a faim ou qu'il est mouillé. Cris et pleurs deviennent son premier mode de communication, son premier langage. À partir de 2 mois, on a constaté que le nourrisson produisait davantage de sons et de bruits en présence de l'adulte qui s'occupe de lui qu'en son absence. Ce qui signifie qu'il a appris à reconnaître son interlocuteur. Vers 3 ou 4 mois, bébé tourne les yeux et la tête vers une source sonore. C'est à cette époque qu'il commence à babiller.

Le plus fantastique est que la mère réagit physiquement au comportement de son nouveau-né. Son influence est même certaine. Lorsque bébé crie, les seins de sa mère se gonflent, augmentent de température et, chez certaines femmes, le lait se met à couler

> **LES PREMIERS JOURS, IL EST SOUHAITABLE D'ÉVITER LES SÉPARATIONS** *qui ne sont pas vraiment indispensables. Restez avec votre enfant pour tous les soins, sauf si certains examens vous paraissent insupportables. Votre inquiétude risquerait de se transmettre à votre tout-petit et le perturberait d'autant plus. Demandez au personnel soignant – comme vous le feriez vous-même – de prévenir le bébé avant chaque soin, et ce d'autant plus si ce soin est agressif (une piqûre par exemple). Une fois l'examen terminé, prenez-le contre vous afin qu'il retrouve son calme. Dans la mesure du possible, évitez de le confier la nuit, sauf si vous vous sentez particulièrement épuisée. Près de vous, il se sentira toujours plus rassuré.*

avant même qu'elles aient pris leur bébé dans leurs bras. Entre mère et bébé se tissent ainsi des liens physiologiques qui ouvrent la voie aux liens psychologiques. Après tout, cette complicité a commencé neuf mois avant la naissance...

L'art du portage

Les bébés adorent être portés allongés dans les bras de leurs parents, la tête calée dans le creux du bras replié ou en position verticale appuyés contre l'épaule de leur « porteur » qui leur maintient la tête. Mais ils aiment aussi découvrir le monde confortablement installés dans un porte-bébé. Le nourrisson, posé sur la poitrine de l'adulte, entend ses battements de cœur, le son de sa voix et vit au rythme de sa respiration. Il retrouve ainsi un peu du bien-être éprouvé pendant neuf mois dans le ventre de sa mère. Mais il découvre de nouvelles sensations : l'odeur de la peau et des cheveux, le balancement si l'adulte marche. Il se sent en sécurité et aimé. Les bébés africains profitent depuis longtemps de ce confort.

L'inné et l'acquis

Génétique et environnement, un débat dans lequel des chercheurs du CNRS ont apporté un début de clarification. Leur sujet d'étude : les enfants adoptés et la comparaison de leur QI avec celui de leurs parents biologiques et celui de leurs parents adoptifs. Le QI des enfants adoptés par des parents d'un milieu socio-économique élevé est, en moyenne, supérieur de 12 points à celui des enfants adoptés dans un milieu socio-économique bas, indépendamment du niveau socio-économique de leurs parents biologiques.

Le QI des enfants nés de parents biologiques de niveau socio-économique élevé est, en moyenne, supérieur de 15 points à celui des enfants issus de parents biologiques de niveau socio-économique bas, et cela indépendamment du niveau socio-économique des parents adoptifs. Ces chercheurs ont donc mis en évidence l'effet de l'environnement postnatal, celui-ci pouvant faire augmenter ou diminuer le QI. Cette étude pose bien évidemment la valeur que l'on donne au QI dans la construction d'un individu.
De même, l'influence du niveau socio-économique des parents biologiques est démontrée, mais l'interprétation de cette influence est loin d'être simple. En effet, est-ce un problème génétique ? Est-ce l'importance (aujourd'hui reconnue) des conditions de la grossesse ? Ou bien est-ce que ce sont les deux ensemble ?

Le portage permet *aux parents d'observer « le dialogue tonique » de leur bébé. Chaque fois que le bébé est porté, tout son corps réagit selon qui le porte. Il reconnaît très vite son porteur et ajuste sa position et ses mouvements : il bouge les jambes, les bras, la tête, se cambre plus ou moins. Par ses attitudes, il manifeste son plaisir d'être porté par des personnes différentes : sa mère, son père, ses grands-parents ou ses frères et sœurs.*

Une personnalité bien à lui

De nombreux tests servent à évaluer l'état neurologique du bébé qui vient de naître. L'objectif essentiel a été d'aider les parents à s'adapter à leur nouveau-né et de leur fournir très vite des indications sur la meilleure façon de le soigner en fonction de sa personnalité déjà perceptible.

Un test de personnalité

Parmi les nombreux tests effectués à la naissance, il en existe un particulièrement complet, mis au point par le célèbre pédiatre, le docteur Brazelton, longtemps responsable du service de pédiatrie de l'hôpital pour enfants de Boston. Son test se pratique à tout moment, dès la naissance et jusqu'à la fin du premier mois. Il cherche à déterminer les compétences et les qualités du bébé de la naissance à 2 mois, il a mis au point une échelle de développement, utilisée partout dans le monde. Toutes ces données, rassemblées et cotées, fournissent des indications précises et fiables quant au type de bébé que le nourrisson promet de devenir au cours des premiers mois de sa vie.

Ainsi renseignés, les parents sauront mieux comment répondre à ses besoins sur le plan physique et affectif. Sachant décrypter certains signaux exprimés par leur bébé, ils seront plus à même d'y répondre de manière adéquate. Ils contenteront leur bébé et petit à petit prendront confiance en eux.

L'examinateur observe et note les comportements du bébé *et encourage les parents à les repérer pour ensuite les décoder. Parmi les 28 points examinés sont particulièrement étudiés la qualité du sommeil, la faculté à être consolé, la fatigabilité, les besoins de câlins ou la sensibilité… À ceux-ci s'ajoute le test des 18 réflexes. C'est ainsi que le praticien dresse un portrait de l'enfant avec ses atouts et ses vulnérabilités. Il pourra dire aux parents si leur bébé aime, par exemple, s'endormir lové dans un endroit chaud ou si, au contraire, il aime avoir de l'espace autour de lui, si leur bébé a besoin de calme pour manger, s'il a particulièrement besoin d'être porté dans les bras ou d'être bercé.*

S'adapter au monde

Ce test répond en effet aux questions suivantes : quel est le mode d'interaction du bébé au monde environnant ? Comment s'adapte-t-il ? Cherche-t-il naturellement à se protéger face à un excès de stimulations visuelles ou auditives ? Trouve-t-il spontanément la paix en cherchant son pouce ou en tournant sa tête en direction de la voix apaisante de sa mère ? Se montre-t-il volontiers coopératif lors des diverses manipulations pratiquées au cours de ce test (on tire sur ses bras pour l'amener en position assise, on le prend dans les bras, on le maintient verticalement en position de marche) ? Sait-il se faire comprendre de ses parents quand ils le tiennent dans une position confortable ou non ? Quels moyens utilise-t-il pour montrer qu'il voit et qu'il entend, et que les stimulations qu'il enregistre lui plaisent ou lui déplaisent ?

Le test de Brazelton comporte aussi 28 points pour évaluer le tonus musculaire et la qualité des réponses du bébé aux stimulations physiques. Ce sont des réflexes de marche automatique, la stimulation de la voûte plantaire, l'accompagnement de la tête dans le mouvement couché-assis. On observe si l'enfant participe vigoureusement, s'il passe facilement du sommeil à l'éveil et inversement. Enfin, son rythme de fatigue est également noté.

***Si vous avez l'occasion d'assister** aux vingt-huit séquences du test de comportement néonatal, vous serez émerveillée de découvrir toutes les compétences que possède déjà votre bébé. Ce test peut se pratiquer à la maternité ou dans le mois qui suit le retour du bébé et de sa mère chez eux. Il peut être réalisé par un médecin, une infirmière ou une puéricultrice spécialement formés. Il vaut mieux choisir une heure éloignée des tétées et l'installer dans une pièce calme et faiblement éclairée.*

Comment réagit-il ?

Après avoir vérifié que le nouveau-né voit et entend bien, on contrôle sa capacité à se protéger des perturbations de son environnement au cours de son sommeil. L'examen est pratiqué avec une petite lampe que l'on braque sur ses paupières closes. Le premier mouvement du bébé est de sursauter. Puis, devant la répétition de ce geste, l'enfant sursautera de moins en moins, s'habituera, et enfin ne bougera plus. Cette réaction d'accoutumance prouve la bonne santé du bébé et un système nerveux parfait. Le même test sera pratiqué sur le plan auditif à l'aide d'un hochet puis d'une clochette, afin de vérifier sa capacité auditive. La stimulation est répétée une dizaine de fois pour contrôler la capacité du nouveau-né à s'abstraire du dérangement sonore.

Autre phénomène fréquemment examiné : les pleurs et la capacité à les calmer. Quand un nouveau-né pleure, il essaie de se tourner sur le côté, d'étendre un bras, puis de le replier pour le ramener vers sa bouche. Généralement, le bébé réussit seul à prendre cette position calmante, mais certains enfants ont besoin d'assistance. Il existe des gestes qui vont l'aider à retrouver son calme.

Répondre à ses besoins

On commencera par murmurer avec insistance des paroles apaisantes à son oreille. À leur écoute, l'enfant portera sa main à sa bouche. Si la voix n'est pas suffisante, le médecin saisira les bras du bébé, qu'il maintiendra croisés sur sa poitrine pour briser le cycle pleurs-soupirs ; la pression physique accompagnée de l'exhortation vocale aura souvent raison de l'accès de larmes.

Le médecin a aussi à sa disposition une troisième manœuvre : il prend l'enfant dans ses bras et le cajole doucement pour guider sa main vers sa bouche. La manière dont l'enfant réagit à ces tests permet d'établir une échelle de degrés d'assistance dont il aura besoin pour sortir de ses crises de pleurs. Ainsi, même si le médecin conclut que le bébé qu'il est en train de tester n'est pas du genre « facile », il pourra rassurer les parents en leur montrant les gestes apaisants.

Lait maternel, lait idéal

Irremplaçable pour le tout-petit, il le protège contre la plupart des infections intestinales, le prévient de certaines allergies... et s'assimile complètement. La composition du lait maternel est non seulement idéale, mais elle peut aussi s'adapter aux besoins essentiels du nouveau-né.

Une composition variable

Elle peut même changer au gré des jours, d'heure en heure, et même au cours d'une même tétée. Ainsi, le taux de lipides (graisses) peut être multiplié de un à quatre pendant un seul repas. Le lait est alors plus gras, plus riche. Sachez également que le lait en fin de tétée n'a pas toujours la même composition. De plus, il s'appauvrit la nuit. C'est le matin, entre 6 heures et 10 heures, que la concentration en graisses est maximale. Au cours des premiers jours s'installe le lait primitif, pauvre en graisses et en lactose malgré son épaisseur apparente. Ce n'est qu'à partir de deux semaines que le lait maternel trouve sa maturité et sa composition définitive. Si vous avez la curiosité de le goûter, vous constaterez qu'au début, votre lait ressemble au lait de vache : même couleur, même fluidité. Cela est dû aux traces de colostrum qui subsistent pendant la première semaine d'allaitement.

Un aliment parfait

Complice de l'organisme du nouveau-né, cette composition est constituée de 85 % d'eau, d'acides gras très solubles, parfaitement assimilables par les sucs de l'enfant, de protéines et de sels minéraux en quantités nécessaires pour être traités par le foie et les reins immatures du nouveau-né, enfin d'un sucre, le galactose, qui favorise la constitution du tissu cérébral.

S'y ajoutent des vitamines A, B, C, D, E en quantités variables selon l'alimentation de la maman, mais au moins deux fois plus importantes que dans le lait de vache. Enfin, le lait maternel contiendrait des tranquillisants naturels. Cela justifierait l'endormissement béat des bébés après une bonne tétée.

Comment savoir si votre bébé tète assez ? *Le bébé nourri au sein est libre de prendre la quantité de lait qu'il souhaite, ce qui inquiète parfois les mères. Elles veulent être certaines que leur bébé s'alimente suffisamment. Autrefois, on demandait aux mamans de peser leur bébé avant et après la mise au sein. On s'est aperçu que cette mesure n'avait aucune signification puisque, d'une tétée à une autre, le bébé boit selon son appétit. Elle avait encore la fâcheuse conséquence d'angoisser les mères. Aujourd'hui, on estime qu'un bébé tète correctement si ses selles sont nombreuses les premières semaines, une à chaque tétée, puis une par jour, s'il mouille souvent ses couches (5 ou 6 fois par jour) et si sa courbe de croissance est régulière. Il est possible encore d'avoir une bonne idée de ce qu'il absorbe en le regardant téter, si sa succion fait bouger ses joues, ses tempes et même ses oreilles, s'il déglutit régulièrement. Au début de la tétée, son rythme de succion est rapide, puis devient plus lent et plus régulier. Après la mise au sein, s'il s'endort calmement, c'est qu'il est repu.*

Il contient d'autres sucs essentiels plus facilement assimilables, beaucoup de protéines et les fameuses immunoglobulines qui assurent une protection contre les agents infectieux.
Bref, un mélange nutritionnel idéal pour la croissance. Certains acides aminés auraient une importance sur le développement. La taurine, abondante dans le lait humain, serait essentielle. Ces découvertes récentes ont d'ailleurs incité les fabricants à améliorer le dosage en taurine des laits maternisés.

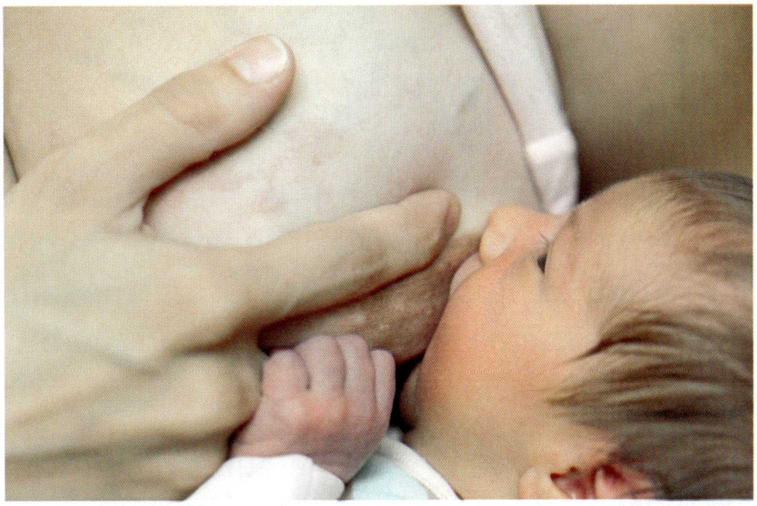

Formidables anticorps

Le lait maternel possède surtout une qualité d'ordre immunitaire qu'aucun autre lait ne pourra jamais avoir. Un véritable bouclier contre les microbes. En effet, ce système de protection s'appuie sur des cellules spécifiques qui fonctionnent avec certaines protéines. Leur coordination est si bien faite qu'elle peut augmenter le taux des anticorps (les soldats de l'organisme) pour lutter contre l'apparition des maladies contagieuses.
Certains chercheurs affirment même que ce taux est prémonitoire et qu'il augmente avant le déclenchement de la maladie. Ce système de protection est donc dû aux éléments que le lait maternel contient. D'abord des protéines : l'une d'entre elles, la lactotransferrine, fixe le fer sur des sites spécifiques. Or, la croissance des bactéries nécessite la présence du fer, mais à l'état libre. La fixation du fer par la lactotransferrine empêche donc la croissance et la multiplication des bactéries.
Puis le lait maternel contient des composants cellulaires : les macrophages et les lymphocytes, également doués de propriétés anti-infectieuses ; des immunoglobulines (ou anticorps) enfin : leur concentration atteint le premier jour des chiffres élevés (50 mg/ml), puis diminue rapidement les jours suivants pour se stabiliser à environ 0,3 mg/ml après deux ou trois semaines. L'augmentation de la sécrétion lactée compense en partie cette diminution, si bien que la quantité d'anticorps reste élevée et constante tout au long de l'allaitement.
Le professeur écossais Peter Howie a particulièrement étudié le rôle de l'allaitement maternel dans la prévention des infections. Ses conclusions sont claires : le lait de la mère est un excellent protecteur contre les infections gastro-intestinales au cours de la première année, si les bébés sont nourris au sein au moins 13 semaines. S'ils ne bénéficient pas de cette durée, ils ne sont protégés qu'au cours de la période d'allaitement.
En revanche, le lait maternel semble beaucoup moins efficace sur les infections respiratoires, qui ne seraient qu'en légère diminution chez les enfants nourris au sein.

Lors de la première mise au sein dans les minutes qui suivent l'accouchement, *votre bébé se nourrit de colostrum. Ce liquide est particulièrement riche en protéines, sels minéraux et éléments immunitaires. On lui reconnaît une action majeure anti-infectieuse et des vertus laxatives. Au troisième jour de la lactation, le colostrum est remplacé par un lait de « transition », suivi d'un lait dit « mature » dont la composition se fixe au vingtième jour de l'allaitement.*

À la demande

Au sein, c'est votre bébé qui vous indique qu'il a faim, n'en déplaise à tous ceux qui voudraient le voir déjà manger à heures fixes. Aujourd'hui, la plupart des pédiatres conseillent un allaitement à la demande, même si le bébé est nourri au biberon.

Une souplesse contrôlée

La faim de votre bébé va se régulariser peu à peu. On s'aperçoit que ses demandes, après quelques jours de fantaisie, s'installent à intervalles relativement réguliers. Sans doute le bébé maîtrise-t-il mieux sa sensation de faim, mais la composition différente du lait maternel d'un moment à l'autre joue sans doute un rôle. Il est plus riche en milieu de matinée (donc bébé sera plus satisfait) qu'en fin d'après-midi (il risque de réclamer et de pleurer). Le bébé au sein ne risque jamais d'être suralimenté, son organisme régule parfaitement ses besoins et il ne boit que selon son appétit. Soyez donc patiente, il va trouver son rythme. La quantité varie bien sûr avec l'âge de l'enfant. Un bébé dont le poids de naissance est de 2,5 kg n'a pas les mêmes besoins qu'un bébé de 3,5 kg. On a pu constater, d'autre part, que des enfants de même âge et de même poids ont des apports énergétiques, donc des besoins, qui vont du simple au double. L'allaitement à la demande a l'avantage de prévenir l'engorgement mammaire. En effet, si les tétées sont trop espacées, vos seins peuvent être tendus et douloureux. Il évite aussi les crevasses au niveau des bouts de seins, puisque ceux-ci sont naturellement « lubrifiés » par le lait.

> **« Seules règles à observer : un minimum de 2 heures entre les tétées et qu'il prenne son repas en un quart d'heure, tout au plus ! »**

Repas nocturne

Faut-il de la même façon accéder aux demandes du bébé pendant la nuit ? Aujourd'hui, donner une tétée ou un biberon de nuit n'est plus considéré, jusqu'à l'âge de 3 mois, comme un signe de faiblesse face à un bébé capricieux. Ce repas est nécessaire au développement de l'enfant, qui adapte ses demandes aux besoins de son organisme. Les psychologues pensent qu'il est dommageable pour l'enfant de le laisser pleurer la nuit sans le réconfort d'un adulte. Un bébé de quelques mois ne s'arrête jamais de crier, même s'il a compris qu'il n'aura pas satisfaction. Quand il se rendort, c'est après une colère telle qu'elle le met au bord de l'épuisement. Si l'on n'y prend pas garde, l'angoisse liée à la non-satisfaction de sa faim risque alors d'être associée, peu à peu, à l'obscurité qui l'entoure, promettant de bien mauvaises nuits aux parents dans les mois à venir.

Certains nourrissons sont allergiques au lait de leur mère. *Ce phénomène est rare, mais il mérite d'être signalé. On pense qu'il est dû à l'absorption trop forte par la mère de lait ou de ses dérivés (crèmes, yaourts, fromages, etc). Les protéines de ceux-ci passent dans le lait maternel. Mais on estime aussi que, compte tenu des raisons psychiques des allergies, l'enfant peut manifester un trouble relationnel profond.*

Malheureusement, il faut l'avouer, toutes les manœuvres destinées à éviter le biberon (ou la tétée) de nuit sont peu efficaces. Il est toujours plus simple de lui offrir une ration supplémentaire que de l'entendre pleurer ! Attendez toutefois qu'il se réveille pour lui donner à boire.
Si vous allaitez, c'est bien sûr plus facile sur le plan de l'organisation. Si votre bébé est au biberon, gardez près de vous le chauffe-biberon, afin que le petit « en-cas » soit vite prêt. Pensez aussi à préparer la dose de lait en poudre dans des petites capsules afin de vous simplifier le quotidien.

Une hygiène parfaite est indispensable. *Avant tout, il faut nettoyer le biberon. Il sera d'abord rincé, puis lavé au liquide vaisselle et frotté à l'aide d'un goupillon utilisé uniquement pour cet usage. La tétine et la bague de maintien seront soigneusement lavées et brossées. Il est important de s'assurer qu'il ne reste pas de traces de lait, notamment dans la bague maintenant la tétine, ainsi que dans la tétine elle-même.*
Ces résidus peuvent fermenter et développer une prolifération microbienne, cause de gastro-entérites. Ensuite, séchez-les convenablement. Il est à noter que pour toutes ces manipulations, le lave-vaisselle est particulièrement utile, car il lave à eau très chaude et sèche très bien. Une fois stérilisé, le biberon se range tête en bas, à l'abri de la poussière ou soigneusement fermé au réfrigérateur. Avant chaque usage, n'oubliez pas de le rincer à l'eau courante.
La pasteurisation est recommandée les premiers mois, ensuite un lavage au lave-vaisselle suffit pour détruire les germes microbiens.

Hoquet, rot et régurgitation

Au cours de la tétée ou après, votre bébé peut manifester de petits troubles sans gravité.
Le hoquet est provoqué par l'air que bébé avale au cours de la tétée. Pour le faire passer s'il se prolonge, couchez-le bien à plat sur le ventre. Même s'il persiste, vous pouvez sans problème recoucher votre bébé. Un proverbe dit que le bébé qui a le hoquet profite. C'est loin d'être faux. En effet, ce hoquet ne fait que traduire l'excitation transitoire du nerf phrénique par un estomac bien rempli. Ce phénomène n'a rien d'anormal et disparaîtra progressivement.
Roter après le biberon n'a rien d'obligatoire. N'en faites pas une obsession. Certains bébés rotent, d'autres pas. Mais prenez la précaution de ne pas coucher le bébé aussitôt après son repas.
Certains bébés sont plus sensibles que d'autres, leur estomac régurgite alors le trop-plein. Le renvoi se produit généralement au moment du rot, il peut être assez abondant et a toujours une désagréable odeur de lait caillé.
La régurgitation est plus fréquente chez l'enfant nourri au biberon. C'est souvent dû au fait que bébé boit trop vite parce que la tétine est trop largement percée.
Rien n'est plus normal, car la digestion commence dès que le lait est dans l'estomac. La régurgitation est parfois le signe d'une immaturité œsophagienne tout à fait normale les trois premiers mois. Les régurgitations pathologiques sont acides et douloureuses souvent accompagnées de toux. Elles s'accentuent avec l'âge et ont des répercutions sur la croissance.

Biberon et lait premier âge

Si vous n'allaitez pas, vous nourrirez votre bébé au biberon avec un lait premier âge jusqu'à l'âge de 5 mois. Ce lait apporte au nourrisson tout ce dont il a besoin pour sa croissance et sa maturation.

Le respect des doses et des quantités

Les laits infantiles sont le résultat d'une minutieuse mise au point diététique : protides, glucides et lipides ont été particulièrement étudiés pour assurer à votre bébé un apport énergétique complet tout en respectant ses capacités digestives.
C'est le pédiatre qui prescrit ce lait et la quantité à donner. Celle-ci n'est pas liée à l'âge de l'enfant, mais à son poids. Généralement, le nombre de biberons est de six par 24 heures. Mais il est des jours où l'enfant a très faim et boit tout ce qu'on lui donne, d'autres où il laisse systématiquement du lait au fond de ses biberons. Seule une réelle perte de poids sur plusieurs jours justifie une inquiétude.
Si vous optez pour un lait en poudre, moins onéreux que le lait liquide, la reconstitution se fait dans la proportion d'une mesurette rase de lait en poudre pour 30 ml d'eau. Pour obtenir 120 ml de lait, il faut donc 4 mesurettes de lait et 120 ml d'eau. Versez chaque mesurette l'une après l'autre et secouez toujours bien le biberon pour éviter les grumeaux. Si la quantité de lait prescrite par le pédiatre n'est pas un multiple exact de 30 (par exemple : 75 ml), il est préférable de préparer une quantité supérieure de

> **« L'important est la façon de donner, elle compte autant que ce qui est donné. »**

lait (90 ml d'eau et 3 mesurettes exactes de poudre) plutôt que d'utiliser des demi-mesurettes. Votre bébé boira ce qu'il désire. Voici, à titre d'exemple, le rythme de l'alimentation au biberon : six biberons par jour, toutes les trois heures, avec une heure de plus ou de moins selon la demande de l'enfant : 6 h 30/7 h ; 10 h/10 h 30 ; 13 h/13 h 30 ; 16 h/16 h 30 ; 19 h/19 h 30 ; 22 h/22 h 30.
Le respect des doses doit être rigoureux. Le désir de stimuler la prise de poids peut conduire certaines mères à des erreurs de surdosage qui entraînent diarrhées, vomissements et perte d'appétit.

Tout prêt

Ceux et celles qui refusent de jongler avec les mesurettes choisiront un lait diététique liquide en brique prêt à l'emploi et qui convient aux enfants, de la naissance à 1 an. En outre, les fabricants de lait infantile proposent des biberons prêts à l'emploi, déjà utilisés dans de nombreuses maternités, et progressivement commercialisés. Ce sont de petites bouteilles sur lesquelles se visse une tétine.
Tous les laits premier âge, bien que se rapprochant du lait de la mère, lui restent toutefois inférieurs en raison de leurs proprié-

Il est préférable d'utiliser de l'eau minérale pour reconstituer le lait. *Celle-ci doit être pure, faiblement minéralisée et de pH neutre. Les bouteilles doivent être conservées au frais et dans un endroit sec, dans le noir. Elles seront refermées après usage et utilisées sous 48 heures. En dépannage, on peut utiliser l'eau du robinet (sauf eau de source non contrôlée), à condition de la faire bouillir 25 minutes et de l'aérer en la battant avec une fourchette. Vous pouvez aussi choisir chez votre commerçant une bouteille portant la mention « coupage biberon » sur l'étiquette.*

Certains bébés sont allergiques à la protéine du lait de vache. *Les troubles les plus courants sont digestifs avec vomissements et diarrhées, accompagnés parfois de saignements. D'autres enfants ont des réactions plus importantes : urticaire, troubles respiratoires, œdème pouvant exiger une hospitalisation en urgence. Il existe un test de tolérance aux protéines du lait de vache à faire soi-même à la maison. Il est constitué de deux patchs à placer dans le dos du bébé. L'un contient de la poudre de lait, l'autre aucune substance. Après 48 heures de pose et 72 heures d'attente, le médecin peut faire le diagnostic et la prescription qui s'impose. D'autres bébés ne supportent pas la saccharose ajoutée aux laits en poudre. Il suffit de donner à l'enfant un lait sucré au lactose ou à base de dextrine pour que tout rentre dans l'ordre.*

tés allergisantes dues aux protéines du lait de vache et à l'absence de propriétés anti-infectieuses. Le lait hypoallergénique est de plus en plus recommandé en suite d'allaitement. Aujourd'hui, la Sécurité sociale rembourse, dans certains cas, les laits de substitution.

D'autres laits

Le lait maternisé a voulu se rapprocher le plus possible du lait maternel, avec un taux de protéines faible, adapté au travail des reins et du foie. Les sels minéraux sont également présents en petite quantité. Le seul sucre est le lactose, les graisses étant composées pour 40 % de graisses lactiques et pour le reste de graisses végétales. La teneur en acide linoléique est en revanche très augmentée. Certains de ces laits sont enrichis en taurine, qui aide à l'absorption des graisses.

Les laits maternisés sont accusés, par certains pédiatres, d'être à l'origine d'intolérances digestives, de ballonnements et de coliques. Pour remédier à ces inconvénients, les industriels ont mis au point les laits modifiés ou adaptés. Leur teneur en protides est légèrement augmentée et la composition en sucre est différente. Il y a aussi les laits acidifiés, fermentés par des bactéries lactiques, capables de dégrader le lactose au niveau intestinal.

Pour les enfants allergiques aux protéines du lait de vache, les chercheurs ont imaginé un lait premier âge hypoallergénique. Il s'agit d'un aliment lacté dont la phase protidique est exclusivement constituée de protéines solubles hydrolysées et dont l'hypoallergénicité est soigneusement contrôlée. Cet aliment lacté assure au nourrisson un juste équilibre nutritionnel avec, en particulier, un sucrage mixte (lactose/dextrine-maltose) et un enrichissement en acide linoléique, en fer et en vitamines conformes à la réglementation.

Les laits de soja ou de riz peuvent être proposés à tous les bébés qui présentent une intolérance vraie au lait de vache. Ils sont à base de protéines végétales, de lactose en faible quantité et de graisses modifiées. Il est impératif d'utiliser un lait de soja pour nourrisson vendu en pharmacie et prescrit par le médecin.

Les laits sans lactose sont destinés aux nourrissons qui souffrent d'une intolérance au lactose ou d'une diarrhée aiguë. Dans ce cas, on les donne uniquement sur prescription du médecin, pendant quinze jours, voire trois semaines, jusqu'à la disparition des symptômes.

Les cris : pour tout dire

Bébé est submergé par les pleurs et vous vous sentez impuissante. À bien l'écouter, vous vous apercevrez que chaque vocalise a son propre sens. Un bébé pleure beaucoup. Pour lui c'est un premier langage. En apprenant la signification de ces pleurs, vous les supporterez mieux et communiquerez avec lui.

Pourquoi bébé pleure-t-il ?

On estime que les 6 premières semaines, un bébé pleure en moyenne 6 heures et ensuite 1 heure jusqu'à 1 mois, alors patience, il a toujours une bonne raison de se manifester !

Il est mouillé : certains bébés détestent rester dans des couches sales. Seule solution : le changer. S'il se remet à pleurer quelques minutes après avoir été changé puis couché, peut-être a-t-il besoin de téter, à moins qu'il ne souhaite faire un petit rot supplémentaire.

Il a trop chaud : 18 à 20 °C dans la chambre de bébé suffisent largement à son confort, et une température plus élevée peut troubler son sommeil. Surtout, ne le couvrez pas trop au début de la nuit, car il transpire beaucoup pendant les premières heures de son sommeil.

Il a faim, c'est sûr : pendant les trois premiers mois de la vie, si votre bébé pleure et se réveille en pleine nuit, c'est certainement parce qu'il est affamé. Ce besoin est physiologique et naturel. Ne pensez surtout pas qu'il va se calmer tout seul. Tant qu'il n'aura pas été rassasié, les pleurs continueront.

Il a soif : s'il crie, s'il pleure sans raison entre deux repas, un peu d'eau nature le calmera.

Il est 5 ou 6 h du soir : la tombée de la nuit rendrait certains bébés mélancoliques, à moins qu'ils n'aient peur de ce voile noir qui les enveloppe peu à peu ? Ces cris ont peut-être une raison biologique qui reste à découvrir.

Ses repères sont bousculés : n'écoutez pas trop ceux qui prétendent qu'un bébé est adaptable et qu'il peut manger ou dormir à heures irrégulières. Votre bébé a son mot à dire et le manifestera par des pleurs de colère.

DÈS SA NAISSANCE, L'ENFANT A BESOIN DE CONTACTS CORPS À CORPS. *La naissance l'a séparé de celui de sa mère, mais il n'en a pas encore conscience. Petit à petit, il s'en apercevra et retrouvera, avec d'autant plus de plaisir, la chaleur et l'odeur de l'adulte. La pédiatre Nathalie Charpak, qui a particulièrement étudié les effets bénéfiques du portage peau à peau sur les enfants prématurés de Colombie, préconise cette technique pour les nourrissons de moins de 15 jours. L'enfant est placé contre la poitrine d'un parent, enveloppé dans un tissu, en position bien droite et sans entraver sa respiration. Il participe ainsi à la vie de ses parents 4 à 5 heures quotidiennement. Ce portage apaise les pleurs, le stress, la douleur et facilite l'allaitement. Enfin, prendre un bébé dans son berceau commence toujours par une prise de contact verbale. Quelques mots vont lui permettre de ne pas être surpris. Tous les mouvements s'effectuent sans brusquerie.*

Essayez de dominer votre angoisse. *Un bébé qui pleure beaucoup et dont on ne peut interpréter les cris provoque souvent chez les parents un trouble profond et parfois même de la colère. Ils se sentent impuissants et mettent en cause leur capacités à comprendre, voire à aimer leur bébé. Le contact corporel adoucit souvent les tensions et les angoisses des bébés. À vous de trouver ce qui lui convient le mieux, le confort de vos bras étant le plus souvent le meilleur remède à ses pleurs intempestifs. Essayez de garder votre calme, plus vous serez tendue et nerveuse, plus votre bébé risque de pleurer.*

Lorsqu'on le met dans l'eau, bébé crie : soyez rassurante, parlez-lui, mouillez-le de la main sans le brusquer. Si rien ne le calme, remettez le bain au lendemain.
Il est normal qu'un bébé pleure, c'est ainsi qu'il exprime ses besoins, son mécontentement voire sa souffrance.

Le bon décryptage

Le docteur Alain Lazartigues (pédopsychiatre au CHU de Brest, le docteur A. Lazartigues travaille également au CNRS) a mis en évidence cinq types de cris : celui de la faim, celui de la colère, celui de la douleur, celui de la frustration et enfin celui du plaisir. À ces cris s'ajoutent, vers l'âge de trois semaines, des sons destinés à attirer l'attention.
Le cri de la faim se caractérise par un son strident suivi d'une inspiration ; il est accompagné d'un court sifflet, puis d'une période de silence.
Dans leurs cris de colère, certains bébés ont plusieurs timbres. Tout dépend de la force avec laquelle l'air passe entre les cordes vocales. Très aigus, ils sont difficiles à supporter sur le plan acoustique.
Le cri de douleur est souvent distingué immédiatement par la mère. Il se compose d'un premier cri, suivi d'un silence, puis d'une inspiration inaugurant une série de cris expiratoires.
Le cri de frustration est une variante de celui de la douleur. Il se manifeste par un cri suivi d'un long sifflement inspiratoire. Il est provoqué, par exemple, par le retrait du biberon et se répète. S'ajoute enfin le cri de plaisir, assez fort, sorte de cri de joie que le bébé va utiliser de manière volontaire, à chaque fois qu'il aura envie que l'on s'occupe de lui.

Une réponse adaptée

Pour certains, les cris ressemblent à une mélopée douce et proche de la musique. Ces bébés n'ont pas besoin d'être pris et câlinés ; la simple présence de leur maman les rassure. D'autres connaissent de véritables crises de larmes qui les laissent inconsolables. Cependant, rassurez-vous, vers trois ou quatre mois, bébé perdra cette habitude. Répondez toujours aux cris de votre bébé, c'est indispensable. Faute de quoi, il risque fort de croire que ses plaintes sont vaines et qu'il ne peut rien attendre de vous. Malgré leur côté agressif, les pleurs jouent un rôle fondamental dans les échanges entre le bébé et son environnement familial. Mieux vous saurez répondre à son désir, mieux vous pourrez supporter ses cris. N'hésitez pas à lui parler, caressez-le, tenez ses mains ou posez fermement une main sur son ventre. Si cela ne suffit pas, prenez-le dans vos bras et bercez-le en le tenant contre votre épaule, sa tête nichée dans votre cou. Tout naturellement, il reprendra son calme. Au fil des mois, vous apprendrez à faire la différence entre tous ces cris... et ceux qui relèvent plus d'un caprice passager.

Des coliques douloureuses

Votre bébé se met brusquement et régulièrement à pousser des cris. Impressionnantes et douloureuses, ces crises de coliques sont un des grands classiques des perturbations ressenties par le nourrisson. Elles laissent souvent les parents démunis et inquiets. Qu'ils se rassurent, dans quelques mois, elles auront disparu.

Les identifier

En fin de journée, le plus souvent, l'enfant se met à pleurer de façon stridente, son visage devenant très rouge et grimaçant. Son ventre est parfois ballonné et il émet des gaz. Le bébé se tortille, ramenant ses jambes contre son ventre : incontestablement, il souffre. Il peut ainsi pleurer plusieurs heures, les parents se sentant impuissants.
Ne confondez pas colique et diarrhée : la première provoque une violente douleur abdominale et n'a rien à voir avec une mauvaise consistance des selles. D'ailleurs, le bébé qui souffre de coliques peut présenter des selles tout à fait normales. Aussi impressionnantes soient-elles, ces crises douloureuses ne doivent pas vous alarmer. Armez-vous de patience, elles disparaissent toujours. C'est un grand classique des troubles de l'enfant de moins de 3 mois et qui disparaît presque de manière magique lorsque l'enfant atteint ses six mois.

Des causes très diverses

L'interprétation de ces coliques a donné lieu à bien des discussions entre pédiatres et pédopsychiatres. On a d'abord pensé à des problèmes intestinaux, les laits maternisés étant accusés d'être à l'origine d'intolérances digestives. Pour remédier à ces inconvénients, les industriels ont notamment mis au point les laits « modifiés » ou « adaptés » (p. 487). Puis les pédiatres ont jugé que ces coliques avaient pour origine l'immaturité de l'appareil digestif. D'autres spécialistes, constatant que ce sont les bébés nourris au sein qui en souffriraient le plus, ont émis l'idée que le responsable pouvait être le lait maternel riche en lactose. Le lactose ne serait pas toujours intégralement absorbé par l'intestin, surtout au début de chaque tétée. Ils conseillent donc aux mères de surveiller attentivement leur alimentation : elles doivent supprimer tous les choux, les salades de légumes crus, les yaourts et l'eau gazeuse qui provoquent des gaz chez le bébé. Ils préconisent d'alimenter l'enfant en position verticale afin de limiter les problèmes d'aérophagie.
Aujourd'hui, la thèse à la mode est celle d'un trouble psychologique, mais ce n'est qu'une hypothèse qui ne repose sur aucune preuve scientifique. Pour les uns, le bébé exprimerait une difficulté relationnelle avec son entourage, telle qu'une maladresse de maternage ou une vie trop agitée par rapport à son seuil de tolérance. Trouver le bon accord entre la mère et son bébé est affaire d'apprentissage et non d'instinct.

***Une équipe anglaise a constaté l'effet apaisant de l'eau sucrée** sur les douleurs de ces fameuses coliques. La recette : faites fondre 1/2 cuillerée à café de sucre en poudre dans 20 ml d'eau, faites bouillir le mélange, puis laissez-le refroidir. Cette boisson se conserve 24 heures au réfrigérateur dans un biberon stérilisé. Donnez-la au biberon, s'il veut bien téter, ou à l'aide d'une seringue graduée, que vous placerez sur le côté de la bouche de votre bébé, une ou deux fois par jour, pas plus.*

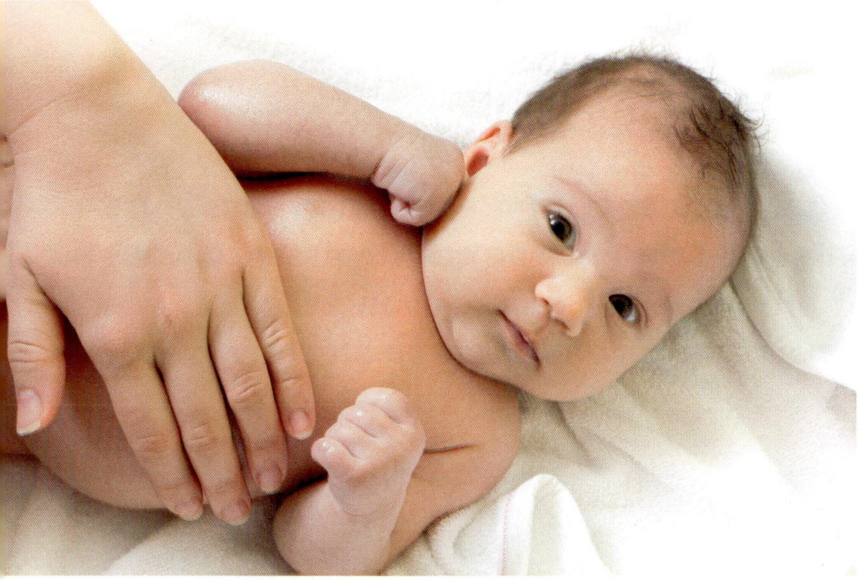

Pour le professeur Marcel Rufo, après un examen médical qui élimine les causes organiques, il faut considérer que ces coliques sont des manifestations psychosomatiques. On considère que le bébé souffre de colique lorsqu'il pleure plus de trois heures et plus de trois jours par semaine.

Comment l'apaiser ?

Vous n'avez que l'embarras du choix : la bouillotte sur le ventre, une tisane calmante, un remède homéopathique, un massage doux, et surtout beaucoup de tendresse et de disponibilité. Lorsqu'un bébé pleure, il est préférable de ne pas le laisser seul avec sa douleur et son angoisse. Essayez tout d'abord la technique du massage. Tout en lui parlant, caressez-lui les mains, les pieds, le visage, posez votre main sur son ventre et massez-le légèrement en effectuant des mouvements circulaires qui s'élargissent à partir du nombril en allant vers l'extérieur.
Si rien n'y fait, prenez-le dans vos bras. Le docteur Brazelton a une technique bien à lui : l'enfant étant couché, croisez ses bras sur sa poitrine. Cette légère compression, accompagnée de paroles douces, se révèle souvent efficace. Vous pouvez aussi le coucher sur votre épaule, le ventre appuyé sur l'arrondi, le bas du dos bien maintenu ; ou l'installer à cheval sur votre avant-bras, sa tête appuyée au creux de votre coude, votre main entre ses jambes. Dans cette position, balancez-le légèrement et promenez-le dans la maison.
Vous pouvez enfin l'asseoir sur vos genoux, le dos appuyé contre vous. D'une main, vous le maintenez dans cette position et vous glissez l'autre sous ses avant-bras. Mais, surtout, parlez-lui doucement, racontez-lui que vous l'aimez, qu'il va bientôt retrouver son calme et que sa douleur va disparaître.

Garder votre calme

Les pleurs incessants d'un bébé sont souvent difficiles à supporter pour des parents soucieux de tout faire pour son bien être. Il arrive que certains « craquent ». Le geste le plus fréquent est de secouer ce bébé dans le but de lui faire comprendre qu'il dépasse les bornes. Une manifestation d'autorité totalement inefficace et dangereuse. Il ne faut jamais secouer un bébé, c'est une maltraitance ! Ces gestes brusques peuvent être à l'origine de dommages cérébraux sévères. Les conséquences neurologiques extrêmement graves s'expliquent par les particularités anatomiques du bébé. En effet, cet enfant a une tête très lourde et des muscles du cou beaucoup trop faibles pour la maintenir. Lorsqu'un bébé est secoué, c'est essentiellement sa tête qui ballotte, le cerveau venant alors s'écraser contre la boîte crânienne. Les vaisseaux sanguins éclatent, provoquant des hémorragies. Plus l'enfant est petit, plus les secousses sont appuyées, plus les lésions peuvent être graves. Dans 10 % des cas, la vie du bébé est en danger.

LES BÉBÉS SUJETS AUX COLIQUES *sont souvent des nourrissons hypersensibles. La moindre stimulation les fait réagir. Ils s'épanouissent dans le calme. Les boîtes à musique, les mobiles et les veilleuses les fatiguent très vite. Pour calmer leur énervement, il est conseillé de réduire la lumière et l'intensité des bruits de leur environnement.*

Deux bébés à la fois

Deux ravissants bébés roses viennent de faire irruption dans votre vie. Passé le vent de panique à l'annonce de cette naissance, vous vous sentez totalement privilégiée et fière d'avoir accompli une telle œuvre. Vous voici maintenant confrontée aux réalités quotidiennes.

Problèmes d'intendance

Assurément, dans ces circonstances, vous avez besoin de la présence du papa à vos côtés pour faire face aux difficultés pratiques d'organisation que vous ne manquerez pas de rencontrer. S'occuper de deux bébés à la fois n'a rien d'évident. Il faut gérer 14 tétées par jour et autant de couches à changer, les vêtements à laver en double, sans compter les nuits entrecoupées par des concerts à deux voix.

Reste à souhaiter que vos jumeaux aient les mêmes horaires de sommeil et de tétées, sinon votre charge de travail risque de s'alourdir d'autant. Vous avez peut-être fait le choix d'allaiter. C'est particulièrement bénéfique aux jumeaux, qui sont souvent des enfants prématurés ou de faible poids. Le lait maternel a beaucoup de vertus… et surtout celle de se digérer rapidement. Ne vous étonnez donc pas si vos deux bébés demandent des tétées à répétition. Vous n'en ferez jamais le compte, mais sachez que vous allez consacrer 12 heures et demie par jour environ à la toilette, aux changes et à l'entretien du linge de vos deux bébés !

Les parents font tout pour reconnaître chacun des enfants, *faisant preuve de plus d'imagination que de réalisme dans leur souci de reconnaissance. Leur démarche s'inscrit parfaitement dans les recommandations des psychologues qui pensent qu'il faut que les jumeaux soient différenciés le plus vite possible. Les parents peuvent, par exemple, aider chaque jumeau à se construire différemment en leur offrant des environnements originaux (ils ne fréquenteront pas, par exemple, le même mode de garde). Les parents pourront encore s'organiser pour avoir chacun à tour de rôle des relations privilégiées tantôt avec l'un, tantôt avec l'autre.*

Des câlins à partager

Paradoxalement, alors que vous avez maintenant deux bébés dans les bras, vous pouvez vous sentir frustrée dans votre désir de pouponner. Vous aimeriez en garder un contre votre cœur, mais l'autre jumeau vous réclame à grands cris. Il vous faut constamment passer de l'un à l'autre, avec le sentiment de ne pas en avoir fait assez. Vous pouvez même vous sentir coupable de ne pas être complètement disponible pour chaque enfant.

N'hésitez pas à vous faire aider le plus tôt possible, dès votre retour de la maternité. Mettez à contribution votre famille, vos amis.

Si vous vous sentez trop débordée, faites appel à votre centre de PMI. Celui-ci peut déléguer à vos côtés une puéricultrice, qui vous donnera de précieux conseils d'organisation.

Ainsi épaulée, vous ne serez plus constamment sur la brèche, et vous pourrez plus facilement vous occuper d'un des jumeaux, tandis que vous confierez l'autre. Ménagez des moments avec chacun d'eux, et ce dès les premières semaines, pour qu'ils aient un contact privilégié avec vous. Ne tombez pas dans le piège qui consiste à donner toujours le même jumeau au papa, par exemple, tandis que vous vous vous occupez de l'autre. Comme n'importe quel bébé, ils ont eux aussi besoin de leurs deux parents !

Une vie de couple

Vous l'observerez très vite, les jumeaux se suffisent à eux-mêmes. L'un, comme l'autre, a un compagnon de jeux omniprésent avec qui converser, et ils se comprennent. Le bonheur ! Le jumeau est donc peu sociable : si l'on n'y prend pas garde, il se met volontiers en retrait de la famille, pour ne rester qu'avec son double. Dans la vie de tous les jours, ce duo sait parfaitement s'organiser. L'un mène la danse, l'autre suit. Ils se répartissent les tâches, chacun selon ses propres compétences : l'un est plus costaud, l'autre plus habile, l'un organise les jeux, l'autre est le porte-parole.
Dans le cas de jumeaux de sexe différent, c'est souvent la fille qui domine. On pourrait penser que ce duo est un stimulant pour les acquisitions. Il n'en est rien, puisque cette situation aurait tendance à retarder les premiers apprentissages : celui de la parole (ils se comprennent parfaitement entre eux) et celui de la marche (il suffit que l'un fasse ses premiers pas pour que l'autre soit satisfait). Aussi vaut-il mieux les surveiller de près !

Les distinguer aussitôt

Les vrais jumeaux possèdent un patrimoine génétique identique et se ressemblent beaucoup physiquement et psychologiquement. Mais leur comportement va dépendre, outre l'hérédité, de la façon dont vous allez les élever. Les expériences ont montré que de vrais jumeaux, séparés par des circonstances fortuites, vont être aussi différents l'un de l'autre qu'un frère et une sœur.
Les faux jumeaux, issus de deux œufs différents, sont de même sexe ou de sexe différent et n'ont aucune raison de se ressembler davantage que deux enfants d'une même famille.
« Les jumeaux, cela n'existe pas. » Par cette phrase, René Zazzo, grand spécialiste des jumeaux, a voulu montrer que chaque individu est unique et qu'on ne devient jumeau que par le regard d'autrui. C'est dire l'importance de l'entourage qui va favoriser (ou non) l'individualité de ces deux enfants. Voici quelques conseils qui peuvent vous aider. Évitez de leur choisir des prénoms aux sonorités trop proches (Coline et Carine, Julien et Damien, etc.) et prenez soin de les appeler chacun par son prénom et non par un collectif « les jumeaux », même si c'est, de toute façon, employé par votre famille ; mais vous, au moins, ne l'utilisez pas ! Ne les habillez pas de la même façon, choisissez deux couleurs de layette, ce sera plus simple pour vous, au cas où vous auriez une petite hésitation, et pour votre entourage qui ne sait pas encore très bien les reconnaître. Dans la mesure du possible, organisez pour vos bébés des coins séparés. À chacun son lit, ses affaires, ses jouets !

La naissance de jumeaux peut se révéler particulièrement perturbatrice *pour l'aîné, surtout s'il n'a pas été réellement préparé à l'événement. Il risque alors de se sentir seul contre deux. De plus, les jumeaux occupant beaucoup ses parents, il aura l'impression de ne plus avoir assez d'espace pour lui. Il est alors indispensable de prendre quelqu'un pour aider au maternage des deux plus petits afin de se libérer un peu pour l'aîné. Le père joue, dans ce cas, un rôle important, il peut entretenir une relation privilégiée avec son « grand », l'aidant ainsi plus facilement à partager sa maman.*

Ses nuits sont plus longues que ses jours

Votre nouveau-né dort en moyenne 19 heures par jour les premières semaines. Il passe presque sans s'en apercevoir de l'état de veille à celui de sommeil. Mais pourquoi ce bébé dort-il autant ?

Respecter son rythme

Observez votre bébé juste après la tétée. Lui qui était si énervé, voire bruyant, semble maintenant mou, comme ivre : ses yeux se ferment, ses lèvres s'ouvrent béatement. Il se sent bien, satisfait. Rassasié physiquement, il savoure encore mieux sa plénitude affective. Il est là, blotti au creux d'un bras chaud, environné d'une odeur familière et rassurante. Tous les plaisirs s'accumulent. À cela s'ajoute la fatigue provoquée par la succion qui demande un effort certain. Comme le bon vivant des caricatures qui s'assoupit, étendu sur le talus après un bon repas, il s'endort. Si votre bébé a tellement besoin de sommeil, c'est tout simplement pour parfaire son développement cérébral et grandir. On s'est aperçu que c'est au cours du sommeil que l'organisme produit en quantité maximale la fameuse hormone de croissance essentielle à son bon développement.
Il est indispensable de laisser un nouveau-né trouver son propre rythme et d'ajuster à sa manière les moments où il a faim et ceux où il préfère dormir. Ce qui signifie qu'on ne réveille pas un nourrisson qui dort, ni pour le changer, ni pour voir si tout va bien, ni pour lui donner son biberon. Sachez également que pendant ces premières semaines de vie, le tout-petit passe par des phases de sommeil agité, tout à fait normales. Vous pouvez penser qu'il est éveillé, qu'il souffre d'un petit malaise, vous vous précipitez pour le prendre dans vos bras… Surtout pas, vous allez interrompre son rêve.
Et si vous cassez son rythme de sommeil, bébé risque de se réveiller toutes les deux heures, toutes les nuits ou presque, tout simplement parce que son cerveau aura enregistré qu'une période de rêve se finit toujours par un réveil. Alors, laissez-le dormir !

Les nuits agitées ne vont heureusement pas durer.
Deux signes doivent vous faire entrevoir ce changement : bébé va espacer lentement ses repas de nuit. Le second signe est plus difficile à supporter : il s'agit des pleurs du soir que l'on met à tort sur le compte de la faim ou de désordres digestifs. De l'avis des spécialistes, bébé a littéralement « emballé » son système d'éveil et ne sait plus l'arrêter. Dans ce cas, ne cherchez pas à le consoler à tout prix ou à le nourrir, endormissez-le au plus vite. Le seul moyen efficace serait de le laisser s'apaiser seul, encore faut-il pouvoir supporter ses pleurs…

Sommeil léger et sommeil profond

Dès les premiers jours, on peut nettement distinguer les gros des petits dormeurs. À la fin du premier mois, il dort encore 70 % de son temps. Ses jours et ses nuits se décomposent en sommeil profond et sommeil léger. Dans le premier, ses yeux sont bien fermés, il respire très régulièrement, seuls ses doigts et ses lèvres peuvent bouger de manière perceptible. Le second se caractérise par de nombreux mouvements oculaires sous les paupières, des grimaces,

des mouvements des membres, ou même du corps. Enfin, il existe un état intermédiaire entre veille et sommeil : l'enfant somnole, il peut même avoir les yeux largement ouverts.

Si un bébé dort tout le temps, c'est aussi qu'il ignore encore la différence entre le jour et la nuit. Elle sera acquise en quelques semaines. En attendant, ses temps de sommeil diurne et nocturne sont aussi nombreux et ses réveils sont dus au hasard. C'est vers trois ou quatre semaines qu'il se règle sur le rythme circadien de 24 heures. Ce petit dormeur déteste, en général, être dérangé et le dit par des pleurs. Très rapidement chaque enfant acquiert sa personnalité de dormeur.

Les troubles du sommeil

En réalité, à cet âge, la plupart des troubles du sommeil sont à mettre sur le compte d'une mauvaise interprétation du comportement du nourrisson. Il est tout à fait courant pour un tout-petit de se réveiller et de pleurer en pleine nuit ; il n'y a là rien d'anormal, ni de grave, il a tout simplement faim, le nourrir suffit à le calmer.

Généralement, le nourrisson ne réclame plus systématiquement de biberon la nuit au cours de la 4e semaine et plus du tout vers 2 mois. Tout d'abord, votre bébé va espacer lentement ses repas de nuit et progressivement les demander de moins en moins. Mais certains bébés peuvent connaître de véritables troubles du sommeil. Certains sont fatigués, surexcités par trop de sollicitations, ils ne réussissent pas à s'apaiser pour s'endormir. Le tabagisme passif ou celui de sa mère qui le nourrit au sein le mettent sous l'influence d'un excitant bien connu, la nicotine. Enfin, d'autres sont victimes de la trop grande vigilance de leurs parents : au moindre grognement, au premier petit cri, ils se précipitent dans sa chambre et le réveillent !

POURQUOI LE BERCEMENT ET LES BERCEUSES FONT-ILS MERVEILLE POUR ENDORMIR LES BÉBÉS ?

« Techniquement », le phénomène est assez simple. Le bébé cale sa respiration et son rythme cardiaque sur le mouvement de va-et-vient du bercement, qui doit être lent et bien marqué. Les paroles des berceuses ont des caractéristiques identiques sous toutes les latitudes. Ce sont toujours des mélodies lentes et répétitives sur lesquelles glissent des paroles douces. Elle apaisent parce qu'à leur écoute, le rythme cardiaque de l'enfant se ralentit.

La bonne position pour dormir

Aujourd'hui, tous les médecins recommandent de coucher les bébés sur le dos. Cette position a prouvé son efficacité dans la lutte contre la mort subite du nourrisson. Cet accident, pratiquement imprévisible, est à l'origine de plus de la moitié des décès dans la première année de l'enfance.

Obligatoirement sur le dos

Sur le ventre, sur le côté, sur le dos, les positions pour coucher un bébé ont été une affaire de mode et d'époque. Mais aujourd'hui, c'est un problème de santé publique qui ne se discute pas.

Bien que de multiples facteurs semblent mis en cause, de nombreuses études françaises et étrangères montrent que le couchage ventral multiplie les risques de 5 à 9, selon les cas. Il semble que coucher un enfant de moins de 5 mois sur le dos, alors qu'il n'est pas toujours capable de se retourner, est un des premiers gestes de sécurité à adopter. Les médecins sont formels, il ne faut pas craindre le moindre risque d'étouffement par régurgitation.

La dernière étude faite par la recherche médicale confirme le bien-fondé de ce nouveau mode de couchage. Grâce à lui, on a vu chuter le taux de morts subites du nourrisson de plus de 60 % en quelques mois. Certains pays qui ont adopté le couchage sur le dos avant nous affichent des résultats de plus de 70 %. Des campagnes régulières devraient inviter les parents à ne pas oublier ces règles élémentaires.

LE CO-SLEEPING OU LE CHOIX DE DORMIR AVEC SON BÉBÉ TOUT CONTRE SOI *dans un grand lit est source de débat entre spécialistes. Les « pour » disent que cette technique favorise l'attachement mère-enfant et qu'elle est même facteur de sécurité. Les « contre » rappellent que de nombreuses études mettent en garde les parents contre les risques accrus de mort subite du nourrisson et les troubles du sommeil du bébé, qui dort de manière morcelée. Sur le plan psychologique, les avis divergent aussi entre ceux qui pensent que les parents et les enfants doivent avoir chacun un territoire et ceux qui estiment que la proximité, voire le peau à peau, règle bien des troubles de l'anxiété chez l'enfant.*

Les précautions à prendre

Ainsi, aujourd'hui, il est recommandé de faire dormir les nourrissons sur un matelas dur, sans oreiller ni couette. La bonne température de la chambre est de 19 °C. Au-delà, il est indispensable d'humidifier l'air de la pièce. Il est encore conseillé de ne pas installer le lit de bébé près d'une source de chaleur, radiateur ou fenêtre exposée au sud. Pour dormir, la tenue idéale d'un nourrisson est le surpyjama, le pyjama couverture ou la turbulette. On peut, en cas de grand froid, ajouter éventuellement une couverture légère que l'enfant aura tout loisir de repousser s'il a trop chaud. Vous pouvez encore vous équiper de matériel haute sécurité. Par exemple, un matelas avec une têtière aérée qui assure au bébé une parfaite respiration, quelle que soit sa position pour dormir. Si votre bébé a tendance à souffrir de reflux gastrique, on vous conseillera de le coucher sur le côté. Pour le maintenir dans cette position, vous pourrez aussi utiliser de petits cale-bébé. Il existe une version « cale-bébé » en forme d'ours. En revanche, il est préférable de ne pas envahir le lit de votre enfant de peluches :

une seule suffit, elle deviendra la compagne de ses rêves. De nombreuses informations sur le couchage sur le dos sont largement diffusées dans les maternités. Lisez-les attentivement.

Un lit sûr

Qu'il soit acheté ou confectionné maison, il doit obéir à certaines règles : stabilité avec des piètements solides et bien écartés, et profondeur suffisante pour éviter au bébé un peu agité de passer par-dessus bord. Pensez aussi aux problèmes d'entretien : pour la garniture, il est préférable de choisir des tissus lavables. Le matelas sera plutôt dur, en crin végétal, en mousse ou à ressorts. Il doit être parfaitement adapté à la taille du sommier, et l'enfant ne doit pas s'y enfoncer. Pour plus de commodité, vous choisirez des draps-housses pour le dessous ; réservez toutes les fantaisies pour celui de dessus, en optant cependant pour un tissu qui peut bouillir. On peut aujourd'hui confectionner sans difficulté des draps-housses grâce à des systèmes « automatiques », vendus en mercerie. Ainsi, quel que soit le matelas, ce confort est à votre portée. Inutile d'acheter un oreiller, les bébés, aujourd'hui, se couchent bien à plat pour ne pas déformer leur colonne vertébrale. Côté couverture, bannissez les édredons et les couettes, l'enfant peut les tirer sur son visage et se trouver ainsi en très mauvaise position. De plus, garnis de plumes, ils sont souvent à l'origine de troubles allergiques. Les couvertures seront choisies en laine extrêmement légère, plutôt courtepointe, et tricotées main. Évitez l'angora et le mohair, deux matières qui peuvent entraîner des troubles respiratoires.

Le nombre de bébés victimes de la mort subite du nourrisson a baissé de 75 % en dix ans. *Rarement une campagne de prévention aura été aussi rapidement efficace, par de simples consignes de couchage. Il faut pourtant rester vigilants, cette complication n'a pas tout à fait disparu. La mort subite du nourrisson frappe essentiellement les enfants entre le premier et le cinquième mois. Dans le monde entier, une multitude de recherches ont essayé en vain d'en trouver la cause. Seuls certains facteurs semblent importants mais non déterminants comme, par exemple, une mauvaise régulation respiratoire ou cardiaque ou une prématurité. On propose aux familles à risque, et tout particulièrement celles ayant déjà été victimes de ce drame, une surveillance du nourrisson par monitoring avec alarme les six premiers mois.*

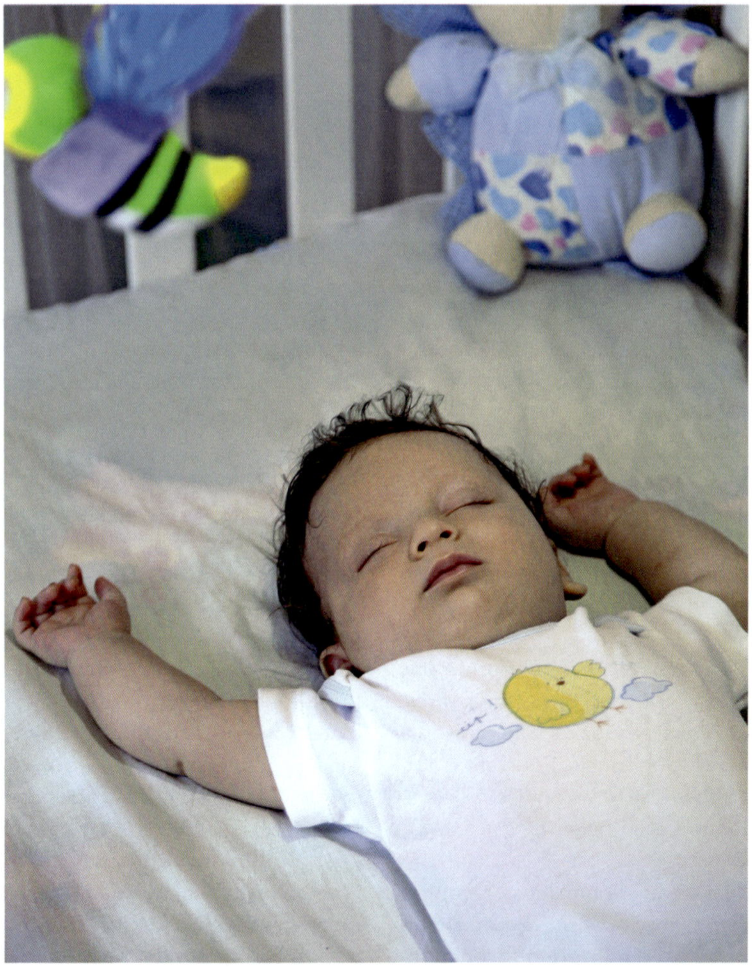

Tout propre !

Dès que vous vous sentirez à l'aise, utilisez la toilette comme un temps riche d'échanges, de plaisir et de tendresse partagés. Les soins en seront plus faciles.

Des pieds à la tête

Le nez : tant que l'enfant ne sait pas se moucher (c'est-à-dire jusqu'à 2 ans ou 2 ans et demi), il faut vérifier la propreté de ses narines. Introduisez doucement dans la narine un petit coton roulé et humidifié de sérum physiologique (pas de Coton-Tige). En éternuant, l'enfant se mouche.

Les oreilles : procédez toujours avec un petit coton roulé à sec, sans l'enfoncer trop loin dans le conduit auditif, une ou deux fois par semaine. N'oubliez pas l'arrière du pavillon. N'utilisez jamais de bâtonnets, vous risqueriez de favoriser la formation d'un bouchon ou de blesser le fond de son oreille.

Les yeux : pour chaque œil, utilisez un coton hydrophile légèrement mouillé de sérum physiologique, que vous passez du coin interne de l'œil vers l'extérieur.

Les ongles : mieux vaut ne pas trop y toucher le premier mois, car vous risquez de traumatiser la matrice de l'ongle. Pourtant, s'il se griffe le visage, arrondissez délicatement ses ongles.

La peau : la meilleure façon de laver, en douceur, la peau d'un bébé est d'utiliser un savon naturel, type savon de Marseille, qui se rince à l'eau. L'usage répété des laits de toilette nuit, à la longue, à l'équilibre de la peau.

Les organes génitaux : ils se nettoient avec une compresse simplement mouillée d'eau. Pour les petites filles, écartez les petites lèvres et lavez dans le sens du méat vers l'anus. Pour les petits garçons, ne décalottez pas le prépuce. Une bonne hygiène suffit à éviter toute infection. Un décalottage précoce est douloureux et inutile. Il est préférable d'attendre que cela se fasse naturellement. Les médecins pensent que la couverture du gland par le prépuce protégerait des infections dues à l'urine pendant la période où l'enfant n'est pas propre. Ils conseillent d'enlever le smego, sécrétion séborrhéique qui pourrait être un foyer d'infection, mais pas avant six mois.

Les soins du cordon : en général, la chute du cordon ombilical survient entre le huitième et le dixième jour. S'il n'est pas tombé à votre sortie de maternité ou si la cicatrisation n'est pas terminée, il faut le nettoyer avec une compresse imbibée d'alcool à 60°, puis faire un petit pansement avec une compresse stérile maintenue par un filet ombilical ou, plus simplement, par un sparadrap hypoallergénique. Après la chute du cordon, vérifiez l'état de la plaie et nettoyez-la. Appliquez

---

AUJOURD'HUI, UN GRAND NOMBRE DE MAMANS UTILISENT DES LINGETTES. *Imprégnées de lait de toilette, elles ont révolutionné la vie des mamans. Elles permettent une toilette rapide sans eau et sont parfaites pour les déplacements. Mieux vaut en faire usage avec modération, car elles ne sont ni économiques ni écologiques. Elles servent à tout : laver le visage, les mains, le siège. Elles sont sans danger ; si votre bébé a tendance à être allergique, demandez conseil à votre médecin. Pour avoir un bébé qui sente bon, choisissez une eau de toilette sans alcool respectant le pH de sa peau.*

---

ensuite de l'éosine avec un coton-tige. Laissez un pansement tant que la plaie n'est pas cicatrisée.

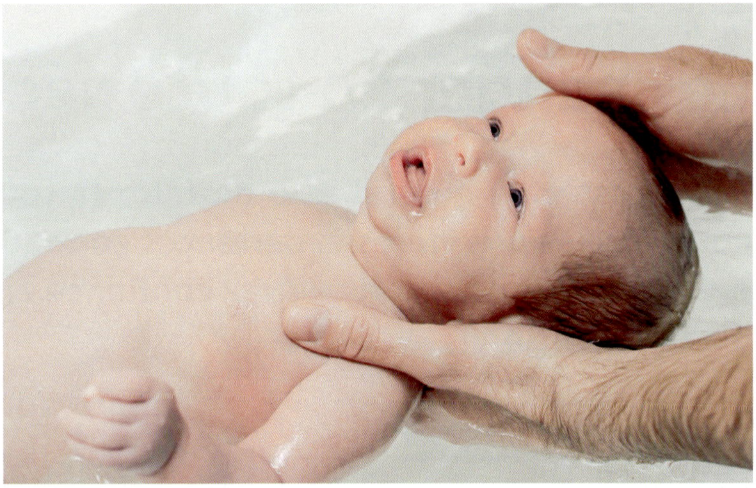

Le premier bain

Le bain du nouveau-né se pratiquait bien avant la méthode Leboyer puisqu'on le retrouve dans les textes de Montaigne et de Cervantès. Ce serait une coutume tzigane.

Deux écoles s'affrontent pour savoir quand doit avoir lieu le vrai premier bain. Selon certains médecins, on peut le donner dès les premiers jours. Pour d'autres, mieux vaut attendre la cicatrisation complète de l'ombilic. En revanche, aucune consigne médicale ne recommande plus le bain du matin ou celui du soir. Tout est question de convenance personnelle, le bain du soir ayant toutefois des vertus calmantes. Seule précaution : il faut baigner bébé avant les repas. Après, cela peut gêner sa digestion.

Pour un bébé, l'hygiène du bain est indispensable. La couche sous-cutanée de la peau est mince, son pouvoir absorbant important et sa circulation sanguine très superficielle. De plus, la peau d'un bébé respire deux fois plus que celle d'un adulte. Il est donc essentiel de nettoyer régulièrement les pores de cette peau fragile.

L'eau est à 37 °C, la salle de bain à 22 °C minimum. Préparez tout ce dont vous aurez besoin : linge du change, serviette, savon. Lavez-vous les mains minutieusement. Déshabillez l'enfant et nettoyez-lui soigneusement le siège. Puis savonnez-le tout doucement, avec un gant ou avec vos mains, sur tout le corps ; commencez par le cou, sans oublier les replis, puis frottez les bras, le thorax, le ventre, les fesses et les jambes. Une main sous la nuque, l'autre sous les cuisses, glissez-le dans l'eau.

Si vous êtes décontractée, il le sera aussi. Jusqu'à 3 ou 4 mois, profitez-en pour lui savonner la tête. Son cuir chevelu a tendance à être gras. Le bain d'un nourrisson n'excède pas 5 minutes.

L'eau du bain doit être tiède. *Ne rajoutez pas d'eau chaude alors que votre nouveau-né est dans l'eau, vous risqueriez de le brûler. Testez systématiquement la température de l'eau à l'aide d'un thermomètre, ou en y trempant votre coude. Avant le bain : savonnez-le de la tête aux pieds, nettoyez soigneusement son sexe, puis glissez votre main gauche (si vous êtes droitière) sous sa nuque, votre main droite sous ses fesses et posez-le dans l'eau. Lorsqu'il sera un peu habitué au bain, vous pourrez libérer votre main droite et le laisser barboter. De votre main libre, vous l'arroserez doucement pour le rincer.*

Du bon usage des produits bébé

Les laits peuvent être utilisés sur tout le corps à l'exclusion des fesses où ils peuvent laisser un film gras, souvent responsable de l'érythème. Il est recommandé de toute façon de bien lire les indications portées sur l'emballage et de rincer ensuite à l'eau la peau du bébé afin d'éviter tout problème cutané. Il est conseillé de leur préférer un liniment, dont la composition moitié huile d'olive moitié solution d'hydroxyde de calcium est mieux adaptée.

Le savon reste le produit de base. Il doit être choisi avec un pH neutre. Afin d'éviter le développement des bactéries qui aiment l'humidité, il est préférable d'utiliser un gant propre pour chaque change.

Le changer en toute sécurité

Rien n'est plus naturel que de faire la toilette d'un nouveau-né. Pourtant, les premières expériences sont quelquefois pleines d'appréhension et de surprise. Ayez confiance en vous et surtout redoublez d'attention !

Le bon moment

Il se situe avant ou après le repas de bébé. L'idéal est de le faire avant pour ne pas trop perturber un enfant qui vient de boire. Mais s'il est affamé, ce n'est pas commode. De plus, chez le nourrisson, il existe un réflexe dit gastro-colique qui provoque une défécation juste au moment du repas. C'est particulièrement vrai pour l'enfant nourri au sein. Dans ce cas, il est conseillé de le changer après, afin de lui assurer un bon sommeil au cours de sa digestion. Lavez votre bébé. Ensuite, séchez bien sa peau avec une serviette douce. Vous pouvez protéger ses fesses par une légère couche d'une pâte à eau vendue en pharmacie, mais ce n'est pas une obligation. Ces précautions préviennent l'érythème fessier dû à la fragilité de la peau de l'enfant. La couche ou le change doivent être mis directement sur la peau, leur voile en non-tissé assure le maintien au sec du siège et du sexe de l'enfant. Il est essentiel de changer un bébé six ou sept fois par jour environ.

Soyez attentive au choix des changes. *Achetez des couches parfaitement adaptées au poids de votre enfant, ni trop petites ni trop grandes. Pour éviter les fuites, rentrez la ceinture du change à l'intérieur et veillez à ce que la brassière ou la chemise de votre bébé passe bien au-dessus. Différentes marques proposent des modèles filles et des modèles garçons. La différence tient au positionnement du coussinet de ouate renfermant le produit absorbant : il est situé plus haut que le milieu de la couche pour le garçon, et au centre pour la petite fille. À la moindre rougeur, outre les soins locaux qu'il convient de faire, préférez pour un temps les couches en coton aux changes en cellulose. Les couches lavables sont à la mode pour des raisons économiques et écologiques. Il est préférable de choisir les couches intégrales conçues avec une bande absorbante qui est mise au sale. Les couches lavables sont généralement en coton, parfois en bambou ou en fibres de soja.*

Les tables à langer

Elles ont mauvaise réputation. Elles sont, en effet, cause de nombreuses chutes. À un mois, un bébé est déjà très mobile et, en quelques secondes, il peut se retourner, ramper et glisser. Bien que certaines tables soient équipées d'un système dit « de sécurité », un nourrisson doit être en permanence tenu au moment du change et de la toilette.
Ce matériel doit répondre à des normes de sécurité et son étiquetage doit porter la mention « conforme aux exigences de sécurité ». Celle-ci indique que la table répond bien à la norme NFS 54005, qui définit notamment la stabilité et l'efficacité des protections latérales. Les ceintures de maintien qui équipent certains modèles doivent être réglables et, en particulier, avoir une largeur égale ou supérieure à 25 mm. L'ensemble du dispositif de pliage des tables est testé mille fois avant d'être mis en vente.

CERTAINS ACCESSOIRES VENDUS COMME « DE SÉCURITÉ » SONT À UTILISER AVEC PRÉCAUTION. *C'est le cas des sièges qui soutiennent le bébé dans son bain. Ils donnent aux parents un sentiment de sécurité qui pourrait tromper leur vigilance. Ces sièges ne dispensent absolument pas de la surveillance du bain par un adulte.*

Les baignoires adaptables sur les tables à langer sont à même de résister aux cycles eau chaude-eau froide et aux chocs. Une mise en garde attirant l'attention sur le danger de laisser un enfant sans surveillance sur une table à langer doit être apposée de façon visible sur l'emballage.

Faire le bon choix

Choisissez une table à langer dont les rebords ont au moins une quinzaine de centimètres de hauteur et un matelas à langer équipé d'une ceinture, qui permet de maintenir bébé en place si vous devez le lâcher. La ceinture est elle-même fixée au matelas par une planchette intérieure. La surface antidérapante est placée sur l'envers, afin que le matelas ne bouge ni ne glisse quand le bébé donne des coups de reins. Le support de sécurité pour matelas à langer empêche l'enfant de rouler grâce à ses deux côtés rigides. Il est équipé d'un matelas en mousse et peut se fixer sur un meuble à langer ou sur une table, le polystyrène dont il est constitué, se collant et se perçant sans difficulté (Mobita®). Citons encore le matelas à langer gonflable en PVC double épaisseur, avec rebords surélevés. Testé dans les hôpitaux, son matériau est lisse pour faciliter le nettoyage et il est muni d'une valve de sécurité pour retenir l'air au cas où le bouchon serait ouvert accidentellement (Tubby® de WS-sécurité).

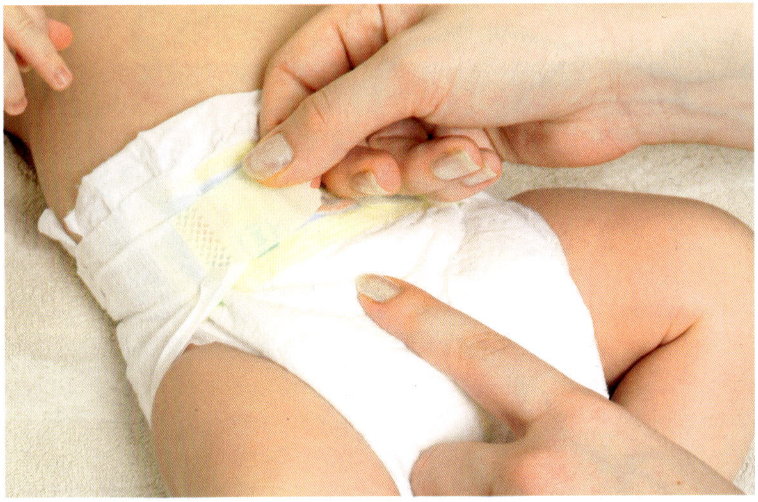

Vous veillerez particulièrement à choisir un modèle qui vous permet d'avoir tout ce dont vous avez besoin sous la main. Certains sont équipés de poches latérales où vous pourrez ranger vêtements et produits de toilette. Si vous devez acheter un modèle pliant, testez sa maniabilité et vérifiez que sa fermeture est sûre. Il est préférable d'installer votre table à langer dans un espace clos sur trois côtés, contre un mur à la tête et sur un des côtés, contre un meuble pour le troisième côté. Ainsi, votre bébé ne risquera pas de rouler en cherchant à se retourner.

Toujours sous surveillance

Pour la sécurité de votre enfant, ne le laissez jamais seul sur la table à langer, même quelques secondes, le temps de prendre une couche ou un vêtement propre. Un moment d'inattention et il peut rouler, tomber et se faire très mal. Si, d'aventure, le téléphone sonne, prenez votre bébé dans les bras ou posez-le à même le sol, c'est plus prudent. Pour ne pas être dérangée, vous avez toujours la possibilité de brancher votre répondeur. Veillez particulièrement aux circonstances d'un change en urgence ou dans un lieu qui ne vous est pas familier. Méfiez-vous d'un change hâtif sur une table de fortune ou sur un coin de fauteuil.

N'hésitez pas, si c'est possible, à vous installer par terre. Dans les stations-service, pensez à nettoyer le matelas à langer mis à votre disposition, soit avec une lingette imbibée d'un produit antiseptique ou tout simplement à l'aide d'un papier mouillé d'eau et de savon.

L'enfant prématuré

Né plus tôt que prévu, ce bébé n'est pas tout à fait prêt pour faire son entrée dans le monde. Plus ces enfants naissent tôt, plus ils sont petits, plus leur démarrage dans la vie est délicat. Même si des prouesses sont faites pour sauver des bébés nés de plus en plus jeunes. Il faut insister sur la nécessité du suivi des grossesses à risque.

Favoriser son développement

Le bébé s'est généralement très bien développé jusqu'au jour de sa naissance, mais il naît non fini, car la formation de ses organes est programmée pour le jour même de sa conception et il leur faut neuf mois pour être achevés. Dans l'incubateur (la couveuse), tous ses organes vitaux continuent à se développer au même rythme que dans l'utérus maternel. Ce sont particulièrement ses poumons, son cerveau, son système immunitaire et son foie, ce qui explique parfois l'apparition d'un ictère.
Cet enfant peut encore manquer de globules rouges et il est donc nécessaire parfois de lui faire des transfusions sanguines. Dans tous les cas, il devra recevoir des suppléments en fer ainsi qu'en vitamines.

Des prématurés de cinq mois et demi

Certains organes acquièrent leur maturité plus vite que d'autres. L'appareil digestif se met rapidement en place, comme un certain nombre d'enzymes, nécessaires à la vie. Les grands organes continuent leur évolution d'une façon absolument immuable. Exceptionnellement, et souvent au prix de séquelles, on réussit à sauver des enfants prématurés de 5 mois et demi, soit 24 semaines (de 28 à 30 semaines, on en sauve près de 60 % ; à 32 semaines, 75 % et à partir de 36 semaines, 95 %). Aucun prématuré n'est identique à un autre du même âge et du même poids. Les problèmes liés à leur survie sont très variables.

Déjà sensible aux relations

Aujourd'hui, on veille tout particulièrement à son développement psychique. On sait que les visites de ses parents ont une influence sur son envie de vivre. Mots tendres, caresses, bain aident à l'établissement de liens précoces. De même, on s'est aperçu qu'une infirmière uniquement soignante pouvait être cause d'angoisse pour le bébé, aussi demande-t-on à celles qui en ont la charge de lui faire des petites visites amicales pour lui parler ou le caresser. Certains services de néonatalogie reçoivent même la visite de musiciens. De même, il semble que la personnalisation des soins ait une influence sur leur devenir ; ainsi, au CHU de Brest, est-on convaincu de l'inté-

***Le séjour à l'hôpital d'un enfant prématuré est très variable,** de quelques semaines à plusieurs mois. À sa sortie, son poids doit être d'environ 2,4 kilos et il doit être capable de boire au biberon. Lorsqu'il sort de l'hôpital, c'est un enfant comme un autre. Cependant, pendant la première année, surtout s'il est né très tôt, il ne peut pas être comparé à un enfant du même âge né à terme. Ce n'est qu'à partir de 12 ou 15 mois que les différences de développement s'estompent, mais il faudra encore quelques années pour qu'elles s'effacent.*

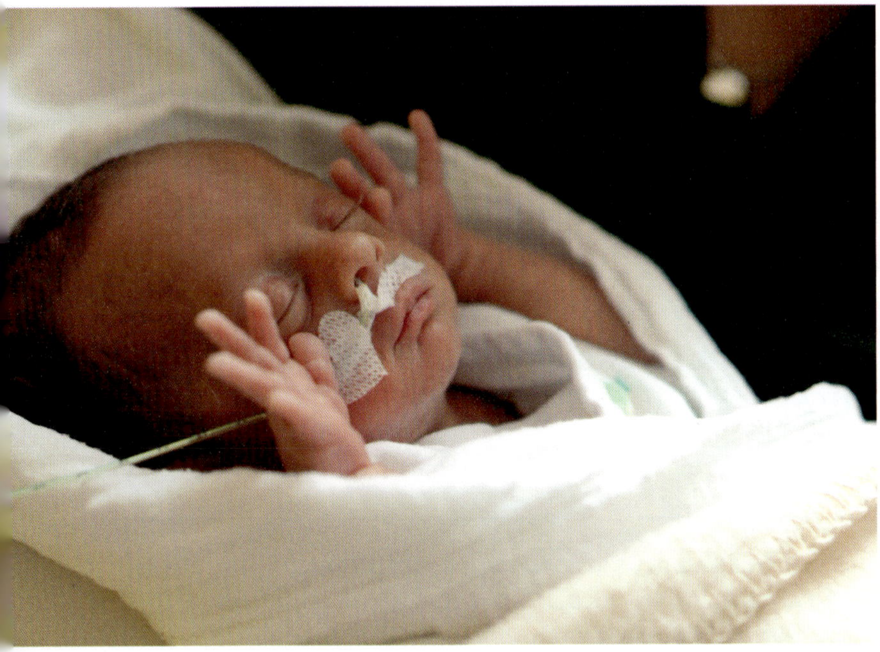

rêt d'une nouvelle approche des soins néonataux. La méthode baptisée NECAP consiste à adapter les soins à chaque enfant après une observation pointue par les équipes soignantes. Ainsi, on évite de réveiller le bébé lorsqu'il dort, de lui imposer lumière et bruit inutiles et on traite toute manifestation de la douleur. Neuf à douze mois plus tard, ces bébés sont moins hospitalisés et se développent mieux que les autres.

Des soins très pointus

Pourtant, depuis une dizaine d'années, la médecine sauve et soigne avec succès de plus en plus d'enfants nés au-delà de 6 mois de grossesse. Une attention toute particulière est portée aux manifestations de douleur, aux agressions sonores et celles de la lumière. Ainsi, des enfants prématurés pesant 750 g sont aujourd'hui couramment sauvés. Leur survie est due, d'une part aux soins apportés à leur transport de leur lieu de naissance au service spécialisé de néonatalogie en respectant la « chaîne du chaud » et, d'autre part, à plusieurs grandes découvertes, notamment à la ventilation assistée avec calcul du taux d'oxygène dans le sang, à la nutrition parentérale continue avec une alimentation directe dans l'estomac calculée en fonction des besoins de l'enfant, et à la mise au point du surfactant de synthèse qui accélère la maturation pulmonaire. L'enfant prématuré est installé dès sa naissance dans une couveuse, pour lui garantir la chaleur nécessaire à sa survie et le maintenir à l'abri de tout microbe.

En effet, l'enfant né avant terme souffre d'un manque de défenses contre les infections, c'est pourquoi les soins sont donnés avec un respect strict des mesures d'hygiène : infirmières et parents portent des blouses stériles, un bonnet sur les cheveux et des bottes protectrices. L'enfant vit les yeux couverts d'un petit masque, et il est installé sous une lumière bleue pour lui éviter une bilirubine, en raison de son immaturité hépatique. Il ne doit souffrir d'aucune déperdition de chaleur et porte souvent un petit bonnet de laine et des chaussons.

Si, en revanche, il ne porte qu'une couche, c'est pour mieux contrôler sa respiration et la couleur de sa peau. Il est nourri à l'aide d'une sonde directement reliée à son estomac, à laquelle on ajoute parfois une perfusion installée dans une veine de son crâne. Une protection de Plexiglas® équipe parfois l'intérieur de l'incubateur, il se peut même que l'on pose un film en plastique directement sur son corps.

ON CLASSE SUR LE PLAN MÉDICAL CES ENFANTS EN PLUSIEURS CATÉGORIES : *les prématurés de 32 à 36 semaines ; les grands prématurés, nés entre 28 et 32 semaines et dont le poids de naissance se situe entre 1 000 g et 1 500 g ; enfin, les prématurissimes, nés à moins de 28 semaines et dont le poids est inférieur à 1 000 g. Naître prématurément est un facteur de risque important pour l'avenir. 20 % de ces enfants sont porteurs d'handicaps moteurs, de difficultés de motricité fine, de problèmes cognitifs ou présentent en grandissant des difficultés scolaires.*

Un bébé différent

Dans le ciel bleu de la naissance, un gros nuage gris voile le soleil. La sage-femme ou le médecin accoucheur vient de vous annoncer avec délicatesse que le bébé qui vient de naître n'est pas comme les autres. Cette situation engendre une énorme souffrance mêlée d'angoisse et de culpabilité.

Négation et refus

Certains parents se protègent en niant cette infirmité et refuseront, tout au moins pendant les premiers mois, de la reconnaître. D'autres, au contraire, l'acceptent, mais vont chercher auprès des médecins ce qu'ils ont envie d'entendre et peut-être la proposition d'un traitement ou d'une opération qui va pouvoir effacer le handicap.
Malheureusement, il n'existe pas d'intervention miracle. Il est toujours difficile d'indiquer une conduite à suivre. Le cheminement des parents est lent et douloureux. Le processus psychologique qu'ils parcourent est un processus de deuil, celui de l'enfant qu'ils avaient attendu et qui n'est pas au rendez-vous.

EXPLIQUER LE PLUS TÔT POSSIBLE AUX AUTRES ENFANTS DE LA FAMILLE *en quoi consiste le handicap de leur frère ou de leur sœur permet d'éviter qu'ils en ressentent honte ou malaise ; plus l'atmosphère est détendue et non focalisée uniquement sur le petit handicapé, plus les rapports se mettent en place naturellement. Les frères ou les sœurs doivent accepter ce handicap, même si, de temps en temps, ils peuvent manifester quelque impatience. Il faut rappeler qu'ils auront tendance à calquer leur attitude sur celle de leurs parents et que la vie de famille ne peut tourner uniquement autour de cet enfant « différent ». La famille a droit, comme avant, à ses loisirs et à ses activités habituelles.*

Accepter le handicap

La découverte du handicap se fait dans certains cas dès la naissance, quand il est visible (comme la trisomie 21 ou la microcéphalie). Le médecin va s'efforcer de préciser le diagnostic. Il en recherche la nature, de même que sa gravité et son origine. Ce diagnostic est important pour déterminer l'existence d'un risque de transmission dans la famille. Le handicap peut encore se manifester par un mauvais développement de l'enfant dans les premiers mois. Semaine après semaine, le diagnostic, révélé plus tardivement, devient évident. Le choc subi n'en est pas moins douloureux. L'expérience montre que tout se passe mieux si les parents comprennent le problème et l'acceptent.
Un enfant handicapé aura besoin plus qu'un autre de l'attention et de l'amour de sa mère et de son père, grâce auxquels il pourra développer au maximum ses possibilités. C'est certainement un déchirement quotidien que de regarder cet enfant dont l'avenir est plus ou moins compromis, mais ses parents doivent essayer à tout prix de ne pas le lui faire sentir. Tout va dépendre de leur attitude et de celle de toute la famille, qui va le considérer comme un enfant comme les autres ou comme un enfant définitivement à part. Ils doivent également l'aider à vivre avec ses difficultés et lui permettre de les surmonter. Ceci ne peut se faire que lorsque le handicap est bien compris et que les

parents ont la volonté de se battre pour aider l'enfant.

Quand la médecine répare

Les anomalies morphologiques sont relativement fréquentes. Certaines d'entre elles sont dépistées au cours des échographies. Les parents sont donc préparés à accueillir un enfant différent. C'est par exemple le cas des enfants qui naissent avec une fente labiale, appelée aussi « bec-de-lièvre ». On propose aux parents de rencontrer le chirurgien qui prendra l'enfant en charge et d'autres familles dont l'enfant a bénéficié d'une réparation chirurgicale. La chirurgie réparatrice se fait en deux temps : à la naissance, opération de la lèvre pour éviter tout problème psychologique au sein de la famille (seule subsistera une cicatrice), puis à la fin de la première année, opération de l'arcade dentaire, suivie de l'opération du voile du palais.

Autre malformation visible : le pied-bot, la plante du pied est en dedans et la pointe du pied vers l'intérieur. Le traitement est plus problématique, il passe par la kinésithérapie (attelles, manipulations) et doit être commencé dès les premiers jours. Il peut, sinon éviter, du moins retarder l'opération. En revanche, les malformations de la verge, de la vulve, voire du vagin doivent être opérées rapidement : elles donnent l'impression aux parents que leur bébé n'est ni fille ni garçon. Il est urgent d'envisager la restauration de l'intégrité de l'appareil génital. La caractérisation du sexe de l'enfant doit être obtenue avant la déclaration à l'état civil.

Certaines malformations ne sont pas immédiatement visibles. Ce sont celles des voies urinaires, qui concernent plus de 10 % des nouveau-nés handicapés, et celles du cœur, qui touchent six mille bébés environ chaque année et dont la gravité est très variable. Les anomalies qui mettent en danger l'enfant sont généralement opérées dans les premières semaines de la vie. Ces interventions sont bien évidemment l'affaire d'équipes hautement spécialisées qui développent des interventions peu invasives.

Le premier sentiment qu'éprouve la jeune maman *est d'abord celui de l'injustice. C'est inévitable. Puis elle se demande toujours comment cela a pu lui arriver, à elle, justement à elle. Les parents d'enfants handicapés décrivent souvent leur vie comme un parcours de souffrance, de détresse et d'isolement. Ils parlent de blessure qu'ils ont du mal à « faire cicatriser » ; d'un sentiment de culpabilité dont ils ne peuvent se défaire et, surtout, de ce regard des autres contre lequel il faut bien arriver à se blinder. C'est ce regard que chacun de nous pose sur un enfant handicapé qui est fondamental pour aider tous ces parents.*

La vie au quotidien

Quelques principes peuvent aider psychologiquement cet enfant différent. Éviter de le surprotéger plus que de raison. Lorsque l'enfant handicapé est le premier-né, il peut sembler préférable de s'en occuper et de l'entourer de soins constants. Bon nombre de parents se mettent en retrait de la vie sociale.

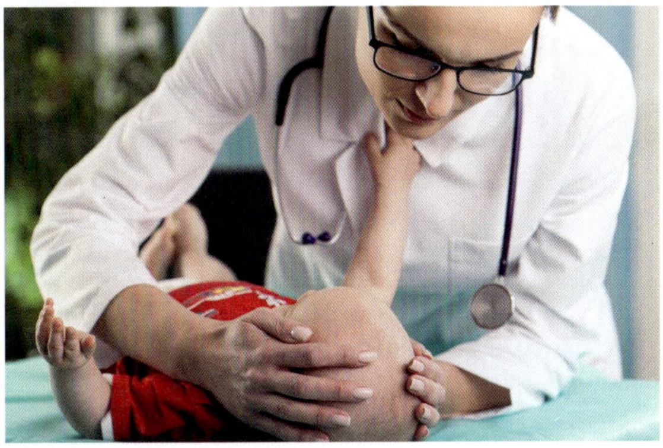

Si cette attitude est bénéfique dans un premier temps, elle ne peut être profitable à long terme. Elle risque de les enfermer dans un cycle infernal : l'emprisonnement dans une idée du devoir à accomplir coûte que coûte ; l'épanouissement de l'enfant risque d'être compromis.

Au contraire, il faut le mettre le plus tôt possible en contact avec d'autres enfants. De cette façon, il ne souffrira pas d'être diminué ou d'être différent de ses petits camarades. Il va s'accepter tel qu'il est : c'est un des éléments fondamentaux de son bon équilibre mental.

Les petits soucis de santé de bébé

Même si vous êtes particulièrement attentive à la santé et au bien-être de votre bébé, il peut rencontrer des problèmes médicaux. Souvent sans gravité, ils requièrent pourtant la consultation d'un médecin pour éviter toute aggravation de la situation et aussi pour vous rassurer.

Pédiatre ou généraliste

Généralement, peu de mères font directement appel au pédiatre, le généraliste reste encore et toujours le consultant de base. Même si le pédiatre bénéficie d'une grande confiance conférée par sa compétence, son expérience et son niveau scientifique, on lui oppose sa non-disponibilité. Il ne fait généralement pas de visite à domicile. Durant les premiers mois qui suivent la naissance, il est toutefois préférable de consulter un spécialiste.
Il contrôlera régulièrement la santé de votre enfant et vérifiera sa bonne croissance. Il prescrira les examens de contrôle obligatoires ainsi que les vaccinations. Cependant, pour les petits ennuis quotidiens (comme les multiples et inévitables rhinopharyngites, otites, etc.), un généraliste consulté régulièrement et faisant office de médecin de famille pourra prendre le relais. Il est aussi possible de faire suivre le bébé dans un centre de protection maternelle et infantile (PMI), mais ce dernier ne prend en charge que la surveillance des enfants en bonne santé.

Des petits tracas fréquents

- **Les petites misères dermatologiques** se manifestent par des boutons, des taches sur la peau dues à des irritations plus ou moins importantes. Une éruption de petits boutons rouges peut se produire sur le buste et le dos de bébé, donnant un aspect granité à la peau. Ces sudaminas sont dus à la transpiration et révèlent que l'enfant est trop couvert. Ils disparaîtront spontanément dès qu'il aura moins chaud.

- **Situées sur le crâne du nourrisson, les croûtes de lait** sont plus ou moins épaisses. Elles sont le résultat d'une sécrétion graisseuse fréquente lors des premiers mois. Elles s'éliminent en appliquant, le soir, de la vaseline ou de l'huile d'amande douce sur tout le cuir chevelu. Le lendemain, enlevez les squames en frottant légèrement à l'aide d'un tampon de coton et d'un savon neutre.

- **Très peu d'enfants échappent à l'érythème fessier.** Il apparaît dans différentes circonstances : diarrhées, nettoyage du siège avec un lait gras qui favorise la prolifération des bactéries normalement présentes dans les selles et le manque d'hygiène dû à des changes pas assez fréquents. Plus tard, il est provoqué par la poussée des dents qui acidifie les selles. À cela s'ajoute l'apparition de levures appelées *Candida*.
Il existe deux formes cliniques d'érythème fessier, la dermite des

---

LA FIÈVRE INQUIÈTE LES PARENTS, ET À JUSTE TITRE, *car elle est souvent spectaculaire chez le tout-petit. Elle n'est pas une maladie, mais un symptôme. Elle correspond à une réaction de l'organisme contre une agression microbienne ou virale. Il n'y a pas de relation directe entre son degré d'élévation et la gravité de l'infection qui la provoque. Au-delà de 38 °C, la consultation du médecin s'impose, lui seul pourra clairement en identifier la cause.*

---

convexités en forme de W qui est la plus fréquente et la dermite des plis qui s'installe au niveau des organes génitaux ou du sillon entre les fesses et les plis des cuisses.
Pour le traiter, lavez l'enfant à l'eau et au savon de Marseille. Ensuite, séchez bien la peau avant de passer le siège à l'éosine. S'il fait chaud, laissez bébé les fesses à l'air ou bien mettez-lui une couche de tissu, mais très lâche afin que l'air puisse véritablement sécher l'érythème. Sur les conseils du pédiatre, on peut utiliser des crèmes, type Cetavlon® ou Mitosyl®.

Le muguet buccal est très fréquent chez le nourrisson et se manifeste par de petites taches blanchâtres sur la langue et surtout à l'intérieur des joues. Il est dû à un champignon : *Candida albicans*. Sans gravité, il cède aux traitements locaux, mais peut gêner sa déglutition. On vous demandera, avant chaque repas, de badigeonner la bouche de votre bébé d'une compresse d'eau bicarbonatée, voire d'une solution antifongique au besoin. Attention : le muguet doit être traité sans tarder, car il peut contaminer tout le tube digestif, provoquant des vomissements et des diarrhées.

Le bon médecin est celui que votre bébé intéresse, *celui qui, intéressé par vos observations, vous explique de quoi il souffre et qui vous aide à résoudre vos difficultés. Si vous consultez régulièrement un centre de PMI, le médecin qui vous reçoit est à la fois pédiatre et généraliste. Il a une spécialité qui lui permet de soigner l'enfant et qui le pousse à s'intéresser à son développement.*

L'eczéma, ou dermite atopique, a des origines multiples et touche de plus en plus d'enfants. Les premiers symptômes se manifestent souvent dès l'âge de quelques semaines et disparaissent vers 6 ou 7 mois, lorsque la peau du bébé s'épaissit et devient plus grasse. Ils surviennent par poussées de quelques jours à plusieurs semaines.
Dans certains cas, les symptômes disparaissent totalement entre les poussées ; dans d'autres, la peau reste fragile en permanence. L'inflammation se localise sur le front, les joues, le cuir chevelu et dans les plis des mains, des poignets, des coudes, des genoux ou des chevilles. À ces niveaux la peau est excessivement sèche. Il est conseillé de privilégier les vêtements tout coton, de ne pas utiliser d'adoucissant pour le linge, ni de lessive trop agressive et de changer très souvent l'enfant si les lésions touchent le siège. Le médecin prescrira une crème hydratante ou à base de cortisone et parfois un antiasthmatique. Il n'est pas rare que les bébés qui souffrent de dermite atopique aient plus tard des allergies respiratoires ou alimentaires.

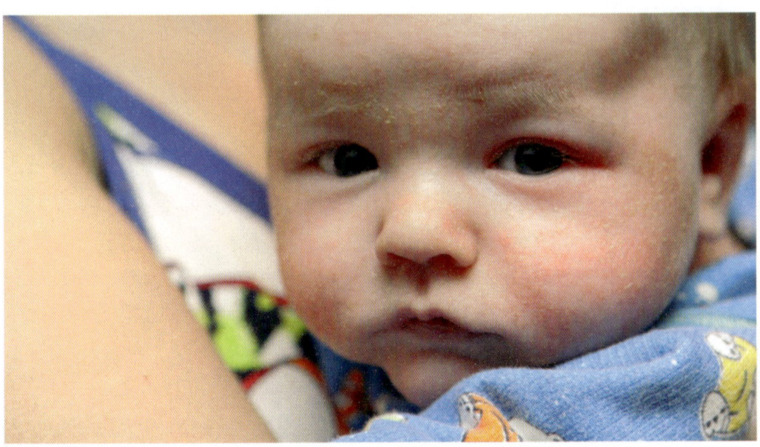

Les troubles intestinaux

La diarrhée ne doit pas être confondue avec des selles molles. Si votre bébé est nourri au sein, on considère qu'il souffre de diarrhée s'il a plus d'une selle par tétée, si votre bébé est au biberon, plus de quatre selles par jour. Elle est due généralement à une infection intestinale mais parfois elle est associée à une autre infection ou une intolérance au lait de vache. Quel que soit l'âge de l'enfant, il est indispensable de le faire boire afin d'éviter une déshydratation et de consulter un médecin assez rapidement.
La constipation est beaucoup plus rare. Un bébé qui émet une seule selle par jour est un enfant constipé. Le plus souvent, ce trouble est le résultat d'une mauvaise reconstitution du lait en poudre ou d'un manque d'hydratation, notamment lorsqu'il fait très chaud. Demandez conseil à votre pédiatre.

CAHIER PRATIQUE

Le suivi de la maternité

Votre état de grossesse vous donne droit à des avantages spécifiques, mais il dépend aussi d'un certain nombre d'obligations, notamment celle d'un bon suivi médical.

La déclaration de grossesse

Vous devez déclarer votre grossesse à la caisse d'allocations familiales et à votre caisse d'assurance maladie. Pour bénéficier de tous les avantages et de tous les droits que donne une grossesse, cette déclaration est à faire dans les quatorze premières semaines (soit avant la fin du troisième mois). C'est un médecin qui officialise votre état de grossesse ; ce peut être un médecin généraliste, un gynécologue ou un médecin de PMI (protection maternelle et infantile). À l'issue de sa consultation, il remet à la future maman un formulaire signé, composé de quatre feuillets.

Quels feuillets envoyer ?

- Les deux premiers feuillets (bleus) sont à adresser à l'organisme chargé des prestations familiales (CAF, caisse de la mutualité sociale agricole, RAM ou tout organisme spécifique) ;

- Le troisième feuillet (rose) est destiné à l'organisme d'assurance maladie-maternité, ainsi que les feuilles de soins des différents examens médicaux et de laboratoire que le médecin aura prescrits. À la réception de ce dossier, la Sécurité sociale établit le carnet de maternité ;

> **DANS LES JOURS QUI SUIVENT VOTRE DÉCLARATION DE GROSSESSE,** *l'Assurance maladie vous envoie un courrier accompagné d'un calendrier personnalisé de votre surveillance médicale avec les dates de vos divers examens médicaux et des informations sur les étapes administratives telles que vos dates de congé maternité, ou celles qui correspondent à votre prise en charge à 100 %.* Ce courrier comporte également un *guide pratique :* Je prépare l'arrivée de mon enfant.

- À l'issue des examens de contrôle, le quatrième feuillet (bleu) doit être envoyé, avant la fin du 4e mois, à la caisse d'allocations familiales.

Sept visites obligatoires

La première visite est celle qui correspond à la déclaration de grossesse. Seul un médecin est habilité à la faire. Cette première visite comporte un examen clinique général, une prise de sang avec recherche du groupe sanguin et du facteur rhésus, un dépistage de la syphilis, la recherche des défenses immunitaires acquises contre la rubéole et la toxoplasmose.
Est laissée à l'appréciation de la future maman la recherche d'une éventuelle séropositivité ou d'une hépatite C ou B.

Les autres visites obligatoires ont lieu à peu près une fois par mois, du début du quatrième mois jusqu'à l'accouchement. Elles peuvent être faites par une sage-femme.
Tous les examens, dont, systématiquement, un examen clinique et une analyse d'urine, sont remboursés par la Sécurité sociale.
L'examen du 6e mois de grossesse comprend d'autre part un dépistage de l'antigène HBS et une numération globulaire.
Les examens des 8e et 9e mois exigent le contrôle du groupe sanguin.
Bien sûr, à ces examens cliniques classiques s'ajoutent des surveillances spécifiques adaptées aux cas particuliers. C'est notamment le cas des grossesses dites « pathologiques ». Tout examen complémentaire est remboursé à 100 % par la Sécurité sociale sur justification médicale.

Dès réception de la déclaration de naissance *par la caisse primaire d'assurance maladie (CPAM), la maman reçoit le guide J'accompagne mon enfant, qui donne de précieux conseils de santé, de puériculture et de prévention. Il est accompagné d'un échéancier personnalisé des examens de l'enfant pris en charge à 100 % jusqu'aux 6 ans de l'enfant.*

L'assurance maternité

Grâce à cette « assurance maternité », la future maman devient une assurée sociale particulière. L'assurance maternité donne droit :

- au remboursement des différents frais de santé occasionnés par la grossesse et par l'accouchement ;

- aux indemnités journalières pendant les congés de maternité pour :
  - les femmes salariées,
  - les femmes assurées sociales personnellement, telles que les commerçantes,
  - les femmes dont le mari est salarié (elles sont dites « ayants droit » d'un assuré social),
  - les femmes dont le concubin est salarié, qui sont à sa charge effective lorsqu'ils vivent sous le même toit,
  - les jeunes filles encore à la charge de leurs parents, eux-mêmes assurés sociaux,
  - les femmes au chômage, à condition d'être encore dans une période de maintien des droits ou de toucher le RSA,
  - les veuves ou les divorcées depuis moins de 1 an.

La qualité d'ayant droit est conservée quatre ans après la date du changement de situation :

- la future maman cesse d'être à la charge de ses parents ;
- la future maman cesse de vivre en concubinage ou jusqu'au troisième anniversaire du dernier enfant à charge ;
- en cas de décès du conjoint ou du concubin, ou jusqu'au troisième anniversaire du dernier enfant à charge ;
- après transcription du jugement de divorce dans les registres de l'état civil, ou jusqu'au troisième anniversaire du dernier enfant à charge ;
- à l'arrêt des études pour les jeunes femmes ayant terminé leur scolarité.

> « La prise en charge des frais par l'assurance maternité s'effectue dès la déclaration de grossesse jusqu'à l'examen postnatal. »

De quoi serez-vous remboursée ?

Tous les examens obligatoires sont remboursés à 100 % sur la base des tarifs de la Sécurité sociale. Ce sont les consultations médicales, les examens sanguins et l'échographie du 6e mois. En revanche, la première échographie et la deuxième au 5e mois ne sont remboursées qu'à 70 %. Voilà pour la théorie mais, en pratique, le montant de votre remboursement dépend du secteur médical auquel appartient votre médecin. Vous serez remboursée en totalité de vos frais si votre médecin est de secteur 1 ; pour les autres, les dépassements d'honoraires sont à votre charge, à moins que vous ne possédiez une complémentaire santé qui les prendra en charge pour tout ou partie. Les centres de PMI et les dispensaires offrent la gratuité des consultations. Les hôpitaux publics demandent le paiement du ticket modérateur.

Les consultations supplémentaires sont remboursées à 70 % du tarif conventionné de la Sécurité sociale,

D'autres prestations sont prises en charge à 100 % du tarif conventionné, ce sont 8 séances de préparation à la naissance, 10 séances de rééducation postnatale.

Toutes les complications médicales de la grossesse sont aussi remboursées à 100 % : les frais hospitaliers liés à une fausse couche ou à une naissance prématurée (pour la mère et l'enfant), ainsi que tout le processus médical nécessaire à une fécondation in vitro dans la limite de 6 tentatives. L'hospitalisation de la future maman est totalement prise en charge du 1er jour du sixième mois de grossesse jusqu'au 12e jour après l'accouchement.

Quelques exemples de tarifs conventionnés, qui serviront donc de base à votre remboursement. Le tarif d'une consultation est de 28 € pour un médecin de secteur 1 et de 23 € s'il y a dépassement

d'honoraires. L'échographie est tarifée différemment selon son rang : 1ère échographie 48,35 €, 2e échographie 81,92 €, 3e échographie 73,99 € (prise en charge à 100 %).
Le tarif conventionné d'une amniocentèse est de 68,58 €, après une entente préalable entre le médecin et la Sécurité sociale.
Les cours de préparation à l'accouchement quels qu'ils soient, mais obligatoirement dispensés par un médecin ou une sage-femme, sont pris en charge à 100 % sur la base de 39,75 €.
À partir du 1er janvier 2017, les futures mamans peuvent demander à leur médecin de bénéficier du tiers payant dès lors qu'elles entrent dans leur sixième mois de grossesse. Ce dispositif leur permet de ne plus avancer l'argent de leurs consultations médicales.
On estime qu'une future maman dépense au minimum 650 euros en frais de santé si sa grossesse ne demande aucun suivi et traitement particulier.

L'accouchement

Les frais d'accouchement et leur prise en charge sont variables selon l'établissement choisi.
À l'hôpital ou dans une clinique conventionnée, les frais, honoraires d'accouchement, péridurale et frais de séjour, dans la limite de 12 jours, sont pris en charge à 100 %, dans la limite des tarifs de la Sécurité sociale. Ils sont versés directement à la maternité. Aucune participation aux frais ne vous sera en principe demandée, excepté les éventuels dépassements d'honoraires et les frais pour confort personnel. Restent donc à votre charge les frais pour votre confort, comme une chambre particulière ou la télévision.
Dans une clinique non conventionnée, le remboursement se fait sur la base du tarif de la Sécurité sociale, les dépassements d'honoraires et les dépenses de confort sont entièrement à la charge de la jeune maman, sauf si elle possède une complémentaire santé.

« Les frais de transport à l'hôpital ou à la clinique, en ambulance ou autre moyen de transport, peuvent être pris en charge sur prescription médicale. »

En cas d'importantes difficultés financières *et si la future maman n'a pas de complémentaire santé, l'Assurance maladie peut lui proposer de bénéficier de la couverture maladie universelle complémentaire (CMUC), qui lui permet de ne plus payer le ticket modérateur. Seules conditions : résider en France depuis plus de 3 mois et avoir des revenus inférieurs à 7 771 €.*

Les médecins sont classés en trois secteurs *qui dépendent de leur adhésion ou non à la convention de la Sécurité sociale. Ceux qui appartiennent au secteur 1 ont accepté de se soumettre aux tarifs fixés par la Sécurité sociale, ils peuvent exceptionnellement demander un dépassement d'honoraires. Les médecins du secteur 2 sont conventionnés mais avec des honoraires libres, ils pratiquent le plus souvent des dépassements d'honoraires. Enfin, les médecins du secteur 3 sont totalement libres de leurs honoraires.*

L'assurance personnelle

Pour celles qui ne disposent pas de Sécurité sociale, il est possible de bénéficier de prestations maternité, moyennant le paiement de cotisations (commerçantes, agricultrices, membres des professions libérales, artisanes).
L'affiliation s'effectue soit à votre initiative, soit à celle de votre caisse d'assurance maladie.
Le montant des cotisations est calculé en fonction des revenus précédant la grossesse, ou forfaitairement. Cette adhésion est définitive, tant que l'on ne bénéficie pas d'une couverture sociale à un autre titre.

Les conditions des prestations

Que ce soit le remboursement des soins ou le versement d'indemnités journalières ou d'un revenu de remplacement, les conditions d'attribution de ces droits sont quasiment identiques. Le droit aux prestations est apprécié à la date de la conception de l'enfant ou du début du repos prénatal.

Les salariées sont soumises à la condition d'une durée d'immatriculation ou d'un versement minimal de cotisation, soit :
- de 120 heures dans le mois civil* précédant le début de la grossesse ;
- de 200 heures dans le trimestre civil précédant le début de la grossesse ;
- de 600 heures dans les six mois civils précédant le début de la grossesse (ou une cotisation de 1 040 fois le SMIC horaire dans la même période) ;
- de 1 200 heures dans l'année civile précédant le début de la grossesse ou une cotisation de 2 080 fois le SMIC horaire dans la même période.

En cas de chômage, la future maman a droit à ces prestations si elle a cessé son activité moins de douze mois avant la grossesse et si elle justifie des conditions ci-dessus.

Les indemnités journalières sont versées aux salariées si, avant le début de la grossesse, ou avant le début des congés de maternité, ou avant la date de l'accouchement, elles justifient de :
- leur immatriculation à la Sécurité sociale dix mois au moins avant la date de l'accouchement ;
- d'un travail salarié de 200 heures dans le trimestre civil, date à date (ou une cotisation de 1 040 fois le SMIC dans les six mois civils*).

La durée de l'assurance maternité *se modifie lorsque le médecin prescrit un repos de deux semaines en plus, dès la déclaration de grossesse (grossesse pathologique), ou demande un repos supplémentaire de quatre semaines, après le congé de maternité (couches pathologiques).*

Les non-salariées doivent :
- être immatriculées à la Sécurité sociale dix mois avant la date de l'accouchement ;
- justifier de versements de cotisations dès la déclaration de grossesse.

Le remboursement des soins de l'enfant

Votre enfant bénéficiera d'une prise en charge totale pour les frais d'hospitalisation, lorsque celle-ci intervient au cours des trente jours qui suivent la naissance, et au besoin pour la fourniture de lait maternel par un lactarium.

Durant sa première année, l'enfant bénéficie de l'assurance maternité, qui rembourse tous les frais correspondant aux examens médicaux obligatoires et à une éventuelle hospitalisation. Après, toutes les visites médicales, les soins et les médicaments prescrits sont remboursés au titre de l'assurance maladie.

*Mois civil : du 1er au 30, et selon le nombre d'heures de travail dans le mois (120 heures à temps plein et 60 heures à mi-temps).

Vous et votre employeur

Dans notre pays, les femmes enceintes sont protégées par la loi inscrite dans le Code du travail. Bien connaître ces règles permet de faire les démarches nécessaires auprès de son employeur si on est salariée ou de s'organiser si l'on est travailleur indépendant.

Votre situation professionnelle

Vous êtes en contrat de travail à durée indéterminée
Quelle que soit votre ancienneté, l'employeur ne peut pas vous licencier pendant toute la période de votre grossesse, excepté pour faute grave non liée à l'état de grossesse ou en cas de maintien impossible du poste pour des raisons dites économiques.

Vous êtes en contrat de travail à durée déterminée
Jusqu'à la date du terme normal de votre contrat, l'employeur ne peut vous licencier. De plus, s'il était prévu de renouveler ce contrat, son non-renouvellement ne peut être motivé par l'état de grossesse.

Vous êtes en période d'essai
L'employeur ne peut prendre pour motif la grossesse pour mettre fin à l'essai. Cependant, en cas de rupture pour motif déguisé, la future maman devra faire la preuve que c'est bien la grossesse qui est la cause de l'interruption de la période d'essai.

Vous êtes à la recherche d'un emploi
Aucun employeur ne peut invoquer l'état de grossesse pour refuser votre embauche. Lors de l'entretien d'embauche, vous n'êtes pas tenue de le révéler. De même, le médecin du travail, suite à la visite médicale d'embauche, n'a pas à en informer l'employeur.

Si vous êtes licenciée malgré tout
Vous disposez d'un délai de quinze jours à partir de la notification de licenciement pour adresser à l'employeur, par lettre recommandée avec accusé de réception, un certificat médical attestant votre grossesse. Ce certificat aura pour effet soit d'annuler le licenciement, soit d'obliger l'employeur à vous verser la totalité des salaires que vous auriez dû percevoir pendant la durée de protection légale.

Les formalités vis-à-vis de l'employeur
À aucun moment, la future maman n'est tenue légalement d'informer son employeur. Cependant, pour bénéficier de la protection sociale et percevoir les indemnités journalières durant la période du congé prénatal, il est indispensable de l'informer dès que possible, par lettre recommandée avec accusé de réception, de la date légale du départ en congé de maternité ainsi que de celle prévue pour la fin du congé. Y joindre un certificat médical attestant la grossesse.

Conditions de travail
– Une mutation temporaire de poste ou de type de travail peut vous être accordée si votre état de santé l'exige. Votre demande doit être accompagnée d'un certificat médical établi par votre médecin traitant. En cas de désaccord entre le médecin et l'employeur, c'est le médecin du travail qui tranchera. L'employeur est alors tenu d'accepter cette décision et devra, quelle que soit la nature du changement apporté, maintenir la rémunération initiale si la future maman justifie de 1 an d'ancienneté dans l'entreprise.
– Mis à part la durée des congés de maternité, la loi ne prévoit pas d'aménagement d'horaires pour les femmes enceintes, sauf convention collective particulière.
– En cas de démission au cours de la grossesse, la future maman n'a pas de préavis à effectuer ni d'indemnités à verser pour rupture de contrat.

Pendant le congé de maternité, le contrat de travail est provisoirement suspendu ; mais la future maman continue à faire partie des effectifs de l'entreprise. De ce fait, la période de congé de maternité est prise en compte dans le calcul tant des congés payés que de la retraite, tout comme des droits liés à l'ancienneté. Lors de la reprise du travail, elle retrouve dans l'entreprise le poste qu'elle occupait initialement. De plus, elle bénéficie d'une protection complémentaire contre le licenciement durant les quatre semaines qui suivent la fin du congé de maternité.

Le congé de maternité

La durée légale du congé maternité est fixée par le Code de la Sécurité sociale et le Code du travail. Si vous êtes salariée, consultez votre convention collective qui peut prévoir des dispositions plus favorables.

- **Le congé maternité est le plus souvent de 16 semaines.**

Divisée en deux périodes, sa durée varie selon le rang de l'enfant à venir, le nombre d'enfants à charge et l'état de santé de la future maman.

- **En cas de grossesse à risque ou pathologique, et sur prescription médicale,** le repos prénatal peut être prolongé de deux semaines. Ces deux semaines supplémentaires peuvent être prises à tout moment de la grossesse.
- **Si l'accouchement a eu lieu plus tôt que prévu,** le repos postnatal est prolongé d'autant.
- **Si l'accouchement se produit alors qu'aucun congé de maternité n'a été pris,** le repos postnatal est de seize semaines après l'accouchement.
- **Si l'accouchement a lieu plus tard que prévu,** la durée du congé postnatal sera maintenue.
- **Que vous accouchiez à terme, avant ou après terme,** les indemnités journalières versées par la Sécurité sociale ne peuvent dépasser le temps légal des congés, soit 16 semaines.
- **Attention, si vous désirez prendre un congé de maternité plus court** et bénéficier des prestations, notamment des indemnités journalières, il est obligatoire de vous arrêter de travailler au moins deux semaines avant la date de l'accouchement et six semaines après, soit une période minimale de huit semaines. La réduction du congé prénatal ne peut entraîner l'augmentation du congé postnatal (sauf convention collective particulière de l'entreprise).
- **À partir de la naissance d'un troisième enfant,** le congé prénatal est de 8 semaines et le congé postnatal est de dix-huit semaines.
- **Dans le cas d'une première grossesse gémellaire,** le congé prénatal est de 34 semaines. Il est possible d'ajouter quatre semaines au congé prénatal, mais la période postnatale en est réduite d'autant, à moins que la jeune maman ne demande une prolongation de ce congé pour raison médicale. Si la future maman a déjà un ou deux enfants à charge, le congé prénatal peut être augmenté de deux semaines sans justification médicale.
- **Si le bébé est encore hospitalisé six semaines après l'accouchement** en raison d'une difficulté à la naissance ou d'une naissance prématurée, il est possible de reprendre le travail et de garder les deux semaines restantes du congé postnatal pour accueillir l'enfant lors du retour à la maison. Cette disposition est soumise à l'accord du centre de Sécurité sociale.

Les indemnités journalières

- **Si vous êtes salariée** ou si vous êtes au chômage, vous pourrez bénéficier d'indemnités journalières sous réserve de cesser toute activité pendant au moins huit semaines et de remplir les conditions requises.

L'indemnité journalière est égale à 100 % du salaire journalier de base. Le salaire journalier de base se détermine à partir du salaire de référence qui est divisé par le nombre de jours ouvrables (exemple 30 jours par mois, dans le cas d'un salaire mensuel). Les trois derniers mois de salaire soumis à cotisation étant pris en considération, le salaire de référence est divisé par 90 jours. Seule condition : être depuis au minimum dix mois immatriculée à la Sécurité sociale. Le montant des indemnités journalières est encadré par un minima et un maxima. Selon les employeurs et les conventions collectives, vous pouvez toucher l'intégralité de votre salaire. Soit l'employeur continue à vous payer, soit vous touchez directement vos indemnités journalières, votre employeur ne vous versant que le complément de votre salaire. Les indemnités reçues directement sont versées automatiquement tous les quatorze jours.

Les indemnités journalières versées par la Sécurité sociale sont imposables. Sont exonérées les indemnités journalières supplémentaires, attribuées sur décision individuelle par les caisses primaires d'assurance maladie aux femmes dont le métier exige des travaux incompatible avec leur état.

- **Vous êtes agricultrice, chef d'exploitation ou salariée,** vous bénéficiez d'indemnités journalières dès lors que vous êtes immatriculée depuis au moins 10 mois au régime d'Assurance sociale. Vous devez cesser tout travail pendant la période d'indemnisation et au minimum pendant 8 semaines.

Les indemnités sont dues 6 semaines avant la date de l'accouchement et 10 semaines après si c'est un premier ou un deuxième enfant. Pour la naissance d'un troisième enfant, le congé prénatal est porté à 8 semaines et le congé postnatal à 18. Pour une naissance de jumeaux, le congé indemnisé est de 12 semaines avant l'accouchement et de 22 semaines après.

Vous êtes agricultrice conjointe non salariée, vous pouvez bénéficier d'une indemnité de remplacement au prorata de votre activité à temps partiel sur l'exploitation dans la limite de 60 % de la durée légale du travail et dans la période allant de 6 semaines avant l'accouchement à 10 semaines après pour une grossesse normale. Le montant de l'indemnisation journalière est fixé tous les ans entre la Mutualité sociale agricole et les organismes de remplacement.

Vous exercez une profession libérale, vous êtes commerçante, artisane ou « chef d'entreprise » ou encore « auto-entrepreneuse » et vous souhaitez interrompre votre activité, vous pouvez percevoir une indemnité journalière forfaitaire à condition de vous arrêter 44 jours consécutifs dont 14 jours avant la date présumée de l'accouchement. Vous pouvez prolonger cet arrêt de travail par 2 fois 15 jours consécutifs et être indemnisée chaque fois par une aide. En cas de grossesse difficile ou de grossesse multiple, l'arrêt d'activité peut compter 30 jours supplémentaires compensés par un versement d'indemnités. Ces futures mamans ont droit à une allocation forfaitaire de repos maternel, cumulable avec les indemnités journalières. Elle est modulée selon la durée de l'arrêt (30, 45, 60 jours pour une naissance simple ; 90 jours pour une naissance pathologique ou multiple) et versée en deux fois, pour moitié au 7e mois de grossesse et pour moitié après l'accouchement.

Vous êtes conjointe collaboratrice (un statut très fréquent dans les activités commerciales),. Si vous cessez toute activité et vous faites remplacer par une personne salariée pendant au moins une semaine dans la période comprise entre 6 semaines avant l'accouchement et 10 semaines après, vous touchez une indemnité de remplacement journalière.
En cas de grossesse pathologique, l'indemnité peut être calculée sur 42 jours d'arrêt de travail et en cas de grossesse multiple sur 56 jours.

Si vous êtes au chômage.
Vous pouvez prétendre à un congé de maternité avec paiement d'indemnités journalières versées par la Sécurité sociale seulement si vous recevez des allocations de chômage. Ces indemnités sont calculées sur le salaire brut antérieur. Elles remplacent alors les allocations de chômage. Il est préférable d'informer sa caisse d'allocations familiales de sa nouvelle situation afin de postuler au versement de l'allocation pour jeune enfant avant et après la naissance. La naissance d'un troisième enfant permet de bénéficier de l'allocation parentale d'éducation après les congés de maternité, mais là encore cette allocation suspend le versement des allocations de chômage.
Déclarez votre changement de situation à Pôle-Emploi. Vous serez considérée comme non immédiatement disponible. Vous pourrez vous réinscrire lors de la reprise de votre recherche d'emploi. Vous retrouverez vos droits et votre période d'indemnisation sera prolongée d'autant.

Le congé de paternité et d'accueil de l'enfant

Les pères, les conjoints de la mère ou vivant maritalement avec elle, partenaires PACS peuvent bénéficier du congé de paternité et d'accueil de l'enfant. Il est accordé, quel que soit le lieu de naissance

Nombre d'enfants à charge	Naissances nouvelles	Congé prénatal	Congé postnatal	Durée totale du congé de maternité
0 et 1	• Naissance simple • Jumeaux • Triplés et +	• 6 semaines • 12 semaines • 24 semaines	• 10 semaines • 22 semaines • 22 semaines	• 16 semaines • 34 semaines • 46 semaines
2	• Naissance simple • Jumeaux • Triplés et +	• 8 semaines • 12 semaines • 24 semaines	• 18 semaines • 22 semaines • 22 semaines	• 26 semaines • 34 semaines • 46 semaines

ou de résidence de l'enfant, en France ou à l'étranger et que l'enfant soit ou non à la charge de la personne qui le demande.
La durée de ce congé est de 11 jours consécutifs. Ils s'ajoutent aux 3 jours accordés et payés par l'employeur. En cas de naissance multiple, la durée est de 18 jours. Ils doivent être pris dans les 4 premiers mois qui suivent la naissance ou l'adoption. Lors de ce congé supplémentaire, le contrat de travail est suspendu, le salarié n'est plus rémunéré.
Vous devez informer votre employeur de la date et de la durée de votre congé au minimum un mois avant la date où commencerait votre congé. Par précaution, faites votre demande par lettre recommandée avec accusé de réception. Au début de votre congé, votre employeur vous remettra une attestation de salaire. Sur cette base, l'Assurance Maladie vous informera sur vos droits ou non à des indemnités journalières.
S'il appartient au régime général de la Sécurité sociale, l'indemnité est égale à 100 % du salaire brut, moins les cotisations sociales, dans la limite du plafond mensuel de la Sécurité sociale. Pour les autres régimes, c'est une indemnité de remplacement qui est accordée à 1/60e du plafond mensuel de la Sécurité sociale pour les chefs d'entreprise et à 1/28 pour les conjoints collaborateurs.

D'autres aménagements dans la vie professionnelle

Le congé parental d'éducation
Il a pour objectif de permettre aux parents, la mère comme le père, de mettre entre parenthèse leur activité professionnelle pour s'occuper de leur enfant. De nouvelles règles s'appliquent pour les enfants nés après le 1 octobre 2014.
Pour en bénéficier, il faut justifier de 1 an d'ancienneté dans l'entreprise à la date de naissance de l'enfant et avoir cotisé 8 trimestres à la caisse d'assurance vieillesse sur un laps de temps variable de 2 à 5 ans selon le nombre d'enfants que compte la famille. Il peut être pris soit à partir du jour de la naissance de l'enfant, soit à partir du dernier jour de la prestation d'indemnités de maternité ou de paternité.

Si l'enfant est né après le 1er octobre 2014. Pour le 1er enfant, sa durée est variable de 6 mois à 12 mois : 6 mois si un seul parent s'occupe de l'enfant, 6 mois supplémentaire si le deuxième parent lui succède.
Pour un 2e enfant, sa durée est de 2 ans et demi, les 6 derniers mois étant réservés obligatoirement au 2e parent.
En cas de naissance multiple d'au moins trois enfants, sa durée peut se prolonger jusqu'au leur entrée à l'école maternelle ou jusqu'au sixième anniversaire des enfants, les 6 derniers mois étant réservés obligatoirement au 2e parent.
Ce congé est sans solde et peut s'appliquer à l'un ou l'autre des parents. À son retour, le parent ayant bénéficié de ce congé parental retrouve son poste ou un poste similaire. Selon la date à laquelle on décide de prendre ce congé parental, les formalités à accomplir sont différentes :

Si le congé parental prolonge immédiatement le congé de maternité, vous devez avertir votre employeur par lettre recommandée avec accusé de réception, au moins un mois avant la fin du congé de maternité ;

Si le congé parental ne suit pas immédiatement le congé de maternité, vous devez informer votre employeur (selon le même principe) au moins deux mois avant la date du début du congé souhaité. Il doit bien sûr être pris dans les trois ans qui suivent la naissance de l'enfant ;

Si le congé parental d'éducation se transforme en travail à mi-temps ou inversement, la demande doit être faite au moins un mois avant la date prévue.
Dans une entreprise de plus de cent salariés, le congé parental d'éducation ne peut être refusé. À l'inverse, dans une entreprise de moins de cent salariés, l'employeur peut le refuser, s'il estime que l'absence du salarié qui en fait la demande est préjudiciable à l'entreprise. Ce refus doit alors être notifié par lettre explicative, remise en main propre contre décharge, ou par courrier recommandé avec accusé de réception.
Il est maintenant possible de prendre un congé limité à un an. La rémunération est de 750 € par mois. Cette disposition a pour but de faciliter le retour à l'emploi sans un trop grand déphasage.
Dans la fonction publique, le congé parental peut être obtenu d'emblée pour 3 ans.

Réduire son activité ou démissionner

À l'issue de son congé de maternité, la jeune mère peut décider de démissionner ou de ne reprendre son travail qu'à mi-temps.

En cas de démission
Il faut avertir l'employeur par lettre recommandée avec accusé

de réception, au minimum quinze jours avant la reprise du travail. Cette formalité évite d'effectuer un préavis ou d'avoir à payer une indemnité de rupture de contrat. La jeune mère peut aussi, dans un délai maximal de douze mois après sa démission, solliciter sa réembauche auprès de l'employeur (par lettre recommandée avec accusé de réception).
En principe, celui-ci est tenu pendant un an de l'embaucher en priorité dans l'emploi correspondant à sa qualification.

Pour obtenir un emploi à mi-temps
Sauf convention ou accords collectifs plus favorables, il faut justifier d'au moins un an d'ancienneté dans l'entreprise au moment de la naissance de l'enfant. Cette possibilité de travail à mi-temps peut être accordée jusqu'au troisième anniversaire de l'enfant. Les modalités d'obtention sont identiques à celles du congé parental d'éducation.

Les mères désirant allaiter leur enfant après la reprise de leur travail peuvent bénéficier d'une réduction d'horaires à raison d'une heure par jour durant toute la période de l'allaitement, répartie en deux pauses de 30 minutes chacune, l'une le matin, l'autre l'après-midi. Cette période ne peut excéder un an. Légalement, cette heure n'est pas rémunérée, mais de nombreuses conventions collectives en prévoient l'indemnisation. Les entreprises de plus de 100 salariés doivent mettre à la disposition des mères une salle spéciale afin de préserver leur intimité et la communication mère-bébé.

Les mamans ayant mis au monde un enfant prématurément peuvent bénéficier d'un allongement de leur congé de maternité équivalant au nombre de jours séparant la naissance effective et la date présumée de l'accouchement. Ces congés sont pris en charge par la Sécurité sociale.

Le congé du père

À partir du 1er octobre 2014, les pères ont droit à 3 jours d'absence rémunérés afin de pouvoir accompagner leur compagne aux trois examens échographiques obligatoires.
Depuis plus de 10 ans, les pères peuvent bénéficier de 11 jours supplémentaires aux 3 jours accordés et payés par l'employeur. En cas de naissance multiple, la durée est de 18 jours. Ils doivent être pris dans les 4 premiers mois qui suivent la naissance ou l'adoption. Lors de ce congé supplémentaire, le contrat de travail est suspendu, le salarié n'est plus rémunéré, mais il touche une indemnité.
S'il appartient au régime général de la Sécurité sociale, l'indemnité est égale à 100 % du salaire brut, moins les cotisations sociales, dans la limite du plafond mensuel de la Sécurité sociale. Pour les autres régimes, c'est une indemnité de remplacement qui est accordée à 1/60e du plafond mensuel de la Sécurité sociale pour les chefs d'entreprise et à 1/28e pour les conjoints collaborateurs.

Si l'enfant est malade

Le père ou la mère d'un enfant malade, sur justification d'un certificat médical, peut prendre un congé non rémunéré, dans la mesure où il ne dépasse pas cinq jours, si l'enfant a moins de 1 an ou si le salarié assume la charge de trois enfants, ou plus, de moins de 16 ans. Certaines entreprises ont institué des conventions collectives plus confortables ouvrant droit à plus de jours d'absence ou à une rémunération de ces congés.

L'allocation journalière de présence parentale est destinée à permettre à l'un des parents d'interrompre momentanément son activité professionnelle pour soigner un enfant gravement malade ou accidenté, s'il a entre 0 et 20 ans. Elle est attribuée sans condition de ressources et quel que soit le type d'activité exercée. Elle est versée pour quatre mois, renouvelable deux fois.
Pendant toute la durée du versement, le contrat de travail et la protection sociale sont maintenus. L'allocation est versée aussitôt après l'arrêt de travail. Son montant est variable selon que l'activité est suspendue totalement ou partiellement. Mais il faut :
- avertir l'employeur de sa demande d'interruption totale ou partielle de l'activité. Celui-ci établira une attestation. Pour les professions non salariées, une attestation sur l'honneur sera établie ;
- remplir une demande auprès de la CAF et l'accompagner d'un certificat médical détaillé établi par un médecin hospitalier ;
- renouveler sa demande quinze jours avant le terme du congé initialement prévu.

Comment choisir sa maternité ?

Voici une liste de questions à poser et des précisions indispensables à connaître au moment de choisir la maternité dans laquelle vous allez accoucher. Toutes questions portant sur la sécurité médicale et le confort de l'établissement doivent vous permettre de faire votre choix personnel.

Questions de sécurité

- Cet établissement est-il conventionné ou non ?
- Quelle est la durée normale du séjour à la maternité ?
- Quelle est la personne qui va me suivre tout au long de ma grossesse : un médecin ou une sage-femme ?
- Rencontrerai-je toujours la même personne ?
- Lors de mon arrivée à la maternité pour l'accouchement, qui m'accueillera ? Cette personne suivra-t-elle l'accouchement du début à la fin ?
- Quelle équipe médicale est présente la nuit ?
- Si une difficulté survient, telles que menace d'accouchement prématuré ou hypertension, l'établissement est-il en mesure de prendre en charge ce problème par une hospitalisation ou par une hospitalisation à domicile (HAD) ?
- De combien de couveuses disposez-vous dans l'établissement ?
- Si un événement imprévu se passe au cours de l'accouchement, vers quelle unité spécialisée va-t-on me diriger ?
- Y a-t-il un pédiatre présent en permanence à la maternité ? Si non, quel est le nom du pédiatre et peut-il être joint à tout moment ?

« Les maternités peuvent choisir d'afficher notamment leur engagement pour l'allaitement maternel. Elles affichent alors le label "amie des bébés". »

- Y a-t-il un psychologue attaché à la maternité ?

Questions de confort

- Les chambres sont-elles individuelles ? Si ce n'est pas le cas, combien ont-elles de lits ?
- Quels sont les éléments de confort de la chambre : téléphone, radio, TV ?
- Quels sont les horaires des visites et peuvent-elles avoir lieu tard le soir ?
- Les visites des aînés sont-elles admises à la maternité ?
- Qui donnera les soins au bébé lors du séjour à la maternité ? Pourrai-je les donner ?
- Le bébé est-il gardé dans une nursery ou reste-t-il dans ma chambre ? Est-ce que j'ai le choix entre ces deux possibilités ?
- Une personne est-elle là pour m'aider dans les premiers gestes à faire ?
- Si je souhaite rentrer plus tôt chez moi, avez-vous prévu un suivi de naissance à domicile ?

Penser à l'accouchement

- Quels types de préparation à la naissance proposez-vous ?
- Quand commencent les cours ?
- Par qui sont-ils assurés ?

SI VOUS SAVEZ QUE VOTRE GROSSESSE RISQUE D'ÊTRE UN PEU PLUS COMPLIQUÉE *qu'une grossesse normale, soit en raison de votre santé ou de votre âge, soit parce que c'est une grossesse multiple, n'hésitez pas, choisissez de vous faire suivre et d'accoucher dans une maternité de centre hospitalier universitaire (CHU).*

- Pratiquez-vous l'accouchement sous péridurale ?
- Est-ce que je peux demander la péridurale à n'importe quel moment du jour ou de la nuit, même les jours fériés, à tout moment de l'accouchement, même en salle de travail ?
- S'il y a une difficulté à l'accouchement, par exemple une présentation par le siège, quelle est la pratique la plus courante dans l'établissement : césarienne systématique ou examens pelvimétriques avant toute décision ?
- Recevez-vous les futures mamans à toute heure du jour et de la nuit ou déclenchez-vous les accouchements ?
- Est-ce que mon mari ou une autre personne peut rester auprès de moi au moment de l'accouchement ?
- Lorsque vous déclenchez un accouchement, le faites-vous systématiquement sous péridurale ?
- Me laissez-vous choisir ma position d'accouchement ?
- La perfusion et le monitoring sont-ils mis en place dès le début des contractions ?
- Avant d'aller en salle d'accouchement, existe-t-il une pièce particulière pour toute la durée du travail ?
- La salle de travail est-elle équipée d'une baignoire ?
- Quel est le taux d'épisiotomies de l'établissement ?
- Quel est le prix d'une péridurale ? d'une césarienne ?
- Pratiquez-vous le bain du bébé à la naissance ? Le père pourra-t-il le donner ?
- Après la naissance, le bébé reste-t-il avec moi le temps que je reste en salle de travail ?
- Pratiquez-vous la mise au sein à la naissance ?

LA PLUPART DES MATERNITÉS PRATIQUANT MOINS DE 300 ACCOUCHEMENTS PAR AN ONT FERMÉ ; *elles ne pouvaient plus garantir la sécurité médicale des accouchées, faute des budgets nécessaires à leur équipement en matériels de haute technologie et au maintien d'un personnel qualifié suffisant. Seules subsistent celles situées dans des régions montagneuses, dont les routes ne permettent pas aux futures mamans d'être à la maternité la plus proche en 45 minutes. Cette organisation a obligé les maternités à se mettre en réseaux. Il existe deux types de réseaux.*

Le premier relie les maternités classiques aux maternités spécialisées, ce qui permet de transférer la future maman qui a une difficulté vers le centre le mieux adapté pour l'accueillir, parfois juste quelques jours, le temps d'un examen ou d'un soin spécifique, et pour y accoucher si son état l'exige.

Le second réseau relie les maternités spécialisées entre elles afin de pouvoir toujours accueillir une future maman en difficulté sans la séparer de son enfant, pour des raisons médicales. Ainsi, toutes les maternités deviennent de bons établissements, car elles sont adaptées à un problème médical particulier.

Trois types de maternités

Les maternités sont classées en trois niveaux, selon le type de soins que l'on peut y recevoir. Ce classement a été fait sous la responsabilité des agences régionales de l'hospitalisation, qui ont une connaissance parfaite des établissements de leur région.

Ainsi, aujourd'hui, les patientes peuvent s'adresser à l'établissement qui correspond à la pathologie dont elles souffrent, qu'il soit public ou privé.

Les maternités de niveau 1, presque la moitié des maternités en France : elles prennent en charge les grossesses et les accouchements qui ne présentent aucune complication particulière. Elles peuvent pourtant réaliser les césariennes

Les maternités de niveau 2 sont destinées à accueillir des grossesses à risque, les grossesses multiples et celles dont on sait que les bébés risquent de naître prématurément. Généralement après 32 semaines de gestation, parfois moins. Elles disposent d'ailleurs d'une unité de néonatologie.

Les maternités de niveau 3, 10 % environ des maternités, sont souvent implantées dans de grands centres hospitaliers. Elles se chargent des grossesses à risque en raison de problèmes de santé de la mère ou du risque d'une naissance très prématurée de moins de 32 semaines grâce à une unité de réanimation néonatale.

Allocations et prestations

Imaginées pour la première fois en 1916, généralisées en 1932, ces sommes versées tous les mois par la CAF constituent un coup de pouce au budget des familles les plus modestes.

Les prestations familiales

La vie maritale est entièrement assimilée au mariage pour l'appréciation du droit aux prestations familiales. Lorsque les deux membres d'un couple assument la charge d'un enfant, ils choisissent d'un commun accord lequel des deux aura la qualité d'allocataire. En ce qui concerne les allocations dont l'attribution est subordonnée à des conditions de ressources, les revenus des deux concubins sont pris en compte.

Les conditions de versement des prestations

Un certain nombre de règles sont communes à toutes les prestations sociales. Mieux vaut les connaître pour être sûr de recevoir exactement son dû.

- **Les prestations familiales ne sont pas soumises à l'impôt ni à la CSG ;** en revanche, certaines sont soumises à la RDS.
- **Pour bénéficier de toute prestation versée par la caisse d'allocations familiales** (CAF), il faut résider en France.
- **Selon les allocations,** il faut remplir certaines conditions de ressources.

Chaque année, la CAF vous envoie un formulaire vous permettant de déclarer les ressources de votre foyer fiscal (ce sont toujours celles de votre déclaration fiscale de l'année précédente). Les droits aux prestations familiales sont revus au 1er juillet de chaque année, en fonction des revenus des années précédentes. Même si vous pensez être au-dessus des plafonds, il vaut mieux faire cette démarche plutôt que de ne pas percevoir ce qui vous est dû.
Cette déclaration est faite sur l'honneur et engage votre responsabilité. Si vous recevez une aide au logement, vous devez déclarer les revenus des autres personnes qui vivent chez vous. Vous n'avez pas à déclarer vos prestations familiales.
Si votre situation familiale ou sociale change en cours d'année, la CAF effectue de nouveaux calculs de vos droits. Il est donc important de l'avertir par courrier de toute modification de ressources. Votre numéro d'allocataire doit être porté sur tous vos courriers.

> **En dehors des prestations légales,** *un certain nombre de municipalités accordent des aides particulières aux habitants, n'hésitez pas à vous renseigner auprès des services d'aide sociale de la mairie.*

Les allocations versées dès la maternité

La PAJE (prestation d'accueil du jeune enfant)
Elle regroupe plusieurs allocations. La prime à la naissance et l'allocation « de base » ont été conçues pour que les futurs parents puissent faire face aux premières dépenses qu'entraîne la naissance d'un enfant. Toutes deux sont soumises à des conditions de ressources modulées en fonction du nombre d'enfants à charge et de l'activité professionnelle des deux parents.

La prime à la naissance est la seule allocation versée au cours de la maternité, au 7e mois de la grossesse pour chaque enfant à naître.
Elle est liée à la déclaration de grossesse avant la 14e semaine et au respect du premier examen prénatal obligatoire.
L'allocation de base est versée dès le premier jour du mois de naissance de l'enfant et jusqu'au dernier jour du mois précédant l'anniversaire de ses 6 ans. Elle est liée au respect des examens

Votre enfant est gardé au cours du même mois *par une assistante maternelle et par une personne à domicile. Les cotisations sociales sont prises en charge au titre de chaque emploi, et le calcul de la prise en charge partielle de la rémunération s'établit sur le total des rémunérations. Il en est de même si vous avez plusieurs enfants et des modes de garde différents pour chacun. Il peut même être attribué aux personnes qui recourent à un organisme privé pour assurer la garde de leurs enfants selon des modalités spécifiques.*

obligatoires de surveillance des enfants de moins de 6 ans.

Le complément de libre choix d'activité remplacé par la « PréParE », prestation partagée d'éducation de l'enfant à partir du 1er octobre 2015, est destiné à compenser le manque à gagner d'un couple dont l'un des parents interrompt totalement ou partiellement son travail pour s'occuper de son enfant de moins de 3 ans. Il peut être versé dès le premier enfant. La personne qui en fait la demande doit justifier d'un certain nombre de trimestres de cotisation vieillesse, modulable selon le rang de naissance de l'enfant. Ce complément est accordé, 6 mois pour un seul enfant à charge, 3 ans pour 2 enfants à charge (dont le nouveau-né), 6 ans pour des triplés ou plus. En revanche, il n'est pas cumulable avec certaines indemnisations ou allocations.

Le complément de libre choix du mode de garde s'adresse aux parents qui emploient à leur domicile une personne pour garder leur enfant de moins de 6 ans ou qui font appel à une assistante maternelle agréée. Dans ce dernier cas, la rémunération de l'assistante maternelle ne doit pas dépasser par enfant gardé et par jour cinq fois la valeur du SMIC horaire brut. Les parents doivent percevoir un minimum de revenus de leur activité professionnelle. Ce complément prend en charge 50 % des cotisations sociales pour la garde à domicile, mais dans la limite d'un plafond, et 100 % des charges sociales d'une assistante maternelle. Dans les deux cas, une partie de la rémunération de la personne qui garde l'enfant.

Les allocations spécifiques

L'allocation de parent isolé (API)

Cette allocation garantit un revenu mensuel minimum aux femmes enceintes et aux personnes seules ayant au moins un enfant à charge de moins de 3 ans. L'allocation est accordée aux personnes qui vivent véritablement seules depuis au minimum 1 mois et au maximum 18 mois suivant l'événement à l'origine de leur solitude (séparation, divorce, abandon, veuvage). Le droit à l'API est ouvert à la date de la déclaration de grossesse, mais la moyenne de leurs ressources mensuelles des 3 mois précédant la demande doit être inférieure au montant maximal de l'API.

Elle peut être versée aux futures mamans vivant dans leur famille ou dans un hôtel maternel. Cette allocation est un complément de ressources dont le montant et la durée sont variables selon les situations.

L'allocation de soutien familial (ASF)

Cette allocation est accordée sans conditions de ressources au parent seul qui a au moins à charge un enfant orphelin, un enfant non reconnu par l'autre parent ou avec une filiation établie vis-à-vis d'un seul de ses parents, un enfant dont le père ou la mère n'assure pas l'entretien.

L'allocation d'éducation spéciale (AES)

C'est une aide supplémentaire pour élever un enfant handicapé de moins de 20 ans.

Pour avoir droit à cette allocation, il faut que le taux d'invalidité permanent soit d'au moins 80 %, que le taux d'invalidité permanent soit estimé entre 50 % et 80 %, si l'enfant fréquente un établissement pris en charge par un service d'éducation.

Si, en raison des soins que nécessite son état, il reste au domicile de ses parents, c'est la commission départementale de l'éducation spéciale (CDES) qui attribue ou non cette allocation.

L'allocation de présence parentale

Elle permet de compenser une partie de la perte de revenus liée à l'arrêt de travail de parents qui, en raison de la maladie de leur enfant, cessent en totalité ou en partie de travailler. Son montant varie selon qu'il y a un ou deux parents et en fonction du taux de cessation d'activité. Les deux parents peuvent tous deux réduire leur activité ; dans ce cas, ils cumulent deux aides à taux réduit.

Les allocations familiales (AF) Elles sont versées, sans plafond de ressources jusqu'au 31 août 2015, dès que la famille compte deux enfants à charge et de moins de 20 ans.

À partir du 1er juillet 2015, leurs montants sont modulés en fonction des revenus du foyer dont les deux parents sont en activité. Il est divisé par deux à partir de 6 000 euros de revenus et par quatre à partir de 8 000 euros.. Pour avoir droit à cette allocation, il faut avoir une activité professionnelle ou pouvoir justifier d'une impossibilité de travailler ou bien encore toucher des indemnités, des rentes ou des pensions. Les allocations familiales augmentent en fonction du nombre d'enfants à charge.

Les aides au logement

Les aides au logement s'appliquent aussi bien aux locataires qu'aux propriétaires, mais à condition que la maison ou l'appartement occupé(e) soit la résidence principale du couple ou du parent célibataire.

Elles sont réservées aux revenus les plus modestes et ne s'appliquent que s'il n'y a aucun lien de parenté directe entre le locataire et le bailleur.

L'aide personnalisée au logement (APL) s'adresse aux accédants à la propriété, s'ils ont souscrit un prêt d'accession sociale (PAS), un prêt aidé (PAP) ou un prêt conventionné (PC). Cette condition n'est pas exigée s'il s'agit d'un logement HLM ou appartenant à une société d'économie mixte ; elle s'applique aux locataires ayant signé avec le propriétaire un bail conforme à la réglementation.

L'allocation de logement familial (ALF) s'adresse à ceux qui ne peuvent prétendre à l'APL.

Pour avoir droit à cette allocation, il faut être enceinte ou avoir au moins un enfant de moins de 20 ans ou un ascendant à charge, être mariés depuis moins de 5 ans, le mariage ayant eu lieu avant les 40 ans de chacun des conjoints.

L'allocation de logement social (ALS) s'adresse à ceux qui ne peuvent prétendre aux autres allocations de logement et ne peut être cumulée avec d'autres allocations de logement.

La prime de déménagement aide à diminuer le coût du déménagement d'une famille qui s'agrandit. Elle s'adresse aux couples qui attendent ou viennent d'avoir un troisième enfant ou de rang plus élevé ; Il faut emménager entre le 4e mois de grossesse et le 2e anniversaire de l'enfant de rang trois ou plus et pouvoir prétendre pour le nouveau logement aux allocations de logement. Son montant est égal aux frais réels du déménagement dans la limite de plafonds.

CES ALLOCATIONS ONT PRATIQUEMENT TOUTES LES MÊMES CONDITIONS D'ATTRIBUTION : *elles ne concernent que la résidence principale et s'appliquent à des logements dont la superficie est au moins égale à 9 m² pour une personne seule, 16 pour 2 personnes et 9 m² de plus par personne supplémentaire, sauf pour l'ALS qui demande 70m² pour 8 personnes ou plus. Enfin, les ressources de la famille sont soumises à des plafonds. Les montants sont variables selon les situations familiales, le montant des loyers ou des échéances et les zones géographiques.*

L'état civil

Au moment de la déclaration de naissance, l'officier d'état civil porte sur son registre le nom de l'enfant, ses prénoms, son sexe, l'année, le jour, l'heure et le lieu de naissance ainsi que les noms, prénoms, dates et lieux de naissance du père et de la mère. Parfois on y ajoute leurs professions.

La déclaration de naissance

Vous avez un délai maximal de trois jours après l'accouchement pour effectuer la déclaration de naissance de votre enfant. Elle se fait au bureau de l'état civil de la mairie dont dépend votre maternité. Dans les grandes agglomérations, ce sont les mairies d'arrondissements. Certaines maternités offrent le service de se charger de cette démarche. La personne effectuant cette déclaration doit obligatoirement avoir avec elle le livret de famille remis au couple au moment du mariage (ou du moins une pièce d'identité), ainsi que le certificat de naissance délivré par le médecin ou la sage-femme ayant pratiqué l'accouchement.
C'est ainsi que l'État a la connaissance d'un nouveau citoyen. La déclaration de naissance donne à l'enfant sa citoyenneté française et sa couverture sociale et médicale à l'assurance santé.

Votre enfant est né un week-end ou un jour férié : les trois jours de délai restent la règle, mais on ne compte pas le jour de la naissance. Les dimanches et les jours fériés n'entrent pas dans le décompte. La date butoir est reportée au premier jour ouvrable qui suit.

Vous n'êtes pas mariée, vous n'avez donc pas de livret de famille. Il est remplacé par l'acte de reconnaissance de votre enfant rédigé par votre compagnon. Il peut être préparé en avance, c'est une déclaration anticipée ou rédigée au moment de la déclaration de naissance.
Un livret de famille vous sera délivré à la naissance de votre premier enfant commun, si vous ou votre compagnon possédez un acte de naissance détenu par les autorités françaises.
La déclaration de naissance donne lieu à l'enregistrement d'un acte de naissance.
Celle-ci, officiellement reconnue et inscrite sur le livret de famille, permettra l'établissement de documents tels que copie ou extrait de l'acte de naissance, fiche simple ou familiale d'état civil.

Vous avez dépassé les 3 jours. L'enfant ne sera inscrit sur le registre des naissances qu'à la suite d'un jugement du tribunal de grande instance de la commune où il est né.

Le nom de l'enfant

Les enfants nés d'un couple marié ou non peuvent porter le nom de leur père ou de leur mère, voire les deux, dans l'ordre choisi par eux. Dans la limite, toutefois d'un seul nom de famille pour chacun des parents s'ils portent eux-mêmes le nom de leurs deux parents. Les enfants des mêmes père et mère devront avoir les mêmes noms et toujours dans le même ordre. L'enfant qui porte uniquement le nom de sa mère peut, par la suite, prendre celui de son père si celui-ci décide de le reconnaître. Mais les parents doivent en faire la demande conjointe auprès du greffier en chef du juge aux affaires familiales tant qu'il est mineur. Le consentement personnel des mineurs de plus de 13 ans est nécessaire. Pour le moment, 83 % des enfants portent uniquement le nom de leur père.

L'enfant qui n'a pas été reconnu par son père et dont la mère se marie peut prendre le nom de l'époux de sa mère. Pour faire une « dation de nom », les époux doivent en faire la déclaration conjointe devant le greffier du tribunal de grande instance. Si l'enfant a plus de 13 ans, il devra donner son accord.
Dans les deux ans qui suivent sa majorité, il pourra, s'il le souhaite, reprendre son nom d'origine en faisant la demande au juge des affaires familiales.

Le prénom de l'enfant

Les parents ont la totale liberté de choisir le(s) prénom(s) de leur enfant. L'alphabet utilisé doit être celui utilisé pour l'écriture du français. Les caractères alphabétiques étrangers ne sont pas autorisés.
Si ce ou ces prénoms seuls, associés entre eux ou associés au nom de famille, paraissent contraires à l'intérêt de l'enfant ou au droit des tiers à protéger leur patronyme, l'officier d'état civil en avisera sans délai le procureur de la République qui, lui-même, saisira le juge aux affaires familiales.
En attendant le jugement, l'état civil de l'enfant portera le prénom choisi par les parents. Si le jugement oblige les parents à changer le prénom, celui-ci sera supprimé de l'état civil.
Le juge demandera alors un autre prénom aux parents, ou, à défaut, en attribuera un lui-même. Toutes ces décisions seront portées en marge des actes d'état civil de l'enfant.

La copie intégrale et l'extrait d'acte de naissance

Comme son nom l'indique, la copie reprend l'intégralité de ce qui est porté sur le registre d'état civil, elle atteste donc la filiation.
L'extrait ne donne qu'une partie des informations, soit le nom, les prénoms, le sexe, l'année, le jour, l'heure et le lieu de naissance.
Ces documents sont délivrés sur simple demande, directement ou par correspondance, à la mairie ayant enregistré la déclaration de naissance. La plupart des communes prévoient la possibilité de faire la demande en ligne sur le site de la commune ou sur www.acte-etat-civil.fr

Qui peut en faire la demande ?
Pour la copie intégrale, les parents de l'enfant, celui-ci lorsqu'il sera majeur et un membre de la famille s'il apporte la preuve de son lien de parenté. Pour l'extrait, cette formalité peut être effectuée par toute personne mandatée.

Le livret de famille

Toute mère célibataire peut demander un livret de famille à la mairie du lieu de naissance de son enfant (il est habituellement donné au moment du mariage).
La date et le lieu de naissance de l'enfant y seront inscrits avec la mention « reconnu par », puis suivront les extraits de naissance de la mère et du père.
Si les concubins se marient, un nouveau livret leur sera remis et les enfants nés de leur couple seront automatiquement légitimés.
Si l'enfant n'a pas été reconnu par le père avant le mariage, celui-ci devra le faire séparément devant un officier d'état civil.

Enfant légitime et enfant né « hors mariage »

La filiation légitime est celle d'un enfant conçu ou né dans le mariage. Sont donc « légitimes » les enfants dont les parents ont divorcé au cours de la grossesse et ceux dont les parents se sont mariés au cours de cette même période.
Légalement et dans ce contexte, l'enfant a pour père le mari de sa mère. En plus des enfants légitimes de naissance, il existe des enfants légitimes par la reconnaissance déclarée conjointement de ses parents avant ou après la naissance.
Cette filiation ou légitimation entraîne des droits et des devoirs de la part des parents envers l'enfant, mais aussi de l'enfant envers ses parents.
L'enfant né « hors mariage » est reconnu uniquement par l'un de ses parents. La reconnaissance par la mère est automatique dès l'établissement de l'acte de naissance et ne demande aucune démarche. Elle peut même reconnaître l'enfant avant sa naissance pour qu'il porte son nom. Cette démarche se fait dans n'importe quelle mairie.
La reconnaissance de paternité est un acte officiel qui établit la filiation d'un enfant né « hors mariage ». Elle peut se faire avant sa naissance ou juste après, soit devant notaire, soit auprès d'un officier d'état civil, quel que soit le lieu de naissance de l'enfant ou le domicile du père ou de la mère.
Pour faire cette démarche, avant la naissance, le père doit produire une pièce d'identité et faire une déclaration à l'état civil ; après la naissance, il doit posséder l'acte de naissance de l'enfant. Cette reconnaissance peut être recueillie aussi par un notaire.
Le père et la mère de l'enfant peuvent le reconnaître même si le père est marié de son côté, si la mère est mariée de son côté. Il est alors indispensable que son mari légitime n'élève pas l'enfant.
L'enfant porte le nom du premier de ses parents qui l'a reconnu. Il peut porter le nom de son père ou le double nom si celui-ci l'a reconnu en second, en s'adressant au juge des tutelles avant que l'enfant ait 18 ans. À partir de 15 ans, on lui demandera son avis.
Enfant « hors mariage » et enfant légitime ont les mêmes droits en matière de prestations familiales.
L'enfant naturel donne droit à une

augmentation du quotient familial pour le parent qui en a la charge. Une pension alimentaire peut être versée par le parent qui n'a pas la charge de l'enfant.
Attention, le parent d'un enfant de couple homosexuel qui n'a pas porté l'enfant ne peut le reconnaître.

Action en recherche de paternité

Elle a pour objectif d'établir un lien de filiation avec la personne supposée être le père de l'enfant. Tant qu'il est mineur, c'est sa mère qui se charge de la démarche. L'enfant majeur qui cherche à établir un lien de filiation ou ses héritiers s'il décède peuvent également y recourir.
L'action en recherche de paternité se fait auprès du tribunal de grande instance et avec l'assistance obligatoire d'un avocat. Elle n'est recevable que si l'on peut apporter des preuves comme des témoignages ou des lettres. C'est, par exemple, la preuve de relations intimes avec le père présumé pendant la période de conception (de 180 à 300 jours avant la naissance). De son côté, la mère doit justifier d'une « bonne conduite » pendant cette période. Le juge peut demander un test génétique de paternité avec le consentement du père présumé. Il lui est possible de se soustraire à un test légal de paternité.
Si le tribunal juge que cette personne est le père de l'enfant, la filiation est établie de manière rétroactive à la date de la naissance de l'enfant. Il peut décider aussi de l'exercice de l'autorité parentale, d'une contribution à l'entretien et à l'éducation de l'enfant et du changement du nom de famille. Une action en recherche de paternité peut être un moment délicat psychologiquement.

Les enfants conçus ou nés à l'étranger ont vu leur situation s'éclaircir.

Afin de sécuriser leur avenir, les enfants nés au sein d'un couple de femmes ayant eu recours à une procréation médicalement assistée à l'étranger peuvent être adoptés par l'épouse de leur mère biologique. De même, la justice a reconnu le droit des enfants nés à l'étranger par « gestation pour autrui » à être inscrit à l'état civil et donc d'avoir des papiers d'identité.
Par ces deux dispositions le non-respect de la loi par les parents ne prive pas l'enfant de ses droits.

Droits et devoirs envers l'enfant

L'autorité parentale

Elle représente l'ensemble des droits et des devoirs attribués au père et à la mère pour mieux protéger l'enfant mineur et assurer son éducation.
Elle recouvre les droits et les devoirs de garde, de surveillance, d'éducation et, s'il y a lieu, de gestion des biens de l'enfant. Désormais, la loi consacre l'égalité des droits et des devoirs entre la mère et le père. Chacun des parents contribue à l'entretien et à l'éducation des enfants à proportion de ses ressources, de celles de l'autre parent, ainsi que des besoins de l'enfant.

En cas de mariage, l'autorité parentale est exercée conjointement entre mari et femme ; l'un et l'autre ont les mêmes droits et les mêmes devoirs à l'égard de l'enfant, et chacun d'entre eux est réputé agir avec l'accord de l'autre.

En cas de désaccord grave, l'un des parents peut s'adresser directement au juge des tutelles du tribunal de grande instance dont dépend le domicile familial. C'est une solution ultime. En cas de désaccord persistant, le juge prend lui-même la décision qui lui semble la plus conforme à l'intérêt de l'enfant.

En cas de séparation ou de divorce, la séparation des parents ne change rien à l'exercice de l'autorité parentale et chacun des parents doit maintenir des relations personnelles avec l'enfant. S'il y a désaccord sur cet exercice ou si le changement de résidence d'un des parents pose des difficultés, c'est le juge aux affaires familiales qui statue selon l'intérêt de l'enfant. L'autorité parentale peut alors être attribuée à l'un des parents. Le parent qui n'a pas l'exercice de l'autorité parentale conserve le droit de surveiller l'entretien et l'éducation de ses enfants. De même, il doit être tenu informé des choix importants relatifs à leur vie.

En cas de concubinage, l'autorité parentale est exercée en commun par les deux parents, dès lors qu'ils ont tous deux reconnu l'enfant dans la première année de sa naissance. La condition de communauté de vie est supprimée. En cas de séparation d'un couple non marié, les règles sont identiques à celles qui s'appliquent en cas de divorce.

En cas de décès du mari, l'autorité parentale est attribuée en totalité à la mère. À défaut, il y a ouverture d'une tutelle que la mère peut choisir d'avance par testament ou par déclaration spéciale devant notaire.

En l'absence d'une telle déclaration, la tutelle est généralement transmise aux ascendants les plus proches, comme les grands-parents, ou à un tuteur désigné par le conseil de famille.

Le divorce et les enfants

Le jugement du tribunal officialisant le divorce des parents fixe certaines dispositions vis-à-vis de l'enfant. C'est notamment :

La garde, appelée aujourd'hui la résidence. Dans la majorité des cas, si l'enfant a moins de 15 ans, elle est attribuée à la mère. Ce qui n'est pas sans provoquer des discussions tendues entre les parents lorsque le divorce ne se fait pas par consentement mutuel.

L'autorité parentale. Elle est le plus souvent confiée au parent qui a la garde pour des raisons pratiques, mais cette décision n'est plus systématique. Lorsqu'il s'agit d'un divorce par consentement mutuel, ce sont les parents qui prévoient ses modalités d'exercice sous le contrôle du juge aux affaires familiales. Dans les autres cas, l'autorité parentale est fixée par le juge. Elle est généralement commune et, en cas de circonstances particulières, attribuée à l'un des parents. La loi Malhuret précise que le parent qui n'a pas l'exercice de l'autorité parentale conserve un droit de regard sur l'entretien et l'éducation de son enfant. Il est possible que le jugement stipule une autorité parentale conjointe si les parents semblent capables d'entretenir un dialogue cohérent vis-à-vis de leur enfant.

Le droit de visite. Sauf motif grave, le juge fixe le temps que l'enfant passera obligatoirement avec le parent dont il est séparé : jours de la semaine, rythme des week-ends et temps des vacances. Le non-respect de ces règles par le parent qui a la garde de l'enfant est un délit de « non-représentation ».

Si l'enfant refuse ce droit de visite, c'est le tribunal qui décidera, ou non, d'une dispense, souvent après avoir entendu l'enfant.

Une pension alimentaire. Le montant est fixé en fonction des revenus des deux parents. En cas de non-paiement, le parent floué peut faire appel à la justice, qui prendra les mesures pour obliger son règlement. Les Caf se chargent souvent des procédures et, dans les cas difficiles, versent une avance sur pension.

Le divorce des couples binationaux pose souvent de dramatiques problèmes de droit de garde et de visite. Des difficultés dues en grande partie au manque de réglementation internationale. Heureusement depuis 2001, à l'échelon européen, les ministres de la Justice de l'Union européenne sont mis d'accord pour qu'à partir du 1er mars 2001, un seul juge statue sur la garde des enfants. Ce sera le magistrat du pays dans lequel se trouve la résidence habituelle des époux.

L'AUTORITÉ PARENTALE EST *exercée par un seul des parents :*
– par le père ou par la mère lorsqu'il ou elle a reconnu seul(e) son enfant ;
– par la mère lorsque les conditions d'exercice conjoint ne sont pas remplies. Dans le cas où l'autorité parentale n'est pas exercée conjointement, alors que l'enfant a été reconnu par ses deux parents, ces derniers peuvent faire ensemble une déclaration d'autorité parentale conjointe devant le juge des tutelles.

Les lois de bioéthique

Les découvertes en matière de génétique, les procréations médicalement assistées, soulèvent bien sûr de nouvelles questions tant sur le plan juridique qu'éthique. Les lois de bioéthiques ont pour objectif d'encadrer les pratiques médicales. En voici les grandes lignes.

L'interruption de grossesse
Depuis plus de dix ans, la loi autorise l'avortement volontaire à 12 semaines de grossesse (14 semaines d'aménorrhée). Pour les mineures, l'autorisation parentale est de règle, mais elle n'est pas une obligation si la jeune femme se fait accompagner d'une personne

majeure de son choix. Les femmes majeures ne sont plus tenues de participer à un entretien social. L'IVG doit être pratiqué dans un centre agréé. Enfin, sur prescription médicale, les femmes disposent d'un médicament, le RU 486, dit pilule du lendemain, qui permet d'interrompre une grossesse avant la 5e semaine, mais il est préférable qu'elle soit utilisée dans les quelques jours qui suivent la fécondation.
L'avortement thérapeutique, pour des raisons médicales, est lui possible jusqu'à la fin de la grossesse. Il est décidé après le diagnostic de deux médecins qui attestent que la vie de la mère est en danger ou que les examens médicaux laissent fortement suspecter un enfant porteur de malformations gravement handicapantes.

L'assistance médicale à la procréation a un champ d'action précis. Elle s'applique aux traitements de stérilités médicalement reconnues ou afin d'éviter la transmission à l'enfant ou à l'un des membres du couple d'une maladie particulièrement grave et incurable. Elle s'applique à des couples, hommes et femmes en âge de procréer, mariés ou pouvant justifier d'une vie commune. Avec l'accord écrit du couple, il est possible, lors de la fécondation in vitro, de produire des embryons surnuméraires. Ils sont congelés et gardés en vue d'un projet ultérieur d'enfant. Tous les ans, on interroge par courrier les parents pour actualiser leur projet. S'ils n'envisagent pas une autre grossesse, ils peuvent choisir d'en faire don à d'autres parents, à un centre de recherche ou tout simplement d'arrêter leur conservation. Faute de réponses, les embryons ne sont pas conservés plus de 5 ans.

POUR LES JURISTES, LE STATUT DE L'EMBRYON HUMAIN N'EST PAS DÉFINI *et, à aucun moment, la loi ne dit clairement quand commence la vie. Le fœtus n'est pas une personne et l'enfant n'existe en réalité qu'après la naissance.*

Les dons de gamètes, ovocytes et spermatozoïdes doivent être volontaires, gratuits et anonymes. Les gamètes, après leur recueil, sont préparés et conservés dans l'azote liquide en attendant d'être envoyés dans un centre médical agréé pour procéder à une PMA. La donneuse et le donneur signent un consentement sur lequel ils peuvent revenir jusqu'à l'utilisation des gamètes. S'ils vivent en couple, l'autre membre du couple signe aussi un consentement. Le nombre de dons est limité pour une même personne. Un même homme ne peut être à l'origine de plus de 10 naissances. Aucun lien de filiation ne pourra être établi entre les enfants et la donneuse ou le donateur, l'enfant est celui du couple qui l'a désiré.

Le don d'embryons doit respecter des règles identiques à celles des dons de gamètes, volontaires, gratuits et anonymes. Il est réservé aux couples ayant une double infertilité ou dont le risque de transmission d'une maladie génétique est très élevé et enfin pour lesquels les tentatives habituelles d'assistance médicale à la procréation ont échoué. Le couple donneur doit d'abord donner par écrit son consentement et en discuter avec l'équipe médicale du centre de conservation. C'est elle qui décide si la qualité des embryons permet ce don. Le couple a 3 mois de réflexion, au terme desquels il signe un deuxième consentement. Ce document est enregistré au tribunal de grande instance. Le couple receveur doit aussi signer un consentement et s'entretenir avec l'équipe médicale qui se chargera de l'implantation de l'embryon.

Le diagnostic pré-implantatoire est aussi encadré par la loi. Il consiste à retirer une cellule de l'embryon de trois jours conçu en éprouvette afin de l'analyser et ainsi de s'assurer qu'il n'est pas porteur de maladie génétique. Avant de pratiquer ce dépistage, le médecin appartenant au centre de diagnostic pluridisciplinaire doit attester qu'il y a une forte probabilité que l'enfant soit atteint d'une maladie génétique reconnue comme incurable au moment du diagnostic, et le couple doit exprimer par écrit son accord. Le diagnostic ne pouvant avoir pour objet que de rechercher cette affection.
Enfin, ce diagnostic ne peut être réalisé que dans un centre agréé. Seuls quatre centres sont autorisés aujourd'hui en France à pratiquer cette recherche.

La loi en France interdit les mères porteuses et le clonage reproductif ou thérapeutique. Elle ouvre la possibilité de faire des recherches à titre dérogatoire sur les embryons congelés en surnombre, qui ne font pas l'objet d'un projet parental, et sur les cellules souches.
Elle n'autorise pas la conservation de convenance d'embryons, sauf quand la fertilité du couple est menacée par une maladie grave

ou les traitements médicamenteux (le cancer par exemple). De même, l'implantation d'un embryon congelé chez une femme dont le compagnon est décédé est interdite.

La Déclaration universelle sur le génome humain. Le 11 novembre 1997, l'Unesco a adopté la Déclaration universelle sur le génome humain, véritable charte en vingt-cinq articles qui appelle au respect de la personne humaine et établit, au nom des droits de l'homme, des règles dans le domaine de la génétique.

C'est une étape fondamentale dans la définition des critères de bioéthique. L'article fondateur proclame que « chaque individu a droit au respect de sa dignité et de ses droits, quelles que soient ses caractéristiques génétiques ». Les signataires s'engagent aussi à ne pas autoriser, dans leur pays, le clonage d'êtres humains à des fins de reproduction. Il est stipulé encore que chaque individu doit donner son consentement préalable à toute intervention sur son génome et que toute discrimination fondée sur les caractéristiques génétiques est interdite. En revanche, ce texte appelle à la diffusion la plus large des connaissances scientifiques sur le génome humain.

Le don du sang du cordon est un geste libre, anonyme et gratuit. Il n'est réalisable qu'après un consentement signé de la mère et un entretien médical prénatal. Seules les maternités du Réseau français de sang placentaire, agréées par les agences régionales de santé, peuvent le prélever et le stocker dans des banques publiques. Là, il sera analysé sur le plan biologique, des analyses complémentaires sont réalisées à partir d'un prélèvement sanguin fait à la mère au moment de l'accouchement. Si aucune anomalie n'est constatée, le sang du cordon est conservé dans l'azote liquide. Une étiquette est alors collée dans le carnet de santé du nouveau-né, indiquant que le sang de son cordon a été prélevé et qu'il est destiné à être greffé chez une personne malade. C'est une sécurité qui permet au médecin qui traite l'enfant de prévenir en cas de nécessité l'Agence de biomédecine. Si vous souhaitez faire ce don, adressez-vous à une maternité faisant partie du Réseau.

L'Agence de biomédecine a été créée il y a bientôt 10 ans. *C'est la seule agence en Europe rassemblant ces quatre domaines que sont le prélèvement et la greffe, la procréation, l'embryologie et la génétique humaines. Dans le domaine de la procréation, elle a pour mission, entre autres :*

- *de délivrer les autorisations pour les recherches in vitro sur l'embryon et les cellules embryonnaires et pour la conservation de cellules souches embryonnaires à des fins de recherche ;*
- *d'autoriser les échanges de cellules reproductives et de cellules souches embryonnaires avec des pays tiers destinés à la recherche ;*
- *de délivrer les autorisations des centres pluridisciplinaires de diagnostic prénatal et des centres de diagnostic préimplantatoire ;*
- *d'agréer les praticiens réalisant de l'assistance médicale à la procréation, du diagnostic prénatal et du diagnostic préimplantatoire, et des examens des caractéristiques génétiques.*

Son rôle est encore d'apporter une certaine cohérence dans les pratiques et les interdits actuels, comme l'élargissement des conditions d'accès aux fécondations artificielles.

Le PACS et le concubinage

Naissances « hors mariage »

Le mariage n'est plus le seul cadre juridique dans lequel les couples envisagent aujourd'hui d'avoir des enfants. Depuis 2006, les naissances dites « hors mariage » sont les plus nombreuses. Deux formes juridiques permettent à un couple de se lier sans pour cela se marier : le PACS et le certificat de concubinage, largement répandus dans toutes les couches de la société actuelle. Parents pacsés ou concubins ont les mêmes droits et devoirs envers leurs enfants. La loi a uniformisé le statut des enfants, quelle que soit la forme d'union choisie par leurs parents. Elle les met à égalité pour ce qui est de la transmission du nom, de la filiation et de l'application de l'autorité parentale. L'un comme l'autre permettent encore de bénéficier d'avantages identiques à ceux des couples mariés. Ainsi, PACS et certificat de concubinage sont utiles pour obtenir le statut d'ayant droit à l'égard de la Sécurité sociale et des caisses d'allocations familiales. Pourtant quelques différences subsistent, elles sont d'ordre administratif. Le père « pacsé » doit faire une démarche officielle pour que ses droits sur l'enfant soient reconnus. Il doit notamment témoigner de sa volonté que l'enfant porte son nom et non celui de la mère.

« Dans les textes officiels la qualification "d'enfant légitime" ou "d'enfant naturel" a disparu, seul "l'enfant" subsiste. »

PACS (pacte civil de solidarité)

Dernier-né dans l'arsenal des lois qui régissent les liens d'un couple.

- Il est accessible à deux personnes majeures, quel que soit leur sexe, mais il est interdit entre frères et sœurs et entre parents et enfants.
- L'acte se fait à la mairie par une simple déclaration ; il ne nécessite pas la présence d'un officier d'état civil. Ce contrat est notifié au greffe du tribunal d'instance et porté sur les actes d'état civil.
- Les partenaires s'apportent aide mutuelle et matérielle et contribuent, selon leurs facultés respectives, aux besoins de la vie courante. Les contractants sont solidaires de leurs dettes.
- Ils sont soumis au régime matrimonial de la communauté réduite aux acquêts.
- Ils établissent une déclaration d'impôts commune.
- En cas d'abandon du logement ou d'un décès, le contrat de location continue au profit du partenaire.
- Le PACS est interrompu par le décès ou par la volonté d'un des partenaires.

Une convention type aide à ne rien omettre dans la rédaction du contrat.

La situation d'un enfant dans ce cadre juridique n'est prévue par aucun texte. Ainsi, la filiation n'est pas automatique et donc, pour que l'enfant porte le nom de son père, ce dernier devra le reconnaître, soit avant sa naissance, soit dans les 3 jours légaux. Cette démarche est obligatoire si le père veut exercer son autorité parentale.
Sur le plan fiscal, si le couple pacsé déclare ensemble ses revenus, il bénéficie de la demi-part ou de la part complémentaire octroyée pour la charge d'un enfant.

En cas de rupture du PACS ou du concubinage, *si des enfants sont nés de cette union, les règles concernant l'autorité parentale continuent à s'appliquer. La mère, qui a généralement la charge de l'enfant, peut demander au père de participer à l'entretien de l'enfant sous la forme d'une pension alimentaire. De son côté, le père peut obtenir certains droits vis-à-vis de l'enfant, comme par exemple un droit de visite et d'hébergement.*

Sur le plan du calcul des prestations sociales, c'est l'ensemble des revenus du couple qui est pris en compte.

Le concubinage

C'est la situation d'un couple qui vit sous le même toit, mais sans aucun statut juridique. Au moment de la naissance de leur enfant, le père devra faire la démarche de le reconnaître.

Le lien de filiation entre l'enfant et ses parents est établi par un acte personnel et volontaire de chacun : la reconnaissance. Cette reconnaissance peut résulter d'une déclaration devant un officier d'état civil ou d'un acte notarié avant la naissance, à la naissance, ou à tout moment de la vie de l'enfant. L'enfant peut être reconnu par son père, ou par sa mère, ou par ses deux parents. La reconnaissance peut être simultanée ou successive. Lorsque le lien de filiation n'a pas été établi par la reconnaissance volontaire des parents, il peut être établi par la possession d'état. La possession d'état est caractérisée par un ensemble de faits permettant d'établir une

« Petit rappel : dans le cadre du mariage, la filiation est automatique avec les deux parents. »

filiation. Elle peut être constatée à tout moment, et sa preuve apportée par tous les moyens. Le lien de filiation peut également être établi judiciairement par les actions en recherche de paternité ou de maternité.

Certaines administrations comme l'Assurance maladie peuvent demander un certificat de concubinage indispensable à l'attribution de droits.

Le certificat de concubinage s'obtient à la mairie ou au commissariat de police du domicile, il faut présenter :

- deux témoins majeurs, français, non apparentés entre eux ni avec les concubins,
- une pièce d'identité,
- un justificatif de domicile connu,
- si l'un des concubins est étranger, il doit présenter son titre de séjour.

Pour la location d'un lieu de résidence, *il est prudent, pour l'un comme pour l'autre des concubins, de faire établir le bail locatif aux deux noms. En cas de séparation, le concubin restant est assuré de garder son toit. Chacun prend à sa charge pour moitié le loyer, ainsi que sa part d'impôts et de charges locatives.*
Le congé de la résidence doit être donné par les deux concubins. En revanche, le propriétaire doit avertir les deux locataires séparément en cas de rupture du bail. Un bail aux deux noms est un atout supplémentaire pour obtenir un crédit d'équipement.

Équipement de base pour accueillir votre bébé

Dans quelques semaines, vous rentrerez chez vous votre bébé dans les bras. Avez-vous pensé aux objets indispensables qui vont constituer son environnement ?

Ses meubles

Le meuble le plus important est son lit. Berceau ou lit à barreaux doivent avant tout être faciles à nettoyer. Qu'ils soient de bois ou de plastique, vous les laverez régulièrement à l'eau légèrement javellisée, que vous rincerez. Les lits à barreaux ont des normes de sécurité : l'écartement des barreaux doit varier de 45 à 65 cm. Le tour de lit est aujourd'hui un accessoire déconseillé. Le matelas d'un bébé est dur, fait de crin végétal, de mousse ou à ressort. Depuis peu, on peut trouver des matelas de matières 100 % naturelles ou encore ergonomiques, qui épousent les formes du corps de l'enfant. Certains matelas sont équipés de housses anti-acariens, avec de plus une face hiver et une face été. Il doit être parfaitement adapté aux dimensions du sommier. Vous le protègerez d'une alèse de molleton imperméabilisé. Votre bébé n'a besoin ni d'oreiller ni de couverture, il dormira dans un sur-pyjama ou une turbulette qui, tout en lui tenant chaud, le laisse libre de ses mouvements.

La commode

Autre meuble indispensable ou presque : une commode pour ranger ses vêtements. Si vous achetez ce meuble, vous pouvez opter pour un modèle dont le plateau fait office de table à langer. Dans ce cas, il vous faudra aussi un matelas à langer. Il se choisit de préférence avec de gros rebords boudins pour maintenir les bébés turbulents. Un revêtement PVC facilite son nettoyage. Pour baigner votre bébé, sans vous casser le dos, une baignoire est indispensable. Bien sûr, les tous premiers jours, une cuvette de taille moyenne peut suffire. Les avantages de la baignoire tiennent à son système d'évacuation de l'eau et à sa forme ovale qui permet de bien tenir le bébé allongé. Souple ou rigide, sur trépieds ou non, à vous de déterminer ce dont vous avez envie. Les sièges de bain sont déconseillés, car ils donnent l'idée trompeuse que votre enfant est en parfaite sécurité dans l'eau. Vous pouvez aussi investir dans une table à langer avec baignoire incorporée. Pour des raisons de commodité, surtout si elle comporte une baignoire, il est préférable de l'installer dans la salle de bain.

« Les revêtements de sol et de murs de la chambre de votre bébé seront lavables. Pour le décor, à vous de jouer, en privilégiant les couleurs pastel. »

Le transat

Offrez-lui un petit transat. Ce siège peut le suivre partout. Il per-

Pensez encore à nettoyer les jouets de votre bébé, *tout particulièrement lorsqu'il va commencer à les porter à sa bouche. Une eau légèrement javellisée suffit, mais les objets ainsi lavés doivent être rincés. Les jouets souples et les peluches se choisissent lavable en machine, seul moyen d'être sûr de l'élimination des microbes et des agents allergènes.*

met d'installer votre bébé confortablement et en toute sécurité au milieu de son environnement pour des moments d'éveil, de jeux et de communication. Seule consigne de sécurité : il est souhaitable de l'installer sur une surface qui lui offre une totale stabilité, le mieux étant le plus souvent au sol. Vous le choisirez inclinable, si possible au moins en trois positions, équipé d'un système d'attache au niveau de l'entre-jambes pour éviter à l'enfant de glisser ou de basculer. Enfin, préférez un modèle pliant pour l'emmener partout et dont le hamac se lave facilement.

En hiver et par mauvais temps, *il est indispensable de couvrir ses oreilles et sa tête. En effet, nous perdons la plus grande part de notre chaleur interne par le sommet de la tête. À moins de trois mois, c'est pratiquement en toute saison, sauf par forte chaleur, qu'il portera un petit bonnet de coton.*

Ses vêtements

Souvenez-vous qu'un bébé est extrêmement sensible à la fois à la chaleur et au froid. D'une manière générale, les mamans ont tendance à trop couvrir leur bébé, et la règle qui voulait que, même en été, un bébé doive porter de la laine a été révisée depuis quelques années. Au-delà de 22 °C, un bébé doit être légèrement vêtu et boire régulièrement. En revanche, pour bien

« Essayez de porter vos choix sur des objets estampillés NF, ce label vous garantit de leur qualité, notamment qu'ils respectent les normes de sécurité françaises et européennes. »

le protéger du froid, superposez des vêtements plutôt légers, mais à la coupe large, pour créer une succession de couches d'air. Ce sont elles qui renforcent l'isolation au froid. De plus, n'oubliez jamais qu'il est immobile dans son landau comme dans son porte-bébé et qu'il n'a pas l'apport énergétique dû à l'effort physique pour se réchauffer.
La plupart des marques de vêtements pour bébé offrent dans leurs premières tailles un choix entre 1 mois, 3 mois, 6 mois. Certaines ont une taille « naissance », qui correspond souvent à ce qui est nécessaire pour habiller un bébé prématuré ou de petite taille. Pensez que votre bébé va grandir et grossir très vite et achetez relativement peu de vêtements en taille 1 mois, passez assez vite au 3 mois. Vous adapterez bien sûr sa garde-robe à la saison de sa naissance et à la région où vous vivez.
Ne limitez pas trop le nombre du vêtement de base qu'est le body. Comptez 6 exemplaires par taille. Pour le nouveau-né et le bébé de 3 mois, il sera de forme kimono et à manches longues, à manches courtes en saison chaude, et de forme débardeur à partir de 6 mois. Les pyjamas seront aussi en nombre, 4 ou 5 par taille, tout comme les vêtements de jour, type combinaisons ou caleçons à associer à une blouse ou à un tee-shirt manches longues ou courtes, de coton plus ou moins épais. Vous ajouterez à ce trousseau 1 ou 2 brassières de laine ou petits gilets de laine et 1 gilet de coton pour chaque tranche âge. Pour la nuit, vous avez besoin de 2 turbulettes afin de pouvoir faire face aux régurgitations et à tout autre débordement. Chaussons et chaussettes compléteront sa garde-robe à raison de 4 ou 5 paires. Enfin, vous ne vous priverez pas d'une robe ou d'une salopette fantaisie pour les sorties en ville.
Choisissez en majorité des vêtements de matière naturelle hypoallergénique, particulièrement de coton. Cette matière a aussi l'avantage de se laver parfaitement en machine, tout comme la laine grâce au programme à froid. Dans les 2 premiers mois, il est conseillé de séparer le linge de bébé de celui du reste de la famille. Après, tout le monde peut faire lessive commune. Utilisez une lessive douce, sans phosphate, et n'ajoutez pas d'assouplissant ; on les soupçonne d'être allergisants. Le linge de corps se change quotidiennement. En revanche, les grenouillères ou les pyjamas, s'ils ne sont pas souillés de crachouillis ou de pipi, peuvent être changés tous les deux jours. Les draps se changent toutes les semaines.

Autour de son alimentation

Si vous nourrissez votre bébé au sein, vous n'avez pas besoin de beaucoup de matériel. Pensez d'abord à vous en faisant l'acquisition d'au moins deux soutiens-gorge d'allaitement. Surtout prenez-les de la bonne taille : il ne faut pas qu'ils compriment les mamelons, ni qu'ils vous serrent au niveau des aisselles ou des épaules. Vous pourrez aussi vous équiper de coupelles d'allaitement ; elles évitent le frottement du tissu sur les mamelons. Il est recommandé de ne pas les porter en permanence pour éviter les problèmes d'engorgement. Certaines de ces coupelles sont conçues avec un réceptacle pour recueillir le lait qui, chez certaines femmes, coule spontanément du sein que l'enfant ne tète pas. Les coussinets d'allaitement ont le même usage, ils se glissent dans les bonnets du soutien-gorge et évitent les débordements susceptibles de tacher vos vêtements. Jetables ou lavables, il faut les changer dès qu'ils sont humides pour prévenir toute irritation. Si votre enfant a des difficultés à prendre le bout de vos seins ou si ceux-ci ont tendance à être rentrés, ou encore si vous souffrez de crevasses, munissez-vous de bouts de seins de sillicone. Leur taille doit s'adapter à la forme de votre mamelon et à la cavité buccale du bébé. Vous n'aurez besoin d'un tire-lait que si vous devez vous absenter quelques heures et que vous confiez votre bébé à d'autres bras. Il vous permettra de préparer un biberon de lait maternel (à conserver au réfrigérateur). Le tire-lait à double pompage est le plus performant. Ce type de matériel peut se louer aussi en pharmacie.

L'allaitement au biberon peut se pratiquer sans beaucoup de matériel : 6 bouteilles, de verre ou de plastique, et les tétines correspondantes. En effet, la stérilisation n'est pas une obligation, un brossage soigneux à l'eau savonneuse (qu'il faut rincer) ou un nettoyage au lave-vaisselle suffit. L'investissement se réduit donc à un simple goupillon. Le lait se donnant de plus en plus à température ambiante, vous n'avez besoin d'un chauffe-biberon que si votre bébé préfère boire légèrement tiède. Ces appareils existent en deux versions : soit une simple résistance au fond de la cuve chauffe de l'eau d'un bain-marie, soit un système plus sophistiqué diffuse de la vapeur tout autour du biberon.

UTILISER LE MICRO-ONDES POUR RÉCHAUFFER LES BIBERONS *est dangereux, car il ne diffuse pas la chaleur de manière homogène dans le liquide.*

Bébé en balade

Aujourd'hui, les bébés suivent leurs parents presque partout ; il leur faut donc un équipement tout-terrain sûr et confortable.

Pour les voyages en voiture. Le code de la route impose aux bébés de voyager attachés dans des équipements adaptés à leur âge et à leur poids, et ce dès la sortie de la maternité. Votre choix doit se porter sur un matériel dit du groupe « 0 » (les sièges auto étant classés par groupe suivant le poids de l'enfant). Vous y trouverez des nacelles et des sièges. Les nacelles offrent aux bébés le confort de voyager couchés. Elles s'installent sur la banquette arrière du véhicule, maintenues, selon les fabricants, par la ceinture de sécurité ou grâce à un kit d'installation. Il est préférable d'opter pour un modèle avec un filet de protection pour éviter qu'en cas de choc, le bébé soit éjecté hors de son « lit ». Ces nacelles sont conçues pour accueillir les bébés jusqu'à 6 mois et peuvent, pour la plupart, se coupler à un châssis « roulant », se transformant ainsi en landau.

Le siège auto du groupe « 0 » a l'avantage d'avoir une durée d'utilisation plus longue. On peut y installer un bébé jusqu'à 13 kilos, ce qui correspond environ à un enfant de 12 mois. Il s'installe toujours dos à la route pour offrir une meilleure protection en cas d'accident. Il est préférable de l'installer sur un siège arrière, mais il peut aussi être sur le siège passager avant. Cette situation peut être plus confortable sur le plan de la surveillance pour un

QUAND VOUS COUCHEZ VOTRE BÉBÉ, *ne le couvrez pas immédiatement car, au début de son sommeil, il transpire beaucoup. En effet, il traverse une phase de sommeil profond au cours de laquelle la température de son corps augmente. Si vous optez pour le surpyjama, dans un premier temps, enfilez uniquement les jambes et remontez-le jusqu'à la taille ; vous pourrez lui mettre le haut un peu plus tard.*

conducteur ou une conductrice qui roule seul(e) avec l'enfant. Dans ce cas, l'airbag qui correspond à ce siège doit être désactivé. La coque se fixe au moyen de la ceinture de sécurité ou d'une base d'attache. L'enfant voyage en position semi-assise, maintenu par un harnais ajustable, de 3 ou 5 points selon les modèles. Avant de démarrer, il est recommandé de vérifier le réglage des sangles, elles doivent être tendues et bien à plat. Quelques critères de base peuvent guider votre choix. Pour des raisons de sécurité, les côtés du siège doivent être bien enveloppants, c'est une meilleure protection en cas de choc latéral. Pour plus de confort, vous vérifierez un bon rembourrage des garnitures et que celles-ci sont réalisées dans un tissu anti-transpirant, et encore que des sangles de maintien sont molletonnées au niveau des épaules. Enfin, l'inclinaison du siège doit être variable pour donner au bébé qui grandit une position adaptée à ses nouveaux besoins.

Pour les promenades à pieds, en ville comme à la campagne. Avec un nouveau-né, vous avez le choix entre le landau ou le porte-bébé, mais vous pouvez utiliser les deux selon les circonstances, l'un n'excluant par l'autre dans votre équipement de base.

Côté landau, il faut se faire une raison : « la voiture à l'anglaise » qui offrait aux bébés le confort d'une suspension de « Rolls » n'est plus réellement adaptée au mode de vie des jeunes parents. La version moderne du landau est une coque ou une nacelle qui se fixe sur un châssis roulant à 3 ou 4 roues, ce même châssis devenant plus tard poussette. C'est d'ailleurs son choix qui est le plus délicat. Vous serez attentive à son poids et à son encombrement ; pensez qu'il vous faudra peut-être soulever votre « landau » pour accéder à un bus par exemple. Expérimentez encore son système de pliage : d'une seule main, c'est beaucoup mieux avec un bébé sur l'autre bras. Faites de même avec celui qui permet de fixer l'habitacle sur les roues ; il doit être simple et fiable. Pensez encore à privilégier un guidon réglable pour le confort de tous les conducteurs.

L'addition de tous les éléments représente souvent un investissement relativement important, mais dites-vous que le châssis pourra devenir poussette et être utile à l'enfant jusqu'à l'âge de trois ans, que la nacelle peut se transformer en lit de voyage pour une ou deux nuits et qu'enfin, il est bien commode de pouvoir passer très facilement d'un mode de déplacement à un autre.

« Chez un tout-petit, l'utilisation du siège auto ne doit pas excéder 1h30 par jour. »

Le porte-bébé est une autre option. Toutes les grandes marques de puériculture ont leur modèle. Quelques recommandations peuvent guider votre choix. En premier lieu, un « bon » porte-bébé doit garantir un bon maintien de la tête de l'enfant. Une qualité qui n'est pas forcement garantie par un appui-tête. En effet, il est préférable que l'enfant soit bien tenu au niveau des épaules pour que sa tête ne ballotte pas au rythme des pas de son porteur. Il est encore important que l'enfant puisse y retrouver le confort et la sécurité de sa position fœtale. Un bon porte-bébé respecte encore l'arrondi physiologique du dos de l'enfant. Les jambes sont pendantes en grenouille. L'enfant doit être porté très haut afin que son dos n'ait tendance ni à se cambrer ni à s'affaisser. Un nourrisson se porte blotti sur le ventre de l'adulte pour qu'il profite du regard de sa mère ou de son père. Plus tard, vers 5-6 mois, il peut se retourner et être porté côté dos afin qu'il profite des sollicitations de l'environnement. Vers un an, il s'accrochera au dos de son parent. Ce type de portage favorise aussi très bien le lien corps à corps, car le dos est la partie du corps qui offre la plus grande surface de contact. La répartition du poids, sur le dos comme sur le ventre de l'adulte, se fait sur la surface la plus large possible afin d'éviter les lombalgies. Mais vous n'êtes pas dans l'obligation d'acheter un porte-bébé prêt à l'emploi. Il existe quantité de modèle d'écharpes de portage, du rebozo mexicain au pagne africain, en passant par des modèles sophistiqués qui offrent quantité de solutions pour les nouer.

Nacelles ou sièges *coques homologués selon les dernières réglementations portent la référence ECE R44/04. Cette indication garantit la sécurité des matériaux utilisés, des habillages anti-inflammables et l'efficacité testée du système d'attache du bébé.*

Menus printemps/été

Tous ces menus sont adaptés aux besoins de la future maman. N'hésitez pas à utiliser les herbes et les épices : coriandre, cardamome, quatre-épices, curry, genièvre, cannelle, thym, basilic, aneth… Elles apportent beaucoup de saveur aux cuissons les plus simples. La plupart de ces plats ont été conçus pour être réalisés avec un minimum de matière grasse au moment de la cuisson. Cependant, selon vos goûts, selon votre tendance aux nausées ou non, et selon votre prise de poids, vous pouvez ajouter un peu de beurre frais ; une cuillerée à café de crème fraîche ; un peu d'huile d'olive ou de tournesol ou de pépins de maïs. La cuisson au sel est diététiquement intéressante ; elle permet de garder aux produits tout leur moelleux sans avoir à y ajouter de matière grasse. On cuit ainsi le poisson (entier), la viande et les volailles. Rassurez-vous, les produits cuits ainsi, une fois débarrassés soigneusement de leur gangue de sel, ne sont pas plus salés qu'il ne faut. Si vous n'êtes pas immunisée contre la toxoplasmose, mieux vaut ne pas consommer de viande rouge ou crue. De même, il est préférable, pour vous préserver de la listériose ou des hépatites, de laver soigneusement et plusieurs fois les légumes ou les fruits que vous souhaitez consommer crus.

	Petit déjeuner	Déjeuner	Dîner
Lundi	café ou thé au lait, 1 kiwi, pain (60 g), beurre (10 à 15 g), jambon	salade d'épinards crus et tomates, bœuf à la ficelle, légumes nouveaux, fromage blanc sucré au miel	gaspacho, 2 œufs à la coque, fruit
Mardi	café ou thé au lait, 1 jus d'orange, pain + beurre, 1 œuf à la coque	salade de courgettes crues, pain de poisson, pâtes au basilic, fromage, fruit	melon à l'italienne, rognons de veau (sauce légère), carottes nouvelles à la crème, fromage, fruit
Mercredi	café ou thé au lait, 1 pomme, céréales (4 cuil à café), 30 g de comté	salade de cresson, poulet au couscous, yaourt aux fruits rouges	salade de mesclun, saumon cru mariné au cerfeuil ou au basilic, flan d'épinards, fromage, fruit
Jeudi	café ou thé au lait, 1 jus de pamplemousse, muesli, 50 g de fromage blanc	salade romaine au chèvre frais, gigot à la vapeur, aubergines dans leur peau (au four), fromage, fruit	julienne de légumes vapeur, chavignol chaud et salade, soupe de fruits rouges à la menthe
Vendredi	café ou thé au lait, cocktail d'agrumes, pain + beurre	caviar d'aubergines, brochette de bœuf, gratin de carottes, fromage, fruit	soupe de concombres au yaourt, 2 œufs à la coque, fromage, fruit
Samedi	café ou thé au lait, 1 jus d'orange + 1/2 citron, 1 crêpe légère, fromage	salade de haricots verts, lapin en papillote, fromage, sorbet	asperges sauce au fromage blanc, tomates + aubergines farcies à la provençale, clafoutis aux cerises
Dimanche	café ou thé au lait, bol de fraises, 1 œuf au bacon	crudités et sauce yaourt-roquefort, jambon à la virginienne, pâtes cuites (30 g), pêches rafraîchies à la menthe	bouquet frais cuit au gril, truite au sel, fromage, crème brûlée

Menus automne/hiver

C'EST VRAIMENT À PARTIR DU 7E MOIS QUE LA FUTURE MAMAN DOIT MANGER PLUS. Elle doit augmenter sa ration quotidienne de 500 à 1 000 calories selon son poids d'avant la grossesse, soit au total un apport calorique de 2 800 calories par jour. À trente semaines de gestation, la balance doit normalement indiquer plus 8,5 kg par rapport au 1er mois.
Aucun aliment n'est particulièrement à privilégier. Il faut jouer l'équilibre, notamment en s'efforçant de démarrer sa journée par un petit déjeuner copieux. Au besoin, l'apport supplémentaire peut se faire en prenant une petite collation vers 16 ou 17 heures.
Nausées et vomissements peuvent également réapparaître en fin de grossesse. Ils ne sont pas le signe d'une difficulté particulière et peuvent être prévenus par quelques précautions. Certaines futures mamans se sentiront beaucoup mieux en fractionnant encore plus leurs repas. En effet, le bébé, en grandissant, a tendance à prendre de plus en plus de place dans l'abdomen et comprime l'estomac.
Le faux sucre peut être un palliatif pour aider à une rééducation vis-à-vis du goût sucré. Mais attention, on lui reproche, par un phénomène physiologique de compensation, de favoriser le besoin de sucre.

	PETIT DÉJEUNER	DÉJEUNER	DÎNER
LUNDI	raisin, café ou thé, pain + beurre, 1 œuf à la coque	avocat au citron, rôti de veau au lait, gratin de blettes, fromage, ananas	magret grillé, salade de haricots verts, fromage, pomme au four en papillote
MARDI	jus d'orange, café ou thé, céréales (4 cuil. à café), 30 g de comté	salade verte au roquefort et aux noix, escalope de dindonneau et gratin de chou-fleur, fruit	soupe à l'ail, dorade au sel, riz, yaourt au miel et aux fruits secs
MERCREDI	pamplemousse, café ou thé, pain (60 g), beurre (10 à 15 g), jambon	brocolis en salade, porc aux oignons et au thym, fromage, fruit	soupe de potiron, ratatouille aux œufs, gâteau au fromage blanc
JEUDI	pomme, café ou thé, 1 petite crêpe légère, fromage	salade de choux, foie de veau à l'anglaise, fruit	mâche et magret fumé, gratin de coquilles Saint-Jacques, œufs à la neige
VENDREDI	poire, café ou thé, 1 œuf bacon	pamplemousse en salade, brandade de morue, crème caramel	gratin de poireaux, rôti de veau, fromage, crumble aux fruits rouges
SAMEDI	raisin, café ou thé, pain + beurre	bouillon dégraissé, poule au pot, fromage, gratin de poires	ragoût de légumes, papillote de saumon, fromage, tarte pommes-cannelle
DIMANCHE	jus de pamplemousse, café ou thé, muesli, 50 g de fromage blanc	salade de champignons de Paris à la crème, canard aux pêches, fromage, fruits exotiques	soupe de légumes, salade de foies de volaille, fromage, gâteau de carottes

Menus minceur après bébé

Après la grossesse, il n'y a pas de restrictions particulières, mais quelques principes, bases d'une alimentation équilibrée, qu'il faut connaître. Tout d'abord, vous pouvez manger de tout, à condition de limiter les graisses et les sucres rapides. Les légumes sont conseillés. Ils peuvent être consommés en quantité, alors que les fruits crus ou cuits le seront avec modération, tout comme les laitages. Il est recommandé de privilégier les modes de cuisson « minceur ». Pour les viandes, vous avez le choix entre le gril, le four ou la poêle antiadhésive. Pour le poisson, préférez la papillote et la cuisson vapeur, il en va de même pour les légumes, car la vapeur conserve tout leur parfum. Si vous n'êtes pas une adepte de la vapeur, faites au moins cuire les légumes dans très peu d'eau. Ne sautez jamais un repas, car l'organisme, par un système de compensation, accumule plus facilement les graisses. En revanche, si vous constatez que des fringales vous tenaillent au milieu de la matinée, buvez un grand verre d'eau.

	Petit déjeuner	Déjeuner	Dîner
Lundi	café ou thé au lait, 60 g de pain complet + 10 g de beurre allégé, 1 jus d'orange ou de pamplemousse	brochettes de bœuf mariné dans 2/3 de jus d'ananas et 1/3 de vinaigre, haricots verts + beurre, yaourt nature	petite salade verte + 1/2 cuil. d'huile, 2 petites côtes d'agneau, 2 tomates à la poêle, 1 crème caramel
Mardi	café ou thé au lait, 1 jus d'orange ou 1 jus de pamplemousse, 30 g de corn-flakes dans un bol de lait écrémé	120 g de steak, carottes Vichy, 1/4 d'ananas frais	soupe de 5 légumes (courgettes, carottes, poireaux, navets, tomates), 2 œufs à la coque, 1 yaourt peu sucré
Mercredi	café ou thé au lait, 1/2 pamplemousse, 30 g de müesli, 1 yaourt, 1 cuil. à café de miel	100 g de poisson maigre, 200 g de pommes de terre vapeur + beurre, 1 pomme cuite au four	100 g de magret grillé, haricots verts en salade + 1/2 cuil. d'huile, 1 kiwi
Jeudi	café ou thé au lait, 30 g de céréales, 1 bol de fromage blanc à 0 %, 1/2 pomme	200 g de pilpil ou de semoule, 1 champignon et 1 blanc de poireau, 30 g de camembert, 1 tranche de pain	salade de mâche avec 80 g de magret de canard fumé, 1 cuil. d'huile, gratin de poires à l'aspartame
Vendredi	café ou thé au lait, 3 petits pains grillés, 10 g de beurre, 1 cuil. à café de confiture	foie de veau à l'anglaise, 300 g de pâtes bolognaise + 1 cuil. d'huile d'olive et 1 feuille de basilic, 30 g de parmesan	noix de Saint-Jacques sur lit de blancs de poireaux, 1/2 cuil. de crème fraîche, 100 g de riz, 1 pomme ou 1 pêche
Samedi	café ou thé au lait, 1 jus de pamplemousse, 30 g de muesli	bouillon dégraissé, 100 g de blanc de poulet, courgette, 1 yaourt nature	100 g de quasi de veau cuisiné avec des tomates, 2 oignons, 3 pruneaux, crumble aux fruits rouges
Dimanche	café ou thé au lait, 3 abricots, 1 œuf à la coque, 30 g de pain	salade du pêcheur (50 g de thon, 100 g de maïs, 100 g de riz, 1 tomate, 5 ou 6 tranches de concombre), 30 g de fromage blanc à 20 %	2 fines tranches de jambon blanc, méli-mélo de légumes, 1 bol de crème au chocolat noir

Les grandes dates qui ont fait l'obstétrique d'aujourd'hui

La grossesse et l'accouchement sont reconnus depuis la nuit des temps comme des moments particuliers dans la vie d'une femme. Les connaissances et les pratiques ont depuis toujours les mêmes objectifs : faire venir au monde des bébés en bonne santé, tout en préservant celle de la mère. Il a fallu bien des siècles pour y parvenir.

Dans l'Antiquité

Dès l'époque pharaonique, des hiéroglyphes décrivent une méthode qui permettait de savoir si une femme était enceinte. Le test de grossesse de l'antique Égypte consistait à verser les urines de la femme sur un mélange de diverses semences, de dates et de sable. Sous l'effet des hormones, dont la fameuse HCG (hormone gonadotrophine chorionique), les semences étaient supposées germer. Certains mélanges de graines étaient censés prédire un accouchement difficile ou le sexe de l'enfant à venir. Les futures mamans, sans doute celles des classes dirigeantes, accouchaient dans un lieu particulier entourées de talismans et de statuettes, dont le dieu potier Khnoum et la grenouille Héket, destinés à protéger la mère et l'enfant. L'accouchement normal n'était pas l'affaire des médecins, ils n'intervenaient qu'en cas de difficultés. Les enfants nés prématurément n'avaient bien sûr aucune chance de survivre, leur corps était traité comme celui de tout défunt. Ainsi, deux fœtus momifiés ont été découverts dans la tombe de Toutânkhamon, sans doute deux enfants du grand pharaon. On sait encore que l'accouchement et ses suites préoccupaient les médecins dès le IIe millénaire avant J.-C., grâce au papyrus de Carlsberg.

L'époque romaine voit l'essor de la médecine dans le suivi de la maternité et de l'accouchement. Au Ier siècle après J.-C., Soranos d'Éphèse, médecin grec ayant exercé à Rome, écrit un *Traité sur les maladies des femmes*, qui s'intéresse, entre autres, à la grossesse et à la naissance. Il y met en évidence le rôle des contractions dans l'expulsion de l'enfant et décrit une technique d'accouchement par le siège qui est encore pratiquée aujourd'hui. Son œuvre fera date jusqu'à la Renaissance. Toujours à la même époque, un autre médecin grec, Dioscoride, écrit un manuel, *De Materia Medica*, où il livre ses découvertes sur le rôle médical des plantes dans le domaine de la fertilité et de la grossesse. Il y adjoint le pouvoir des animaux, des pierres, des fumigations, des onctions et des talismans. Ces prescriptions seront utilisées jusqu'à la fin du Moyen Âge.

Au cours du Moyen Âge

Cette période, longue de dix siècles, mêle les premières notions de sciences médicales à celles d'astrologie et de magie. Rites païens et christianisme cohabitent. Les hommes, pour des raisons de pudeur, n'ayant pas le droit d'examiner les femmes enceintes, ce sont des femmes, les matrones, qui continuent à pratiquer les accouchements. Elles se spécialisent, s'entraînant à faire des examens vaginaux, à extraire les bébés, y compris les enfants mort-nés. Leur savoir repose sur l'expérience et ne se transmet qu'oralement. L'une d'entre elles, Trotula de Salerne,

SOUS L'INFLUENCE DU CHRISTIANISME, *on reconnaît, au Moyen Âge, une vie intérieure à l'enfant à naître. S'il meurt au moment de l'accouchement, son âme est promise à l'enfer ou à errer dans les limbes.*

innove pourtant en 1050, en écrivant un véritable traité d'obstétrique. Elle y explique que « la limite pour enfanter est de 30 ans » et que les femmes qui ont des problèmes de fertilité « ne savent pas retenir le sperme de leur mari ou que le sperme n'est pas convenable ».

En 1781, Jean-Louis Baudelocque *publie son traité sur L'Art des accouchements. Il se rend célèbre en classant les différentes présentations de l'enfant, par ses instruments proches du forceps, sa pratique de la césarienne et l'invention du pelvimètre, qui permet de mesurer le diamètre antéro-postérieur externe dit « diamètre de Baudelocque ». Cette mesure du détroit du pelvis permet d'anticiper des accouchements rendus difficiles par un bassin étroit.*

L'apparition des maternités

La curiosité universelle et l'amour des sciences de l'époque ont une grande influence sur les connaissances et les pratiques de l'obstétrique. Les connaissances anatomiques se précisent et les premiers livres de gynécologie sont publiés. Pour la première fois, la femme joue un rôle dans la procréation, elle n'est plus que l'unique « réceptacle pour la semence de l'homme ». Jusqu'alors, toutes les femmes accouchaient chez elles dans la pièce commune de la maison, souvent la plus chaude. Chez les plus pauvres, il n'était pas rare qu'elles accouchent dans l'étable dont les bêtes maintenaient une température suffisante. Le seul homme accepté aux côtés de la femme qui accouche est le père. Dans certaines régions, il recueille l'enfant dans sa chemise. Les femmes accouchent en position semi-assise, les reins calés par des coussins ou utilisent une « chaise d'accouchement ». Elles peuvent encore choisir d'être à genoux ou debout.

Le XVIe siècle est une étape importante dans l'histoire de l'obstétrique. Pour la première fois, on imagine un lieu spécialement consacré à la naissance, c'est la création de la maternité de l'Hôtel-Dieu à Paris, qui sera suivie par l'ouverture d'autres lieux dans toute la France. Les matrones laissent place progressivement à des femmes formées : ce sont des sages-femmes. Les médecins, tout particulièrement les chirurgiens, commencent à être appelés pour traiter les accouchements difficiles. En 1536 paraît en France la traduction d'un livre allemand, *Le Jardin de roses des femmes enceintes et des sages-femmes*, destiné à la formation des sages-femmes. C'est un grand succès.

« En 1779, Élisabeth Bourgeois reçoit le titre de sage-femme, c'est la première diplômée dans cette profession. »

Naissance de l'accoucheur

Au XVIIe siècle, pour la première fois, un homme est officiellement reconnu comme accoucheur. Nous devons cette initiative à Louis XIV, qui demanda au chirurgien Julien Clément d'accoucher sa maîtresse, Madame de La Vallière. Son talent est récompensé par le titre « d'accoucheur de la cour ».

À partir de 1650, il est courant, dans la noblesse et la bourgeoisie, de demander l'assistance d'un accoucheur. François Mauriceau, médecin à l'Hôtel-Dieu, publie un traité sur *Traité des maladies des femmes grosses et accouchées*. Son ouvrage transformera les pratiques de l'accouchement dans toute l'Europe ; il fera notamment autorité sur les techniques de l'accouchement par le siège. Il est considéré comme à l'origine de l'obstétrique en tant que spécialité médicale.

L'apparition des sages-femmes

À partir de 1760, le pouvoir royal s'inquiète du grand nombre de femmes et d'enfants qui meurent lors de l'accouchement. Il souhaite transformer toutes les matrones en sages-femmes. Sous l'impulsion de Madame du Coudray, sage-femme de renom formée à l'Hôtel-Dieu, on instaure un enseignement itinérant aux techniques de l'accouchement. Au programme, leçons et travaux pratiques sur un mannequin d'osier. Une formation de base qui est poursuivie par les chirurgiens-accoucheurs locaux.

Les sages-femmes recommandent aux futures mamans de marcher pendant les contractions et de respirer profondément pour accompagner la douleur. Pour aider le bébé à mieux glisser vers la vie, elles lubrifient le passage avec du beurre ou de la graisse animale. L'accouchement se pratique alors presque uniquement allongé. Mais l'extraction d'un bébé en délicate posture se fait toujours en le sacrifiant. C'est pour en finir avec ces pratiques qu'un médecin anglais, Peter Chamberlen, met au point les forceps. Une invention que lui et sa famille ont gardée secrète pendant plus d'un siècle.

Progressivement, en ville, l'accoucheur supplante la sage-femme. Il lui est considéré comme supérieur sur le plan des connaissances et des capacités.

Réduire la souffrance

Le XVIIIe siècle est considéré comme « l'âge de raison » de la science obstétricale. L'accouchement, considéré comme une étape à risque de la vie, devient un événement médicalisé.

Le XIXe siècle sera celui de la lutte contre la fièvre puerpérale, cette infection généralisée entraînant le décès de nombreuses femmes venant d'accoucher. Un médecin autrichien, Ignace Philippe Semmelweis, développe l'idée de l'asepsie et recommande aux médecins de se laver les mains à l'eau chlorée entre les actes médicaux et d'utiliser des solutions désinfectantes lors des interventions chirurgicales. Les travaux de Louis Pasteur viendront conforter le bien-fondé de ses conseils.

À cette période se développent aussi les recherches pour lutter contre la douleur de l'enfantement. Jusqu'alors et depuis la fin du Moyen Âge, on proposait aux femmes des narcotiques ou de sédatifs à base de plantes ou d'alcool. Au début du siècle, les traitements médicamenteux apparaissent : protoxydes d'azote, éther et chloroforme soulagent certes mais font de nombreux morts. Jean-Martin Charcot, célèbre médecin français, défend, lui, l'hypnose sans grand succès. Ces traitements antidouleur poussent les médecins à conseiller à leurs patientes d'accoucher à l'hôpital, lieu plutôt réservé jusqu'alors aux milieux défavorisés. Cette nouvelle clientèle oblige l'hôpital à évoluer vers un espace de soins.

Un accouchement médicalisé

Au XXe siècle, vers les années trente, le nombre de naissances en milieu médicalisé s'accentue, notamment dans les grandes villes où l'hôpital se transforme encore pour apparaître comme un lieu de haute technicité médicale. On y trouve maintenant des « maisons d'accouchement », mais aussi des consultations prénatales et de puériculture, ainsi que les premiers laboratoires d'analyses. Pourtant à la campagne, on continue d'accoucher à domicile, le plus souvent sous la responsabilité d'une sage-femme, le médecin généraliste étant présent dans les cas difficiles.

En 1926, Adolphe Pinard *améliore la technique des accouchements, milite activement pour l'allaitement maternel et défend un projet de loi demandant un examen médical qui établirait l'absence de maladies contagieuses avant le mariage.*

Dans les années cinquante, une véritable révolution se produit. Maintenant que les jeunes mamans sont presque totalement à l'abri des infections mortelles, les médecins cherchent à atténuer les souffrances de l'accouchement. La solution vient à la fois d'Angleterre et de l'URSS grâce à l'association des travaux du docteur Read et du docteur Velvoski. Le premier découvre que la douleur de ses patientes est plus ou moins forte selon leur état de tension et leur degré de peur de l'accouchement. Cette appréhension entraînant une contraction générale des muscles accentue la souffrance naturelle. Il décide alors d'expliquer aux futures mamans le mécanisme physiologique de l'accouchement et de leur proposer des exercices physiques et respiratoires permettant une préparation musculaire et nerveuse. De son côté, le docteur Velvoski, s'appuyant sur les recherches de Pavlov sur les réflexes, conclut que les futures mamans sont conditionnées à la souffrance. Discuter avec elles les rend plus lucides, donc plus aptes à maîtriser leurs réflexes conditionnés. Il met au point une méthode leur permettant d'éduquer les nerfs et les muscles qui entrent en jeu au moment de l'accouchement. La méthode dite « psychoprophylactique » fut diffusée en France par le docteur Lamaze sous le nom de « préparation à l'accouchement sans douleur ». Une promesse pas tout à fait exacte, mais qui a permis aux femmes d'être partie prenante dans leur accouchement.

Parallèlement, les médecins s'intéressent au travail de l'accouchement, ils découvrent les vertus de l'ocytocine.

La médecine fœtale

Dans les années soixante-dix, des avancées extraordinaires sont faites en obstétrique avec la mise au point de tests de surveillance comme les dosages hormonaux, la pelvimétrie, l'échographie (1974), le monitoring cardiaque, les prélèvements du liquide amniotique (1972), du sang fœtal (1982), des villosités choriales (1983), les tests génétiques, la fœtoscopie (1976). Le fœtus, jusqu'alors assez mal connu, devient un véritable patient pour lequel il est possible de faire un diagnostic et d'envisager un traitement in utero.
À la même époque, des voix s'élèvent pour dire que l'accouchement est trop médicalisé. Un obstétricien devient le chantre de l'accouchement sans violence. Frédérick Leboyer propose de poser l'enfant sur le ventre de sa mère immédiatement après la naissance, de couper le cordon ombilical tardivement et de permettre au bébé d'entrer doucement dans la vie en limitant les bruits et les lumières dans la salle d'accouchement et en lui offrant la douceur d'un bain. Sa philosophie de la naissance a permis de faire évoluer l'accouchement vers un peu plus de chaleur dans l'accueil du nouveau-né.
Mais ce sont les progrès considérables faits dans les soins aux enfants nés prématurément qui marquent ces temps nouveaux. Bien des avancées dans ce domaine sont dues au professeur Alexandre Minkowski, fondateur de la néonatalogie en France. Son travail sur la physiologie et la physiopathologie respiratoire du nouveau-né, du prématuré et du fœtus permet aujourd'hui de sauver bien des enfants nés avant terme, tout comme son engagement dans la mise en place de mesures de prévention.

« En 1972, le professeur Roger Henrion réalise la première amniocentèse. En 1983, le professeur Dumez fait le premier prélèvement de villosités choriales. »

Le ressenti émotionnel

Conjointement aux progrès de la médecine fœtale, on découvre les capacités précoces du nouveau-né. Une nouvelle science est née : « la bébéologie ». Elle développe l'idée que le bébé est équipé dès sa naissance de grandes capacités à communiquer avec ses parents. Le professeur Thomas Berry Brazelton a particulièrement observé les bébés dans les relations de séduction qu'ils mobilisent vis-à-vis de leurs parents. Aux travaux de ce pédiatre répondent ceux du professeur de psychiatrie infantile Bertrand Cramer, spécialiste de la relation mère-enfant.
Le ressenti émotionnel des mères avant et après la naissance est également exploré. Monique Bydlowsky, neuropsychiatre et psychanalyste, analyse les fondements du désir d'enfant. Élisabeth Badinter, philosophe, affirme, preuves à l'appui, que l'amour maternel se construit et Daniel Stern, pédopsychiatre, théorise le développement des relations mère-enfant et les domaines de développement du bébé.
L'obstétrique du XXIe siècle doit encore beaucoup à des médecins comme Émile Papiernik. En 1969, il met au point une technique de prévention de la naissance prématurée, aujourd'hui généralisée en France et adoptée dans de nombreux pays. Il milite pour une prise en charge spécifique des grossesses à risques, avec notamment la possibilité de deux semaines supplémentaires de congé de maternité pour les futures mamans fatiguées ou malades. Il développe l'anesthésie péridurale naissante, banalise l'échographie, systématise l'utilisation du monitoring en salle de travail.

- **En 1978,** *naissance à Londres de Louise Brown, le premier bébé conçu grâce à une fécondation in vitro pratiquée par le professeur Robert Edwards.*
- *En 1982, naissance d'Amandine, née aussi d'une fécondation in vitro réalisée à l'hôpital Antoine-Béclère de Clamart dans le service d'Émile Papiernik par une équipe composée de René Frydman et Jacques Testart.*
- *En 2011, naissance de Valentin, né après un diagnostic préimplantatoire, toujours grâce à l'équipe du professeur René Frydman.*

Glossaire médical

A

ACCIDENT MATERNEL : sous ce terme sont regroupées toutes les complications qui peuvent intervenir au cours de l'accouchement. Les accidents maternels les plus fréquents sont habituellement dus à des problèmes vasculaires, hémorragiques, parfois infectieux, ou encore à une manœuvre obstétricale complexe. Accoucher dans une maternité aux normes actuelles, sous la responsabilité d'une équipe prête à intervenir au bon moment ou capable de diriger au plus vite les cas qu'elle ne peut pas traiter vers un établissement spécialisé, est la meilleure prévention.

ACIDE FOLIQUE : supplément vitaminique indispensable pour un bon déroulement de la grossesse, car prévenant certaines malformations fœtales.

A.D.N. OU ACIDE DÉSOXYRIBONUCLÉIQUE : substance appartenant au noyau de la cellule et constituant notamment les chromosomes.

AGGLUTININE : anticorps réagissant en présence d'un antigène correspondant. L'agglutination est un phénomène biologique qui caractérise l'accolement de cellules ou de microbes sous l'action d'un corps dit « agglutinine ». L'étude de l'agglutination permet le diagnostic de l'attaque virale ou microbienne.

ALBUMINE : protéine pouvant avoir diverses origines ; le passage dans les urines doit être minime. Une surveillance mensuelle est nécessaire.

ALPHA-FŒTOPROTÉINE : nom d'une protéine que l'on trouve dans le sang et dont la mesure s'intègre au calcul de risque d'une anomalie fœtale.

AMÉNORRHÉE : absence des règles chez la femme.

AMNIOS : fine membrane qui tapisse la cavité où flotte le fœtus, entourant aussi le cordon ombilical jusqu'à sa jonction avec le fœtus. Elle est séparée de la paroi utérine par une autre membrane, le chorion.

ANÉMIE : réduction du nombre de globules rouges. Les causes peuvent en être nombreuses. Se signale par une peau très pâle.

ANENCÉPHALIE : malformation de la tête qui ne présente que la face. Il n'y a pas de boîte crânienne. Cause de mort in utero ou dans les quelques heures qui suivent la naissance.

ANTICORPS : substance produite par l'organisme pour se défendre de l'attaque de virus ou de microbes appelés « antigènes ». À chaque antigène correspond un anticorps qu'il rend inactif.

ANTISPASMODIQUE : effet d'un médicament ou d'une substance qui combat le spasme et la douleur qui l'accompagne souvent. L'un ou l'autre agit sur le système nerveux du muscle ou de l'organe contracté involontairement.

APLASIE MÉDULLAIRE : trouble de la formation de la moelle osseuse qui perturbe la fabrication des globules du sang, caractérisé par leur appauvrissement dans l'organisme. Tous les types de globules sont touchés : globules rouges, leucocytes (globules blancs) et plaquettes.

A.R.N. : acide ribonucléique : acide nucléique du cytoplasme et du noyau cellulaire. Son rôle est important dans le transport des messages génétiques et la synthèse des protéines.

AUTOSOMES : variété de chromosomes ne déterminant pas le sexe de l'individu. L'homme possède 44 chromosomes autosomes et 2 chromosomes sexuels (XX ou XY). Les altérations des chromosomes autosomes provoquent des maladies héréditaires touchant les deux sexes.

B

BÉANCE DE L'ISTHME : ouverture anormale du col de l'utérus.

BÉBÉ-ÉPROUVETTE : formulation populaire pour parler des enfants obtenus par fécondations in vitro.

BIOPSIE : prélèvement d'un fragment de tissu en vue d'analyses. Le tissu prélevé est analysé au microscope optique ou au microscope électronique, étudié sur le plan chimique ou mis en culture, par exemple pour l'étude d'un caryotype.

BRADYCARDIE : ralentissement du rythme cardiaque du fœtus. La durée de la bradycardie peut être brève ou longue et, dans ce cas, signale une situation de grande urgence.

C

CANAL GALACTOPHORE : canal par lequel est conduit le lait produit par la glande mammaire.

***CANDIDA ALBICANS* :** présence de « champignons », de levures, dites « *Candida* ». Ces levures, pour différentes raisons, peuvent devenir pathogènes.

CÉPHALHÉMATOME : épanchement sanguin situé entre l'os du crâne et le périoste, cette membrane qui recouvre l'os. Assez rare, mais peut se voir même après un accouchement normal. Se résorbe naturellement.

CHORION : tissu enveloppant le fœtus, servant d'appui à l'amnios et soudé à la muqueuse utérine. De nature différente au niveau de l'implantation de l'œuf dans la cavité utérine (chorion placentaire) et dans les autres parties (chorion lisse). Le chorion placentaire a de très nombreux vaisseaux sanguins où s'implantent les villosités choriales, en contact direct avec la muqueuse utérine.

CHROMATINE : substance présente dans toute cellule vivante. Lors de la division cellulaire, c'est la chromatine qui est à l'origine de la formation des chromosomes.

CHROMOSOME : élément en forme de bâtonnet, présent dans toute cellule vivante. Sur les chromosomes, on trouve les gènes, matériel héréditaire de tout être vivant. Chaque espèce a un nombre de chromosomes déterminé. Toute différence entraîne une anomalie, dite « maladie génétique ».

CIRCULAIRE DU CORDON : nom médical donné à la position enroulée du cordon ombilical autour du cou de l'enfant.

CŒLIOSCOPIE : examen pratiqué avec un endoscope, un tube optique muni d'un éclairage pour examiner les organes internes abdominaux et pelviens. L'endoscope est introduit sous anesthésie générale par le nombril.

COLOSTRUM : liquide jaunâtre sécrété par la glande mammaire avant que ne se produise la sécrétion de lait. Il est très riche en protéines, sels minéraux et anticorps maternels.

CORPS JAUNE : partie de l'ovaire qui sécrète la progestérone ; sa fonction est transitoire et périodique. C'est une véritable glande endocrine qui, s'il n'y a pas fécondation, se flétrit et dégénère au bout de 14 jours.

CURETAGE : à l'aide d'une curette, on enlève les fragments de tissu restés accrochés à la paroi utérine, notamment après un avortement spontané.

CYCLE MENSTRUEL : manifestation physiologique caractéristique de l'appareil génital de la femme. Dans la grande majorité des cas, le cycle menstruel dure vingt-huit jours, aboutissant aux menstruations ; ce mécanisme est essentiellement placé sous la commande de l'hypophyse.

CYSTITE : irritation de la vessie due habituellement à une infection.

CYTOMÉGALOVIRUS : ce virus est fréquent dans les communautés de jeunes enfants. Il a la particularité de rester plusieurs mois présent dans leur salive et leurs urines. Son dépistage n'est pas obligatoire mais conseillé aux futures mamans. En effet, le virus peut se transmettre de la mère au fœtus et, dans quelques cas rares, il peut être à l'origine de troubles de l'audition qui se révèlent tardivement dans l'enfance. La prévention passe par le lavage fréquent des mains, notamment après les changes, et par quelques précautions avec les enfants fréquentant la crèche : ne pas utiliser leurs ustensiles de repas, ne pas « goûter » les biberons, ne pas utiliser leurs accessoires de toilette, ne pas les embrasser sur la bouche.

D

DÉSHYDRATATION : perte d'eau importante du corps. Peut, chez le nourrisson, mettre sa vie en danger.

DIAMÈTRE BIPARIÉTAL : mesure d'un os pariétal à l'autre. Ils sont situés de part et d'autre du crâne autour d'une ligne médiane située entre l'os occipital arrière et l'os frontal en avant.

DOPPLER : appareil permettant de mesurer la vitesse de circulation du sang dans les vaisseaux ; son principe est la réflexion sur les globules rouges d'ultrasons qu'il émet.

DORSALGIE : douleur du dos au niveau de la colonne vertébrale.

DURE-MÈRE : une des méninges enveloppant le cerveau et la moelle épinière. La dure-mère suit très exactement la face interne du crâne. Cette enveloppe résistante est épaisse d'un millimètre.

DYSPLASIE DE LA HANCHE : déformation osseuse de la hanche due à une malformation embryonnaire.

DYSTOCIE OSSEUSE : se manifeste par des rétrécissements et des aplatissements du bassin de façon symétrique. Elle peut être cause de déformations vertébrales et de luxation bilatérale des hanches.

E

ÉCLAMPSIE : crise de convulsions pouvant aboutir à un coma plus ou moins profond. Albuminurie, œdème et hypertension artérielle sont des manifestations prémonitoires.

ECTOBLASTE : feuillet de l'embryon à l'origine de la peau et du système nerveux.

EMBOLIE AMNIOTIQUE : passage de liquide et de cellules amniotiques dans la circulation maternelle au cours de l'accouchement.

EMBRYOGENÈSE : formation des différents organes de l'organisme humain.

EMBRYON : chez l'homme, on parle d'embryon de la fécondation à trois mois de gestation, où il devient fœtus.

ENDOBLASTE : feuillet intérieur du disque embryonnaire. À l'origine, pour une part, de la formation de l'intestin primitif, puis du tympan, d'une partie de l'appareil respiratoire, des amygdales, de la thyroïde, du foie, du pancréas, du thymus et de la vessie.

ENDOMÉTRIOSE : affection signalée par la présence de muqueuse utérine hors de sa localisation normale (sur le muscle utérin, les trompes, les ovaires) sur le péritoine ou la vessie.

ENDORPHINE : substance sécrétée par l'hypophyse et les tissus nerveux pour atténuer la douleur.

ÉPIDIDYME : organe constitué d'un fin canal, situé sur le testicule et transportant les spermatozoïdes.

EXSANGUINO-TRANSFUSION : remplacement du sang de l'enfant dès sa naissance par le sang d'un donneur, notamment dans les cas d'incompatibilité entre les Rhésus maternel et fœtal. L'opération se fait par l'intermédiaire de la veine ombilicale.

F

FÉCONDATION IN VITRO (FIV) : technique qui consiste à provoquer la fécondation en éprouvette, puis à réimplanter dans l'utérus maternel l'œuf ainsi obtenu.

FIBROBLASTE : cellule du tissu conjonctif responsable de sa formation.

FIBROME OU FIBROMYOME DE L'UTÉRUS : tumeur bénigne qui se forme à partir du muscle utérin.

FŒTOSCOPIE : examen permettant de voir le fœtus in utero par introduction d'un endoscope (appareil muni d'un éclairage) à travers la paroi utérine.

FOLLICULE DE DE GRAAF : ensemble de cellules déterminant une cavité à la surface de l'ovaire, où se forme l'ovule.

FOLLICULINE : hormone sécrétée par l'ovaire (œstrogènes).

FONTANELLES : espaces non soudés entre les os du crâne du nouveau-né, reliés entre eux par des membranes. Il y a au total trois fontanelles.

G

GAMMAGLOBULINE : globuline du sérum sanguin. Elle est le support de la majorité des anticorps. Elle est aussi utilisée en prévention de certaines maladies infectieuses.

GLAIRE CERVICALE : sécrétion produite par les tissus du col de l'utérus au moment de l'ovulation. Ce liquide transparent, de la consistance du blanc d'œuf, joue à la fois le rôle de filtre et de conducteur. La glaire cervicale guide les spermatozoïdes vers l'utérus et les trompes. Pendant la grossesse, cette glaire s'épaissit et protège le fœtus de toute infection. Le jour de la naissance, ou les quelques jours qui la précèdent, elle redevient souple et abondante ; elle est alors expulsée. C'est ce qu'on appelle « le bouchon muqueux ».

GONADE : organe destiné à fournir des cellules reproductrices. La gonade mâle est le testicule, la gonade femelle est l'ovaire.

GONADOTROPHINE CHORIONIQUE OU HORMONE GONADOTROPE (HCG) : elle est produite par le placenta ; on la dose dans les urines. Elle témoigne de la grossesse.

GRAVIDIQUE : qui a rapport à la grossesse.

GROSSESSE MOLAIRE : le placenta évolue en tumeur cancéreuse, aux dépens de la muqueuse qui tapisse la cavité utérine ou du muscle utérin plus profond (mais c'est plus rare). Cela peut survenir après une grossesse et se signale par des saignements, des pertes blanches ou jaunes malodorantes.

H

HÉMATOME RÉTROPLACENTAIRE : hémorragie plus ou moins grave selon son étendue, pouvant aller jusqu'au décollement du placenta. Elle peut mettre en danger la vie de l'enfant.

HÉMOGLOBINE : protéine colorée caractéristique des globules rouges, assurant le transport de l'oxygène.

HÉMOPHILIE : maladie héréditaire du sang touchant uniquement les garçons mais transmise par les femmes. Se caractérise par des difficultés de coagulation.

HÉMORROÏDE : dilatation d'une veine de la paroi rectale. Elle peut être interne ou externe. Favorisée durant la grossesse par la compression du système veineux.

HÉPATITE : inflammation du foie due à des substances toxiques, mais aussi à des virus ou à une infection. La plus fréquente est l'hépatite virale, qui est due soit au virus A, soit au virus B ou C.

HÉTÉROZYGOTE : se dit d'un caractère génétique porté par l'individu mais non exprimé.

HORMONE : substance chimique produite par les glandes endocrines. Elle joue un rôle essentiel dans le fonctionnement du corps.

HYDRAMNIOS : quantité anormale de liquide amniotique qui augmente. Cette abondance excessive a des causes multiples, liées à la formation ou à la non-résorption de ce liquide.

HYPERGLYCÉMIE : taux de glucose dans le sang anormalement élevé, révélant un diabète dit « sucré ».

HYPOGLYCÉMIE : chute brutale du taux de glucose dans le sang, pouvant entraîner des malaises.

HYPOPHYSE : glande endocrine située sous l'encéphale et qui produit de nombreuses hormones. Elle commande notamment les ovaires et la plupart des glandes de notre corps. Sous l'effet du LHRH (hypothalamus), elle libère deux autres hormones, la FSH et la LH ; l'une est destinée à faire grandir et mûrir le follicule qui contient l'ovule, l'autre agit sur le follicule pour libérer l'ovule et en modifier certaines cellules afin de donner naissance au corps jaune.

HYPOTENSION : abaissement au-dessous de la normale de la tension artérielle.

HYPOTHALAMUS : il est situé à la base du cerveau et régule tout le système hormonal ; il contrôle la température du corps, l'appétit, le poids, les émotions. Il traduit les influx nerveux venus du cerveau et de toute autre partie du corps ; ses agents de liaison : les hormones. La substance hormonale qu'il libère, le LHRH, atteint toutes les 90 minutes l'hypophyse par l'intermédiaire du sang. L'hypothalamus a encore un rôle régulateur dans toute la sécrétion hormonale de l'organisme.

HYPOTROPHE : qualificatif attribué à un enfant de petit poids.

HYPOXÉMIE : diminution du taux d'oxygène dans le sang.

HYPOXIE : manque d'oxygène au cours de l'accouchement.

I, K

ICTÈRE OU JAUNISSE PHYSIOLOGIQUE : il se manifeste chez beaucoup de nouveau-nés dans les trois premiers jours de la vie. Il est dû à une lente mise en route du foie, il est à distinguer de la jaunisse due à une incompatibilité sanguine fœto-maternelle.

IMMUNITÉ : capacité de résister à une maladie infectieuse ou parasitaire. Elle peut être naturelle ou acquise, notamment par le vaccin.

IMMUNOGLOBULINE : anticorps qui assure l'immunité. Elle est présente à l'état naturel dans le sang.

INSULINE : hormone qui a pour effet de faire baisser le taux de glycémie. L'insuline est employée dans le traitement du diabète.

INTERRUPTION THÉRAPEUTIQUE DE GROSSESSE : arrêt volontaire de la grossesse pour des raisons médicales, en cas de danger pour la vie de la mère ou si l'on a la certitude de voir naître un enfant gravement malformé. En France, elle peut être pratiquée à tout moment de la grossesse.

INTERRUPTION VOLONTAIRE DE LA GROSSESSE : doit être pratiquée avant la fin de la 12e semaine de grossesse ou 14e semaine d'aménorrhée.

K

KYSTE : cavité pathologique située dans un tissu ou un organe, tel l'ovaire. Il peut être dû à un problème pathologique : la rupture du follicule libérant l'ovule ne se fait pas et le follicule continue à grossir. Le kyste peut alors être transitoire. Il peut également être organique ; il est alors permanent et sa taille ne varie pas, quel que soit le moment du cycle.

L

LEUCORRHÉE : écoulement de sécrétions vaginales, normal au cours de la grossesse, en raison de la desquamation abondante du vagin.

LIQUIDE CÉPHALO-RACHIDIEN : liquide qui baigne les ventricules cérébraux et la moelle épinière.

LISTÉRIOSE : maladie infectieuse due à un germe qui se transmet à l'homme par l'intermédiaire de la viande contaminée ou le lait cru et se dépiste essentiellement dans le sang maternel lors d'un syndrome grippal.

LYMPHANGITE : inflammation des vaisseaux lymphatiques.

M

MÉCONIUM : substance constituée de bile, de débris épithéliaux et de mucus qui emplit les intestins de l'enfant au cours de sa vie in utero. Elle est évacuée dans les premiers jours qui suivent la naissance. Son évacuation in utero peut être également la manifestation d'une souffrance fœtale.

MÉIOSE : division cellulaire responsable de l'apparition des cellules germinales (gamètes).

MÉSOBLASTE : feuillet intermédiaire de l'embryon.

MÉTABOLISME : phénomène de construction et de dégradation organique des cellules du corps humain, complexe et incessant.

MÉTRORRAGIE : saignement anormal de l'utérus.

MORULA : premier stade du développement embryonnaire.

MUCOVISCIDOSE : maladie héréditaire récessive qui se manifeste par une altération des sécrétions des muqueuses. Cette maladie atteint les appareils respiratoire, digestif, pancréatique et hépatique. L'évolution de cette maladie est souvent fatale. Un enfant sur 3 500 en est atteint. Malheureusement, son dépistage est souvent tardif : 60 % avant 1 an et 90 % à 5 ans. Le dépistage précoce existe et, s'il ne permet pas de guérir l'enfant, il aide à améliorer sensiblement sa qualité de vie. Après accord des parents, il consiste, à trois ou quatre jours de vie, à prélever une goutte de sang au talon. Cet examen sera mis en place en priorité dans les régions équipées d'un réseau de soins spécialisés. Un régime alimentaire particulier, des manœuvres de kinésie respiratoire quotidienne et un traitement antibiotique font espérer une meilleure qualité de vie.

MULTIGESTE : qui a eu plusieurs grossesses.

MYCOSE : affection provoquée par un champignon pouvant atteindre la peau, les ongles, le cuir chevelu et les orteils.

MYOPATHIE : maladie des fibres musculaires. La plus connue, d'origine héréditaire, la myopathie de Duchenne, est transmise par la femme et n'atteint que les garçons.

N

NÉONATALOGIE : spécialité médicale s'intéressant au nouveau-né ou à l'enfant né prématurément.

NEURONE : cellule nerveuse comprenant un corps central – l'axone – et des prolongements – les dendrites.

O

OCYTOCINE : hormone d'origine post-hypophysaire qui renforce d'une manière générale la contraction des muscles et plus particulièrement celle du muscle utérin.

OCYTOCIQUE : médicament qui renforce l'efficacité des contractions.

ŒDÈME : infiltration de liquide dans les tissus conjonctifs, provoquant un gonflement.

ŒDÈME MALLÉOLAIRE : œdème au niveau des chevilles.

ŒSTROGÈNES : hormones sécrétées par l'ovaire, par les surrénales, par le placenta et, chez l'homme, en faible quantité par les testicules.

ŒSTRADIOL : catégorie d'hormone appartenant aux œstrogènes.

OLIGOAMNIOS : manque de liquide amniotique en fin de grossesse (moins de 200 cm^3).

OLIGO-ÉLÉMENTS : éléments minéraux présents dans l'organisme. Certains jouent un rôle important dans le fonctionnement de la cellule. Parmi les oligoéléments : le fluor, l'iode, le magnésium, le manganèse…

OVOCYTE : cellule femelle de reproduction n'ayant pas encore effectué les deux phases de méiose.

OVULE : cellule née de l'ovaire après maturation d'un follicule. Gamète femelle.

P

PARAPLÉGIE : paralysie des deux membres inférieurs.

PARTURIENTE : nom donné à la femme enceinte.

PÉRINÉOPLASTIE : réparation chirurgicale du périnée.

PÉRITOINE : membrane qui tapisse l'abdomen, en contact avec les intestins. PH : cotation pour mesurer l'acidité ou l'alcalinité d'un liquide. On peut mesurer ainsi le pH du sang et celui des urines. Le sperme, de pH alcalin, rencontre dans le vagin un pH normalement acide ; plus ce milieu sera acide, moins il sera favorable à la survie des spermatozoïdes.

PHIMOSIS : orifice du prépuce anormalement étroit.

PHLÉBITE : inflammation d'une veine avec formation d'un caillot bouchant celle-ci.

PLACENTA RECOUVRANT : le placenta est inséré contre le col utérin et le recouvre.

PLANCHER PELVIEN : région située en bas du petit bassin et constituant un plancher musculaire qui soutient les organes génitaux externes et l'anus.

PLACENTA PRÆVIA : c'est une implantation trop basse et donc anormale du placenta. Il peut s'ensuivre des hémorragies, bien qu'indolores, au cours de la grossesse. Elles nécessitent une hospitalisation immédiate.

PRÉSENTATION : position de l'enfant au moment de la naissance.

POLYPES : tumeurs bénignes s'installant sur les muqueuses des cavités naturelles.

PRIMIPARE/PRIMIGESTE : femme ayant pour la première fois un enfant ou une grossesse.

PROCIDENCE DU CORDON : position du cordon qui passe devant la tête de l'enfant et peut sortir hors de la vulve avant l'enfant, le mettant dans une situation délicate. Il risque de se trouver comprimé et ne plus assurer sa fonction nourricière. C'est une urgence.

PROGESTÉRONE : hormone sexuelle de la femme, sécrétée par l'ovaire après l'ovulation.

PROLACTINE : hormone de l'allaitement.

PROLAPSUS : nom scientifique donné à la descente d'organes : descente de l'utérus et du vagin à la suite d'un relâchement des muscles du périnée.

PROPHYLAXIE : thérapeutique destinée à prévenir la maladie.

PROSTAGLANDINE : substance (présente notamment dans le liquide séminal) qui, selon sa nature, agit en augmentant sa contractilité. Elle est utilisée pour accélerer la maturation du col.

PROTÉINE : substance constituée d'acides aminés.

PROTÉINE PLASMATIQUE : protéine contenue dans le plasma sanguin.

PROTÉINURIE : recherche d'albumine dans les urines.

PTYALISME : sécrétion excessive de salive.

R

RÉVISION UTÉRINE : examen effectué après la délivrance pour vérifier qu'aucune partie du placenta et des diverses membranes n'est restée accolée à la paroi utérine.

RADIOPELVIMÉTRIE : radiographie permettant de mesurer le diamètre du bassin ; on l'effectue dans les jours ou les semaines précédant l'accouchement. Elle peut être remplacée par un scanner du bassin.

RÉTENTION PLACENTAIRE : le placenta reste anormalement collé à la paroi utérine après l'accouchement.

S

SCORE D'APGAR : série de tests pratiqués à la naissance, aboutissant à une notation et permettant d'appréhender les possibilités de l'enfant à s'adapter à sa nouvelle vie.

SPÉCULUM : instrument permettant d'élargir les parois. En obstétrique, le spéculum permet de voir la cavité vaginale et le col de l'utérus.

SPERMATOZOÏDE : gamète mâle composé d'une tête, porteuse du patrimoine génétique, et d'un flagelle, assurant sa mobilité.

SPERMOGRAMME : étude au microscope du nombre des spermatozoïdes et de leur mobilité dans un éjaculat.

SYNAPSE : partie de la cellule nerveuse qui assure le contact entre deux neurones.

T

TÉRATOGÈNE : qui peut être cause de malformations. Les facteurs tératogènes peuvent être génétiques ou dus à une agression au cours du développement fœtal.

TEST DE GUTHRIE : il se pratique systématiquement dans les premiers jours de la vie. Quelques gouttes de sang prélevées au talon du nouveau-né vont permettre de dépister une maladie rare mais grave : la phénylcétonurie, qui atteint le cerveau. Prise à temps, elle se soigne très facilement par un régime alimentaire consistant à éliminer la plupart des apports en protéines. Associé à ce test, un autre examen sert à dépister l'hypothyroïdie (insuffisance en hormones thyroïdiennes) ; un dépistage et un traitement précoces permettent de pallier les conséquences de cette maladie.

TESTOSTÉRONE : hormone mâle sécrétée par les cellules de Leydig situées dans les testicules.

TÉTRACYCLINE : nom d'une classe d'antibiotiques.

THALASSÉMIE : désordre sanguin entraînant des maladies graves, observées le plus souvent sur le pourtour de la Méditerranée.

TOUCHER VAGINAL : toucher de la cavité vaginale avec deux doigts protégés, pour étudier le col de l'utérus.

TOXÉMIE GRAVIDIQUE : perturbation grave en fin de grossesse, se manifestant par un œdème, la présence d'albumine et une hypertension. Doit être diagnostiquée très tôt pour éviter les complications telles que la crise d'éclampsie.

TRANCHÉES : contractions après l'accouchement, déclenchées par la tétée du bébé. Plus il y a eu de grossesses, plus elles sont douloureuses.

V

VAGINISME : contraction douloureuse et involontaire du muscle du vagin due à des troubles organiques et avec une probable composante psychique.

VAGINITE : inflammation de la muqueuse du vagin.

VARICE : dilatation anormale et permanente d'une veine.

VERSION : intervention obstétricale destinée à modifier la présentation de l'enfant. Elle peut se pratiquer à travers la paroi abdominale. Dans ce cas, la manipulation est externe et utilisée avant la naissance. Elle s'effectue, pour la version interne faite par l'obstétricien, par manipulation directe au moment de l'accouchement.

VERNIX CASEOSA : substance blanche et grasse qui couvre la peau du bébé à la naissance.

VILLOSITÉS PLACENTAIRES : petit territoire placentaire autonome par lequel s'effectuent les échanges mère-enfant au niveau du placenta.

Carnet d'adresses

La liste des adresses de ce carnet n'est pas exhaustive.

DIAGNOSTIC PRÉIMPLANTATOIRE

Hôpital Necker
149, rue de Sèvres
75743 Paris Cedex 15
Tél. : 01 44 49 40 00

Hôpital Antoine-Béclère
157, rue de la Porte-de-Trivaux
92141 Clamart Cedex
Tél. : 01 45 37 44 44

CHU de Strasbourg
1, place de l'Hôpital, BP 426
67091 Strasbourg Cedex
Tél. : 03 88 11 67 68

CHU de Montpellier
191, avenue Doyen-Gaston Giraud
34295 Montpellier Cedex 5
Tél. : 04 67 33 67 33

CHU de Nantes - Hôpital mère-enfant
38, boulevard Jean-Monnet
44093 Nantes Cedex 1
Tél. : 02 40 08 33 33

DIAGNOSTIC PRÉNATAL

Hôpitaux universitaires de Strasbourg
Hôpital de Hautepierre
1, avenue Molière
67098 Strasbourg Cedex
Tél. : 03 88 11 67 68

Maison de santé protestante
de Bordeaux-Bagatelle-en-Laye
203, route de Toulouse, BP 50048
33401 Talence Cedex
Tél. : 05 57 12 34 56

CHU de Bordeaux
12, rue Dubernat - 33404 Talence
Tél. : 05 56 79 56 79

CHU de Clermont-Ferrand
Maternité de l'Hôtel-Dieu
Boulevard Léon-Malfreyt
63058 Clermont-Ferrand Cedex
Tél. : 04 73 75 07 50

CHU de Brest
Hôpital Morvan
2, avenue Foch
29609 Brest Cedex
Tél. : 02 98 22 33 33

CHU de Saint-Brieuc
Pavillon de la femme et de l'enfant
10, rue Marcel-Proust
22023 Saint-Brieuc Cedex 1
Tél. : 02 96 01 71 23

CHU de Rennes
2, rue Henri-Le-Guilloux
35033 Rennes Cedex 9
Tél. : 02 99 28 43 21

CHU de Dijon - Le complexe du Bocage
2, bd Maréchal-de-Lattre-de-Tassigny
21079 Dijon Cedex
Tél. : 03 80 29 30 31

CHU de Tours
2, bd Tonnellé
37044 Tours Cedex 9
Tél. : 02 47 47 47 47

CHR d'Orléans
1, rue Porte-Madeleine, BP 2439
45032 Orléans Cedex 1
Tél. : 02 38 51 44 44

Institut de puériculture de Paris
26, bd Brune - 75014 Paris
Tél. : 01 45 65 80 00

Hôpital Saint-Antoine
184, rue du Fg-Saint-Antoine
75571 Paris Cedex 12
Tél. : 01 49 28 20 00

Hôpital Necker
149, rue de Sèvres
75743 Paris Cedex 15
Tél. : 01 44 49 40 00

Hôpital Robert-Debré
48, bd Sérurier - 75019 Paris
Tél. : 01 40 03 20 00

Hôpital Antoine-Béclère
157, rue de la Porte-de-Trivaux
92141 Clamart Cedex
Tél. : 01 45 37 44 44

CHI Poissy-Saint-Germain-en-Laye
10, rue du Champ-Gaillard, BP 3082
78303 Poissy Cedex
Tél. : 01 39 27 40 50

CHU de Nîmes
Place du Professeur-Robert-Debré
30029 Nîmes Cedex 9
Tél. : 04 66 68 68 68

CHU de Montpellier
191, avenue Doyen-Gaston-Giraud
Centre administratif André-Benech
34295 Montpellier Cedex
Tél. : 04 67 33 67 33

Maternité régionale Adolphe-Pinard
10, rue du Docteur Heydenreich,
CS 74213
54042 Nancy Cedex
Tél. : 03 83 34 44 44

CHU de Toulouse
Hôtel-Dieu Saint-Jacques
2, rue de la Viguerie - 31300 Toulouse
Tél. : 05 61 77 82 33

Hôpital Jeanne-de-Flandre
Clinique de gynécologie obstétrique
et néonatalogie
Avenue Eugène-Avinée
59037 Lille Cedex
Tél. : 03 20 44 59 62

CHU de Caen - Hôpital Clemenceau
Avenue Georges Clemenceau
14033 Caen Cedex 9
Tél. : 02 31 06 31 06

CHU de Rouen
1, rue de Germont
76031 Rouen Cedex
Tél. : 02 32 88 89 90

CHU du Havre Hôpital Flaubert
55 bis, rue Gustave-Flaubert, BP 24
76083 Le Havre Cedex
Tél. : 02 32 73 32 32

CHU de Nantes
5, allée de l'Île-Gloriette
44093 Nantes Cedex 1
Tél. : 02 40 08 33 33

CHU d'Amiens - Centre
de gynécologie obstétrique
124, rue Camille-Desmoulins
80054 Amiens Cedex 1
Tél. : 03 22 53 36 00

CHU de Poitiers
2, rue de la Milétrie, BP 577
86021 Poitiers Cedex
Tél. : 05 49 44 44 44

CHU de Grenoble
Boulevard de la Chantourne, BP 217
38043 Grenoble Cedex 9
Tél. : 04 76 76 75 75

Hôpital Édouard-Herriot
5, place d'Arsonval
69437 Lyon Cedex 3
Tél. : 08 25 08 25 69

Hôpital de la Croix-Rousse
103, Grande-Rue de la Croix-Rousse
69317 Lyon Cedex 4
Tél. : 08 20 08 20 69

CHD Félix-Guyon-Bellepierre
Allée des Topazes
97405 Saint-Denis, île de la Réunion
Tél. : 02 62 90 50 50

CHU de Fort-de-France
La Meynard, BP 632
97261 Fort-de-France Cedex
Tél. : 05 96 55 20 00

CHU de Pointe-à-Pitre
Route de Chauvel, BP 465
97159 Pointe-à-Pitre Cedex
Tél. : 05 90 89 10 10

SUIVI DE GROSSESSE

Hôpital Lenval
57, avenue de Californie
06200 Nice
Tél. : 04 92 03 03 92

CHU, Hôpital l'Archet
151, route St-Antoine-Ginestière
BP 79 - 06202 Nice Cedex 3
Tél. : 04 92 03 77 77

Hôpitaux de Marseille
80, rue Brochier
13354 Marseille Cedex 5
Tél. : 04 91 38 00 00

Hôpitaux publics, pavillon mère-enfant
Chemin des Bourrely
13915 Marseille Cedex 20
Tél. : 04 91 38 00 00

Hôpital de la Conception
147, bd Braille
13385 Marseille
Tél. : 04 91 38 00 00

CHU de Caen - Hôpital Clemenceau
Avenue Georges Clemenceau
14033 Caen Cedex
Tél. : 02 31 27 27 27

CHU de Dijon
1, bd Jeanne-d'Arc, BP 77908
21079 Dijon Cedex
Tél. : 03 80 29 30 31

CHU de Saint-Brieuc
Pavillon de la femme et de l'enfant
10, rue Marcel-Proust
22027 Saint-Brieuc Cedex 1
Tél. : 02 96 01 71 23

CHU de Brest
Hôpital Morvan
2, avenue Foch
29609 Brest Cedex
Tél. : 02 98 22 33 33

CHU de Nîmes
Place du Professeur-Robert-Debré
30029 Nîmes Cedex 9
Tél. : 04 66 68 68 68

CHU de Toulouse
Hôpital Paule-de-Viguiers
330 avenue de Grande-Bretagne
TSA 70034
31059 Toulouse Cedex 9
Tél. : 05 67 77 13 33

Maison de santé protestante
de Bordeaux-Bagatelle, BP 48
201, rue Robespierre
33401 Talence Cedex
Tél. : 05 57 12 34 56

CHU de Bordeaux
12, rue Dubernat
33404 Talence
Tél. : 05 56 79 56 79

CHU de Montpellier
Hôpital Arnaud-de-Villeneuve
37, avenue Doyen-Gaston-Giraud
34295 Montpellier Cedex 5
Tél. : 04 67 33 67 33

CHU de Rennes
2, rue Henri-Le-Guilloux
35033 Rennes Cedex 9
Tél. : 02 99 28 43 21

CHU de Tours
2, bd Tonnellé
37044 Tours Cedex
Tél. : 02 47 47 47 47

CHU de Grenoble
Boulevard de la Chantourne, BP 217
38700 La Tronche
Tél. : 04 76 76 75 75
04 76 76 54 00 (gynécologie/
maternité)

CHU de Saint-Étienne
42055 Saint Étienne Cedex 2
Tél. : 04 77 82 80 00

CHU de Nantes
Hôpital mère-enfant
38, boulevard Jean-Monnet
44093 Nantes Cedex 1
Tél. : 02 40 08 33 33

CHR d'Orléans
Hôpital Porte-Madeleine
1, rue Porte-Madeleine, BP 2439
45032 Orléans Cedex 1
Tél. : 02 38 51 44 44

CHU d'Angers
4, rue Larrey
49933 Angers Cedex
Tél. : 02 41 35 36 37

Centre Hospitalier public
de Contentin
46, rue du Val-de-Saire, BP 208
50102 Cherbourg-Octeville Cedex
Tél. : 02 33 20 70 00
Tél. : 02 33 20 70 42 (maternité/
gynécologie)

Maternité régionale
Adolphe-Pinard
10, rue du Docteur-Heydenreich
CS 74213 - 54042 Nancy Cedex
Tél. : 03 83 34 44 44

Centre hospitalier
de Bretagne-Atlantique
20, bd Maurice-Guillaudot BP 70555
56017 Vannes Cedex
Tél. : 02 97 01 41 41
Tél. : 02 97 01 41 92
(secrétariat gynécologie)

Hôpital de Nevers
1, bd de l'Hôpital, BP 649
58033 Nevers Cedex
Tél. : 03 86 93 70 00
Tél. : 03 86 93 73 00
(gynécologie/obstétrique)

CHU de Lille
Hôpital Jeanne-de-Flandres
Clinique de gynécologie obstétrique et néonatalogie
Avenue Eugène-Avinée
59037 Lille Cedex
Tél. : 03 20 44 59 62 (standard)
Tél. : 03 20 44 69 08
(consultation prénatale)

CHU de Clermont-Ferrand Maternité de l'Hôtel-Dieu
Boulevard Léon-Malfreyt
63058 Clermont-Ferrand Cedex
Tél. : 04 73 75 07 50

Hôpitaux universitaires de Strasbourg
Hôpital de Hautepierre
1, avenue Molière
67098 Strasbourg Cedex
Tél. : 03 88 11 67 68

Hôpital Hasenrain
87, avenue d'Altkirch
68051 Mulhouse
Tél. : 03 89 64 64 64
Tél. : 03 89 64 69 66 (maternité)

Hospices civils de Lyon
3, quai des Célestins, BP 2251
69229 Lyon Cedex 2
Tél. : 0820 0820 69

Hôpital Femme-Mère-Enfant
59, boulevard Pinel
69677 Bron Cedex
Tél. : 08 25 08 25 69

Hôpital de la Croix-Rousse
103, Grande-Rue de la Croix-Rousse
69317 Lyon Cedex 4
Tél. : 08 20 08 20 69

Maternité de l'Hôpital Lyon-Sud
Tél. : 04 26 73 96 39

Hôpital de Chambéry
Place Lucien-Biset, BP 31125
73011 Chambéry Cedex
Tél. : 04 79 96 50 50

Institut de puériculture de Paris
26, bd Brune - 75014 Paris
Tél. : 01 40 44 39 30

Hôpital Saint-Antoine
184, rue du Faubourg-Saint-Antoine
75012 Paris
Tél. : 01 49 28 20 00

Hôpital Necker
149, rue de Sèvres
75743 Paris cedex 15
Tél. : 01 44 49 40 00

Hôpital Robert-Debré
48, bd Sérurier - 75019 Paris
Tél. : 01 40 03 20 00

Hôpital Pitié-Salpétrière
47-83, bd de l'Hôpital - 75013 Paris
Tél. : 01 42 16 00 00

CHU de Rouen
Hôpital Charles-Nicolle
1, rue de Germont
76031 Rouen Cedex
Tél. : 02 32 88 89 90
Tél. : 02 32 88 82 44 (consultations maternité/gynécologie)

CHU du Havre - Hôpital Flaubert
55 bis, rue Gustave-Flaubert, BP 24
76083 Le Havre Cedex
Tél. : 02 32 73 32 32

CHI Poissy-Saint-Germain-en-Laye
10, rue du Champ-Gaillard, BP 3082
78303 Poissy Cedex
Tél. : 01 39 27 40 50
Tél. : 01 39 27 40 88 (maternité)

Hôpital André-Mignot
177, rue de Versailles
78157 Le Chesnay Cedex
Tél. : 01 39 63 91 33
Tél. : 01 39 63 97 33 (maternité)

CHU d'Amiens, service de gynécologie et obstétrique
124, rue Camille-Desmoulins
80054 Amiens Cedex
Tél. : 03 22 53 36 00 (standard CHU)
Tél. : 03 22 53 36 09
(secrétariat gynécologie)

CHU de Poitiers
2, rue de la Milétrie, BP 577
86021 Poitiers Cedex
Tél. : 05 49 44 44 44

Hôpital Dupuytren
2, avenue Martin-Luther-King
87042 Limoges Cedex
Tél. : 05 55 05 55 55
Tél. : 05 55 05 61 23 (maternité)

Hôpital Antoine-Béclère
157, rue de la Porte-de-Trivaux
92141 Clamart Cedex
Tél. : 01 45 37 44 44

Hôpital Henri-Mondor
51, avenue du Maréchal-de-Lattre-de-Tassigny
94010 Créteil Cedex
Tél. : 01 49 81 21 11

CHD Félix-Guyon-Bellepierre
Allée des Topazes
97405 Saint-Denis, île de la Réunion
Tél. : 02 62 90 50 50

CHU de Fort-de-France
La Meynard, BP 632
97261 Fort-de-France Cedex
Tél. : 05 96 55 20 00

CHU de Pointe-à-Pitre
Route de Chauvel, BP 465
97159 Pointe-à-Pitre Cedex
Tél. : 05 90 89 10 10

ACCOUCHEMENT

Choisir sa préparation

Pour connaître les antennes régionales des sages-femmes libérales effectuant les préparations à la naissance, contactez les adresses parisiennes qui donneront leurs antennes régionales.

Conseil national de l'ordre des sages-femmes
168, rue de Grenelle
75007 Paris
Tél. : 01 45 51 82 50

Association professionnelle des sages-femmes
Hôtipal Saint-Antoine - Bât. Maurice Mayer
184, rue du Faubourg-Saint-Antoine
75012 Paris
Tél. : 01 43 44 52 04

Association des sages-femmes libérales (ANSFL)
9, avenue Quartz
05120 L'Argentière-la-Bessée
http://www.ansfl.org

Les Doulas
http://doulas.info

Acupuncture

Association française d'acupuncture
9, rue de l'Église
75015 Paris
Tél. : 01 43 20 26 26

Chant prénatal
En région parisienne,
maternité des Lilas.
En province, à Besançon, Colmar, Nantes, Pertuis, Pithiviers, Rouen.
En Belgique, à Mons et Bruxelles ;
au Canada, à Montréal et Québec.

Haptonomie
Centre international de recherche et de développement de l'haptonomie (CIRDH) Frans-Veldman
9 bis, villa du Bel Air
75012 Paris

Homéopathie
Syndicat national des médecins homéopathes français (SNMHF)
79, rue de Tocqueville
75017 Paris
Tél. : 01 44 29 01 31

Ostéopathie
Union fédérale des ostéopathes de France (UFOF)
Rue des Trois-Capitaines
26400 Crest
Tél. : 04 75 25 79 04

Syndicat national des médecins ostéopathes (SNMO)
148, bd Malesherbes
75017 Paris
Tél. : 01 46 22 35 54

Association des médecins ostéopathes de France
3, avenue Jacques Chastellain
76100 Rouen
Tél. : 02 35 52 01 01

Piscine
Fédération des activités aquatiques d'éveil et de loisir (FAAEL)
5, cité Griset
75011 Paris
Tél. : 01 43 55 98 76

Fédération française de natation (FFN)
14, rue Scandicci
93508 Pantin Cedex
Tél. : 01 57 14 51 90

Sophrologie
Les cours sont organisés dans les maternités ou par des sages-femmes libérales spécialisées. Renseignez-vous à la maternité où vous avez choisi d'accoucher ou contactez :

Société française de sophrologie
24, quai de la Loire
75019 Paris
Tél. : 01 40 56 94 95

Centre de préparation à la naissance
13, rue de Trétaigne (3e étage)
75018 Paris
Tél. : 01 46 06 40 01

Watsu
À Paris : 06 64 46 18 07
et www.watsu-paris.fr
À La Baule : 02 40 11 35 10
À Bénodet : 02 98 66 27 00

Yoga
Tous les cours sont privés, même dans les maternités. Pour trouver un cours à proximité de chez vous, renseignez-vous :

École française de yoga
3, rue Aubriot
75004 Paris
Tél. : 01 42 78 03 05

Fédération française de hatha yoga
7, rue de Plaisance
75014 Paris
Tél. : 01 45 44 02 59

Institut français de yoga
2, rue de Valois
75001 Paris
Tél. : 01 42 96 44 55

Fédération française de yoga (sous contrôle médical)
11, passage Saint-Pierre-Amelot
75011 Paris
Tél. : 01 47 00 26 12

La Maison du yoga
68, rue de la Folie-Méricourt
75011 Paris
Tél. : 01 48 06 01 23

ALLAITEMENT
Vous souhaitez donner un peu de votre lait ou vous avez des doutes sur la qualité de votre lait :

Les lactariums
DIJON Hôpital du Bocage
Tél. : 03 80 29 38 34

BREST Hôpital Morvan CHU
Tél. : 02 98 22 33 33

BORDEAUX Hôpital Pellegrin
Tél. : 05 56 79 59 25/14

MONTPELLIER
Hôpital Arnaud-de-Villeneuve
Tél. : 04 67 33 66 99

TOURS Hôpital de Clocheville
Tél. : 02 47 47 37 34

GRENOBLE Hôpital La Tronche
Tél. : 04 76 42 51 45

NANTES Hôpital Mère et Enfant
Tél. : 02 40 08 34 82

ORLÉANS Lactarium
Tél. : 02 38 74 41 81

MARMANDE
Lactarium de Bordeaux-Marmande
Tél. : 05 53 64 26 22

CHERBOURG
Hôpital Louis-Pasteur
Tél. : 02 33 20 70 00

LILLE Hôpital Jeanne-de-Flandre
Tél. : 03 20 44 50 50

STRASBOURG CHU,
Hôpital de Hautepierre
Tél. : 03 88 12 71 99

MULHOUSE Hôpital Hasenrain
Tél. : 03 89 64 68 91

LYON Hôpital de la Croix-Rousse
Tél. : 04 72 00 41 43

PARIS Hôpital Necker
Tél. : 01 71 19 60 47

AMIENS Hôpital Nord
Tél. : 03 22 66 82 88

POITIERS Hôpital Jean-Bernard
Tél. : 05 49 44 47 34

DEMANDE DE CONSEILS
Vous avez des difficultés dans la conduite de votre allaitement, contactez :

Lactarium de Paris - Solidarilait
26, bd Brune
75014 Paris
Tél. : 01 40 44 70 70

La Leche League
Centre de documentation LLLF
78620 L'Étang-la-Ville, BP 18
Tél. : 01 39 58 45 84 (info par boîte vocale) - http://www.lllfrance.org

Action pour l'allaitement
19, rue de Dalhain
67200 Strasbourg
Tél. : 03 88 27 31 72

AIDES AUX PARENTS

Inter-Service Parents :
Paris - Tél. : 01 44 93 44 88, demander les numéros pour la province
Colmar - Tél. : 03 89 24 25 00
Grenoble - Tél. : 08 10 65 90 09
Metz - Tél. : 03 87 69 04 56
Lyon - Tél. : 04 72 00 05 30

Conseils médicaux et psychologiques pour tout ce qui concerne la petite enfance :

Institut de puériculture
(renseignements par téléphone uniquement)
26, bd Brune
75014 Paris
Tél. : 01 40 44 39 30

Allô Parents-Bébé
2-4, cité de l'Ameublement
75011 Paris
Tél. : 08 00 00 34 56
Tél. : 01 55 25 65 69

SOS Grossesse
Tél. : 05 63 35 80 70

Secours aux futures mères
4, square Frédéric-Vallois
75015 Paris
Tél. : 01 43 41 55 65

Fédération Nationale jumeaux et plus
28, place Saint-Georges
75009 Paris
Tél. : 01 44 53 06 03
(vous permettra d'obtenir des adresses proches de votre domicile)

Fédération syndicale des familles monoparentales
53, rue Riquet
75019 Paris
Tél. : 01 44 89 86 80

Grade (groupe de réflexion et d'action pour la défense de l'enfant)
33, rue Berrier-Fontaine
83000 Toulon
Tél. : 04 94 24 07 97

Association des collectifs enfants-parents-professionnels (ACEPP)
29, rue du Charolais
75012 Paris
Tél. : 01 44 73 85 20
http://www.acepp.asso.fr

Fédération nationale « À domicile »
350, rue Lecourbe
75015 Paris
Tél. : 01 44 52 82 82
http://adessadomicile.org

Aide aux mères de famille
12, rue Chomel - 75007 Paris
Tél. : 01 45 48 46 00

SOS Préma
32, rue du Tremin-Vert
92100 Boulogne-Billancourt
Tél. : 08 11 88 68 88

ÉCOUTE ET INFORMATIONS

Mouvement français pour le planning familial
52, rue Carnot
94700 Maisons-Alfort
Tél. : 01 43 76 65 87

Association française des centres de consultation conjugale (AFCCC)
228, rue de Vaugirard
75015 Paris
Tél. : 01 45 66 50 00

Fédération nationale couples et familles
28, place Saint-Georges
75009 Paris
Tél. : 01 44 91 99 45
Tél. : 01 42 85 25 98 (pour connaître les antennes en province)

Inter-Service Parents
École des parents et des éducateurs
5, impasse Bon-Secours
75011 Paris
Tél. : 01 44 93 44 88

Écoute cannabis
Tél. : 09 80 98 09 40

TROUVER UN MODE DE GARDE

Les adresses des crèches et des assistantes maternelles sont à la disposition des parents dans la plupart des mairies et aux bureaux des directions de l'action sociale de l'enfant et de la santé.

DASES
94-96, quai de la Rapée
75570 Paris Cedex 12
Tél. : 01 43 47 77 77

Dépann'familles
23, rue de la Sourdière
75001 Paris
Tél. : 01 42 96 58 92

Paris Service Familles
6, rue Bardinet
75014 Paris
Tél. : 08 10 13 32 32

ACEPP (Association des collectifs Enfants-Parents-Professionnels)
29, rue du Charolais - 75012 Paris
Tél. : 01 44 73 85 20
http://www.acepp.asso.fr

Union nationale des associations familiales (UNAF)
28, place Saint-Georges
75009 Paris
Tél. : 01 49 95 36 00
Tél. : 01 48 74 80 74 (Pour obtenir des renseignements sur les possibilités de garde en crèches proches de votre domicile.)

POUR QUELQUES HEURES EN DÉPANNAGE

Nursing : le relais des mamans
3, rue Cino-del-Duca
75017 Paris
Tél. : 01 40 55 03 03

Kid services
31, avenue de Ségur - 75007 Paris
Tél. : 08 20 00 02 30

Allô Maman dépannage
8, bd d'Ormesson
95880 Enghein--les-Bains
Tél. : 01 34 05 00 47

POUR RÉPONDRE À UNE DIFFICULTÉ URGENTE

SOS Urgence Maman
71, avenue Henri Martin
75016 Paris
Tél. : 01 45 03 00 02

POUR RENCONTRER D'AUTRES MAMANS ET D'AUTRES BÉBÉS

La Maison verte
127-129, rue Marcadet - 75018 Paris
Tél. : 01 43 06 02 82
Ouvert le lundi, mardi et jeudi de 14 h à 18 h et le mercredi de 10 h à 19 h.

Maison ouverte de l'école des parents
164, bd Voltaire - 75011 Paris
Tél. : 01 44 93 44 76
Ouvert le mardi de 13 h 30 à 18 h, et du mercredi au samedi de 13 h 30 à 18 h.

Il existe une trentaine de ces lieux d'accueil en France. Pour connaître la Maison ouverte la plus proche de chez vous, contactez le service petite enfance de votre mairie, la conseillère technique petite enfance de la Caisse d'allocations familiales ou le médecin de votre PMI.

L'Arbre bleu
52, rue Polonceau - 75018 Paris
Tél. : 01 42 59 38 26
Ouvert du lundi au samedi de 14 h 30 à 17 h 30, le mercredi de 14 h 30 à 18 h 30.

La Maisonnée
13, rue Kageneck - 67000 Strasbourg
Tél. : 03 88 22 30 54
Ouvert du lundi au vendredi de 14 h 30 à 18 h 30 et le samedi de 15 h à 18 h.

Pour connaître les antenne en province, contactez les adresses parisiennes ou bien téléphonez à la Fondation de France.
40, avenue Hoche - 75008 Paris
Tél. : 01 44 21 31 00
http://www.fondationdefrance.org

RENSEIGNEMENTS ADMINISTRATIFS

Centre d'informations et de renseignements administratifs (CIRA) : 08 21 08 09 10

Centre national d'information et de documentation des femmes et des familles (CNIDFF)
7, rue du Jura - 75013 Paris
Tél. : 01 42 17 12 00
(communique toutes les antennes régionales).

Fédération syndicale des familles monoparentales (FSFM)
53, rue Riquet - 75019 Paris
Tél. : 01 44 89 86 80

Union nationale des associations familiales (UNAF)
28, place Saint-Georges
75009 Paris
Tél. : 01 49 95 36 00

Union nationale des associations de défense de la famille et de l'individu (UNADFI)
1, rue du Tarne
78200 Buhelay
Tél. : 01 34 00 14 58

Caisse nationale d'allocations familiales (CNAF)
101, rue Nationale - 75013 Paris
Tél. : 08 10 25 75 10
www.caf.fr
(Pour connaître les antennes locales).

Siège des caisses primaires d'assurance maladie (CPAM)
21, rue Georges-Auric
75948 Paris Cedex 19
Tél : 01 53 38 70 00

SITES INTERNET

Assistance publique des hôpitaux parisiens
http://www.aphp.fr

Ministère des Affaires sociales et de la Santé
http://www.social-sante.gouv.fr

Caisse des allocations familiales
http://www.caf.fr

Sécurité sociale
http://www.securite-sociale.fr

Assurance maladie en ligne
http://www.ameli.fr

SOS Grossesse
http://www.sosgrossesse.org

Croix-Rouge
(On peut joindre la Croix-Rouge également par téléphone : 01 44 43 11 00)
http://www.croix-rouge.fr
www.ansfl.org
www.aufeminin.com
www.babyfrance.com
www.bebe-arrive.com
www.bebenet.com
www.bebe-zone.com
www.infobebes.com
www.bebepassion.com
www.sosprema.com

SANTÉ

Dans tous les départements, des centres de PMI (Protection maternelle et infantile) permettent d'avoir des soins gratuits. On peut trouver leurs adresses dans les Dass et dans les annuaires téléphoniques.

DASES
94-96, quai de la Rapée,
75570 Paris Cedex 12
Tél. : 01 43 47 77 77

DASS (Direction des affaires sanitaires et sociales)
75, rue Tocqueville, 75017 Paris
Tél. : 01 58 57 11 00

Institut national de prévention et d'éducation pour la santé (INPES)
42, bd de la Libération
93203 Saint Denis Cedex
Tél. : 01 49 33 22 22

MÉDICAMENTS

Pour connaître les effets tératogènes des médicaments :
Centre de pharmacovigilance
27, rue de Chaligny,
75012 Paris
Tél. : 01 43 47 54 69

Les centres anti-poisons
Angers - Tél. : 02 41 48 21 21
Bordeaux - Tél. : 05 56 96 40 80
Lille - Tél. : 08 00 59 59 59
Lyon - Tél. : 04 72 11 69 11
Marseille - Tél. : 04 91 75 25 25
Nancy - Tél. : 03 83 22 50 50
Paris - Tél. : 01 40 05 48 48
Reims - Tél. : 03 26 06 07 08
Rennes - Tél. : 02 99 59 22 22
Rouen - Tél. : 02 35 88 44 00
Strasbourg - Tél. : 03 88 37 37 37
Toulouse - Tél. : 05 61 77 74 47

MORT SUBITE DU NOURRISSON

Aide aux parents d'enfants victimes de la mort subite.

CAIRN-Hôpital Antoine-Béclère
157, rue de la Porte-de-Trivaux
92141 Clamart Cedex
Tél. : 01 45 37 44 44

Index

S

T

U, V

W, Y

CRÉDITS PHOTOGRAPHIQUES

Couverture, 1e : Agence Getty images © Lorado
4e : Couverture Élever son enfant 0-6 ans : Fotolia © Ramona Heim
Portrait de R. Frydman : Philippe Vaurès Santamaria

Gardes : Agence FOTOLIA : © Katrina Brown ; © StempferImage ; © Darren Brode ; © Darren Brode ; © ChantalS ; © Kati Molin ; © Rafael Ben-Ari ; © Svetlana Fedoseeva ; © Inarik ; © Bonninturina ; © Asife ; © LanaK ; © Max Topchii ; © Elena Stepanova ; © Aleksandar Jocic ; © Itsmejust ; © Oleksii Sagitov ; © Shangarey ; © Evgenyatamanenko ; © Flucas ; © Millaf ; © Flywish ; © Arto ; © Lukasz Rajchert

Intérieur : Agence FOTOLIA : p. 4 © Prashbant ; p. 12 : © Dmitriy Kapitonenko ; p. 15 : © Asife ; p. 18 : © Detailblick ; p. 21 : © Markcarper ; p. 23 : © VRD ; p. 28 : © Sergey Nivens ; p. 31 : © Angel Simon ; p. 35 : © Giovanni Cancemi ; p. 37 : © reineg ; p. 39 : © Detailblick ; p. 41 : © Subbotina Anna ; p. 43 : © Drubig-photo ; p. 49 : © WavebreakMediaMicro ; p. 50 : © WavebreakMediaMicro ; p. 58 : © Konstantin Li ; p. 58 : © Valua Vitaly ; p. 58 : © Luna ; p. 58 : © Tanusha ; p. 58 : © JPC-PROD ; p. 58 : © Direk Takmatcha ; p. 63 : © Mopic, © reineg ; p. 67 : © Dario Lo Presti ; p. 69 : © Sebastian Kaulitzki ; p. 71 : © Detailblick ; p. 73 : © Ana Blazic Pavlovic ; p. 75 : © Dmitry Vereshchagin ; p. 77 : © Piotr Marcinski ; p. 78 : © Bertys30 ; p. 81 : © WavebreakmediaMicro ; p. 85 : © s_lena ; p. 87 : © FotoDesignPP ; p. 88 : © Andres Rodriguez ; p. 95 : © Sebastian Kaulitzki ; p. 99 : Alexandr Vasilyev ; p. 101 : © julaszka ; p. 105 : © Tyler Olson ; 107 : © Valua Vitaly ; p. 109 : © Monkey Business ; p. 113 : © Artem Furman ; p. 115 : © Photographee.eu ; p. 116 : © Marinasvetlova ; p. 127 : © Monkey Business ; p. 129 : © japolia ; p. 131 : © Olesia Bilkei ; p. 133 : © Tyler Olson ; p. 135 : © Valentina R. ; p. 137 : © Martin Valigursky ; p. 139 : © Svetlana Fedoseeva ; p. 141 : © Drubig-photo ; p. 143 : © kromleh ; p. 145 : © WavebreakMediaMicro ; p. 147 : © LU0810 ; p. 149 : © Zsolnai Gergely ; p. 151 : © Alexnika ; p. 153 : © Africa Studio ; p. 155 : © Goodluz ; p. 160 : © Blanscape ; p. 169 : © Photographee.eu ; p. 171 : © Dash; p. 172 : © NatUlrich ; p. 173 : © Photocreo Bednarek ; p. 177 : © Monkey Business ; p. 179 : © Andres Rodriguez ; p. 181 : © JPC-PROD ; p. 183 : © Lukasz Rajchert ; p. 185 : © SolisImages ; p. 189 : © JPC-PROD ; p. 191 : © Michaeljung ; p. 193 : © Fmarsicano ; p. 197 : © Hannes Eichinger ; p. 198 : © Drubig-photo ; p. 205 : Gajus; p.207 : Rtimages ; p. 209 : © Alexfiodorov ; p. 211 : © Gabriel Blaj ; p. 213 : © Andriy Bezuglov ; p. 214 : © RioPatuca Images ; p. 215 : © Auremar ; p. 217 : © JPC-PROD ; p. 219 : © Kati Molin ; p. 221 : © Petro Feketa ; p. 223 : © Valua Vitaly ; p. 225 : © Elena Stepanova ; p. 226 : © Langstrup ; p. 235 : © Detailblick ; p. 237 : © Huntun ; p. 239 : © Claudia Nagel ; p. 245 : © Valua Vitaly ; p. 249 : © WavebreakmediaMicro ; p. 253 : © Hannes Eichinger ; p. 254 : © Iryna Tiumentseva ; p. 263 : © mnussbaumer ; p. 271 : © diego cervo ; p. 275 : © Jiri Miklo ; p. 277 : © Ermolaev Alexandr ; p. 278 : © Anatoly Tiplyashin ; p. 279 : © LanaK ; p. 283 : © Aygul Bulté ; p. 285 : © Photographee.eu ; p. 289 : © Hannes Eichinger;p. 291 : © Budimir Jevtic ; p. 292 : © Khomich ; p. 299 © Monkey Business ; p. 301 : © RioPatuca Images ; p. 303 : © Flywish ; p. 305 : © Maksim Šmeljov ; p. 313 : © Iraidka ; p. 315 : © Oksun70 ; p. 317 : © Takasu ; p. 319 : © JackF ; p. 320 : © Bonninturina ; p. 327 : © Noel Powell ; p. 333 : © wong yu liang ; p. 335 : © Piotr Marcinski ; p. 337 : © Fabrice BEAUCHENE ; p. 339 : © Tyler Olson ; p. 341 : © Vitalinko ; p. 343 : © 3dvin ; p. 345 : © Elena Stepanovap ; p. 346 : © Margarita Borodina ; p. 349 : © Kati Molin ; p. 353 : © Tyler Olson ; p. 355 : © Photographmd ; p. 357 : © Misha ; p. 359 : © Leah-Anne Thompson ; p. 360 : © Tyler Olson ; p. 365 : © Tyler Olson ; p. 367 : © Olly ; p. 369 : © Tyler Olson ; p. 373 : © Kati Molin ; p. 375 : © Tyler Olson ; p. 377 : © Yves Damin ; p. 379 : © Firma V ; p. 381 : © 3dvin ; p. 383 : © Vivid Pixels ; p. 385 : © rlomeu ; p. 387 : © Paul Hakimata ; p. 389 : © Kati Molin ; p. 391 : © freepeoplea ; p. 393 : © Anyka ; p. 395 : © Miroslav Beneda ; p. 396 : © Evgenyatamanenko ; p. 399 : © Lunamarina ; p. 403 : © S.Kobold ; p. 405 : © Tyler Olson ; © picsfive ; p. 407 : © Karin & Uwe Annas ; p. 409 : © JackF ; p. 411 : © phasinphoto ; p. 413 : © Mitarart ; p. 415 : © Dron; p. 417 : © Printemps ; p. 419 : © kreativloft GmbH ; p. 421 : © PhotographyByMK ; p. 423 : © Rafael Ben-Ari ; p. 425 : © vadymvdrobot ; p. 431 : © Andy Dean ; p. 433 : © Oksana Kuzmina ; p. 435 : © Yanlev ; p. 437 : © CandyBox Images ; p. 439 : © Kati Molin ; p. 441 : © Monkey Business ; p. 447 : © Lunamarina ; p. 449 : © detailblick ; p. 453 : © Itsmejust ; p. 455 : © Svetlana Fedoseeva ; p. 457 : © Halfpoint ; p. 459 : © Alena Ozerova ; p. 461 : © Monkey Business; p. 462 : © Dalia Drulia ; p. 465 : © Jandrie Lombard ; p. 469 : © Rafael Ben-Ari ; p. 471 : © Uroš Medved ; p. 473 : © PerlenVorDieAugen ; p. 475 : © Svetlana Fedoseeva ; p. 477 : © Alexandr Vasilyev ; p. 479 : © StempferImage ; p. 481 : © Darren Brode ; p. 483 : © JackF ; p. 485 : © Paul Hakimata ; p. 487 : © Subbotina Anna ; p. 489 : © Andrey Bandurenko ; p. 491 : © Mitarart ; p. 493 : © MartesiaBezuidenhout ; p. 495 : © S.Kobold ; p. 497 : © Silroby ; p. 499 : © marchibas ; p. 501 : © Arve Bettum ; p. 503 : © Tobilander ; p. 505 : © Photographee.eu ; p. 508 : © Shangarey

p. 53, p. 125, p. 163, p. 201, p. 229, p. 261, p. 295, p. 323 : © Lennart Lilsson
(ces photos sont extraites de l'ouvrage *Naître*, aux éditions Hachette Pratique).

p. 58, échographie du milieu de page, et page 123, 2e échographie en bas à droite : © Jean-Marc Levaillant.

Pour l'éditeur, le principe est d'utiliser des papiers composés de fibres naturelles, renouvelables et fabriquées à partir de bois issus de forêts qui adoptent un système d'aménagement durable. L'éditeur attend également de ses fournisseurs de papier qu'ils s'inscrivent dans une démarche de certification environnementale reconnue.

PAPIER À BASE DE FIBRES CERTIFIÉES

hachette s'engage pour l'environnement en réduisant l'empreinte carbone de ses livres. Celle de cet exemplaire est de :
3 kg éq. CO_2
Rendez-vous sur www.hachette-durable.fr

Imprimé en Espagne par Grafica Cayfosa
Dépôt légal : janvier 2017
76-4372-0
ISBN : 978-2-01-204616-0

HC(H): 125.8 mm
AC(A): 115.2 mm
FL(F): 22.8 mm
EFBW2: 179 g
No.122/122
Adult Abdomen 170mm
Ratio Area